Deutschdidaktik und Deutschunterricht nach PISA

Bibliografische Information der Deutschen Bibliothek
Die Deutsche Bibliothek verzeichnet diese Publikation
in der Deutschen Nationalbibliografie;
detaillierte bibliografische Daten sind im Internet über
http://dnb.ddb.de abrufbar.

Abraham, Ulf / Bremerich-Vos, Albert / Frederking, Volker / Wieler, Petra Hrsg.
Deutschdidaktik und Deutschunterricht nach PISA
Freiburg im Breisgau : Fillibach-Verl., 2003
ISBN 3-931240-27-4

Typografische Konzeption: Christoph Roether, Mainz.
Umschlagbild: Peng Sun, Jinan.
Druck und Bindung: Schwarz auf Weiss Litho- und Druck GmbH Freiburg i.Br.
Herbert-Jürgen Welke Fillibach Verlag Freiburg im Breisgau.
Printed in Germany, 2003.

ISBN 3-931240-27-4

ULF ABRAHAM,
ALBERT BREMERICH-VOS,
VOLKER FREDERKING,
PETRA WIELER, HRSG.

Deutschdidaktik und Deutschunterricht nach PISA

Fillibach Verlag Freiburg im Breisgau 2003

Inhalt

Teil II Deutschdidaktische Konsequenzen aus PISA und IGLU

Vorwort

Der sogenannte PISA-Schock, inzwischen schon zwei Jahre zurückliegend und zum Synonym für eine in ihrem kulturellen Selbstbild massiv getroffene Gesellschaft geworden, konnte auch für die Deutschdidaktik nicht ohne Konsequenzen bleiben. Zwar wusste diese bereits durch die Lesesozialisationsforschung seit Ende der achtziger, Anfang der neunziger Jahre um Probleme der Lesemotivation bei deutschen Heranwachsenden und hat seitdem verstärkt an der Entwicklung geeigneter didaktischer Konsequenzen gearbeitet – dennoch war vieles, was die PISA-Studie an Ergebnissen gezeitigt hat, auch für die Deutschdidaktik unerwartet. Dies betrifft besonders das Ausmaß der Defizite an Lesekompetenz im internationalen Vergleich und ihre Gruppenspezifik. Wir tun deshalb gut daran, uns als WissenschaftlerInnen, die es mit der Erforschung fachspezifischer Lehr-Lern-Prozesse im Kontext von Lesen und Schreiben zu tun haben, von diesen Befunden irritieren zu lassen. Denn jede Irritation hat konstruktives wissenschaftliches Potential, wirft sie doch neue Forschungsfragen auf und rückt Forschungsdesiderate ins Blickfeld. Einige seien exemplarisch herausgegriffen:

- Wenn fast ein Viertel der SchülerInnen allenfalls „Stufe I" der Lesekompetenz erreicht: Hat das womöglich damit zu tun, dass „basale" Aspekte von Lesetexten im Unterricht kaum thematisiert werden, weil man sie – fatalerweise – für zu „einfach" hält?
- Wenn mehr als vierzig Prozent deutscher 15-Jähriger angeben, nicht zu ihrem Vergnügen zu lesen: Muss der Deutschunterricht die Förderung des Leseinteresses nicht zu einem primären Anliegen machen?
- Wenn männliche Jugendliche deutlich schlechter abschneiden als weibliche: Hängt dies vielleicht auch mit den Textsorten zusammen, die im Unterricht in den Schulformen der Sekundarstufe I dominieren?
- Wenn Lehrpersonen nur einen Bruchteil der schlecht lesenden SchülerInnen identifizieren können: Ist das nicht ein Indikator dafür, dass die (förder-)diagnostische Kompetenz von Lehrkräften verbessert werden muss?
- Wenn nirgendwo sonst der Zusammenhang von sozialer Herkunft und Leseleistung so signifikant ist wie bei uns: Trägt dazu womöglich eine Unterrichtskultur bei, in deren Rahmen auf „nachholende" Lesesozialisation zu wenig geachtet wird?

- Wenn insbesondere SchülerInnen mit Migrationshintergrund eklatant schlecht abschneiden: Ist es dann nicht an der Zeit, gerade für sie (neue) Förderkonzepte zu entwickeln?

Der vorliegende Band setzt sich mit diesen und anderen Fragen zur Lesekompetenz deutscher Jugendlicher im Horizont der PISA-Ergebnisse auseinander. Hervorgegangen sind viele der nachfolgenden Beiträge aus einem Arbeitskreis, der sich auf der letzten Jahrestagung des „Symposion Deutschdidaktik", des Dachverbandes aller DeutschdidaktikerInnen, in Jena 2002 konstituiert hat.[1]

Der Adressatenkreis ist ein doppelter. Zum einen wendet sich die Publikation an die interessierte Öffentlichkeit sowie an die mit Fragen von Forschung und Bildung befassten politisch Verantwortlichen in unserem Land. Denn der „Supertanker Bildungswesen", von dem man jetzt reden hört, hat einen langen Bremsweg. Wer für die Zukunft umsteuern will, muss das Ruder jetzt umlegen – allerdings mit Bedacht und unter Beteiligung der entsprechenden Fachleute. Was wir in diesem Zusammenhang verantworten, wozu wir raten und wie viel wir durchsetzen können, ist eine Frage, die in den vorliegenden Beiträgen immer wieder aus unterschiedlicher Perspektive aufscheint. Generell gilt: Weder sollten wir unhinterfragt weitermachen wie bisher, noch sollten wir übereilte Schlüsse ungeprüft in die Tat umsetzen, nur damit etwas geschehe. Zum anderen zielt der vorliegende Band auf die Vertiefung der wissenschaftlichen Diskussion über PISA innerhalb und außerhalb der Deutschdidaktik. Die Positionen der Literatur- und SprachdidaktikerInnen sowie der für die ‚Didaktik des Deutschen als Zweit- und Fremdsprache' zuständigen FachkollegInnen, die im vorliegenden Band ihre Überlegungen vorstellen, sind dabei teilweise durchaus heterogen. Es gibt ein breites Spektrum an Zugangsweisen bzw. Schlussfolgerungen, das wir als Herausgeberteam bewusst nicht einengen wollten.

Zwei übergeordnete Fragehorizonte fungieren als Strukturierungsprinzip des Bandes: die theoretischen Grundlagen der PISA-Studie und die sich aus den empirischen Befunden ergebenden praktischen Konsequen-

---

[1] Vgl. ebenfalls die Stellungnahme von VertreterInnen der Sprachdidaktiken (Deutsch und Fremdsprachen) im Rahmen einer vom *Dachverband Gesellschaft für Fachdidaktik (GFD)* herausgegebenen PISA-Studie: Frederking, Volker/Hu, Adelheid/Legutke, Michael/Oomen-Welke, Ingelore/Vollmer, Helmut J.: PISA und die Sprachdidaktiken. In: Bayrhuber, Horst/Ralle, Bernd/Reiss, Kristina/Schön, Lutz/Vollmer, Helmut J. (Hrsg.): PISA und Konsequenzen – Perspektiven aus den Fachdidaktiken. Innsbruck: Studienverlag 2004.

zen. Im Teil I geht es in diesem Sinne um die kritische Prüfung der Prämissen empirischer Lese-(Leistungs-)Studien, etwa ihres Bildungs- und Kompetenzbegriffs, aber auch um die Verortung dieses Typs empirischer Forschung im Kontext der bildungstheoretischen Tradition der Deutschdidaktik. Teil II bemüht sich um die (selbst-)kritische Prüfung fachdidaktischer Lehrmeinungen und Konzepte seit den 70-er Jahren. Denn PISA hat deutlich gemacht: Nicht alles hat sich bewährt – im Leseunterricht, in der Behandlung von Lernenden, für die Deutsch nicht Erstsprache ist, und überhaupt in der Art, wie wir im Deutschunterricht Aufgaben gestellt, Leistungen bewertet und Leistungsbereitschaft bzw. Lesemotivation (nicht) gefördert haben.

Dass dieser Band zustande kommen konnte, ist dabei zu einem großen Teil auch das Verdienst des Verlages, der uns ein Forum bietet. Ganz herzlich danken wir deshalb Jürgen Welke in seiner Funktion als Verlagschef und Betreuer unseres Publikationsprojekts. Obwohl die Produktionsbedingungen alles andere als einfach waren, hat er stets den Überblick behalten und sich vor allem mit langem Atem auch um Details gekümmert, für die man in einigen anderen Verlagen gar keinen Blick mehr hat.

Würzburg,
Hildesheim,
Nürnberg-Erlangen,
Berlin im Oktober 2003

Ulf Abraham,
Albert Bremerich-Vos,
Volker Frederking,
Petra Wieler

Teil I

Wissenschaftstheoretische Prämissen und Lesekompetenz-Begriff

Zur Einführung

ALBERT BREMERICH-VOS, PETRA WIELER

An PISA 2000 waren DeutschdidaktikerInnen allenfalls am Rande beteiligt.[1] Es dominierten PsychologInnen, die sich auf elaborierte Modelle des Textverstehens stützen können und die anders als wir dafür gerüstet sind, mit gewaltigen Datenmengen kompetent umzugehen. Angesichts dessen empfiehlt es sich u.E., gleichsam zweigleisig zu verfahren:

Wir tun zum einen gut daran, auf die (im Urteil der großen Mehrheit ernüchternden bis alarmierenden) PISA-**Resultate** zu schauen und uns selbstkritisch zu fragen, welchen Anteil an dem gemeinhin als Misere interpretierten Zustand wir selbst haben mögen. Zum anderen ist es sinnvoll, einige der für PISA konstitutiven **Grundannahmen** auf den Prüfstand zu stellen. Dabei müsste es u.a. um die Testtheorie gehen, auf der PISA fußt.

1 Zwei kleine Anfragen zur Testtheorie

Es ist kein Zufall, dass man im folgenden ersten Teil einen Kommentar zu dieser Theorie und zu ihrer Applikation im Rahmen von PISA vergeblich sucht. Dieses Feld ist uns eben, wie angedeutet, von unserer Fachsozialisation her fremd, nicht wenigen dürfte es geradezu verdächtig sein. Dennoch einige, wenn auch nur kursorische Anmerkungen: Die probabilistische Testtheorie (sogenannte Rasch-Skalierung oder auch Item Response Theory), von der man bei PISA ausgeht, basiert auf der Annahme, die Wahrscheinlichkeit, dass jemand eine Aufgabe löst, könne als Funktion seiner (latenten) Fähigkeit errechnet werden. Das ist selbstverständlich eine Idealisierung, denn faktisch spielen auch andere Faktoren wie Motivation, Stress, Müdigkeit etc. eine Rolle. Die Fähigkeiten der Personen und die Schwierigkeiten der Aufgaben werden auf derselben Skala abgebildet (eindimensionale Skalierung). So können beide aufeinander bezogen werden. Die Wahrscheinlichkeit, dass eine Person eine Aufgabe löst, lässt sich in einen Fähigkeits- und einen Schwierigkeitsparameter zerlegen. Ist die Personenfähigkeit „größer" als die Aufgabenschwierigkeit, löst die Person die Aufgabe wahrscheinlich eher als dann, wenn ihre Fähigkeit „kleiner" als die Aufgabenschwierigkeit ist. In PISA werden fünf „Stufen" der Lesekompetenz unterschieden. Das Leistungs**kontinuum** wird also unterteilt. Die Zuordnung der SchülerInnen zu einer Stufe beruht auf **Vereinbarungen**, die auch anders hätten ausfallen können. Durchschnittlich fähige SchülerInnen einer Stufe lösen demnach eine durchschnittlich schwere Aufgabe dieser Stufe in 62,5 Prozent (und nicht etwa in 75 Prozent) der Fälle. Alle SchülerInnen einer Stufe lösen mindestens die Hälfte der Aufgaben dieser Stufe korrekt. Die leichtesten Aufgaben der Stufe werden von den Schwächsten in 62,5 Prozent der Fälle gelöst (Baumert u.a. 2001, S. 95). Diese statistisch unterfütterte Definition der Stufen sollte man sich präsent halten. Die Stufenmetaphorik ist ja verführerisch. Man glaubt vielleicht, sich nur eine Treppe vorstellen zu müssen. Wo liegen die „Schwellen"? Wann handelt es sich noch um Stufe X und wann schon um X plus 1? Die PISA-Autoren verweisen in diesem Zusammenhang „auf eine von Kirsch entwickelte Systematisierung von Aufgabenanforderungen" und zusätzlich darauf, dass die „Aufgaben der einzelnen Kompetenzstufen [...] von den Mitgliedern der internationalen Expertengruppe als homogen beurteilt" wurden (ebd., S. 88). Genaueres erfährt man nicht (vgl. den Beitrag von J. Grzesik in diesem Band).

Die erste Anfrage: Lässt sich so der Verdacht abweisen, dass die **inhaltliche** Bestimmung der einzelnen „Stufen" erst nachträglich und vielleicht auch recht willkürlich vorgenommen wurde? Sollte es sich so verhalten, wäre das – angesichts dessen, dass hier weitgehend Neuland betreten wurde – verständlich. Warum dann aber keine weiteren Erläuterungen?

Wenn wir recht sehen, dann wird auch nicht mitgeteilt, wie **gut** das Rasch-Modell auf die Struktur der Daten „passt". Deshalb die zweite Anfrage: Bei wie vielen SchülerInnen sind die Antwortmuster „irregulär", wie viele befinden sich also auf höheren „Stufen", obwohl sie leichtere Aufgaben nur unzureichend bearbeiten?[2]

Für uns DeutschdidaktikerInnen dürfte im Allgemeinen gelten, dass wir uns in Sachen Testtheorie im Allgemeinen und probabilistische Testtheorie im Besonderen wenig auskennen. Wollen wir halbwegs verständig (d.h. auch durchaus nicht unkritisch) nachvollziehen, wie hier verfahren wird, haben wir viel zu lernen (vgl. z.B. Rost 1996).

Auf viel vertrauterem Terrain bewegen wir uns, wenn es um PISA zugrunde liegende psychologische Modelle des Textverstehens und des Lernens aus und mit Texten geht.

2 Kognitionsspsychologisches zum Textverstehen – weitere Anfragen

2.1 *Widersprüchliches zur Konstruktivität des Textverstehens?*

Die PISA-AutorInnen betonen, „dass der Prozess des Textverstehens als Konstruktionsleistung des Individuums zu verstehen ist. Lesen ist keine passive Rezeption dessen, was im jeweiligen Text an Information enthalten ist, sondern aktive (Re-) Konstruktion der Textbedeutung. Die im Text enthaltenen Aussagen werden aktiv mit dem Vor-, Welt- und Sprachwissen des Lesers verbunden. Die Auseinandersetzung mit dem Text lässt sich als ein Akt der Bedeutungsgenerierung verstehen, bei dem das Vorwissen der Leser und die objektive Textvorgabe interagieren." (Artelt u.a. 2001, S. 70f)

Wir haben den Verdacht, dass man hier widersprüchlich argumentiert. Nach unserer Auffassung sind die Reden von der Konstruktivität des Verstehens auf der einen und von der Objektivität der Textvorgabe auf der anderen Seite miteinander unverträglich. Geht es um **„Konstruktion** der Bedeutung" **oder** um „Bedeutungs**entnahme**"? Ist „Entnahme", von der immer wieder die Rede ist, vielleicht nur metaphorisch gemeint? Einen Hinweis darauf, dass es sich so verhalten könnte, findet man in PISA aber nirgendwo. Das gibt dem Verdacht Nahrung, „Bedeutungs**entnahme**" solle wörtlich verstanden werden. Was objektiv gegeben ist, sind aber nicht Bedeutungen, sondern nur schwarze Figuren auf weißem Grund. Bedeutungen sind nichts Objektives, sie müssen – mit Grzesik gesprochen – dem Schwarzen auf Weißem „abgewonnen", wenn man will: eben „konstruiert" werden. Im Alltag, in dem wir normalerweise kommunikativ erfolgreich sind, brauchen diese Konstruktionen als solche nicht thematisch zu werden. Von Fall zu Fall ist es aber angebracht, nach Differenzen zu suchen und Konstruktionen miteinander abzugleichen – so auch dann, wenn zu

entscheiden ist, ob die SchülerInnen die PISA-Lesetexte richtig verstanden haben oder nicht.

Wenn das Textverstehen eine Konstruktionsleistung ist, dann konstruieren notgedrungen alle, auch die Test-Autoren. Oder sollte es möglich sein, am Verstehen einen (basalen) Anteil der „Entnahme" von einem anderen Anteil zu unterscheiden, der „Konstruktion" sein soll? Dann wäre das Verstehen per definitionem allenfalls partiell konstruktiv. Von **partieller** Konstruktivität ist bei PISA aber nicht die Rede.

Der resultierende Selbstwiderspruch wird, wenn wir recht sehen, stillschweigend aufgelöst, und zwar so, dass der Gesichtspunkt der (keineswegs „konstruktiven") „Entnahme" stark gemacht wird. Man befördert u.E. den in die Irre führenden Eindruck, dass die Verstehensweisen der SchülerInnen mit einer „objektiven Textstruktur" abgeglichen werden, die den TesterInnen **ohne** eigene „Konstruktionsleistungen" zugänglich sein soll. In vielen Fällen mögen die Bewertungen der Schülerantworten auf der Basis von mehr oder weniger präzisen Codieranweisungen zwar unstrittig sein. Das rührt aber nicht von der „objektiven Textstruktur" her, sondern daher, dass das Einverständnis im Hinblick auf die Textbedeutung weit (genug) trägt. Von Fall zu Fall – insbesondere bei literarischen Texten – verhält es sich aber anders. Letztlich **vergleichen** die Testkonstrukteure die Verständnisse der SchülerInnen **mit ihren eigenen Verstehensweisen**. Letztere, nicht die „objektive Textstruktur", sind die Basis für die Kodieranweisungen. Diese Anweisungen beruhen, wie vor allem von DidaktikerInnen gezeigt worden ist, in vielen Fällen auf Dezisionen, die in externer Warte problematisch sind (vgl. u.a. den Beitrag von I. Karg). Dass es sich um **Entscheidungen** handelt, wird u.E. nicht hinreichend zum Ausdruck gebracht. Insofern befördert man womöglich ein „objektivistisches" Verständnis dieser großen Studie zur Lesekompetenz.[3]

2.2 *Propositionen und Mentalesisch, d.h. eine „Sprache des Geistes"?*[4]

Die PISA-AutorInnen setzten auf einen nationalen Ergänzungstest, weil beim internationalen Teil Lern- oder Gedächtnisleistungen, die im Rahmen des schulischen Umgangs mit Texten sehr wichtig sind, allenfalls eine untergeordnete Rolle spielten. Für die Ergänzung berufen sie sich auf die neuere psychologische Textverstehensforschung, insbesondere auf die Arbeiten von Walter Kintsch, „der beim Aufbau einer mentalen Textrepräsentation zwischen verschiedenen Repräsentationsformen unterscheidet. Ein tiefes Verständnis des Textes wird insbesondere mit der situativen Textrepräsentation erreicht.“ (Ebd., S. 80) Hinzu kommen die wörtliche und die propositionale Repräsentation (ebd., S. 85). Zentral ist demnach der Begriff der **mentalen Repräsentation**. Es handelt sich um einen „Basisbegriff“ und entsprechend spärlich fallen die Anstrengungen aus, ihn genauer zu explizieren. Der Streit geht psychologieintern weniger darum, ob die Rede von der mentalen Repräsentation sinnvoll ist, sondern darum, welche „Formate“ der Repräsentation angenommen werden sollten. Ein prominenter Kandidat sind eben Propositionen. Nach Kintsch (und vielen anderen) sind Propositionen keine sprachlichen Gebilde. „Psychologists studying language processing need a better representation of meaning than is provided by the words and sentences of the language itself, that is, a representation that more directly reflects the semantic relations that are crucial for how people understand, remember, and think with language.“ (Kintsch 1998, S. 49) Sind Propositionen demnach Einheiten einer Sprache des Geistes, einer Art Mentalesisch? Postuliert wird, dass diese Einheiten zwar mit Einheiten der „natürlichen“ Sprache, insbesondere mit Sätzen, **korrespondieren**. Sie sind aber nicht mit ihnen identisch. Es handelt sich um Prädikat-Argument-Schemata, wobei „Prädikat“ und „Argument“ nicht im landläufigen Sinn verstanden werden dürfen. (Genaueres findet sich in den Beiträgen von Grzesik und Krommer.)

Man hat sich intensiv darum bemüht, die – wie es im Psychologenjargon heißt – „psychologische Realität“ (statt „psychische Realität“) dieser „Repräsentationsform“ experimentell nachzuweisen. Ein Beispiel: Versuchspersonen sollten aus der Erinnerung Sätze wiedergeben wie *Der Kunde schrieb der Firma einen Beschwerdebrief* und *Der berühmte Professor unterrichtete in dem Klassenraum*. Es handelt sich jeweils um sieben Wörter. Im ersten Fall soll aber nur eine Proposition vorliegen: SCHREIBEN [KUNDE, FIRMA, BESCHWERDEBRIEF]. Im zweiten Fall handele es sich um drei Propositionen: UNTERRICHTEN [PROFESSOR], BERÜHMT [PROFESSOR] und UNTERRICHTEN [Lokalität: KLASSENRAUM]. Wenn der erste Satz erinnert wurde, dann fast immer „komplett“. Bei Sätzen wie dem zweiten erinnerte man sich aber allenfalls partiell, und zwar so, wie es die Annahme einer Repräsentation in Form von Propositionen nahe legt. Man sagte dann *Der Professor unterrichtete* oder *Der Professor war berühmt* oder auch *Der berühmte Professor war im Klassenraum* (Kintsch 1998, S. 71). Solche Ergebnisse sprechen nach Auffassung der meisten PsychologInnen dafür, dass wir tatsächlich „propositional repräsentieren.“

Nun ist verschiedentlich betont worden, dass der Prozess der „Übersetzung" einer Textoberfläche in eine Liste von Propositionen kein mechanischer Vorgang ist, „sondern auf die Sprach- oder Verstehenskompetenz des Konstrukteurs angewiesen bleibt. [...] Die hohen Übereinstimmungen zwischen verschiedenen Konstrukteuren, die Kintsch mitteilt, zeigen deshalb wohl eher einen eingespielten Gruppenkonsens als die Reliabilität des Verfahrens" (Ballstaedt u.a. 1981, S. 37). Hinzu kommt, dass Kintsch noch in seinen neuesten Arbeiten nur simple, um nicht zu sagen primitive Kriterien für die Kohärenz einer Reihe von Propositionen annimmt, nämlich referentielle Identität **und** Einbettung einer Proposition als Argument in eine andere bzw. „Überlappung" oder auch **nur** Überlappung. Ein Beispiel: Wenn es auf der „Oberfläche" heißt *'You have to give party favors to your friends,' the clown said.*, dann soll die propositionale Version via "Überlappung" so aussehen: (P1) say [clown, P2]; (P2) have-to [Tim, P3]; (P3) give [Tim, party favors, friends] (Ferstl/Kintsch 1999, S. 253). Kintsch weiß selbstverständlich, wie ungenügend das Überlappungsprinzip allein ist: „Of course, this principle provides only a minimal structure, because other coherence relations, such as causal, temporal, or spatial relations, also contribute to the structure of text information. [...] However, argument overlap is an objective criterion based on the wording of a text only" (ebd., S. 253). Zugunsten der Objektivität, d.h. einer möglichst großen Übereinstimmung im Hinblick auf die Kodierung eines Textes als Propositionsliste, wird darauf verzichtet, Kohärenz **komplex** zu fassen. [5]

So landet man – salopp gesagt – letztlich immer wieder bei „einfachen" Texten. Zumal bei LiteraturdidaktikerInnen mag sich deshalb der Eindruck verfestigen, den eher komplexen Texten, mit denen sie es in der Regel zu tun haben, könne die erklärtermaßen restriktive Begrifflichkeit von Kintsch und anderen nicht gerecht werden. Ist sie nicht schon dann inadäquat, wenn es um Landläufiges wie Ironie und Metaphorik geht?

In linguistischer und sprachphilosophischer Hinsicht ist vor allem suspekt, dass die Rede von der propositionalen Repräsentation auf die These hinausläuft, es gebe eine von den Einzelsprachen unabhängige lingua mentis. Wir teilen einen Verdacht, der – von PsychologInnen in der Regel offensichtlich nicht zur Kenntnis genommen – in der sprachanalytischen Philosophie immer wieder artikuliert wird: Demnach verwechseln PsychologInnen (und andere) Darstellungsarten bzw. Notationsweisen mit Dargestelltem. Sie postulieren Entitäten wie das Mentalesische und dabei behandeln sie wie hier die **Darstellung** im Rahmen einer Art von Prädikatenkalkül so, als sei dieser Kalkül die „Universalsprache" selbst. Dabei ist er nur Resultat einer Konstruktion, die auf einer **Interpretation** im Medium der „natürlichen" Sprache fußt. Um „Überzeugungen, die in einer natürlichen Sprache ausgedrückt sind, mit den Mitteln des Prädikatenkalküls zu formulieren, muß man sie erst einmal **interpretieren** [...]" (Putnam 1999, S. 162).

Allerdings sollten in diesem Zusammenhang die PsychologInnen nicht über einen Kamm geschoren werden. So merkt z.B. Schnotz (1994, S. 165) an, die „psychologische Realität" propositionaler Repräsentationen sei weder zu belegen noch zu falsifizieren, Schiefele (1996, S. 97) hält die „Natur" mentaler Repräsentationen für noch weitgehend ungeklärt und Rickheit und Strohner (1999, S. 275f) machen darauf aufmerksam, dass nach neueren Experimenten die „sprachliche Realisierung" einer Proposition ihre Interpretation anders als früher angenommen doch wesentlich beeinflusse, und sie bezweifeln sogar, ob mentale Propositionen überhaupt die für die Textverarbeitung relevanten Einheiten sind. Den Begriff der Repräsentation selbst problematisieren aber auch diese Autoren nicht.

2.3 *Mentale Modelle bzw. Situationsmodelle als „analoge Repräsentationen"?*

Leser konstruieren ausgehend von Propositionen, die man als einem Text „zugrundeliegend" denkt und die Kintsch als „Textbasis" bezeichnet (z.B. in Kintsch 1998, S. 49), neue Propositionen. Einfache Beispiele, dargestellt im Satzformat: Aus *Peter hat nicht aufgehört, sich jeden Abend zu betrinken.* schließen wir, dass er sich weiterhin jeden Tag betrinkt; aus *Die glühende Zigarette fiel auf den Teppich. Das Haus brannte bis auf die Grundmauern ab.*, dass das eine die kleine Ursache für das andere, die große Wirkung, ist. Und wenn wir lesen *Die Kellner waren langsam. Unser Bier bekamen wir erst nach einer halben Stunde.*, dann ergänzen wir u.a., dass die Kellner das Bier zu bringen haben und dass eine halbe Stunde Wartezeit weit über der Norm liegt. Handelt es sich hier um „intendierte" Inferenzen, um Schlüsse also, von denen man annimmt, dass sie von den AutorInnen der jeweiligen Texte gleichsam nahe gelegt sind, so gehen Elaborationen über das hinaus, was man – in für uns problematischer Weise – als objektive Textinformation fasst. „Elaborative Prozesse vernetzen die Textinformation in vielfältiger Weise mit dem Vorwissen und bilden das eigentliche kreative Moment beim Lesen" (Ballstaedt u.a. 1981, S. 60). Was schließlich aus „textbasierten" Propositionen (der Textbasis), intendierten Inferenzen und Elaborationen auf der Basis von je spezifischem Vorwissen, besonderen Interessen und Zielen im Kopf des Lesers bzw. der Leserin entsteht, wird als „mentales Modell" (Johnson-Laird) oder auch als „Situations-Modell" (van Dijk, Kintsch) bezeichnet. „Neither the micro- nor the macrostructure of the situational model is necessarily the same as the micro- and macrostructure of the textbase, for the reader may deviate from the author's design and restructure a text both locally and globally according to his or her own knowledge and beliefs" (Kintsch 1998, S. 50). Wie auch immer mentale Modelle bzw. Situations-Modelle im Einzelnen gefasst werden, wie insbesondere ihr Verhältnis zu propositionalen Repräsentationen begriffen wird, immer finden sich Charakterisierungen wie die folgenden:

- „The mental models are isomorphic to the environmental structures" (Kintsch 1998, S. 14).
- Zentral für mentale Modelle als Repräsentationsform sei, dass sie „strukturelle Analogien zur Realität darstellen. Sie unterscheiden sich von bildhaften Vorstellungen, die ganz konkreten wahrnehmungsähnlichen Bildern entsprechen" (Schiefele 1996, S. 96).
- Mentale Modelle seien „ganzheitliche Abbildungen, die im wesentlichen mit der Struktur des abgebildeten Sachverhalts übereinstimmen" (Ebd., S. 97).
- Mentale Modelle dürften nicht einfach mit Vorstellungen gleichgesetzt werden. „Kennzeichnend für ein mentales Modell ist lediglich, dass es bestimmte Eigenschaften besitzt, die den zu repräsentierenden Eigenschaften des Originals funktional analog sind" (Schnotz 1994, S. 159).
- Und allgemein: „Der Repräsentationsbegriff beinhaltet, dass etwas für ein anderes steht. Es gibt jeweils einen repräsentierten Gegenstand G und eine Repräsentation dieses Gegenstands [...]. Weiters gibt es jeweils eine Abbildrelation, durch die spezifiziert ist, welche Eigenschaften von G welchen Eigenschaften von R(G) entsprechen. Es werden nie alle Eigenschaften von G abgebildet [...]" (Schnotz 1994, S. 145).[6]

Zu fragen ist u.a.: Wenn es **keine** bildhaften Vorstellungen sind, worum **genau** handelt es sich dann?[7] Was es auch sein mag, ein zentraler Einwand, den man etwas hochtrabend „erkenntnistheoretisch" nennen kann, liegt auf der Hand: Wer von „**Re**präsentation" redet, muss zunächst zeigen können, wie das „Abgebildete" **an sich** beschaffen ist, bevor er sich an einen **Vergleich** von Merkmalen des Abgebildeten mit Eigenschaften der Abbildung machen kann. Über einen Zugang zum „Abgebildeten **an sich**" verfügen wir aber nicht, wie wir jedenfalls dann, wenn wir die Philosophie für relevant halten, spätestens seit dem 18. Jahrhundert wissen können. Insofern sind alle Varianten von „Repräsentationalismus" intellektuell unbefriedigend.

Wenn man sich nicht auf („alte") psychologische Spielarten von Hermeneutik einlassen will, sondern auf solche, die mit einer handlungstheoretischen Auffassung von der Sprache vereinbar sind, dann kann man mit diesem Repräsentationalismus eine Ansicht konfrontieren, die sich nach Peirce und Wittgenstein etwa so formulieren lässt: „Die Bedeutung eines Wortes ist die Gesamtheit der Weisen, auf die eine Äußerung des Wortes uns zum Handeln anleiten kann" (Schneider 2002, S. 133).

> „Wenn wir uns z.B. fragen, was es heißt, jemand wisse, was das Wort *Olive* bedeutet (oder wenn wir ihn bitten, uns diese Bedeutung mitzuteilen), dann wird uns weder die Antwort befriedigen, er wisse, von welcher Spezies das Wort der Name sei, noch, er verfüge über das richtige innere Bild, das ihm beim Vernehmen des Wortes zuverlässig vor dem inneren Auge erscheine, noch auch, er verfüge über ein unanschauliches inneres Wort, den sogenannten Begriff, den er der Klanggestalt jeweils zuordne. Wer weiß, was das Wort *Olive* bedeutet, der kann es verwenden: Wir können ihn auf den Markt schicken, damit er Oliven kauft, [...] er kann vom Olivenpflücken berichten, und so weiter. Vielleicht kann er Oliven zeichnen und eine brauchbare Lexikoneintragung verfassen" (Schneider 2002, S.135).

Das läuft nicht auf die These hinaus, es gebe nicht so etwas wie innere Bilder, aber doch auf die Behauptung: „Das Verständnis eines Satzes oder Textes besteht [...] nicht in der Produktion und Zuordnung solcher innerer Bilder zu den Elementen des Textes" (Ebd., S. 136).

Damit ist offensichtlich ein Kontra zu dem gesetzt, was derzeit „mainstream" in der Psychologie ist. Selbstverständlich ist dieses Kontra seinerseits nicht unumstritten, nicht in der Philosophie und erst recht nicht in der Deutschdidaktik. So kann uns die Auseinandersetzung mit PISA **auch** dazu bringen, vieles in Frage zu stellen, was wir bislang im Hinblick auf unsere Disziplin für „normal", für common sense hielten. Das mag anstrengend sein, lässt sich aber auch als Chance begreifen, die wir nutzen sollten.

3 Zu den Beiträgen im 1. Teil

Michael Kämper-van den Boogaart (Berlin) verortet die PISA-Studie u.a. bildungspolitisch und -soziologisch und macht sich an die Sezierung von Hochwertwörtern wie „Standard" und „Kompetenz". Er argumentiert, dass das Konstrukt „Lesekompetenz" weit komplexer und wohl auch undurchsichtiger ist, als man gemeinhin annimmt, insofern hier Weltwissen, Motivation, Wertorientierungen usw. hineinspielen. Gibt es überhaupt lesespezifische Fähigkeiten, die sich von inhaltlichem Vorwissen säuberlich trennen lassen und die folglich auch separat geschult werden können? Die Brisanz einer solchen Frage insbesondere für den Literaturunterricht liegt auf der Hand.

Petra Wieler (Berlin) macht nachdrücklich auf Studien zur „emergent literacy" aufmerksam, die vor allem ethnografisch ausgerichtet sind und im Vergleich zum Konstrukt „Lesekompetenz" ein erweitertes Konzept von „literacy" zugrunde legen. Für das frühe Interesse an Schriftlichkeit werden hier einschlägige Interaktionserfahrungen, vor allem im Kontext von wiederkehrenden Vorlesesituationen, als ursächlich angenommen. PISA hat u.a. ergeben, dass der Zusammenhang von sozialer Herkunft und Leseleistung nirgendwo so „straff" ist wie in Deutschland. Dieser Befund kann auf der Basis eines ethnografischen Ansatzes plausibilisiert werden.

Christine Garbe (Lüneburg) bezieht sich auf den PISA-Befund, wonach Mädchen bzw. junge Frauen deutlich bessere, motiviertere und „freudigere" Leser(Innen) sind als Jungen bzw. junge Männer. Sie zeigt, dass dieser Befund für DidaktikerInnen nicht überraschend ist, insofern er im Rahmen von Studien zur Lesesozialisation immer wieder repliziert wurde. Eine über PISA hinausgehende psychoanalytische Theorie könne dazu beitragen zu verstehen, warum das Lesen von vielen als „typisch weiblich" und damit auch als mit Stereotypen von „Männlichkeit" unverträglich aufgefasst wird.

Juliane Köster (Jena) beschäftigt sich mit Beziehungen von Vorwissen und Lesekompetenz, wobei sie auf die für PISA zentrale Unterscheidung von textinternen und wissensbasierten Verstehensleistungen abhebt. Sie thematisiert Unterscheidungen wie die zwischen „weit verbreitetem Alltagswissen" und „wenig verbreitetem Wissen" und deutet an, wie wichtig solche Unterscheidungen für die kompetente Konstruktion von Aufgaben im

Deutschunterricht sind. Eine Lehrplananalyse zeigt, welche Wissensdomänen administrativ bevorzugt werden.

Ina Karg (Göttingen) thematisiert in kritischer Absicht das auf Internationalität hin angelegte Design der PISA-Studie. In kulturvergleichender Perspektive macht sie Einwände geltend, die auf den Vorwurf hinauslaufen, dass man der Spezifik verschiedener Unterrichtskulturen zu wenig Rechnung getragen habe, was sich u.a. in einer von Fall zu Fall problematischen Übersetzungspraxis niederschlage. De facto privilegiere PISA die Art des Umgangs mit Texten im Unterricht, wie sie in bestimmten Ländern Usus sei. Darüber werde aber nicht reflektiert.

Sigrid Thielking (Ludwigsburg) macht bei PISA einen „technizistischen" Begriff von Leseverstehen aus. Würde man im Deutschunterricht nur wie bei PISA auf „Informationsverarbeitungskompetenz" setzen, könne man in Sachen Literatur allenfalls Kurzformen präsentieren. Anhand eines Musil-Zitats bringt sie relevante Merkmale des Leseprozesses zur Geltung, die ihrer Ansicht nach bei PISA ausgeklammert sind. Von hier aus entwickelt sie einige Vorschläge für eine (neue) Didaktik der Literaturgeschichte.

Jürgen Grzesik (Köln) erörtert u.a. die Aufgaben, die im internationalen Teil von PISA im Zentrum standen. Er deutet – in Übereinstimmung mit den amerikanischen PISA-Gewährsleuten Kirsch, Jungeblut und Mosenthal – an, wie eine Typologie von Leseaufgaben beschaffen sein könnte und was unter „Aufgabenschwierigkeit" zu verstehen ist. Mit Nachdruck plädiert er für eine operative Lerntheorie und erläutert u.a. zentrale Operationen für das Verstehen von Metaphorik und Ironie – wesentlichen Prüfsteinen für die Theorie von Kintsch.

Axel Krommer (Erlangen-Nürnberg) votiert für eine intensivere Zusammenarbeit von Kognitionspsychologie und Literaturdidaktik. Er zeigt u.a., dass Kintsch, den man derzeit als den zentralen Exponenten der Psychologie des (Lese-)Verstehens ansehen kann, sich durchaus der begrenzten Reichweite seines analytischen Instrumentariums bewusst ist. Wieder sind literarische Texte das „Exerzierfeld", auf dem sich das relative Ungenügen dieses Instrumentariums besonders plausibel zeigen lässt. Krommer macht, von einem „principle of charity" ausgehend, auch geltend, dass die Vertreter einer kognitiven Psychologie des Lesens von sprachanalytischen Philosophen einiges lernen könnten.

Anmerkungen

1 Bettina Hurrelmann war Mitglied der Expertengruppe „Leseverständnis". Sie ist aber nicht Koautorin des Kapitels zur Lesekompetenz.

2 Dass es auch anders geht, zeigen Lehmann u.a. im Rahmen der Erläuterung des Hamburger Lesetests für 3. und 4. Klassen (HAMLET), der ebenfalls auf einer Stufentheorie basiert. Sie ermittelten, dass knapp 50 Prozent „der Probanden in der Eichstichprobe streng die Voraussetzung erfüllen, dass keine Verständnisstufe beherrscht wird, die über der geschätzten liegt, oder dass der Proband niedriger eingestuft wird, als es der höchsten beherrschten Stufe entspräche." Knapp 6 Prozent der SchülerInnen können als „Irreguläre" gelten (vgl. Lehmann u.a. 1997, S. 17).

3 Zwar wird des öfteren betont, „dass hohe Übereinstimmungen in den Codierungen der offenen Antworten durch unabhängige Auswerter erreicht werden konnten" (ebd., S. 81, vgl. z.B. auch S. 42). Zum Prozess des von Fall zu Fall doch eigentlich spannenden „Aushandelns" dessen, was als mehr oder weniger richtig oder falsch zählen soll, erfährt man aber wie in anderen großen empirischen Untersuchungen nichts. Dabei schützt auch hohe Intercoderreliabilität nicht vor Irrtum. Man irrt sich dann eben gemeinsam. Allerdings: Anlass, auf einem hohen Ross zu sitzen, haben wir nicht. Unsere deutschdidaktische Praxis ist ja in der Regel, Schätzurteile solistisch zu produzieren und ihre Reliabilität ungeprüft vorauszusetzen.

4 Die Überlegungen zu 2.2 und 2.3 stammen aus einem ursprünglich für diesen Band vorgesehenen Einzelbeitrag von A. Bremerich-Vos.

5 U.E. werden hier exemplarisch verschiedene Denkstile bzw. Habitusformen deutlich. Der eine (Kintsch) betont die Objektivität und weiß genau, dass er so nur einen kleinen und intellektuell wenig aufregenden Teil der vielfältigen Kohärenzbeziehungen in Texten erfassen kann. Schon ein Textanfang wie *Es donnerte. Frau Halmich war nicht bereit, das Haus zu verlassen.* lässt sich ja mit Kriterien wie Referenzidentität und Argumentüberlappung gar nicht als kohärent begreifen. DidaktikerInnen setzen eher darauf, dass die „ganze Fülle" der Beziehungen zu erfassen sei. Um Kriterien wie Reliabilität und Objektivität kümmern sie sich in der Regel aber nicht.

6 Schnotz und Schiefele halten im Übrigen dafür, dass nicht nur die „psychologische" (u.E. eigentlich „psychische") Realität von Propositionen, sondern auch die von mentalen bzw. Situations- Modellen weder eindeutig zu belegen noch zu falsifizieren ist.

7 Die Rede von der „bildhaften Vorstellung" ist im Übrigen selbst alles andere als unproblematisch. Wenn es um Bilder geht, sind Fragen nach Größe, Farbe usw. durchaus verständlich. Wie soll man aber z.B. auf die Frage reagieren, wie groß denn das innere Bild sei, das man von diesem oder jenem habe? Und darauf, wie denn seine Farbkomposition beschaffen sei?

Literatur

Artelt, Cordula/Stanat, Petra/Schneider, Wolfgang/Schiefele, Ulrich: Lesekompetenz: Testkonzeption und Ergebnisse. In: Baumert, Jürgen/Klieme, Eckhard/Neubrand, Michael/Prenzel, Manfred/Schiefele, Ulrich/Schneider, Wolfgang/Stanat, Petra/Tillmann, Klaus-Jürgen/Weiß, Manfred (Hrsg.): PISA 2000. Basiskompetenzen von Schülerinnen und Schülern im internationalenVergleich. Opladen: Leske und Budrich 2001. S. 69–137.

Ballstaedt, Steffen-Peter/Mandl, Heinz/Schnotz, Wolfgang/Tergan, Sigmar Olaf: Texte verstehen – Texte gestalten. München: Urban und Schwarzenberg 1981.

Christmann, Ursula/Groeben, Norbert: Psychologie des Lesens. In: Franzmann, Bodo u.a. (Hrsg.): Handbuch Lesen. Baltmannsweiler: Schneider 2001. S. 145–223.

Ferstl, Evelyn/Kintsch, Walter: Learning From Text: Structural Knowledge Assessment in the Study of Discourse Comprehension. In: Oostendorp, Herre van/Goldman, Susan R. (Hrsg): The Construction of Mental Representations During Reading. Mahwah: Lawrence Erlbaum 1999. S. 247–277.

Johnson-Laird, Philip: Mental Models. Towards a Cognitive Science of Language, Inference, and Consciousness. Cambridge: Harvard University Press 1983.

Kintsch, Walter: Comprehension: A paradigm for cognition. New York: Cambridge University Press 1998.

Lehmann, Rainer H./Peek, Rainer/Poerschke, Jan: HAMLET 3–4 – Hamburger Lesetest für 3. und 4. Klassen. Weinheim/Basel: Beltz 1997.

Putnam, Hilary: Repräsentation und Realität. Frankfurt/M.: Suhrkamp 1999.

Rickheit, Gert/Strohner, Hans: Textverarbeitung: Von der Proposition zur Situation. In: Friederici, Angela D. (Hrsg.): Sprachrezeption [= Enzyklopädie der Psychologie, Abteilung Sprache, Bd. 2]. Göttingen: Hogrefe 1999. S. 271–306.

Rost, Jürgen: Testtheorie, Testkonstruktion. Bern: Huber 1996.

Schiefele, Ulrich: Motivation und Lernen mit Texten. Göttingen: Hogrefe 1996.

Schneider, Hans Julius: Beruht das Sprechenkönnen auf einem Sprachwissen? In: Krämer, Sybille/König, Ekkehard (Hrsg.): Gibt es eine Sprache hinter den Sprachen? Frankfurt/M.: Suhrkamp 2002. S. 129–150.

Schnotz, Wolfgang: Aufbau von Wissensstrukturen. Untersuchungen zur Kohärenzbildung bei Wissenserwerb mit Texten. Weinheim: Beltz 1994.

v. Savigny, Eike/Scholz, Oliver R. (Hrsg.): Wittgenstein über die Seele. Frankfurt/M.: Suhrkamp 1995.

Lesekompetenzen – Hauptsache flexibel. Zu einer Parallele zwischen Literaturdidaktik und empirischer Lesepsychologie

MICHAEL KÄMPER-VAN DEN BOOGAART

> Betrachtet man den laufenden Ursachendiskurs, so wird unmittelbar deutlich, dass alle Teilnehmer die PISA-Daten zur Unterstützung von Ursachendiagnosen heranziehen, die sie schon immer vertreten haben. Es ist das alte Spiel: Jeder sucht sich aus den Analysen das heraus, was ihm passt. Oder er verzichtet auf eine solche selektive Sicht – die ja immerhin eine gewisse Beschäftigung mit der Studie voraussetzt, denn man muss dann immerhin zwischen den Ergebnissen unterscheiden, die einem passen, und solchen, die dies nicht tun bzw. irrelevant sind – und nimmt PISA als Anlass für ein erneutes Vorbringen dessen, was man immer schon und ganz pauschal und kulturkritisch zur Gesellschaft, zur Jugend, zur Schule und zu den Lehrern gesagt hat. Die Verantwortung für die Zustände haben natürlich immer die anderen – und immer sind es diese anderen, die sich dringend bewegen müssen. Auf diese Weise wird in der bekannten Manier der schwarze Peter im Kreise herumgereicht. (Terhart 2002, S. 37)

Beobachtungen, wie sie der Erziehungswissenschaftler und Lehrerbildungsexperte Terhart in seiner publizistischen Reaktion auf PISA formulierte, lassen sich gegenwärtig in der Tat massiert machen. Verantwortlich für diese wenig ermutigenden Reaktionen dürften unterschiedliche Faktoren sein: unter anderem die im Verteilungskampf um die Ressourcen Aufmerksamkeit, Zeit und Finanzen ausgebildeten Reflexe der Akteure des Wissenschafts- und Bildungssystems. Hinzu kommt die Gewissheit derer, die mit ihren Vorschlägen buchstäblich nicht Schule gemacht haben, von jedweder Verantwortung für die schlechten PISA-Ergebnisse frei zu sein. Vergleichbare Reaktionen lassen sich auch im kleinen Feld der Deutschdidaktik beobachten, wenn eine Vernachlässigung des Sprachunterrichts zugunsten des Literaturunterrichts beklagt wird, ohne dass ernsthaft belegt werden könnte, dass eine alternative Gewichtung andere Resultate gezeitigt hätte.[1] Noch kurioser dürfte es zumindest Außenstehenden erscheinen, erfahren sie, wie widersprüchlich die Prämissen kontroverser Schuldzuweisungen ausfallen, sobald es um die richtige Sicht auf die durch PISA schlecht gewordene Realität des Deutschunterrichts geht. So postulieren Programmatiker eines produktionsorientierten Deutschunterrichts, dass dieser, würde er denn endlich (!) entschlossen realisiert, zu verbesserten Schülerleistungen als den bei PISA gezeigten verhülfe. Im Widerspruch hierzu rufen andere Diskutanten nach einer Um- oder Rückkehr auf der reziproken Prämisse, dass der Deutschunterricht und die Lehrerausbildung realiter an einer einseitigen Präferenz für Produktionsorientierung, Kreativität etc. litten. Das Schöne an solchen wechselseitigen Schuld- und Versäumnisvorwürfen ist, dass sie sich jeder Überprüfung anhand des PISA-Materials entziehen. Dergestalt sind sie prädestiniert für endlos lustvolle Diskussionen, die die Teilnehmer mit dem anscheinend nötigen Reservoir an Selbstbestätigung und Feindbildern versorgen und das Feld auf Trab halten.

Doch es könnte auch um mehr gehen: Nicht auszuschließen ist, dass in diesem Diskussionszusammenhang Weichen gestellt werden, die die zukünftige Gewichtung einzelner Positionen oder Diskursgemeinschaften für Fragen der Wissenschaftsförderung, der Politikberatung oder allgemein der legitimen Konstruktion pädagogischer Wirklichkeit betreffen. Unter diesem Gesichtspunkt fällt jene Zurückhaltung schwer, die angesichts der interpretationsbedürftigen PISA-Ergebnisse geboten ist. Letztes gilt für die Fachdidaktik im besonderen Maße. Einerseits besteht nicht erst seit PISA ein relativ breiter politischer Konsens darüber, dass die Rolle der Fachdidaktik für die Gestaltung von Unterricht über Lehrerausbildung und Forschung auszubauen sei. Andererseits ist dem Urteil schwer zu widersprechen, dass, nicht zuletzt wegen fehlender Ressourcen, die fachdidaktische Forschung angesichts eines erheblichen Bedarfs unterentwickelt sei.

> Das Zentrum der Schulen, der fach- und themenbezogene Unterricht, profitiert heute so gut wie nicht von fachdidaktischer Forschung, während die Entwicklung der Inhalte derart weit reichende Fragen mit sich bringt, dass der Forschungsbedarf unübersehbar ist. Anders kann nicht entschieden werden, was dringlich entschieden werden muss, nämlich die Ablösung des erodierenden Kanons durch ein überzeugendes Wissensangebot. Nicht einmal die Frage, wie lernfähig dieses Angebot gehalten, also wie regelmäßig und von wem es überprüft werden soll, ist beantwortet, geschweige denn die viel weiter gehende Frage, wer darüber in Zukunft bestimmen soll. (Oelkers 2003, S. 127)

Dass diese Schwächen insbesondere den Mangel oder die Qualität empirischer Forschung betreffen, wird auch innerhalb der Fachdidaktik Deutsch recht einvernehmlich konstatiert, sofern die Diskussionen auf den Symposien der letzten Jahre nicht täuschen (vgl. Kammler/Knapp 2002). Wohl nicht zu Unrecht wird insbesondere moniert, dass in der literaturdidaktischen Forschung zu wenig geschieht (oder wegen mangelnder Ressourcen geschehen kann), was den Ansprüchen empirischer Forschung gerecht würde. Dieses Monitum ist auch nicht durch den Verweis auf die – mit Blick auf die Drittmittelausstattung und auf die publizistische Produktivität – sehr erfolgreichen Projekte der Lesesozialisationsforschung zu entkräften, spielen doch Unterrichtsforschungen in diesem Verbund eine vergleichsweise geringe Rolle. Zudem gilt, dass hier wie in der PISA-Studie zentrale Konstrukte, so der Begriff der Lesekompetenz, relativ unabhängig von fachdidaktischen Setzungen elaboriert wurden. Vielmehr sind es psychologische Modelle und Forschungen, die die zentralen Aspekte und Fragestellungen der Leseforschung vorgeben.

Die Dominanz empirischer Psychologie wird von Didaktikern nicht selten als sachfremd kritisiert. Zuweilen ist diese Kritik ertragreich, so in der Analyse der eigenwilligen Erwartungshorizonte, die den literarischen Aufgaben bei PISA zugrunde liegen. Wenig konstruktiv dürfte es indes sein, die fachdidaktische Distanz gegenüber den psychologischen Forschungen zu zementieren (vgl. allerdings Kammler/Switalla 2001). Vielmehr gilt es gerade in der gegenwärtigen Situation, von einander zu lernen. In solchen Lernprozess muss die Literaturdidaktik trotz ihrer Schwächen auf dem Gebiet empirischer Forschungen nicht in gebückter Haltung eintreten. Wahrzunehmen ist nämlich bei näherer Auseinandersetzung, dass die empirische Leseforschung vor Schwierigkeiten steht, die bildungstheoretisch oder fachwissenschaftlich argumentierenden Fachdidaktikern nicht unvertraut sein dürften (vgl. Kämper-van den Boogaart 2003). Wie ich im Folgenden diskutieren möchte, berühren diese Schwierigkeiten leider die zentralen Fragen einer didaktischen Lösung der PISA-Misere. Hierbei handelt es sich meines Erachtens auch um die Frage, wie sich das Können bestimmen und für Lernprozesse modellieren lässt, das in der PISA-Studie unter der Überschrift Lesekompetenz gemessen wurde.

Lesekompetenz, psychologisch

Die Definitionen von Lesekompetenz und von Kompetenzstufen und -dimensionen, wie sie in PISA gegeben und erläutert werden, sind differenziert. Was Aussagen über das Zusammenspiel von beim Lesen identifizierbaren Teilprozessen angeht, so formuliert man wohltuend zurückhaltend. Gerade diese Differenziertheit und vor allem die Akzentuierung der Bedeutung eines vielförmigen Vorwissens wirft aber ein Problem auf (Baumert u.a. 2001, S. 70ff.). Dieses Problem ist wahrscheinlich im Design und Anspruch der Studie marginal, erheblich ist seine Bedeutung aber, will man die Messungen als Überprüfung spezifischer Lernleistungen verstehen. Dieses Verständnis liegt dem Anspruch von PISA nicht zugrunde, es bildet sich aber deutlich in der PISA-Diskussion und in den Sekundäranalysen zu PISA aus. Betroffen ist auch die Erwartung, mit Lernprogrammen zu Lesestrategien auf die in PISA dokumentierten Schwächen zu reagieren. Um welches Problem geht es? Es geht um eine Schwierigkeit, die jeder Deutschlehrer aus seiner Beurteilungspraxis kennt, sofern er sich fragt, ob er tatsächlich nur bewertet, was in seinem Unterricht hätte gelernt werden können. Wenn es so ist, dass – zumal für die konstruktive Lektüre längerer Texte – auf Leserseite Faktoren wie Weltwissen, Motivation, Wertorientierungen u.a.m. in starkem Maße wirksam werden, testet man etwas, das weit komplexer und wohl auch undurchsichtiger ist als man gemeinhin glaubt, sofern man Lesekompetenz als zentrales Lernergebnis des muttersprachlichen Unterrichts begreift.[2]

Anders als bei PISA werden derartige Distinktionsprobleme (Was gehört zum Lesen? Was wirkt auf das Leseergebnis ein?) in Publikationen des DFG-Schwerpunktprogramms „Lesesozialisation in der Mediengesellschaft" teilweise problematisiert. Der von Groeben und Hurrelmann herausgegebene Band zum Konzept der Lesekompetenz (Groeben/Hurrelmann 2002) setzt mit einer Explikation des Konstrukts „Lesekompetenz" ein, in dem Groeben konstatiert, dass der Kompetenz-Begriff dem Projekt größere Schwierigkeiten bereite als der Begriff des Lesens (Groeben 2002). Diese Unterscheidung wird verständlich, realisiert man, dass Groeben den im pädagogischen Kontext ungewöhnlichen Weg geht, die Karriere des Kompetenzbegriffs auf Chomskys Unterscheidung von Kompetenz und Performanz zurückzuführen. Ebenso erklärlich ist angesichts seiner wissenschaftstheoretischen Prämissen – Groeben versteht sich als kritischer Rationalist –, dass er einen Weg finden muss, mit den normativen Implikationen des Kompetenzbegriffs umzugehen. Heikler scheint die Unterscheidung zu sein, wenn es um die Explikation der Prämisse geht, kompetentes Lesen als *bidirektionale Interaktion* beobachten zu müssen. Hier bereits wird es heikel zu entscheiden, wie die sozialen und personalen Rahmenbedingungen, die neben den Mediencharakteristika als potenzielle Einflussfaktoren von Lesekompetenz in Anschlag gebracht werden, im Modell zu verorten sind. Deutlicher wird diese Schwierigkeit im nachfolgenden Forschungsbericht von Richter&Christmann, in dem mit Blick auf die Tragweite von Schematheorien als Erklärungen zu Top-down-Textverarbeitungen das genannte Distinktionsproblem und seine möglichen Folgen ausgeführt werden:

> Im Zusammenhang mit den Schematheorien stellt sich die prinzipielle Frage, ob es überhaupt lesespezifische Fähigkeiten gibt oder ob leseunspezifische Fähigkeitsaspekte wie das inhaltliche Vorwissen die Performanz beim Leseverstehen dominieren. Im letzteren Fall wäre es fraglich, ob der Lesefähigkeitsbegriff als solcher überhaupt sinnvoll ist. (Richter/Christmann 2002, S. 27; vgl. auch S. 48)

Im Effekt gehen die Autoren nicht so weit, angesichts dieses Befundes auf die Konzeptualisierung von Lesekompetenz zu verzichten. Vielmehr deuten sie mit dem, für sich genommen, realistisch anmutenden Hinweis auf eine zirkuläre Beziehung zwischen Vorwissen und Lesen an, dass es im Gegenteil sinnvoll sein könnte, in der Konstruktion des Kompetenzmodells auf die Kategorie Vorwissen gänzlich zu verzichten:

> Gegen eine Verabsolutierung des Vorwissens in der Lesekompetenzforschung – und vielleicht gegen eine Einbeziehung von Vorwissen in das Lesefähigkeitskonstrukt überhaupt – spricht im Übrigen eine konzeptuelle Überlegung, die man „Wissensparadoxon" nennen kann (vgl. Perfetti & McCutchen, 1987): Wenn gute Leser/innen sich vor allem dadurch auszeichnen, dass sie in einer großen Bandbreite von Inhaltsgebieten adäquatere Wissensbestände aufweisen, wie ist dieses überlegene Wissen zuallererst zustande gekommen? Zumindest in großen Teilen – so kann man annehmen – durch effizientere Informationsaufnahme beim Lesen. Aus dieser genetischen Betrachtung folgt zumindest, dass die Annahme wissensunabhängiger Lesefähigkeitskomponenten sinnvoll ist. Neben hierarchieniedrigen Prozessen stellt die Kapazität des Arbeitsgedächtnisses eine solche Komponente dar. (Richter/Christmann 2002, S. 45)

Faktisch macht dieser Hinweis deutlich, wie verflochten und mithin schwierig sich eine Differenzierung von Teilkompetenzen darstellt. Sehr zweifelhaft ist aber, wie es möglich sein soll, die Empirie für ein Lesefähigkeitskonstrukt zu finden, das Vorwissen nicht einbezieht. Nicht nur in dieser Hinsicht gilt die von Eggert formulierte Warnung:

> Die Forderung nach Datenkontrolle darf nicht dazu führen, daß Komplexität ständig in den Forschungsdesigns reduziert wird. Dies hat in der Tat die Gefahr,

> daß „Laborsituationen“ so perpetuiert werden, daß eine wirklichkeitsferne Forschung sich etabliert, deren Ergebnisse durch den kulturellen und technologischen Wandel schon überholt sind, wenn sie auf den Tisch des Hauses gelegt werden. Es sind hier komplexe geschichtliche und nicht technologisch-experimentelle Prozesse, die in ihrer Komplexität auch erfaßt werden müssen. (Eggert/Groeben 1999, S. 249)

Während in der psychologischen Leseforschung über die Rolle des Vorwissens, trotz aller methodischen Probleme und der vermuteten Genese, weitgehende Einigkeit zu bestehen scheint, ist eher unklar, in welcher Funktion und mit welchen Interferenzen das Vorwissen je mobilisiert wird.[3] Im Forschungsbericht ihrer Bielefelder Dissertation hält Heinen fest:

> Genau wie die Arbeitsgedächtniskapazität spielt auch das Vorwissen eine unübersehbare Rolle, wenn es darum geht, Texte zu verstehen. Auch die Auswirkungen auf die mentale Repräsentation sind hier häufiger untersucht worden. Ein gutes Vorwissen ist hier Voraussetzung für den Aufbau des Situationsmodells, da bereits vorhandenes Wissen mit den Fakten des Textes verknüpft werden kann und es so möglich wird, Inferenzen zu ziehen. Nicht eindeutig beantwortet werden kann die Frage, ob Personen mit gutem Vorwissen auch für leichte Texte diese situative Repräsentation aufbauen oder ob es hierfür eines schwereren Textes bedarf. Ebenfalls unklar ist, inwiefern Vorwissen und Arbeitsgedächtnis sich gegenseitig kompensieren können, um zu einem tieferen Textverständnis zu gelangen, z.B. dann, wenn das Vorwissen gering, die Arbeitsgedächtniskapazität jedoch hoch ist.[4]

Vergleichbar bilanzieren Christmann & Groeben:

> Insgesamt haben schematheoretische Ansätze eindrucksvoll auf die immens wichtige Rolle von Vorwissen, Zielsetzungen und Erwartungen bei der Verarbeitung von Texten aufmerksam gemacht. Allerdings ist auch deutlich geworden, wie schwierig es ist, Alltagswissen und Weltwissen von Rezipienten/innen in einer Weise zu modellieren, die es gestattet, auf genereller Ebene verläßliche Vorhersagen darüber zu machen, wie Texte verstanden und behalten werden.[5]

Zusammenfassend kann demnach festgehalten werden, dass in der psychologischen Leseforschung die Bedeutung des im Langzeitgedächtnis gespeicherten Vorwissens für kompetentes Lesen bzw. für die Produktion einer kohärenten mentalen Textrepräsentation[6] hoch veranschlagt wird. Dies gilt insbesondere für längere oder komplexere Texte, auf der Ebene (des Konstruktes) von Makro- bzw. Superpropositionen oder des Konstruktes hierarchiehöherer Teilprozesse des Lesens.[7] Eher unklar ist, wie dieses Vorwissen zu modellieren ist. Unterschieden werden u.a. Wissensbestände, die sich stärker als Weltwissen bzw. bereichsspezifisches Wissen rubrizieren lassen von einem solchen Wissen, das Textsortenkonventionen mit situativen Instruktionen bzw. Gratifikationserwartungen verbindet. Im Zweifelsfall wird für flexible Modelle votiert, und in der Tat spricht viel dafür, dass sich z.B. die Unterscheidung von Welt- und bereichsspezifischem Wissen genauso wenig rigide machen lässt wie sich auf der Textebene eine eindeutige Differenzierung zwischen allgemein verständlichen Texten und Fachtexten bewerkstelligen lässt. Selbst die Unterscheidung von Textsortenwissen bzw. Geschichtengrammatiken (story-grammars) und Skripts wirft im konkreten Fall Probleme auf (Christmann/Groeben 1999, S. 168f.). Keineswegs eindeutig ist ebenso die etwa in der PISA-Studie gelegentlich vorgenommene Differenzierung von persönlichem Wissen und persönlichen Erfahrungen. Angesichts dieser Modellierungsschwierigkeiten spricht man nicht nur von *Flexibilität*, sondern auch gern von *starker Vernetzung* und *hochgradiger Automatisierung*, so auch die PISA-Studie. Diese Kennzeichnung mag als vergleichsweise realistisch durchgehen, darf aber wohl auch als eine etwas euphemistische Variante des alltagssprachlichen Wortes ‚unübersichtlich' gelesen werden.

Analoge Probleme der Literaturdidaktik

Die Schwierigkeit im Umgang mit dem Faktor Vorwissen, die in Publikationen der empirischen Lesepsychologie offen ausgesprochen wird oder doch implizit zu erkennen ist, bietet hermeneutischen Literaturdidaktikern keinen Anlass zur Häme. Vielmehr zeigen sich in den vordergründig unterschiedlichen Lese-Konzepten sehr ähnliche Probleme. Was in der Didaktik als Rezeptionskompetenzen gehandelt wird und kanonisiert werden soll (vgl. Abraham 1998, S. 257ff.), ist schließlich von ähnlichem Status. Anders als in der Lesepsychologie geht es in der didaktischen Kompetenzdebatte insgesamt zwar um mehr, nämlich auch um die Ausbildung solcher zu Kompetenzen erklärten Eigenschaften oder Dispositionen, die unter pädagogischen, ethischen oder politischen Gesichtspunkten für wünschenswert deklariert werden. Doch im Zentrum des fachlichen Lernens, das etwa um das Ziel kreist, einen literarischen Text ‚angemessen' zu verstehen (und dieses Verständnis zu kommunizieren), müssen mit den Problemen, Vorwissen aufzubauen, es abzurufen, es situativ angemessen einzusetzen usw., vergleichbare Fragen geklärt werden. Was in diesem Sinn eigentlich geschieht, wenn am Ende interpretiert werden soll, ist nicht nur für Schüler, sondern ebenso für Lehrer und Didaktiker unübersichtlich – bzw. *vernetzt, automatisiert* und *flexibel.* Konsens dürfte darüber bestehen, dass es in unseren Schulen eine schlechte Praxis gibt, diese Unübersichtlichkeit durch einen brachialen Akt der Reduktion zu mildern. Dies geschieht beispielsweise, wenn Schüler zunächst ein Textsortenwissen zur Kurzgeschichte oder Kenntnisse zu metrischen Strukturen ‚vermittelt' bekommen und sie dieses Vorwissen dann im Akt einer ‚Analyse' zur Repräsentation des Textes werden lassen. Im Horizont der Lehrenden sind zumeist andere Erwartungen präsent: etwa die notorische Vorstellung, Form und Inhalt in eine Beziehung zu setzen, wobei Inhalt eben nicht die abbildhafte Repräsentation des Textes ist, sondern, vage genug, die Artikulation eines Sachverhalts, der ein Wissen repräsentiert, das mit dem Text zusammenhängt, aber auch über ihn hinausgeht.[8] Dies ist zum Beispiel immer der Fall, wenn das Verhalten von Figuren psychologisch erklärt wird, wenn Erzählungen in den Horizont ihrer Zeit eingerückt werden, kurz: wenn der Text kontextualisiert wird. Bei diesem Kontext handelt es sich auf der Seite des Schülers selbstverständlich um ein Vorwissen, das im hermeneutischen Idealfall durch die Anwendung im Akt der Interpretation eine Modifikation bzw. Erweiterung erfährt.[9]

Das didaktische Problem besteht nun – ganz analog zu den Schwierigkeiten der Psychologen – darin, das für solche Prozesse aussichtsreiche Vorwissen derart zu modellieren, dass sich damit in der Empirie des Unterrichts etwas anfangen lässt. Leicht fällt es davon zu reden, dass sich weit reichende Leseerfahrungen, Bildungsreisen, Sensibilität im Umgang mit anderen ebenso auszahlen dürften wie performative Erfahrungen, wenn es um die Anschlusskommunikationen geht. Doch viel weiter als über Schiller hinaus gelangen wir mit solchen Allgemeinaussagen kaum. Zudem zeigt sich, dass wir in der Didaktik wahrscheinlich keinen Konsens darüber besitzen, wessen Kompetenzen wir eigentlich beobachten sollten, um über den konkreten Fall hinaus[10] eine Idee von den Strukturen jenes Vorwissens zu bekommen. Beobachten wir zur Ableitung von Kompetenzen und Standards die Philologie, die Philologen oder private Leser, die unserem jeweiligen Anspruch entsprechen?

In der bereits zitierten Dokumentation des DFG-Schwerpunktprogramms „Lesesozialisation in der Mediengesellschaft" (Groeben/Hurrelmann 2002) wird diese Frage praktisch in zwei Beiträgen traktiert. Während

Rupp empirische Beobachtungen in einer Unterrichtseinheit zu Aussagen über Kompetenzen zu spezifischen Anschlusskommunikationen (Interpretieren im Unterricht) verallgemeinert[11], unternimmt es Eggert, sich an einer allgemeinen Bestimmung der für literarische Texte relevanten Lesekompetenzen zu versuchen.[12] Seine ausgewiesenen Beobachtungsdaten bestehen aus wissenschaftlichen Publikationen: literaturwissenschaftliche Einführungen, kultursoziologische Schriften, Beiträge zur Lesesozialisationsforschung. Auf dieser Basis will er den Ausweis der textseitigen Anforderungen als Einflussfaktoren eines Rezeptionsprozesses bestimmen, in dem der literarische Text im Sinne von Literatur als Kunst gedeutet wird. Unterschieden werden dabei vier Kompetenzkomponenten: Gattungswissen, Einsicht in die Referenzstrukturen von Texten bzw. das Vermögen zur Kontextualisierung, kulturelles Wissen, emotionaler Modus der Textrezeption. Ob diese Komponenten hinreichen oder den Anspruch auf Systematik erfüllen, muss hier nicht interessieren. Aufschlussreich ist aber, dass bei Eggert ebenfalls die Disposition zu *Flexibilität* einen hohen Kompetenzrang einnimmt. Dies gilt für die Applikation von Gattungswissen (flexible und sinnkonstituierende Handhabung im Verhältnis zum Einzelwerk als höchste Kompetenzstufe (Eggert 2002, S. 189)) ebenso wie für die Rezeptionshaltungen und die Wahl der Lektürestoffe. Auch bei den beiden anderen Komponenten ließe sich Eggerts Darstellung zugunsten eines flexiblen Umgangs mit (Vor-)Wissen pointieren. Wie im Fall des psychologischen Modells von Lesekompetenz allgemein zeichnet sich bei Eggerts Spezifikation für den ‚probaten' Umgang mit literarischen Texten ab, dass die Bedeutung des Einzelfalls, der Situation und der Vernetzung jeweils so hoch zu taxieren ist, dass Ableitungen zu Regeln oder Strategien eines geplanten Kompetenzerwerbs schwer fallen müssen.

Diese Schwierigkeit hat bekanntermaßen in der Vergangenheit dazu geführt, die Interpretation selbst als Kunst aufzufassen, wobei die Prämisse galt, dass Kunst prinzipiell nicht lernbar sei. Mehr noch: Das Kriterium des Gelernten, ideologisiert: des *bestenfalls Angelernten*, wurde zum Ausweis des künstlerisch Unberührten. So Emil Staiger 1955:

> Wir lesen Verse; sie sprechen uns an. Der Wortlaut mag uns faßlich scheinen. Verstanden haben wir ihn noch nicht. Wir wissen noch kaum, was eigentlich dasteht und wie das Ganze zusammenhängt. Aber die Verse sprechen uns an; wir sind geneigt, sie wieder zu lesen, uns ihren Zauber, ihren dunkel gefühlten Gehalt zu eigen zu machen. Nur rationalistische Theoretiker würden bestreiten, daß dem so ist. Zuerst verstehen wir eigentlich nicht. Wir sind nur

berührt; aber diese Berührung entscheidet darüber, was uns der Dichter in Zukunft bedeuten soll. Manchmal findet die Berührung nicht gleich beim ersten Lesen statt. Oft geht uns das Herz überhaupt nicht auf. Dann können wir über den Dichter bestenfalls Angelerntes wiederholen. (Staiger 1971, S. 9)

Diese Position ist zwar in der Zwischenzeit stark aus der Mode gekommen. Gleichwohl dürften die Sätze noch immer Phänomene fassen, die viele Lehrende in der Schule und Universität an Lernenden, aber natürlich auch an sich selbst beobachten.[13] In die Didaktik schrieb sich die These, dass die Interpretation in letzter Instanz nicht erlernbar sei, etwa beim Doyen der frühen Jahre ein, bei Robert Ulshöfer:

> Der Interpretationsaufsatz bringt den Lehrer in einen Zwiespalt: Er muß dem Schüler Fragestellungen, Gesichtspunkte, Gliederungsschemata von allgemeiner Bedeutung an die Hand geben, ihn aber zugleich vor Schematismus bewahren; er soll das Handwerklich-Lehrbare des Texterläuterns vermitteln, aber diese Fähigkeit nur so weit üben, als der Sinn für das Verstehen ausgebildet wird. Einsicht in das Wesen der Gestalt ist mehr als nur eine ästhetische Analyse. Dieses „Mehr" ist nicht lehr- und nicht lernbar. (Ulshöfer 1976, S. 273)

Fünfzig Jahre später muten auch diese Formulierungen antiquiert an, vergleicht man nur die Wendung vom Wesen der Gestalt mit dem Verweis auf mentale Repräsentation, wie ihn die Lesepsychologie bemüht. Und ganz sicher hätte Ulshöfer heute zu dem *nicht lehr- und nicht lernbar* ergänzen müssen: nicht *messbar*. Gleichwohl stellt sich die Frage, ob die aktuellen Ansätze, die einerseits Reading literacy, andererseits literarische Rezeptionskompetenzen modellieren, in ihren Rekursen auf die Bedeutung von Flexibilität nicht in der Sache Ähnliches notieren. Gefragt werden darf zugleich, ob Staigers wie Ulshöfers Versionen letztlich nicht ebenso pragmatische wie realistische Einsichten freisetzen, sofern man als Realität jene Aussagen oder Theorien zu nehmen bereit ist, die im Literatursystem zirkulieren und die Vorstellung angemessener Rezeption von Literatur als Kunst prägen. Nach einer immer noch gängigen Auffassung bestimmt sich die für die Lektüre notwendige Kompetenz des idealen Lesers nämlich durch den literarischen Text selbst.[14] Die Kompetenz wäre demnach – und genau dies geschieht ja auch mit allen Theorien über den idealen oder impliziten Leser – zu ermitteln über die Analyse des Textes, des Zusammenspiels seiner Elemente, der in ihn eingeschriebenen Geschichte, der von ihm negierten Möglichkeiten usw. Diese Analyse wiederum verlangt idealiter den Kundigsten, dessen Interpretation zwangsläufig zum Maßstab des Verständnisses wird. Seine Interpretation legt fest, was man verstanden und erfahren haben muss, wenn man den Text verstanden haben will.

> Da er das Produkt eines besonderen Typs sozialer Voraussetzungen darstellt, postuliert der Text einen Leser, der fähig ist, die diesen Voraussetzungen entsprechende Haltung einzunehmen: Als Ausdruck eines zu einem hohen Grad von Autonomie gelangten Feldes schließt er eine Mahnung, eine ausdrückliche Aufforderung ein – eben diejenige, welche die Mehrzahl der Rezeptions- und Lektüretheorien unwissentlich aufnehmen und beglaubigen. Das Erleben eines gebildeten Lesers zur Grundlage einer Untersuchung phänomenologischen Zuschnitts erhebend, verurteilen sie sich nämlich selbst, aus dieser menschgewordenen Norm naiv normative Thesen abzuleiten.
>
> [...] Der Leser, von dem die Analyse wirklich spricht [....], ist niemand anderer als der Theoretiker selbst, der, einer bei dem lector sehr verbreiteten Neigung folgend, seine eigene, soziologisch nicht hinterfragte Erfahrung als gebildeter Leser zum Ausgangspunkt nimmt. (Bourdieu 2001, S. 472f.)

Gleichsam – und für alle Novizen des Betriebs strafverschärfend – gilt wie natürlich, dass eine Interpretation, die bloß wiederholte, was die Meisterinterpretation bereits ausführte, keine wäre. Hier nämlich erschiene lediglich die Interpretation reproduziert, was eben nicht die Anschlusskommunikation einer literarischen Lektüre darstellte, sondern gewissermaßen eine fehlgeleitete und peinliche Horizontverschmelzung ausdrückte. Was in jedem Fall fehlte, wäre, was letztlich noch immer im Zentrum vieler kunstpädagogischen Programme steht: die Erfahrung des Kunstwerks. Für Bourdieu sind die Grundlagen dieser Erfahrung nur partiell Kompetenzen im Sinne der Lernpsychologie. Stattdessen operiert er mit dem Begriff des Habitus:

> Die Erfahrung des Kunstwerks als unmittelbar sinn- und werthaft ist ein Effekt der Übereinstimmung der beiden sich gegenseitig begründenden Seiten derselben historischen Institution: des gebildeten Habitus und des künstlerischen Feldes. Da das Kunstwerk als solches, das heißt als mit Sinn und Wert behafteter symbolischer Gegenstand, nur existiert, wenn es durch die von ihm stillschweigend verlangten, mit einer ästhetischen Einstellung und Kompetenz ausgestatteten Zuschauer wahrgenommen wird, kann man durchaus sagen, daß das Auge des Ästheten das Werk als solches schafft, muß aber sofort hinzufügen, daß es dies nur in dem Maße vollbringt, wie es selbst Produkt einer langen Geschichte ist: einer kollektiven, nämlich der allmählichen Erfindung

des „Kenners", und einer individuellen, nämlich eines anhaltenden Umgangs mit Kunst. (Bourdieu 2001, S. 455)

An dieser Stelle kann nicht in die Tiefen des hier angeführten Habitus-Modells geblickt werden.[15] Wichtig sind im Kontext der Diskussion allerdings die Hinweise auf die Kongruenz von Rezeptionsdispositionen und künstlerischem Feld sowie auf die Dialektik von individueller und kollektiver Geschichte, von Ontogenese und Phylogenese. Mit Blick auf die individuellen Vorleistungen, die notwendig sind, um die Spiele des erfundenen Kenners spielen zu können, zeigen sich deutlich die Grenzen einer kompensatorischen Schulerziehung. Konsequenterweise lässt sich so auch eine Differenz zwischen kulturellem Kapital und Bildungskapital markieren:

For Bourdieu cultural capital is style, language, taste, disposition, social grace etc. which one acquires from family through socialisation as part of the habitus. Since only one habitus is reflected back to pupils from the school (the habitus of the dominant group), then those who already have such a habitus are at an advantage in acquiring educational capital (qualifications). The point is they do not exchange anything for their qualifications – at the end of secondary schooling, dominant group pupils still have their 'cultural capital' in addition to their newly acquired 'educational capital'. Working-class pupils on the other hand have exchanged working-class cultural capital for their educational capital which is their sole possession. When it comes to prestige jobs, university and so on, the dominant cultural capital acts as a multiplier effect on the educational capital. (Harker 1984, S. 172)

Während die lernpsychologischen Kompetenztheorien in der Regel davon ausgehen, dass sich Kompetenzen (skills) lernen und trainieren lassen, ist der Habitus nichts, was sich jenseits des sozialen Feldes bzw. einer sozialen Praxis, in der er wirksam ist, erwerben – und das hieße: inkorporieren – ließe:[16]

Der Habitus ist das, was man voraussetzen muß, wenn man erklären will, warum die sozialen Akteure, ohne im eigentlichen Sinne rational zu sein, das heißt ohne ihr Verhalten im Hinblick auf die Maximierung der ihnen zur Verfügung stehenden Mittel zu organisieren, kurz, ohne Kombinationen, Pläne, Projekte zu machen, vernünftig sind und nicht verrückt, daß sie keine Dummheiten machen (in dem Sinne, wie man von jemandem, der sich bei einer Geldausgabe „übernommen" hat, sagt, er habe eine „Dummheit" gemacht): Sie sind viel weniger abwegig oder irregeleitet, als wir spontan meinen möchten, und zwar gerade deswegen, weil sie als Ergebnis eines langen und komplexen Konditionierungsprozesses die objektiven Chancen, die sich ihnen bieten, verinnerlicht haben, und weil sie die Zukunft vorhersagen können, die zu ihnen paßt (im Gegensatz zu dem, was „nichts für einen ist"), nämlich aufgrund praktischer Antizipationen, die aus der Gegenwart selber das herauslesen, was ohne jedes Besinnen „zu tun" oder „zu sagen" ist (und dann rückblickend als das „einzige" erscheint, was überhaupt zu tun oder zu sagen war). Die Dialektik von subjektiven Erwartungen und objektiven Chancen ist überall in der sozialen Welt wirksam, und meist sorgt sie tendenziell für eine Anpassung der Erwartungen an die Chancen. (Bourdieu 1996. S. 163f.)

Fazit

Lese- und Lesermodelle aus der hermeneutisch geprägten Literaturdidaktik und aus der empirischen Lesepsychologie laborieren an überraschend ähnlichen Unsicherheiten. Diese betreffen letztlich die Rolle des subjektiven Faktors. So müssen die Lesekonzepte des Reading literacy-Modells gerade bei längeren Texten und mit Blick auf Verstehenserwartungen, wie sie im weiterführenden Unterricht kurrent sein dürften, auf die entscheidende Rolle eines leserseitigen Vorwissens rekurrieren, können dieses aber über die einzelne Rezeptionssituation hinaus weder hinreichend systematisieren noch in seiner Genese distinkt ausweisen. Evoziert wird hier ein Unbehagen, das in Zweifeln kulminiert, ob sich ein komplexeres Lesevermögen tatsächlich als *Lese*kompetenz modellieren lässt. Faktisch behilft man sich mit allgemeinen Hinweisen auf Vernetzung, Ganzheitlichkeit und namentlich Flexibilität.

Literaturdidaktische Kompetenzmodelle, die vom Fach oder vom Kunstsystem her argumentieren, bieten zwar Kompetenzklassifikationen auf, die ihrerseits Ordnungsprinzipien des Wissenschaftswissens oder einer als literarisch geltenden Kommunikation aufnehmen. Sie sind aber ebenfalls gezwungen, die jeweilige Bedeutung dieser Wissensbestände für probate Anschlusskommunikationen als flexibel einzustufen. Diese Einstufung rekurriert auf Entwicklungen des künstlerischen Feldes, seiner spezifischen Autonomie und ihren Regeln. Zu diesen zählt, dass sich Maßstäbe ästhetischen Verstehens erst über die symbolischen Gegenstände – die Werke – selbst ableiten lassen. Diese Ableitung können indes nicht die Werke selbst besorgen, sodass die Maßstäbe faktisch durch diejenigen Interpretationen gewonnen werden, denen im jeweiligen Feld (Kunst, Wissenschaft, Schule) die höchste

Legitimität zugesprochen wird. Die jeweiligen Kompetenzen sind unter diesen Prämissen Erfindungen der Interpreten.

Hervorgehoben wird in älteren literaturwissenschaftlichen Einlassungen wie in Konzepten der Lesepsychologie, das neben dem Vorwissen etwa auch motivationale und volitionale Dispositionen handlungsbestimmend seien, wobei allgemein davon ausgegangen wird, dass zwischen kognitiven und diesen anderen Kompetenzen ein positiver Zusammenhang besteht. So nachvollziehbar und konsensstiftend derartige Aussagen auf allgemeiner Ebene sein mögen, so gering ist ihr Erklärungswert, solange nicht die sozialen Praxen in die Reflexion eingehen, in denen die genannten Kompetenzen für die Aktanten ihren praktischen Sinn machen – oder eben nicht machen. Der praktische Sinn von Leseerfahrungen zeigt sich nicht zuletzt in Anschlusskommunikationen innerhalb sozialer Welten, die, wie PISA zeigt, nach wie vor nach jenen Regeln segmentiert sind, deren Geltungsverlust in einigen soziologischen Individualisierungstheorien der 90er Jahre wohl zu Unrecht behauptet wurde. In der PISA-E-Studie heißt es:

> Mit der Öffnung des Gymnasiums werden die sozialen Disparitäten der Bildungsbeteiligung kleiner – der gewünschte Struktureffekt ist also direkt nachweisbar –, aber nicht notwendigerweise auch die sozialen Disparitäten des Kompetenzerwerbs. Der Abbau der sozialen Unterschiede im Kompetenzerwerb hängt wesentlich davon ab, wie gut es gelingt, die Leistungsschere in der Basisqualifikation der Lesekompetenz nicht zu weit aufgehen zu lassen. Will man keine Abstriche am Leistungsniveau des Gymnasiums zulassen, heißt dies, dass sich die Frage der sozialen Disparitäten des Kompetenzerwerbs in erster Linie in den Hauptschulbildungsgängen und in der Integrierten Gesamtschule entscheidet. Soziale Gerechtigkeit ist im Bildungswesen ohne ausreichende Sicherung von Basisqualifikationen für alle nicht möglich.
>
> [...] In den neuen Ländern ist die akademische und sozial differenzierende Tradition des Gymnasiums vermutlich nicht mehr in gleicher Stärke präsent. Dies führt zu einer größeren Nähe auch sozial schwächerer Bevölkerungsschichten zum Gymnasium und senkt die sozialen Disparitäten der Bildungsbeteiligung. Parallel dazu verringern sich auch die sozialen Unterschiede im Kompetenzerwerb. Allerdings haben die neuen Länder größere Schwierigkeiten, gymnasiale Leistungsstandards durchgehend zu sichern. (Baumert/Schümer 2002, S. 188)

Nüchtern referiert wird hier ein Befund, der noch einmal die *Illusion der Chancengleichheit* (Bourdieu/Passeron 1971) festhält: In den alten Bundesländern gibt es seit den 60er und 70er Jahren zwar in der Gesamtbilanz eine größere Chancengleichheit in der Bildungsbeteiligung, sprich: im Zugang zum Gymnasium. Im Bundesländervergleich zeigt sich aber auch, dass die je unterschiedliche Vervielfältigung von Bildungstiteln nicht mit einer proportionalen Chancenangleichung im Kompetenzerwerb einher geht. Pointiert lautet das Problem in der Optik der PISA-Forscher[17]: Die Öffnung der Gymnasien für Kinder aus (gymnasial-)bildungsfernen Elternhäusern verhilft diesen Kindern nicht automatisch zu höherstufigen Basiskompetenzen,[18] und mehr noch: Die soziale Pluralisierung der Gymnasiasten führt zu einem Absinken der Kompetenzniveaus insgesamt.[19] Zumindest die Institution des Gymnasiums erweist sich demnach gegenüber den sozialisatorischen Einflüssen aus Elternhäusern jener bildungsferner Milieus als zu schwach. Dessen Leistungsstandards lassen sich am ehesten halten, wenn die Schulpopulation nach sozialen und ethnischen Kriterien weitgehend der alten und schmalen Gymnasialklientel entspricht.

> Die Museen könnten an ihre Frontgiebel schreiben lassen: Einlaß nur für Kunstliebhaber – aber sie haben es nicht nötig, so sehr versteht sich das von selbst. Das Spiel ruft die *illusio* hervor, die Besetzung des Spiels durch den kundigen Spieler, der, begabt mit Sinn für das Spiel, weil geformt von ihm, das Spiel spielt und es damit ins Leben ruft. (Bourdieu 2001, S. 456)

In den neuen Bundesländern zeigt sich nach den Befunden des PISA-Konsortiums, dass solche symbolische Exklusionspolitik (vgl. hierzu Reay 1999) für den Eintritt in die Institute höherer Bildung schwächelt. Die unsichtbare Schrift auf den Frontgiebeln der Gymnasien wird im Osten nicht gelesen. Auch wer deren Bildung nicht lieb hat, sucht Einlass für seine Kinder. Mit den vielen Kunden aber tut sich die Spielstätte der Kundigen in allen Bundesländern schwer – es mangelt nun am Sinn für das gymnasiale Spiel – an einer *illusio*, auf die sich, wie gebrochen auch immer, ein kanonischer Literaturunterricht letztlich und selbstverständlich[20] verließ.

Anmerkungen

1 Vgl. Ludwig 2002 und die Entgegnung: Kammler 2002.

2 Den Anspruch von PISA lädiert diese Feststellung wohlweislich nicht: Hier kann es den Testern relativ gleichgültig sein, welches Lernen ihre Tests erfassen, solange der Zusammenhang zwischen Test und dem Konstrukt von Lesekompetenz hinreichend plausibel ist. Problematisch wird

es erst, wenn aus den Testergebnissen Schlussfolgerungen für eine Intervention durch Unterricht und Schule gezogen werden.

3 Vgl. allerdings den Versuch bei Willenberg 2000. Vgl. auch Willenberg 1999.

4 Heinen 2001, S. 40. Zu beachten sind die nicht unproblematischen Messergebnisse in Heinens eigenem Experiment. Vgl. die Diskussion, S. 134ff.

5 Christmann/Groeben, S. 169. Vgl. im Kontext auch den Ansatz von Grzesik u.a., der im Rückgriff auf Piaget von Assimilitationsschemata spricht. In literaturwissenschaftlichen Rezeptionsmodellen sind schematheoretische Grundlagen bereits von Umberto Eco eingeführt worden. Seine Konzepte zu Szenographien und Enzyklopädien nehmen bereits wesentliche Aspekte der hier referierten Diskussionen auf. Eine systematische Auswertung für didaktische Anwendungen steht meines Wissens noch aus. Vgl. Eco 1979.

6 Ich umgehe die heikle Frage, was unter *mentaler Repräsentation* verstanden werden soll. Eine ebenso kritische wie instruktive Darstellung kurrenter Modelle (Kintsch u.a.) findet sich bei Grzesik u.a. 1998, S. 7–24. Auch die PISA-Studie folgt der von Kintsch u.a. bemühten Vorstellung einer mentalen Repräsentation. Betont wird aber gegen die Vorstellung von Repräsentation als korrekter Abbildung der situative bzw. persönliche Charakter des Modells. Auch hier werden wiederum das Vorwissen bzw. die persönlichen Faktoren der Rezipienten als entscheidende Faktoren eingestuft (Baumert u.a. 2001, S. 72).

7 Um einen weiteren Befund aus der deutschen Forschungsliteratur zu zitieren: „Die Ergebnisse [...] zeigen, daß die Wortkenntnis und das Vorwissen des Lesers eine stärkere Bedeutung für das Satz- und Textverständnis haben als der IQ. Dabei bleibt jedoch die Frage offen, inwieweit die Wortkenntnis und das Vorwissen nicht doch zum Allgemeinwissen als einer Intelligenzvariablen in Beziehung stehen. [..] so muß auch davon ausgegangen werden, daß das spezielle Vorwissen für einen Textinhalt an die gesamte Wissensstruktur eines Lesers gebunden ist und dieses Allgemeinwissen in das Textverständnis hineinwirkt; wobei das Ausmaß der Wirksamkeit des speziellen Vorwissens auch von der Anforderungsstruktur des Textes abhängt. Je spezieller der Text ist, desto stärker wird das spezielle Vorwissen für sein Verständnis von Bedeutung sein." (Rosenkranz 1987, S. 47).

8 Vgl. exemplarisch Gadamer: „Das scheint mir eine der wesentlichsten Einsichten in bezug auf das Wesen aller Kunsterfahrung überhaupt zu sein. ‚Auffüllen' meint hier, daß der Leser (oder Hörer) noch über das hinausgreift, was in dem sprachlichen Gebilde selber wie greifbar ist und zur Erscheinung kommt und das gleichsam in der Richtung dessen, was es sagen will, über es hinausgeht. Dies Auffüllen vermögen wir alle, wenn uns ein sprachliches Gebilde dichterischer Art gepackt hat." (Gadamer 1993, S. 219).

[9] Dasselbe gilt übrigens für einen Unterricht, der mit Alternativen zu diesen kognitionsorientiert anmutenden Praktiken aufwartet. So gibt es beispielsweise eine reichhaltige Literatur zum Aufbau von Imaginationen im Literaturunterricht. Das Konstrukt der Imagination wird dabei meines Wissens leider nur selten und zu oberflächlich mit Konzepten mentaler Repräsentationen in Verbindung gebracht. Gleichwohl gilt, dass jede Imagination auf eine Aktivierung von Vorwissen (inkl. Erfahrung) hinausläuft. Insofern entspricht es dem Prinzip kumulativen Lernens (vgl. Landesinstitut für Schule und Weiterbildung NRW 2001), geplant an das Vorwissens der Schüler anzuschließen, wenn vorgeschlagen wird, kontinuierlich auch Imaginationen zum Thema wachzurufen (vgl. Schubert-Felmy 2001). Allerdings müsste man sich erstens klarer machen, was die Bestimmung von Themen oder Motiven im Vorfeld der Lektüre für den Leseprozess bedeutet. Zweitens dürfte es wohl so sein, dass Leser und Hörer über eine Vielzahl von Imaginationsmodellen zu einem Sachverhalt (Räuber, Großstadt, Hexe, Kampf usw.) verfügen und erst in der Konfrontation mit dem Text entsprechend ‚passend' auswählen. Zu den neuropsychologischen Perspektiven auf verstehensbegleitende Imaginationen vgl. alternativ: Willenberg 1999, S. 74ff.

[10] Der ‚konkrete Fall' ist unterrichtspraktisch natürlich nicht zu unterschätzen. So macht es einen gravierenden Unterschied, ob im Deutschunterricht jenes kulturelle Wissen tatsächlich erworben wird (bzw. werden konnte), das im konkreten Erwartungshorizont der Lehrperson das Fundament für eine gelungene Interpretation darstellt.

[11] Rupp, Gerhard: Empirisches Beispiel: Interpretation im Literaturunterricht. In: Groeben/Hurrelmann 2002, S. 106–122. Das Beispiel stammt aus einem Projekt, das eigentlich spezifischere Zielsetzungen verfolgt. Deshalb gehe ich auf Rupps Hinweise nicht ein.

[12] Eggert 2002. Auf acht Seiten lassen sich hier naturgemäß nur Problemfelder umreißen.

[13] Heute würde man allerdings wohl eher davon sprechen, zu einem Text keinen Draht zu finden. Die Frage ist dann, wie man durch eine vermittelnde Instanz besagten Draht bekommt und ob es dann nicht schon zu spät ist. Das Problem beschäftigte bekanntlich bereits Kant. Um eine Rehabilitation Staigers bemüht sich in jüngster Zeit Rickes. Seine Argumentation läuft wie die hier folgenden Überlegungen darauf hinaus, Staigers Ansatz Realistik zu bescheinigen: „Staiger trägt mit seinem Ausgehen vom Gefühl lediglich einem simplen Sachverhalt Rechnung: der Unverzichtbarkeit von ästhetischer Empathie, von sprachlichem bzw. literarischem Einfühlungsvermögen des Interpretierenden für eine ertragreiche Auslegung poetischer Texte. Diese Tatsache lässt sich leicht anhand anderer Kunstbereiche illustrieren. Niemand wird realistischerweise von einem amusischen Kommentator bahnbrechende Deutungen von Beethoven-Symphonien erwarten. Wie könnte ein Betrachter, dem die Sphäre der Kunst und erst recht die moderne Malerei fremd ist, wegweisende Erkenntnisse zu Dalis Spätwerk aufzeigen? Warum sollte dies in der Literaturwis-

senschaft, die sich per definitionem mit sprachlichen Kunstwerken auseinandersetzt, anders sein? Ohne spezifisches Sensorium für poetische Sprache, ohne Einfühlungsvermögen in dichterische Werke, letztlich ohne Gespür und Gefühl für das Literarische erscheint eine differenzierte Auslegung poetischer Texte kaum möglich. Deshalb ist, wie Staiger treffend betont hat, für die Analyse literarischer Kunstwerke in der Tat eine spezifische Begabung unabdingbar." (Joachim Rickes: Emil Staiger und die Gegenwartsgermanistik – Plädoyer für eine neue Interpretationskunst. Unveröff. Ms., S. 7; erscheint demnächst in: Volker Ladenthin/Joachim Rickes (Hrsg.): Sprachferne und Textnähe - Über das Unbehagen an der gegenwärtigen Lektürepraxis in Schule und Hochschule).

14 In diesem Sinne kann man auch Gadamer verstehen: „Nur weil der Text es fordert, kommt es also zur Auslegung und *nur so, wie er es fordert.*" (Gadamer 1986, S. 476 [Hervorhebung v. M.K.])

15 Mehr hierzu im Kontext von Theorien literarischer Bildung in: Kämper-van den Boogaart 1997. Vgl. auch: Robbins 2000.

16 Zu den Problemen, die in dieser Beziehung für eine erziehungswissenschaftliche Adaption des Begriffs bestehen, vgl. ebenso Harker 1984, S. 172.

17 Gut vorstellbar scheint mir, dass der Dateninterpretation hier auch widersprochen werden kann. Insbesondere kann man monieren, dass wir über keine vergleichbaren Kompetenzmessungen in den alten Gymnasien verfügen und dass die Betrachtung nicht berücksichtigt, dass Bildungskapital in Form von Titeln Wertverluste hinnehmen musste. Ebenso kann man über die Transformation der Bildungslandschaft der DDR in diesem Zusammenhang differenzierter urteilen. Diese Monita berühren indes nicht den Kern der Aussage.

18 Davon sind insbesondere die Lesekompetenzen berührt.

19 Ein Effekt, der in der These, dass ein eingliedriges Schulproblem für sich bereits in der Summe verbesserte Kompetenzen einbringe, offensichtlich übersehen wird: Baumert & Schümer jedenfalls plädieren dafür, die Hauptschule und die Integrierte Gesamtschule zu beachten, sollen gleichermaßen gymnasiale Standards und Chancenannäherung im Kompetenzerwerb konsensuelle Ziele beschreiben (Baumert/Schümer 2002, S. 188). Oelkers wiederum zeigt deutlich auf, dass ein vermehrter Zugang zu Gymnasien mit einer Vergrößerung der Unterschiede in der Schulqualität einher geht. Seine Perspektive ist einigermaßen düster formuliert: „Die Kernfrage ist, was geschehen soll, wenn hohe Qualitätsunterschiede im staatlichen Bildungsangebot sichtbar werden. Mehr Geld, mehr Lehrerstellen, mehr Ausbildung wird die Qualität nicht angleichen, es ist nur eine Illusion der Bürokratie, dass staatliche Mittel überall gleich Qualität erzeugen. Aber dann wird die Frage der Bildungsversorgung sich mit der Frage verknüpfen, wo die beste Versorgung gegeben ist und wie man sie erreicht. Wenn diese Frage nicht sozialdarwinistisch entschieden werden soll, ist politischer Handlungsbedarf unübersehbar. Das macht Qualitätssicherung zu einem vorrangigen Problem. Zur Qualitätssicherung gehört auch die Frage,

was staatliche Schulpflicht eigentlich ausmacht und ob damit zwingend der Ausschluss von Wahlmöglichkeiten verbunden sein muss. Es hilft den betroffenen Familien nicht, wenn man ihnen sagt, sie seien leider ‚bildungsfern', aber müssten trotzdem das staatliche Bildungsprogramm nutzen. Umgekehrt wäre auch zu fragen, wieso Schulqualität sich auf die Bildungsnähe des Elternhauses stützen kann, ohne darin einen externen Profit zu sehen, der eigentlich unverdient ist. *More of the same* ist keine Sicherung der Qualität, man wird schon unangenehmere Fragen diskutieren müssen, wenn die Schulentwicklung vorankommen soll." Jürgen Oelkers: Bildungsunternehmer, Staatsschulen und das Problem der Chancengleichheit. Vortrag in der Universität Göttingen am 9. Dezember 2002. Ms., S. 15; www.paed.unizh.ch/ap/GoettingenChancengleich.rtf.

20 Ausdruck findet diese „Selbstverständlichkeit" in der Deutlichkeit, mit der auf einen externen Profit (Oelkers, s. Fn. 19) gesetzt wird in der Erwartung, dass Schüler eines Gymnasiums von den Werken der Literatur persönlich angesprochen werden. Kommt es zu keiner Ansprache und wird der Sinn für die Schriftkultur nicht durch andere Genialitäten ausgeglichen, passt der Schüler nicht auf das Gymnasium. Sind es zu viele Schüler, die nicht passen, aber bleiben, ist die Wahrscheinlichkeit hoch, dass der Studienrat seine illusio verliert. Dann ist das Spiel aus, obwohl die Schule weitermacht. Der Fall dürfte nicht selten sein.

Literatur

Abraham, Ulf: Übergänge. Literatur, Sozialisation und Literarisches Lernen. Opladen/Wiesbaden: Westdeutscher Verlag 1998.

Baumert, Jürgen/Klieme, Eckhard/Neubrand, Michael/Prenzel, Manfred/Schiefele, Ulrich/Schneider, Wolfgang/Stanat, Petra/ Tillmann, Klaus-Jürgen/Weiß, Manfred (Hrsg.): PISA 2000. Basiskompetenzen von Schülerinnen im internationalen Vergleich. Opladen: Leske + Budrich 2001.

Baumert, Jürgen/Klieme, Eckhard/Neubrand, Michael/Prenzel, Manfred/Schiefele, Ulrich/Schneider, Wolfgang/Stanat, Petra/Tillmann, Klaus-Jürgen/Weiß, Manfred (Hrsg.): PISA 2000. Die Länder der Bundesrepublik im Vergleich. Opladen: Leske + Budrich 2002.

Baumert, Jürgen/Schümer, Gundel: Familiäre Lebensverhältnisse, Bildungsbeteiligung und Kompetenzerwerb im nationalen Vergleich. In: Baumert u.a. 2002, S. 159–202.

Bourdieu, Pierre: Die Regeln der Kunst. Frankfurt/M.: Suhrkamp 2001.

Bourdieu, Pierre/Passeron, Jean Claude: Die Illusion der Chancengleichheit, Stuttgart : Klett 1971.

Bourdieu, Pierre/Wacquant, Loïc J.D: Reflexive Anthropologie. Frankfurt/M.: Suhrkamp 1996.

Christmann, Ursula/Groeben, Norbert: Psychologie des Lesens. In: Franzmann, Bodo/Hasemann, Klaus/Löffler, Dietrich/Schön, Erich: Handbuch Lesen. Im Auftrag der Stiftung Lesen und der Deutschen Literaturkonferenz. München: Saur 1999. S. 145–223.

Eco, Umberto: Lector in fabula (1979). München: dtv 1990.

Eggert, Hartmut: Literarische Texte und ihre Anforderungen an die Lesekompetenz. In: Groeben/Hurrelmann 2002. S. 186–194.

Eggert, Hartmut/Groeben, Norbert: Ausblick: Forschungsdesiderata. Lesesozialisation in der Mediengesellschaft. Ein Schwerpunktprogramm. In: Groeben, Norbert (Hrsg.): Internationales Archiv für Sozialgeschichte der deutschen Literatur. 10. Sonderheft. Tübingen: Niemeyer 1999. S. 248–252.

Gadamer, Hans-Georg: Ende der Kunst? Von Hegels Lehre vom Vergangenheitscharakter der Kunst bis zur Anti-Kunst von heute (1985). In: xxxx: Ästhetik und Poetik I. Gesammelte Werke Bd. 8, Tübingen: Mohr Siebeck 1993. S. 206–220.

Gadamer, Hans-Georg: Hermeneutik I: Wahrheit und Methode. Grundzüge einer philosophischen Hermeneutik. Gesammelte Werke Bd. 1. Tübingen: Mohr Siebeck 1986 (5. durchges. u. erw. Auflage).

Groeben, Norbert: Zur konzeptuellen Struktur des Konstrukts „Lesekompetenz". In: Groeben/Hurrelmann 2002, S. 11–24.

Groeben, Norbert/Hurrelmann, Bettina (Hrsg.): Lesekompetenz. Bedingungen, Dimensionen, Funktionen. Weinheim/München: Juventa 2002.

Grzesik, Jürgen u.a.: Kann das Verstehen wissenschaftlicher Texte gelernt und gelehrt werden? Münster: Aschendorff 1998.

Harker, Richard K.: On Reproduction, Habitus, Education (1984). In: Robbins 2000, Vol. II, S. 165–176.

Heinen, Stefanie: Der Einfluss von Vorwissen, Interesse und Arbeitsgedächtniskapizität auf die mentale Repräsentation von Texten. Diss. Universität Bielefeld 2001. Über: http://archiv.ub.uni-bielefeld.de/disshabi/psycho.htm.

Kämper-van den Boogaart, Michael: Schönes schweres Lesen. Wiesbaden: Deutscher Universitäts Verlag 1997.

Kämper-van den Boogaart, Michael: Fachdidaktik und Wissenschaft. In: Kämper-van den Boogaart, Michael (Hrsg.): Deutsch-Didaktik. Leitfaden für die Sekundarstufe I und II. Berlin: Cornelsen 2003. S. 75–94.

Kammler, Clemens: Rezepte ohne Beipackzettel. Zu Otto Ludwigs Vorschlägen für eine Reform des Deutschunterrichts nach PISA. In: Der Deutschunterricht 6/2002, S. 91–93.

Kammler, Clemens/Knapp, Werner (Hrsg.): Empirische Unterrichtsforschung und Deutschdidaktik. Baltmannsweiler: Schneider 2002.

Kammler, Clemens/Switalla, Bernd: Qualität des Deutschunterrichts – Kernkompetenzen. In: Tenorth, Heinz-Elmar (Hrsg.): Kerncurriculum Oberstufe: Mathematik – Deutsch – Englisch. Expertisen im Auftrag der Ständigen Konferenz der Kultusminister. Weinheim/Basel: Beltz 2001. S. 103–123.

Landesinstitut für Schule und Weiterbildung NRW (Hrsg.): Förderung von Lernprozessen im Deutschunterricht. Soest: 2001.

Ludwig, Otto: PISA 2000 und der Deutschunterricht. In: Der Deutschunterricht 2/2002, S. 82–85.

Oelkers, Jürgen: Wie man Schule entwickelt. Eine bildungspolitische Analyse nach PISA. Weinheim u.a.: Beltz 2003.

Richter, Tobias/Christmann, Ursula: Lesekompetenz: Prozessebenen und interindividuelle Unterschiede. In: Groeben/Hurrelmann 2002. S. 25–58.

Reay, Diane: Making Contact with Teachers: Habitus, Cultural Capital and Mothers' Involvement in their Children's Primary Schooling. In: Grenfell, Michael/Kelly, Michael (Hrsg.): Pierre Bourdieu: Language, Culture and Education. Bern u.a.: Peter Lang 1999. S. 271–280.

Robbins, Derek (Ed.): Pierre Bourdieu. Vol. I u. II. London : Sage 2000.

Rosenkranz, Klaus: Leservariable und Textverständnis – eine Felduntersuchung im Bereich der Schule. Diss. Universität Hildesheim 1987.

Schubert-Felmy, Barbara: Wege der Imagination – Lesewege. Augsburg: Wißner 2001.

Staiger, Emil: Die Kunst der Interpretation. Studien zur deutschen Literaturgeschichte. München: dtv 1971.

Terhart, Ewald: Nach PISA. Bildungsqualität entwickeln. Mit einem Vorwort von Linda Reisch. Hamburg: Europäische Verlagsanstalt 2002.

Ulshöfer, Robert: Methodik des Deutschunterrichts. Mittelstufe I. (1. Auflage 1953). Stuttgart: Klett ^{10}1976.

Willenberg, Heiner: Lesen und Lernen. Eine Einführung in die Neuropsychologie des Textverstehens. Heidelberg/Berlin: Spektrum Akademischer Verlag 1999.

Willenberg, Heiner: Kompetenzen brauchen Wissen. Teilkompetenzen beim Lesen und Verstehen. In: Witte, Hansjörg u.a.: Deutschunterricht zwischen Kompetenzerwerb und Persönlichkeitsbildung. Baltmannsweiler: Schneider-Verlag Hohengehren 2000. S. 69–84.

Varianten des Literacy-Konzepts und ihre Bedeutung für die Deutschdidaktik

PETRA WIELER

Immer wieder sind es eher Umwege, auf denen der Begriff ‚Literacy' ins Zentrum der deutschdidaktischen Aufmerksamkeit gelangt, zur Zeit etwa in der Variante ‚Reading-Literacy', zumal in den beiden großen internationalen Vergleichsstudien zur Erfassung der Lesekompetenz von Schülern (PISA – und auf die Grundschule bezogen – IGLU) die Begriffe ‚Reading Literacy' und ‚Lesekompetenz' synonym verwendet werden. So definiert die PISA-Studie: „Lesekompetenz (Reading Literacy) heißt, geschriebene Texte zu verstehen, zu nutzen und über sie zu reflektieren, um eigene Ziele zu erreichen, das eigene Wissen und Potenzial weiterzuentwickeln und am gesellschaftlichen Leben teilzunehmen" (Artelt et al. 2001, 80). In kaum einer Reaktion von Seiten der Deutsch-, insbesondere der Literaturdidaktik fehlt der Hinweis auf das mit dieser Definition vorgegebene pragmatisch eingegrenzte Verständnis von Lesekompetenz, welches vornehmlich auf den kognitiven Prozess der Informationsentnahme ausgerichtet sei, die motivational-emotionale Dimension des Lesens und nicht zuletzt deren Genese im Prozess der Lese- bzw. literarischen Sozialisation hingegen außer Acht lasse (Rosebrock 2002; Hurrelmann 2002; Spinner 2003). Angesichts der so deutlich ausgeprägten Skepsis gegenüber der „angloamerikanischen Zieldimension ‚reading literacy'" (Rosebrock 2002, S. 52) – auch der eher fragwürdigen Übersetzung mit dem Begriff ‚Lesekompetenz' – stellt sich die Frage nach einer angemessenen Berücksichtigung anderer möglicher Ausprägungen des ‚literacy'-Konzepts, und zwar sowohl in der PISA-Studie selbst als auch in der Perspektive ihrer kritischen Kommentatoren.

Einer dieser Ausprägungen, nämlich den sog. ‚emergent-literacy'-Studien, wie sie seit Beginn der 80er Jahre in großer Nähe zur ethnographischen Forschung (vornehmlich) in den USA und in Großbritannien durchgeführt wurden, gilt deshalb die Aufmerksamkeit dieses Beitrags. Grundlegend für diese in einem Netzwerk unterschiedlicher Forschungsdisziplinen angesiedelten Studien zu den sprachlich-kulturellen Lernerfahrungen von Kindern im Vor- und Grundschulalter ist die Prämisse, dass die Zugänge zu Phänomenen der Schrift vornehmlich in den zunächst vor allem mündlich geprägten Interaktionserfahrungen des Kindes begründet liegen. Diese oder verwandte Theorieansätze zur Erforschung der frühkindlichen Enkulturation prägen auch die deutschdidaktische Diskussion der letzten Jahrzehnte; sie finden sich wieder in der neueren Aufmerksamkeit der Schreibdidaktik für den Schreibprozess und seine Genese (Feilke/Portmann 1996; Kochan 1998), in Studien zu den Anfängen und Vorläufern literarisch-kultureller Sozialisation und des Erzählen Lernens (Feneberg 1994; Wieler 1997; Dehn et al. 1999), in der Erforschung von Unterrichtsgesprächen und des Zusammenhangs von Narrativität und Lernen (Krummheuer 1997) und nicht zuletzt in den theoretischen Annahmen über die Entstehung von ‚Lesekompetenz', wie sie auch in der PISA-Studie selbst expliziert werden (Artelt et al. 2001, S. 74). Übereinstimmend mit den theoretischen Prämissen der ‚emergent-literacy'-Forschung wird in diesen Studien auf die maßgebliche Bedeutung des Zusammenspiels sozial-interaktiver, sprachlich-kognitiver, dialogischer und narrativer Komponenten für die Ausbildung von Sprache und Bewusstsein, auch von ‚Literarität' und ‚Literalität' (Dehn 1999) verwiesen und somit ein sehr komplexes Konzept sprachlich-kulturellen Lernens entfaltet, das mit vornehmlich kompetenztheoretisch ausgerichteten Erklärungsansätzen zur Sprachentwicklung nur schwer zu erfassen ist. Dem Hinweis auf eine notwendige komplementäre Ergänzung auch zu den theoretischen Prämissen der PISA-Studie gelten die folgenden Ausführungen, die die grundlegende Kongruenz von Erkenntnissen der ‚emergent-literacy'-Forschung mit solchen der aktuellen deutschdidaktischen Forschungsdiskussion aufzeigen und im Sinne einer sprachlerntheoretischen Konzeption fruchtbar zu machen versuchen.

Zur Entstehung von Lesekompetenz oder: die Anfänge der Lesesozialisation

Bei der Frage, wie denn ‚Lesekompetenz' erworben werden kann, berufen die Autoren/Innen der PISA-Studie (Artelt et al. 2001, S. 69) sich u.a. auf Gordon Wells (1985), der allerdings nicht nur das Lesen, sondern die möglichst frühe ‚Begegnung' mit fiktionalen Geschichten als „Schulung des Denkens und der Intelligenz" (Wells 1982; vgl. Ulich/Ulich 1994, S. 824) charakterisiert und darüber hinaus hervorhebt, dass speziell diese sprachlich-kulturelle Lernerfahrung schon des Vorschulkindes sich als die zuverlässigste Prädiktion für eine erfolgreiche Schulkarriere erwiesen habe, zuverlässiger z.B. als – wie zuvor lange angenommen – das Schreiben-Können des eigenen Namens vor Schuleintritt. Genau letztere Fähigkeit wiederum –

und zwar als Beispiel für frühe „Buchstabenkenntnis“ – wertet das Autorenteam der Lesekompetenz-Studie an anderer Stelle und unter Berufung auf empirische Untersuchungen der jüngsten Zeit, neben „phonologischer Bewusstheit“ (Schneider 2001), als „weitere wichtige Vorläuferkompetenz“ (Artelt et al. 2001, S. 75). Schon die genannte Beispiel-Konstellation zeigt an, dass die PISA-Studie überaus gegensätzliche (bzw. aus unterschiedlichen Modellen sprachlichen Lernens resultierende) Forschungsergebnisse bezüglich der Entstehung von Lesekompetenz zu integrieren versucht, und wirft vor allem die Frage auf, wie Eltern und Erzieher angesichts dieser wenig eindeutigen Forschungssituation angemessen reagieren sollen. Einen möglichen Weg zeigt die Studie an, indem sie auf die vor allem von Jerome S. Bruner (1987) hervorgehobene maßgebliche Bedeutung von Vorlesesituationen verweist, ferner auf die in diesem Zusammenhang stattfindenden Dekontextualisierungsprozesse: „Im Prozess der Dekontextualisierung werden in der Eltern-Kind-Interaktion von den Eltern zunächst immer wieder inhaltliche Bezüge zur Erfahrungswelt des Kindes hergestellt und über die Thematisierung anderer denkbarer und realer Kontexte eine allmähliche Loslösung [aus der konkret gegebenen Situation] erzielt“ (Artelt et al. 2001, S. 74). Genauer noch kennzeichnen die vornehmlich angelsächsischen Studien, in denen diese Einsichten erstmals gewonnen wurden, die Interaktion von Eltern/Erziehern und Kindern in der Vorlesesituation selbst, aber auch außerhalb als ein stetiges, kontextstiftendes Querverweisen zwischen realer und fiktiver Wirklichkeit (‚Text-to-Life-‘ ‚Life-to-Text-Interaction‘); solchermaßen wird die Voraussetzung dafür geschaffen, dass das Kind sich überhaupt erst einmal eine Vorstellung (auch) möglicher Welten erarbeiten kann. Was insbesondere die ethnographischen Studien in dieser Weise beschreiben, ist jedoch mehr eine ‚Lebensform‘ (und zwar die einer schul- bzw. bildungsorientierten Schicht), weniger eine Vorlesestrategie und auch nicht ohne weiteres in eine solche zu ‚übersetzen‘ und allgemeinverbindlich zu empfehlen.

Wie schon aus den empirischen Untersuchungen zu den Anfängen des ‚picture-book reading‘ in verschiedenen sozialen Milieus hervorgeht, ist die bereits etablierte Alltags- und Gesprächskultur der Familie als eine zentrale Einflussgröße für die ersten Vorleseerfahrungen des Kindes zu betrachten. Deutlich wurde, dass die im jeweiligen Familienkontext ‚üblichen‘ Interaktionsformen nicht allein den Stellenwert der gemeinschaftlichen Bilderbuch-Rezeption mit dem Kleinkind prägen, sondern darüber hinaus auch bis in die je spezifische sozial unterschiedliche Handlungsorganisation erster Vorlesegespräche hineinwirken (vgl. Feneberg 1997, S. 143). Aufgrund dieser Einsichten in die soziokulturellen Differenzen der primären Buch-Kontakte von Kindern muss davon ausgegangen werden, dass auch die Entfaltung der sprachlichen Handlungsfähigkeit sowie der Anfänge des Textverstehens im Vorschulalter abhängig ist von den Vorbildern alltagssprachlicher und schriftlichkeitsorientierter bzw. literaturgerichteter Interaktionsformen in der unmittelbaren Umgebung der Kinder. Als eingebunden in solche Gesprächskontexte und speziell in den Handlungszusammenhang des ‚Geschichten-Erzählens' sind zugleich auch die Anfänge der kindlichen Auseinandersetzung mit dem Phänomen fiktiver Wirklichkeit aufzufassen.

Die Erkenntnis der engen Verflechtung zwischen alltäglichen und literatursprachlichen sowie insgesamt im Sinne ‚konzeptioneller Schriftlichkeit' ausgerichteten (Günther 1997) Äußerungsformen in der Wahrnehmung des Kindes bildet eine wichtige theoretische Übereinstimmung zwischen deutschdidaktischer Schreib- und Leseforschung und den angelsächsischen ‚emergent literacy'-Studien. Die vor allem in den zuletzt genannten Studien gewonnene Einsicht in die je spezifische Ausprägung der frühen Literalisierung von Kindern in verschiedenen sozialen Kontexten und Milieus verdankt sich wesentlich ihrer gemeinsamen *ethnographischen Forschungsperspektive*, wie sie Schieffelin (1986) folgendermaßen definiert:

> By ethnographic we mean descriptions that take into account the perspective of members of a social group, including the beliefs and values that underlie and organize their activities and utterances. An ethnographic perspective allows the researcher to find out the meaning of events for those who are involved in them. This entails investigating the contexts of the uses of literacy, the meanings of literacy, and the forms of literate communication as it is organized in and plays a role in organizing particular social interactions (ebd., viii).

Übereinstimmend mit der neueren deutschdidaktischen Diskussion, die die Vorläufer und Anfänge des Lesenlernens als Teil des Schriftspracherwerbs auffasst (Dehn et al. 1999, S. 570), konzentrieren sich diese Untersuchungen auf sog. ‚literacy events', d.h. all diejenigen Gelegenheiten, in denen (konzeptionell) schriftliche Formen der Sprachverwendung im Alltag des Kindes eine Rolle spielen, angefangen bei der ‚Gute-Nacht-Geschichte' über das Wiedererkennen der Aufschriften von Lebensmitteln bis hin zur Beobachtung des Schreibens von Einkaufszetteln. Anschaulich wird das ethnographische Forschungsverfahren, das ‚literacy-events' aus der Perspektive der Beteiligten rekonstruiert, in der folgenden Situationsskizze von Heath (1982):

> When preschoolers are 'captive audiences' (e.g., waiting in a doctor's office, putting a toy together, or preparing for bed), adults reach for books. If there are no books present, they talk about other objects as they were pictures in books. For example, adults point to items, and ask children to name, describe, and compare them to familiar objects in their environment. Adults often ask children to state their likes or dislikes, their view of events, and so forth, at the end of the captive audience period (Heath 1982, p. 53).

Diese auf das Vorschulalter bezogene Schilderung familialer Gesprächspraxis zeigt deutliche Übereinstimmungen mit demjenigen ‚Vorlese-Format' (‚Aufruf', ‚Frage', ‚Bezeichnung', ‚Rückmeldung'), wie es von Bruner (1983/1987) anhand erster Situationen des ‚picture-book reading' in Familien der sozialen Mittelschicht analysiert wurde. Vergleichbare Handlungssituationen – so etwa die Initiativen eines Kleinkindes, sich an der sozialen Situation familienüblicher Zeitungslektüre ‚zu beteiligen' oder in einem Autoatlas spielerisch ‚eine (vermeintliche) Route nachzuzeichnen und zu erklären' (Dehn et al. 1999) – gelten auch in deutschdidaktischer Perspektive als Indizien für die frühe Aneignung eines Spektrums *‚literaler Praktiken'* und zugleich als wichtige Voraussetzung des Lesenlernens. Zugleich aber wird nachdrücklich darauf verwiesen, dass keineswegs alle Kinder die Enkulturation in die Welt der Schrift in der beispielhaft geschilderten Art und Weise erfahren, dass auch die vielfach beschworene Charakterisierung der gemeinsamen Bilderbuch-Rezeption im Sinne einer ‚idealen Sprachlernsituation' an eine spezifische musterhafte Ausprägung von Vorlesegesprächen gebunden ist, wie sie vor allem in Familien der mittleren sozialen Schicht realisiert wird (Feneberg 1994; Wieler 1997).

Interaktionsmuster des Vorlesens im Kontext von Familie und Kindergarten

Die Annahme, dass es sich auch bei dem im Zuge der Lektüre vollzogenen Prozess der Bedeutungskonstitution um ein Ergebnis kultureller Lernerfahrung handelt, und zwar abhängig von den in der Umgebung des Kindes geltenden sprachlichen Handlungsmustern, bildet den gemeinsamen theoretischen Ausgangspunkt der ethnographischen Fallstudien von Heath (1982; 1983) und Cochran-Smith (1984; 1986). Anhand der untersuchten Vorlesesituationen im Kontext von Familie und Kindergarten vermitteln beide Studien wichtige Einsichten bezüglich der grundlegenden Ausbildung und Integration ‚textimmanenter' vs. ‚wissensbasierter' Verstehensleistungen, wie sie auch im Lesekompetenz-Modell der PISA-Studie unterschieden werden (vgl. Artelt et al. 2001, S. 82).

Modellhaft vorgeführt werde dem Kind – so z.B. in entsprechenden Vorlesesituationen des Kindergartens – die für den Prozess der Bedeutungskonstitution notwendige Aktualisierung verschiedener Wissensbestände:

1. General knowledge of the world,
2. Knowledge of literary conventions,
3. Knowledge of narrative structure,
4. Knowledge of how to respond as members of a reading audience (Cochran-Smith 1986, S. 48).

Als eine besondere Verstehensanforderung, mit der Kinder vor allem in der Begegnung mit literarischen Texte von ausgeprägtem Fiktionalitätscharakter konfrontiert werden, wird die *Integration* dieser Wissensbestände beschrieben. Die angeführten Vorlesebeispiele illustrieren die Bedeutung metanarrativer Kommentare von Seiten der Kindergärtnerin für diesen Lernprozess, so z.B. die Bemühungen der Erzieherin, den Kindern die ‚phantastischen' Züge einer Bilderbuch-Figur zu verdeutlichen. Der Analyse zufolge wird den Kindern im Rahmen solcher Interaktionen eine für das Textverstehen grundlegende Strategie des Schlussfolgerns und der Herstellung von Inferenzen vorgeführt. In diesem Sinne erfordert z.B. die Einsicht in die phantastische Identität einer Bilderbuch-Figur nicht nur die gleichzeitige Aktualisierung ‚realen Alltagswissens' und bereits vorhandener ‚literarischer Kenntnisse', sondern darüber hinaus die Integration, genauer: ein ‚Ausbalancieren' beider Wissensbestände. Eine weitere Konstituente für den Gesprächszusammenhang des Vorlesens bilde das ‚Wissen' der Kinder um die angemessenen Zuhörer-Reaktionen eines ‚Lese-Publikums'. So setze der im Gespräch vollzogene Prozess kollektiver literarischer Deutung die Vertrautheit der Kinder mit dem *turn-taking-Schema* des Vorlesens voraus (‚What's that?'; ‚That is a ...'; ‚is this a ...?', Ninio/Bruner 1978), wie es die Anfänge der Bilderbuch-Rezeption kennzeichnet.

Der Nachweis, dass das von den Kindern zu erreichende Verstehensniveau erst durch die Fragen, Kommentare und Erläuterungen der vorlesenden Erzieherin an Kontur gewinnt, zählt zu den wichtigsten Verdiensten der angeführten Fallstudie ‚The Making of a Reader' von Cochran-Smith

(1986). Diese kennzeichnet die von der Vorlesenden wahrgenommene Vermittler-Funktion, d.h. die explizite Benennung der für literarisches Lesen konstitutiven ‚Regeln' als zentrale Weichenstellung für die Annäherung des Kindes an die in Bilderbüchern entworfene fiktive Wirklichkeit:

> In interactions of this sort <...> two very important rules were made explicit. *First when one reads a book, one must integrate all the information one has.* <...> That is, everything in the text ought to make sense on a holistic level and also ought to be consistent with one's knowledge of the world. Secondly *the reading process requires that the reader makes many inferences.* Neither the text nor the pictures explicitly provide all the information needed; instead the reader/listener uses the information that is provided in conjunction with the information he or she already has of the world. Hence the reader/listener takes an active role in the process of making sense of texts (Cochran-Smith 1986, p. 51).

Der hier besonders betonte Aspekt des ‚Regel-Lernens' zeigt deutliche Parallelen zu den Anfängen der Bilderbuch-Rezeption in der Phase des primären Spracherwerbs (Snow/Ninio 1986); in ganz ähnlicher Weise, wie in der primären Vorlese-Interaktion zwischen Mutter und Kleinkind die ‚stillschweigenden Übereinkünfte des Bücher-Lesens' explizit gemacht werden – etwa die, dass Bücher ‚nicht auf den Kopf gestellt', ‚von vorne nach hinten', ‚mit einem Mindestmaß an Behutsamkeit', ‚Seite für Seite' zu lesen sind (ebd., S. 122) –, demonstriert der Gesprächscharakter des Vorlesens im Kindergarten den Drei- bis Fünfjährigen ihre eigene aktive Rolle im Prozess literarischer Bedeutungskonstitution.

Zur Rolle der Fiktionalität in Vorlese- und Erzählsituationen

Wie sehr die Wahrnehmung des Lehr-Lern-Potentials von Vorlesegesprächen in institutionellen Kontexten von vorgängigen Sprachlern-, Literatur- und (Vor-) Leseerfahrungen im familialen Kontext abhängig ist, belegen eindrucksvoll bereits die ethnographischen Studien zum Handlungszusammenhang des ‚bedtime-story-reading' in verschiedenen sozialen Milieus (Heath 1982/1983/1986); die jeweilige Ausprägung dieses Handlungszusammenhangs wird als eng verbunden mit den im jeweiligen Familienkontext gebräuchlichen ‚narrative skills' – der musterhaften Struktur von Erzählsituationen zwischen Eltern und Kindern – aufgefasst. Denn konstitutiv für beide Interaktionsformen sei die Imaginationsfähigkeit der Beteiligten, der Prozess des „separating ‚things of the imagination' from life"

(Heath 1986, S. 156). Auf die vorbereitende Funktion des Erzählens hinsichtlich der dem Kind im Zuge späterer literarischer Rezeption abverlangten Abstraktionsleistungen wird auch in der deutschsprachigen Literaturdidaktik verwiesen:

> Der Erwerb literarischer Kompetenz beginnt lange, bevor Kinder lesen lernen. <...> Wenn ein Kind sich an etwas erinnert und das Erinnerte erzählt, dann löst es das Erlebte aus der unmittelbaren Situation oder <...> es imaginiert eine Situation, die nicht mehr präsent ist. Die Alltagserzählung ist in diesem Sinne situationsabstrakt und enthält damit ein Charakteristikum, das in gesteigertem Maße dem literarischen Text zukommt (Spinner 1995, S. 94).

Ähnlich wie die ‚emergent literacy'-Forschung richtet sich auch diese Argumentation gegen die Dichotomisierung mündlicher und schriftlicher Sprachkultur bezogen auf die ersten Literatur-Erfahrungen des Kindes. In den angelsächsischen Studien wird darüber hinaus detailliert nachgewiesen, dass unverzichtbare Voraussetzungen literarischer Rezeption, so z.B. die Fähigkeit des „hypothesizing about the future development of a text" (Heath 1986, S. 158), in entscheidender Weise durch die normativen Prämissen der Erzähl-Interaktion zwischen Eltern und Kindern geprägt werden. So wählt Heath (1982) das Konzept der Bedeutungskonstitution im Kontext des book-reading als Ausgangspunkt ihrer Argumentation. Ihren Beobachtungen zufolge lernen Kinder im Rahmen dieser Interaktionssituation nicht allein „how to take meaning from books" (ebd., S. 56), sie werden gleichzeitig angeleitet, *über* ein Buch bzw. *über* spezifische Aspekte von Text und Illustration zu reden. Sie lernen in diesem Zusammenhang, ihre Aufmerksamkeit selektiv auszurichten und das neu Wahrgenommene im Rückgriff auf bereits vorhandene Wissensbestände zu benennen, zu beschreiben und zu erklären. Sie lernen aber auch, Fragen zu stellen, Fragen zu beantworten und zuzuhören, d.h. im Rahmen eines standardisierten Interaktionsmusters auf ein Signal zu warten, welches sie zur Artikulation von Einsichten auffordert (vgl. Heath 1982, S. 56). Dem so skizzierten Handlungszusammenhang wird auch in der deutschsprachigen Lese- und Mediensozialisationsforschung eine prominente Rolle für den Erwerb von Lesekompetenz zuerkannt: „Als den Mediengebrauch begleitende oder ihm nachfolgende Anschlusskommunikationen können sozialisatorische Interaktionen als soziale Bedingungen des Erwerbs von Medien- bzw. Lesekompetenz betrachtet werden" (Sutter 2002, S. 87).

Genau dieser Art von Gesprächszusammenhang zuzuordnen ist auch ein weiterer Aspekt der Aktualisierung von Wissensbeständen im Zuge der gemeinschaftlichen Bilderbuch-Rezeption; dieser Grundzug der beobachteten Vorlesebeispiele wird in den ,emergent-literacy'-Studien als *„Life-to-Text Interaction"* (Cochran-Smith 1984, S. 174) umschrieben; er findet seine Entsprechung in der Aktualisierung literarischer Kenntnisse außerhalb der Vorlesesituation (*„Just Like They Did in the Book: Text-to-Life Interactions"*; ebd., S. 237). Gemeinsam ist diesen beiden Gesprächstypen das Merkmal des ,Quer-Verweisens' zwischen der in Bilderbuch-Texten und in Alltagsgesprächen entworfenen Bedeutung, und genau dieses Moment der Dekontextualisierung führt den Kindern vor, wie sich *fiktive* und *reale* Wirklichkeit in der Wahrnehmung wechselseitig konstituieren.

Wie stringent sich die in der Kindergartengruppe ausgebildeten Interaktionsmuster an die literaturbezogenen Gesprächsaktivitäten zwischen Eltern und Kindern im Kontext der Mittelschichtsfamilie anschließen, illustriert die folgende Beobachtung von Heath (1982):

> From the time they start to talk, children *respond to conversational allusions to the content of books; they act as question-answerers who have a knowledge of books.* For example, a fuzzy black dog on the street is linked by an adult to Blackie in a child's book: 'Look, there's a Blackie. Do you think he's looking for a boy?' Adults strive to maintain with children a running commentary on any event or object which can be book-related, thus modelling for them the extension of familiar items and events from books to new situational contexts (ebd., p. 52).

Dass es bei dieser Art von Dekontextualisierung um ein mittelschichtspezifisches Merkmal der Eltern-Kind-Interaktion geht, zeigt der Kontrast zu vergleichbaren Vorlese- und Gesprächsaktivitäten in Familien des Arbeitermilieus:

> When Wendy <2;3> acquires a new book, adults introduce the book with phrases such as 'This is a book about a duck, a little yellow duck. See the duck. Duck goes quack quack'. On introducing a book, adults sometimes ask the child to recall when they have seen a 'real' specimen such as that one treated in the book: 'Remember the duck on the College lake?' The child shows no sign of linking the yellow fluffy duck in the book with the large brown and grey mallards on the lake, and the adult makes no efforts to explain that two such disparate looking objects go by the same name (ebd., p. 59).

Durchaus vergleichbare Beispiele zur differenten Ausprägung der Vorlese-Interaktion in Familien mit unterschiedlicher sozio-kultureller Orientierung sind auch aus der deutschsprachigen Lesesozialisationsforschung bekannt. In einer entsprechenden Studie zur familialen Rezeption des Bilderbuchs „Oh, wie schön ist Panama" mit vierjährigen Kindern (Wieler 1995; 1997) findet sich etwa die folgende Gesprächssequenz:

> M: „Es war einmal ein kleiner Bär und ein kleiner Tiger, die lebten unten am Fluß. <...> ‚Uns geht es gut', sagte der kleine Tiger, ‚denn wir haben alles, was das Herz begehrt'"./ K: Was mag die denn gerne?/ M: Der sitzt da schön auf dem Schaukelstuhl, ganz gemütlich ... „Der kleine Bär ... kochte jeden Tag das Essen; denn er war ein guter Koch."/ K: Der mag gerne Fische. <...> M: „Bald fing es auch noch an zu regnen, und das Wasser tropfte vom Himmel."/ K: Oh je!/ M: „Abends baute der kleine Bär aus zwei Blechtonnen eine Regenhütte. Sie zündeten ein Feuer an und wärmten sich."/ K: Wie ehm, das regnet wie draußen/ M: Ja, genau, wie's heute hier regnet, ne? (Wieler 1995, S. 59f.).

Die Fragen und Kommentare der Kinder gelten möglichen Bezügen zwischen der fiktiven Wirklichkeit der Bilderbuchgeschichte und der eigenen Alltagserfahrung – und münden in einen das Vorlesen begleitenden Verständigungsprozess. Insbesondere die Aufmerksamkeit und Wertschätzung, die den Bilderbuch-Kommentaren der Vierjährigen entgegengebracht wird, kennzeichnen das vorgestellte Beispiel als eine besonders günstige Einstiegssituation des Leser-Werdens. Ähnlich wie die Begegnung mit sog. ‚literacy-events' gilt auch diese Form der Interaktion in deutschdidaktischer Perspektive als eine Vorform des Lesenlernens, in diesem Fall als frühe ‚*Entfaltung literarischer Kompetenz*' (Dehn et al. 1999, S. 573). Wie das Gesprächsbeispiel veranschaulicht, bildet genau diese Form sozialisatorischer Interaktion auch die Basis für die motivational-emotionale Dimension des Lesens, dies im Sinne erst noch auszubildender Fähigkeiten,

> Texte bedürfnisbezogen auszuwählen, eigene Erfahrungen und Gefühlserlebnisse mit der Lektüre zu verbinden (von verschiedenen Formen der Identifikation bis hin zur Freude an der kognitiven Durchdringung der Texte), das Vermögen, bei Schwierigkeiten Unlust zu balancieren, nicht zuletzt die Fähigkeit zum ästhetischen Wahrnehmen und Genießen (Hurrelmann 2002, S. 13f.).

Unter dem zuletzt genannten Aspekt verdient allerdings auch die in der Studie zur familialen Bilderbuch-Rezeption mit Vierjährigen nachgewiesene sozial-differente Ausprägung des Vorlesens in verschiedenen sozialen Milieus besondere Aufmerksamkeit. Anschaulich wird diese Differenz im Vergleich des oben angeführten Vorlesebeispiels aus einer ‚Akademiker-Familie' mit der folgenden Dialogsequenz aus einem bildungsfernen Familienkontext:

> M: „‚Uns geht es gut', sagte der kleine Tiger, ‚denn wir haben alles, was das Herz begehrt, und wir brauchen uns vor nichts zu fürchten. Weil wir nämlich auch noch stark sind. Ist das wahr, Bär?' ‚Jawohl', sagte der kleine Bär, ‚ich bin so stark wie ein Bär, und du bist so stark wie ein Tiger. Das reicht'." Siehste das, Schaukelstuhl, Blumen gießen? Siehstes?/ K: Noch einmal in die Schule./ M: Morgen. Jetzt zuhören. „Der kleine Bär ging jeden Tag mit der Angel fischen ... (Wieler 1997, S. 270).

Wie in zahlreichen der beobachteten Vorlesesituationen ist es auch in diesem Beispiel ein bestimmtes kommunikatives Handlungsmusters (Auftakt: ‚Siehste?'), durch dessen Realisierung die Illustrationen des Bilderbuchs als spezifisches Rezeptionsterrain des Kindes gekennzeichnet werden. Die entsprechende Fragestellung zielt im vorliegenden Fall jedoch gerade nicht auf einen intensiven dialogischen Austausch über literarische und alltägliche Erfahrung, sondern versucht lediglich, die Aufmerksamkeit des Kindes zu sichern, und weist diesem für den Fortgang der Rezeption die Rolle des ‚stillschweigenden Zuhörers' zu. Repräsentativ für die in der entsprechenden Vorlesestudie gewonnenen Einsichten sind die beiden angeführten Fallbeispiele insofern, als sie die dort (auch anhand weiterer Dokument-Typen zu den Anfängen familialer Lesesozialisation) festgestellte Opposition von ‚geschlossenem' vs. ‚offenem' Vorlesekonzept, analog zu zwei antagonistischen Konzepten schulischen Lehrens veranschaulichen: Das Modell der ‚Transmission', bei dem der Gedanke des ‚zielgerichteten Übertragens' dominiert und das den Lernprozess des Kindes wesentlich durch das Moment der ‚passiven Rezeption' gekennzeichnet sieht, gegenüber dem Konzept der ‚Interpretation', das das Prinzip des wechselseitigen Austauschs über die jeweils wahrgenommene Wirklichkeit in der Perspektive von Erwachsenen und Kindern hervorhebt; letzteres Konzept orientiert sich am Leitgedanken der durch den Lernenden selbst zu errichtenden ‚Weltsicht' und kennzeichnet den Prozess des Lernens im Sinne der Integration ‚neuer Erkenntnisse' in ein sich fortwährend veränderndes interpretatives System (vgl. Wieler 1997, S. 318).

Aus den skizzierten Beobachtungen zur Gesprächs- und Vorlesepraxis in verschiedenen sozialen Milieus geht hervor, wie grundlegend sich schon die ersten leseorientierten Interaktionserfahrungen der Kinder voneinander unterscheiden. Dies gilt insbesondere für die von den Erwachsenen initiierte Sprachreflexion über die Beziehung zwischen der in Bilderbüchern und in Alltagsgesprächen entworfenen Bedeutung. Gerade diese Art von Bezugnahme jedoch verhilft den Kindern zur Einsicht in die Symbolfunktion von Texten und Illustrationen und bildet somit eine zentrale Voraussetzung sowohl für die spätere Auseinandersetzung mit dem Phänomen literarischer Fiktionalität als auch für die im Prozess des Schriftspracherwerbs notwendigen Abstraktionsleistungen.

Die für alle bislang angeführten Studien leitende Annahme einer ‚Schlüsselfunktion' des Vorlesens hinsichtlich der primären sprachlich-kulturellen Lernerfahrung des Kindes findet eine weitere argumentative Stütze darin, dass die für das Vorlesen maßgeblichen Äußerungstypen zugleich auch je spezifische Handlungsfigurationen des *Erzählens* in der Familie konstituieren. Den ethnographischen Studien zufolge auffällig ist die Toleranz, mit der man in der Mittelschichtsfamilie der jeweiligen Wahl einer Erzählform durch das Kind begegne. Reagiert das Kind z.B. auf die Aufforderung, über ein gemeinsames Erlebnis zu berichten, mit einer phantasievoll gestalteten Schilderung eines einzelnen Aspekts, werde die entsprechende Erzählung grundsätzlich akzeptiert. Gleichzeitig aber werde das Kind zur Beantwortung (zwischengeschalteter) verständnissichernder Nachfragen angehalten. Wie die vergleichenden Beobachtungen in Familien aus der unteren sozialen Schicht ergaben, insistieren die Erziehenden dort auf der einmal geforderten Erzählform, führen ggf. auch bereits angefangene Phantasie-Erzählungen des Kindes den eigenen Strukturierungsprinzipien folgend zu Ende.

Die vorgestellten ethnographischen Studien zur Literalisierung von Kindern aus verschiedenen sozialen Milieus kennzeichnen die Musterhaftigkeit des Familiengesprächs als entscheidende Vorbereitung auf die leseorientierte Interaktion im institutionellen Kontext von Kindergarten und (Vor-)Schule. Sie zeigen gleichzeitig, dass auch im Rahmen von Erzählsituationen wichtige Voraussetzungen für die kreative Produktion und Rezeption fiktiver Geschichten, die Ausbildung der kindlichen Imaginationsfähigkeit also, geschaffen werden.

> These occasions <...> allow children to lift themselves out of the ongoing stream of their activities and to bring common experiences into another frame. As they accompany their fantasy games with talk which frames their play as out-of-the-ordinary, children learn to become imaginators (Heath 1986, p. 169).

Die Charakterisierung des spezifischen Interaktionstyps des Erzählens zeigt deutliche Übereinstimmungen mit der untersuchten Funktion von Einschlaf-Monologen, wie sie schon im Kleinkindalter geführt werden. Auch in diesen Untersuchungen wurde die narrative Gestaltung der kindlichen Selbstgespräche – in enger Parallele zu dem von Bruner (1983) analysierten ‚Vorlese-Format' – als Handlungsgerüst für ‚eine bestimmte Form des Denkens' beschrieben. Was die untersuchten monologischen und interaktiven Redesituationen miteinander verbindet, ist der durch die Sprache konstituierte Rahmen für die Entfaltung der kindlichen Phantasietätigkeit – ein Merkmal, das Bruner (1984, 197) als „guided dreaming" umschreibt. Der Wunsch und die Fähigkeit zur Imagination – wie sie sich auch in dem von Vygotsky (1978) untersuchten symbolischen Spiel des Kindes dokumentieren – bilden nach Bruners Auffassung ein zentrales Antriebsmoment für die gesamte vorschulische Sprachentwicklung und begründen gleichermaßen das kindliche Interesse für die nicht-alltägliche Wirklichkeit literarischer Texte.

Das besondere Lernpotential von Geschichten mit fiktionalen Elementen liegt offenbar darin begründet, dass sie Kinder zur Spekulation über alternative Handlungskonstellationen veranlassen und gleichzeitig den Wunsch nach einem Austausch über alltägliche Erfahrungen, Befürchtungen und Wünsche auslösen. Von solchen Gesprächsgelegenheiten abhängig ist, in welchem Ausmaß das Hören und Lesen von Geschichten von Kindern als aufschlussreich für ihre eigene Alltagspraxis wahrgenommen wird. Und in dieser Art von Gesprächskontext wird auch die für literarisches Lesen unverzichtbare Fähigkeit zur hypothetischen Konstruktion fiktiver Handlungssituationen auf der Basis bereits vorhandener realer Wissensbestände erworben. Im Sinne der Herstellung gleicher Eingangsvoraussetzungen des Lesenlernens und der Lesemotivation für alle Kinder wird in den ethnographischen Studien dafür plädiert, pädagogisch strukturierte Gesprächssituationen im Kontext des Kindergartens und der (Vor-) Schule gemäß Bruners Prinzips des ‚guided dreaming' zu gestalten.

Eine Vielzahl illustrativer Beispiele für diesen Situationstyp ‚gelenkten Träumens' bietet eine Langzeitstudie zur literarischen Sozialisation zweier

Mädchen aus einer Akademiker-Familie (Wolf/Heath 1992). Leitmotiv dieser Untersuchung ist die Rezeption des ‚Rapunzel'-Märchens; sie bildet den Ausgangspunkt für die Rekonstruktion der engen Verflechtung von literarischer und alltäglicher Erfahrung („The Braid of Literature") in der Lebenswelt der beiden Kinder. Die angeführten Beispiele zeigen, dass zwischen der Handlungsorganisation des Eltern-Kind-Dialogs, der Erfahrung der Alltagswelt und der literarischen Erfahrung des Kindes keine festen Grenzen gezogen werden können. In diesem Zusammenhang kommt der familialen Interaktion eine fundamentale Rolle zu, weil hier die strukturellen Grundlagen auch für die beiden anderen Erfahrungsbereiche gelegt werden. So ist auch zu verstehen, dass sozial bedingte Differenzen der musterhaften Ausprägung der Eltern-Kind-Kommunikation sich unmittelbar auf die Strukturierung literarischer Rezeption und erzählerischer Produktion auswirken.

Übereinstimmend weisen angelsächsische und deutschsprachige Studien zur literarischen Sozialisation im Vorschulalter das ‚Leben und Lesen in Geschichten', bei dem auch Vorformen des Schreibens durchaus eine Rolle spielen (können), als günstigste Voraussetzung des ‚Leser-Werdens' aus, zugleich als sprachlich-kulturelle Lernerfahrung, über die keineswegs alle Kinder verfügen. An eine solche kulturelle Praxis anknüpfen bzw. entsprechende Erfahrungen überhaupt erst einmal ermöglichen kann schulische Leseförderung nur dann, wenn sie sich – gegenläufig zu den Empfehlungen der PISA-Studie – gerade nicht auf „die erfolgreiche Vermittlung der Techniken des Lesens und Schreibens" als ‚vorrangige Aufgabe der Grundschule' beschränkt, sondern die „Vermittlung von Werteinstellungen, motivationalen Orientierungen und Gewohnheiten, die einen selbstverständlichen und lustvollen Umgang mit Texten und Literatur widerspiegeln" (Artelt et al. 2001, S. 76) zur zentralen Aufgabe vom ersten Schultag an erklärt.

Das Konstrukt der ‚Lesekompetenz' in der aktuellen Lesesozialisationsforschung

Im Sinne des zuletzt genannten Anspruchs wird in den Reaktionen auf die PISA-Studie zwischen (der dort untersuchten, vornehmlich auf den kognitiven Prozess der Informationsentnahme bezogenen) ‚Leseleistung' auf der einen Seite und ‚Lesekompetenz' auf der anderen Seite unterschieden; es wird ferner gefordert, „Leseförderung in der Schule <...> sollte sich orientieren an einem theoretisch und didaktisch breiteren Konzept von Lesen als <historisch veränderlicher> kultureller Praxis, das auch motivationale, emotionale und interaktive Dimensionen mit einschließt (Hurrelmann 2002, S. 6). Die Gesamtheit dieser Dimensionen zu berücksichtigen verspricht ein auf der Basis interdisziplinärer Kooperation (mit Mitgliedern aus sozial- und kulturwissenschaftlichen Disziplinen) entstandenes Konzept von Lese- und Medienkompetenz (Groeben/Hurrelmann 2002a; 2002b), welches im Sinne der genannten Forderung neben kognitiven Leistungen als weitere (zugleich prototypische) Fähigkeitskomponenten die emotional-motivationale Beteiligung des Lesers umfasst, ferner Fähigkeiten zur Reflexion und Weiterverarbeitung des Verstandenen in Anschlusskommunikationen. Die solchermaßen umschriebenen Kompetenzdimensionen des Lesens orientieren sich vornehmlich am Komplexitätsniveau der Fertigkeiten und Lesestrategien des *ausgebildeten* Lesers, und genau diese Weichenstellung stellt die dem genannten Konzept zugeschriebene Orientierungsfunktion für lesepädagogische Prozesse (vgl. Hurrelmann 2002, S. 7) in Frage. Anschaulich wird diese Problematik schon allein darin, dass der traditionellen Unterscheidung zwischen der Lektüre pragmatischer und literarischer Texte in diesem Konzept eine nur nachgeordnete Bedeutung zugeschrieben wird, und zwar in unverkennbarer Übereinstimmung mit der kognitionstheoretischen Orientierung<!> der PISA-Studie. Denn diese mache klar,

> „dass es beim Textverstehen um die genaue Rekonstruktion des Textsinns von der globalen Worterkennung bis zur globalen Kohärenzherstellung, Textsortenkenntnis, Reflexion der Textintention und Einordnung des Textsinns in größere Zusammenhänge geht. Sie geht – wie die neuere Lesesozialisationsforschung auch – davon aus, dass es Sprach- und Literaturunterricht mit denselben Grundfähigkeiten zu tun haben, dass also die Unterschiede in der Rezeption non-fiktionaler und fiktionaler Texte in kognitiver Hinsicht<!> nachrangig sind" (Hurrelmann 2002, S. 12).

Die Aufhebung der genannten Differenzierung zwischen pragmatischen und literarischen Texten mag hinsichtlich der kognitiven Dimension der Textrezeption durch den fortgeschrittenen Leser plausibel erscheinen, mit Blick auf die ersten Literaritäts-Erfahrungen des Kindes gilt dies jedoch nicht. So verweisen nahezu alle aktuellen Lesesozialisationsstudien auf die maßgebliche Bedeutung ‚paraliterarischer Kommunikationsformen' im Prozess der primären sprachlichen Enkulturation. Auch in den eigenen mündlichen Erzählungen des Kindes sowie in seinem Umgang mit Gedichten und anderen poetischen Sprachformen zeige sich die ausgeprägte Sensibilität des Kindes für die sprachlich-ästhetischen Gestaltungsprinzipien von Texten; ebenso geht aus Beobachtungen an Kindertexten hervor, „dass die ästhetische Sprachfunktion schon für junge Kinder handhabbar und nicht abhängig ist <...> von einem *bewussten* Gebrauch von *Mitteln*" (Dehn 1999, S. 58f.).

Auch in der interdisziplinär erarbeiteten Konzeption wird Lesekompetenz als Ergebnis von Sozialisation verstanden, „in der interindividuell unterschiedliche Dispositionen (Persönlichkeitseigenschaften), bereits erworbene (schrift-)sprachliche Rezeptionsfähigkeiten und neue Situationsanforderungen der Lektüre miteinander interagieren" (Hurrelmann 2002a, S. 276). Zugrunde gelegt wird der interaktionstheoretische Ansatz, „nach dem menschliche Verhaltens- und Handlungsweisen durch eine Wechselwirkung zwischen individuellen Dispositionen <Eigenschaften> und situationalen Bedingungen zu erklären sind" (Groeben 2002, S. 14). Vor dem Hintergrund der ethnographischen ‚literacy'-Studien stellt sich nun allerdings die Frage, ob das so beschriebene Prinzip der Wechselwirkung das insbesondere mit Blick auf Sozialisations-, somit auch Lernprozesse womöglich *grundlegendere und weiterreichende Erklärungspotential des interaktionstheoretischen Ansatzes* tatsächlich hinreichend erfasst. Anschaulich wird dies etwa, wenn alle angeführten möglichen Lesemotivationen (und entsprechenden Lesestrategien) – vom Bedürfnis nach (sprachlich-ästhetischem) Lesegenuss, emotionaler Anregung, Selbstvergewisserung und -reflexion bis hin zum Bedürfnis nach ‚kognitiver Durchdringung' eines Textes –, und darüber hinaus sogar die (Fähigkeit zur) Teilhabe an Anschlusskommunikationen im Sinne von Kompetenzdimensionen des Lesens charakterisiert werden. Lesemotivation meint dieser Konzeption zufolge

> die Fähigkeit, schriftsprachliche Texte als etwas Bedeutungsvolles wahrzunehmen, ihnen mit einer positiven Gratifikationserwartung zu begegnen, in der Rezeption Zielstrebigkeit, Ausdauer und das Bedürfnis nach Verstehen aufrechtzuerhalten, von der Überzeugung <!> auszugehen, dass Lesen auch im interpersonalen Kontext sinnvoll ist. Lesen ist in dieser Hinsicht nicht nur eine Hintergrundsvariable für Leseleistung (in diesem Sinn berücksichtigt PISA das Leseinteresse), sondern das Motiviert-Sein zum Lesen ist selbst ein Teil von Lesekompetenz (Hurrelmann 2002, S. 13; Hvh. P.W.).

In deutlichem Kontrast zu dieser kompetenztheoretischen Definition von Lesemotivation weisen sowohl empirische Vorlesestudien, ethnographische Studien zum Zusammenhang von Gesprächskultur und Literalität als auch deutschdidaktische Untersuchungen zum Literatur-Gespräch in der Schule (Christ 1995; Wieler 1998) nun aber gerade nach, dass sich die Ausbildung der motivationalen Dimension des Lesens als untrennbar verknüpft mit der musterhaften Ausprägung lesebegleitender Gesprächsprozesse vollzieht. Anders als die vorgestellte Konzeption von Lesekompetenz werten sie auch die Teilhabe an Anschlusskommunikationen, in denen Bedeutungszuschreibungen (diskursiv) verhandelt werden, insgesamt auch die Offenheit von Texten kommunikativ reduziert wird, gerade nicht als einen weiteren „Kernbereich der *Kompetenz*dimensionen des Lesens“ (Hurrelmann 2002a, S. 279), sondern als unverzichtbare sozialisatorische Interaktion, bei der das zunächst kleine Kind schrittweise mit den ‚Übereinkünften‘ des Bücher-Lesens und kulturell geprägten Formen der Bedeutungskonstitution vertraut gemacht wird und später als Schüler im Deutschunterricht zur Verständigung über (literarisches und anderes Text-) Verstehen angeleitet werden soll.

Aufgrund der gemeinsamen kompetenztheoretischen Ausrichtung steht das vornehmlich kognitive Lesekonzept der PISA-Studie dem Konstrukt der Lesekompetenz weitaus näher, als dies die vorgestellte didaktische Kritik vermuten lässt. Dies dokumentiert u.a. die dem Kompetenzstufen-Modell der PISA-Studie zugrundeliegende Prämisse, „dass Personen, die Aufgaben eines bestimmten Schwierigkeitsgrades meistern, mit hoher Wahrscheinlichkeit auch alle leichteren Testaufgaben lösen“ (Artelt et al. 2001, S. 90). Was heisst ‚leichter‘? Aufschluss in dieser Frage verspricht die Beschreibung der Teilprozesse des Lesens:

> Auf der untersten Ebene besteht Lesen aus dem Erkennen von Buchstaben und Wörtern sowie aus der Erfassung von Wortbedeutungen. Auf der nächsthöheren Ebene steht die Herstellung semantischer und syntaktischer Relationen zwischen Sätzen im Vordergrund und – auf der Textebene – die satzübergreifende Integration von Sätzen zu Bedeutungseinheiten sowie der Aufbau einer kohärenten mentalen Repräsentation der Bedeutung eines Textes. Die am Lesen beteiligten Prozesse können auf allen Ebenen als höchst flexibel und kontextabhängig gesehen werden (ebd., S. 71; vgl. auch Christmann/Groeben 1999, S. 148).

Die hier vollzogene Hierarchisierung der Teilprozesse des Lesens ist vom abstrakten Konstrukt der bereits vollständig ausgebildeten Kompetenz aus gedacht, vom Ergebnis her also. Sie ist auf Erwerbsprozesse und deren Rekonstruktion nur sehr schwer zu übertragen. So z.B. zeigen die entsprechenden Fallbeispiele aus der deutschdidaktischen Forschungsdiskussion, etwa zum *Lesenlernen als Problemlösen*, dass schon Erstklässler beim noch mühevollen Erlesen einzelner Wörter im Rückgriff auf den Kontext (der Illustration) Hypothesen bilden, in denen die Teilprozesse des ‚Aufbaus einer kohärenten mentalen Repräsentation der Bedeutung eines Textes' und der des ‚(Wieder-)Erkennens eines Buchstabens' untrennbar aufeinander bezogen sind, sich wechselseitig stützen und in genau diesem Zusammenwirken die auf das Einzelwort bezogene Leseleistung erst ermöglichen (vgl. Dehn 1999, S. 575).

Bezogen auf die Erklärung der in der PISA-Studie gemessenen Unterschiede in der Leseleistung von 15-Jährigen wurden Vorhersagemodelle bezüglich statistisch bedeutsamer Prädiktoren der Lesekompetenz entwickelt; diese weisen die kognitive Grundfähigkeit der Schülerinnen und Schüler (gemessen als abstrakte räumliche und verbale Intelligenz) als denjenigen Faktor aus, der für die Vorhersage eindeutig das größte Gewicht hat (vgl. Hurrelmann 2002, S. 9). Die unmittelbare Plausibilität dieser Art von Prädiktion steht in auffälligem Kontrast zu ihrer pädagogischen Perspektivlosigkeit und verweist damit zugleich auf die Verkürzungen eines Erhebungsverfahrens, das auf die Beschreibung von ‚messbaren' aktuellen Leseleistungen und deren Korrelation mit einzelnen zusätzlichen Variablen (z.B. ‚Intelligenz' oder ‚Klassengröße') beschränkt bleibt. Sie wirft darüber hinaus ein Licht auf das fast zwangsläufige Scheitern jeglicher Argumentation, die darauf ausgerichtet ist, soziale Bedeutung, wie sie in Interaktionsprozessen hergestellt wird, in verallgemeinerungsfähige Kompetenzdimensionen zurückzuführen. Die für das Kompetenz-Konzept konstitutiven Annahmen,

> dass es sich erstens um universelle Leistungsvoraussetzungen handelt (d.h. bei mehreren Personen vorfindlich), zweitens, dass diese von generellem Charakter sind (d.h. in verschiedenen Aufgabensituationen zur Anwendung kommen), drittens, dass sie zeitlich relativ stabil sind (Hurrelmann 2002a, S. 276; Groeben 2002a, S. 13),

negieren das Lehr-/Lernpotential sozial strukturierter Interaktion als Antriebsmoment der primären sprachlich-kognitiven Entwicklung des Kindes, begrenzen damit gleichzeitig aber auch das Feld pädagogisch motivierter Initiativen zur Förderung der Lesefähigkeit von Kindern und Jugendlichen.

Kaum zufällig ist in der Mehrzahl der Projekte zum vorgestellten Konstrukt der Lesekompetenz vor allem der Einfluss *personaler* Lesefähigkeiten und -motivationen im (bidirektionalen) Zusammenspiel mit text- und medienseitigen Anforderungen deutlich auszumachen. Sozialisatorisch-interaktive, dialogische und prozesshafte Bedingungen des Erwerbs von Medien- bzw. Lesekompetenz bleiben aufgrund der vornehmlich kompetenztheoretisch orientierten Forschungsperspektive vergleichsweise schwach konturiert. Zu unterstreichen ist deshalb, dass die Klärung des Übergangs von sozialen Bedeutungen über Interaktionen zu Kognitionen die dezidierte Ausrichtung auf Erwerbsprozesse, vor allem auf die Deutung von Situationen und Kontexten durch die beteiligten Subjekte voraussetzt. Denn auch bezogen auf die Erklärungs- und Vorhersagemodelle der PISA-Studie bleibt festzuhalten, dass nur an dialogischen Bedingungen der Lesesozialisation wirkungsvoll etwas zu ändern ist, an anderen nicht.

Literatur

Abraham, Ulf: Übergänge. Literatur, Sozialisation und Literarisches Lernen. Opladen; Wiesbaden: Westdeutscher Verlag 1998.

Artelt, Cordula/Stanat, Petra/Schneider, Wolfgang/Schiefele, Ulrich: Lesekompetenz. Testkonzeption und Ergebnisse. In: Baumert, Jürgen/Klieme, Eckhard/Neubrand, Michael/Prenzel, Manfred/Schiefele, Ulrich/Schneider, Wolfgang/Stanat, Petra/Tillmann, Klaus-Jürgen/Weiß, Manfred (Hrsg.): PISA 2000. Basiskompetenzen von Schülerinnen und Schülern im internationalen Vergleich. Opladen: Leske + Budrich 2001. S. 69–137.

Balhorn, Heiko/Niemann, Heide (Hrsg.): Sprachen werden Schrift. Mündlichkeit – Schriftlichkeit – Mehrsprachigkeit. Lengwil: Libelle 1997.

Becker-Mrotzek, Michael, Uta Quasthoff (Hrsg.): Unterrichtsgespräche zwischen Gesprächsforschung, Fachdidaktik und Unterrichtspraxis. Der Deutschunterricht 50 (1998) 1.

Bruner, Jerome S.: Language, Mind and Reading. In: Goelman, Hillel/Oberg, Antoinette/Smith, Frank (Hrsg.): Awakening to Literacy. Portsmouth/London: Heinemann 1984. S. 193–200.

Bruner, Jerome S.: Wie das Kind sprechen lernt. Bern/Stuttgart/Toronto: Hans Huber 1987.

Bruner, Jerome S.: Actual Minds, Possible Worlds. Cambridge, Mass./London: Harvard University Press 1986.

Christ, Hannelore/Fischer, Eva/Fuchs, Claudia/Merkelbach, Valentin/Reuschling, Gisela: „Ja, aber es kann doch sein...". In der Schule literarische Gespräche führen. Frankfurt a.M./Berlin/Bern: Peter Lang 1996.

Christmann, Ursula/Groeben, Norbert: Psychologie des Lesens. In: Franzmann/Hasemann/Löffler/Schön 1999. S. 145–223.

Cochran-Smith, Marilyn: The Making of a Reader. Norwood/New Jersey: Ablex 1984.

Cochran-Smith, Marilyn: Reading to Children: A Model for Understanding Texts. In: Schieffelin/Gilmore 1986. S. 35–54.

Dehn, Mechthild: Texte und Kontexte. Schreiben als kulturelle Tätigkeit in der Grundschule. Berlin: Volk und Wissen 1999.

Dehn, Mechthild: Geschichten erzählen. In: Die Grundschulzeitschrift 13 (2000) 132. S. 6–11.

Dehn, Mechthild/Payrhuber, Franz-Josef/Schulz, Gudrun/Spinner, Kaspar H.: Lesesozialisation, Literaturunterricht und Leseförderung in der Schule. In: Franzmann/Hasemann/Löffler/Schön 1999. S. 568–637.

Feilke, Helmuth/Portmann, Paul R. (Hrsg.): Schreiben im Umbruch. Schreibforschung und schulisches Schreiben. Stuttgart/München/Düsseldorf: Ernst Klett 1996.

Feneberg, Sabine: Wie kommt das Kind zum Buch? Die Bedeutung des Geschichtenvorlesens für die Leseentwicklung von Kindern. Neuried bei München: ars una 1994.

Feneberg, Sabine: Die Auswirkungen des Geschichtenvorlesens auf die Leseentwicklung von Kindern. In: Balhorn/Niemann, 1997. S. 142–146.

Franzmann, Bodo/Hasemann, Klaus/Löffler, Dietrich/Schön, Erich (Hrsg.): Handbuch Lesen. Im Auftrag der Stiftung Lesen und der Deutschen Literaturkonferenz. München: Saur 1999.

Groeben, Norbert: Zur konzeptuellen Struktur des Konstrukts "Lesekompetenz". In: Groeben/Hurrelmann 2002a. S. 11–21.

Groeben, Norbert/Hurrelmann, Bettina (Hrsg.): Lesekompetenz. Bedingungen, Dimensionen, Funktionen. Weinheim/München: Juventa 2002a.

Groeben, Norbert/Hurrelmann, Bettina (Hrsg.): Medienkompetenz. Voraussetzungen, Dimensionen, Funktionen. Weinheim/München: Juventa 2002b.

Günther, Hartmut: Mündlichkeit und Schriftlichkeit. In: Balhorn/Niemann 1997. S. 64–74.

Heath, Shirley Brice: What no bedtime story means: narrative skills at home and at school. In: Language in Society 11 (1982). S. 49–76.

Heath, Shirley Brice: Ways with words. Language, life and work in communities and classrooms. Cambridge: Cambridge University Press 1983.

Heath, Shirley Brice: Separating 'Things of the Imagination' from Life: Learning to Read and Write. In: Teale/Sulzby 1986. S. 156–172.

Hurrelmann, Bettina: Leseförderung. In: Praxis Deutsch 21 (1994) 127. S. 17–26.

Hurrelmann, Bettina: Leseleistung – Lesekompetenz. Folgerungen aus PISA, mit einem Plädoyer für ein didaktisches Konzept des Lesens als kultureller Praxis. Praxis Deutsch 29 (2002) 176, S. 6–18.

Hurrelmann, Bettina: Prototypische Merkmale der Lesekompetenz. In: Groeben/Hurrelmann 2002a. S. 275–286.

Kochan, Barbara: Gedankenwege zum Lernen beim Freien Schreiben. In: Spitta, Gudrun (Hrsg.): Freies Schreiben – eigene Wege gehen. Lengwil: Libelle 1998. S. 218–277.

Krummheuer, Götz: Narrativität und Lernen. Mikrosoziologische Studien zur sozialen Konstitution schulischen Lernens. Weinheim: Deutscher Studien Verlag 1997.

Ninio, Anat: Picture-book reading in mother-infant dyads in two sub-groups in Israel. In: Child Development, 51 (1980). S. 587–590.

Ninio, Anat/Bruner, Jerome: The achievement and antecedents of labelling. In: Journal of Child Language (1978) 5. S. 5–15.

Rosebrock, Cornelia (Hrsg.): Lesen im Medienzeitalter. Biographische und historische Aspekte literarischer Sozialisation. Weinheim/München: Juventa 1995.

Schieffelin, Bambi B.: Introduction. In: Schieffelin/Gilmore 1986. S. viii–xiii.

Schieffelin, Bambi B./Gilmore, Peggy (Hrsg.): The Acquisition of Literacy: Ethnographic Perspectives. Norwood/New Jersey: Ablex 1986.

Schneider, Wolfgang: Giftedness, expertise, and (exceptional) performance: A developmental perspective. In: Heller, Kurt A./Mönks, Franz J./Sternberg, Robert J./Subotnik, Rena F. (Hrsg.): International handbook of research and development of giftedness and talent. London: Elsevier Science 2001.

Schneider, Wolfgang/Näslund, Jan C.: Impact of early phonological processing skills on reading and spelling in school: Evidence from the Munich longitudinal Study. In: Weinert, Franz E./Schneider, Wolfgang: Individual development from 3 to 12. Cambridge, UK: Cambridge University Press 1999. S. 126–147.

Spinner, Kaspar H.: Die Entwicklung literarischer Kompetenz beim Kind. In: Rosebrock 1995. S. 81–96.

Spinner, Kaspar H.: Lesekompetenz – was untersuchte IGLU und was nicht? In: Grundschulverband. Arbeitskreis Grundschule (2003) 82, S. 10–12.

Snow, Catherine/Ninio, Anat (1986): The contracts of literacy: What children learn from learning to read books. In: Teale/Sulzby 1986. S. 116–138.

Sutter, Tilmann: Anschlusskommunikation und die kommunikative Verarbeitung von Medienangeboten. Ein Aufriss im Rahmen einer konstruktivistischen Theorie der Mediensozialisation. In: Groeben/Hurrelmann 2002a. S. 80–105.

Teale, William/Sulzby, Elizabeth (Hrsg.): Emergent Literacy: writing and reading. Norwood: Ablex 1986.

Ulich, Michaela/Ulich, Dieter: Literarische Sozialisation: Wie kann das Lesen von Geschichten zur Persönlichkeitsentwicklung beitragen? In: Zeitschrift für Pädagogik 40 (1994) 5. S. 821–834.

Vygotsky, Lew S.: Mind in Society: The Development of Higher Psychological Processes. Cambridge/Mass.: Harvard University Press 1978.

Wells, Gordon: Story Reading and the development of symbolic skills. Manuskript. University Bristol 1982.

Wells, Gordon: Preschool literacy-related activities and success in school. In: Olson, David R./Torrance, Nancy/Hildyard, Angela (Hrsg.): Literacy, language and Learning: The nature and consequences of reading and writing. Cambridge UK: Cambridge University Press 1985. S. 229–255.

Wolf, Shirley/Heath, Shirley Brice: The Braid of Literature. Children's Worlds of Reading. Cambridge, Mass./London: Harvard University Press 1992.

Wieler, Petra: Vorlesegespräche mit Kindern im Vorschulalter. Beobachtungen zur Bilderbuch-Rezeption mit Vierjährigen in der Familie. In: Rosebrock 1995. S. 45–64.

Wieler, Petra: Vorlesen in der Familie. Fallstudien zur literarisch-kulturellen Sozialisation von Vierjährigen. Weinheim/München: Juventa.

Wieler, Petra: Gespräche über Literatur im Unterricht. In: Der Deutschunterricht 50 (1998) 1. S. 26–37.

Warum lesen Mädchen besser als Jungen? Zur Notwendigkeit einer geschlechterdifferenzierenden Leseforschung und Leseförderung[1]

CHRISTINE GARBE

Seit der internationalen PISA-Studie 2000 wissen wir, dass Mädchen nicht nur anders und anderes, sondern auch besser lesen als Jungen – und zwar in allen 32 getesteten Staaten:

> Die größten und konsistentesten Geschlechterunterschiede sind im Bereich Lesen zu beobachten. In allen PISA-Teilnehmerstaaten erreichen die Mädchen im Lesen signifikant höhere Testwerte als die Jungen. In Deutschland entspricht der Leistungsvorsprung ungefähr einer halben Kompetenzstufe und ist in etwa mit der über alle OECD-Staaten gemittelten Differenz vergleichbar. In der Mathematik lassen sich Leistungsvorteile für die Jungen feststellen, diese sind jedoch deutlich kleiner als die Geschlechterdifferenzen im Lesen, und sie werden in nur knapp der Hälfte der PISA-Teilnehmerstaaten (dazu gehört auch Deutschland) statistisch signifikant. (Baumert u.a. 2001, S. 253)

Wenn wir genauer betrachten, worin die Differenzen im Bereich der Lesekompetenz liegen, werden einige aufschlussreiche Unterschiede deutlich:[2]

> Je anspruchsvoller die Aufgaben, desto besser schnitten die Mädchen ab. Im Bereich der Lesekompetenz wurden drei Teilkompetenzen mit ansteigender Komplexität getestet: „Informationen ermitteln", „textbezogenes Interpretieren" und „Reflektieren und Bewerten". Die geschlechtsspezifisch differenzierten Ergebnisse zeigen, dass bei Aufgaben zum „Reflektieren und Bewerten" der Abstand zwischen Mädchen und Jungen besonders groß ist: „Jungen scheinen also insbesondere in der kritischen Auseinandersetzung mit Texten relative Schwächen aufzuweisen." (Ebd., S. 254)

Eine Differenzierung nach Textsorten ergab:

> Während bei Erzählungen, Argumentationen sowie Darlegungen recht große Geschlechterunterschiede zu Gunsten der Mädchen zu verzeichnen sind, ist die Differenz bei Tabellen erheblich kleiner und bei Diagrammen/Graphen, Karten und schematischen Zeichnungen fast völlig verschwunden. (Ebd., S. 255)

Auch wurde festgestellt, dass in der Lesegeschwindigkeit ein signifikanter Geschlechterunterschied besteht – wiederum zeigten die Mädchen sich deutlich überlegen. Schließlich lässt sich noch eine vierte interessante Tendenz erkennen: Die Unterschiede in der Lesekompetenz sind zwar in den einzelnen Schulformen verschieden stark ausgeprägt, es zeigt sich aber durchgängig, dass die Jungen auf den unteren Kompetenzstufen überrepräsentiert und auf den oberen Kompetenzstufen unterrepräsentiert sind.

Obwohl PISA bewusst keine Ursachenforschung betrieben hat, drängte sich ein Erklärungsmodell geradezu auf: Die besseren Leseleistungen der Mädchen hängen zusammen mit ihrer höheren Lesemotivation und der daraus resultierenden umfangreicheren Lesepraxis.

> In der Mehrzahl der PISA-Teilnehmerstaaten ist die Einstellung von Jungen zum Lesen deutlich negativer als die der Mädchen. Im Durchschnitt der OECD-Länder stimmen insgesamt etwa 46 Prozent der Jungen der Aussage zu, dass sie nur lesen, wenn sie müssen, während dies nur 26 Prozent der Mädchen von sich behaupten. In Deutschland ist der Anteil für die Mädchen mit dem internationalen Wert vergleichbar (ebenfalls 26%), der Anteil für die Jungen liegt jedoch deutlich höher (52%). (Ebd., S. 262)

Während in den OECD-Mitgliedsstaaten im Durchschnitt 45% der Mädhen berichten, Lesen sei eines ihrer liebsten Hobbys, machen diese Angabe insgesamt nur 25% der Jungen. Die entsprechenden Anteile liegen in Deutschland bei 41% für die Mädchen und 17% für die Jungen. Ihren Einstellungen zum Lesen entsprechend, unterscheiden sich Jungen und Mädchen auch im Hinblick auf die Zeit, die sie täglich mit Lesen verbringen. In Deutschland geben 55% der Jungen an, dass sie überhaupt nicht zum Vergnügen lesen, während der entsprechende Anteil für die Mädchen bei 29% liegt. Nehmen wir als gesicherte Erkenntnis aus der Lesesozialisationsforschung hinzu, dass ein 15-Jähriger, der nicht liest, dies mit großer Wahrscheinlichkeit auch im späteren Leben nicht tun wird, dann wird die Dramatik dieses Befundes deutlich: Ein Drittel der Mädchen und mehr als die Hälfte der Jungen sind für die „Lesekultur" (und nicht nur die „literarische Kultur") am Ende ihrer Pflichtschulzeit verloren!

Beim Vergleich der Leseleistungen von Jungen und Mädchen, die ein ähnlich großes Interesse am Lesen aufweisen, reduzieren sich die Unterschiede ganz erheblich; nimmt man noch verschiedene Indikatoren für Lesefreude hinzu, dann verschwindet der Einfluss des Geschlechts auf die Leseleistung fast völlig. Interessanterweise ist dieser Mediationseffekt der

Motivation bei den Mathematikleistungen deutlich weniger ausgeprägt, das bedeutet: Auch bei ähnlicher Motivation für Mathematik sind die Jungen den Mädchen in ihren Mathematikleistungen überlegen – der Interessenfaktor hat also einen Erklärungswert beim Lesen, kaum aber in der Mathematik! Petra Stanat und Mareike Kunter, die die „Geschlechterunterschiede in Basiskompetenzen“ bei PISA 2000 ausgewertet haben, kommen zu dem Schluss, dass eine „Leseförderung für Jungen“ insbesondere „an der Lesemotivation und an den Leseaktivitäten ansetzen“ müsse. Unklar sei allerdings, wann der Geschlechterunterschied in der Lesemotivation einsetze: „Um die kritische Phase sowie mögliche Ursachen für das Nachlassen der Lesefreude bei Jungen zu identifizieren und um auf dieser Grundlage Interventionsmaßnahmen zu entwickeln“, seien Längsschnittstudien notwendig (ebd., S. 267). Einige Forschungsbefunde liegen aber bereits vor.

Geschlechterunterschiede im Lesen

Alle empirischen Untersuchungen der letzten Jahrzehnte zum Leseverhalten, die der Variable „Geschlecht“ Aufmerksamkeit gewidmet haben, kommen zu dem Ergebnis, dass die Geschlechtsunterschiede beim Lesen in den folgenden drei Dimensionen beträchtlich sind: Lesequantität oder -intensität (Mädchen und Frauen lesen mehr als Jungen und Männer), Lesestoffe und Leseweisen (Mädchen und Frauen lesen anderes und anders als Jungen und Männer), Lesefreude oder Leseneigung (Mädchen und Frauen bedeutet das Lesen mehr als Jungen und Männern) (vgl. den Forschungsüberblick in Eggert/Garbe 2003, Kap. IV). So gesehen stellen die Ergebnisse von PISA für Leseforscher keine sonderliche Überraschung dar. Darüber hinaus dürfen wir als gesicherten Befund ansehen, dass diese Unterschiede bereits am Ende des Grundschulalters ausgeprägt sind. Das ergab die Studie von Bettina Hurrelmann zum „Leseklima in der Familie“, die 1993 erschien. Befragt wurden 200 Kinder zwischen neun und elf Jahren zusammen mit ihren Familien. Hurrelmann resümiert die Ergebnisse ihrer Studie wie folgt: „Wenn man (...) vorhersagen will, ob ein Kind eher viel oder eher wenig liest, bleibt das Geschlecht einer der zuverlässigsten Prädiktoren.“ Sie konstatiert,

> dass Mädchen und Jungen sich in ihren Lesepräferenzen, Lesestilen, Leseerfahrungen, Lesehemmungen – überhaupt in allen Dimensionen ihrer Lesetätigkeit – unterscheiden. Es gibt einen systematischen Unterschied im Lesever-

> halten der Geschlechter schon am Ende des Grundschulalters. (Hurrelmann 1994, S. 25)

Mädchen fiele es leichter, sich lesend in die Erfahrung anderer Menschen einzuleben, und sie profitierten darum auch stärker von einem Deutschunterricht, der auf fiktionale Texte konzentriert sei. Die Leseinteressen der Jungen, die sich eher auf Sachbücher richten, würden dagegen vom Literaturunterricht zu wenig angesprochen.

Die im Jahr 2001 durchgeführte Untersuchung von Karin Richter und Monika Plath zur Entwicklung von Lesemotivation bei Grundschülern (Befragung von ca. 1.200 Kindern der zweiten bis vierten Klasse in Erfurt/Thüringen, zugleich von deren Eltern und Deutschlehrern) hat ergeben, dass ein erster „Leseknick" bereits nach der zweiten Klasse einsetzt, also im Übergang vom so genannten „Anfangsunterricht" zum „weiterführenden Lesen und Schreiben".

Ein wichtiger Indikator dafür ist der „Spaß am Deutschunterricht": Antworten in der zweiten Klasse noch 65,6% der Mädchen und 51,7% der Jungen, der Deutschunterricht würde ihnen sehr viel Spaß machen, sind es in der dritten Klasse nur noch 50,8% Mädchen und 43,4% Jungen und in der vierten Klasse nur noch 40,5% Mädchen und 28,6% Jungen. (Richter & Plath 2002, S. 10) Bei den Jungen ist der Spaß am Deutschunterricht innerhalb dieser zwei Schuljahre also fast um die Hälfte geschrumpft, bei den Mädchen um ein gutes Drittel! Da der Deutschunterricht wesentlich mit Lesen und Schreiben assoziiert wird, dürften vor allem diese beiden Tätigkeiten von den entsprechenden Unlustäußerungen betroffen sein.

Auch Andrea Bertschi-Kaufmann konnte in dem Schweizer Forschungsprojekt zur Literalität im medialen Umfeld zeigen, dass bereits in der Grundschule beträchtliche Unterschiede existieren hinsichtlich der Leseintensität und den Lektürepräferenzen von Mädchen und Jungen, und zwar insbesondere dann, wenn den Kindern (der zweiten bis fünften Klasse) nur Printtexte zur Verfügung standen. Hatten die Kinder für ihre freien Lesestunden in der Schule allerdings neben Büchern auch elektronische Medien zur Auswahl, dann waren die geschlechtsspezifischen Differenzen deutlich geringer ausgeprägt. Insgesamt resümiert Bertschi-Kaufmann ihre diesbezüglichen Ergebnisse, gewonnen an der Beobachtung von 202 Kindern über einen Zeitraum von 18 Monaten, wie folgt: „Mädchen finden schneller zum Buch, sie nutzen es häufiger und wählen dabei insgesamt früher als die Jungen auch anspruchsvolle Lesestoffe." Viele Jungen wendeten sich entweder den multimedialen Angeboten auf CD-ROM oder den bildunterstützten Printmedien (Comics, illustrierte Sachbücher) zu:

> Damit haben diese Leser aber – im Unterschied zu vielen Mädchen – eher selektiv aus dem jeweils vorhandenen Buchangebot ausgewählt und eine Reihe textdominierter, erzählender Titel möglicherweise von vornherein ausgeschlossen. (...) Dabei hat sich das differenzielle Nutzungsverhalten der Geschlechter bereits in den jüngeren Klassen sehr deutlich gezeigt. Dass es sich in den höheren Klassen nicht verloren, sondern im Gegenteil eher verstärkt hat, lässt weiter darauf schließen, dass die schulische Lesesozialisation (...) nicht ausgleichend wirkt. (Bertschi-Kaufmann 2000, S. 168)

Es gibt noch einen zweiten kritischen Zeitpunkt in der Entwicklung von „Lesekarrieren". 1995/1996 wurden im Rahmen des Modellversuches „Öffentliche Bibliothek und Schule" der Bertelsmann-Stiftung 4.461 Schülerinnen und Schüler zwischen sechs und 16 Jahren in sechs deutschen Städten mittlerer Größe befragt (Harmgarth 1997). Die Auswertung dieser – zwar nicht repräsentativen, aber doch sehr großen – Schülerbefragung weist auf einen dramatischen „Leseknick" vor allem in der Sekundarstufe I hin, der mit einem deutlichen geschlechtsspezifischen Index versehen ist. Der für diese Studie entwickelte „Leseindex" als Maß für Lesegewohnheiten, der eine Reihe von Merkmalen aus dem Bereich Leseneigung und Lesehäufigkeit in der Freizeit bündelt, zeigt eine kontinuierliche Abnahme der Leseintensität in den höheren Altersgruppen, wobei zwei „Leseknicks" festgestellt werden können: Der erste Einbruch erfolgt zwischen dem achten und zehnten Lebensjahr und bestätigt somit die Befunde von Hurrelmann, Richter und Bertschi-Kaufmann; der zweite und vielleicht gravierendere zwischen dem elften und 13. Lebensjahr, also mit dem Übergang von der Kindheit zur Pubertät (Harmgarth 1997, S. 25, Abb. 2).

Je älter die befragten Schülerinnen und Schüler sind, desto häufiger geben sie an, sehr selten oder nie zu lesen. Dies betrifft nun insbesondere die Jungen: Ab der siebten Klasse gehört fast jeder fünfte Junge, jedoch nur jedes 20. Mädchen in die Leseindexkategorie „sehr niedrig". Im Bereich der niedrigen Leseindexwerte für die siebte bis zehnte Klassenstufe gehören 45% der Jungen gegenüber 20% der Mädchen in diese Kategorie, während es in der dritten bis sechsten Klasse nur 19% der Jungen und 7% der Mädchen waren. Es findet also fast eine Verdreifachung im Rückgang der Leseintensität während der Pubertät statt! (Ebd., S. 26, Abb. 3) Nach Schultypen aufgeschlüsselt zeigt sich, dass besonders die Haupt- und Realschule von dieser Entwicklung betroffen sind: In den Klassen sieben bis zehn weisen 45% der Hauptschüler und 38% der Realschüler einen niedrigen oder sehr niedrigen Leseindex auf – gegenüber 16% der Gymnasiasten (ebd., S. 27, Abb. 4). Damit bestätigt sich auch in dieser Untersuchung, was wir aus vielen vorangegangenen Studien bereits wissen: „dass das Geschlecht einerseits und die Bildung andererseits zu einem großen Teil darüber entscheiden, ob gewohnheitsmäßig eher viel oder eher wenig gelesen wird" (Bonfadelli/Fritz 1993, S. 130).

Ein theoretischer Erklärungsversuch

Ich möchte im folgenden den Versuch unternehmen, die beschriebenen Unterschiede im Kontext der Lese*sozialisations*forschung zu interpretieren, indem ich neben der synchron-systematischen Perspektive (Lesen im Medienkontext) sowohl Aspekte des kulturellen und medialen Wandels (mithin die diachron-historische Perspektive) als auch die Individualgenese geschlechtsspezifischer Identitätsbildung (also die diachron-individuelle Perspektive) mit einbeziehe.[3] Damit möchte ich zugleich hinweisen auf Dimensionen, die in künftige Befragungen auch im Kontext von PISA m.E. dringend einzubeziehen wären.

Ein Begriff von Lesekompetenz, der sich vorrangig auf kognitive (und reflexive) Dimensionen konzentriert, mag zur Messung von Lesekompetenz in großen Tests taugen, erfasst aber weder die unterschiedlichen Dimensionen von Lesekompetenz noch die Bedingungen, unter denen sie entsteht (vgl. Baumert u.a. 2001, S. 82). Auf der deskriptiven Ebene fehlen die Dimensionen *Motivationen*, *Emotionen* und *Anschlusskommunikationen*, und es fehlen Auskünfte über die personalen, sozialen, institutionellen und medialen Bedingungen, unter denen Lesekompetenz entsteht (vgl. Hurrelmann 2002, S. 16). Ein derart eingegrenzter Begriff taugt vielleicht zur Diagnose, nicht aber zur Erforschung der Entstehungsbedingungen und damit der Förderung von Lesekompetenz.

Lesen ist wie keine andere mediale Praxis *kommunikativ* vermittelt. Die dem Lesekompetenz-Test von PISA zugrunde liegende Konstruktion, die den Leser in einer isolierten „Laborsituation" als Monade in die Begegnung mit Textaufgaben manövriert, abstrahiert von den Bedingungen, unter denen Lesekompetenz sich entwickelt, denn es handelt sich beim Lesen um eine triadische und nicht um eine dyadische Konstellation. Darin kommt die grundlegende Erkenntnis des *Sozialisationsparadigmas* in der Leseforschung zum Ausdruck: Lesen ist eine sozial und kulturell vermittelte Praxis und nicht einfach eine Technik. Nur wenn wir die „dritte Dimension" mit einbeziehen, werden wir verstehen, woher die großen geschlechtsspezifischen Unterschiede kommen, und können erfolgversprechende Strategien entwickeln. Ich möchte dies an einem Modell der Medienforscher Michael Charlton und Klaus Neumann(-Braun) erläutern.

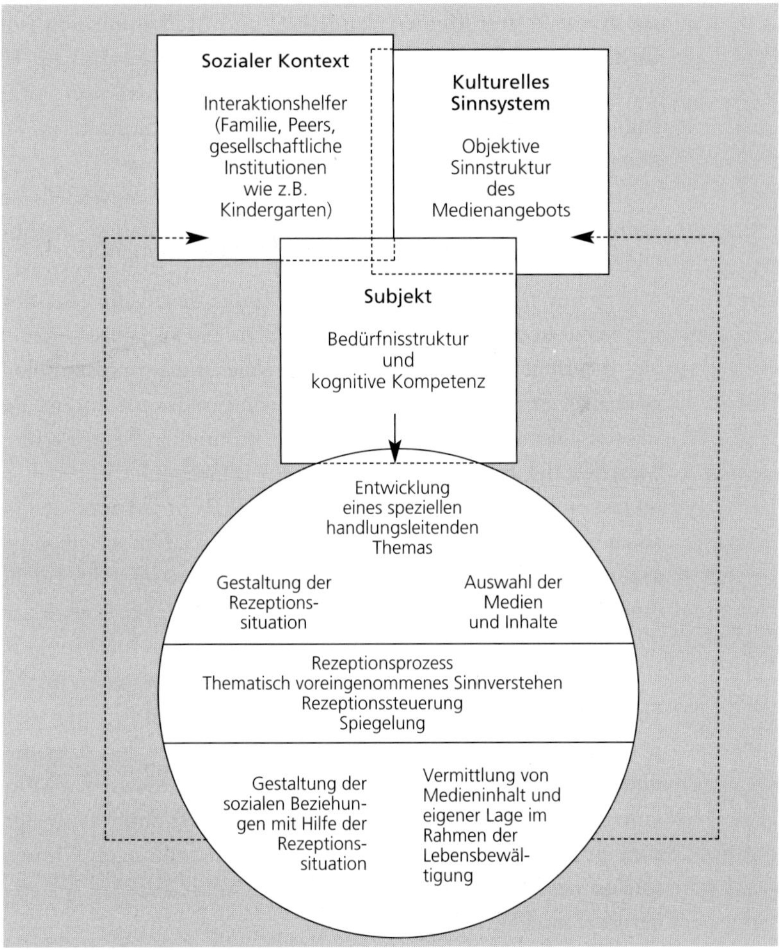

Abbildung: Struktur- und Prozessmodell der Medienrezeption von Charlton/Neumann (aus: Charlton/Neumann-Braun 1992, S. 90)

Die drei Vierecke markieren die Strukturelemente in Prozessen der Medienrezeption: ein Subjekt mit bestimmten Bedürfnissen und Kompetenzen trifft auf ein Medienobjekt (aus dem „kulturellen Sinnsystem") im Rahmen eines sozialen Kontextes bzw. Interaktionskontextes. Aus diesem Zusammentreffen von Subjekt und Objekt in einem situativen Kontext ergeben sich die Elemente des Rezeptions*prozesses*, die auf dem Schaubild im Kreis angeordnet sind: das ‚handlungsleitende Thema' des Subjekts führt zur Auswahl von Medien (hardware) und Medieninhalten (software), zur Gestaltung und Steuerung der Rezeptionssituation und zur Verarbeitung des Rezipierten; handlungstheoretisch spricht man von vorbereitenden, begleitenden und verarbeitenden Rezeptionshandlungen (im Schaubild das obere, mittlere und untere Segment des Kreises).

Ich (re-)konstruiere zur Veranschaulichung dieses Modells eine Art „Urszene" der Lesesozialisation, eine frühkindliche Vorlesesituation: Das Subjekt ist z.B. ein vierjähriges Mädchen, dessen Bedürfnis es ist, ‚Geschichten' zu hören, zum Beispiel von der Mutter, dem Vater oder der Großmutter. Seine kognitive Kompetenz schließt die Sprachbeherrschung bereits ein, die Beherrschung der Schriftsprache und somit das Selberlesen aber noch aus; es ist darum auf das Vorlesen durch eine andere Person angewiesen. Das Medienobjekt aus dem „kulturellen Sinnsystem" ist z.B. ein Märchen der Brüder Grimm oder ein Bilderbuch[4], und der soziale Kontext ist eine abendliche Vorlesesituation im Rahmen des Gute-Nacht-Rituals mit der Mutter (als „Interaktionshelferin"). Die *rezeptionsvorbereitenden* Handlungen könnten in der gemeinsamen Auswahl des Buches bestehen (auch in dem Kauf bzw. dem Ausleihen in einer Bibliothek), ferner darin, dass ein Riegel Schokolade oder eine Tasse Milch mit Honig bereitgestellt werden. Die *rezeptionsbegleitenden* Handlungen bestehen im Anschmiegen von Mutter und Kind unter der Bettdecke, somit in einer wohligen Körpererfahrung, aber auch in einem intensiven verbalen Austausch – Fragen und Kommentare des Kindes, Antworten und Hinweise der Mutter, gemeinsames Ausphantasieren der Geschichte und Verknüpfen mit eigenen Erfahrungen usw. Die *verarbeitenden* Rezeptionshandlungen können im Nachspielen des Gelesenen bestehen (am nächsten Tag), im späteren Gespräch darüber, im Malen eines Bildes etc.

Wir können an dieser „Urszene" der Lesesozialisation einige Strukturmerkmale erkennen, die für das Lesen als kulturelle Praxis konstitutiv sind *und* die das Lesen unterscheiden vom *Hören* (von Kassetten und CDs), vom *Sehen* (von Fernsehfilmen, Videos oder Kinofilmen) und vom *Spielen* (am Gameboy, der Spielkonsole oder dem PC). *Lesen* ist vermittelt über die Schrift; es setzt darum nicht nur Sprachbeherrschung voraus (wie das Hören oder Sehen einer Geschichte), sondern auch die Fähigkeit zur Decodierung von *Schriftsprache*, also eine erfolgreiche *Alphabetisierung*. Der Erwerb der Schriftsprache ist eine Anforderung, die Jahre dauert, enorme kognitive Anstrengungen verlangt und in jedem Fall die Anwesenheit eines ‚kompetenten Anderen' – in der Regel eines schriftkundigen Erwachsenen – voraussetzt. Die Grundschule rechnet für diesen sog. „Anfangsunterricht" im Lesen und Schreiben mit zwei Schuljahren. Bis ein Kind so weit ist, dass es vom passiven Rezipienten von vorgelesenen Geschichten zum aktiven und lustvollen (Selber-)Leser wird, muss es den gesamten Prozess des Schriftspracherwerbs erfolgreich durchlaufen haben – erst auf einer relativ fortgeschrittenen Stufe der Lesekompetenz bestehen überhaupt die Voraussetzungen, dass Lesen als etwas Lustvolles und Befriedigendes erlebt wird – gewissermaßen erst nach einer jahrelangen ‚Durststrecke'. Aus diesem Sachverhalt folgt: Das Kind ist in diesem Prozess der „literarischen Initiation" oder der Einführung in die Welt der Schrift fundamental auf *erwachsene Vermittler* angewiesen (vgl. im Schaubild: „Interaktionshelfer").

An diesem Punkt wird nun die Perspektive der *Genderforschung* wichtig. In unserem sozio-kulturellen Kontext (bürgerliche Kleinfamilie, geschlechtsspezifische Arbeitsteilung usw.) geschieht die Einführung in die Schriftlichkeit und damit in die Welt der Literatur weitgehend durch *Frauen*: in erster Linie durch die Mütter, die in der frühkindlichen Vorlesepraxis und der gesamten familialen Lesesozialisation die Hauptrolle spielen (das bestätigen alle empirischen Untersuchungen, z.B. Hurrelmann et al. 1993), im weiteren Verlauf dann durch die Grundschullehrerinnen, die die Kinder im Prozess des Schriftspracherwerbs begleiten. *Lesen* (und übrigens auch Schreiben) wird somit von den Kindern als eine *weiblich konnotierte kulturelle Praxis* erlebt.

Das kleine Mädchen, das ja so werden will (und werden soll) wie seine Mutter, sieht, dass seine Mutter liest (und erlebt, wie sie ihm mit Begeisterung vorliest) – und wird selbst zur Leserin: Es kann sich der symbiotischen Regression hingeben *und* gleichzeitig imaginieren, dass Lesenlernen etwas mit Erwachsenwerden zu tun hat. Das Mädchen wird sich also – natürlich immer idealtypisch gesprochen – mit Begeisterung auf den Prozess des Lesen- und Schreiben-Lernens einlassen und sich in dieser Hinsicht mit seiner (gesellschaftlich zugewiesenen und durch das mütterliche Vorbild vermittelten) Geschlechtsrollen-Identität in voller Übereinstimmung wissen. Die Folgen sind bekannt: Schon bei Schuleintritt und durch die gesamte Schulzeit hindurch sind die Mädchen in ihren sprachlichen Kompetenzen und insbesondere im Bereich der Schriftlichkeit, im Lesen, im Rechtschreiben und Textschreiben, den Jungen überlegen (vgl. Brügelmann/Richter 1994).

Für den kleinen Jungen besteht die Entwicklungsaufgabe hingegen in der Loslösung von der Mutter. Das konflikthafte Geschehen, das sich in der Kindheit von Jungen bei der „Sozialisation zur Männlichkeit" abspielt, ist am gründlichsten von der Psychoanalyse rekonstruiert worden. Wolfgang Mertens schreibt dazu in seinem Überblick über „Widersprüche männlicher Geschlechtsidentität aus psychoanalytischer Sicht":

> Der kleine Junge lernt zunächst die Sprache der mütterlichen Gefühle und Gesten, hat zu ihr eine leidenschaftliche Beziehung und ist auf globale Weise mit ihr identifiziert. Aber im zweiten und dritten – manchmal auch erst im vierten – Lebensjahr erfährt er auf mehr oder weniger dramatische Weise einen Bruch in seiner Identifikationslinie. (...) Schon zwei- bis dreijährige Knaben erleben die Verachtung des Weiblich-Mütterlichen anhand von Äußerungen älterer Spielkameraden, ihrer Brüder oder auch ihrer Väter. Kaum dass diese Knäblein ihr erstes Selbstverständnis in der Beziehung zu ihren Müttern ausgebildet haben, wird ihnen bereits angedeutet, dass zuviel Identifikation mit diesen sie in der Welt der Männer schonungslos der Lächerlichkeit preisgibt. Was ist also mehr geboten, als sich von all diesen Haltungen so bald wie möglich wieder zu befreien? Diese Form der Initiation zum Männlichen schafft aber nahezu bei jedem Jungen eine Traumatisierung: So wie er sich bislang erlebt hat, darf er nicht mehr sein, die Beziehung seiner ersten drei oder vier Lebensjahre ist in der Öffentlichkeit dem Gespött ausgesetzt, seine Identifikation mit der Frau, die ihn ins Leben hineinführte, muss mit allen Kräften unterdrückt werden, zumindest muss er in der Öffentlichkeit so tun, als sei er schon groß, selbstständig, furchtlos und ausschließlich rational orientiert. Wenn er darüber hinaus eines Tages mitbekommt, wie wenig geachtet der Status des Mütterlichen in dieser Gesellschaft (immer noch) ist, wie geringschätzig die Tätigkeit des Mütterlichen und Hausfraulichen behandelt wird, wenn er wahrnimmt, wie sein Vater und die anderen erwachsenen Männer mit Anzug und Aktenkoffer in die männliche Welt der Bankenhochhäuser und chromblitzenden Büros entschwinden, wenn er im Fernsehen und in den Computerspielen mit den muskelbepackten Supermännern Bekanntschaft schließt, die im Asphaltdschungel für Recht und Ordnung sorgen, dann wird ihm endgültig klar, dass er nur einen einzigen glühenden Wunsch hat: So zu werden

wie diese unendlich bewunderten Männer und alle Spuren des Weiblichen, die er noch aufweist, in ihm und an ihm zu tilgen. (Martens 1998, S. 46f.)

Das Lesen wird von den kleinen Jungen vor allem wahrgenommen im Rahmen einer symbiotisch-inzestuösen Beziehung zu ihrer Mutter, von der sie sich lösen – oder die sie zumindest verleugnen – müssen, um in der Welt der Jungen und Männer Anerkennung zu finden. Lesen – und zumal das Lesen fiktionaler Literatur – bedeutet die Versuchung zur Regression in die prä-ödipale Mutterbeziehung. Die Jungen lassen es darum ganz – oder sie verleugnen es in der Öffentlichkeit. Dieses Problem wird für sie vor allem in einer Entwicklungsphase virulent, in der sie von Seiten der Gesellschaft, vor allem der Gruppe der (männlichen) Gleichaltrigen, mit dem Erwartungsdruck konfrontiert sind, sich aus der Sphäre der Mütter (und überhaupt des ‚Weiblichen') zu lösen, wenn sie nicht als „Muttersöhnchen" gelten wollen. Das dürfte in der späten Kindheit und frühen Pubertät, also in den Schulklassen 3 bis 6, verstärkt der Fall sein.

Wir wissen nun aber aus der lesebiografischen und psychoanalytischen Forschung, dass eine lebensgeschichtlich stabile Lesemotivation nur aufgebaut wird, wenn das Lesen in der Kindheit, also in dem Zeitraum zwischen 8 und 12/13 Jahren (nach dem Erwerb der Lesefertigkeit in den ersten beiden Grundschulklassen und vor dem beinahe unvermeidlichen „Leseknick" in der Pubertät), als eine lustgewährende Praxis erlebt und gepflegt wird. Damit kommen die Jungen aber gerade in dieser Zeit in einen Konflikt mit den Geschlechtsrollen-Erwartungen, die an sie gerichtet werden.

In diese konflikthafte Konstellation tritt nun heutzutage eine neue Palette medialer Angebote, die die Jungen aus ihrem Dilemma ‚erlösen' kann: Die audiovisuellen und digitalen Bildschirmmedien machen es möglich, dass auch Jungen Geschichten rezipieren (oder spielen), ohne im Einflussbereich weiblicher Literaturvermittlung zu bleiben. Das lustorientierte Lesen früherer Generationen wird darum vor allem bei den Jungen zunehmend ersetzt durch andere Formen lustvoller Medienrezeption: Kassetten und CDs hören, Fernsehen und Videofilme ansehen, Gameboy, Video- und Computerspiele spielen. Der alte Streit in der Medienforschung, ob die neuen Medien die alten *verdrängen* oder *ergänzen*, muss meines Erachtens tendenziell geschlechtsspezifisch differenziert werden: Eine Ersetzung oder Verdrängung von Printmedien (insbesondere des Buches) durch Bildschirmmedien findet vor allem bei den Jungen statt, während die Mädchen die neuen Medien eher ergänzend zu den „alten" Medien nutzen.

Die Initiation in die Männergemeinschaft erfolgt medial durch Bildschirmmedien. Wir könnten die „Urszene" der Lesesozialisation ergänzen um eine zweite „Urszene" der Bildschirmspiele: Wir werden es nicht erleben (oder nur in absoluten Ausnahmefällen), dass sich Mutter und Sohn gemeinsam über den Gameboy beugen und versuchen, mit den verschiedenen Levels von „Pokémon" oder „Zelda" klarzukommen. Anders gesagt: Die Einführung in die Welt der Bildschirmspiele erfolgt entweder durch die Väter oder – in den meisten Fällen – in der Gruppe der gleichaltrigen Jungen. Stundenlang hocken sie allein oder zu mehreren vor dem Bildschirm – dem Gameboy, der Spielkonsole oder dem PC – und versuchen, die Herausforderungen, die das jeweilige Spiel an sie stellt, zu meistern.

Jürgen Fritz, der umfangreiche empirische Untersuchungen zur Faszination von Computerspielen durchgeführt hat (mit Kindern, Jugendlichen und Erwachsenen), kommt zu dem Schluss, das „Macht, Kontrolle und Herrschaft" die entscheidenden Motive sind, deretwegen Bildschirmspiele gespielt werden. (Vgl. Fritz 1997b)

Schauen wir uns die zentralen Motive des Computerspielens unter Gender-Gesichtspunkten an, dann wird schnell deutlich, dass es sich hier um Eigenschaften handelt, die in der abendländisch-patriarchalischen Kulturgeschichte mit dem *männlichen Geschlechtscharakter* verknüpft sind: Der Mann muss den ‚Kampf ums Dasein' meistern, er zieht hinaus ‚ins feindliche Leben', beherrscht die Natur, er bewährt sich in Abenteuern und Gefahren, erobert die Welt usw. Die Bildschirmspiele, so wieder Jürgen Fritz, „bieten Erfolgserlebnisse in Leistungsbereichen und zu Spielinhalten, die sich die Spieler selbst aussuchen und deren Schwierigkeitsgrad sie selbst bestimmen können. Sie verstärken damit die Zuversicht der Spieler, sich in der Lebenswelt behaupten und das ‚Königreich des eigenen Lebens' errichten zu können." (Fritz 1997b, S. 82) Aufschlussreich ist auch, worum es bei Computerspielen *nicht* geht. Ich zitiere wieder Jürgen Fritz:

> Computerspiele fordern keine ‚emotionale Intelligenz'. Der Spieler steht nicht vor dem Erfordernis, sich emotional in ein Gegenüber hineinzuversetzen oder Situationen unter emotionalen Gesichtspunkten zu verstehen. Der gesamte Bereich der Empathie bleibt ausgespart – und damit ein entscheidender Aspekt des menschlichen Zusammenlebens. Die den Menschen kennzeichnende Interaktivität, also das Bewusstsein, wechselseitig aufeinander bezogen zu sein, ist bei den Computerspielen um die emotionale und empathetische Dimension verkürzt. ‚Interaktivität' heißt im Computerspiel lediglich, strategisch und tak-

tisch angemessene Verhaltenssequenzen auszubilden, um in der virtuellen Welt zu ‚überleben'. (Fritz 1997b, S. 82)

Aus vielen Untersuchungen wissen wir, dass Mädchen Beziehungs- und Liebes-Geschichten, sog. ‚human-interest-stories' bevorzugen, in denen menschliche Schicksale im Vordergrund stehen – im weitesten Sinne also psychologische Geschichten; Jungen dagegen bevorzugen Spannung und Action: Abenteuer und Kampf, Herausforderung und Bewährung, Reise- und Heldengeschichten. (Vgl. z.B. Süss 2000, Tabelle 34, S. 112)

Für die Interessen der Mädchen haben die Bildschirmmedien (bislang?) wenig zu bieten, denn diese sind vor allem auf *action* oder strategisches Handeln ausgelegt, während Literatur und Film (teilweise auch Fernsehen) empathische Rezeptionsformen begünstigen. Denn die Darstellung psychologisch komplexer Figuren und Beziehungen lässt sich optimal im Medium der Schrift bzw. der Literatur realisieren – prototypisch im psychologischen Roman als *dem* prägenden Genre der bürgerlichen Literaturepoche. In der Literatur lässt sich die Innensicht der Figuren durch Erzähltechniken wie inneren Monolog oder ‚stream of consciousness', erlebte Rede, Figurenrede oder Erzählerkommentar hervorragend zum Ausdruck bringen. Schon bei der Umsetzung eines Buches in einen Film geht in der Regel viel an psychologischer Komplexität verloren zugunsten äußerer *action*. Allen audiovisuellen Medien, die ja in erster Linie ‚Zeigemedien' sind, wohnt die Tendenz inne, die ‚äußere Handlung' stärker zu betonen als die ‚innere Handlung' (auf der psychologischen Ebene des Innenlebens von Figuren). Das gilt erst recht bei Bildschirmspielen.

Bei der Mediennutzung der Jungen handelt es sich demzufolge tendenziell um *Substitutionsphänomene*, also eine Ersetzung des Buches durch Bildschirmmedien; bei den Mädchen um *Ergänzungsphänomene*, d.h. Fortsetzung der Buchlektüre bei Anlagerung anderer medialer Praktiken. Dieser strukturelle Unterschied weist eine Analogie zum Unterschied in der Ausbildung von Geschlechtsidentität auf: Die Mädchen bleiben in einer *Kontinuität* zu ihrer ersten Bezugsperson, der Mutter, die Jungen erleben den erwähnten (mehr oder weniger traumatischen) *Bruch* in ihrer Identifikationslinie.

Daraus würde folgen: So lange das Lesen (vor allem fiktionaler Literatur) eine *weiblich* konnotierte Praxis ist – und alle Lesestudien zeigen, dass die „Verweiblichung" fiktionaler Lektüre eher zu- als abnimmt –, so lange wird Lesen „uncool" bleiben für die heranwachsenden Jungen, die der ‚mütterlichen Sphäre' zu entkommen trachten.

Während früher auch die Jungen die „Mühen des Lesens" auf sich nehmen mussten, um an „ihre" (bevorzugten) Geschichten zu kommen, können sie sich heute von diesen Mühen leicht dispensieren, indem sie Filme sehen (im Fernsehen, auf Video, im Kino) oder Bildschirmspiele am PC oder an der Spielkonsole spielen. Wer „Winnetou" liest oder „Die Schatzinsel" oder „Tom Sawyer und Huckleberry Finn", der bekommt aber zwangsläufig viel Stoff für die Erweiterung des eigenen Weltwissens und der sprachlichen und literarischen Kompetenzen sowie für die Differenzierung der eigenen sozialen, moralischen und emotionalen Perspektiven. Welchen „Bildungswert" haben in dieser Hinsicht die aktuellen Bildschirmspiele, mit denen die 8 bis 14jährigen Jungen einen großen Teil ihrer Freizeit verbringen?

Forschungsdesiderate

Es ist ein Verdienst der PISA-Studie, dass sie auf das Ausmaß und die Konstanz von Geschlechterunterschieden in allen 32 untersuchten Staaten hingewiesen hat. Es wird darum notwendig sein, dass sich Forscher/innen mit hermeneutisch-qualitativer Orientierung (zu denen ich mich zähle) und mit empirisch-quantitativer Orientierung (wie z.B. die an PISA beteiligten Kolleg/innen) zusammensetzen und darüber nachdenken, wie die oben skizzierten Zusammenhänge auch bei großen Samples erfasst werden können.

Einen ersten viel versprechenden Versuch in dieser Richtung hat das Schweizer Forschungsprojekt „Lesen und Schreiben im Kontext neuer Medien" unternommen. Kassis und Schneider haben bei 420 Schülerinnen und Schülern der 9. Klasse Geschlechterrollenstereotype erhoben (mit 5 Items[5]) und die Ergebnisse anschließend korreliert mit anderen Variablen zu Schicht, Familie und Schule, die einen Einfluss auf die Entwicklung von Lesekompetenz haben. Dabei zeigte sich, dass es für Mädchen und Jungen unterschiedliche „Strukturgleichungsmodelle" für die Entwicklung von Lesekompetenz gibt: Bei den Mädchen spielen Geschlechterrollenstereotype gar keine signifikante Rolle im Zusammenhang mit der Entwicklung von Lesekompetenz; bei den Jungen hingegen gibt es einen signifikanten Zusammenhang zwischen der Ausprägung von Geschlechterrollenstereotypen, dem Umgang der Jugendlichen mit Büchern im Elternhaus und der Entwicklung von Lesekompetenz. Die Forschergruppe um Wassilis Kassis resümiert: „Geschlechterrollenstereotype hemmen sehr deutlich den Umgang der Jungen mit Büchern im Elternhaus wie auch die Lesekompetenz gesamthaft" (Kassis & Schneider 2003, S. 4).

Dieses Ergebnis bestätigt m.E. die oben ausgeführten Zusammenhänge. Es wäre interessant, in künftigen Studien auch den umgekehrten Zusammenhang zu erforschen, d.h. die Jungen, bei denen das Interesse am Lesen genau so hoch ist wie bei den Mädchen, auch nach ihrer Geschlechtsrollen-Orientierung zu befragen. Meine These lautet nämlich, dass die Jungen, die sich als aktive Leser begreifen und darstellen können, in einem wesentlich größeren Ausmaß als die nicht-lesenden Jungen „weibliche Persönlichkeitsanteile" in ihr Selbstbild integriert haben. Woraus folgen würde: Wenn wir die Jungen *als Leser* (zurück-)gewinnen wollen, müssen wir zugleich an der Veränderung von geschlechterstereotypen Einstellungen arbeiten.

Ferner wäre es im Lichte der obigen Ausführungen wünschenswert, dass in künftigen PISA-Studien der gesamte Kontext der Mediennutzung mit erhoben wird, damit die Substitutions- bzw. Ergänzungsthese in ihrer geschlechterspezifischen Dimension überprüft werden kann.

Ausblick: Thesen zu einer geschlechterdifferenzierten Leseförderung

Vor allem Jungen sind als die primäre Adressatengruppe für Maßnahmen der Leseförderung anzusehen, und zwar insbesondere in Bezug auf das Lesen von Büchern und linearen Texten, weniger vielleicht in Bezug auf (Hyper-)Texte am PC. (Das wäre genauer zu erforschen.) Die Diskussion über eine geschlechterdifferenzierende Leseförderung hat gerade erst begonnen; entwickelte Konzepte dazu liegen noch kaum vor. Ich möchte aber aus den bisherigen Ergebnissen der Forschung und Erfahrungen der Praxis drei Thesen ableiten:

1. *Die zunehmende ‚Feminisierung' des Lesens als kultureller Praxis erfordert eine Veränderung von Männerbildern, wenn das Lesen für Jungen attraktiv werden soll.*

Wenn wir Lesen nicht auf seine instrumentelle Funktion (Informationsaufnahme und Wissenserwerb) reduzieren wollen, sondern der literarischen Kultur darüber hinaus einen unverzichtbaren Stellenwert in der Persönlichkeitsbildung des Einzelnen sowie der Gestaltung sozialer Beziehungen und humaner gesellschaftlicher Verhältnisse zuschreiben, dann müssen wir langfristig an der Veränderung der Geschlechterbeziehungen mit dem Ziel einer wirklichen Geschlechterdemokratie arbeiten. Diese werden wir erst erreicht haben, wenn die polarisierende Zuschreibung von Eigenschaften auf die beiden Geschlechter und die damit verbundene Hierarchisierung in „überlegen" und „unterlegen" überwunden ist. Erst wenn Jungen in der Öffentlichkeit „schwach", einfühlsam und emotional sein dürfen, ohne in Gefahr zu sein, dass ihnen ihre „Männlichkeit" abgesprochen wird, erst wenn sie nicht mehr unter dem Druck stehen, ihre weibliche Primärsozialisation durch die Mutter zu verleugnen, werden sie auch einen Zugang zur gesamten literarischen und Lesekultur haben. Denn große Teile der belletristischen Literatur sind auf Empathiefähigkeit als elementare Rezeptionsvoraussetzung angewiesen. Die Jungen müssen darum die Chance erhalten, emotionale Kompetenzen nicht nur zu entwickeln, sondern auch in ihr Selbstbild zu integrieren. Dafür ist eine essentielle Voraussetzung, dass sich die „Männerbilder" in unserer Gesellschaft wandeln (vgl. zu diesem Problem ausführlich Markert 1998).

Wenn die „primäre literarische Initiation" stärker von Männern – Vätern, Erziehern, Grundschullehrern – mitgetragen würde, bestünde zumindest die Chance, dass sich die enge Verknüpfung von „Lesen" und „Weiblichkeit" auflöste.

2. *Die Schule muss in zunehmendem Maße Aufgaben der familialen Lesesozialisation übernehmen. Wenn Lektüre stärker in schulische Pflichtzusammenhänge eingebunden und mit kompetitiven Elementen verknüpft würde, könnten sich die Wertschätzung des Lesens verändern und die Lesekompetenz von Kindern aus lesefernen Elternhäusern erhöhen.*

Die Familie ist der einflussreichste Faktor in der Lesesozialisation, hier werden langfristig die Weichen für Entwicklungen zum Leser oder Nichtleser gestellt. Die PISA-Studie hat gezeigt, dass in keinem anderen Land das „Bildungskapital" der Familien einen so nachhaltigen Einfluss auf den Schulerfolg der Kinder hat wie in Deutschland. Daraus folgt aber keineswegs, dass die Schule resignativ in ihrem bisherigen Nichtstun verharren sollte – im Gegenteil. Der Schule in Deutschland ist es bislang nicht gelungen, der Reproduktion von sozialen und Geschlechterungleichheiten wirksam zu begegnen.

Erich Schön hat aus den Befunden der PISA-Studie den Schluss gezogen, dass gerade in der Schule mehr gelesen werden müsse, was zugleich auch bedeutet, dass das Lesen insgesamt stärker in schulische Pflichtzusammenhänge eingebunden werden muss (und somit nicht gänzlich dem Bereich des „weiblichen" Privatvergnügens und Freizeitverhaltens überlassen bleiben darf). Nur in knapp der Hälfte der durch PISA getesteten Staaten besteht ein signifikanter Zusammenhang zwischen dem Lesen „zum Vergnügen" und der Lesekompetenz der Schüler/innen. Umgekehrt gibt es eine Reihe von Ländern (z.B. Japan), in denen relativ hohe Leseleistungen erzielt werden, obwohl hier vergleichsweise wenig zum Vergnügen gelesen wird. „Für den Erwerb von Lesekompetenz entscheidend ist nicht, ob ‚zum Vergnügen' gelesen wird, sondern ob und wie viel überhaupt gelesen wird, einschließlich des Lesens als schulischer Pflicht" (Schön 2002, S. 13).

Für eine langfristig „erfolgreiche Leseerziehung" (Bamberger 2000) in der Schule könnte es wesentlich sinnvoller sein, dass Kinder und Jugendliche pro Woche ein Buch ihrer Wahl lesen (vgl. Bambergers „Leseolympiade" in Österreich), als dass sie pro Schuljahr einen oder zwei „Klassiker" (der Erwachsenen- oder der Kinder- und Jugendliteratur) ausgiebig interpretieren müssen. (Ich erinnere daran, dass das Spitzenland in Sachen Lesekompetenz bei der PISA-Studie, Finnland, jeglichen Schulkanon abgeschafft hat: Den Lehrer/innen bzw. Schüler/innen ist vollkommen freigestellt, mit welchen Texten sie Lesekompetenz vermitteln bzw. erwerben.) Es liegt auf der Hand, dass die Schule mit solcher Art von Maßnahmen einer ihrer zentralen Bildungsaufgaben, der Einführung in die „Welt der Bücher" und der Vermittlung einer hohen Lesekompetenz, wesentlich besser gerecht würde als bislang. Natürlich kann niemand garantieren, dass aus allen Schülern auf diese Weise dauerhaft Leser werden, die Chance wäre aber wohl erheblich größer als bislang. Und mehr als dies – Lesekompetenz vermitteln und Zugänge zur Welt der Bücher eröffnen – kann die Schule nicht tun; gehen müssen die Kinder die eröffneten Wege dann schon allein!

3. *Eine geschlechtsspezifische Leseförderung muss – gerade für Jungen – im Medienverbund stattfinden!*

Es wäre absolut unzeitgemäß und wenig erfolgversprechend, wollte man das Buch gegen die neuen Medien durchsetzen. Untersuchungen wie die von Bertschi-Kaufmann verweisen darauf, dass eine Leseförderung in multimedialen Kontexten gerade für die Jungen erheblich motivierender ist als in reinen Printmedien-Umgebungen. Die Beobachtungen von Schülern der zweiten bis fünften Klasse sowie die Auswertung ihrer Lesetagebücher ergaben:

> Mädchen wählen „interactive books" vor allem als Auflockerung zwischen ihren Buchlektüren, während viele Jungen die CD-ROM häufig als Einstiegslektüre nutzen, längere Zeit dabei bleiben und schließlich meist zum gedruckten Buch wechseln. Vor allem in der Grundschule erweisen sich die Multimedia-Versionen von Geschichten als attraktive Lektüren für Jungen, die auf dem Weg sind, Buchleser zu werden. Die Gelegenheit, Leseerfahrungen auch am Bildschirm zu sammeln, stärkt und stabilisiert also vor allem die Lesetätigkeit der Jungen, während Mädchen den PC weniger eindeutig für ihre Leseentwicklung verwerten (...) (Bertschi-Kaufmann 2002, S. 153).

Daher scheint es erforderlich, einen zeitgemäßen Deutschunterricht als medien-integrativen Unterricht zu konzipieren, der nicht ausschließlich auf Schrifttexte setzt – womit nicht gesagt sein soll, dass auf das Lesen von Texten verzichtet werden könnte. Wir müssen uns nur davon verabschieden, die Medien stets in Konkurrenz zueinander zu denken.

Anmerkungen

1 Der folgende Beitrag geht zurück auf einen Vortrag der Vf. auf der Leipziger Buchmesse 2003 und wurde zuerst veröffentlicht in: JuLit (Informationen des Arbeitskreises für Jugendliteratur), Heft 2 und 3/2003. Die vorliegende Version weicht an mehreren Stellen vom Erstdruck ab.

2 Ich verzichte in den folgenden Ausführungen aus Platzgründen auf die exakten Zahlen bzw. den Abdruck von Tabellen; diese finden sich für die interessierten Leser/innen in dem Kapitel: „Geschlechterunterschiede in Basiskompetenzen" in Baumert u.a. 2001.

3 Vgl. zu den drei Dimensionen der Lesesozialisationsforschung Groeben et al. 1999.

4 Dies könnte z.B. Janoschs Klassiker „Oh wie schön ist Panama" sein, der in Petra Wielers Untersuchungen zum „Vorlesen in der Familie" als Medienobjekt gedient hat; vgl. Wieler 1997.

5 Z.B.: „Männer sind für technische und handwerkliche Berufe besser geeignet als Frauen" oder (besonders krass, aber auch besonders aussagekräftig): „Mädchen wissen in Sachen Sexualität nicht immer so genau, was sie wollen. Da kann es nicht schaden, wenn Jungen ein bisschen nachhelfen."

Literaturverzeichnis

Bamberger, Richard: Erfolgreiche Leseerziehung in Theorie und Praxis. Mit besonderer Berücksichtigung des Projekts „Leistungs- und Motivationssteigerung im Lesen und Lernen unter dem Motto Lese- und Lernolympiade". Wien: öbv & hpt/Baltmannsweiler: Schneider 2000.

Baumert, Jürgen/Klieme, Eckhard/Neubrand, Michael/Prenzel, Manfred/Schiefele, Ulrich/Schneider, Wolfgang/Stanat, Petra/Tillmann, Klaus-Jürgen/Weiß, Manfred (Hrsg.): PISA 2000. Basiskompetenzen von Schülerinnen und Schülern im internationalen Vergleich. Opladen: Leske + Budrich 2001.

Bertelsmann Stiftung (Hrsg.): Lesen fördern in der Welt von morgen. Modelle für die Partnerschaft von Bibliothek und Schule. Gütersloh: Verlag Bertelsmann Stiftung 2000.

Bertschi-Kaufmann, Andrea: Lesen und Schreiben in einer Medienumgebung. Die literalen Aktivitäten von Primarschulkindern. Aarau: Sauerländer 2000.

Bertschi-Kaufmann, Andrea: Multimedia und Leseförderung in der Schule. In: Bonfadelli/Bucher 2002. S. 148–161.

Bonfadelli, Heinz/Fritz, Angela: „Lesen im Alltag von Jugendlichen." In: Bonfadelli, Heinz/Fritz, Angela/Köcher, Renate: Lesesozialisation. Bd. 2: Leseerfahrungen und Lesekarrieren, mit einer Synopse von Ulrich Saxer. Gütersloh: Studien der Bertelsmann Stiftung 1993. S. 10–213.

Bonfadelli, Heinz/Bucher, Priska (Hrsg.): Lesen in der Mediengesellschaft. Stand und Perspektiven der Forschung. Zürich: Pestalozzianum 2002.

Brügelmann, Hans/Richter, Sigrun (Hrsg.): Mädchen lernen ANDERS lernen Jungen. Geschlechtsspezifische Unterschiede beim Schriftspracherwerb. Bottighofen: Libelle Verlag 1994.

Charlton, Michael/Neumann-Braun, Klaus: Medienkindheit – Medienjugend. Eine Einführung in die aktuelle kommunikationswissenschaftliche Forschung. München: Quintessenz 1992.

Eggert, Hartmut/Garbe, Christine: Literarische Sozialisation. Stuttgart/Weimar: Metzler 2003 (2., aktualisierte Auflage).

Fehr, Wolfgang/Fritz, Jürgen (Hrsg.): Handbuch Medien: Computerspiele. Theorie, Forschung, Praxis. Bonn: Bundeszentrale für politische Bildung 1997.

Fritz, Jürgen: „Was sind Computerspiele?" In: Fehr/Fritz 1997. S. 81–86. (zit. als Fritz 1997a)

Fritz, Jürgen: „Macht, Herrschaft und Kontrolle im Computerspiel." In: Fehr/Fritz 1997. S. 183–196. (zit. als Fritz 1997b)

Garbe, Christine: „Geschlechterspezifische Zugänge zum fiktionalen Lesen." In: Bonfadelli/Bucher 2002. S. 215–234.

Garbe, Christine: Mädchen lesen ander(e)s. Für eine geschlechterdifferenzierende Leseförderung. In: Arbeitskreis für Jugendliteratur (Hrsg.): JuLit. Informationen (2003) 2. S. 14–29. [Teil II: Alle Mann ans Buch! Aufgaben einer geschlechterdifferenzierenden Leseförderung. In: JuLit. Informationen (2003) 3, S. 45–49].

Groeben, Norbert/Hurrelmann, Bettina/Eggert, Hartmut/Garbe, Christine: Das Schwerpunktprogramm „Lesesozialisation in der Mediengesellschaft". In: Groeben, Norbert (Hrsg.): Lesesozialisation in der Mediengesellschaft. Ein Schwerpunktprogramm. 10. Sonderheft des Internationalen Archivs für Sozialgeschichte der deutschen Literatur (IASL). Tübingen: Niemeyer 1999. S. 1–26.

Harmgarth, Friederike (Hrsg.): Lesegewohnheiten – Lesebarrieren. Schülerbefragung im Projekt „Öffentliche Bibliothek und Schule – neue Formen der Partnerschaft". Gütersloh: Bertelsmann 1997.

Hurrelmann, Bettina/Hammer, Michael/Nieß, Ferdinand/Epping, Susanne/ Ofteringer, Irene: Lesesozialisation. Bd. 1: Leseklima in der Familie. Studien der Bertelsmann Stiftung. Gütersloh 1993.

Hurrelmann, Bettina: Leseförderung. Basisartikel. In: Praxis Deutsch 127 (1994). S. 17–26.

Hurrelmann, Bettina: Leseleistung – Lesekompetenz. Folgerungen aus PISA, mit einem Plädoyer für ein didaktisches Konzept des Lesens als kultureller Praxis. In: Praxis Deutsch 176 (2002). S. 6–18.

Kassis, Wassilis/Schneider, Hansjakob: Lesen und Schreiben im Kontext neuer Medien; Handout zur gleichnamigen Tagung an der PH Zürich vom 6.6.2003 (unveröffentlicht).

Markert, Dorothee: Momo, Pippi, Rote Zora ... was dann? Leseerziehung, weibliche Autorität und Geschlechterdemokratie. Königstein/Ts.: Helmer 1998.

Martens, Wolfgang: Widersprüche männlicher Geschlechtsidentität aus psychoanalytischer Sicht. In: Cremerius, Johannes u.a. (Hrsg.): Freiburger Literaturpsychologische Gespräche Bd. 17: Widersprüche geschlechtlicher Identität. Würzburg: Königshausen & Neumann 1998. S. 35–57.

Neutzling, Rainer/Schnack, Dieter: Kleine Helden in Not. Jungen auf der Suche nach Männlichkeit. Reinbek: Rowohlt 1990.

Richter, Karin/Plath, Monika: Entwicklung von Lesemotivation bei Grundschülern – Möglichkeiten und Grenzen schulischer Einflussnahme. Präsentation erster Ergebnisse. Universität Erfurt, Institut für Grundschulpädagogik und Kindheitsforschung (Manuskript). Januar 2002.

Schön, Erich: Einige Anmerkungen zur PISA-Studie, auch aus literaturdidaktischer Perspektive. Oder: Lesen lernt man nur durch Lesen. In: Franz, Kurt/Payrhuber, Franz-Josef (Hrsg.): Lesen heute. Leseverhalten von Kindern und Jugendlichen und Leseförderung im Kontext der PISA-Studie. Baltmannsweiler: Schneider 2002. S. 72–91.

Süss, Daniel: Kinder und Jugendliche im sich wandelnden Medienumfeld. Eine repräsentative Befragung von 6–16-jährigen und ihren Eltern in der

Schweiz. Zürich (IPMZ – Institut für Publizistikwissenschaft und Medienforschung der Universität Zürich) 2000.

Walter, Willi: Gender, Geschlecht und Männerforschung. In: Braun, Christina von/Stephan, Inge (Hrsg.): Gender Studien. Eine Einführung. Stuttgart u. Weimar: Metzler 2000. S. 97–115.

Die Bedeutung des Vorwissens für die Lesekompetenz

JULIANE KÖSTER

Die PISA-Studie hat der alten Frage nach der Bedeutung des Vorwissens für das Textverstehen neue Aufmerksamkeit verschafft. Denn kennzeichnend für das Design der Studie ist die Unterscheidung zwischen textinternen und wissensbasierten Verstehensleistungen. Wie auch die Expertise „Zur Entwicklung nationaler Bildungsstandards" (Klieme 2003, S. 65) setzt die PISA-Studie auf prozedurales Wissen. Wer über prozedurales Wissen verfügt, kann es in Anwendungssituationen mit der neu eingegangenen Information flexibel verknüpfen (vgl. Stern 2003, S. 15) und ein Mehr an Verstehenstiefe erreichen. Im Folgenden wird zunächst erläutert, welche Bedeutung dem Vorwissen im Rahmen der kognitionspsychologischen Theorie des Textverstehens zugesprochen wird. In einem zweiten Schritt geht es um die Frage, wie Aspekte des Vorwissens in der Fachdidaktik und in Lehrplänen bedacht werden. Es resultiert die These, dass dieser Größe etwas anders und vor allem intensiver als bislang Rechnung getragen werden sollte.

1
Kognitionspsychologische Prämissen: Lesen als Zusammenspiel von text- und wissensbasierten Verstehensleistungen

Jüngste kognitionspsychologische Arbeiten beschreiben Lesen nicht nur als „eine komplexe kognitive Aktivität", sondern auch „als textgeleitetes und textbezogenes Problemlösen". Selbst wenn, wie Richter und Christmann betonen, solchem Problemlösen „bei einer ineffizienten Verarbeitung des schriftsprachlichen Inputs auf Wort- und Satzebene enge Grenzen gesetzt sind" (Richter/Christmann 2002, S. 49), so geht die vom Leser gebildete Repräsentation eines Textes doch immer über die bloße Textinformation hinaus. Denn der letztendlich repräsentierte Text, so Ulrich Schiefele, stellt das Ergebnis einer Interaktion von Leser, Text und Kontext dar. Folglich weist Schiefele unter den Lesermerkmalen[1] – Vorwissen, Faktoren kognitiver Fähigkeit (insbesondere die Kapazität des Arbeitsgedächtnisses), Lernstrategien – den verschiedenen Komponenten des *Vorwissens* die größte Bedeutung zu. Dabei richtet Schiefele das Interesse auf die verschiedenen relevanten Wissensformen: thematisches Vorwissen, Wortschatzwissen, metakognitives Wissen (Schiefele 1996, S. 118–120). Auch Richter und Christmann kommen zu dem Fazit, dass „[n]ur mit einem adäquaten inhaltlichen Vorwissen [...] ein echtes Textverständnis erreicht, d.h. ein qualitativ hochwertiges Situationsmodell konstruiert werden“ könne (Richter/Christmann 2002, S. 48).

Der PISA-Bericht bestätigt diesen Befund und kommentiert ihn folgendermaßen:

> „Die situative Repräsentation ist ein Abbild bzw. mentales Modell der im Text beschriebenen Sachverhalte und Ereignisse. [...] Bei der Bildung eines Situationsmodells kommt es zu einer subjektiven Rekonstruktion der im Text beschriebenen Sachverhalte und Ereignisse, indem die Textinformation aktiv mit bereits vorhandenem Wissen in Beziehung gesetzt wird“ (Baumert u.a. 2001, S. 85).

Dieser Zusammenhang wird an anderer Stelle des Berichts weiter ausgeführt:

> „Ein wesentliches Element beim Aufbau eines Situationsmodells ist die inhaltliche Integration des Gelesenen in das inhaltliche Vorwissen des Lesenden. Alle Vorwissensarten zeichnen sich durch schnellen und akkuraten Zugriff sowie durch eine starke Vernetzung aus [...]. In dem gebräuchlichen Bild von Wissensrepräsentation im Gedächtnis in Form eines Netzes mit Knoten und Verbindungen (zwischen Knoten) lässt sich Vorwissen als Bereich eines Netzes beschreiben, das durch eine hohe Zahl und Stärke der Verbindungen zwischen den Knoten gekennzeichnet ist. Beim Lesen von narrativen Texten, die sehr nahe an Alltagserfahrungen sind, wird in erster Linie allgemeines Weltwissen benötigt.“ (Baumert u.a. 2001, S. 72)

In Anlehnung an van Dijk & Kintsch (1983) und Mandl (1984) akzentuiert U. Schiefele, dass Verstehen als „aktiver Konstruktionsprozess“ „durch zwei parallele Verarbeitungsrichtungen gekennzeichnet ist“. „Die aufsteigende (‚bottom-up‘), *textgeleitete* Verarbeitung“ werde „von den im Text enthaltenen Informationen und die absteigende (‚top-down‘), *lesergeleitete* Verarbeitung vom Vorwissen und den Zielsetzungen des Lesers bestimmt“ (Schiefele 1996, S. 99).[2]

Das in PISA vorliegende Konzept von Lesekompetenz setzt auf ein ausgewogenes Zusammenspiel von kognitiver Grundfähigkeit, Dekodierfähigkeit, Lernstrategiewissen, inhaltlichem Vorwissen und inhaltlichem

Interesse (Baumert u.a. 2001, S. 130). Dementsprechend unterscheidet „[d]as PISA-Modell [...] grob textimmanente von wissensbasierten Verstehensleistungen, die jeweils noch einmal nach Gesichtspunkten der Komplexität oder formaler Anforderung unterschieden werden. Im ersten Fall sind die im Text selbst enthaltenen Informationen ausreichende Grundlage für die Beantwortung der Fragen; im zweiten Fall muss eine situationsadäquate Interpretation unter Rückgriff auf nicht im Text enthaltenes Vorwissen entwickelt werden." Bei den letztgenannten Aufgaben „müssen die Schülerinnen und Schüler über die im Text selbst vorhandenen Informationen hinausgehen, um die Inhalte oder die Form bzw. Struktur des Textes zu reflektieren und zu bewerten" (Baumert u.a. 2001, S. 82).

Folglich verlangen „[d]ie Aufgaben der Subskala ‚*Reflektieren und Bewerten*' [...] vom Leser, den Text mit eigenen Erfahrungen, Wissensbeständen und Ideen in Beziehung zu setzen" (Baumert u.a. 2001, S. 83). Das Spektrum der Kompetenzstufen erstreckt sich von einer – einfachen – Verbindung zwischen Textinformation und „weit verbreitetem Alltagswissen" über Zwischenstufen bis zur Hypothesenbildung über Textinformation „unter Zuhilfenahme von speziellem Wissen" (Baumert u.a. 2001, S. 89).

Auch hier wird hinsichtlich der Lesekompetenz deutlich, dass Vorwissen vor allem im Kontext von Erklärungs- und Problemlöse-Aufgaben gefordert ist. Elaborative Inferenzen und damit Elaborationsstrategien sind also verlangt. Insofern erstaunt es nicht, dass sich im nationalen PISA-Test neben dem Vorwissen auch das (metakognitive) Wissen über angemessene Lernstrategien als besonders wichtiger Prädiktor der Leseleistung erwiesen hat.

2
Streiflichter auf die Fachdidaktik

Im Hinblick auf die Thematisierung des Vorwissens im Kontext des Textverstehens lassen sich in literaturdidaktischen Publikationen der letzten 15 Jahre – grob gesagt – zwei Richtungen unterscheiden. Während eine kleinere Gruppe von Autorinnen und Autoren an die psychologischen Erkenntnisse über Inferenzbildung und mentale Modelle im Allgemeinen anknüpft, reflektieren die meisten Verfasserinnen und Verfasser insbesondere literaturdidaktischer Studien jeweils darauf, welche spezifischen Wissensbereiche für die kompetente Lektüre eines literarischen Textes eine Rolle spielen (sollten) und wie man von daher diesen Text zu „kontextuieren" hat.

Für die erste Richtung exemplarisch ist immer noch der 1987 von Heiner Willenberg in Verbindung mit mehreren Fachkollegen herausgegebene Band *Zur Psychologie des Literaturunterrichts* (Willenberg u.a. 1987). Unter den neun Beiträgen ist der von Hans-Georg Hölsken für die Frage des Vorwissens besonders relevant. Unter dem Titel *Der Text als Problem. Kognitive Textverarbeitung im Literaturunterricht* geht Hölsken der Frage nach, wie „das Vorwissen als eine Bedingung dafür angesehen werden [kann], dass Textbedeutungen im Wissen eines Lesers ausgeweitet werden" (Hölsken 1987, S. 63). Dabei weist er nachdrücklich sowohl auf elaborative als auch auf reduzierende Textverarbeitungen hin, die als „Strategien der Problemlösung" (S. 67) beschrieben werden.

Um zu zeigen, dass „Lösungsideen aus ganz unterschiedlichen Wissensschemata bestehen können und aus den auf sie angewandten Inferenzschlüssen"(S. 67), unterscheidet Hölsken auf der Basis von Unterrichtsanalysen zwischen Wissensschemata und Repräsentationsebenen. Zu den Erstgenannten zählt er Begriffsschemata, Handlungsschemata und Wissensschemata. Was Hölsken Repräsentationsebenen nennt, lässt sich als unterschiedliche, d.h. „bildhafte, formale, prototypische, analoge und begriffsschematische" (S. 71) Manifestationen des Situationsmodells bzw. als unterschiedliche Formen mentaler Modelle verstehen.

Diese Perspektiven auf Lesekompetenz als konstruktiven Akt systematisiert Jürgen Grzesik 1990 in einer großen Darstellung „Geistige[r] Operationen des Textverstehens und Typischer Methoden für die Schulung zum kompetenten Leser" (Grzesik 1990). Wie Hölsken unterscheidet er deutlich „zwischen der Textinformation und ihrer geistigen Repräsentation durch den jeweiligen Leser", die wiederum „von Leser zu Leser sehr unterschiedlich sein kann" (S. 255). Im Hinblick auf die Textarbeit profiliert er den thematischen Zugriff, der „*nichts Geringeres* [sei] *als die intensive Form des tagtäglichen Lernens aus Texten*" (S. 259). Denn durch die themengeleitete Bearbeitung des Textes aktiviere der Leser „Wissensbestände, die für die Konstruktion der für das Thema relevanten Textinformation geeignet" seien (S. 257). Die Leistung mentaler Modelle für das Textverstehen wird von Grzesik konkret und unterrichtsnah beschrieben, sodass die Wechselwirkung von Textwahrnehmung und bereits bestehenden Repräsentationen in Form mentaler Modelle evident wird (vgl. S. 261–264).

In seinen Überlegungen *Zur Entwicklung der Qualität des Deutschunterrichts in der Sekundarstufe I – Anmerkungen in fachdidaktischer Perspek-*

tive knüpft Bremerich-Vos 1999 an Grzesiks „kognitionspsychologisch fundiertes, literaturdidaktisch ambitioniertes Werk" an (Bremerich-Vos 1999, S. 171). Weiterführend kommentiert er „Strategien der zielbezogenen ‚Informationsentnahme' (besser: der ‚Konstruktion' von Bedeutung), der Reduktion durch verschiedene ‚Techniken' der Unterscheidung von Relevantem und Irrelevantem und der Elaboration, d.h. der expliziten Verknüpfung von Textinformation und Vorwissen, der Verarbeitung, ‚Speicherung' und des ‚Abrufens'". Darüber hinaus rekurriert Bremerich-Vos auf die Bedeutung kumulativ angelegter Lernprozesse. Es gehe darum, „langfristig systematisches Wissen [...] zu bilden, damit die Schülerinnen und Schüler mentale Modelle ausbilden können, hierarchisch strukturierte Begriffsnetze, die sukzessive aufgebaut werden müssen und auf immer wieder neue Kontexte zu ‚applizieren' sind" (S. 180).

Wie konkrete unterrichtliche Arbeit an kognitionspsychologische Theoriebildung anschließen kann, hat Helmuth Feilke jüngst in einem Unterrichtsmodell gezeigt. Leser von Fachtexten, die auf kein mentales Modell zurückgreifen können, das den Verstehensprozess stützt, sind, so Feilke, „darauf angewiesen, ihr Textverständnis aus den Kernaussagen des individuellen Textes aufzubauen". Abstraktere Modelle für das Verständnis von Fachproblemen" (Feilke 2002, S. 61) zu entwickeln, sei überhaupt „die schwierigste Herausforderung für das fachliche Lesen" (S. 59).

2.2 *Orientierung an je spezifischen Kontexten*

Die zweite deutschdidaktisch orientierte Linie arbeitet primär mit dem Kontextbegriff und modelliert die verschiedenen Wissensbereiche eher als Kontexte denn als mentale Modelle. Insofern diese Kontexte oft selbst wieder textförmig sind, ist diese Linie im Prinzip, wenn auch nicht durchgängig, stärker text- als leserorientiert. Sprachwissen im strikten Sinn, wie es Schiefele und Christmann & Groeben erwähnen, findet in der von mir gesichteten Literatur als relevanter Wissensbereich keine Berücksichtigung.

Mit Blick auf einen „verständigungsorientierte[n] Literaturunterricht" mahnt Petra Wieler sowohl „Kontexte" an, „die die Schüler mit eigenen Erfahrungen in Verbindung bringen und in die sie literarische Texte einordnen können", als auch „Fragestellungen, die für die Schüler ebenfalls persönliche Plausibilität aufweisen" (Wieler 1998, S. 36). Gerade wenn Literaturunterricht sich an der privaten Gesprächssituation orientiert und auf die Moderation der Lehrperson setzt, sollte auch das kontextuelle Angebot nicht weniger breit sein, als es im vergleichbaren privaten Gespräch der Fall wäre.

In primär erkenntnistheoretischer Absicht erörtert Thomas Zabka (1999, S. 11) vier inferierende Tätigkeiten, die Leser unternehmen, wenn sie vom Wortlaut einer Äußerung auf deren Bedeutung schließen. Neben dem Verweis auf die vom Leser unterstellte Sprecherintention legt Zabka besonderes Gewicht auf kontextbezogene Inferenzen. Am Beispiel von Interpretationen, die Lerner auf der Basis von Eichendorffs „Zwei Gesellen" vornehmen, zeigt er, dass die „Konstruktion Bedeutungs-Intention" erst durch die „Konstruktion *Kontext*" „ihre *Inhalte*" erhält (S. 16). Unter der Vielzahl möglicher Kontexte, auf die die lesenden Schülerinnen und Schüler schließen, nennt Zabka an erster Stelle den thematischen Kontext, durch den der Text „nicht nur in einen subjektiven Verstehenskontext eingebunden [werde], sondern auch in einen objektiven Entstehungskontext" (S. 14f.). Darüber hinaus verweist Zabka aber auch auf „Superkontexte [...] wie Epoche und Genre", „thematische, sachgebundene Superkontexte wie *Kulturelles Wissen* oder [...] *soziale Energie*" (S. 15).

Hartmut Eggert (2002) geht demgegenüber von der Frage aus, welche Anforderungen literarische Texte an die Lesekompetenz stellen. Unter diesem Gesichtspunkt nennt er vor allem drei Bereiche des Vorwissens und betont neben dem literarischen Gattungswissen und dem für bestimmte Textgruppen relevanten Kontextwissen in besonderem Maß das kulturelle Wissen. Eggert unterscheidet kulturelles Wissen von den spezifischen Kontexten, in die konkrete Texte wie z.B. Goethes *V. Römische Elegie* gestellt sind (S. 190). Hinsichtlich des kulturellen Wissens verweist er explizit auf die Kenntnis biblischer und griechisch-römischer literarischer Traditionen (Inhalte, Motive, Symbole) sowie auf die Tradition der Märchen, wenn Texte der Vergangenheit weiterhin verstanden werden sollen (vgl. S. 191f.).

3 Vorwissen und Wissenserwerb im Kontext aktueller Deutsch-Lehrpläne

Auch im Hinblick auf die Fachlehrpläne lassen sich zwei Tendenzen ausmachen: Zum einen wird auf kumulativen Wissensaufbau und die Integration des jeweils Neuen in das Vorwissen gesetzt; zum anderen betont man aber Einzelfähigkeiten und Detailkenntnisse, strebt also nicht mehr als eine Sammlung von Lerninhalten an, ohne Hinweise darauf zu geben, dass kumulatives Lernen angestrebt werden soll.

Auf „Wissen", „Vorwissen", „Orientierungswissen" und „Grundwissen" wird in den rahmenden Vorschalttexten vieler Bundesländer pointiert hingewiesen. Das gilt nicht nur für die neuesten Pläne von 2001/2002 in Mecklenburg-Vorpommern, Brandenburg und Bremen, sondern auch für den bayerischen Lehrplan von 1990. So nennt der bayerische Gymnasial-Lehrplan vier didaktische Schwerpunkte, an deren Spitze das Wissen steht, dessen kumulativer Erwerb besonders betont wird:

„1. Wissen,
2. Können und Anwenden,
3. produktives Denken und Gestalten,
4. Wertorientierung."

Es sei darauf zu achten, „daß dies den Schülern bewußt wird und daß die Wiederholung und Festigung von Vorwissen aus vorangegangenen Jahrgangsstufen stets als Grundlage für dessen Fortführung und Erweiterung im Unterricht dient" (S. 302).

Dem Brandenburger Rahmenlehrplan Deutsch zufolge muss „heute akzeptiert werden, dass die Schülerinnen und Schüler in der Sekundarstufe I sowohl Erfahrungen aus ihrer Lebenswelt, Vorstellungen und zunehmend auch Wissenselemente mit in die Schule einbringen". Folglich bekomme die „praktische Analyse des Vorwissens und der Erfahrungen [...] einen höheren Stellenwert – vor allem für den Aufbau von Systemen individuellen Weiterlernens" – und sei deshalb „im normalen Unterrichtsalltag zu berücksichtigen" (S. 14). In Bezug auf den „kumulativen Verlauf des Lernens" heißt es dort, dass die „Qualität des systematischen Lernens in einem Fach bzw. in Lernbereichen [...] entscheidend von dem Umfang, der Organisation und Verfügbarkeit von Kenntnissen bestimmt" wird. Teil dieser Kenntnisse ist das Wissen um Fakten, aber auch um Theorien und Methoden. Ausdrücklich wird auf die Bedeutung der Frage hingewiesen, „wie erfolgreiches Weiterlernen – von Unterrichtseinheit zu Unterrichtseinheit – über das Schuljahr, aber auch bis zum Abschluss der Jahrgangsstufe 10 so organisiert werden kann, dass sich bei Schülerinnen und Schülern zunehmend ein solches Wissen aufbaut" (ebd.).

Unter dem Titel *Lesen – Umgang mit Texten* heißt es im Bremer Lehrplan, dass „Texte [...] ihre Bedeutung immer nur in Bezug auf eine Leserin bzw. einen Leser" erhalten. Daher seien beim „Erschließen der textinternen Informationen" „das Vorwissen und die Gedanken des Lesers oder der Leserin maßgeblich beteiligt". „Darüber hinaus" trage „das Einbeziehen externen Wissens zum vertieften Verständnis von Primärtexten bei" (S. 18).

Sucht man allerdings genaueren Einblick in die einzelnen jahrgangsbezogenen Kataloge, so sieht man sich mit der gegenläufigen Tendenz konfrontiert. Die Lehrpläne aller Bundesländer vermitteln den Eindruck, dass vornehmlich isolierte Wissens- und Kompetenzpakete geschnürt wurden und sowohl Verstehen als auch Vertiefung im Hintergrund bleiben. Bezogen auf die drei Lernbereiche wird das zu erwerbende Wissen in den Lehrplänen aller Länder fast identisch modelliert: an erster Stelle steht Textsortenwissen bzw. gattungsspezifisches Wissen, wie z.B. in den Jahrgangsstufen 7/8 „gemeinsame Merkmale von Texten (Fabeln, Balladen) als Merkmale einer literarischen Textsorte erfassen", „Merkmale dramatischer Texte erarbeiten" (NRW 1993, S. 78). Mecklenburg-Vorpommern macht im Teilbereich „Der literarische Schaffensprozess in seinem Bedingungsgefüge – Aneignen von Kenntnissen zu Epochen, Autoren, Gattungen" für den Jahrgang 9 bezogen auf „Dramatik" die „geschlossene dramatische Form (Aufbau und Handlungsführung, Zeit- und Raumgestaltung, dramatische Rede, z.B. Monolog, Dialog)" verbindlich, es folgen entsprechende Hinweise zu „Epik", „Novelle", „Romane, Adoleszenzroman" und „Lyrik" (S. 34). Ganz ähnlich verhält es sich mit Wissen über sprachliche Darstellungs- bzw. Gestaltungsmittel, Wissen über Stilmerkmale, wie z.B. das „Erkennen des bewussten Einsatzes künstlerischer Mittel, u.a. rhetorischer Figuren, Wirkungsfunktion" (S. 26). Auch der Lehrplan NRW setzt für angemessenes Verstehen von Sachtexten und ein fundiertes Verstehen von literarischen Texten „die Analyse ihrer sprachlichen Darstellungsmittel voraus" (S. 52).

Nicht in allen Lehrplänen zielt man aber gleichermaßen auf den Erwerb von Epochenwissen. Während z.B. in Mecklenburg-Vorpommern (wie in Bayern, Baden-Württemberg oder Sachsen) der Erwerb von Kenntnissen zu Epochen, Autoren und Gattungen als eigener Teil im Lernbereich „Umgang mit Texten" definiert ist, werden in Nordrhein-Westfalen lediglich „Einblicke in die Geschichtlichkeit von Literatur" (S. 78) und „Verständnis für die Historizität von Texten" (S. 53) verbindlich gesetzt. Im brandenburgischen Lehrplan kommen die Begriffe Literaturgeschichte oder Epoche zwar nicht vor, für die Jahrgänge 9/10 werden aber im Bereich der Rezeption literarischer Texte sowohl lebensweltliche Kontexte eingefordert (S. 53) als auch die Einordnung der „Texte in übergreifende Zusammenhänge" (S. 53). Das bedeutet konkret, „vielfältige Kontextinformationen heran[zu]ziehen; Texte der Vergangenheit in ihrem historischen Kontext wahr[zu]nehmen, vor allem sozial- und kulturgeschichtliche Bedingungen von Handlungskonflikten, aber auch von einfacheren Texten wie Bänkellied oder geschlossenes Drama" (S. 53).

Festzuhalten bleibt, dass auch noch in neuen Lehrplänen vielfach der Eindruck erweckt wird, Textverstehen sei jeweils ein Prozess ab ovo, bei dem die Datenbasis in Verbindung mit „Kenntnisse[n] über Textstrukturen und Gattungen" hinreichend für das Verstehen sei (Bremen 2003, S. 44), und dass lediglich bei literarischen Texten der epochenspezifische Kontext oder lebensweltliche Deutungsmuster der Lerner bedacht werden müssten.

Auch wenn in vielen Lehrplänen von unterschiedlichen Leseabsichten und vielfältigen Zugängen zu den Texten gesprochen wird, so bleiben sie doch dem primär datengesteuerten Beschreibungsmodell verpflichtet. Folglich kommt auch das Zusammenspiel von Daten- und Wissenssteuerung entweder gar nicht oder nicht hinreichend konkret zur Sprache. Gängige Aufgaben wie „zentrale Aussagen erschließen" und „Intentionen des Textes erkennen" bleiben zwar wesentlich; für Lerner machen die einschlägigen textanalytischen Operationen aber vor allem dann Sinn, wenn sie als Mittel erscheinen, ihre je individuellen – eben wenigstens zum Teil vorwissensgesteuerten – Verstehensprobleme zu lösen. Werden die Differenzen im Hinblick auf Interesse, Vorwissen usw. im Unterricht nicht berücksichtigt, dann bleiben die oft beschworenen „persönlichen Bezüge" und auch lernergenerierte Kontexte für den Verstehensprozess letztlich funktionslos.

Da Lesekompetenz progressiv ausgebaut wird und der Deutschunterricht dazu beitragen soll, legen die hier unternommenen Analysen dringend nahe, die Unterscheidung von Daten- und Wissensbasis und deren Zusammenspiel in Lehrplänen explizit zu machen. Solche Explikation wäre auch mit Blick auf die aktuelle Konjunktur der Lernstrategien bedeutsam. Denn Elaborations- und Organisationsstrategien sind Agenten zwischen Daten- und Wissensbasis, zwischen Text und Wissensschemata. Das heißt, Lernstrategien sind nur so wirksam, wie die Wissensbasis tauglich ist. Wer glaubt, durch universell einsetzbare Strategien bereichsspezifische Wissensbestände ersetzen zu können, irrt. Elsbeth Stern hat wie viele andere nachdrücklich vorgetragen, dass Lernstrategien nicht wissensunabhängig zu erwerben und zu nutzen sind (vgl. Stern 2003).

Was Lehrpläne als Wissensbasis für das Textverstehen vorsehen, beschränkt sich weitgehend auf formales textbezogenes Wissen. Es handelt sich um Textsortenmerkmale und sprachliche Gestaltungsmittel in breiter Streuung. Dieses Wissen hat den Vorzug, robust und leicht übertragbar zu sein. Sein Nachteil besteht darin, nur zur Textdeskription, nicht aber zur Produktion komplexen Textverständnisses geeignet zu sein.

4 Lehrpläne und PISA-Aufgaben

Zieht man die veröffentlichten PISA-Aufgaben zum Vergleich heran und fragt nach der Art des dort zu aktivierenden Vorwissens, dann werden Akzentverschiebungen gegenüber den Lehrplanbefunden deutlich.

Im Bereich *sprachlichen Wissens* sieht das PISA-Modell Rückgriffe auf lexikalisches und semantisches Wissen vor. So setzen z.B. die Fragen 31 und 35 abstrakte Modelle von Herzlosigkeit und Grausamkeit einerseits und von Mitgefühl und Empathie andererseits voraus.[3]

In deutschen Lehrplänen ist diese Dimension im Lernbereich „Umgang mit Texten" bisher kaum vertreten. Ähnlich verhält es sich in Bezug auf *textbezogenes Wissen*. In diesem Bereich greifen die PISA-Aufgaben vor allem auf Kenntnisse zurück, die sich auf die Tiefenstruktur der Texte beziehen. In Frage 15 geht es um argumentationsspezifisches Wissen[4], in Frage 25 um Wissen von Sprachhandlungen bzw. Sprachfunktionen.[5] Bezogen auf literarische Texte spielen neben dem Wissen über Polysemie (Frage 42)[6] das Wissen über symbolisches Verstehen (Frage 37)[7] und Konzepte „uneigentlichen Sprechens" eine Rolle (Frage 36).[8]

Die in den deutschen Lehrplänen so privilegierte Kenntnis textsortenspezifischer Merkmale ist demgegenüber für die Lösung der PISA-Aufgaben nur von marginaler Bedeutung.

Auf spezielleres domänenspezifisches *Weltwissen* wird nur in zwei der veröffentlichten PISA-Fragen zurückgegriffen: auf sozialpolitische bzw. geopolitische Kenntnisse in Aufgabe 22[9] und auf reproduktionsmedizinisches Wissen (Stichwort „Implantation") in Aufgabe 46.[10] Auch diese Zurückhaltung ist aus der spezifischen Testsituation zu erklären. In den Lehrplänen dagegen wird der Erwerb epochenspezifischen und literarhistorischen Wissens durchwegs eingefordert – und zwar zum einen als Bildungswissen und zum anderen als Kontextwissen beim Textverstehen. Allerdings wird der damit verbundene Anspruch nach meiner Kenntnis in der Praxis eher selten eingelöst. Ein komplexes Textverständnis auf der Basis des Wechselspiels zwischen bottom-up- und top-down-Prozessen kommt nicht zustande.

Gleichwohl ist epochenspezifisches Wissen durchaus geeignet, als Wissensbasis zu fungieren und top-down-Textverstehen zu vertiefen. Damit das aber gelingt, darf Epochenwissen nicht nur als Bündel von Einzelmerkmalen vorliegen, sondern muss in Form mentaler Modelle mit der Datenbasis interagieren. Nur wenn das Wissen über eine Epoche eine erhellende Antwort auf ein Textproblem bietet, ist das Wechselspiel zwischen Daten- und Wissensbasis geglückt, nur dann ist ein Verständnis gewonnen, das über die Decodierung der Datenbasis hinausgeht.

Um ein solches Verständnis hervorzurufen, ist zunächst ein mentales Modell – z.B. einer bestimmte Epoche, eines Symbols – erforderlich. Dabei spielt für das komplexere Verstehen vieler literarischer Texte der Rückgriff auf kulturelles Wissen eine entscheidende Rolle. Eggert verweist – wie gesagt - in diesem Zusammenhang auf die Kenntnis biblischer und griechisch-römischer literarischer Traditionen (Inhalte, Motive, Symbole) sowie auf den Bestand an Volksmärchen.

Zu fragen ist aber, wie dieses spezielle deklarative Wissen dynamisiert, „prozeduralisiert" werden kann. Denn sehr ernst zu nehmen sind die Befunde, die besagen, dass die erwünschten Transferleistungen selten oder nur mit Schwierigkeiten gelingen. Das gilt in besonderem Maß für kulturelles Wissen, dessen Integration in neue – unbekannte – Zusammenhänge die Lerner vor besondere Schwierigkeiten stellt. Bildungsforscher wie E. Stern schlagen vor, vielfältige und unterschiedliche Anwendungssituationen zu schaffen, damit Wissensbestände in ganz unterschiedlichen Kontexten aktualisiert werden können. Für die Deutschdidaktik und den Deutschunterricht läuft das auf eine erhebliche Herausforderung hinaus.

5 Ausblick

Wenn Lesekompetenz an der *flexiblen* Nutzung vorhandener Wissensbestände erkennbar wird (vgl. Eggert 2002 und Richter/Christmann 2002), dann käme alles darauf an, potenziell erkenntnisgenerierendes Wissen für aktuelle Textverstehensprozesse nutzbar zu machen. Deshalb sollen abschließend exemplarisch Hinweise gegeben werden, wie für das Textverstehen relevante Wissensbestände modelliert werden könnten.

Sucht man nach Wissensbereichen, die in Bezug auf literarische Texte mehr Verstehenstiefe versprechen, so sollten zunächst die Traditionen des Deutschunterrichts im Blick behalten werden. Denn der Vorzug der traditionellen textbezogenen Wissensbereiche liegt, wie oben erwähnt, in ihrer Robustheit und Übertragbarkeit. Zugleich gilt es aber, diese Wissensbereiche so zu modifizieren, dass mit ihrer Hilfe den Texten eine komplexere und reichhaltigere Bedeutung abgewonnen werden kann als mit Bündeln von Textsortenmerkmalen und sprachlichen Gestaltungsmitteln.

Ich begnüge mich mit knappen Hinweisen auf die von den Lehrplänen vorgesehene Unterscheidung der drei Gattungen und frage, welche Art von Wissen für die Entwicklung von Lesekompetenz bedeutsam wäre. Bezogen auf Erzähltexte ließe sich z.B. statt der üblichen Lehrplanformulierungen wie „Figurenverhalten beschreiben" und „Erzählperspektive bestimmen" auf eine ganz einfache, an der Plot-Struktur orientierte kategoriale Trias zurückzugreifen, die Heiner Willenberg 1987 (S. 41) vorgeschlagen hat. Er unterscheidet

a) Figuren, Attribute, Relationen, Handlungen,
b) Motive, Hemmungen, Lösungen,
c) Erzähler (Wertungen, Perspektive).

Bei der Aktivierung solchen Vorwissens gilt es zu berücksichtigen, dass weniger der einzelne Aspekt als die *Relation* zwischen Handlung und Motiv, zwischen Konflikt und Lösung erkenntnisträchtig ist. Entsprechendes gilt für die Relation zwischen Figur und Erzähler. Darüber hinaus kann hier die von Genette getroffene Unterscheidung von Stimme und Modus klärende Funktion haben, indem die Lerner sich an den Fragen „Wer spricht?", „Wer sieht?" orientieren.

Was das Drama betrifft, so verbürgt die Unterscheidung zwischen Monolog und Dialog kaum Texterkenntnis, während die Frage nach Dialogstrategien und Redeabsichten, nach dem Wissen und Nichtwissen einzelner Figuren grundlegendes Verstehen eher ermöglichen kann.

Im Umgang mit Lyrik wird im Deutschunterricht gemeinhin auf sprachliche Darstellungsmittel abgehoben. Sinnvoller erscheint eine Fokussierung auf semantische Felder, wie z.B. für die fünf Sinne, die vier Elemente, Organisches und Anorganisches, Konzentration auf die uneigentliche, v.a. bildliche Sprechweise, auf die Unterscheidung von Metapher und Metonymie.

Prinzipiell wäre über den Aufbau von Konzepten und Modellen nachzudenken, die sich stärker auf allgemeines Weltwissen, wie z.B. Figurenordnungen, beziehen: Verwandte, Freunde, freiwillige Beziehungen, Zwangsbeziehungen.

Auch Raumordnungskategorien sind prozeduralisierbar. Zudem weist die Unterrichts- und die Korrekturpraxis dem Wissen über die Semantik des Raums erhebliche Bedeutung zu (vgl. Wigbers 2003). Ähnlich verhält es sich mit zeitlichen Kategorien und damit verknüpften Konzepten, wie z.B. von Anfängen und Schlüssen eines Textes (vgl. von Matt 1989, S. 24–30).

Insgesamt zielen diese Hinweise auf eine thematische Schwerpunktbildung, wie sie von Grzesik, Hölsken und Willenberg vorgeschlagen wird. Das impliziert Fragestellungen, die ein zentrales *Textproblem* oder einen markanten Aspekt in den Mittelpunkt stellen, und setzt Wissensbestände voraus, die als vernetzte Konzepte organisiert sind. Der professionelle Leser ist im Allgemeinen fähig, selbständig eine solche Fokussierung vorzunehmen, und weiß, auf welche Wissensbereiche er tunlich rekurriert. Lerner brauchen hier jedoch konkrete Hinweise und klare Instruktion. Wie die Wissensbereiche zu dimensionieren sind, was optimale Hinweise ausmacht und wie sie zu formulieren sind, wird im Rahmen empirischer Studien zu erheben sein.

Anmerkungen

[1] Der PISA-Bericht nennt folgende Variablen in folgender Reihenfolge: „z.B. Verfügbarkeit von Lese- bzw. Lernstrategien, Vorwissen, Decodierfähigkeit und Interesse der Schülerinnen und Schüler". (Baumert u.a. 2001, S. 86)

[2] Interessant erscheint in diesem Zusammenhang, dass Schiefele „Einflüsse aufgrund der Kommunikationssituation [...] ebenfalls der absteigenden Verarbeitung zu[rechnet]". Denn „[s]ituative Hinweise können z.B. festlegen, welche spezifischen Informationen eines Textes besonders beachtet werden oder zu welchem Zweck ein Text gelesen wird." Folglich sind in der – kommunikativen – schulischen *Lernsituation* immer top-down-Verarbeitungen mit im Spiel.

[3] Frage 31: GESCHENK
Hier folgt ein Ausschnitt aus einem Gespräch zwischen zwei Personen, die „Das Geschenk" gelesen haben:
Person 1 (männlich): Ich finde, die Frau in der Erzählung ist herzlos und grausam.
Person 2 (weiblich): Wie kannst du so etwas sagen? Ich finde, sie ist ein sehr mitfühlender Mensch.
Stütze dich auf Informationen aus der Erzählung, um zu zeigen, wie beide Personen ihren Standpunkt rechtfertigen können.
Frage 35: GESCHENK
Was war wohl laut Erzählung der Grund dafür, dass die Frau den Panter gefüttert hat?

[4] Frage 15: GRAFFITI
Man kann darüber sprechen, was in einem Brief steht (seinen Inhalt).
Man kann über die Art und Weise sprechen, wie ein Brief geschrieben ist (seinen Stil).
Unabhängig davon, welchem Brief du zustimmst: Welcher Brief ist deiner Meinung nach besser? Erkläre deine Antwort, indem du dich auf die Art und Weise beziehst, wie einer oder beide Briefe geschrieben sind.

[5] Frage 25: POLIZEI
Was ist das Hauptziel des Autors?
A zu warnen.
B zu unterhalten.
C zu informieren.
D zu überzeugen.

[6] Frage 42: AMANDA UND DIE HERZOGIN
Gegen Ende des Auszugs aus dem Stück sagt Amanda: „Er hat mich nicht erkannt...“. Was meint sie damit?
A Dass der Prinz Amanda nicht angesehen hat.
B Dass der Prinz nicht bemerkt hat, dass sie eine Verkäuferin ist.
C Dass der Prinz nicht bemerkt hat, dass er Amanda schon einmal begegnet ist.
D Dass dem Prinzen nicht aufgefallen ist, dass Amanda wie Léocadia aussieht.

[7] Frage 37: GESCHENK:
Findest du, dass der letzte Satz der Erzählung *Das Geschenk* ein passendes Ende ist? Erkläre deine Antwort und mache dabei deutlich, wie nach deinem Verständnis der letzte Satz mit dem Sinn der Geschichte zusammenhängt.

[8] Frage 36: GESCHENK
Wenn die Frau sagt, „dann kümmere ich mich um dich“ (Zeilen 114–115), meint sie, dass sie:
A sicher ist, dass die Katze sie nicht angreift.
B versucht, die Katze zu erschrecken.
C vorhat, die Katze zu erschießen.
D die Katze füttern will.

[9] Frage 22: PLAN INTERNATIONAL: 1996 war Äthiopien eines der ärmsten Länder der Welt. Wenn du diese Tatsache und die Informationen in der Tabelle bedenkst, wodurch lässt sich deiner Meinung nach der Umfang der Aktivitäten von PLAN International in Äthiopien, verglichen mit den Aktivitäten in anderen Ländern, erklären?

[10] Aufgabe 46: TECHNOLOGIE: Gib zwei Beispiele aus dem Leitartikel an, die zeigen, wie moderne Technologien, wie die, die zur Implantation eingefrorener Embryonen angewendet werden, neue Regeln erfordern.

Literatur

Baumert, Jürgen/Klieme, Eckhard/Neubrand, Michael/Prenzel, Manfred/Schiefele, Ulrich/Schneider, Wolfgang/Stanat, Petra/Tillmann, Klaus-Jürgen/Weiß, Manfred (Hrsg.): PISA 2000. Basiskompetenzen von Schülerinnen und Schülern im internationalen Vergleich. Opladen: Leske + Budrich 2001.

Bremerich-Vos, Albert: Zur Entwicklung der Qualität des Deutschunterrichts in der Sekundarstufe I. Anmerkungen in fachdidaktischer Perspektive. Zugänglich via Internet: http://www.learn-line.nrw.de/angebote/qualitaetsentwicklung/download/d-quali.pdf, S. 163–193.

Eggert, Hartmut: Literarische Texte und ihre Anforderungen an die Lesekompetenz. In: Groeben/Hurrelmann 2002. S. 186–194.

Feilke, Helmuth: Lesen durch Schreiben. Fachlich argumentierende Texte verstehen und verwerten. In: Praxis Deutsch 176 (2002). S. 58–66.

Groeben, Norbert/Hurrelmann, Bettina (Hrsg.): Lesekompetenz. Bedingungen, Dimensionen, Funktionen. Weinheim/München: Juventa 2002.

Grzesik, Jürgen: Textverstehen lernen und lehren. Geistige Operationen des Textverstehens und typischer Methoden für die Schulung zum kompetenten Leser. Stuttgart: Klett 1990.

Hölsken, Hans-Georg: Der Text als Problem. Kognitive Textverarbeitung im Literaturunterricht. In: Willenberg u.a. 1987. S. 62–87.

Klieme, Eckhard u.a. (Hrsg.): Zur Entwicklung nationaler Bildungsstandards. Expertise. Zugänglich via Internet: http://www.dipf.de/aktuelles/expertise_bildungsstandards.pdf.

Kultusministerium des Landes Nordrhein-Westfalen (Hrsg.): Richtlinien und Lehrpläne für das Gymnasium – Sekundarstufe I – in Nordrhein-Westfalen. Deutsch. Frechen: Verlagsgesellschaft Ritterbach 1993.

Lehrplan Deutsch für das Gymnasium, Bayern. S. 302. Zugänglich via Internet: http://www.isb.bayern.de/bf/isbl/lps/gym/lpsgym.htm.

Lehrpläne Brandenburg. Zugänglich via Internet: http://www.plib.brandenburg.de/rpentws1/deutsch/RLPDeutsch.pdf.

Lehrpläne Bremen. Zugänglich via Internet: http://www.schule.bremen.de/curricula/

Lehrpläne Schleswig-Holstein. Zugänglich via Internet: http://lehrplan.lernnetz.de/html/sek_ii/lehrplaene/deutsch.pdf.

Lehrpläne Thüringen. Zugänglich via Internet: http://www.thillm.th.schule.de/pages/thillm/lehrplan/lehrpl_gy/99gydeu.pdf.

Rahmenpläne Mecklenburg-Vorpommern. Zugänglich via Internet: http://www.bildung-mv.de/download/rahmenplaene/rp-deutsch-7-10-gym-02.pdf.

Richter, Tobias/Christmann, Ursula: Lesekompetenz: Prozessebenen und interindividuelle Unterschiede. In: Groeben/Hurrelmann 2002. S. 25–58.

Rupp, Gerhard: Rezeptionshandlungen und Alternativ-Versionen zu Hacks: *Bär auf dem Försterball* und Kaschnitz *Das dicke Kind.* Aspekte fachdidaktischer Handlungsforschung im Grundkurs der Sekundarstufe II. In: Willenberg u.a. 1987. S. 156–169.

Schiefele, Ulrich: Motivation und Lernen aus Texten. Göttingen: Hogrefe 1996.

Spinner, Kaspar H.: Produktionsaufgaben und strukturale Verfahren. In: Willenberg u.a. 1987. S. 145–155.

Spitzer, Manfred: Geist im Netz. Heidelberg/Berlin/Oxford: Spektrum 1996.

Stern, Elsbeth: Lernen – der wichtigste Hebel der geistigen Entwicklung. Zugänglich via Internet: http://www.mpib-berlin.mpg.de/dok/full/stern/index.htm.

von Matt, Peter: Liebesverrat. Die Treulosen in der Literatur. München: Hanser 1989. S. 24–30.

Wieler, Petra: Gespräche über Literatur im Unterricht. Aktuelle Studien und ihre Perspektiven für eine verständigungsorientierte Unterrichtspraxis. In: Der Deutschunterricht 50 (1998) 1. S. 26–37.

Wigbers, Melanie: Der Schauplatz als Schlüssel zum Textverständnis. In: Didaktik Deutsch 14 (2003). S. 38–53.

Willenberg, Heiner u.a. (Hrsg.): Zur Psychologie des Literaturunterrichts. Schülerfähigkeiten – Unterrichtsmethoden – Beispiele. Frankfurt/M.: Diesterweg 1987.

Willenberg, Heiner: Textstruktur und Rezeption. In: Willenberg u.a. 1987. S. 41–53.

Willenberg, Heiner: Thematische Kontextuierung. In: Willenberg u.a. 1987. S. 131–144.

Zabka, Thomas: Subjektive und objektive Bedeutung. Vorschläge zur Vermeidung eines konstruktivistischen Irrtums in der Literaturdidaktik. In: Didaktik Deutsch 7 (1999). S. 4–23.

... the ability to read between the lines ... (OECD 2002, S. 11) Einige Anmerkungen zum Leseverstehenstest der PISA-Studie

INA KARG

Perspektive der Deutschdidaktik

Der deutsche PISA-Diskurs ist heftig und mitunter nicht frei von Widersprüchen sowohl hinsichtlich der Ursachen für die in allen drei Domänen – Lesen, Mathematik, Naturwissenschaften – unterdurchschnittlichen deutschen Zahlen als auch der Konsequenzen, die man daraus ziehen zu müssen glaubt. So wichtig z.B. ein weniger selektives Schulsystem und die Ganztagsschule sein mögen: Das Interesse der Deutschdidaktik sollte sich in erster Linie auf Texte und Aufgabenstellungen richten. Im Reigen bereits intensiver Auseinandersetzung (Fingerhut 2002, Köster 2002 u. 2003) sollen hier einige Akzente gesetzt werden.

Klärende Vorbemerkungen

Die Aufgaben des PISA-Leseverstehenstests setzen sich bekanntlich aus Texten und Fragen zusammen, die sich auf inhaltliche und formale Aspekte beziehen. Ferner wurden als Richtschnur für die Auswertung der Antworten der Schüler und Schülerinnen Musterantworten konzipiert. Diese sind international identisch, offenbar vom internationalen Konsortium erstellt und wie die Aufgabenkomplexe selbst auch in die jeweiligen Landessprachen übersetzt. Sie können in einigen nationalen Berichten über die internationalen Tests zusammen oder getrennt von den freigegebenen Aufgaben abgerufen werden (www.pisa.oecd.org/).

Verfahren der Erhebung, Voraussetzungen und Durchführung der Auswertung von PISA sind direkte Fortsetzung amerikanischer und internationaler Untersuchungen, wie: *Literacy: Profiles of America's Young Adults* (Kirsch/Jungeblut 1986), *Adult Literacy in America* (Kirsch, Jungeblut, Jenkins, Kolstad 1993) und *International Adult Literacy Survey* (Kirsch 1995). Das den PISA-Aufgaben zugrunde liegende pragmatische Konzept von

„literacy" , d.h. Textsorten und Leseverstehen in Anwendungssituationen, hat in diesen Studien Tradition seit fast 20 Jahren.

Die Aufgaben haben unterschiedliche Schwierigkeitsgrade, die empirisch ermittelt sind und sich in einem Punktwert ausdrücken. Dieser Wert wiederum ordnet die jeweilige Aufgabe zugleich einer der fünf angenommenen Kompetenzstufen des Leseverstehens zu.[1] Die Lösungsbilanz einer Testperson gibt demnach unmittelbar Auskunft über deren Kompetenzstufe. Es sei betont, dass mit bestimmten Aufgaben bestimmte Leistungsniveaus *vorgegeben* sind, d.h. die Aufgaben legen fest, welches Niveau erreicht wird, wenn sie gelöst werden.

Textverstehen

Der Schwerpunkt von PISA 2000 war bekanntlich das Leseverstehen. Hierfür wurden 141 Aufgaben konzipiert und im Zufallsverfahren auf Testhefte verteilt, was heißt, dass alle Probanden immer nur eine bestimmte Auswahl an Aufgaben zu lösen hatten. „Freigegeben" sind aus dem Leseverstehenstest 11 Aufgabenkomplexe.

Der Aufgabenkomplex GESCHENK (PISA 2002a) beinhaltet einen Text, in dem von einer Frau erzählt wird, die sich einer höchst gefährlichen Situation ausgesetzt sieht. Regenfälle haben den Fluss, an dem sie wohnt, ansteigen lassen, ihr Haus ist von Wasser umgeben, ein anderes Haus ist bereits flussabwärts getrieben. Auf einem Baumstamm wird ein Panther angeschwemmt, der sich auf der Terrasse vor dem Haus der Frau niederlässt. Nach einem vergeblichen Versuch, das Tier zu erschießen, isst die Frau etwas von einem Schinken und wirft den Rest davon zu dem Tier auf die Terrasse. Dann schläft sie ein. Als sie aufwacht, hat der Regen aufgehört. Auf der Terrasse sieht sie nur noch die Spuren des Tieres und den abgenagten Schinkenknochen.

Die Erzählung stammt von dem amerikanischen Autor Louis Dollarhide (geb. 1918) und ist außerhalb der PISA-Studie in einem Sammelband der sog. „Mississippi Writers" veröffentlicht (Dollarhide 1985). Der OECD-Bericht (OECD 2002) vermerkt diese Information; die nationalen Berichte haben weitgehend keine Quellenangaben für die Texte.

Zu dem Text gibt es insgesamt sieben Aufgaben. Die Frage nach der Eingangssituation im Multiple-Choice-Format und die nach einer weiteren Phase im Handlungsgeschehen anhand eines Textzitats, das im Kontext aufgesucht werden muss, sind verhältnismäßig unproblematisch (PISA 2002a,

Frage 32, 34). Die übrigen Aufgaben verdienen allerdings etwas genauere Beachtung.[2]

Den Testpersonen wird ein fingierter Kurzdialog zwischen zwei Personen vorgelegt, die als Leser des Textes stilisiert werden. Diese fällen gegensätzliche Urteile über die Protagonistin: „herzlos und grausam" im einen und „mitfühlend" im anderen Fall. Beide Auffassungen können, so impliziert die Frage, aus dem Text abgeleitet werden. Darin besteht die zu erbringende Leistung. Und in der Tat können erzählerische Details, so man sie aus dem Kontext löst und für sich nimmt, den genannten Eigenschaften der Protagonistin zugeordnet werden. Denn in einer Phase des erzählten Geschehens greift sie zum Gewehr, in einer anderen wirft sie dem Tier den Schinken hin, von dem sie selbst kurz zuvor noch gegessen hat. Doch „ist" die Frau damit *weder* herzlos noch *mitleidig*. Die Extremsituation, in der sie sich befindet, lässt erkennen und – wenn man sich auf die Handlungsebene begeben will – verstehen, dass das eine wie das andere Handeln auf dieselbe Befindlichkeit zurückzuführen ist. In einer Gefahrenlage höchster Brisanz ist Konfusion bei einem Menschen nichts Außergewöhnliches. Als Erzählmotiv genutzt trägt dies zur Konstitution einer spannenden Geschichte bei. Davon ist jedoch in der Aufgabe, die den Probanden vorgelegt wird, nichts zu spüren.

Eine ähnliche Verkennung von textlicher Qualität des Aufgabenstamms liegt auch in Aufgabe 33 vor: Der Panther wird nämlich *nicht*, wie Frage und angegebene Lösung vorsehen, mit den aus der Erzählung in die Frage hineinzitierten Sätzen, in denen von Schreien die Rede ist, „eingeführt". Bereits zuvor ist im Text ein Panther erwähnt, dessen Schreie die Frau hören konnte. Doch bleibt dabei zum einen offen, ob es sich um dasselbe Tier handelt, das später auf der Terrasse des Hauses der Protagonistin auftaucht, zum anderen, ob es sich bei den erwähnten Schreien, auf die sich die Frage bezieht, überhaupt um die eines Tieres handelt. Das bedeutet, und dies ist für Textqualität und *mögliche* Sinnkonstitutionen durch Rezipienten das Wesentliche: Der erste Teil des Erzähltextes erzeugt durch Andeutungen Spannung, die sich im weiteren Verlauf an keiner Stelle dergestalt löst, dass Eindeutigkeit hergestellt wird. Ein literarischer Text *will* dies auch nicht tun, da seine Qualität genau darin liegt, offen bleiben zu dürfen. Die Implikation der Aufgabe ist also schon in Bezug auf das Detail eklatant falsch, gar nicht beachtet werden die Textqualität und der Prozess des Lesens, bei dem zunächst erfahrene Details Schritt für Schritt in einen Zusammenhang eingeordnet werden, der sich erst allmählich und mit fortschreitender Textkenntnis ergibt. Die einzig richtige Antwort mit Bezug auf die Textstellen, an denen von unspezifizierten Schreien die Rede ist, muss daher heißen: „Weil er Spannung erzeugt. Man weiß nicht genau, was da schreit". Diese potentielle Schüleräußerung lassen die Aufgabensteller jedoch nur als „teilweise gelöst" gelten (PISA 2002b). Als vollgültige Lösungen zählen dagegen Aussagen wie die, dass

„(1) die zitierten Beschreibungen den Panther mit der Frau (oder den Menschen allgemein) im Leiden vereinen; ODER
(2) die zitierten Beschreibungen den Leser auf das spätere mitfühlende Verhalten gegenüber dem Panther vorbereiten; ODER
(3) der Panther als Objekt von Mitgefühl dargestellt wird."

Ähnlich verfährt man an anderer Stelle. Auf eine weitere Frage: „Was war wohl laut Erzählung der Grund dafür, dass die Frau den Panter gefüttert hat?" (Frage 35) wird als richtige Lösung eine Interpretation verlangt, die der Frau Mitgefühl unterstellt. Im Text selbst, d.h. „laut Erzählung", wird jedoch keinerlei Motivation explizit gemacht, vielmehr heißt es an zwei kurz aufeinanderfolgenden Stellen: „Without thinking what she was doing/Dann, ohne zu überlegen, was sie da tat, legte sie das Gewehr beiseite [...]" Und: „Stunned by what she had done/Verblüfft über ihr Tun [...]". In der Einleitung zum Sammelband, dem die Erzählung entnommen ist, kann man dazu lesen:

> „An old woman [...] suddenly finds herself confronted with a panther that has sought refuge on her porch. She placates the beast – and thus survives the threat of nature." (Weaver 1985, XXV)

Der Schinken beruhigt das Tier, und die Aktion nimmt der Frau die Angst vor der Gefahr, die ihr durch die Natur droht. Als „nicht gelöst" sehen jedoch die PISA-Aufgabensteller die Antwort: „Weil sie Angst vor ihm hatte".

Mit Verweis auf Weaver und die Tatsache, dass in den meisten nationalen Berichten der PISA-Erhebung Autor und Publikationszusammenhang für diese Erzählung nicht genannt sind, soll weder eine biografistische Interpretation propagiert noch der Eindruck erweckt werden, dass ausschließlich Literaturwissenschaft eine richtige Interpretation leisten könne. Bemerkenswert ist aber doch, dass Texte im Testzusammenhang ihren historischen und kulturellen Kontexten entrissen werden und die Möglichkeit, ja vielleicht Notwendigkeit von Textverstehen über Kontextinformationen und die Perspektiven, die sie eröffnen, erst gar nicht in Erwägung gezogen wird. Immerhin haben sich ganze Literaturtheorien auf solchen Überlegungen aufgebaut und eine gegenwärtig hoch im Kurs stehende kulturwissenschaftliche Ausrichtung von Literatur- und Texttheorie kann gerade daran nicht vorbeisehen. Und: Weaver hätte mit seiner Interpretation nicht gepunktet und damit die Kompetenzstufe 3 (Aufgabe 35 hat einen Punktwert von 529) verfehlt.

Das Problem des Tests und der Aufgabenstellung liegt darin, dass eine literarische Figur keine Person des Alltags ist und daher auch ihr Verhalten nicht mit alltagspsychologischen, allgemein menschlichen Erklärungsmustern zu „verstehen" ist. Man kann einer Figur in einem Erzähltext vieles unterstellen und noch mehr für möglich halten. Textverstehen ist das nicht. Eine literarische Figur wird in *diesem* Text in einer Extremsituation *gezeigt*. Weiter wird *gezeigt*, dass und wie sie Auswege sucht – *ein* Ausweg ist für einen Moment der Griff zum Gewehr, *ein anderer* besteht in einem anderen Moment darin, dem Tier das Fleisch hinzuwerfen. Dahinter kann als „Motivation" Verschiedenes und Wechselndes stecken, und wiederum möchte eine Erzählung nicht auf eine Lesart festgezurrt werden. Dass das als Autorabsicht – und von Autorabsicht ist in den Aufgabenkonzepten ja gerade die Rede! – und Textsinn unterstellte Mitgefühl der Frau laut Aufgabensteller und Ideallösung schließlich dann auch noch für das Tier zutreffen soll, erfordert nun in der Tat eine erhebliche Konstruktionsleistung (Fingerhut 2002). Es dürfte dies allerdings eine Konstruktionsleistung sein, die weder durch menschliche Alltagserfahrungen noch durch den vorgelegten literarischen Text gedeckt ist. Problematisch ist daher, was abschließend im Hinblick auf die Erzählung GESCHENK (Frage 37) von den Testpersonen verlangt wird, wenn sie den Satz, mit dem der Text endet, bewerten sollen. Man fragt, ob der Satz „Und dort auf der Veranda lag, weißgenagt, was von dem Schinken übrig war." als Schluss des Textes „passend" sei. Eine mögliche Antwort, die als vollständig gelöst" eingestuft würde, lautet:

> „Er ist passend, weil sich das Tier in gewisser Weise bei ihr für den Schinken bedankt hat."

Eine von den Aufgabenstellern favorisierte, aber durch den Text nicht zu stützende Interpretation wird über mehrere Aufgaben hinweg als die einzig richtige angenommen. Die Tatsache, dass es sich um einen literarischen Text handelt, wird dabei nicht beachtet; ebenso wenig, dass sich Details eines Textes im Lesevorgang immer wieder neu darstellen, was noch nichts mit Missverstehen oder Verstehensdefiziten zu tun hat, sondern eine normale Erfahrung beim kundigen Umgang mit einem Text ist. Deutschunterricht und Deutschdidaktik haben sich längst von einer Vorstellung verabschiedet, bei der eine Lehrperson die „richtige“ Interpretation kennt und sie durch Fragen aus den Schülern und Schülerinnen herauslocken möchte. Den erklärten Voraussetzungen des „Textverstehens als Konstruktionsleistung des Individuums“ (Artelt u.a. 2002, S. 7) entsprächen die Fragen zu GESCHENK nur dann, wenn man annimmt, alle Individuen erbringen dieselbe Konstruktionsleistung – und zwar genau die der Aufgabensteller.[3] Werner Ingendahl (2002, S. 304) fragt daher mit Recht: „Vielleicht sind wir ja sogar argumentativ in der Lage zu vertreten, dass viele unserer Schüler inzwischen gelernt haben, einem abfragenden Besserwisser-Unterricht eigenständig entgegenzutreten?“

Interkulturelles Verstehen

Nun kann man die Auffassung vertreten (u.a. Eichler 2002), dass literarische Texte nur eine untergeordnete Rolle im PISA-Leseverstehenstest gespielt haben. Dem ist jedoch entgegen zu halten, dass der Anteil von Erzählungen im OECD-Bericht immerhin mit 13%, im deutschen Bericht mit 12% angegeben wird. Von den aus dem Leseverstehenstest freigegebenen 11 Aufgabenkomplexen beruhen GESCHENK und AMANDA UND DIE HERZOGIN auf literarischen Texten. Der Aufgabenkomplex GESCHENK enthält dabei den überhaupt längsten Text und die höchste Zahl an Aufgaben.

Abgesehen davon ist aber die Problematik von Textverstehen und vorgegebenen Lösungen nicht nur am Beispiel eines literarischen Textes zu zeigen.

Mit Bezug auf ein Informationsblatt (FLU/GRIPPE – OECD 2002; PISA 2002a), das die Möglichkeit der Grippeimpfung in einem Betrieb nennt und das Verfahren erläutert, wird danach gefragt, ob es der Verfasserin des Textes gelungen sei, im „Stil" „freundlich“ und „einladend“ zu sein. Dabei soll auf den „Schreibstil“ oder die Gestaltung des Informationsblattes in Layout und mit Grafiken eingegangen werden. Zwei Implikationen erscheinen hier befremdlich: Freundlichkeit als vorrangiger Aspekt eines Textes, der über die Bedingungen einer Grippeimpfung informieren will, und Freundlichkeit als eine menschliche Grundkonstante in 32 an PISA teilnehmenden Ländern weltweit. Hier wäre anzusetzen. Bedenkenswert ist zum einen, dass sich ein zunehmend ausdifferenziertes wissenschaftliches Arbeitsfeld um (inter)kulturelle Kommunikation kümmert und man zum anderen weiß, dass und warum Firmen, die ihre Mitarbeiter ins Ausland schicken, den höchsten Aufwand an Vorbereitung und Fortbildung treiben, um „Stil" als verbale und nicht-verbale Äußerungsform in nationaler und kultureller Abhängigkeit wahrnehmen und trainieren zu lassen. Und in der Tat haben auch die Aufgabensteller bzw. die Übersetzer an den kulturellen Transfer von Text und Fragen gedacht. Denn die Verfasserin des Informationsblattes zur Grippeimpfung heißt in den verschiedenen PISA-Teilnehmerländern unterschiedlich. Im OECD-Bericht und im Testmaterial für England und Nordirland beispielsweise ist sie Fiona Mc Sweeney, in Finnland Liisa Mäkinen und im deutschen Test Renate Petersen. Auch die Personen, die in Question 10/Frage 10 genannt und kurz profiliert werden, um die Probanden entscheiden zu lassen, ob sie für eine Impfung in Frage kommen, haben Namen, die in der jeweils am Test teilnehmenden Nation gängig sind. Bezeichnend ist jedoch auch, dass im deutschen Test stets von „Frau Petersen" die Rede ist, während man natürlich (!) in angelsächsischen Ländern bei den Fragen zum Text nur auf den Vornamen „Fiona" stößt. Auch sieht man, dass sich Finnland bereits dieser kulturellen Konvention angeschlossen hat. „Liisa" und „Fiona" evozieren aber nicht unbedingt dasselbe wie „Frau Petersen". So wird bei den verschiedenen Gruppen von Testpersonen möglicherweise nicht unerheblich die Wahrnehmung von „Freundlichkeit" und damit ihre Entscheidung darüber beeinflusst, ob die Verfasserin die Absicht, freundlich zu sein, umgesetzt hat. Und so können auch hier die gedachten Antworten auf die Frage nach dem freundlichen Stil des Textes nicht unbedingt überzeugen. Als „vollständig gelöst" gilt z.B. (FLU/GRIPPE – OECD 2002; PISA 2002b):

> „Yes, the pictures break up the writing and make it easy to read. / Ja, die Abbildungen unterbrechen den Text auf und machen ihn dadurch leichter lesbar." [Sic!]

Als nur teilweise gelöst würde etwa eingestuft, wenn jemand schreiben sollte:

> „No, there is no way that a message about having an injection could be friendly and encouraging / Nein. Ein Text über das Impfen kann gar nicht freundlich und einladend sein."

Und gar nicht gelöst hätte jemand die Aufgabe, der sagt:

„Yes, she just tells the facts / Ja, sie sagt einfach, was Sache ist. [Irrelevant]"

Letzteres ist die eigentlich richtige Antwort, wenn man schon von einer solchen sprechen will.

Auch für nicht-literarische Texte ist Verstehen nichts Selbstverständliches. Die Aufgabe hat einen Punktwert von 542 für „teilweise gelöst", womit sie auf Kompetenzstufe 3 angesiedelt ist, und von 583 Punkten für „ganz gelöst", was sie in den Kompetenzbereich 4 bringt.

Textverstehen und Mathematik

Im Bereich Mathematik des Feldtests (OECD 2000; PISA 2002c) werden die Testpersonen nach einem Vergleich von zwei Pizzaangeboten einer Bäckerei gefragt. Eine Pizza hat 30 cm Durchmesser und kostet 30 Einheiten einer Phantasiewährung, die andere bei gleicher Dicke 40 cm und kostet 40 Einheiten. Man fragt:

„Bei welcher Pizza bekommt man mehr für sein Geld? Gib eine Begründung an."

„Mehr für sein Geld" bekommt man natürlich bei der größeren Pizza – vorausgesetzt man befindet sich in einer finanziellen Lage, die diese Auswahl überhaupt zulässt. Hier liegt ein Problem in doppelter Hinsicht: Man kann die Aufgabe lösen, wenn man die Formel für die Berechnung der Kreisfläche kennt. Man kann diese Fläche dann ausrechnen oder sich die Rechnung sparen, wenn man weiß, dass Zahlen im Quadrat schneller wachsen als linear. Ob bei diesen beiden Lösungswegen nicht bereits eine unterschiedliche mathematische Kompetenz angesetzt werden müsste, wäre aus der Perspektive der Mathematikdidaktik zu behandeln. Auf die Frage kann man aber auch ganz anders reagieren, nämlich indem man sich auf Lebenserfahrung beruft. Welcher Pizzabäcker wäre so dumm, die größere Pizza teurer zu verkaufen? Genau hier liegt die Problematik: Diese Lebenserfahrung kann aber nur im Kontext eines wirtschaftlichen Systems wie des unseren gemacht werden. Was hätte wohl eine Testperson zu erwarten gehabt, die tatsächlich mit Lebenserfahrung argumentiert hätte? Von einer *mathematischen* Begründung ist nicht die Rede! Die Frage ist rhetorisch und dennoch wichtig angesichts des Anspruchs der Aufgabensteller, dass Texte und Aufgaben lebensweltlich relevant sind. Für den Kunden in seiner Lebenswelt ist zwar *relativ* die größere Pizza diejenige, bei der er „mehr für sein Geld" bekommt. Absolut gesehen aber hat er doch mehr zu zahlen, wenn er sich für die größere entscheidet. Bei einer 30 cm- oder 40 cm-Pizza und einer einmaligen Gelegenheit wird zwar eine eventuelle Fehlentscheidung zu keinen finanziellen Katastrophen führen, weder beim Kunden noch beim Pizzabäcker. Doch angesichts der Vielzahl verschuldeter Haushalte (wahrscheinlich nicht nur in Deutschland) und angesichts der Überlegung, dass Schule vielleicht auch einen Erziehungsauftrag im Blick auf Konsumverhalten und Wertewelt der Kinder und Jugendlichen haben könnte, sollte man das Verhältnis von Mathematik *einerseits* und Lebenswelt *andererseits* differenzierter betrachten. Das Beispiel zeigt, dass auch die Formulierung von Mathematikaufgaben auf Voraussetzungen beruht, die nicht eigens thematisiert, als Botschaften aber mittransportiert werden. Sie sollten für diejenigen, die sich um Bildungs- und Erziehungsprozesse kümmern, nicht unbedacht bleiben.

Curriculare Validität

> „PISA differs from some other assessment programmes in that it is not primarily an assessment of the extent to which students have mastered bodies of knowledge and skills identified in school curricula." (OECD 2002, S. 14)

Dies trifft mit Sicherheit für Deutschland zu. Für andere Länder, vor allem angelsächsische und solche, die aus historisch-kulturellen Gründen einer angelsächsischen Schultradition verpflichtet sind oder sie in der jüngsten Vergangenheit übernommen haben, sieht die Situation etwas anders aus. Zwar hat man selbstverständlich nicht deklaratives Wissen, das im Klassenzimmer erworben worden wäre, abgefragt. Gerade deshalb ist prinzipieller anzusetzen: In Großbritannien beispielsweise existiert seit Mitte der 80er Jahre ein *National Curriculum* mit klar definierten Standards, d.h. *key stages* und *levels*, dessen Umsetzung von Lehrpersonen und Schulen eingefordert wird. Dazu gehört, dass von Schulbehörden und Expertengremien (*Qualifications and Curriculum Authority*) Aufgaben entwickelt, in Feldtests erprobt und regelmäßig an Lehrpersonen verteilt werden, die genau dem Format der Tests entsprechen, die dann zu Prüfungszwecken geschrieben werden. Für diese *mock exams* gibt es zur Vorbereitung und Korrektur strikte Raster und Anweisungen, auf die hin die Lehrpersonen regelmäßig trainiert werden und deren Einhaltung kontrolliert wird. Aufgabenbeispiele der englischen Praxis können über die Webseite der *Qualifications and Curriculum Authority* abgerufen werden.[4] Ihre Formate entsprechen bis in die Optik hinein dem, was PISA 2000 den Jugendlichen in den Teilnehmerstaaten vorgelegt hat, im deutschen Schulzusammenhang aber wenig oder gar nicht präsent ist. Wenn die PISA-Aufgaben vor allem in den angelsächsischen Ländern curricular valide sind, in Deutschland aber eher nicht, so sind die Ergebnisse der deutschen Probanden möglicherweise weniger auf ihre gering entwickelte Lesefähigkeit als vielmehr auf den Mangel an Routine im Testmanagement zurückzuführen. Testet man also, was man testen möchte, oder testet man vielleicht eher Testverhalten und Testerfahrung? Und lässt sich das eine vom anderen überhaupt trennen? Hier besteht sicher ein Forschungsdesiderat und erheblicher Klärungsbedarf.

Nicht uninteressant in diesem Zusammenhang ist ferner, dass das *National Curriculum for England* einen Bereich „*drama*" ausweist, der mit dem, was im deutschen Schulzusammenhang als Schultheater in Arbeitsgruppen angeboten wird, nicht im Entferntesten zu vergleichen ist. Schulen kommen dem damit verbundenen Auftrag oft dergestalt nach, dass sie für *drama* ein eigenes Stundenkontingent ansetzen. Auch dies ist aus der Perspektive internationaler Vergleiche von mehrfacher Bedeutung: Zum einen müsste dies bedacht werden, wenn man die Stundenzahlen für den muttersprachlichen Unterricht in verschiedenen Ländern betrachtet. Zum zweiten stößt man auch hier auf Aufgabenformate und unterrichtliche Arbeit, deren Affinität zum PISA-Text- und Aufgabenkonzept nicht zu übersehen ist. Das *National Curriculum for England* nennt eine Reihe von *drama activities* im Rahmen der verschiedenen *key stages*. Dazu gehören darstellungstechnische Details, aufführungspraktische Überlegungen und bühnenrelevante Entscheidungen. Aufgaben von der Art des Komplexes AMANDA AND THE DUCHESS/AMANDA UND DIE HERZOGIN (OECD 2002; PISA 2002a) gehören zum Repertoire im Unterrichtsprogramm. Auch wenn die internationalen Testaufgaben oberflächlich gesehen international lösbar erscheinen, so stoßen sie doch auf sehr unterschiedliche Voraussetzungen bei den Schülerinnen und Schülern.

Ebenfalls zum angelsächsischen Repertoire – und für andere Länder, etwa Finnland, ließe sich Ähnliches zeigen – gehört allerdings auch, was im deutschen didaktischen Diskurs gerade jüngst wenig Ansehen genießt, nämlich kanonische Literatur.

Im *National Curriculum* heißt es:

„Pupils should be taught:
a) how and why texts have been influential and significant [for example, the influence of Greek myths, the Authorised Version of the Bible, the Arthurian legends],
b) the characteristics of texts that are considered to be of high quality,
c) the appeal and importance of these texts over time.

The range should include:
a) plays, novels, short stories and poetry from the English literary heritage, including:
   i) two plays by Shakespeare, one of which should be studied in key stage 3,
   ii) drama by major playwrights,
   iii) works of fiction by two major writers published before 1914 selected from the list on page 36,
   iv) two works of fiction by major writers published after 1914,
   v) poetry by four major poets published before 1914 selected from the list on page 36,
   vi) poetry by four major poets published after 1914".
(www.nc.uk.net/, konsultiert 11.2.2002)

Weder ist der Deutschunterricht einseitig auf (Höhenkamm-)Literatur ausgerichtet, noch ist er im internationalen Vergleich besonders literaturlastig. Eher ist das Gegenteil der Fall: Kinder in England haben laut *National Curriculum* im Alter von etwa 14 Jahren ein Drama und am Ende der Pflichtschulzeit zwei Dramen Shakespeares im Unterricht kennengelernt – dies neben einer Reihe von Schriftstellern der englischen Tradition und des Commonwealth-Erbes.

Die Differenz macht demnach nicht aus, dass man hier auf einen Kanon setzt und dort nicht. Er besteht in dem, was man einen kollektiven Habitus in der Auffassung von Literatur und der Art des Umgangs damit in Öffentlichkeit und Schule nennen könnte. Merkmale der wissenschaftlichen Literaturrezeption, Maßstäbe der Literaturkritik, Struktur und Arbeitsweise des Verlagswesens, die Kategorien für Literatur im Handel („Sachbuch", „Belletristik" bei uns), ja sogar die Ordnungssysteme für die Aufstellung von Büchern im Laden sind markant unterschiedlich. Die Frage nach dem Zusammenhang von Test und Schulcurriculum lässt sich daher nicht in einem oberflächlichen Sinne auf „Stoff" reduzieren, sondern müsste weiter ausgreifen. Die Auffassungen vom Gegenstand, seine wissenschaftliche Diskussion, seine Präsenz im öffentlichen Diskurs, die Verfahrensweisen bei seiner Vermittlung, in Aufgabenstellungen und in der Tradition einer Schulkultur bilden einen Zusammenhang, von dem die „Leistung" der Schüler und Schülerinnen nicht zu trennen ist. Kein Unterricht und kein Textverstehen kann losgelöst von der Theorie seiner Gegenstände erfolgen, und kein Text steht isoliert von seinem Bezugszusammenhang. Wenn Kinder und Jugendliche anderswo besser mit den PISA-Aufgaben zurechtkommen, so vermutlich deswegen, weil ihr Unterricht *solche* Aufgaben beinhaltet und dabei insbesondere den Vorstellungen vom Gegenstand verpflichtet ist, die auch die Grundlagen der Aufgabenkonzeption in PISA sind und in den Fragestellungen und Lösungsmustern zum Tragen kommen. Sie sind aber alles andere als selbstverständlich, sondern beruhen auf und erfordern Entscheidungen, die zu allererst einmal diskursiv zu verhandeln wären. Und so wäre darüber nachzudenken, was denn eigentlich die Wunschvorstellungen für ein Bildungswesen der Zukunft sein sollten. Die Rolle von Lehrpersonen als Ausführende behördlicher Vorgaben wäre ebensowenig erstrebenswert wie ihre Ausbildung zu Testvorbereitern in Klassenzimmern. Das eine wie das andere würde die Komplexität von Gegenständen und Sachverhalten ignorieren, ließe sich kaum mit einer wissenschaftlichen Verantwortung vereinbaren und liefe Gefahr, den Lehrerberuf zum Anlernberuf verkommen zu lassen.

Wo wäre anzusetzen?

Antworten wären vermutlich dort zu suchen, wo man sich um ein *hinreichend* differenziertes und differenzierendes Verstehen menschlicher Äußerungen kümmert, wo man Kinder und Jugendliche darauf vorbereitet, dass sie an den Deutungssystemen unserer Welt bewusst, verständnisvoll und kritisch teilhaben können – dem literarischen, dem naturwissenschaftlichen, dem mathematischen Deutungssystem, andere wie Kunst, Musik und Geschichte wären zu ergänzen. Die Vermittlung einer solchen Teilhabe allerdings müsste in Verantwortung gegenüber der wissenschaftlichen Verhandlung der Gegenstände und Sachverhalte – Texte, Kommunikation, Präsentations- und Repräsentationssysteme – erfolgen, denn Gegenstände und Sachverhalte sind nicht einfach gegeben oder verstehen sich von selbst. Die Analyse der wenigen PISA-Aufgaben sollte die Problematik deutlich gemacht haben.

Anmerkungen

1 PISA 2000 Technical Report. Edited by Ray Adams and Margaret Wu, Organisation for Co-Operation and Economic Development. http://www.pisa.oecd.org/Docs/Download/PISA_TechnicalReport–L.pdf (konsultiert 27.10.2003).

2 Alle Angaben zu Aufgaben und Fragen beziehen sich auf die angegebenen Quellen OECD 2002 und PISA 2002a, b und c.

3 Die deutschen PISA-Berichte erwähnen immer wieder die Modelle von Kintsch 1998 und Kintsch/van Dijk 1978; in den Vorbildern zu PISA spielen diese Modelle explizit keine Rolle. Die Frage nach den zugrundeliegenden Textverstehensmodellen berührt auch den Unterschied zwischen dem internationalen Test und dem deutschen Ergänzungstest. Überlegungen dazu bleiben einem anderen Beitrag vorbehalten.

4 Die Aussagen beruhen auf mehreren Konsultationen der Seite. Am 11.2.2002 etwa waren Aufgaben mit dem Titel *Stopping Places*, *Camping Barns* und *Weekend in Weston-super-Mare* zu finden. Quellenangaben hierzu:

Stopping Places © 1989 by Mollie Holden from *Hutchinson Book of Post-war British Poets*, ed. Danny Abse, published by Hutchinson.

Holiday in Weston-super-Mare © 1999 from *Martha Jane and Me* by Mavis Nicolson, published by Vintage Books.

Camping Barns from *Camping Barns in England 2000*, © 2000, published by YHA.

Camping Barns in the *Peak District from Camping Barns in England 2000*, © 2000, published by YHA.

Quellen

OECD 2000 (Feldtest Englisch)
Measuring Student Knowledge and Skills. The PISA 2000 Assessment of Reading, Mathematical and Scientific Knowledge. http://oecdpublications.gfi-nb.com/cgi-bin/OECDBookShop.storefront/EN/product/962000051P1.

PISA-Studie
Baumert, Jürgen/Klieme, Eckhard/Neubrand, Michael/Prenzel, Manfred/Schiefele, Ulrich/Schneider, Wolfgang/Stanat, Petra/Tillmann, Klaus-Jürgen/Weiß, Manfred (Hrsg.): PISA 2000. Basiskompetenzen von Schülerinnen im internationalen Vergleich. Opladen: Leske + Budrich 2001. S. 69–137.

OECD 2002 (Haupttest, OECD-Bericht)
Sample Tasks from the PISA 2000 Assessment. OECD (2002). Reproduced by Permission of the OECD,
www1.oecd.org/publications/e-book/9602011E.PDF.

PISA 2002 a) (Deutscher Lesetest: Aufgaben)
PISA 2002 b) (Deutscher Lesetest: Lösungen)
PISA 2002 c) (Deutscher Feldtest)
http://www.mpib-berlin.mpg.de/pisa/beispielaufgaben.html.

National Curriculum for England
www.nc.uk.net/.

QCA: Qualifications and Curriculum Authority
www.qca.org.uk/.

Dollarhide, Louis: The Gift. In: Abbott, Dorothy: Mississippi Writers. Reflections on Childhood and Youth, Volume I: Fiction, University Press of Mississippi 1985. S. 119–122.

Kirsch, Irwin S.: Literacy Performance on three Scales: definitions and results. In: Literacy, Economy and Soceiety. Results of the first International Adult Literacy Survey, OECD, Statistics Canada 1995. S. 27–53.

Kirsch, Irwin S./Jungeblut, Ann (Hrsg.): Literacy: Profiles of America´s Young Adults, Princeton NJ: National Assessment of Educational Progress 1986.

Kirsch, Irwin S./Jungeblut, Ann/Jenkins Lynn/Kolstad, Andrew: Adult Literacy in America. A First Look at the Results of the National Adult Literacy Survey. National Center for Education Statistics 1993.

Literatur

Artelt, Cordula u.a.: Leseleistungen deutscher Schüler im internationalen Vergleich. In: Zeitschrift für Erziehungswissenschaft. 5 (2002) 1. S. 6–27.

Eichler, Wolfgang: „Mit Goethe hab ich keinen Plan" – Bildungstraditionen im Deutschunterricht versus Globalisierung der Lesedidaktik. In: Moschner, Barbara u.a. (Hrsg.): PISA 2000 als Herausforderung. Perspektiven für Lehren und Lernen. Baltmannsweiler 2003. S. 87–99.

Fingerhut, Karl-Heinz: Die Evaluation des Leseverständnisses durch die PISA-Studie und der Literaturunterricht in der Sekundarstufe I. In: Deutschunterricht 55 (2002) 3. S. 39–45.

Ingendahl, Werner: Was versteht die PISA-Studie unter „Lesekompetenz"? oder: Was hätten unsere Schüler denn nun eigentlich lernen sollen? In: Wirkendes Wort 52 (2002). S. 298–304.

Kintsch, Walter/van Dijk, Teun A.: Toward a Model of Discourse Comprehension and Production. In: Psychological Review 85 (1978). S. 363–394.

Kintsch, Walter: Comprehension. A Paradigm for Cognition. Cambridge: Cambridge University Press 1998.

Köster, Juliane: PISA-Aufgaben sind anders. Ein Vergleich mit deutschen Prüfungsaufgaben und eine Anregung für den Unterricht. In: Praxis Deutsch 176 (2002), abrufbar unter: www.praxis-deutsch.de.

Köster, Juliane: Konstruieren statt Entdecken – Impulse aus der PISA-Studie für die deutsche Aufgabenkultur. In: Didaktik Deutsch 14 (2003). S. 4–20.

Weaver, Gordon: A Sense of Place and Time: Common Experience, Common Values. In: Abbott, Dorothy: Mississippi Writers. Reflections on Childhood and Youth, Volume I: Fiction, University Press of Mississippi 1985. S. XIX–XXXVII.

Turmgesellschafter und Kompetenzvermittler: Konturen des Literaturunterrichts nach der PISA-Studie

SIGRID THIELKING

1 Basiskompetenzen und Exaktheit

Der eigentliche Zielhorizont der PISA-Studie wurde im Duktus von Habermas eher weiträumig anvisiert; beanspruchte er doch „Basiskompetenzen zu erfassen, die in modernen Gesellschaften für eine befriedigende Lebensführung in persönlicher und wirtschaftlicher Hinsicht sowie für eine aktive Teilnahme am gesellschaftlichen Leben notwendig sind." (Baumert u.a. 2001, S. 29) Im Präambelsatz entdeckt sich ein Anspruch, in dem Reste von idealistisch ganzheitlicher Bildung aufgehoben bleiben, den das faktische Prüfdesign dann nicht einlöst. Aufmerken lässt der Umfang und Tonfall dieser weitestreichenden Zielvereinbarungen, die in einer ideell wie materiell anvisierten, „befriedigenden Lebensführung" gipfeln. Das überrascht, weil hier aus der Didaktik, die wir als Vermittlungs- und Reflexionswissenschaft kennen, leicht, wie es einst die Goethesche Turmgesellschaft und deren unsichtbare Lenker taten, eine umfassendere lebensweltliche Verantwortungsdidaktik abzuleiten wäre.

Der PISA-Studie ging es als wichtigem Teilbereich grundsätzlich um die „Entwicklung einer dem Lesen gegenüber aufgeschlossenen motivationalen Grundhaltung und Werteinstellung". Das war zu begrüßen; aus Sicht der Fachdidaktik bleibt kritisch, dass das Augenmerk primär auf die „Informationsverarbeitungskompetenz (Textverstehen)" gerichtet blieb und von da aus zum Missverständnis einer Behebung durch schnellstmögliche Kompensatorik Anlass bieten mochte. Denn gerade komplexes Textverstehen erschöpft sich nicht in „Informationsverarbeitungskompetenz". Die Tester waren aber an einem Fakten entnehmenden und wiederabrufenden, also anwendungsbezogenen, technizistischen Leseverstehen interessiert. Übernähmen wir das enge Anforderungsprofil des PISA-Typs im Deutschunterricht, so träte als vordringliches Repertoire auf den Lehrplan: das instrumentelle und sichernde Erfassen, das Aneignen von Textinhaltsdetails, verknappte Behaltenstests, Paraphrase-Übungen, Wiedererkennen von Suchwörtern, instrumentell-analytisches Auswerten von Statistiken, Plänen, Diagrammen, expositorischen Texten und kleiner Prosa.

Eine hastig auf den Markt geworfene, didaktische Ratgeberliteratur trägt dem verschlankten Konzept schon Rechnung (im Wortsinn); Plansollerfüllung deckt sich hier mit Verkaufsinteressen. Der Blick auf die Werbeseiten der didaktischen Zeitschriften belegt die dominierende Wortwahl von Strenge, Reglementierung und forciertem Lernentempo: Wirbt der Duden-Verlag noch harmlos mit dem Wortspiel „Zum Thema PISA würden wir vorschlagen: nachschlagen", kann bei diversen anderen Anbietern wohl eher vom „Zuschlagen" in Sachen PISA die Rede sein. Ob schnellen Erfolg versprechende Drillprogramme, ob aufbauende „Lesetrainer"-Hefte für Schule und Daheim – Cornelsen schwört gar auf eine zweibändige „Lese-Lern-Maschine" – auffällig ist allenthalben der Duktus vom Deutschunterricht als einem Fitness-Studio schnell antrainierbaren Wissens.[1] Selbst langjährige Konzepteure einer Didaktik und Methodik des Lesens rufen zur Disziplinierung des Lesens und Übenlernens auf, wo das Zauberwort vom zu entwickelnden, alle Stufen umfassenden „Lesecurriculum" zu Recht die Runde macht. Ob aber anempfohlene korrektive Nach-Übungen im Kopierformat und die Förderung von Übung und Leistungswillen am Lesevorgang, zu „Lese-Etüden" stilisiert (Menzel 2002a, vgl. auch Menzel 2002b), sinnvoll sind, sei dahingestellt.

2 Studie-Design und Fachdidaktik = Normierung versus Dynamisierung

Das PISA-Evaluationsteam hatte in diesem Durchgang ausdrücklich nicht die Absicht, ein didaktisches Modell zu kreieren (vgl. S. 88) oder mit der Fachdidaktik um solches zu wetteifern. PISA hat aber sinnvolle Impulse auch in die fachdidaktische Diskussion hineingetragen: ob veränderte medienpädagogische Überlegungen (Kübler 2002) oder das Verhältnis von Fremd- und Muttersprachendidaktik (Kühn 2002) als vermittelnde Lösungsansätze überdacht werden; alle hat die Studie zu Änderungen animiert. Fraglich scheint mir allerdings, ob gleich eine „lesecurriculare Generalüberholung" eingeklagt und „das Verhältnis von Literatur- und Sprachunterricht wieder ins Lot gebracht werden muss." (Ludwig 2002) Das halte ich nach der Ausdifferenzierung eines sich bewährenden integrierten Deutschunterrichts und dessen Verbundideen zu sprachlich-fachlichem Lernen für eine nicht mehr bestehende Frontlinie.

Selbstverständlich hat auch die Literaturdidaktik durch PISA Anstöße erfahren: z.B. wird das den Unterricht ausmachende diskursive und deutende Moment, sein Blick auf das verbindende entdeckende Lernen im Gespräch mehrerer über literarische und nichtliterarische Texte und die gerade entscheidende zweite und mehrfache symbolische Lektüre genauer betrachtet. Der z.B. von Heiner Willenberg dargelegte Umgang mit den inneren Wahrnehmungen (vgl. Willenberg 1999, S. 98), den sich zu Texten einstellenden ‚inneren Bildern' der Leser, gehört in diesen Kontext. In den „Konsequenzen aus den Befunden und Möglichkeiten der Intervention", wie sie die PISA-Studie zieht (vgl. S. 131ff.), werden – im Gegensatz zu dem, was die Prüfer evaluierten – wie schon beim theoretischen Auftakt, wiederum eher generalistische, weitergehende strategische Einübungskonzepte ins Spiel gebracht. Es werden Formen von „Lernstrategiewissen" angesprochen, bei denen es um metakognitive Konzepte eines „selbstregulierten", auf allen Stufen durchschaubaren, qualifikatorischen Lernens geht. Der integrative Deutschunterricht will ganz Ähnliches; ihm geht es um das Formulieren von Fragen an Texte, das Einüben, Spekulieren und Durchspielen strategischer Vorhersagen über nachfolgende Textgehalte, das symbolische, metonymische Entschlüsseln und um das produktive Mitschreiben an Deutungsvarianten. Eine zukunftsweisende Rolle könnte der durch PISA ins Gespräch gebrachte Ansatz des reziproken Lehrens und Lernens, d.h. der wechselseitigen Rollen- und Erwartungstransparenz im Ensemble von Schüler/innen, Lehrer/innen und ihrem miteinander verhandelten Umgang mit Texten spielen. Partnerschaftliche Vermittlung und eine Bewusstheit kultureller Gewordenheit treten dann mit dem übergeordneten Ziel der gemeinsamen Verantwortung für das Gelingen von Lernprozessen auf. Dieses Zusammenspiel bezeichnet die „wichtigste Sicherungsagentur" eines *selbstregulierten*, früher hätte man gesagt: eines mündigen Lernens. Damit wird auch die von einigen Ländern curricular bereits festgeschriebene Planungskompetenz für Schüler/innen in ihrer Bedeutung bestätigt und es erhöht sich die Notwendigkeit fachdidaktischen Nachdenkens über diagnostische Kompetenz (vgl. Fingerhut u.a. 2002, S. 45–56, bes. These 7, S. 52f.) auf seiten der Lehrkräfte und dieses interagiert wiederum mit Supervisionsanforderungen an Lehrer wie Schüler. Das machte es auch notwendiger, Wissen über affektive Strategien zu thematisieren und über den Einfluss emotionaler Intelligenz in diesem Prozess zu sprechen. Und wo ginge das eigentlich besser als im Falle der Rezeption literatursprachlicher Texte? Im Grunde gilt, dass sich nicht erst seit PISA die Deutschdidaktik auf wesentliche strukturelle Veränderungen längst eingestellt hatte. Der Deutschunterricht in seiner Unterrichtswirklichkeit hat sich in der Beobachtung durch die Fachdidaktiker schon seit geraumer Zeit immens verändert. Es haben sich hier Veränderungen im integrativen Anforderungsprofil des Faches abgezeichnet, obzwar sie nicht annähernd die gleiche mediale Aufmerksamkeit wie die Studie erhielten. Die Fachdidaktik hatte hier Modellierungsbedarf erkannt: Der Deutschunterricht braucht nicht länger den Schrein sakrosankter Gegenstände, sondern folgt dem Primat der Lehr- und Lernprozesse. Im Zentrum der didaktischen Anpassung steht die immer komplexere, neuartige Anforderungen stellende Lebenswelt der Schüler/innen. So springen die veränderten Bedingungen des Wissenserwerbs ins Auge: einerseits veraltet Wissen immer schneller und lässt sich nicht mehr vorsorglich anlegen und horten, andererseits honoriert die neue Wissenserwerbsforderung lebendiges, dynamisches und damit eher funktionales Wissen, das sie archivalischen Wissensvorräten und Speicherbeständen vorzieht. Die Relevanz einer von Fall zu Fall situativen Gebrauchsabwägung im Blick auf fluktuierende und lebenslang neu zu erwerbende Wissensitems haben Fachdidaktik und Lernpsychologie systematisiert auf den Nenner gebracht, anregend waren dafür einschlägige Beispiele Heiner Willenbergs (vgl. Willenberg 1999), die die Literaturdidaktik so aufgreift:

> „Ausgangspunkt aller Überlegungen zur Weiterentwicklung der Literaturdidaktik ist ein dynamischer Wissensbegriff: Menschliches Wissen ist eher der menschlichen Muskelkraft zu vergleichen als der Ablage in einer Registratur. 1. Wissen darf nicht einfach als gesicherter, teilweise vorhandener oder auch fehlender Bestand gedacht werden. Wissen ist dynamisch, nicht statisch, es entfaltet sich, wenn es gebraucht wird, es wächst eher kollektiv, in Kooperation oder Wettstreit mit anderen, als durch einsame, individuelle Lernanstrengungen. 2. Mit Hilfe von Wissen organisieren wir Wissenserwerb (also Lernen) und mit Hilfe von Wissen organisieren wir auch Erfahrungen. Wissen muss also ebenso ‚flexibel' gedacht werden wie ‚ästhetische Erfahrung' und ‚Lernen' auch. 3. Wissen ist nicht immer gleich gültig und gleich gut zu gebrauchen. Es gibt ein die Lernsituation fruchtbar erweiterndes und es gibt funktions- und nutzloses Wissen. Dasselbe Wissen, das in der Situation A orientierend wirkt, baut in einer anderen Situation B eher Barrieren auf. Man muss bei der Rede über Wissen also immer angeben, über welche Art und welchen Gebrauch desselben man spricht. Die zentrale Frage der Literaturdidaktik in der Zukunft wird sein: Wie wird das Lernen [...] an Texten literarischer, expo-

sitorischer und informierender Art aussehen müssen, dass Formen des oben beschriebenen Lernens im Deutschunterricht besser und erfolgreicher stattfinden können als bisher." (Fingerhut 2000)

Dem ist zuzustimmen, wenn Entscheidungen gefällt werden müssen, welches Wissen wann opportun und angemessen ist, dann muss diese Kasuistik, das ENTSCHEIDEN KÖNNEN gelehrt und erlernt werden. Zu lernen, dass Formen von Wissen sich variabel zur spezifischen Funktion ihres Gebrauchs verhalten und dieses abzuschätzen, könnte zu einer Optimierung führen, verbietet aber ein vorschnelles Sich-Zufriedengeben mit Bedienungswissen.

3 Moderationsdienste und Gesprächsfunktionen

Noch eher unberücksichtigt, aber von Bedeutung ist der Einfluss von Moderationsdiensten und professionalisiertem Umgang mit Textkultur durch die Lehrerpersönlichkeit und das Leitmedium der Lehrwerke. Es geht um ein Erfassen adaptierter und konventionalisierter Zuwegungen zu Wissen und Emotion: in diesem Fall *literarischer Sprachlichkeit*. Um die im Umgang mit Texten und Medien vollzogenen Verstehensprozesse zu dokumentieren, müsste die entscheidende Gelenkstelle, welche die Lehrpersonen, ihre materialen Vorgaben und ihre methodischen Vorlieben darstellen, mithin müsste deren Planungsansatz und steuernder Anteil an der Vermittlungs- und Verstehensarbeit, in künftige Studien als weitere Größen mit einbezogen sein. Die PISA-Rechnung wurde zunächst noch ohne den Wirt gemacht; die Leistungen von Lehrermoderationen und deren hilfesuchende Anleihen vorab bei Ratgeberliteratur, und eben nicht eine normierte Abfragebögen-Lernkultur sind noch immer DIE Übermittlungsinstanzen auf dem Lernweg. Das birgt und perpetuiert den Nachteil prägender Abhängigkeit, während aber andererseits bloßes Antrainieren stromlinienförmigen Bedienungsdenkens bei der Beantwortung standardisierter Fragebögen allein eben auch keine hinlängliche Lösung garantiert. Der moderierenden Lehrerfunktion als einer viele Einzelbeobachtungen zusammenführenden Kommunikationsschaltstelle kommt für die Verteilung und Sicherung von mehrschichtigem Wissen gravierende Bedeutung zu. Das gilt nicht nur im themenbezogenen problemorientierten, sondern gerade auch in einem auf Erleben und Erfahrungsanleitung abzielenden affektiven Unterricht. Eine personalgebundene Gefühlserziehung und gleichsam „vorgemachte" ästhetische Geschmacksbildung waren und bleiben neben aller kognitiver Wissensbeförderung ein genuines Schwerpunktfeld des Literaturunterrichts. Das wichtige Bindeglied, der subjektive Faktor der Lehrerrolle, fehlte als Parameter im PISA-Design. Ihn künftig angemessen zu berücksichtigen, ist gleich nach Bekanntwerden der Studie angeregt worden (vgl. Kahl 2002). Dadurch wurden im Falle von literarisch-poetischen Textleseanforderungen wichtige Größen, wie der eingeübte Habitus gelenkter Anweisungen und das Wechselspiel von internalisierten Frageritualen und Verständigungsmustern, außen vor gelassen. In Deutschland, wo entgegen der angloamerikanischen Testkultur eher ein vagabundierendes und sukzessives Entdecken-Lassen durch lose begleitende, den Verstehensvorgang anleitende und auffangende Erschließungsfragen üblich ist, wirkt sich das nachhaltig aus. Wie einem weitergefassten Plan einer Lehrperson von Lernern gefolgt wird, bleibt als Parameter unberücksichtigt, nur die Seh-/Leseweisen der Fragebogenformate zählten bei PISA letztlich. Das scheint auch für das mäßige Abschneiden deutscher Schüler doch einige Bedeutung erlangt zu haben, wie kritische Blicke auf die literarisch-poetologischen Beispieleinheiten in der Studie ergaben. Denn das übliche Nachfragen, Einsprechen, Austauschen, also die Artikulation von Differenz, sind für ein offenes, tastendes Verstehen unumgänglich, das sieht das Test-Format aber nicht vor. Eine Krux macht sich im enormen Nachteil des Statischen gegenüber der konstitutiven Mehrdeutigkeit gerade an literatursprachlichen Texten bemerkbar und kann u.U. zur Verstehensfalle werden. Für die problematische literaturbezogene Aufgabenstellung der Unit „Das Geschenk“ im PISA-Test hat dies den Anschein (vgl. Fingerhut 2002), will man nicht davon ausgehen, dass irrtümlich einfach ein schlechter, umpassender Beispieltext ausgewählt wurde.

4
Lesekompetenz und Literaturwissen: Deutschunterricht als Schauplatz von Kultur-in-Funktion

Dass der Literaturunterricht als eine Galerie für Kultur-in-Funktion gilt, kollidiert mit jedem kurzschrittigen Normierungsanspruch. Diese Erkenntnis müsste überleiten zu fachdidaktischen Überlegungen eines reflektierten Gebrauchs von verschiedensten Text- und Literaturformaten durch Schüler/innen, kurz zu Fragen wie:

- was arbeite ich im Umgang mit Texten, wie reagiere ich auf verschiedene Leseangebote je nach Maßgabe ihrer sortentypischen Form und Intention oder:
- was weiß ich über die (institutionalisierte) Gebrauchsgeschichte(n) von Literatur, was wurde und wird in je unterschiedlichen Kontexten warum mit Texten getan.

Besonders letzteres umgreift die an Literatur deutlich werdenden sublimen Gebrauchsspuren, die von der strittigen, aber oft verkürzt inhaltlich gestellten Kanonfrage ausgehen. Ein weiter dimensionierter Unterricht lenkt deshalb den Blick eher auf den Prozess von „Kanonkompetenz"; gemeint ist das exemplarische Durchsichtigmachen von Kanon-Verwerfungen und -Inanspruchnahmen. Im Vordergrund steht so – neben den Schaustücken „großer Meisterwerke" und anderen kanonisierten Texttradierungsprodukten einer Kultur als *Großer Erzählung* – verstärkt der unterrichtliche Einbezug von deren Überlieferungs- und Verwertungs-Geschichten. Kein „gipfelnder" Textisolationismus, sondern erst Text-Kommentare-Geflechte eröffnen den erwünschten Grad an kulturellen Durchblicken, unter denen Ausgangstexte kommentierend fortgeschrieben, wiederum (weiter)erzählt, aber auch verschoben, ausgespart, gemieden werden. Indem den andauernden Prozessen des Tradierens, Aussonderns, Wiederaufnehmens nachgespürt und sie unter thematischen Aspekten fokussiert durchdacht und durchgespielt werden, bleibt Literatur nicht länger ferne, sondern zeigt sich anschlussfähig als eine interpretations- und zeitentransparente Verbindung zu Schülerinteressen, so dass die Schüler/innen sich durch literarisch vermittelte Misch-Erfahrung als kulturell kodierte, „gemachte" und veränderbare Subjekte verstehen lernen. Ich möchte in diesem Zusammenhang an das dynamische Moment der im Prozess des Lesens erworbenen Wissens(re)organisation erinnern:

> „Aber so gut das Kunstwerk in all seiner Einmaligkeit sich in eine historische Ordnung bringen läßt, die nicht bloß chronologisch ist, läßt es sich auch in eine andere bringen. Schon *das instinktive Verfahren des Lesens* hat es auf nichts anderes abgesehen, als die Wirkung, das Bedeutsame, den empfundenen Wert des Buches unmittelbar – das heißt als Effekt, als Bedeutetes, als persönlich anzueignenden Wert – und so festzulegen, daß sie nicht wieder verlorengehen. Fragt man nach den Vorgängen, durch die das geschieht, so lehrt schon der flüchtigste Einblick in sich selbst solche kennen. Man übernimmt gedankliche Elemente, die sich ja ohne weiteres bewahren lassen; man selbst erlebt

Einfälle, Klarstellungen, Ausblicke, welche durch das Lesen angeregt wurden und bestehen bleiben, wenn der Anlaß auch längst vergessen ist; man gerät ins Fühlen und faßt die Empfindungen, von denen man angesteckt wurde, entweder als Erfahrung in Worte oder als Vorsätze in eine feste Einstellung zusammen oder überläßt sie sich selbst, die dann, ihre Energie langsam und verstreut abgebend, in den übrigen Gefühlen verschwimmen; man bewahrt auch das Ungewisse und Unbeschreibliche der Werke – den Rhythmus, die Gestalt, den Gang, das Physiognomische des Ganzen – entweder eine Weile rein mimetisch, so wie man von eindrucksvollen Menschen nachahmend angesteckt wird, als innere Gebärde sozusagen, oder macht den Versuch, es in Worte zu fassen; es wäre sehr schwierig, diese Vorgänge vollzählig anzugeben, aber die Richtung, in der ihr Ziel liegt, ist bald erkenntlich. Was diesen unwillkürlichen Bemühungen fehlt, ist nur die Zusammenfassung zu einem Ganzen. Wenn man aber unter Literatur die Summe der Dichtungen versteht, ist auch sie kein Ganzes. Sie wäre dann *eine ungeheure Sammlung von Beispielen*, deren jedes anders ist und doch jedes schon da war, deren jedes von jedem anders und doch in bestimmten Gleichförmigkeiten verstanden wird, eine Angelegenheit von unsäglicher Breite, ohne Anfang und Ende, ein Gewirr herrlicher Fäden, das kein Gewebe ist. Ein solches Aggregat von Lesern und Büchern wird erst dann zur Literatur, wenn zu der Summe der Werke der *Inbegriff der verarbeiteten Leseerfahrungen* hinzukommt. Oder mit anderen Worten: die Kritik." (Musil 1926, S. 1167–1169. Hervorh. ST)

Was wäre denn aus Musils moderierendem Text über die Frage, wie entsteht literarisches Schülerwissen, zu lernen? Man könnte sagen, er entwirft auf der Grundlage von Literaturerfahrungen eine reflektierte Methodik des Lesens, die sich literaturdidaktisch fruchtbar machen lässt. Musils Darstellung vollzieht schrittig, was passiert, wenn man liest und wie sich beim Lesen in uns Literaturwissen formt, und was alles an den Prozess eines lesenden Verstehens und der Eroberung von Literaturwissen geknüpft ist. Das beschreibt, deutlich gesagt, doch eher ein kulturbezogenes, weiterführendes Leseverstehen im Laufe der Schulstufen, das sich vom technizistischen der Tester erheblich unterscheidet und zeigt, was deren Evaluation diesmal nicht erfasst und damit verschenkt. Ich möchte das mit Musil verdeutlichte Weitergefasste des kulturbezogenen Leseverstehens aufgreifen und in seiner Funktionalität demonstrieren.

Da ist gleich zu Beginn der Hinweis auf die Lizenz zum produktiven Eingreifen in Texte, denn sie sind mitnichten statischer Wissensvorrat. Da ist auch die Rede von den Kombinationsmöglichkeiten wechselnder Anordnung und der (Ver)Sicherung von Wissen, von dem Abgleich mit Gewusstem, von dem Versuch eigenen operativen Eingreifens als lebendigem Vorgang eigener kultureller (Re)Produktion, d.h. des Sich-ins-Verhältnis-bringens zu Vorlagen. Das alles dient dazu, zunächst einmal probierend Richtungen zu erspähen, und weniger, schon gleich final auf ein komplett erfülltes Lernziel hinzusteuern. Es geht im Literaturunterricht gerade darum, der Abweichungen und der Gleichförmigkeiten gewahrzuwerden.[2]

Mit Musil gesprochen geht es weiter darum, das „Gewirr herrlicher Fäden" *genießend* betrachten zu können und diesen Genuss schätzen zu lernen – alles das sind komplexere Denkoperationen und in Literatur verdichtete, simulierte Evokationen, die der Literaturunterricht mit seinen vielen Einblicken in die „Sammlung von Beispielen" zur eigenkulturellen Profilbildung und zur Ausbildung sensualistischer Genussfähigkeit den Schüler/innen anbieten kann. Dabei geht es nicht darum, gleich das ganze Aggregat komplett zu beherrschen, sondern versuchsweise und durch gemeinsame schulende Unternehmung nach und nach die Mechanismenfülle und den Kombinatorikwert, letztlich: thematisch vorstrukturiert, Kulturprozesshaftigkeit zu erkennen. Die Problematik, dass derartige Lernprozesse schwieriger zu evaluieren sind, darf die Fachdidaktik nicht daran hindern, Modelle dieses weiterführenden Lesens und Einlesens in und als Kultur zu erstellen. Denn im Literatur-Unterricht muss sich mehr ereignen als das, was von ihm gemessen werden kann.

So versuchen diverse Konzepte – Stichwort „Weltwissen erlesen" – einen diskutablen Vorstoß zum fächerverbindenden Unterricht zu unternehmen (vgl. Abraham/Launer 2002) und zeigen, dass literarische Texte über eigene Fachgrenzen hinaus funktional einsetzbar sind, wie es auf der anderen Seite das Fach und Sprache integrierende Soester Konzept des ‚Deutschunterrichts in allen Fächern' gibt (Landesinstitut für Schule und Weiterbildung 2002). Arbeit mit und an Literatursprache und ihren Mnemotechniken ermöglichen eine Durchsicht auf die Konstruktion von Sinnangeboten. „Gemachtheit" durch Kultur erschließt sich im Geflecht und Ensemble von Texten *und* deren Para- und Metageschichte(n). Die darin geübte Enkulturalität kann Einseitigkeiten und Mehrsträngigkeiten an Textkulturverbünden aufzeigen, die prinzipiell offenen und weiterzuschreibenden Kanongeschichten gehören dazu und: sie enden nicht bei den Schüler/innen und erst recht nicht als abgefragte ehern-überzeitliche Wissenskonvolute bei der Literaturautorität der Lehrenden. Das wird letztlich zu einem Wandel unseres Verhältnisses zur literarischen Traditionsbildung und zur Literaturgeschichte überhaupt führen: letztere mutiert zu einer Vielzahl von konsistenten, einander je nach Beobachtungsstandort infragestellenden oder auch wechselseitig erhellenden Literaturgeschichte*n* (im Plural). Der unbewegliche Trumm der Literaturgeschichte wird zur Disposition gestellt, in seinen begrenzten Klassifizierungen und Rubrizierungen entmystifiziert. Ein dynamisches, funktionales Literaturwissen entsteht als fortlaufender, prinzipiell unabgeschlossener Prozess von Textrevisionen, in den sich auch Schüler/innen mit Lesearbeit und Deutungsversuchen einschreiben. Wenn sie das begreifen und an Beispielen selbst erfahren, dann ist viel an wesentlicher Erkenntnis gewonnen, dann bleibt der Literaturunterricht zeitgemäß und mit historisch dimensioniertem, multiplem Sinnverstehen verknüpfbar.

Insbesondere für eine integrative Deutschbuchgeneration seit 1998 (z.B. *tandem deutsch*, Schöningh oder auch *Deutschbuch*, Cornelsen) wird das Konzept klarer.[3] Diese auf thematische Unterrichtsvorhaben mit durchdidaktisierten Supertexten zielenden Lernwerke (vgl. Thielking 2003) haben in der Regel eine variable Lektionen-Struktur und schließen mit einer Leistungsfeststellung. In ihnen wird nicht länger von bloß deklarierten literarhistorischen Wissensbeständen ausgegangen, sondern der integrative Unterrichtungsanspruch setzt an ihre Stelle variable Informationsbausteine eines stärker operativen, kombinatorischen, ‚zusammendenkend' funktionalen Wissensarrangements. Ein dynamischer Wissensbegriff verabschiedet hier wiederum die archivalische Variante als obsoletes Zugriffsmodell; literarische Entwickungsgeschichte wird kulturell übergängig und darin einholbar und transparent zugleich. Die Aussetzung epochaler Gewissheit durch ein Zulassen von mehrdimensionierten Erfahrungsschichten (von Aufhäufungen, Überlappungen, Sonderstellungen, Marginalisierungen, Kontinuitäten und Diskontinuitäten) tritt an die Stelle von vormals teleologisch eindimensionalen Periodisierungs-Sackgassen und „Textfriedhöfen" (Korte 1996, S. 52). Für eine entsprechende Dynamisierung statt gegenstandsorientierter Normierung muss gerade die Didaktik der Literatur(geschichts)darbietung und kulturellen Praxis sich umstrukturieren und modifizierte Angebote machen; letztlich bedarf es des Nachdenkens über eine Art Literaturkritik aus literaturdidaktischen Blickwinkeln. Es müssen signifikante synchrone Beobachtungsperspektiven eingenommen und an „Verdichtungsstellen" im Ensemble dokumentiert, in ihren etwaigen Brüchigkeiten oder Übergängigkeiten benannt und wiederum zu komplexeren Verstehensangeboten zusammengefügt werden – aber eben nicht als eherne Wissenshorte oder mit dem Versprechen eines definitiv gesicherten „Sitz(es) im Leben" für alle Zeit und Ewigkeit. Nur im revidierbaren und im funktionalen Zugehen auf eine kombinatorische Literaturgeschichte können andere und neue Durchblicke auf überkommene Textwissensbestände gelingen. Dabei bleiben eigene Sinngeschichten bzw. historische Sinnhaftigkeit(en) und kulturelles Selbsterleben miteinander verzahnt, und so wird eigene kulturelle Sinnfindung selbst als prozessural unabgeschlossener Vorgang erlebbar. Verschiedene aufeinander bezogene Teilleistungen, wie Lesen-Sondieren-Zusammenlesen-Versprachlichen-Verstehen, machen komplementär die wesentlichen Instruktionsdomänen des integrativ verfahrenden Deutschunterrichts aus. Es bedarf einer breiter als in der ersten PISA-Studie angelegten Lese-Schulung, die sich nicht in Trainingseinheiten erschöpft und in Stufen abarbeiten lässt.

Die Komplexität einer schulischen Lesekultur im Sinne von vielschichtigen Verstehens- und Erinnerungsvorgängen führt kognitiv und sensualistisch genussvoll zu einer erfahrbaren „Basisaktivität". Übrigens decken sich die Forderungen, das Leseverstehen auf möglichst vielen Anspruchs- und Erfahrungsebenen abzusichern, auffällig mit Ergebnissen der neueren Lernpsychologie. Die PISA-Studie selbst setzt elementarer – im Goetheschen Sinn „einseitiger" – mit ihrer instrumentellen „Lesekompetenz" (*literacy reading*) und deren formallogischen Operationen an und bewertet damit zunächst nur eine Hälfte der Medaille vom Ankerwissen für die eingangs angestrebte „befriedigende Lebensführung". Auf differenziertere funktionale Prozesse des Wissenserwerbs, auf die Konstruktion von kulturellem Sinn und besonders eine kombinatorische Verstehensfähigkeit bauen hingegen die Wissens(vor)konstrukteure der Lesebücher des integrativen Typs auf. Für das anspruchsvolle Zusammen-Lesen, Neu-Fassen und produktive Ausprobieren ihrer durchdidaktisierten Supertexte bedürfen alle Nutzer grundlegender und auch spezieller Schlüsselqualifikationen, um mit der Hilfe von Gebrauchsvorschlägen mehrlagige Leseinformationen getrennt herauszufiltern, improvisierend neu zusammenzusetzen und zu kulturell fortwirkenden Verstehensmustern zu vernetzen.

Ich möchte deshalb abschließend für eine Verbundgeschichte von Turmgesellschaftern *und* Kompentenz(v)ermittlern plädieren: aus der bündischen, vielleicht geheimbündlerischen Tum*gesellschaft* von einst sind indessen demokratisch-pluralistische Turm*gesellschafter* geworden, aus den Mittlern und Bildungsbegleitern im Verborgenen sind Vermittler einer öffentlichen Didaktik von für messbar und vergleichbar gehaltenen, zumutbaren und nachhaltigen Kompetenzen geworden, die als Qualifikationen beschreibbar werden. Getestet wurden von den kompetenzenvermittelnden Wissensgesellschaftern unserer Tage eher elementare, „einseitige“ Fertigkeiten: Texte und die in ihnen vorgegebenen, disparaten, voneinander ablenkenden Informationspartikel sollten herausgefiltert und festgehalten werden, um diese pragmatisch miteinander zu korrelieren und, der Fragebogen-Intentionalität folgend, neu zu organisieren; seltener übrigens: um sie wiederum auch in längere eigene Sprachkonstrukte oder in eigene Formen von Literatursprache produktiv zu überführen. Die elementare Einübung in die formalen Techniken der Wissenszugänglichkeit *und* der Erwerb eines flexiblen literarisch-kulturbezogenen Orientierungs- und Entscheidungswissens wären also zu fordern.

Beides klingt bereits im Goetheschen Bildungsgespräch zwischen Montan und Wilhelm in *Wilhelm Meisters Wanderjahre* an:

> [Montan:] „Was der Mensch leisten soll, muß sich als ein zweites Selbst von ihm ablösen, und wie könnte das möglich sein, wäre sein erstes Selbst nicht ganz davon durchdrungen?“ – [Wilhelm:] „Man hat aber doch eine vielseitige Bildung für vorteilhaft und notwendig gehalten.“ – [Montan:] „Sie kann es auch sein zu ihrer Zeit“, versetzte jener; „Vielseitigkeit bereitet eigentlich nur das Element vor, worin der Einseitige wirken kann, dem eben jetzt genug Raum gegeben ist. **Ja, es ist jetzo die Zeit der Einseitigkeiten**; wohl dem, der es begreift, für sich und andere in diesem Sinne wirkt.“ (Goethe 1988)

Anmerkungen

1 Ein integriertes Unterrichtsvorhaben über die derzeitige „Werbesprache zu PISA“ wäre übrigens ein lohnendes Lehrstück über die Instrumentalisierung von Versagerängsten und die didaktischen Kurzschlussreaktionen in der neuesten Zone einer bigotten Merchandisierung.

2 Dazu gibt es interessante Ansätze im sog. Produktiven Literaturunterricht, wie er von G. Waldmann und anderen entwickelt wurde.

3 Hier ist auch die Konstellation von „Epochenumbrüchen“ (oder auch „Achsen- oder Sattelzeiten“) relevant; an ihnen werden die variablen Formen von „Applikation“ historischer Lektüren thematisch nachvollziehbar. Wenngleich zu solchen galeriehaften „Schaustellen“ von Kultur, wie den Epochenumbrüchen, bislang noch keine durchgängige und konzise Theoriebildung seitens der Didaktik, aber schon einige gute Praxisbeispiele vorliegen, so steckt allemal beachtlicher „Möglichkeitssinn“ in ihnen.

Literatur

Abraham, Ulf/Launer, Christoph: Weltwissen erlesen. Literarisches Lernen im fächerverbindenden Unterricht. Baltmannsweiler: Schneider 2002.

Baumert, Jürgen/Klieme, Eckhard/Neubrand, Michael/Prenzel, Manfred/Schiefele, Ulrich/Schneider, Wolfgang/Stanat, Petra/Tillmann, Klaus-Jürgen/Weiß, Manfred (Hrsg.): PISA 2000. Basiskompetenzen von Schülerinnen und Schülern im internationalen Vergleich. Opladen: Leske + Budrich 2001. (Im Text erscheinen Zitate mit der Seitenzahl nach dieser Ausgabe.)

Fingerhut, Karlheinz/Fix, Martin/Knapp, Werner/Schmid-Barkow, Ingrid/Vogt, Rüdiger: Perspektiven der Sprach- und Literaturdidaktik nach der PISA-Studie. Acht Thesen. In: Melenk, Hartmut/Fingerhut, Karlheinz/Rath Matthias/Schweizer, Gerd (Hrsg.): Perspektiven der Lehrerbildung – das Modell Baden-Württemberg. 40 Jahre Pädagogische Hochschulen. Freiburg im Breisgau: Fillibach 2002.

Fingerhut, Karlheinz: Die Evaluation des Leseverständnisses durch die PISA-Studie und der Literaturunterricht in der Sekundarstufe I. In: Deutschunterricht 55 (2002) 3, S. 41–42.

Fingerhut, Karlheinz: Literarisches Wissen und Kompetenzerwerb im Deutschunterricht. Über die Entwicklung von Fragestellungen in der Literaturdidaktik der Zukunft [Unveröffentlichtes Manuskript eines Vortrags in Hamburg. 2000].

Goethe, Johann Wolfgang von: Werke. Hamburger Ausgabe. Bd. 8. München: dtv 1988.

Kahl, Reinhard: Der Pisa-Botschafter. Nach den Schülern will Andreas Schleicher nun die Lehrer testen. Damit sorgt er in Deutschland für Aufregung. In: Die Zeit vom 5. September 2002. Nr. 37.

Korte, Hermann: Erinnnerungsarbeit. Literaturgeschichte und Literaturunterricht. In: Literatur in Wissenschaft und Unterricht 29 (1996) 1. S. 41–52.

Kübler, Hans-Dieter: PISA und die Medienkompetenz. Warum empirische Begründungen mehr als dringlich sind. In: medien praktisch (2002) 2. S. 4–12.

Kühn, Peter: PISA und die Lesekompetenz. Wie die Muttersprachendidaktik von der Fremdsprachendidaktik (Deutsch als Fremdsprache) profitieren kann. In: Der Deutschunterricht 54 (2002) 4. S. 91–95.

Landesinstitut für Schule und Weiterbildung (Hrsg.): Sprachliches und fachliches Lernen. Förderung in der deutschen Sprache als Aufgabe des Unterrichts in allen Fächern. (2. Aufl.). Soest: Verlag für Schule und Weiterbildung. 2002.

Ludwig, Otto: PISA 2000 und der Deutschunterricht. In: Der Deutschunterricht 54 (2002) 2. S. 82–85.

Menzel, Wolfgang: Texte lesen, Texte verstehen. Arbeitsheft zum übenden Lesen. In: Praxis Deutsch 176 (2002). S. 25–40 (zitiert als 2002a).

Menzel, Wolfgang: Lesen lernen dauert ein Leben lang. Methoden zur Verbesserung der Lesefähigkeit und des Textverständnisses. In: Praxis Deutsch 176 (2002). S. 20–24 (zitiert als 2002b).

Musil, Robert: Literatur und Lesen [1926]. In: Frisé, Adolf (Hrsg.): Robert Musil. Gesammelte Werke in neun Bänden. Bd. 8. Reinbek bei Hamburg: Rowohlt 1978.

Thielking, Sigrid: Supertexte auf Doppelseiten. Intermedialität in integrierten Lehrwerken für den Deutschunterricht. In: Bönnighausen, Marion/ Rösch, Heidi (Hrsg.): Intermedialität im Deutschunterricht. Baltmannsweiler: Schneider. S. 161–178 [im Druck].

Willenberg, Heiner: Lesen und Lernen. Eine Einführung in die Neuropsychologie des Textverstehens. Heidelberg/Berlin: Spektrum Verlag 1999.

Was testet der PISA-Test des Lesens?

JÜRGEN GRZESIK

Wenn man Kompetenzen des Textverstehens als Resultate des Schulunterrichts *testen* will, dann braucht man Hypothesen über Kompetenzen, die lern- und schulbar sind. Wenn Kompetenzen des Textverstehen *gelernt* und *geschult* werden sollen, dann muß man vor und nach dem Lernen testen, um zu erfahren, was gelernt worden ist. So ist das Testen ein integraler Bestandteil des Gesamtzusammenhangs von Lernen und Unterrichten. Das Testen setzt Lernen und Unterrichten voraus, und es gibt kein Lernen und Unterrichten ohne Testen. In diesem Beitrag geht es aber *nur um das Testen* und nicht um sein Zusammenspiel mit dem Lernen und dem Unterrichten.

In der PISA-Studie wird von Artelt/Stanat/Schneider/Schiefele in der folgenden Weise beschrieben, *was der Leser tun muß*, um die *Aufgaben des internationalen PISA-Tests* zu lösen. Das ist eine Antwort auf die Frage, welche *Kompetenzen des Textverstehens* durch die Aufgaben des Tests festgestellt werden sollen.

> Zusammenfassend lassen sich die drei inhaltlichen Subskalen hinsichtlich ihrer Anforderungen folgendermaßen charakterisieren: Aufgaben der Subskala „*Informationen ermitteln*" verlangen vom Leser, eine oder mehrere Informationen bzw. Teilinformationen im Text zu lokalisieren. Dies erfordert eine sorgfältige Analyse von Textabschnitten mit dem Ziel, Detailinformationen (wie etwa die Abfahrtszeit eines Zuges oder das Vorhandensein eines bestimmten Arguments) zu finden. Je nach Komplexität der Aufgabe ist dafür ein unmittelbares Verstehen größerer Textteile und ein Vergleich von im Text vorhandenen Angaben erforderlich. Darüber hinaus kommt es vor, daß die gesuchte Information nicht explizit im Text enthalten ist, sondern gefolgert werden muss.
>
> Bei den Aufgaben der Subskala „*textbezogene Interpretation*" muss der Leser Bedeutung konstruieren und Schlussfolgerungen aus einem oder mehreren Teilen des Textes ziehen. Hierzu gehören auch schlussfolgerndes Denken und der Vergleich von Textteilen im Hinblick auf Evidenz, die mit der bevorzugten Interpretation kompatibel ist. Eine Aufgabe dieser Subskala kann vom Leser auch verlangen, Schlüsse über die Absichten des Autors zu ziehen.

> Die Aufgaben der Subskala „*Reflektieren und Bewerten*“ verlangen vom Leser, den Text mit eigenen Erfahrungen, Wissensbeständen und Ideen in Beziehung zu setzen. Es kann beispielsweise darum gehen, die Schlussfolgerungen des Autors bzw. die Botschaft eines Textes mit Wissen in Verbindung zu bringen, über das man hinsichtlich der angesprochenen Thematik schon verfügt. Mögliche Aufgabenstellungen beziehen sich auf die Generierung von Evidenz für die Gültigkeit zentraler Textaussagen auf der Basis allgemeinen Weltwissens, die Bewertung der Aussagen anhand eines Vergleichs mit alternativen Positionen oder die Beurteilung der Beschaffenheit und Angemessenheit einer Textart. Hierzu muß der Leser unter anderem in der Lage sein, Textmerkmale wie Ironie, Humor und logischen Aufbau kritisch zu bewerten und in ihren Auswirkungen zu verstehen. So sollten die Schülerinnen und Schüler etwa herausarbeiten, inwieweit die Textstruktur dazu geeignet scheint, die Ziele des Verfassers zu erreichen. (Artelt u.a. 2001, S. 83f.)

Ob diese Beschreibung zutrifft, kann erst entschieden werden, wenn wir uns die *Aufgaben* des internationalen PISA-Tests und die *Testtheorie* von Kirsch/Jungeblut/Mosenthal (von jetzt an Kirsch et alii), nach der diese Aufgaben formuliert worden sind, angesehen haben. – Wenn wir in Deutschland nicht bereit sind, uns mit den Aufgaben und der Testtheorie der PISA-Studie gründlich auseinanderzusetzen, dann wird bei uns „nach PISA“ gar nichts anders sein als „vor PISA“.

1
Der internationale PISA-Test testet, was er testen soll: Kompetenzen des Textverstehens

Die Erhebung von *Leistungsdaten für die Diagnose von Lernresultaten* kann *für verschiedene Zwecke* geschehen: in wissenschaftlichen Untersuchungen für die Prüfung von Hypothesen, in der Unterrichtspraxis für die Prüfung des jeweiligen Entwicklungsstandes der Schüler und der Effektivität des Unterrichts, für die Notengebung mit ihren Funktionen für die Schullaufbahn und für außerschulische Adressaten, z.B. für bildungspolitische Instanzen. Die PISA-Studie hat den zuletzt genannten Zweck. Alles, was aus dieser Zwecksetzung für das Arrangement des Tests folgt, klammere ich aber aus und beschränke mich nur auf die Frage, *was von ihr getestet worden ist.*

Es sind den 15 jährigen Schülern *Prosatexte* vorgegeben worden, und zwar literarische und Sachtexte der Textsorten: „Erzählung, Darlegung,

Beschreibung, Argumentation, Anweisung“ (Artelt u.a. 2001, S. 81). Diese Texte werden als „kontinuierliche Texte“ bezeichnet. – Von den kontinuierlichen Texten wird die Klasse der „diskontinuierlichen Texte“ unterschieden. Sie besteht aus den Teilklassen: „Diagramm/Graphen, Tabellen, schematische Zeichnungen, Karten, Formulare, Anzeigen“ (ebd.). – Ich beschränke mich nur auf *Aufgaben zu den sogenannten kontinuierlichen Texten*, weil anderenfalls auch das Bildverstehen und das Verhältnis zwischen dem Verstehen der beiden Medien „Text“ und „Bild“ mit im Spiele wären. – Die Texte blieben den Schülern während der „Beantwortung der Verständnisfragen ständig verfügbar“ (Baumert/Stanat/Demmrich 2001, S. 24; s.a. ebd., S. 79). Das entspricht einer Situation, „die man als Arbeiten mit Texten bezeichnen kann“ (Baumert/Stanat/Demmrich 2001, S. 24). – Für den Test sind die beiden *Aufgabenformate* der Mehrfachwahlaufgabe (multiple choice) und der offenen Frage eingesetzt worden (Artelt u.a. 2001, S. 81). Der Anteil der offenen Fragen beträgt 45% (ebd.).

Was leistet nun der internationale PISA-Test für die Erhebung von Kompetenzen des Textverstehens? Um diese Frage beantworten zu können, habe ich 34 *Beispielaufgaben* und *Lösungen* von 46 Beispielen einer Beispielsammlung[1] aus den insgesamt 141 Aufgaben des internationalen Teils des PISA-Tests für Deutschland analysiert. Das sind sämtliche Aufgaben aus dieser Zusammenstellung, die sich auf sogenannte kontinuierliche Texte beziehen (Artelt u.a. 2001, S. 80f.).

Nach der Analyse der einzelnen Aufgaben habe ich sie *Aufgabentypen* zugeordnet. Ich stelle hier nur die Ergebnisse dieser Analyse und Klassifikation dar.[2]

Analyse der Aufgaben des internationalen PISA-Tests: Was getestet worden ist

Die Aufgaben habe ich *analysiert* und *klassifiziert*, ehe ich die Testtheorie von Kirsch et alii, nach der sie formuliert worden sind, gelesen habe. – Ich demonstriere jetzt für drei Aufgabentypen an einem Beispiel die Form meiner Aufgabenanalyse und führe die übrigen Aufgabentypen nur an.

Der gesamte internationale Test der Lesekompetenz ist in *Aufgabenstämme* oder *Units* gegliedert. Jeder Stamm besteht aus einer Gruppe von Aufgaben zu einem Text. – Die einzelnen Aufgaben werden als Fragen formuliert und über alle Aufgabenstämme hinweg durchgezählt. In die Analyse sind die folgenden Aufgabenstämme einbezogen worden: „Grippe“ (Text von 40 Zeilen), Fragen 6–10; „Grafitti“ (zwei Texte mit zusammen

37 Zeilen), Fragen 11–15; „Polizei“ (eine Seite klein gesetzter Text), Fragen 23–26, „Turnschuhe“ (in Spalten geschriebener Text auf einer Seite), Fragen 27–30; „Geschenk“ (Text aus 141 numerierten Zeilen), Fragen 31–37; „Amanda und die Herzogin“ (auf zwei Seiten eine Theaterszene und Definitionen von verschiedenen Theaterberufen), Fragen 38–42; „Personal“ (zweispaltiger Text auf einer Seite), Fragen 43 und 44; „Technologie“(eine Seite zweispaltiger Text), Fragen 45 und 46. – Das sind insgesamt 34 Fragen.

In der tabellarischen Darstellung der Aufgaben verwende ich die folgenden Zeichen:

M = Mehrfachwahlaufgaben (multiple choice);

O = offene Formate, d.h. Fragen, deren Antworten von den Probanden frei zu formulieren sind;

a) = Aufgabenstellung;

b) = Testleistung;

c) = Textverstehenskompetenz.

Bei der Formulierung der offenen Fragen gibt es bei den Lösungen die Rubrik: „Absicht der Frage“, mit der die Kompetenz gemeint ist, die durch die Aufgabe diagnostiziert werden soll. Ich stelle dieser Kompetenzbeschreibung unter „operativ“ eine andere Beschreibung der Kompetenz, Texte zu verstehen, gegenüber. Sie besteht aus der Angabe von *psychischen Operationen*, die für die jeweilige Testleistung vollzogen werden müssen bzw. vollzogen werden können.

ERSTER AUFGABENTYP: wörtliche Übereinstimmungen zwischen einer Auswahlantwort und einem Textteil

a) Frage 6 (M): Welche der folgenden Maßnahmen ist Bestandteil des Programms zur Grippeschutzimpfung bei ACOL?

b) Antwort B: Während der Arbeitszeit werden Impfungen vorgenommen. Dritter Abschnitt des Textes: „(...) während der Arbeitszeit die Impfungen (...) vornimmt.“

c) Kompetenz: nach PISA: keine Angabe, aber der Subskala „Informationen ermitteln“ zuzuordnen (s. Artelt u.a. 2001, S. 83).

Operativ: Die Antwort erfordert den Vergleich der Antwort B mit dem Text (Suchfunktion). Es genügt, schon im dritten Abschnitt des Textes die Stelle zu finden, die mit der Antwort wörtlich, d.h. im Schriftbild und im expliziten Sinn des Teilsatzes übereinstimmt. – Die Bildung eines mentalen Modells vom Textsinn ist nicht erforderlich, aber möglich.

Weitere Fragen dieses Typs: 23 (M) in der Antwort und im Text angeführte Unterschiede zwischen Perlenketten. – 24 (M) in der Antwort und im Text angeführte Zwecke eines Textteils. – 29 (O) Variante: Textzitat in der Frage und kursiv gedruckte Wörter im Text als Antwort. – 34 (M) „Schwimmen" in der Antwort und im angegebenen Textteil. – 6 Aufgaben.

ZWEITER AUFGABENTYP: Bedeutungsgleichheit zwischen einer Auswahlantwort und einem Textteil

a) Frage 8 (M): Im Informationsblatt heißt es, wenn man sich gegen das Grippevirus schützen wolle, sei eine Grippeschutzimpfung:
b) Antwort B: eine gute Sache, aber kein Ersatz für Bewegung und gesunde Ernährung.
Zweiter Abschnitt des Textes: „Der beste Weg, das Virus zu bekämpfen, ist ein fitter und gesunder Körper. Tägliche Bewegung und eine Ernährung mit viel Obst und Gemüse sind sehr zu empfehlen. (...) Grippeschutzimpfung als einen zusätzlichen Weg anzubieten (...)".
c) Kompetenz: nach PISA: keine Angabe, aber der Subskala „Informationen ermitteln" zuzuordnen (s. Artelt u.a. 2001, S. 83).
Operativ: 1. Durch Vergleich von Wortbedeutungen muß „eine gute Sache" in der Antwort B mit „der beste Weg" im Text als äquivalent in der positiven Wertung erkannt werden. – 2. Durch Vergleich muß „kein Ersatz" in der Antwort B als gleichbedeutend mit „der beste Weg" und „einen zusätzlichen Weg" im Text im Hinblick auf die Rangordnung zwischen gesundem Körper und Impfung erkannt werden. – Diese Aufgabe ist besser durch die Bildung eines kleinen mentalen Modells vom besten Weg zu lösen als durch den Vergleich der beiden Teilsätze in der Antwort mit den Aussagen des Textes.
Weitere Fragen dieses Typs: 26 (M), 27 (M), 32 (M), 38 (M). – 5 Aufgaben.

DRITTER AUFGABENTYP: Unterordnung einer Auswahlantwort unter einen im Text gegebenen allgemeineren Zusammenhang. – 1 Aufgabe: 10 (M).

VIERTER AUFGABENTYP: Unterordnung von explizitem und/oder implizitem Testsinn unter einen in der Frage vorgegebenen Begriff oder Begriffszusammenhang

a) Frage 11 (M): Die Absicht der beiden Briefe ist
b) Antwort B: Meinungen zu Graffiti zu äußern
c) Kompetenz: nach PISA: keine Angabe, aber der Subskala „Informationen ermitteln" zuzuordnen (s. Artelt u.a. 2001, S. 83).

Operativ: Dem Wortbild „Absicht“ in der Frage und dem Wortbild „Meinungen äußern!“ in der Antwort „B“ bekannte Begriffe zuordnen. Dem Begriff „Absicht“ den Begriffszusammenhang „Meinung äußern“ unterordnen und ihm seinerseits Merkmale unterordnen, die einigen Aussagen im Text implizit sind, z.B. „Es wird gewertet“. Dafür müssen beide Briefe soweit verstanden werden, daß aus dem eigenen Wissensbestand Bestimmungen des Begriffs „Meinung“ auf den verstandenen Textsinn angewendet werden können. Weitere Fragen, in denen Textinformationen unter die folgenden Begriffe in der Frage untergeordnet werden müssen: 12 (O) „Kosten“; 25 (M) „informieren“; – 28 (O) „Steifheit der Turnschuhe“; – 31 (O) „herzlos“, „grausam“ bzw. „mitfühlend“; – 33 (O) „Mitleid erregen“ (muß aus dem eigenen Begriffswissen aktiviert werden); – 43 (O) Ort für „mehr Informationen“; – 44 (O) „zwei Arten der Vermittlung“; – 45 (O) „was die Australier taten, um zu entscheiden“; – 46 (O): „Notwendigkeit von Regeln“. – 10 Aufgaben.

FÜNFTER AUFGABENTYP: Unterordnung von impliziten Merkmalen der Textform unter Begriffe, die in der Frage vorgegeben werden, und unter Begriffe aus dem eigenen Weltwissen sowie eine Wertung des jeweiligen Merkmals. – 1 Aufgabe: 7 (O).

SECHSTER AUFGABENTYP: Herstellung einer textinternen Relation zwischen Textteilen – 3 Aufgaben: 9 (O), 13 (O), 30 (M).

SIEBTER AUFGABENTYP: Begründete Wertung von Textsinn oder Textstil – 2 Aufgaben: 14 (O), 15 (O).

ACHTER AUFGABENTYP: Aus einem mentalen Modell vom Textsinn Schlüsse ziehen – 1 Aufgabe: 35 (O).

NEUNTER AUFGABENTYP: Den doppelten Sinn eines Wortes erkennen und sich für einen Sinn entscheiden – 1 Aufgabe: 36 (O).

ZEHNTER AUFGABENTYP: Einen zweiten Sinn in metaphorischer Sprache konstruieren – 1 Aufgabe: 37 (O).

ELFTER AUFGABENTYP: Kursivschrift als Zeichen für Regieanweisungen erkennen – 1 Aufgabe: 39 (O).

ZWÖLFTER AUFGABENTYP: Vorgegebene Tätigkeiten bestimmten vorgegebenen Theatertechnikern zuordnen – 1 Aufgabe: 40 (O).

DREIZEHNTER AUFGABENTYP: Implizite Informationen über die räumliche Position von Theaterfiguren vorgegebenen Graphiken zuordnen – 1 Aufgabe: 41 (O).

VIERZEHNTER AUFGABENTYP: Zu einer in der Aufgabe zitierten Textstelle den in einer Auswahlantwort formulierten impliziten Textsinn zuordnen – 1 Aufgabe: 42 (M).

Die Testtheorie des internationalen PISA-Tests: Was getestet werden sollte

Über die *Konstrukteure* des internationalen Lesetests kann man der PISA-Studie nur entnehmen:

- Baumert/Stanat/Demmrich 2001, Seite 24: Den Kern der internationalen Rahmenkonzeption bilden die theoretischen Annahmen zur Struktur der Lesekompetenz, die auch die zentrale Grundlage für die Testentwicklung sind. Die internationale Konzeption von PISA beruht auf einem pragmatischen Strukturmodell, das auf Vorarbeiten von Kirsch und Mosenthal zurückgreift, die sich in amerikanischen (NAEP) (National Adult Education Program – J. G.) und internationalen Studien (IALS) (International Adult Literacy Survey – J. G.) bewährt haben. (Kirsch/Jungeblut/Mosenthal 1998)".
- Artelt u.a. 2001, Seite 80: „Bei der Konzeptualisierung und Operationalisierung von Lesekompetenz wurde auf Vorarbeiten von Kirsch und Mosenthal zurückgegriffen, die sich (...) (wie Baumert/Stanat/Demmrich 2001, S. 24).
- Artelt u.a. 2001, Seite 88: Zur Beschreibung der Aufgabenmerkmale bzw. Anforderungen, die für eine Kompetenzstufe typisch sind, wurde auf eine von Kirsch entwickelte Systematisierung von Aufgabenanforderungen zurückgegriffen.

Nach der Analyse der Aufgaben habe ich die *Testtheorie* von Kirsch et alii „The Measurement of Adult Literacy" von 1998 gelesen. Ich beziehe mich im folgenden immer auf diese Arbeit. Sie bildet das 7. Kapitel der Publikation „Adult Literacy in OECD Countries: Technical Report on the First International Adult Literacy Survey." Die Darstellung von 1998 bezieht sich auf die frühere Publikation „Literacy, Economy and Society. Results of the first International Adult Literacy Survey" (Organisation 1995).

Kirsch und Jungeblut haben schon 1985 ein Testinstrument konstruiert und seitdem zusammen mit Mosenthal kontinuierlich weiterentwickelt (ebd. S. 106). Die 1985 entwickelte und erprobte Version der Einschätzung eines Grades von literacy ist in den beiden weiteren Anwendungen übernommen und im Sinne der Testprinzipien weiterentwickelt worden. Die allen drei Versionen zugrundeliegende Definition von literacy lautet: "Using printed and written information to function in society, to achieve one's goals, and to develop one's knowledge and potential (Kirsch and Jungeblut 1986)" (ebd. S. 106).

Für diese *Testtheorie* ist kennzeichnend:

1. Es werden die folgenden *Aufgabendimensionen* für „Prose Literacy" unterschieden (ebd. S. 114):

   a) "type of information" – "Prose tasks tend to be easy when the requested information is concrete, and become more difficult as the requested information becomes increasingly abstract. Hence, a task in which the requested information involves a person or thing (e.g., a 'who' or 'what' question) tends to be easier to process than a task that asks for a reason, purpose, or cause (e.g. 'why')."
   b) "type of match" – "Another dimension of prose processing is matching information in a question or directive to corresponding information in a text. This involves the strategies of 'locating', 'cycling', 'integrating', and 'generating information'. *Locating* tasks require to the reader to find information in the text based on conditions or features specified in the question or directive. The match may be literal or synonymous, or the reader may need to make an inference in order to perform the task successfully. *Cycling* tasks require the reader not only to locate and match one or more features, but also to engage in a series of feature matches to satisfy conditions given in the question. *Integrating* tasks ask the reader to compare or contrast two or more pieces of information from the text. In some cases the information can be found in a single paragraph, while in others it appears in different paragraphs or sections. In *generating* tasks, readers must produce a written response by processing information from the text and by either making text-based inferences or drawing on their own background knowledge."
   c) "plausibility of distractors" (Lexikoneintrag: "distract: to draw or divert the mind etc. in a different direction" – J. G.) - "A third dimension of prose processing pertains to situations in which the text contains 'distracting information', or information which meets some but not all of the conditions specified in the question or directive. The more conditions that distracting information shares with an answer, and the more

closely the distracting information is positioned relative to the correct answer, the more difficult processing becomes."

d) "readability" – "In addition to the three process variables, we included a fourth variable, Fry's (1977) readability, represented material complexity."

2. Das ausdrückliche *Forschungsziel* der Testentwicklung ist, die *Prozesse, durch die der Leser den Text der Fragestellung auf den Text bezieht*, aufzuklären. Dafür wird zwischen der *Information der Fragestellung* und der für deren Beantwortung erforderlichen *Textinformation* unterschieden: "*Given information* is information that is known and assumed to be true based on the way a question or directive is stated. *Requested Information* in a question or directive is information being sought." (ebd. S. 114)

   Außerdem geht es um die *Beziehungen zwischen der Information der Frage und der erforderlichen Textinformation*, z.B. um die Zahl der Merkmale, die im Text der Frage für die Antwort relevant sind, um wörtliche oder synonyme Übereinstimmung zwischen den beiden Texten und um die Häufigkeit des Auftretens der gefragten Merkmale im Text. Diese Testtheorie wird deshalb von ihren Autoren so beschrieben:

   > "The process of applying the grammar (von "semantic-relation categories" – J.G.) to both the document stimulus materials and the associated task directives revealed interesting structural patterns and interactions. These patterns allowed Kirsch and Mosenthal to hypothesize about the variables underlying performance on the literacy tasks. These hypothesized variables related to the structure and complexity of the *document* or stimulus material, to the nature of the task (i.e., the structural relations between the document and the question or directive), and to the nature of the *processes* or strategies for relating information in the question or directive to information in the document." (ebd. S. 111).

   Die Autoren bezeichnen deshalb ihre gesamte Testtheorie als "Item response theory (IRT)" (ebd. 105).

3. Die Hauptaufgabe der IRT ist es, ein *universal verwendbares Meßinstrument für den Grad der Aufgabenschwierigkeit* im Bereich des Textverstehens zu entwickeln. Für Schwierigkeitsskalen benötigt sie deshalb "a pool of tasks of varying difficulty which access the same dimension" (ebd. S. 105), d.h. *Aufgabenklassen*, von denen jede *eine bestimmte Dimension des Textverstehens mißt*.

4. Die *Prozeßanalyse* richtet sich auf"strategies and cognitive operations engaged in completing a reading task", auch als "*processes* and strategies" beschrieben (ebd. S. 106). Sie sind die gesuchten "variables underlying performance on the literacy tasks" (ebd. S. 105). Diese Variablen sind die *Kompetenzen des Textverstehens* (a "varity of skills", ebd. S. 108).

5. Der oben zitierte pragmatische Kompetenzbegriff wird damit durch die Testtheorie und durch die Aufgaben um die *Definition von Teilkompetenzen* ergänzt. Diese Ergänzungen treten in der Form von *Dimensionen des Textverstehens, die durch bestimmte Aufgabenklassen gemessen werden*, auf. Sie werden als eine Reihe von "skills" behandelt und nicht zu einer einzigen Definition zusammengefügt ("These tasks (...) involved a variety of skills", ebd. S. 108). Die dem Test implizite Theorie der *Kompetenz des Textverstehens* besteht damit aus dem, *was der Test tatsächlich mißt.*

6. Die hohen *Korrelationskoeffizienten* zwischen den drei verschiedenen Anwendungen der Schwierigkeitsskalen in großen Testprojekten sprechen für die hohe Validität dieses Testinstrumentes.

7. Diese validen Messungen haben aber auch einen *Beitrag für grundlegende Annahmen über die Struktur des Textverstehensprozesses geleistet*, weil die folgenden Hypothesen über das Textverstehen durch die wiederholte Anwendung der Tests (Replikationen) bestätigt worden sind:

   a) *Die Kompetenz des Textverstehens besteht aus Teilprozessen.*
   b) Solche Prozesse werden je nach Aufgabe zu bestimmten *Gruppen von Prozessen* verbunden.
   c) Die Verbindung zu solchen Gruppen ist *unterschiedlich schwierig.*

   Die Autoren beschreiben dieses Resultat so:

   > "there was growing empirical evidence that an ordered set of information-processing skills and strategies is involved in accomplishing various kinds of prose, document, and quantitative literacy tasks. More difficult tasks tend to feature more varied and complex information-processing demands than easier tasks. This suggests that literacy is neither a single skill suited to all types of tasks nor an infinite number of skills each associated with particular type of task."(ebd. S. 125)

   Die Unterschiede im Schwierigkeitsgrad könnten Indizien für die Entwicklung der Kompetenzen des Textverstehens sein ("an ordered progression of information-processing skills and strategies", ebd. S. 132).

Die Aufgaben des internationalen PISA-Tests testen, was sie nach der Testtheorie testen sollen

Ich verbinde nun die Ergebnisse meiner *Analyse der Aufgaben* des Tests mit den *Anforderungen der Testtheorie* von Kirsch et alii an einen solchen Test. Dabei beschränke ich mich auf die Frage: *Für welche Kompetenzen des Textverstehens sind Leistungen erhoben worden?* Aus meinen Antworten ergibt sich ein *Profil von Teilkompetenzen, für die Befunde erhoben worden sind.* Dieses Profil muß diskutiert werden, wenn die Tragweite des PISA-Tests nicht nur für das Testen, sondern auch für das Lernen und das Unterrichten beurteilt werden soll.

- Die Schüler erbringen Leistungen, die sowohl *das Verstehen der Fragen und Auswahlantworten* als auch *ein Verstehen der Texte* voraussetzen. Insofern wird tatsächlich *Textverstehen* getestet und nicht das *Behalten* von Texten durch Reproduktion (recall) oder der *Wortschatz*.

- Die erhobenen Leistungen können als *Indikatoren* fungieren für *Lesekompetenzen* im Sinne der allgemeinen Definition der OECD: „Lesekompetenz (*Reading Literacy*) heißt, geschriebene Texte zu verstehen, zu nutzen und über sie zu reflektieren, um eigene Ziele zu erreichen, das eigene Wissen und Potenzial weiterzuentwickeln und am gesellschaftlichen Leben teilzunehmen." (Artelt u.a. 2001, S. 80), die auch der Testtheorie von Kirsch/Jungeblut/Mosenthal zugrunde liegt (s.o.). Diese Definition beschreibt die *Funktion des Textverstehens im Handeln* des Menschen. Sie kann deshalb als eine pragmatische Definition bezeichnet werden. Ihr suchen die Aufgaben des Tests dadurch zu entsprechen, daß *authentischen Texten* selektiv bestimmte *Informationen* abgewonnen werden sollen, die *praktischen Zwecken* dienen können („Fast alle in PISA verwendeten Texte sind authentisch und wurden in einem aufwendigen Verfahren aus den von den an PISA beteiligten Ländern eingereichten Vorschlägen ausgewählt." Artelt u.a. 2001, S. 81). Diese Definition beschreibt aber *nicht die Natur der Kompetenzen des Textverstehens selbst.*

- Die *Texte*, an denen die Leistungen erzielt werden müssen, sind bis auf eine Theaterszene *Prosatexte*. Sie sind *relativ kurz*, d.h. sie bestehen zwar nicht nur aus wenigen Sätzen wie in den meisten empirischen Untersuchungen, haben aber keineswegs den durchschnittlichen Umfang von Texten für Fünfzehnjährige in der Schule. – Die Qualität dieser Texte steht hier nicht zur Diskussion.

- Die Leistungen sind als *Reaktion auf zwei Aufgabenformate* erzielt worden. „Bei den Antwortformaten wird grob zwischen Mehrfachwahlaufgaben (*Multiple Choice*) und Aufgaben mit frei zu formulierenden Antworten (offene Fragen) unterschieden." (Artelt u.a. 2001, S. 81). Bei der Beurteilung der Leistung gibt es im ersten Fall nur die Alternative: „gelöst" (Ankreuzung der als richtig angesehenen Antwort) gegenüber: „nicht gelöst" (die anderen drei Antworten). Im zweiten Fall gibt es eine Stufung in „Vollständig gelöst", „Teilweise gelöst", „Nicht gelöst". Für die Zuordnung der frei formulierten Antworten durch Beurteiler sind relativ umfangreiche Anweisungen für die Codierer aus Kriterien und Beispielen geschrieben worden, um eine möglichst hohe Übereinstimmung bei mehrfachem Codieren durch denselben Beurteiler (Intracoderreliabilität) und durch verschiedene Beobachter (Intercoderreliabilität) zu erzielen. Hier stehen weder diese Anweisungen, d.h. das inhaltsanalytische Meßinstrument für die Texte der Schüler, noch die durch dieses Meßverfahren erzielten statistischen Werte zur Diskussion.

  Von großer Bedeutung aber ist, daß die beiden Aufgabenformate für die Erhebung Unterschiedliches leisten. Mehrfachwahlantworten beziehen sich fast nur auf *einzelne Textstellen im Umfang von einzelnen Wörtern bis zu einzelnen Sätzen*. Sie beziehen sich außerdem in der Regel auf die *Textoberfläche* im Sinne des Schriftbildes und der expliziten Wort- und Satzsemantik. – Offene Fragen beziehen sich dagegen meist auf *Zusammenhänge zwischen semantischen Einheiten* und auf *impliziten Textsinn*.

- Zwischen den von mir gebildeten *Aufgabentypen* und den von Kirsch et alii unterschiedenen *Aufgabendimensionen* gibt es eine vollständige Übereinstimmung darin, daß *Prozesse des Textverstehens* gemessen werden, die von Kirsch et alii als "dimensions of prose processing" und von mir als „textverstehende Operationen" bezeichnet werden. Auch Kirsch et alii verwenden die Termini "strategies and cognitive operations" (ebd. S. 106).

  Den *locating* tasks (b) entsprechen in der PISA-Studie der erste und der zweite Aufgabentyp (wörtliche Übereinstimmung und Bedeutungsgleichheit erkennen) sowie eventuell auch der achte (auf ein Motiv schließen).

  Cycling tasks haben dieselbe Form wie die locating tasks, bestehen jedoch aus einer Serie solcher feature matches. Dem entspricht keine der analysierten Aufgaben.

  Integrating tasks fordern den Vergleich oder die Gegenüberstellung von zwei oder mehr Stücken der Textinformation. Dem entspricht der sechste allgemeinere Aufgabentyp (textinterne Relationen erkennen).

Generating tasks sind alle offenen Fragen, deren Antworten aus einem eigenen Text bestehen. Dem entsprechen in der PISA-Studie der fünfte und der siebte Aufgabentyp.

Plausibility of distractors (c) meint das Vorhandensein von Alternativen für Antworten oder nur partielle Übereinstimmung der Aufgabe mit der richtigen Antwort, also Unsicherheit. Dem können in der PISA-Studie der neunte Aufgabentyp (Doppelsinn) und der zehnte Aufgabentyp (unsicherer metaphorischer Sinn) zugerechnet werden.

Readability (d) als Maß für die Komplexität der zugrundeliegenden Texte bezieht sich auf den Schwierigkeitsgrad der Aufgaben ("task difficulty"). Er betrifft deshalb alle Aufgaben und ist bei den Aufgaben des PISA-Tests, wie bereits gesagt, relativ gering.

- Zwischen den *Aufgaben* und den von den Schülern produzierten *Lösungen* bestehen folgende Beziehungen: Sowohl die Fragen mit Mehrfachwahlantworten als auch die offenen Fragen fungieren notwendigerweise als *Suchschemata* für die Gewinnung von Textinformationen. Sie können diese Funktion nur so gut ausüben, wie sie ihrerseits als Texte verstanden worden sind. Damit die Lösung der Aufgaben nicht schon an Defiziten in diesem Verstehensprozeß scheitert, sind die Anforderungen an das Verstehen der Aufgaben möglichst niedrig gehalten worden. Zu diesem Zweck werden in den meisten Fällen in den Aufgabenformulierungen Alltagsbegriffe verwendet, die Fünfzehnjährigen bekannt sind, oder es wird in einigen wenigen Fällen im Aufgabentext ein Begriff erst ausdrücklich in Alltagsbegriffe transformiert, z.B. der Begriff „Stil".

  Nicht nur die multiple-choice-Aufgaben, sondern auch die offenen Fragen beziehen sich bis auf die folgenden Ausnahmen auf kurze Textausschnitte: Die Fragen 7, 11, 13, 14, 15, 25 beziehen sich auf impliziten Sinn des ganzen Textes, und die Fragen 14 und 15 verlangen begründete Werturteile über den ganzen Text. Selbst in der Frage 35, in der aus einem mentalen Modell ein Schluß gezogen werden muß, wird der Textbezug durch Zitate eng begrenzt. Es geht also bis auf diese Fälle nur um *Textverstehen im Nahbereich (Satz und Satzkontext)*, und in allen diesen Fällen geht es auch nur um *einzelne Informationen* und nicht um Informationszusammenhänge, die über eine Relation hinausgehen. – In der Regel wird im Aufgabentext auch noch ausdrücklich auf den Ort dieser Ausschnitte im Text hingewiesen (durch Hinweise auf die Stelle im Text, durch Angaben über den Satzkontext oder durch Zitate aus dem Text).

- Ein Schwerpunkt des Tests liegt bei Aufgaben, in denen es *wörtliche oder Bedeutungsgleichheit* zwischen einer Auswahlantwort und einem dementsprechend kleinen Textteil gibt (10 von 34 Aufgaben). Diese Aufgaben werden von den Autoren in der PISA-Studie als Informationsentnahmen klassifiziert. Die dem Text auf diese Weise abgewonnene Information ist aber minimal: Sie ist punktuell, setzt keine Erarbeitung voraus und entspricht dem Aufgabentext ganz oder fast ganz. Dadurch wird die Selektion extrem erleichtert und wird die richtige Lösung nahezu suggeriert.

- Der zweite Schwerpunkt liegt bei der *Unterordnung von explizitem oder implizitem Textsinn unter Begriffe, die in der Frage vorgegeben sind oder in einzelnen Fällen selbst gebildet werden werden müssen* (10 von 34 Aufgaben). Es handelt sich um die folgenden Begriffe und kleinen Begriffszusammenhänge: „Stil" (mit Alltagsbegriffen erklärt und mit den folgenden Begriffen spezifiziert: „Layout", „Schreibstil", „Bild", „graphisches Element"), „Meinung", „Kosten", „informieren", „Steifheit der Turnschuhe", „herzlos", „grausam", „mitfühlend", „weshalb gewählt" („Mitleid erregen" soll von den Schülern gebildet werden), Stelle für „mehr Informationen", „Arten der Vermittlung", „was die Ausstralier tun, um zu entscheiden", „Notwendigkeit von Regeln".

  Diese Aufgaben können nicht gelöst werden, wenn die Bedeutung dieser Wörter nicht wenigstens bis zu einem gewissen Grade bekannt ist. Für diese Begriffe ist kennzeichnend: Sie müßten 15 jährigen ausnahmslos bekannt sein; es sind Konkreta, d.h. Klassenbegriffe für konkrete Sachverhalte, die der sinnlichen Wahrnehmung oder der inneren Wahrnehmung zugänglich sind, darunter auch einige formaler Art. Begriffe höherer Abstraktheit und Allgemeinheit fehlen bzw. werden in Konkreta transformiert. Die Begriffe stammen aus mehreren Sachbereichen.

  Die Unterordnung von Textinformation unter Begriffe, die im Text selbst nicht auftreten, sondern auf ihn angewendet werden, ist eine fundamentale Kompetenz beim Textverstehen. Sie tritt sogar manchmal schon bei der Textreproduktion auf. Da durch diese Operation nicht nur expliziter (wörtlicher), sondern auch impliziter (nicht wörtlich dargestellter) Textsinn selektiv erfaßt werden kann, ist sie eine Leistung, die man als Interpretation bezeichnen kann.

  Von den übrigen Aufgaben sind die *Herstellung von textinternen Beziehungen* (3 Aufgaben), *begründete Wertungen* (2 Aufgaben) und das *Schließen aus einem mentalen Modell* (1 Aufgabe) noch erwähnenswert. Sie verlangen die Herstellung von Beziehungen, die Aktivierung von Begriffen sowie

Wertentscheidungen. Zahlenmäßig ist ihr Gewicht gegenüber den anderen Aufgaben aber viel zu gering. Außerdem ist auch die Komplexität der hier verlangten Leistungen sehr niedrig und wird ihre Bewältigung zudem noch durch Hilfen im Aufgabentext sehr erleichtert.

- Für das Gesamtresultat der *Kompetenzen, die durch die erhobenen Leistungen induziert werden*, ist damit kennzeichnend: Sie haben ganz überwiegend die Funktion der *Lokalisation von punktuellem explizitem Textsinn*, d.h. der Suche von Stellen in der sogenannten „Textoberfläche".

  Der dafür erforderliche Selektionsprozeß besteht aus Vergleichen zwischen den Vorgaben in den Aufgaben und dem Text sowie aus Unterordnungen unter die Aufgaben.

  Im äußersten Fall ist dafür kein Textverstehen erforderlich, sondern genügt der Vergleich des Schriftbildes des Textes mit dem Schriftbild des Aufgabentextes. – Was an eigenem Weltwissen für die Lösung der Aufgaben ins Spiel gebracht werden mußte, ist für Fünfzehnjährige sehr wenig. Die außerordentlich große individuelle Varianz im Weltwissen von Fünfzehnjährigen ist deshalb aus dem Test weitgehend eliminiert.

- Die Testtheorie und vor allem die Praxis eines so großen Testunternehmens zwingen zur größtmöglichen Reduktion der internen Komplexität des Tests. Trotzdem sind die Fragen nach der Beziehung zwischen den Hypothesen über Kompetenzen, die mit dem ausgearbeiteten Testinstrument getestet werden sollen (Konstruktvalidität) und dem Verhältnis zwischen den getesteten Kompetenzen und dem Gesamtzusammenhang von Lesekompetenzen (Repräsentativität) für die Leistung des Tests entscheidend.

Vergleicht man meine Analyse von Aufgaben der PISA-Studie mit der Testkonzeption von Kirsch et alii, dann zeigt sich: *Die Aufgaben sind ganz offenkundig nach dieser Konzeption abgefaßt*, und diese Konzeption kann umgekehrt durch einen Beurteiler, der noch nicht über diese Testtheorie informiert ist, in diesen Aufgaben erkannt werden. Wenn man will, ist dies ein Beleg für Konstruktvalidität: Es sind tatsächlich Aufgaben formuliert worden, die nach der Testtheorie gebildet werden sollten.

Wenn aber die Aufgaben absichtlich so konstruiert worden sind, dann können auch die von mir angeführten Leistungen und Grenzen der analysierten Aufgaben nicht nur diesen *Aufgaben*, sondern auch dieser *Testtheorie* zugeschrieben werden. Die *Restriktion auf sehr elementare Prozesse des Textverstehens* ist offensichtlich gewollt, denn man strebt an "to interpret the survey results in terms of levels of performance that are both generalizable and valid across time and across population groups."(Ebd. S. 134). Es spielt auch eine Rolle, daß der Aufwand der weltweiten Felduntersuchungen, insbesondere der Aufwand der Codierung der Antworten auf offene Fragen, bewältigt werden muß.

Die Bescheidung auf einfache Prozesse des Textverstehens schließt aber keineswegs aus, daß für bestimmte Zwecke zunehmend anspruchvollere Prozesse des Textverstehens mit diesem Test gemessen werden können. Die drei Testkonstrukteure machen dementsprechend auch die Formulierung neuer Testaufgaben ausdrücklich nicht nur von Testzwecken, sondern auch von der Entwicklung unseres Wissensstandes vom Prozeß des Textverstehens abhängig ("expanding understanding of literacy" (ebd. S. 106) "enhancing our ability to generate new tasks that more fully represent the domain(s) being assessed "(ebd. S. 106). Vor allem die Möglichkeit, die Antworten auf offene Fragen durch Formen der Inhaltsanalyse zu kategorisieren und außerdem den Grad der Leistung zu skalieren, erlaubt diese weitere Entwicklung.

Die Testtheorie des internationalen PISA-Tests ermöglicht die Formulierung von Testaufgaben für alle Operationen des Textverstehens

Sucht man im gegenwärtigen internationalen Forschungsstand nach Teilprozessen des Textverstehens, dann zeigt sich, daß bereits eine große Zahl von solchen Prozessen unterschieden worden ist, z.B. Prozesse der Augenbewegungen beim Lesen, bei der Identifikation der Buchstaben, beim Erkennen von Wortbildern, bei der Verbindung von Laut-und Schriftzeichen, bei der Bedeutungszuweisung zu Wortbildern und grammatischen Morphemen, bei der Austarierung zwischen Wort-und Satzsinn, bei der Aktivierung von Weltwissen zu den dargestellten Sachverhalten in der Form von Vorstellungen und Begriffen, beim Urteilen und Werten, beim Erkennen dargestellter Emotionen, bei der Sinnkonstruktion der metaphorischen und ironischen Sprache, bei Kohärenzproblemen, beim Schließen auf nicht dargestellte Prämissen und Konsequenzen, bei der Herstellung von ästhetischen Einheiten.

Die *Kompetenz, einen bestimmten Text zu verstehen*, besteht nach dem operativen Verständnis der Lesekompetenz und ihres Erwerbs (Grzesik 1996[2], 2002a u. 2003) aus denjenigen *Operationen*, die man beim Lesen des jeweiligen Textes für die *Konstruktion von Textsinn* für *ein bestimmten Ziel des Lesens* vollziehen muß.

Die *gesamte Textverstehenskompetenz eines Menschen beim jeweiligen Entwicklungsstand* besteht dann aus allen Operationen, die er für die Erreichung aller seiner Leseziele aktivieren kann.

Der *Grad* dieser Kompetenz ergibt sich nicht nur aus der *Art der aktivierbaren Operationen*, sondern auch aus der Art, *in der sie organisiert sind*, d.h. miteinander *kombiniert* werden können.

Die *Organisiertheit im jeweiligen Verstehensprozeß* besteht dann aus *der simultanen und sequentiellen Ordnung von Operationen*, die der jeweilige Mensch aus der *Fülle der Kombinationsmöglichkeiten* zwischen den bereits gelernten Operationen herstellt.

Der *Grad der Komplexität der jeweiligen Lesekompetenz* eines Menschen läßt sich deshalb aus der *Differenziertheit und Organisiertheit von beobachtbaren Leistungen, die als Indikatoren für Prozesse beim Verstehen von Texten fungieren, erschließen.*

Jede *Operation* im Prozeß des Textverstehens kann beschrieben werden, und beschriebene einzelne Operationen können zu einer Operationenklasse zusammengefaßt werden. Solche Klassen können wiederum zu einer Klasse zusammengefaßt werden usf. So kann man z.B. die Klasse „Zuschreibung von Wortbedeutungen zu Wortbildern", d.h. Verstehen der Wortsemantik, bilden und die Klasse „Zuschreibung von Bedeutungen zu grammatischen Morphemen", d.h. Verstehen der Semantik grammatischer Einheiten. Diese beiden Klassen kann man zur Klasse „Zuschreibung von Bedeutungen zu Kombinationen von Schriftzeichen" verbinden. Jede Operationenklasse besteht aus *Prozeßeinheiten*, die in ihrer *Prozeßstruktur* gleich (äquivalent) oder ähnlich sind.

In der pragmatischen Definition von Kompetenz, die dem internationalen PISA-Test zugrundeliegt, fehlt eine Beschreibung der Kompetenz selbst. In der Testkonstruktion und in den Aufgaben des internationalen Tests aber ist ein Verständnis von Lesekompetenz implizit. Die folgende operative Beschreibung der Kompetenz, Texte zu verstehen, schließt die vom PISA-Test erhobenen Prozesse in Gestalt von "strategies and cognitive operations engaged in completing a reading task" (Kirsch et alii. 1998, S. 106) mit ein. Sie sind die "variables underlying performance on the literacy tasks" (ebd. S. 111). Wenn dies zutrifft, dann ist der internationale PISA-Test ein Test für die folgende *operative Beschreibung der Kompetenz des Textverstehens.*

1. Kompetenzen des Textverstehens sind *gelernte, ständig aktivierbare psychische Prozeßeinheiten.* Sie korrelieren *mit neuronalen Aktivitätsmustern in bestimmten neuronalen Netzwerken des Zentralen Nervensystems, die aus Aktionspotentialen von Neuronen bestehen*, d.h. psychische und neuronale Prozeßeinheiten treten nur gleichzeitig auf und sind wechselseitig voneinander abhängig. – Welche textverstehenden Operationen der jeweilige Leser jeweils vollziehen kann, ist von seinem Entwicklungsstand abhängig, in dem er sich von anderen Menschen gleichen oder unterschiedlichen Alters unterscheidet.
2. Diese neuropsychischen Prozeßeinheiten des Textverstehens haben die *Struktur einer Gruppe, d.h. einer geordneten Menge von Operationen, die aus dem gesamten Bereich des neuropsychischen Systems stammen können.* – Die einzelnen Operationen in der Gruppe der textverstehenden Operationen stammen vor allem aus dem senso-motorischen Bereich des Sehens und Hörens, aus dem kognitiven Bereich der Begriffe und ihrer Verbindungsmöglichkeiten und aus dem emotionalen Bereich sowie aus dem Bereich der Handlungssteuerung. Jede von ihnen generiert deshalb auch nur Informationen ihres Bereichs, z.B. sensomotorische. Durch alle diese Operationen geschieht die *Modellierung von Textsinn* aus dem eigenen Weltwissen ebenso wie die *Kombination von textverstehenden Operationen zu Lesestrategien.*
3. Bei jeder Aktivierung einer Teilkompetenz des Textverstehens findet eine *Anpassung an die jeweiligen Gegebenheiten des Textes* innerhalb bestimmter Toleranzen statt. So kann das „A“ bei voll entwickelter Kompetenz selbst dann noch erkannt werden, wenn die Konturen aus ästhetischen Gründen stark variieren, und ist für den Experten die Struktur der metaphorischen Sprache z.B. auch in wissenschaftlichen Texten erkennbar. Das entspricht dem Verhältnis zwischen der Allgemeinheit eines Schemas und der Varianz seiner Konkretisierung (Instantiierung).
4. Die *Größe dieser Einheiten ist unterschiedlich*, wofür schon die unterschiedliche Größe der Nervenareale für die verschiedenen Funktionen, aus denen Sprache besteht, ein Indiz ist. Das Problem der kleinsten und der größten Einheiten ist in diesem Zusammenhang unwichtig, weil es in der Praxis des Lernens und Unterrichtens immer nur um den *relativen Umfang einer bereits entwickelten Kompetenz* und deren Konsolidierung oder Erweiterung geht.
5. Die aktivierte Kompetenz ist *eingebunden in die Gesamtorganisation der psychischen Prozeßstruktur des Handelns* und tritt nicht elementenhaft isoliert auf.
6. Für die Verbindung von Kompetenzen für die Produktion einer Leistung des Textverstehens gilt: Für die jeweilige Verstehensleistung ist eine *Selektion* und eine *Kombination* einer begrenzten Zahl von Kompetenzen aus dem gesamten

Repertoire der aktualisierbaren Kompetenzen erforderlich. Das ist eine besondere Leistung, weil erst durch sie der *Zuschnitt der jeweiligen Verstehensleistung zustandekommt.* Diese Leistung wird durch die *Kompetenzen der Handlungsregulation* erbracht.

7. Jede Verstehensleistung kann in Verstehenshandlungen sowohl als Ziel als auch als Mittel für die Erreichung eines Zieles fungieren, z.B. die Konstruktion einer Erzählperspektive sowohl als Ziel des Handelns als auch als Mittel für andere Ziele, z.B. für eine Kritik am Inhalt der Mitteilung oder an ihrer Darstellungsform.
8. Für die Funktion von Kompetenzen, Leistungen für die Bewältigung der Welt zu erbringen, gilt, daß ihr Gebrauchswert so groß ist, wie die Handlungen, in denen sie auftreten können, beschaffen sind. Die allgemeine Kompetenz, Schlüsse aus mentalen Modellen von dargestellten Welten ziehen zu können, muß beim Verstehen eines Dramas in anderen Schlüssen realisiert werden als beim Verstehen eines Versicherungsvertrages oder eines wichtigen Briefs.

Der Terminus *„Kompetenz"* unterscheidet sich damit von den Termini „Vermögen", „Fähigkeit", „Kraft", „Verhalten", „Disposition", „Qualifikation" oder auch von Piagets Terminus „kognitive Struktur" jeweils in mehreren unterschiedlichen Bestimmungen.

Da eine Kompetenz etwas ist, *was ein Mensch tun kann, wenn er handelt,* entspricht sie in etwa dem, was man im Alltag als *Fähigkeit* bezeichnet. Mit dem Ausdruck „Fähigkeit" aber verbindet man in der Regel *die Funktion,* die durch eine Kompetenz ausgeübt wird, z.B. „Worterkennen" oder „Schlußfolgern". Man denkt aber nicht an die Prozesse, durch die die Funktion zustandekommt.

Der Begriff „Kompetenz" dagegen steht für eine Klasse von *realen Prozeßeinheiten des neuropsychischen Systems,* deren *Prozeßstruktur* beschrieben werden kann. Diese Beschreibungen können sehr knapp sein. Sie können aber auch den Umfang von komplexen Theorien der jeweiligen realen psychischen Einheit beim derzeitigen Forschungsstand haben (vgl. zur Begriffskompetenz Grzesik 1992[2] und zur Kompetenz des Textverstehens Grzesik 1996[2] u. 2003).

Diese operative Beschreibung der Kompetenz, Texte verstehen zu können, müßte nicht nur mit dem impliziten Kompetenzbegriff in der internationalen PISA-Studie, sondern auch mit den Beschreibungen von Lesekompetenz, die in der PISA-Studie auftreten, verglichen werden (vgl. hierzu auch die Erörterung der Funktion des Kompetenzbegriffs für die Definition von Bildungsstandards durch Klieme 2003, S. 13; S. 51–55; S. 58–66).

2 Beim nationalen Zusatztest ist unklar, was er testen soll und was er testen kann

Nun besteht aber der PISA-Test nicht nur aus einem internationalen Teil, sondern auch aus einem *nationalen*. Über den nationalen Test wird im allgemeinen Teil der PISA-Studie gesagt: „Das in der nationalen Ergänzung zu Grunde gelegte Kompetenzmodell basiert auf der kognitionspsychologischen Theorie des Textverstehens, die von Kintsch (1994, 1998) und van Dijk und Kintsch (1983) entwickelt wurde." (Baumert/Stanat/Demmrich 2001, S. 24, alle drei Titel fehlen im Literaturverzeichnis dieses Teils). Dasselbe wird bei der Darstellung des Lesetests gesagt (nur eingeschränkt durch „insbesondere") (Artelt u.a. 2001, S. 85). – Wie passen dann aber der internationale und der nationale Test zusammen?

In der PISA-Studie erfährt man zum *nationalen Zusatztest*:

> Das vorrangige Ziel der nationalen Ergänzung bestand darin, ausgewählte Aspekte von Lesekompetenz differenzierter zu erfassen und genauere Aussagen über potenzielle Interventionsmöglichkeiten machen zu können. Während der internationale Lesekompetenztest auf den *verstehenden Umgang* mit Texten abzielt, wurde im Rahmen der nationalen Ergänzung ein Test konstruiert, der zusätzlich Behaltens- und Erinnerungsleistungen erfasst (*Lernen aus Texten*). Beim Lernen aus Texten geht es primär darum, eine Textrepräsentation im Gedächtnis aufzubauen, sodass die Inhalte auch zu einem späteren Zeitpunkt noch abrufbar sind. Entsprechend wurden Verstehensleistungen der Schülerinnen und Schüler im nationalen Ergänzungstest nach einer Lesephase ohne weitere Einsichtnahme in das zu Grunde liegende Textmaterial überprüft. Bei dieser Art der Aufgabenstellung kann eine falsche oder fehlende Antwort auf mangelndes Verstehen und/oder mangelnde Gedächtnisleistung zurückgeführt werden. Ist bei der Bearbeitung der Aufgabe dagegen ein Rückgriff auf den Text möglich, kommt nur mangelndes Verstehen als Erklärung in Betracht. Es ist jedoch zu beachten, dass bei einer Testung ohne vorliegenden Text nicht nur Gedächtniseffekte wirksam werden. Die Testung ohne Texteinsicht ist vor allem auch von der Qualität der Verarbeitung des Gelesenen abhängig. Wird Einsicht in den Text gegeben, kann er beim Lesen relativ oberflächlich verarbeitet werden, ohne dass Einbußen in einem Verstehenstest auftreten, da bei der Beantwortung von Fragen die Verarbeitung wiederholt und „nachgebessert" werden kann.

> Die Grundlage der Konstruktion des nationalen Ergänzungstests bilden insbesondere kognitionspsychologische Arbeiten von Kintsch (1994, 1998; van Dijk/Kintsch 1983), in denen verschiedene Repräsentationsebenen unterschieden werden: eine wörtliche Repräsentation, eine propositionale Repräsentation und eine Repräsentation in Form eines Situationsmodells. (Artelt u.a. 2001, S. 84f.)

Die Prüfung der Frage: „Messen der internationale und der nationale Lesekompetenztest dieselbe Lesefähigkeit" führte zu folgendem Resultat:

> Die messfehlerbereinige Korrelation zwischen der im internationalen und im nationalen Test gemessenen Lesekompetenz liegt mit .81 etwa in der Höhe der Zusammenhänge, die sich zwischen Leistungen in den Bereichen Mathematik, Naturwisssenschaften und Lesen finden. Inhaltlich bedeutet dies, dass der internationale Lesetest und die nationale Ergänzung unterschiedliche Facetten von Lesekompetenz erfassen. Die Unterschiede zwischen den erfassten Teilfähigkeiten lassen sich dabei nicht allein auf die unterschiedliche Schwierigkeit des Tests zurückführen. Der stärker gedächtnisbasierte nationale Test stellt also offenbar qualitativ andere Anforderungen als der auf den verstehenden Umgang ausgerichtete internationale Lesetest. (Artelt u.a. 2001, S. 87)

Diese Sachlage provoziert beim aufmerksamen Leser Fragen wie diese:

- Beruht der nationale Test nicht auf der Testtheorie für Textverstehen von Kirsch et alii, sondern auf der Behaltenstheorie von Kintsch und van Dijk?
- Erfaßt der nationale Lesetest tatsächlich „ausgewählte Aspekte der Lesekompetenz differenzierter" als der internationale, obwohl die Verstehensleistungen im nationalen Test „nach einer Lesephase ohne weitere Einsichtnahme in das zu Grunde liegende Textmaterial geprüft" werden (Artelt u.a. 2001, S. 84, s.a. ebd., S. 97)?
- Wie sieht der nationale Lesetest aus? Was ist den Schülern vor dem Lesen über ihre Aufgabe gesagt worden? Wie lange hatten sie für das Lesen Zeit? Haben sie sich sofort nach dem Entzug des Textes an die Reproduktion des Textes (Behaltenstest) oder an die Lösung von Aufgaben mit den von Kirsch et alii. unterschiedenen Formaten (Verstehenstest) gemacht oder erst nach einer längeren Zeit? Nach welchen Verfahren sind die jeweiligen Schülerleistungen ausgewertet worden, durch die Auszählung von Propositionen im Text und in den Reproduktionsleistungen nach Kintsch oder nach dem von Kirsch et alii. entwickelten inhaltsanalytischen und normativen Verfahren?

- Wieso gibt es einen ähnlich relativ niedrigen Korrelationskoeffizienten zwischen dem nationalen und dem internationalen Lesetest wie zwischen den Leistungen in den sehr verschiedenen Kompetenzbereichen Mathematik, Naturwissenschaften und Lesen?
- Erfassen der internationale und der nationale Test nur „unterschiedliche Facetten von Lesekompetenz“ (Artelt u.a. 2001, S. 87), wie vermutet wird, oder resultiert der niedrige Korrelationkoeffizient aus der Differenz zwischen „stärker gedächtnisbasiert“ beim nationalen Test und „auf den verstehenden Umgang ausgerichtet“ beim internationalen Test, wie ebenfalls vermutet wird (ebd.)?
- Kann wirklich umstandslos ein Behaltenstest mit einem Verstehenstest verbunden werden oder ist der relativ niedrige Korrelationskoeffizient zwischen den beiden Tests darauf zurückzuführen, daß beide etwas anderes messen, nämlich *Resultate zweier sehr unterschiedlicher Formen des Umgangs mit Texten*?

Ich kenne den nationalen Zusatztest noch nicht, aber die Arbeit von van Dijk und Kintsch von ihren Anfängen an und auch etliche kritische Auseinandersetzungen mit ihr in den USA, in Kanada und in Deutschland.[3]

Für seine Theorie ist kennzeichnend: Kintsch läßt die Probanden kurze narrative Texte (Minitexte) lesen. Es sind nach Kintsch für experimentelle Zwecke geschaffene Sekundärtexte. Diese Texte sind gemäß einer von Experten geleisteten Standardanalyse einsinnig. Er testet entweder sofort nach dem Lesen oder zu einem späteren Zeitpunkt nur die *Reproduktion* dieser Texte in den Formen des free recall, des Wiedererkennens (Originalsätze und andere Sätze werden vorgegeben und die Aufgabe gestellt, mit ja oder nein zu antworten), des cued recall (Schlüsselwörter werden für Ergänzungen aus dem zugrundeliegenden Text vorgegeben), der summary und in einzelnen Fällen Reproduktion aufgrund von Fragen zum Text.

Um das Verhältnis zwischen dem Text und seiner Reproduktion durch die Vpn messen zu können, teilt er sowohl den Text als auch den Reproduktionstext in *Analyseeinheiten* auf. Dadurch kann beim Vergleich der beiden Texte gemessen werden, welche Analyseeinheiten des Ausgangstextes im Recall-Text enthalten, nicht enthalten sind oder in veränderter Form auftreten. Die ausgelassenen oder veränderten Sätze werden interpretiert als die Resultate von Selektion, Generalisierung, Verdichtung und räumlichen oder kausalen Schlüssen (Inferenzen). Die Veränderungen werden als Makropropositionen bezeichnet (s. z.B. Kintsch 1998, S. 174).

Kintsch nennt diese Analyseeinheiten *Propositionen*. Jede Proposition, so nimmt er an, ist ein "predicate-argument schema". Er nimmt an, daß die

Proposition in seinem Sinne *eine basale Einheit der Sprache* sei. Im Unterschied zu Chomsky *beschränkt* er sich aber auf die *Oberflächenstruktur der Texte*, d.h. auf den Zusammenhang der lexikalischen und grammatischen Einheiten. Er untersucht keine Hypothese über die der Oberflächenstruktur zugrundeliegende Tiefenstruktur der Sprache in Gestalt eines universalen Systems aus abstrakten sprachlichen Kategorien und Phrasen. Die Einheit der Proposition ist ausdrücklich für den Vergleich zwischen dem Text und dem Recall-Text definiert worden. Der jeweilige Satz wird nach Codierregeln soweit wie möglich in Propositionen zerlegt, die analog zu Chomsky in graphischen Bäumen dargestellt werden.

> The predicate-argument schema can be regarded as a basic unit of language. It is commonly referred to as a *proposition*, a term borrowed from logic but used here in a different sense. For the purpose of text representation, a proposition is simply a predicate-argument Schema.
>
> Atomic propositions (e.g., Kintsch 1974) consist of a relational term, the predicate, and one or more arguments, written as PREDICATE [ARGUMENT, ARGUMENT ...]. The predicate determines the number and kinds of arguments that may fill argument slots, that is, the semantic role of the participants. For example, the predicate GIVE may have three argument slots, as in GIVE [agent: MARY, object: BOOK, goal: FRED]. Atomic propositions may be modified by embedding one proposition within another, as in GIVE [agent: MARY, object: OLD [BOOK], goal: FRED]], or INADVERTENTLY [GIVE [agent: MARY, object: OLD [BOOK], goal: FRED]].
>
> Complex propositions (van Dijk & Kintsch 1983) are compounds composed of several atomic propositions that are subordinated to a core propositional meaning. (Kintsch 1998, S. 37f.)

Obwohl für Kintsch die Proposition zunächst nur eine *von ihm definierte künstliche Analyseeinheit für die empirische linguistische Analyse von Sätzen* war, beanspruchte er bald für sie, daß sie nicht nur eine *reale sprachliche Einheit* sei, sondern auch diejenigen *realen psychischen Einheiten* repräsentiere, aus denen sich der *gesamte Prozeß des Textverstehens* zusammensetze. In seiner Abhandlung von 1998 schreibt er ihr schließlich sogar die Funktion zu, eine universale Analyseeinheit für *nahezu die gesamte Realität des kognitiven Systems* zu sein. Die Ununterschiedenheit einer Einheit für *sprachliche Bedeutungen* (linguistische Einheit) von den psychischen Einheiten des Textverstehens wird damit auf alle *Einheiten der kognitiven Welterfassung* und schließlich sogar auf *sämtliche Einheiten nicht nur des psychischen, sondern auch des neuronalen Systems* ausgedehnt.

> The predicate-argument notation, therefore, is sufficiently flexible to serve as a notational variant for other forms of representation, such as features, frames, and production. Important aspects of knowledge representation, such as the notion of defaults in schemas or the executability of productions, can be imported into this notation. The advantage that is gained by this rewriting is that all these variants can be brought together in the same format – a propositional network. Good psychological reasons can be advanced for the use of every one of these alternatives for representing meaning, but none of them is adequate by itself. By using a unifom format, one can take advantage of what all these systems have to offer without having to accept the limitations of any one. (Kintsch 1998, S. 42)
>
> In the model proposed here, knowledge is represented as a network of propositions. Such a network ist called a *knowledge net*. The nodes of the net are propositions, schemas, frames, scripts, production rules – which can all be written in a formalism based on the predicate-argument schema, as argued in chapter 2. The links are unlabeled and vary in strength, that is, a knowledge net is a type of associative net. (Kintsch 1998, S. 74)

Kann einer Einheit, die für die Messung von Behalten konstruiert worden ist und für die Messung von Verstehen nur einen deutlich begrenzten heuristischen Wert hat, all dies zugeschrieben werden? Aus vielen Gründen gibt es auf diese Frage nur eine Antwort: „Nein". Kintsch verkennt die abstrakte Universalität der konnektivistischen Netzwerktheorien (z.B. Arbib 1989 oder Rumelhart 1989). – Doch hier geht es nicht um eine Auseinandersetzung mit der Theorie von Kintsch.

Aber für die Einschätzung des PISA-Tests wäre der folgende Befund von grundlegender Bedeutung: Es gibt *keinen systematischen Zusammenhang zwischen dem Forschungsansatz* (der empirischen Forschungsmethode sowie den durch sie erzielten Befunden und den aus ihnen zu folgernden Annahmen) von Kintsch *mit den Aufgaben des internationalen PISA-Tests.* So gibt es z.B. bei Kintsch keine Berücksichtigung des Verhältnisses zwischen Aufgabe und Antwort, keine Inhaltsanalyse von Antworttexten auf offene Fragen, kein Spektrum von unterschiedlichen Operationen des Lesers, keine Offenheit des Untersuchungsdesigns für den Progreß der Forschung zum Textverstehen.

Minimale Aufschlüsse über das Textverstehen ergeben sich aus dem propositionalen Ansatz allein daraus, daß sowohl beim Lesen der Texte als auch bei der nachfolgenden Reproduktion bei den Probanden in einem sehr begrenztem Maße Verstehensprozesse stattfinden. Und selbst diese Prozesse werden nur durch die Abweichungen von der wörtlichen Reproduktion in den Recall-Protokollen indiziert.

Jeder gebildete Laie, der seinen eigenen Verstand gebraucht, sieht, daß die Theorien von Kirsch et alii und von Kintsch außerordentlich unterschiedlich sind und deshalb nicht in einem einzigen Testverfahren ohne eklatante Widersprüche miteinander verbunden werden können. Was aber sagen in Deutschland diejenigen, die mit der empirischen Forschung im Bereich der Sprache, insbesondere mit der Erhebung von Befunden im Bereich des Textverstehens, vertraut sind, zu dem Mix im nationalen Zusatztest? Was international, insbesondere in den USA und Kanada, dazu gesagt würde, falls man sich mit dem, was in Deutschland auf diesem Gebiet geschieht, überhaupt befaßt, kann sicher vorausgesagt werden, weil dort schon seit Jahrzehnten der propositionale Ansatz von Kintsch in der Kritik steht.

3 Konsequenz: Die Testtheorie des internationalen PISA-Tests kann zur Entwicklung einer Testkultur für den Erwerb von Kompetenzen des Textverstehens in unseren Schulen beitragen

Wenn das Testen des Entwicklungsstandes im Lernbereich des Textverstehens ein unverzichtbarer Teilprozeß des Lernens und Unterrichtens ist, dann müssen wir in Deutschland eine Testkultur aus Testtheorie und Testpraxis entwickeln. Dies setzt aber Einstellungen und Bemühungen voraus, die es in Deutschland noch kaum gibt. Was muß deshalb geschehen?

- Die durch die PISA-Studie ausgelöste gegenwärtige Aufmerksamkeit für Testen muß dafür genutzt werden, auch in Deutschland eine *Testkultur* zu entwickeln, die dazu dient, *in unseren Schulen alles unter dem Gesichtspunkt zu prüfen, ob es der Entwicklung jedes einzelnen Schülers dient.* Testen hat dann nicht die Funktion lästiger obrigkeitsstaatlicher Kontrolle (Leistungskontrolle und Leistungsdruck), sondern der *notwendigen Diagnose für hilfreiche Therapie.* Es tritt auch keineswegs als Häufung von Sonderaktionen auf, sondern besteht primär in der *laufenden sorgfältigen Beobachtung des Lernzuwachses bei den Schülern.* Schwierigkeiten jedes einzelnen Schülers werden nicht nur durch die Lehrer beobachtet, sondern die Schüler beobachten sich auch selbst und die Lehrer. Alle sprechen miteinander über ihre Beobachtungen, weil es ihre gemeinsame Arbeit ist, *Bedingungen für das Weiterlernen der Schüler* zu erkennen und diese Bedingungen dann auch zu nutzen oder herzustellen. – Das ist etwas ganz anderes als die Feststellung von Schwächen, um sie zu sanktionieren.

Beim Testen der Schüler muß die Grundform des Testens der Lernzuwachstest sein und nicht nur der für die Verbesserung des Lernens folgenlose abschließende Leistungstest.

- Für die Konstruktion solcher Tests kann schon aus dem internationalen PISA-Test viel gelernt werden, ganz zu schweigen von der gesamten Testkultur in anderen Ländern. Das gilt insbesondere für die Aufgabenabhängigkeit jeder Leistung, für die Nutzung jeder Leistung zur Diagnose, für die Unterscheidung von Teilleistungen als Indikatoren für Teilkompetenzen, für die Formulierung von Kriterien für die Beurteilung von Schülerleistungen ("criterion-referenced testing" Kirsch et alii 1998, S. 52) und für die Unterscheidung von Schwierigkeitsgraden für die Definition von Leistungsniveaus („Vergleichsnormierung" Baumert/Stanat/Demmrich 2001, S. 105; zu Kriterien für die Beurteilung von Schülertexten s. z.B. Grzesik/Fischer 1984).

- Entscheidend für die Güte eines Tests von Lernresultaten sind letztlich die Testaufgaben. Die von Kirsch et alii ausgearbeitete Testtheorie erlaubt die Beschreibung von Aufgabenklassen für bestimmte Klassen von textverstehenden Operationen ("strategies and cognitive operations", ebd. S. 106). Wenn die Schüler diese Aufgaben lösen wollen, müssen sie etwas *tun, was sie schon können.*

Wenn das so ist, dann unterscheiden sich *Lernaufgaben* von *Testaufgaben* darin, daß Schüler *tun sollen, was sie noch nicht können.* Das ist der ganze Unterschied. In beiden Fällen geht es um den *Vollzug von textverstehenden Operationen.* Durch *Lernaufgaben* aber müssen die Schüler erst einmal dazu angeregt werden, neue Operationen für neue Möglichkeiten des Textverstehens zu vollziehen, durch wiederholten Vollzug die Qualität der neuen Operationen zu verbessern und ihre Aktivierbarkeit zu erhöhen sowie durch ihre Aktivierung in möglichst vielen Verwendungssituationen gebrauchsfähig zu machen. Das gilt für textverstehende Operationen jeder Komplexität, von der ersten Zuordnung eines Buchstabens zu einem schon bekannten Sprachlaut bis zur Unterscheidung von Perspektiven der Darstellung in wissenschaftlichen Texten. Daraus kann sich bei jedem Schüler ein Methodenrepertoire für den Umgang mit Texten entwickeln, das es ihm ermöglicht, für jeden Lesezweck geeignete Operationen zu gruppieren. Deshalb kann zu einer *Kultur von Testaufgaben* leicht eine *Kultur von Lernaufgaben* kommen. Dafür braucht man dann allerdings nicht nur eine Testtheorie, sondern eine *Theorie des Gesamtprozesses des Unterrichtens* (s. Grzesik 2002b).

- Es ist ein gutes Zeichen, daß gegenwärtig schon ein Wechsel von der ideologischen Diskussion über Bildungsziele zu einer Diskussion über Kompetenzen stattfindet, deren Wahl natürlich auch nicht wertfrei ist. Weder hochabstrakte Formulierungen unterschiedlicher Herkunft und Referenz wie „Kommunikationsfähigkeit" oder „Selbstbestimmung in sozialer Verantwortung" oder „Mündigkeit"oder „Chancengleichheit" sind brauchbar als Regulativ für die Organisation und den Vollzug von Unterricht noch Operationalisierungen im Sinne von Verhaltensdefinitionen für hochabstrakte Merkmalsbegriffe. Dazu paßt die Erörterung der Funktion von Kompetenzen für die Formulierung von Bildungsstandards in der „Expertise" von Klieme 2003, S. 13; S. 51–55; S. 58–66:

  > *Kompetenzen* (zu benennen), welche die Schule ihren Schülerinnen und Schülern vermitteln muss, damit bestimmte zentrale Bildungsziele erreicht werden. Die Bildungsstandards legen fest, welche Kompetenzen die Kinder oder Jugendlichen bis zu einer bestimmten Jahrgangsstufe erworben haben sollen. Die Kompetenzen werden so konkret beschrieben, dass sie in Aufgabenstellungen umgesetzt und prinzipiell mit Hilfe von Testverfahren erfasst werden können." (ebd., S. 13)

- Hand in Hand mit dieser Arbeit an Bildungsstandards kann natürlich auch schon damit begonnen werden, die Lehrerbildung auf den Erwerb von Kompetenzen zu focussieren. Das ist z.B. schon im Landesinstitut für Schule NRW für das Textverstehen geschehen. Im März 2003 ist dort eine „Erprobungsfassung" für die „Förderung des Leseverstehens" erarbeitet worden (Landesinstitut für Schule NRW 2003). Es werden dort „Pools von Operationen" für verschiedene Lesezwecke definiert und deren Schulung im Unterricht mit Lehrern erprobt, z.B. „Operationen zur Erschließung von Sachtexten", „Operationen zur Erschließung von literarischen Texten", „Operationen zur Festlegung von Leseintententionen", „Operationen zur Aktivierung von Alltagswissen aus bereits vorhandenen Wissensbeständen", „Operationen zur Bewertung von Texten, einzelnen Textaussagen" „Operationen zur Analyse der begrifflichen Struktur", „Operationen zur Analyse der logischen Struktur".

- Die Aufgabe, eine Testkultur zu entwickeln, kann nicht ohne langfristig arbeitende Forschungsgruppen und Testinstitute bewältigt werden. Soweit es aber dies bei uns noch nicht gibt, müßte wenigstens der internationale Forschungsstand systematisch aufgearbeitet werden. Es ist nicht nur der Zeitverzug beklagenswert, mit dem z.B. die Entwicklung der Testtheorie von Kirsch/Jungeblut/Mosenthal, die schon schon 1985 begonnen hat, erst jetzt in Deutschland publik wird, sondern noch mehr die Zufälligkeit, mit der in Deutschland aus der ganzen Breite der internationalen Forschungen etwas herausgepickt und dann auch noch oft unkritisch propagiert wird.

Anmerkungen

1 Diese Aufgaben stammen aus einer Publikation der OECD im Internet (http://www.mmpib-berlin.mpg.de/pisa/Beispielaufgaben-Lesen.PDF): „PISA 2000 Beispielaufgaben aus dem Lesekompetenztest" und „PISA 2000 Lösungen der Beispielaufgaben aus dem Lesekompetenztest".

2 Eine umfangreichere Fassung dieses Beitrags mit allen analysierten Aufgaben finden Sie unter http://www.uni-koeln.de/phil-fak//paedsem/homepage_schulpaedagogik/grzesikframeset.htm.

3 Siehe dazu die Aussagen vieler Forscher im englischen Sprachraum, die Grzesik 2003 anführt, aber auch einige Publikationen im deutschen Sprachraum: z.B. Christmann 1989 und Grabowski 1991.

Literatur

Artelt, Cordula/Stanat, Petra/Schneider, Wolfgang/Schiefele, Ulrich: Lesekompetenz: Testkonzeption und Ergebnisse. In: Baumert u.a. 2001. S. 69–137. (zitiert als Artelt u.a. 2001)

Baumert, Jürgen/Klieme, Eckhard/Neubrand, Michael/Prenzel, Manfred/Schiefele, Ulrich/Schneider, Wolfgang/Stanat, Petra/Tillmann, Klaus-Jürgen/Weiß, Manfred (Hrsg.): PISA 2000. Basiskompetenzen von Schülerinnen und Schülern im internationalen Vergleich. Opladen: Leske + Budrich 2001. (zitiert als Baumert u.a. 2001)

Baumert, Jürgen/Stanat, Petra/Demmrich, Anke: PISA 2000: Untersuchungsgegenstand, theoretische Grundlagen und Durchführung der Studie. In: Baumert u.a. 2001. S. 15–68.

Christmann, Ursula: Modelle der Textverarbeitung: Textbeschreibung als Textverstehen. Münster 1989.

Grabowski, Joachim: Der propositionale Ansatz der Textverständlichkeit: Kohärenz, Interessantheit und Behalten. Münster 1991.

Grzesik, Jürgen: Planung des Literaturunterrichts. Grundlagen für die Praxis der Unterrichtsvorbereitung. Kastellaun/Saarbrücken 1976.

Grzesik, Jürgen/Fleischhauer, Peter/Meder, Norbert: Interaktions- und Leistungstypen im Literaturunterricht. Eine handlungstheoretische Feldstudie unterrichtlicher Komplexität. Opladen 1982.

Grzesik, Jürgen: Methoden zur Deskription des Textverstehens im Unterricht: Zum Problem der Kategorisierung von Textverstehensleistungen im Verlauf und im Resultat des Unterrichts. In: Spiel 2 (1/1983), 73–99.

Grzesik, Jürgen/Fischer, Michael: Was leisten Kriterien für die Aufsatzbeurteilung? Theoretische, empirische und praktische Aspekte des Gebrauchs von Kriterien und der Mehrfachbeurteilung nach globalem ersten Eindruck. Opladen 1984.

Grzesik, Jürgen: Begriffe lernen und lehren. Stuttgart 1988, 1992^2.

Grzesik, Jürgen: Geistige Operationen beim Fremdverstehen im Literaturunterricht. Klassische Hermeneutik und moderne Kognitionspsychologie. In: Der Deutschunterricht 41 (4/1989), S. 7–18.

Grzesik, Jürgen: Textverstehen lernen und lehren. Geistige Operationen im Prozeß des Textverstehens und typische Methoden für die Schulung zum kompetenten Leser. Stuttgart 1990, 1996^2.

Grzesik, Jürgen/Hahnengreß, Karl-Heinz/Hermanns, Annette/Precht, Richard-David/Stegmann, Bernd-Achim/Wasmuth, Ulrich: Kann das Verstehen wissenschaftlicher Texte gelernt und gelehrt werden? Ein Training von Fähigkeiten, theoretischen Textsinn mental zu modellieren. Münster 1998.

Grzesik, Jürgen: Was kann und soll Erziehung bewirken? Möglichkeiten und Grenzen der erzieherischen Beeinflussung. Münster, New York/München/Berlin 1998.

Grzesik, Jürgen: Operative Lerntheorie. Eine neurobiologische und psychologische Theorie der Prozesse des Lernens. Bad Heilbrunn/OBB. 2002a.

Grzesik, Jürgen: Effektiv lernen durch guten Unterricht. Optimierung des Lernens im Unterricht durch systemgerechte Formen der Zusammenarbeit zwischen Lehrern und Schülern. Bad Heilbrunn/OBB. 2002b.

Grzesik, Jürgen: Textverstehen lernen. Die Entwicklung der Lesekompetenz durch den Erwerb von textverstehenden Operationen. Druckfertiges Buchmanuskript 2003.

Heckhausen, Heinz: Kompetenz. In: Ritter, Joachim/Gründer, Karlfried: Historisches Wörterbuch der Philosophie. Bd. 4. Darmstadt 1976, S. 922f.

Kintsch, Walter/van Dijk, Teun A.: Toward a model of text comprehension and production. In: Psychological Review, 1978, Vol. 85, No. 5, S. 363–394.

Kintsch, Walter: Comprehension. A paradigm for cognition. Cambridge University Press 1998.

Kirsch, IrwinS./Jungeblut, Ann/Mosenthal, Peter B.: The measurement of adult literacy. In: Murray, T. Scott/Kirsch, Irwin S./Jenkins, Lynn B. (Eds.): Adult Literacy in OECD Countries: Technical Report on the First International Adult Literacy Survey. Washington DC: U.S. Department of Education, National Center for Education Statistics 1998.
(Besprechungen unter verschiedenen Gesichtspunkten in:
International Review of Education – 46 (5) 2000 Kluwer Academic Publishers. Printed in the Netherlands;
Darcovich, Nancy: The Measurement of Adult Literacy in Theory and in Practice. S. 367–376;
Hamilton, Mary/Barton, David: The international Adult Literacy Survey: What does it Really Measure. S. 377–389;
Roberts, Peter: Knowledge, Information and Literacy. S. 433–453).

Klieme, Eckhard u.a.: Zur Entwicklung nationaler Bildungsstandards. Eine Expertise. am 18. Februar 2003 in Berlin.

Organisation for Economic Co-Operation and Development Statistics Canada: Literacy, Economy and Society. Results of the first international Adult Literacy Survey. Paris and Minister of Industry. Canada 1995.

OECD: PISA 2000 Beispielaufgaben aus dem Lesekompetenztest. PISA 2000 Lösungen der Beispielaufgaben aus dem Lesekompetenztest. http://www.mmpib-berlin.mpg.de/pisa/Beispielaufgaben-Lesen.PDF.

van Dijk, Teun A.: Textwissenschaft. Eine interdisziplinäre Einführung. München 1980.

von der Kammer, Marion: Wege zum Text. Sechzehn Unterrichtsmethoden für die Entwicklung der Lesekompetenz. Druckfertiges Manuskript 2003 (2. Bd. zu Grzesik 2003).

Das Verstehen literarischen Verstehens als interdisziplinäres Projekt

AXEL KROMMER

Anmerkungen zur Kognitionspsychologie Walter Kintschs aus deutschdidaktischer Sicht

Die folgende Darstellung richtet sich in erster Linie an Kognitionspsychologen und Literaturwissenschaftler bzw. Literaturdidaktiker und versteht sich als Plädoyer für eine interdisziplinäre Zusammenarbeit dieser Fächer bei der Auseinandersetzung mit dem Problem des Verstehens literarischen Verstehens. Weder für den Kognitionspsychologen noch für den Literaturwissenschaftler wird der folgende Text inhaltlich Aufregendes über die *eigene* Disziplin bereit halten. Anregend und neu wird jedoch hoffentlich für den Literaturdidaktiker der Blick auf ein fremdes Gebiet aus vertrauter Perspektive bzw. für den Kognitionspsychologen die Beschreibung eines vertrauten Gebiets aus fremder Perspektive.

PISA, Literatur und Didaktik

Der PISA-Studie ist u.a. zu entnehmen, dass der Prozess des Textverstehens bis zu einem gewissen Grad automatisch ablaufen kann. Sobald jedoch „Verständnisprobleme oder logische Widersprüche auftreten, wird [...] eine bewusste Steuerung notwendig [...]. So ist es beispielsweise notwendig, dass die Kohärenz einer entstehenden Repräsentation überprüft wird, und dass Reparaturmaßnahmen [...] ergriffen werden." (Baumert u.a. 2001, S. 73)

Das gilt natürlich auch für die Lektüre der PISA-Studie selbst. Wenn dort z.B. einerseits behauptet wird, dass die „große Bandbreite von literarischen Genres und Texten [...] nicht abgebildet" (ebd., S. 98) wird, andererseits jedoch explizit darauf hingewiesen wird, dass „keine Rede davon sein [kann], dass literarisch-narrative Texte unterrepräsentiert" (ebd., S. 24) sind, gerät der Automatismus des Verstehens ins Stocken, denn der kritische Leser fragt sich, ob diese Behauptungen gleichzeitig und in derselben Hinsicht wahr sein können.

Wenn Darlegungen, Beschreibungen, Argumentationen, Anweisungen, Diagramme, Graphen, Tabellen, schematische Zeichnungen, Karten, Formulare und Anzeigen 88% der für PISA relevanten Texte ausmachen (vgl. Baumert u.a. 2001, S. 81), dann – so scheint es – sind literarisch-narrative Texte doch ganz eindeutig unterrepräsentiert. Welche Reparaturmaßnahmen kann ein Leser ergreifen, um die Kohärenz der Textrepräsentation wieder herzustellen?

Zum einen könnte er überprüfen, ob der Terminus „literarisch-narrativ" in PISA seine gewöhnliche Bedeutung besitzt oder ob vielleicht auch Darlegungen, Beschreibungen und Argumentationen unter diesen Begriff fallen. Zum anderen kann sich ein Leser an die pragmatisch-funktionalistische Grundausrichtung der PISA-Studie erinnern, deren Konzept der Lesekompetenz als *Reading Literacy* nur über einen Teil der sprachlich-literarischen Grundbildung empirisch Auskunft geben kann. Cordula Artelt, Mitverantwortliche für den Testbereich zur Lesekompetenz, hat diesen Aspekt in einem Interview mit dem mdr am 22.07.2002 noch einmal deutlich hervorgehoben:

> „Primäres Ziel war es, die Grundfähigkeit des verstehenden Lesens zu überprüfen, das für alle Fächer von Bedeutung ist. So standen logischerweise nicht literarische Texte im Vordergrund." (Artelt 2002)

Natürlich lässt sich die Tatsache, dass PISA nicht die literarischen Texte in den Vordergrund stellt und sich stattdessen in erster Linie dem immer wichtiger werdenden „‚Informationslesen' (Sach- und Gebrauchstexte) und dem Lesen zur beruflichen Qualifikation" (Baumert u.a. 2001, S. 70) widmet, durch eine Vielzahl *sachlogischer* Gründe rechtfertigen, die sich z.B. aus der Intention und der Grundkonzeption der Studie ergeben.

Interessant ist jedoch, dass Walter Kintsch, auf dessen kognitionspsychologischer Theorie u.a. das Kompetenzmodell des nationalen Ergänzungstests beruht, einen weiteren, in der öffentlichen PISA-Debatte bislang kaum beachteten *praktischen* Grund dafür nennt, warum empirische Studien zum Textverstehen in der Regel literarische Texte nur unzureichend berücksichtigen und sich zumeist auf sehr einfache Sachtexte beschränken:

> "The reasons we restrict ourselves to such texts should be obvious: Their complexity is all we can handle, both in the theoretical analysis and in most of our experiments. Long natural texts are not only difficult to simulate with the means at our disposal, but they also provide the subject with too many oppor-

> tunities for misunderstandings, slips of attention, and a sheer unwillingness to cooperate [...]". (Kintsch 1998, S. 205)

Mit anderen Worten: Selbst wenn es zwingende sachlogische Gründe dafür gäbe, literarische Texte in den Mittelpunkt einer empirischen Untersuchung zu stellen, wäre die Kognitionspsychologie im Urteil Walter Kintschs *zurzeit* nicht in der Lage, der Komplexität dieser Texte theoretisch und experimentell adäquat zu begegnen. Diese nüchterne Diagnose der momentanen Leistungsfähigkeit der *text theory* erschüttert natürlich nicht die Grundfeste der PISA-Studie, sie wirft jedoch insbesondere für den Deutschunterricht, in dem die Auseinandersetzung mit literarischen Texten keineswegs marginal, sondern zentral ist, prinzipielle Fragen auf, die die Bedingungen der Möglichkeit der kognitionspsychologischen Modellierung und der empirischen Überprüfbarkeit literarischen Textverstehens betreffen (vgl. hierzu auch Kintsch 1994, Kintsch 1998, S. 204–214, Groeben 1982, S. 78–90 und Christmann/Groeben 2001, S. 177–178).

Auch Walter Kintsch weiß, dass eine adäquate kognitive Theorie des Verstehens nicht *prinzipiell* auf die Analyse, Beschreibung und Simulation der Informationsverarbeitungsprozesse beschränkt sein darf, die beim Verstehen eines einfachen (Sach)Textes auftreten. Folgerichtig formuliert er Fragen, die nach PISA nicht länger nur für die Kognitionspsychologie interessant sind:

> "Apart from the practical difficulties involved in working with very long naturalistic texts, are there in principle limitations that restrict the theory to simple stories, essays, and descriptions? In particular, how would the theory handle literary language?" (Kintsch 1998, S. 205)

Für Kintsch steht fest, dass die Beantwortung dieser Fragen „nur in enger Zusammenarbeit mit Literaturwissenschaftlern denkbar wäre“ (Kintsch 1994, S. 49), die ihr Expertenwissen zur Verfügung stellen und damit für die inhaltliche Spezifik der Erklärungsmodelle sorgen müssen, zu der die „Kognitionswissenschaft [...] nichts Eigenes beizutragen“ (Kintsch 1994, S. 49) hat.

Und wenn innerhalb der empirischen Bildungsforschung untersucht werden soll, wie Schüler(innen) literarische Texte verstehen, dann geraten genau die Experten unter den Literaturwissenschaftlern ins Blickfeld, die sich auf Fragen des unterrichtlichen Umgangs mit Literatur spezialisiert haben: Die Rede geht von den Literatur*didaktikern*, die folglich gefordert sind, bei der Ausweitung des Gegenstandsbereichs der Theorie des Verstehens auf anspruchsvolle literarische Texte ihren spezifischen Beitrag zu leisten.

Empirische Wende?

John Brockmann hat die These Charles Percy Snows, dass Geisteswissenschaft und Naturwissenschaft als zwei inkommensurable Kulturen anzusehen seien (vgl. Snow 1967), durch die Rede von der „dritten Kultur" konterkariert, innerhalb deren traditionell geisteswissenschaftliche Fragestellungen mithilfe naturwissenschaftlicher Methoden untersucht werden (vgl. Brockmann 1996), um die oftmals unwissenschaftliche „Emanation intuitiv aufgestellter Behauptungen" (Roth 2001, S. 9) durch wissenschaftliche Empirie zu ersetzen.

Ob sich insbesondere die Deutschdidaktik nach dem „PISA-Schock" zu einer Disziplin der „dritten Kultur" entwickeln wird, ob nach PISA das viel zitierte Wort von Andreas Schleicher: „Without facts you are just another person with an opinion" auch für den Bereich der Deutschdidaktik Gültigkeit beanspruchen wird, ob ein „Paradigmenwechsel" und die vielfach geforderte „empirische Wende" (vgl. z.B. Muszynski 2002, Böger 2002) tatsächlich weitreichende Folgen für literarästhetische Wirkungstheorien (vgl. z.B. Miall 2000) und literaturdidaktische Theorien haben werden und ob literaturdidaktische Kontroversen künftig nicht mehr im Lehn- bzw. Lehrstuhl, sondern – um mit Kant zu sprechen – „im fruchtbaren Bathos der Erfahrung" entschieden werden, ist zurzeit noch unklar (vgl. dazu die Beiträge von A. Bremerich-Vos/S. Schlegel, H. Ehlers/H. Willenberg und V. Frederking in diesem Band). Aus wissenschaftstheoretischer Sicht ist zumindest terminologische Skepsis angezeigt, denn nicht jede Veränderung innerhalb einer Fachwissenschaft ist gleichbedeutend mit einem Paradigmenwechsel, wenn man diesen Begriff in Anlehnung an Thomas S. Kuhn (1989) und nicht als feuilletonistische Floskel versteht.

Skeptische Einwände!

Doch unabhängig von der Frage, ob eine Zusammenarbeit von Kognitionspsychologen und Deutschdidaktikern einer empirischen Wende gleichkäme, muss ein solch ambitioniertes interdisziplinäres Projekt wie die Modellierung literarischen Verstehens gegen diverse Einwände gefeit sein. Ein Skeptiker könnte sich z.B. auf David LaBerge und S. Jay Samuels berufen und behaupten, dass

> "the complexity of the comprehension operation appears to be as enormous as that of thinking in general." (LaBerge/Samuels 1974, S. 320)

Die Wissenschaft schiene dann selbst von einer annehmbaren Theorie des Verstehens *einfacher* Texte ebenso weit entfernt zu sein wie von einer allgemeinen Theorie des Denkens. Walter Kintsch und Teun A. van Dijk kontern diesen Einwand mit einer These, die verdeutlicht, dass ihre gesamte Forschung zum Textverstehen auf einer optimistischen Grundannahme beruht:

> "If it were not possible to separate aspects of the total comprehension process for study, our enterprise would be futile. We believe, however, that the comprehension process can be decomposed into components, some of which may be manageable at present, while others can be put aside until later." (Kintsch/van Dijk 1978, S. 364)

Eine weitere Strategie des Skeptikers könnte darin bestehen, den Kognitionspsychologen zunächst zuzugestehen, dass sie das Verstehen einfacher Sachtexte adäquat modellieren können, dann jedoch darauf zu verweisen, dass es fundamentale Unterschiede zwischen Sachtexten und literarischen Texten gibt, die sich auch in der Art und Weise niederschlagen, wie diese Texte verstanden werden. Doch solange diese These nicht überzeugend belegt werden kann, bleibt sie eine Vermutung, die z.B. von Walter Kintsch explizit zurückgewiesen wird:

> "My hypothesis is that the comprehension processes, the basic strategies, the role of knowledge and experience, as well as the memory products generated, are the same for literary texts as for the simple narratives and descriptive texts we have used in our research. That is not to say that there is no difference, but the difference is in the 'what', not in the 'how'". (Kintsch 1998, S. 205)

Doch auch wenn man der These zustimmt, dass der Unterschied zwischen dem Verstehen von Sachtexten und dem Verstehen literarischer Texte im „Was" und nicht im „Wie" zu suchen ist (vgl. auch Kintsch 1994, S. 51), lässt sich trefflich über die theoretische Modellierung des „Wie" streiten.

Als scharfer Kritiker kognitionspsychologischer Versuche, das Verstehen von Texten zu verstehen, hat sich innerhalb der PISA-Debatte ausgerechnet ein Deutschdidaktiker hervorgetan: Gemeint ist Bernd Switalla, der seine empirie- und konzeptkritische Rekonstruktion des der PISA-Studie zugrundeliegenden Verständnisses der Lesekompetenz auf den Online-Seiten der Zeitschrift UNIVERSITAS versteckte (vgl. Switalla 2002). Switalla hegt „neuro-, bewusstseins- und literalitätstheoretische Zweifel" am PISA-Verständnis des Lesens und glaubt, dass das „Zusammenspiel von Medium, Bewusstsein und Gehirn [...] ein anderes [ist], als es die Textpsychologie [...] modelliert" (Switalla 2002, S. 3).

Den „Blick in den Kopf des Lesers" (Switalla 2002, S. 5), den Kintsch, Baumert, Artelt, Schiefele u.a. wagen, hält Switalla verstehenstheoretisch für eine Fiktion und ihn überrascht nicht, dass in PISA einerseits das informative Lesen ausgezeichnet wird und gleichzeitig „weitere, kulturell bedeutsame Domänen, Dimensionen und Formen der *Literalität*" (Switalla 2002, S. 11. Kursivsetzung im Original) vernachlässigt werden. Im Urteil Switallas macht die Kognitionspsychologie aus dem verständigen, sich in einer symbolischen Umwelt bewegenden Leser einen entkulturalisierten, enthistorisierten und entästhetisierten „Zombie" (Switalla 2002, S. 5), vor dessen geistigem Auge ein in der Sprache des reinen Denkens abgefasster Text erscheint, den der lesende Untote im Labor der Kognitionspsychologen zu einer möglichst eindeutigen Repräsentation verarbeitet.

Schon diese knappe Skizze der Ausführungen Switallas genügt, um zu verdeutlichen, dass an eine fruchtbare interdisziplinäre Zusammenarbeit mit der Kognitionspsychologie nicht zu denken wäre, wenn Switallas Position die Opinio communis innerhalb der Literaturwissenschaft bzw. innerhalb der Deutschdidaktik widerspiegelte.

Switalla setzt sich zwar als einer der wenigen mit den verstehenstheoretischen Grundlagen der PISA-Studie auseinander, doch seine Analyse wird insbesondere dem komplexen und sehr differenzierten Ansatz Walter Kintschs nicht gerecht. Dennoch lenkt seine in Teilen wüste Polemik den Blick auf problematische Aspekte der kognitionspsychologischen Modellierung des Textverstehens, die sich aus deutschdidaktischer Perspektive insbesondere im Rahmen der Untersuchung literarischer Texte konstruktiv aufgreifen lassen. Doch zuvor soll kurz skizziert werden, wie Walter Kintsch das Textverstehen simuliert.

Wenn in der Kognitionspsychologie (Computer-)Modelle des (Text-)Verstehens konstruiert werden, dann ist eine Art des Verstehens gemeint,

> „die darin besteht, dass der Leser den Text sowohl reproduzieren und zusammenfassen kann als auch textrelevante Fragen zu beantworten weiss (sic!).“ (Kintsch 1994, S. 40)

Die Erklärung des (Text-)Verstehens ist gleichbedeutend mit der Konstruktion eines (Computer-)Modells, das die für das Verstehen relevanten kognitiven Informationsverarbeitungsprozesse simuliert:

> „Das heisst (sic!), das Modell reproduziert Texte so wie es menschliche Versuchspersonen tun, beantwortet Fragen wie richtige Leser und hat die gleichen Schwierigkeiten mit diesen Tätigkeiten wie wir.“ (Kintsch 1994, S. 40)

Besaß schon das „Situationsmodell“ des (Text)Verstehens von Kintsch und van Dijk (1983) im Urteil der Fachwelt den „Status eines Metarahmens für die Theoriebildung und Forschung“ (Christmann/Groeben 2001, S. 171), so gilt dies in besonderer Weise für dessen Weiterentwicklung, das „Construction-Integration“ (CI)-Modell von Kintsch (vgl. Kintsch 1988, 1994, 1998. Zu den Vorläufern des CI-Modells vgl. Kintsch 1998, S. 118–120 und van Dijk 1995).

Die empirische Textpsychologie „focuses [...] upon the representation of meaning in the mind“ (Kintsch 1974, S. 9/10). Jedoch:

> “The problem is, that the same meaning can be expressed in words in many different ways [...] but [...] researchers must be able to abstract from the particular words and phrases and to deal with meaning relations directly.” (Kintsch 1998, S. 34)

Wenn sich im Medium der natürlichen Sprache nicht hinreichend genau über einen wissenschaftlichen Gegenstandsbereich reden lässt, ersinnen Forscher spezielle Notationen, die für ihre Zwecke optimiert sind. Gottlob Frege hat beispielsweise 1879 die „Begriffsschrift“ entwickelt, mit deren Hilfe u.a. die Lückenlosigkeit einer logischen Schlusskette geprüft werden kann. Das Verhältnis seiner Begriffsschrift zur natürlichen Sprache illustrierte Frege anhand des Vergleichs zwischen einem Mikroskop und dem menschlichen Auge:

> „Das Letztere hat durch den Umfang seiner Anwendbarkeit [...] eine grosse Ueberlegenheit vor dem Mikroskop. [...] Sobald aber wissenschaftliche Zwecke grosse Anforderungen an die Schärfe der Unterscheidung stellen, zeigt sich das Auge als ungenügend. Das Mikroskop hingegen ist gerade solchen Zwecken auf das vollkommenste angepasst.“ (Frege 1879, S. XI)

Die Mikroskope der Textpsychologie sind Propositionen, mit denen die für experimentelle und theoretische Zwecke relevanten Bedeutungen „direkt“ in den Blick genommen werden können, während das Auge des Lesers lediglich die Oberfläche eines Textes betrachtet. Propositionen werden definiert als n-Tupel von abstrakten Wortkonzepten, die jeweils ein Prädikat (Relationskonzept) und n Argumente ($n \geq 1$) enthalten, wobei das Prädikat die Art und die Anzahl der Argumente bestimmt. Wortkonzepte sind Bausteine der semantischen Tiefenstruktur. Sie gelten als „abstract entities that may be expressed in the surface structure as words or phrases“ (Kintsch 1974, S. 10). So lässt sich beispielsweise die aus dem zweistelligen Prädikat BACKEN [N1, N2] und den Argumenten N1=ANGELA und N2=KIRSCHKUCHEN bestehende Proposition:

P(1): BACKEN [ANGELA, KIRSCHKUCHEN]

in der Oberflächenstruktur durch

(A1) Angela backt den Kirschkuchen.

oder auch durch

(A2) Ein Kirschkuchen wurde von Angela gebacken

repräsentieren (vgl. hierzu Kintsch 1974, S. 13–15). Welche Eigenschaften der Textoberfläche in der propositionalen Notation berücksichtigt werden, d.h. ob z.B. unterschiedliche Zeit- bzw. Verbformen abgebildet werden, wird rein pragmatisch entschieden: „Whatever seems of little importance for a given theoretical or experimental purpose is omitted.“ (Kintsch 1998, S. 39. Vgl. auch Kintsch 1974, Kapitel 3). Die Simulation des Verstehensprozesses kann beginnen, wenn ein entsprechendes kognitionspsychologisches Modell „a list of propositions that represent the meaning of a text“ (Kintsch/van Dijk 1978, S. 367) als Input erhält.

Ein zusammenhängendes Ganzes, einen Text, bilden Propositionen per definitionem nur, wenn sie keine isolierten Bedeutungseinheiten darstellen. Zu Beginn seiner textpsychologischen Untersuchungen vertraute Kintsch noch ganz auf die Referenzidentität bzw. Argumentwiederholung, um den Zusammenhang eines Textes zu gewährleisten (vgl. Kintsch 1974, z.B. S. 15ff., Kintsch 1982, S. 305, Kintsch/van Dijk 1978, S. 367f. und zur Kritik daran Christmann/Groeben 2001, S. 164), inzwischen anerkennt er indirekte Kohärenz, direkte Kohärenz und Subordination als „three levels of relationship among propositions“ (Kintsch 1998, S. 39), auf die im Kontext dieser Untersuchung jedoch nicht näher eingegangen werden muss.

Bedeutsam hingegen ist die Klärung der Frage, wie aus einem bestimmten kohärenten Text die Propositionen gewonnen werden, die das CI-Modell als Input benötigt (s.o.), denn „the derivation of this proposition list from the text is not part of the model“ (Kintsch/van Dijk 1978, S. 367). Die Ansprüche an die Transformation eines Textes in eine geordnete semantische Struktur sind hoch, denn die Propositionen sollen nicht das forscherseitige Textverständnis abbilden, sondern eine möglichst objektive Ausgangsbasis für die Simulation des Textverstehens im CI-Modell liefern (vgl. hierzu auch Christmann 1989, S. 115–116).

Kintsch weist ausdrücklich darauf hin, dass seine Theorie ohne ein „reliable and objective system of deriving propositions from any given text“ (Kintsch 1998, S. 54) nicht funktionieren kann, und er hofft seit 1974, dass es dereinst einen Parser geben wird, der einen in natürlicher Sprache vorliegenden Text vollautomatisch in Propositionen übersetzt und den er kommod als „front end for my comprehension models“ (Kintsch 1998, S. 58) übernehmen kann. Bis heute gibt es keinen solchen Parser und die propositionale Struktur eines Textes muss immer noch strikt regelgeleitet und größtenteils von Hand erzeugt werden (vgl. den „brief guide to propositionalizing texts“, Kintsch 1998, S. 54ff. und vor allem Turner/Greene 1977). Dieses Verfahren ist zwar langsam und umständlich, doch Kintsch hält es für ausreichend objektiv: „With some practice, persons using this system arrive at essentially identical propositional representations“ (Kintsch/van Dijk 1978, S. 367. Zu den psychologisch relevanten Problemen des Parsings vgl. auch Johnson-Laird 1983, S. 319ff. und Perfetti/Britt 1995, S. 18–33).

Propositionen, die in der skizzierten Weise direkt aus dem Text abgeleitet werden, bilden die so genannte Textbasis, die auf der Mikro- und Makroebene beschrieben werden kann:

> "The *microstructure* is the local structure of the text, the sentence-by-sentence information [...] The *macrostructure* [...] is a hierarchically ordered set of propositions representing the global structure of a text that is derived from the

> microstructure. [...] An ideal summary is (or should be) a text expressing the macrostructure." (Kintsch 1998, S. 50. Kursivsetzungen im Original)

Vor allem bei der zyklischen Verarbeitung eines längeren Textes, dessen komplette Mikrostruktur die Aufnahme- bzw. Speicherkapazität des Arbeits- bzw. Kurzzeitgedächtnisses übersteigen würde, wird die Bildung von Makrostrukturen notwendig, die mithilfe rekursiver Regeln gebildet werden und daher je nach Abstraktionsgrad hierarchisch geordnet sein können (vgl. hierzu Kintsch/van Dijk 1978, S. 365–370; Kintsch 1992, S. 273–276; Kintsch 1998, Kapitel 3.1.1 und 3.1.2; Christmann 1989, Kapitel 2.4 und 2.5; Christmann/Groeben 2001, Kapitel 2.4.1 oder auch Baumert u.a. 2001, S. 71–72).

Das CI-Modell generiert zunächst im bottom-up-Prozess der Konstruktionsphase auf der Basis schwacher, allgemeiner und ungenauer Produktionsregeln eine erste symbolische Text- und Wissensrepräsentation. Es unterscheidet sich in diesem Aspekt fundamental von den traditionellen Schema-Theorien, deren fixe und komplexe top-down-Kontrollstrukturen häufig nicht flexibel genug sind, um in einem „environment characterized by almost infinite variability" (Kintsch 1988, S. 164) Textverstehen adäquat simulieren zu können. Während „the smart rules of a schema-based theory would prevent the wrong conclusions from ever being formed" (Kintsch 1998, S. 95), wird die größere Flexibilität des CI-Modells dadurch „erkauft", dass der Output am Ende der Konstruktionsphase nicht notwendigerweise widerspruchsfrei und kohärent sein muss.

Der anschließende konnektionistisch-kontextuelle Integrationsprozess dient dem Ziel der so genannten „constraint satisfaction" (vgl. z.B. Kintsch 1994, S. 43, Kintsch 1998, S. 94), d.h. aus dem möglicherweise inkohärenten Output der Konstruktionsphase wird ein widerspruchsfreies Bedeutungsnetz erzeugt, das einen Text „subjektiv optimal" (Kintsch 1994, S. 43) in Form eines Situationsmodells repräsentiert:

> "The complete structure that is composed both of text-derived propositions (the textbase) and propositions [...] contributed from long-term memory is called the *situation model.*" (Kintsch 1998, S. 49. Kursivsetzung im Original)

Aufgrund der Textbasis mag ein Leser in der Lage sein, einen Text zu reproduzieren oder eine Zusammenfassung zu erstellen, zu einem „tieferen" Verstehen ist jedoch die Konstruktion eines Situationsmodells unerlässlich (vgl. auch Kintsch 1996, S. 506). Auf die Bedeutung dieser mentalen Modelle, die Wissen nicht symbolisch-propositional, sondern analog-anschaulich, inhaltsspezifisch und losgelöst von sprachlichen Strukturen repräsentieren, wird auch in der PISA-Studie explizit hingewiesen (vgl. S. 72).

Selbstredend ist diese erste grobe Skizze nicht ausreichend, um das CI-Modell Walter Kintschs adäquat darzustellen. Dennoch wird insbesondere für einen (sprach)philosophisch vorbelasteten Leser sofort deutlich, dass im Zuge der Erklärung des (Text)Verstehens offensichtlich eine kognitionspsychologische Büchse der Pandora geöffnet wird, aus der notorisch unklare Begriffe wie „Proposition", „Bedeutung", „Wissensrepräsentation", „mentales Modell" etc. entweichen.

Und wenn selbst Teun A. van Dijk, ein Mitstreiter Kintschs, offen zugibt, dass zwar die theoretische Rolle mentaler Modelle, nicht jedoch deren interne Struktur bekannt sei („psychologists are more or less groping in the dark about their precise internal structures", van Dijk 1995, S. 404), dann liegt für einen wenig wohlwollenden Kritiker – wie z.B. Switalla – der Verdacht nahe, dass der kognitionspsychologische Erklärungsversuch des Textverstehens nichts anderes als ein klassischer Fall des „obscurum per obscurius" ist.

Doch während Switalla offensichtlich einem „principle of malignity" gefolgt zu sein scheint, das ihn stets die am wenigsten plausible Interpretation der kognitionspsychologischen Theorie des Textverstehens wählen ließ, soll im Folgenden unter Berufung auf Quine (z.B. 1984, S. 67f.) das „principle of charity" beherzigt werden. Im Zweifel wird daher bei der nun folgenden Diskussion kritischer Einwände diejenige Lesart der Thesen Walter Kintschs bevorzugt, die *für* und nicht *gegen* die Plausibilität seines Modells spricht.

Eindeutige Situationsmodelle und die Intentio auctoris

Die methodologische Kritik kognitionspsychologischer Ansätze des Textverstehens richtet sich u.a. gegen den expliziten Objektivitätsanspruch, der mit der Generierung einer hierarchischen Propositionsliste zur Beschreibung der semantischen Struktur eines Textes verknüpft ist (vgl. z.B. Christmann 1989, Kapitel 3.3). Problematisch ist weiterhin, dass die Intention des Autors als Maßstab für die Objektivität und Adäquatheit einer Textbasis herangezogen wird. So weist Kintsch schon 1974, zu Beginn seiner textpsychologischen Forschungen, ausdrücklich darauf hin, dass eine Textbasis

> "[...] completely expresses the ideas that a speaker or writer has in mind. The idea itself may, of course, be confused or contradictory, but no noise is introduced in representing an idea in a text base." (Kintsch 1974, S. 11)

Und mehr als zwanzig Jahre später gilt immer noch:

> "Thus the textbase [...] is obtained from a semantic analysis of a text and its rhetorical structure, as the author of the text intended it." (Kintsch 1998, S. 50)

Und nicht nur die Angemessenheit der Textbasis, sondern auch die Adäquatheit des für das tiefere Verständnis bedeutsamen Situationsmodells orientiert sich maßgeblich an der *intentio auctoris*. So stellt Kintsch beispielsweise im Anschluss an die Schilderung eines Verstehensexperiments, dessen Details hier nicht relevant sind, fest:

> „Die Reproduktionsleistungen der Probanden wurden fast verdoppelt, und – weit wichtiger – das Situationsmodell, das die Probanden aufgrund des revidierten Textes schufen, stimmte im wesentlichen mit dem beabsichtigten Situationsmodell des Autors überein, während sich beim Lesen des ursprünglichen Textes grobe Mißverständnisse ergaben." (Kintsch 1996, S. 520)

Angesichts solcher Passagen nimmt es nicht Wunder, dass sich der ehemalige Deutschlehrer Bernd Switalla von den Gespenstern seiner Vergangenheit eingeholt wähnt und in der sich auf Kintsch berufenden PISA-Studie ein „schulisches Ideal der Lese- und Rezeptionsfähigkeit" (Switalla 2002, S. 2) verwirklicht sieht, „bei dem es in erster Linie darauf anzukommen scheint, den wesentlichen Inhalt des Textes und die wirkliche Absicht des Autors des Textes zu erkennen" (Switalla 2002, S. 2).

Als Beleg für seine These könnte Switalla anführen, dass z.B. in der Subskala des textbezogenen Interpretierens auf Kompetenzstufe I das Erkennen der Intention des Autors ausdrücklich genannt wird und dass die Terminologie und Metaphorik der PISA-Studie innerhalb eines strikt *konstruktivistischen* Denkansatzes stellenweise zu Irritationen Anlass gibt. Das ist z.B. der Fall, wenn von einer „objektiven Textvorgabe" (Baumert u.a. 2001, S. 71) die Rede ist, wenn das Lesen als „Bedeutungsentnahme" (ebd., S. 71) charakterisiert wird oder wenn Informationen wahlweise „im Text enthalten" (ebd., S. 72) oder mehr oder weniger „tief eingebettet" (ebd., S. 89) sein sollen.

Ein genauer Blick auf die Beschreibung der Anforderungen, die für einzelne Stufen der Lesekompetenz typisch sind, verdeutlicht jedoch, dass Switallas Urteil in dieser Schärfe sicher nicht zutreffend ist, denn das detaillierte Verstehen eines unbekannten Textes und seine kritische Bewertung unter Zuhilfenahme speziellen Wissens (vgl. ebd., S. 89) fallen natürlich nicht zusammen mit der Angabe der Autorintention oder einer einfachen Zusammenfassung eines Textes.

Und auch die Position Walter Kintschs ist wesentlich reflektierter als es die Kritik Switallas vermuten lässt, denn Kintsch schränkt die These der Eindeutigkeit einer Textbasis (bzw. eines Situationsmodells) und deren Abhängigkeit von der Intention des Autors mehrfach ein: So weist er z.B. ausdrücklich darauf hin, dass es einen signifikanten Unterschied zwischen kontrollierten experimentellen Situationen, in denen Versuchspersonen eigens ausgewählte Texte lesen, und den so genannten „real-life comprehension-episodes" (vgl. Kintsch 1998, S. 53) gibt.

Innerhalb der Laborsituation mag für niedrigkomplexes Stimulus-Material tatsächlich gelten, dass „es genau ein Situationsmodell [gibt], das der Verfasser dem Leser mitteilen will" (Kintsch 1994, S. 49), so dass die Frage nach der Intention des Autors *kognitionspsychologisch* durchaus akzeptabel erscheint, auch wenn sie natürlich *interpretationstheoretisch* einen gewissen Hautgout besitzt. Außerhalb der Laborsituation sind jedoch die Beispiele dafür Legion, dass das Verstehen selbst einfachster Texte oftmals so komplex ist, dass eine Voraussage des Verhaltens der Leserin unmöglich wird und stattdessen versucht werden muss, eine nachträgliche Erklärung, d.i. eine „postdiction based on principles of comprehension derived from studies that are better controlled" (Kintsch 1998, S. 54), zu finden.

Weiterhin macht Kintsch deutlich, dass es nicht bei jedem Text sinnvoll ist, von genau einem Situationsmodell zu sprechen, das der Autor dem Leser mitteilen will:

> „Bei literarischen Texten ist das anders. Fast immer regt hier der Autor seine Leser dazu an, mehrschichtige Situationsmodelle zu konstruieren: auf einer Ebene den Handlungsverlauf, auf einer anderen einen Kommentar über soziale Zustände, auf einer weiteren eine moralische Parabel, usw." (Kintsch 1994, S. 49)

Angesichts dieser Besonderheit literarischer Texte lässt sich nun auch spezifizieren, wie die eingangs erwähnte interdisziplinäre Zusammenarbeit zwischen Kognitionspsychologen und Literaturwissenschaftlern bzw. Literaturdidaktikern bei der Simulation des literarischen Textverstehens aussehen könnte: Die Kognitionspsychologie liefert mit der oben skizzierten Architektur des CI-Modells einen formalen Rahmen für die Konstruktion mehrschichtiger Situationsmodelle auf der Basis der propositionalen Struktur eines literarischen Textes, doch das Wissen um die Strategien, die zu ihrer Konstruktion führen, fällt in den Bereich der Literaturwissenschaft bzw. -didaktik und „only literary experts could tell [...] what the content of the multilevel situation models ought to be" (Kintsch 1998, S. 211).

Dass gerade aus dieser interdisziplinären Perspektive deutlich wird, dass die strikte Trennung zwischen literarischen und nicht-literarischen Texten einerseits kognitionspsychologisch sinnvoll und notwendig ist, andererseits jedoch literaturtheoretisch äußerst problematisch erscheint, soll im Folgenden erläutert werden.

Sachtexte versus literarische Texte

Während sowohl die propositionale Textbasis als auch das Situationsmodell eines einfachen Sachtextes mit dessen Oberflächenstruktur in arbiträrer Beziehung steht, so dass z.B. der Austausch von Wörtern an der Textoberfläche nicht notwendigerweise Auswirkungen auf die in der propositionalen Repräsentation auftauchenden Wortkonzepte und das am Ende des CI-Prozesses stehende Situationsmodell haben muss, ist bei

> „literarischen Texten die Wortwahl und Satzkonstruktion (Oberflächenstruktur) sowie das Netz semantischer Beziehungen (Textbasis) mit dem Situationsmodell koordiniert, so dass die drei Repräsentationsebenen sich gegenseitig verstärken und abstützen." (Kintsch 1994, S. 45)

Die Simulation literarischen Textverstehens muss nicht nur ein mehrschichtiges Situationsmodell als Output erzeugen, sie bedarf auch einer mehrschichtigen Repräsentation der Oberflächenstruktur als Input, so dass „verschiedene poetische Formen wie Versmass (sic!), Reim, Alliteration usf." (Kintsch 1994, S. 45) Berücksichtigung finden müssen.

Kintsch leitet seine Überlegungen zum literarischen Textverstehen zwar mit einem Zitat Robert Musils ein, demonstriert dann jedoch die Leistungsfähigkeit seines CI-Modells anhand eines einfachen Kinderreims („Eenie, meenie, minie, mo. Catch a tiger by the toe [...]"), den er auf den Ebenen der Phonologie, Versifikation und Semantik untersucht (vgl. Kintsch 1994 S. 45–49 und Kintsch 1998, S. 206–209). Da das Verstehen des ausgewählten Kurztextes weder Inferenzen noch die Aktivierung von Wissen erfordert, da von „einem Situationsmodell [...] bei diesem Reim gar nicht die Rede sein kann" (Kintsch 1994, S. 46) und da die prognostische Kraft des CI-Modells zu nicht viel mehr hinreicht, als diejenigen Versrelationen zu identifizieren, die am besten erinnert werden („Man findet ‚eena, dena, dina, do' aber nie ‚eenie, meenie, diney, mo'", Kintsch 1994, S. 48), bleibt der Wert der Beispielanalyse mehr als fraglich.

Aus literaturwissenschaftlicher Sicht ergibt sich ein weiteres Problem: Denn wenn die mehrschichtige Oberflächenstruktur literarischer Texte eine spezifische propositionale Repräsentation erfordert, die als Input des CI-Modells dient (s.o.), dann setzt die adäquate Simulation des Verstehens eines beliebigen Textes T voraus, dass zuvor entschieden wird, ob T literarisch ist oder nicht.

Wenn man sich an der traditionellen, letztlich auf Aristoteles zurückgehenden Unterscheidung zwischen Sachtexten und literarischen Texten orientiert, dann ist diese Entscheidung leicht zu fällen: Non-fiktionale Sachtexte rezipiert man im Modus des Informationslesens zur Wissenserweiterung, sie beziehen sich auf die Wirklichkeit und sind idealerweise wahr, während fiktionale literarische Texte zur Unterhaltung dienen, ästhetischen Genuss, Immersion und spielerische Perspektivübernahme ermöglichen und auf die Scheinwelt des Möglichen Bezug nehmen.

Dieses dichotomische Paradigma der Unterscheidung zwischen Fiktion und Non-Fiktion bestimmt in den Curricula die Bezeichnung der Gegenstandsbereiche des Deutschunterrichts, lässt sich in der PISA-Studie nachweisen (vgl. z.B. Baumert u.a. 2001, S. 69–70 oder S. 72–73) und wird in vielen Lehrbüchern verbreitet: So darf, um nur ein Beispiel zu nennen, Rolf Lieberum auch in der Jubiläumsausgabe des „Taschenbuchs des Deutschunterrichts" immer noch behaupten, dass sich Sach- bzw. Gebrauchstexte durch „unmittelbaren Wirklichkeitsbezug" auszeichnen (vgl. Lieberum 2001, S. 854).

Dass diese naiv-realistische Position zumindest vor der deutschen Justiz Bestand hat, zeigt ein Urteil des Landgerichts München I: Dort entschieden die Richter in einem Tantiemenstreit zwischen der VG-Wort und einem Schriftsteller, dass dessen Autobiografie ein Sachtext und keinesfalls ein fiktionaler Text sei, denn schließlich – so die Urteilsbegründung – nähmen Autobiografien für sich in Anspruch „tatsächlich Geschehenes wiederzugeben, sich also im realen Leben zu bewegen, im Gegensatz zum fiktionalen Bereich der Belletristik." (Aktenzeichen 7 O 8786/99)

Dass die Problemlage viel komplexer ist und dass insbesondere durch die rasante Entwicklung der neuen Medien die Unterscheidung zwischen

Sachtexten und literarischen Texten bzw. zwischen Realität und Fiktion immer schwieriger wird, ist zurzeit Gegenstand einer vielschichtigen Debatte innerhalb der Deutschdidaktik (vgl. z.B. Vorderer/Klimmt 2002 und Schreier/Appel 2002), die eventuell dazu beitragen kann, das „traditionelle" Paradigma durch adäquate Modelle zu ersetzen (vgl. hierzu insbesondere den Vorschlag von Nickel-Bacon/Groeben 2002). Und von diesem Expertenwissen könnte innerhalb eines interdisziplinären Projekts des literarischen Textverstehens auch die kognitionspsychologische Theorie Kintschs profitieren, die für das skizzierte Problem der Textklassifizierung blind ist.

Dass sich die Theorie Kintschs nicht nur mit literaturwissenschaftlichen, sondern vor allem auch mit philosophischen Einwänden auseinander setzen muss, soll im folgenden Abschnitt angedeutet werden.

Homunkuli im cartesischen Theater

Kintschs Computermodell psychologischer Prozesse, das von einer propositionalen Repräsentation des Wissens Gebrauch macht, sieht sich selbstredend den zahlreichen Einwänden ausgesetzt, die in der jüngeren Geschichte des philosophischen Materialismus gegen funktionalistische Theorien des Geistes bzw. die Position der „strong artificial intelligence" (vgl. zu diesem Begriff z.B. Searle 1984, S. 28) vorgetragen wurden. So hat Searle beispielsweise darauf hingewiesen, dass die Hypothese einer „language of thought", eines symbolischen Systems, das physikalisch im Gehirn realisiert ist (vgl. Fodor 1975), inkohärent ist:

> There is no way you could discover that there are, intrinsically, unknown sentences in your head because something is a sentence only relative to some agent or user who uses it as a sentence." (Searle 1994, S. 210)

Diese Überlegung führt direkt zur „Homunculus Fallacy", dem wohl bekanntesten Einwand gegen jedwede Theorie mentaler Repräsentationen. Searle hat das Argument in einer prägnanten Frage zusammengefasst:

> "If we are to suppose that the brain is a digital computer, we are [...] faced with the question 'And who is the user?'" (Searle 1994, S. 214).

Wenn Kintsch z.B. behauptet, dass ein Situationsmodell ein mentales Bild sein kann (vgl. Kintsch 1998, S. 106), dann stellt sich in analoger Weise die Frage, mit wessen Augen dieses Bild betrachtet wird. Die Annahme, dass es einen Homunkulus (das Ich, das Selbst, den Geist?) in unserem Kopf gibt, der diese mentalen Bilder wahrnimmt, führt unweigerlich zu dem unendlichen Regress eines Homunkulus', der in unserem Kopf ein mentales Bild betrachtet, das in seinem Kopf wiederum von einem Homunkulus betrachtet wird, usw.

Die skurrile Vorstellung, dass ein Homunkulus in unserem Kopf eine cerebrale Multimediashow auf der Bühne des cartesischen Theaters erlebt, ist innerhalb der philosophischen Diskussion immer wieder herangezogen worden, um gegen verschiedene Formen mentaler Repräsentationen zu argumentieren.

Es zeugt daher nicht gerade von übermäßigem Problembewusstsein, wenn Graesser und Zwaan ausgerechnet in einem Sammelband zu Ehren Walter Kintschs bei der Erläuterung der Konstruktion von Situationsmodellen auf die Metapher der mentalen Theaterbühne zurückgreifen:

> "Our favorite metaphor is *a stage in a theatre*. A mental stage is constructed in working memory, under the guidance of a mental director who manipulates characters, props, a mental camera, and the agenda. [...] The director uses the camera to scan the constructed scenario." (Graesser/Zwaan 1995, S. 118. Kursivsetzung im Original)

Dass sie mit diesem Szenario die „Homunculus Fallacy" illustrieren und dass hier aus philosophischer Sicht Gespenster in der Maschine zum Leben erweckt werden (vgl. Ryle 1990), ist den kognitionspsychologischen Zauberlehrlingen wohl nicht bewusst.

Und auch ihr Meister sieht sich mit kritischen Einwänden konfrontiert, denn Switalla diagnostiziert bei Kintsch eine „gewisse begriffliche Verwirrung" (Switalla 2002, S. 8), da Propositionen in dessen Theorie „erstens mentale, zweitens verbale und drittens notationale Entitäten" (Switalla 2002, S. 8) darstellten und als „notationale Stilisierungen von Beschreibungen natürlich-sprachlicher Ausdrücke [...] zu mentalen Repräsentationen stilisiert" (Switalla 2002, S. 9) werden. Da Switalla seinen „Einwand" weder erläutert noch belegt, bleibt unklar, ob er Kintsch lediglich „vorwirft", dass der semantische Gehalt eines Textes sowohl mental als auch notational repräsentiert werden kann, oder ob sein „Argument" eine andere Stoßrichtung hat.

Festzuhalten bleibt, dass Kintsch stets sehr vorsichtig und wissenschaftstheoretisch korrekt von der „psychological reality" der Propositionen spricht, wenn es um den begrifflichen bzw. ontologischen Status dieser abstrakten Entitäten geht (vgl. insbesondere Kintsch 1998, Kapitel 3.1.3), und dass er sich dessen bewusst ist, dass es einen Unterschied zwischen den „operations and strategies involved in discourse understanding“ und den „theoretical rules and constraints used to generate coherent text bases“ (Kintsch/van Dijk 1978, S. 392) gibt.

Ein Kintsch-Kritiker, der die Sprache des Geistes für eine kognitionspsychologische Chimäre hält, kann jedoch bei Gilbert Ryle Trost finden und hoffen, dass es den mentalesischen Propositionen als „special mind stuff“ (s.u.) bald ebenso ergehen wird wie einst dem chemischen Feuerstoff Phlogiston:

> "Chemists once tried hard to find out the properties of phlogiston, but, as they never captured any phlogiston, they reconciled themselves to studying instead its influences and outward manifestations. They examined, in fact, the phenomena of combustion and soon abandoned the postulate of an uninspectable heat stuff. [...] Psychological research work will not have been wasted, if the postulate of a special mind-stuff goes the same way." (Ryle 1990, S. 303)

Fernab aller philosophischen Ideologie soll abschließend noch einmal verdeutlicht werden, worin eines der großen Probleme der Simulation literarischen Textverstehens besteht und welche Perspektiven eine interdisziplinäre Zusammenarbeit zwischen Kognitionspsychologen und Literaturwissenschaftlern bzw. Literaturdidaktikern eröffnen kann.

Gefühle: „Beyond Text Theory"

Der Neurologe Antonio R. Damasio hat in seiner Untersuchung über „Descartes' Irrtum“ (1997) auf einen wesentlichen Schwachpunkt kontemporärer Kognitionstheorien hingewiesen:

> „Es dürfte keinen Sinn haben, ein umfassendes Geistkonzept zu entwickeln, ohne Gefühle und Empfindungen zu berücksichtigen. Doch genau das geschieht in angesehenen wissenschaftlichen Theorien der Kognition – sie klammern Gefühle und Empfindungen bei ihrer Erklärung der kognitiven Systeme aus.“ (Damasio 1997, S. 218)

David Miall und Don Kuiken haben bereits 1994 darauf aufmerksam gemacht, dass die rein kognitive Ausrichtung des CI-Modells bedeutsame Konsequenzen für die adäquate Simulation des Verstehens literarischer Texte haben kann. Sie bezweifeln insbesondere die eingangs genannte These Kintschs, dass der Unterschied zwischen dem Verstehen eines Sachtextes und eines literarischen Textes lediglich im „Was“, nicht aber im „Wie“ zu suchen ist:

> “To understand readers’ responses to a literary text, it is not sufficient to apply approaches and methods devised for non-literary prose.” (Miall/Kuiken 1994)

In einer sehr differenzierten Auseinandersetzung mit der Theorie Kintschs stellen Miall und Kuiken dem CI-Modell den Denkansatz der so genannten „Defamiliarization“ (vgl. auch Kuiken/Miall 1999) gegenüber. Sie kritisieren z.B., dass Oberflächenphänomene auf den Ebenen der Phonemik (z.B. Alliteration oder Reim), der Grammatik (z.B. Ellipse oder Inversion) und der Semantik (z.B. Metapher oder Oxymoron), die für literarische Texte bedeutsam und konstitutiv sind, im CI-Modell zunächst propositional repräsentiert werden und anschließend denselben interpretativen Operationen unterzogen werden wie „normale“ Propositionen.

> “In contrast, in defamiliarization theory, literary discourse presents different interpretative possibilities than nonliterary discourse, precisely because literary devices evoke feelings, defamiliarization, and an enriched mode of response.” (Miall/Kuiken 1994)

Es gibt eine Reihe von Gründen, warum dem CI-Modell dieser „enriched mode of response“ fehlt: *Erstens* bestimmen stets die „immediate associates and semantic neighbors“ (Kintsch 1988, S. 165) die Bedeutung eines Wortkonzepts, handele es sich nun um die Repräsentation eines literarischen oder eines nicht-literarischen Textes. *Zweitens* wird das „general knowledge network“, dessen Elemente im Konstruktions-Prozess die Textbasis ergänzen, durch die Befragung von Versuchspersonen näherungsweise auf empirischem Wege gewonnen (vgl. Kintsch 1988, S. 176), so dass „personal perspectives and memories“ (Miall/Kuiken 1994) kaum berücksichtig werden. Und *drittens* fehlt dem CI-Modell schlicht die emotionale Komponente: Es ist – wie Kintsch selbst schreibt – „weder bestürzt noch ergriffen, wenn es ‚Faust‘ liest [...]; ihm fehlt jedes Bewusstsein.“ (Kintsch 1994, S. 40).

Vor diesem Hintergrund kann man das Bekenntnis des Schriftstellers John von Düffel, ihm sei bei der schulischen Lektüre der „Mondnacht“ von Eichendorff eingefallen, „dass neulich der Mond wie ein grüner Keks wirkte“ (von Düffel 2001), als ein eindrucksvolles Beispiel für eine der „less prototypic interpretations“ (Miall/Kuiken 2002) ansehen, die nach der Theorie der Defamiliarization bei literarischen Texten nachgerade zu erwarten sind, während sie im CI-Modell als nahezu unmöglich gelten müssen. Walter Kintsch weiß jedoch im Zusammenhang mit der Analyse literarischer Texte genau um die Defizite seines CI-Modells:

> "A simulation of a literary text more complex than *Eenie, meenie, minie, mo* is quite conceivable, but it would be unwise to attempt it until the comprehension theory can be expanded beyond the realm of the purely cognitive." (Kintsch 1998, S. 213)

Im Schlusskapitel seines „Comprehension“-Buches macht Kintsch unter Berufung auf Damasios Theorie der „somatischen Marker“ (vgl. Damasio 1997, insbesondere Kapitel 8 und 9) erste Vorschläge, wie „noncognitive nodes“ (Kintsch 1998, S. 409) in das Netzwerk des CI-Modells integriert werden könnten.

Es steht zu hoffen, dass in Bälde auch kreative und konstruktive Brückenschläge zwischen der Kognitionspsychologie und der Literaturdidaktik bzw. der Literaturwissenschaft gelingen mögen, damit in einem für beide Seiten fruchtbaren interdisziplinären Projekt der empirischen Bildungsforschung nicht nur „noncognitive nodes“, sondern auch Einsichten in das Verstehen literarischer Texte gewonnen werden können. Wenn der vorliegende Artikel dazu beigetragen haben sollte, das Interesse für eine solche Zusammenarbeit zu wecken oder zu stärken, hätte er sein Ziel erreicht.

Literatur

Artelt, Cordula: Differenziert mit den PISA-Ländereregebnissen umgehen. Interview mit dem mdr. 2002. Online-Quelle am 15.09.2003, http://www.mdr.de/schule/pisa/187420.html.

Baumert, Jürgen/Klieme, Eckhard/Neubrand, Michael/Prenzel, Manfred/Schiefele, Ulrich/Schneider, Wolfgang/Stanat, Petra/Tillmann, Klaus-Jürgen/Weiß, Manfred (Hrsg.): PISA 2000. Basiskompetenzen von Schülerinnen und Schülern im internationalen Vergleich. Opladen: Leske + Budrich 2001.

Böger, Klaus: Nationale Bildungsstandards sollten dezentral umgesetzt werden. In: Das Parlament Nr. 31–32 vom 5.08.2002. Online-Quelle am 15.09.2003:
http://www.das-parlament.de/2002/31_32/Thema/004.html

Brockmann, John: Die dritte Kultur. Das Weltbild der modernen Naturwissenschaft. München: Goldmann 1996.

Christmann, Ursula: Modelle der Textverarbeitung: Textbeschreibung als Textverstehen. Münster: Aschendorff 1989.

Christmann, Ursula/Groeben, Norbert: Psychologie des Lesens. In: Franzmann, Bodo/Hasemann, Klaus/Löffler, Dietrich/Schön, Erich (Hrsg): Handbuch Lesen. Im Auftrag der Stiftung Lesen und der Deutschen Literaturkonferenz. Baltmannsweiler: Schneider 2001. S. 145–223.

Damasio, Antonio R.: Descartes' Irrtum. Fühlen, Denken und das menschliche Gehirn. München: dtv 1997.

Fodor, Jerry: The language of thought. Hassocks/Sussex : Harvester Press 1975.

Frege, Gottlob: Begriffsschrift, eine der arithmetischen nachgebildete Formelsprache des reinen Denkens (1879). In: Angelelli, Ignacio (Hrsg): Gottlob Frege. Begriffsschrift und andere Aufsätze. Zweite Auflage. Mit E. Husserls und H. Scholz' Anmerkungen. Hildesheim/Zürich/New York: Georg Olms Verlag 1988. S. 1–88.

Graesser, Arthur C./Zwaan, Rolf A.: Inference Generation and the Construction of Situation Models. In: Weaver/Mannes/Fletcher 1995. S. 117–139.

Groeben, Norbert: Leserpsychologie: Textverständnis – Textverständlichkeit. Münster: Aschendorff 1982.

Johnson-Laird, Philip N.: Mental Models. Towards a Cognitive Science of Language, Inference, and Consciousness. Cambridge: University Press 1983.

Kintsch, Walter: The Representation of Meaning in Memory. Hillsdale, NJ: Erlbaum 1974.

Kintsch, Walter: Gedächtnis und Kognition. Übersetzt von Angelika Albert. Berlin/Heidelberg/New York: Springer 1982.

Kintsch, Walter: The Role of Knowledge in Discourse Comprehension: A Construction – Integration Model. In: Psychological Review 95 (1988) S. 163–182.

Kintsch, Walter: How Readers Construct Situation Models for Stories: The Role of Syntactic Clues and Causal Inferences. In: Healy, A.F./Kosslyn, S.M./Shiffrin, R.M. (Hrsg.): From learning processes to cognitive processes: Essays in honor of William K. Estes. Hillsdale, NJ: Erlbaum 1992. S. 261–278.

Kintsch, Walter: Kognitionspsychologische Modelle des Textverstehens: Literarische Texte. In: Reusser, K./Reusser, M. (Hrsg.): Verstehen. Psychologischer Prozess und didaktische Aufgabe. Bern: Huber 1994. S. 39–54.

Kintsch, Walter: Lernen aus Texten. In: Hoffmann, Joachim, Kintsch, Walter (Hrsg.): Lernen. Enzyklopädie der Psychologie, Bd.7, Göttingen/Bern/Toronto/Seattle: Hogrefe 1996. S.503–528.

Kintsch, Walter: Comprehension. A Paradigm for Cognition. Cambridge: Cambridge University Press 1998.

Kintsch, Walter/van Dijk, Teun A.: Towards a Model of Text Comprehension and Production. In: Psychological Review 85 (1978). S. 363–394.

Kintsch, Walter/van Dijk, Teun A.: Strategies of discourse comprehension. New York: Academic Press 1983.

Kuhn, Thomas S.: Die Struktur wissenschaftlicher Revolutionen. Zweite revidierte und um das Postskriptum von 1969 ergänzte Ausgabe. 10.Auflage. Frankfurt a.M.: Suhrkamp 1989 (= stw 25).

Kuiken, Don/Miall, David S.: What is literariness? Three components of literary reading. Discourse Processes 28 (1999). 121–138. Online-Quelle am 15.09.2003: http://www.ualberta.ca/~dmiall/reading/Literariness.htm.

LaBerge, David/Samuels, S. Jay: Toward a theory of automatic information processing in reading. In: Cognitive Psychology 6 (1974). S. 293–323.

Lieberum, Rolf: Gebrauchstexte im Unterricht. In: Lange, Günter/Neumann, Karl/Ziesenis, Werner (Hrsg.): Taschenbuch des Deutschunterrichts. Grundfragen und Praxis der Sprach- und Literaturdidaktik. Band 2: Literaturdidaktik. 7., unver. Aufl., Jubiläumsausgabe. Baltmannsweiler: Schneider 2001. S. 853–864.

Miall, David S.: On the necessity of empirical studies of literary reading. In: Frame. Utrecht Journal of Literary Theory 14 (2000). S. 43–59. Online-Quelle am 15.09.2003: http://www.ualberta.ca/~dmiall/reading/Necessity.htm.

Miall, David S./Kuiken, Don: Beyond Text Theory. Understanding Literary Response. In: Discourse Processes 17 (1994), S. 337–352. Online-Quelle am 15.09.2003: http://www.ualberta.ca/~dmiall/reading/BEYOND_t.htm.

Muszynski, Bernhard: Empirische Wende oder heiße Luft? Was die PISA-Debatte bewegen könnte. In: Politische Bildung 35 (2002) 3. Online-Quelle am 15.09.2003: http://www.uni-potsdam.de/u/sozpol/pisa.pdf.

Nickel-Bacon, Irmgard/Groeben, Norbert: Deutschunterricht und kritisch-konstruktive Mediennutzungskompetenz: Impulse aus Medienpsychologie und Literaturwissenschaft zum Umgang mit Fiktionen. In: Hug, Michael/Richter, Sigrun (Hrsg.): Ergebnisse soziologischer und psychologischer Forschung. Impulse für den Deutschunterricht. Baltmannsweiler: Schneider 2002. S. 28–43.

Perfetti, Charles A./Britt, M. Anne: Where Do Propositions Come From? In: Weaver/Mannes/Fletcher 1995. S. 11–34.

Quelle der Grafik: http://cns-alumni:bv.edu/~slehar/cartesian.html

Quine, Willard van Orman: Ontologische Relativität. In: Ders.: Ontologische Relativität und andere Schriften. Stuttgart: Reclam 1984 (= RUB 9804). S. 41–96.

Ryle, Gilbert: The Concept of Mind. London: Penguin Books 1990.

Roth, Gerhard: „Es gibt keine dritte Kultur". Ein Gespräch zwischen Gerhard Roth und Bernhard Pörksen. In: DIE WELT vom 3.3.2001. Literarische Welt S. 9.

Schreier, Margrit/Appel, Markus: Realitäts-Fiktions-Unterscheidungen als Aspekt einer kritisch konstruktiven Mediennutzungskompetenz. In: Groeben, Norbert/Hurrelmann, Bettina (Hrsg.): Medienkompetenz. Voraussetzungen, Dimensionen, Funktionen. Weinheim/ München: Juventa 2002. S. 231–254.

Searle, John R.: Minds, Brains and Science. The 1984 Reith Lectures. London: Penguin Books 1984.

Searle, John R.: The Rediscovery of the Mind. London, Cambridge (Massachusetts): MIT Press 1994.

Snow, Charles Percy: Die zwei Kulturen. Literarische und naturwissenschaftliche Intelligenz. Stuttgart: Klett 1967.

Switalla, Bernd: PISA lesen. Implikationen der Lesekompetenz-Studie. In: Universitas-Online 9 (2002) S. 1–15. Online-Quelle am 15.09.2003: http://www.hirzel.de/universitas/archiv/switalla.pdf.

Turner, Althea/Greene, Edith: Construction and use of a propositional text base. Technical Report Nr. 63. Institute for the Study of Intellectual Behavior, Boulder (Colorado) 1977.

van Dijk, Teun A.: On Macrostructures, Mental Models, and Other Inventions: A Brief Personal History of the Kintsch-van Dijk Theory. In: Weaver/Mannes/Fletcher 1995. S. 383–410.

von Düffel, John: Das lyrische Ich auf dem Heimweg. In: Die ZEIT Nr. 44 (2001). Online-Quelle am 15.09.2003: http://www.zeit.de/2001/44/Hochschule/200144_c-lehrjahre-duef.html.

Vorderer, Peter/Klimmt, Christoph: Lesekompetenz im medialen Spannungsfeld von Informations- und Unterhaltungsangeboten. In: Groeben, Norbert/Hurrelmann, Bettina (Hrsg.): Lesekompetenz. Bedingungen, Dimensionen, Funktionen. Weinheim/München: Juventa 2002. S. 215–235.

Weaver III, Charles A./Mannes, Suzanne/Fletcher, Charles R. (Hrsg.): Discourse Comprehension. Essays in Honor of Walter Kintsch. Hillsdale, New Jersey/Hove, UK: Lawrence Erlbaum Associates 1995.

Teil II

Deutschdidaktische Konsequenzen aus PISA und IGLU

Einleitung: Nach PISA und IGLU – Konsequenzen für Deutschunterricht und Deutschdidaktik

ULF ABRAHAM, VOLKER FREDERKING

Nachdem im vorangegangen ersten Teil dieses Buches die theoretischen Grundlagen und umfassenderen wissenschaftlichen Implikationen der PISA-Studie aus deutschdidaktischer Perspektive reflektiert und diskutiert worden sind, sollen im nachfolgenden zweiten Teil die Ursachen und praktischen Konsequenzen des schlechten Abschneidens deutscher Schüler(innen) im Bereich der ‚Lesekompetenz' in den Mittelpunkt der Aufmerksamkeit rücken. Dabei werden auch die jüngst veröffentlichten ersten Ergebnisse aus IGLU Berücksichtigung finden. Nach diesen haben deutsche Viertklässler(innen) sowohl im Bereich des Leseinteresses wie auch der Lesekompetenz deutlich bessere Ergebnisse erzielt als die bei PISA gestesteten 15-Jährigen (vgl. Bos/Lankes/Schwippert/Valtin/Voss/Badel/Plaßmeier 2003, S. 69ff.). Dieser Befund macht deutlich: Besonders die Sekundarstufe I vermag es innerhalb des deutschen Schulwesens offensichtlich nicht, einer ausreichenden Mehrheit der in ihr Lernenden genügend Lesefreude und Lesekompetenz mit auf den Weg zu geben.

Vor diesem Hintergrund werden spezifische Problemfelder bzw. Ansatzpunkte für eine didaktische Intervention erkennbar, die im nachfolgenden II. Teil des Bandes besondere Berücksichtigung finden werden. Schlussfolgerungen, die sich unausweichlich aus den jüngsten Schülerleistungstests für das Bildungswesen im Ganzen ergeben – z.B. die Verkleinerung der Klassenstärken, die Erhöhung der im internationalen Vergleich unterdurchschnittlichen Ausgaben für Bildung, die Erhöhung der Pflichtstundenzahl für das Fach Deutsch im Bereich der Sekundarstufe I etc. –, werden dabei zwar berührt werden, bedürften aber einer ausführlicheren und vor allem differenzierteren Reflexion, als dies im Rahmen des vorliegenden Buches möglich ist.

Im Mittelpunkt der Aufmerksamkeit werden hingegen drei grundsätzliche Handlungs- und Problemfelder stehen, auf denen die Deutschdidaktik gefordert ist, im Interesse einer zu verändernden Praxis die im Rahmen von PISA und IGLU zu Tage getretenen Defizite zu ‚übersetzen', indem sie Desiderate benennt und Vorschläge entwickelt:

1. für den Deutschunterricht selbst,
2. für die Lehrer(innen)-Aus- und Fortbildung,
3. für die weitere Hochschul- und Schulentwicklung.

Diese drei Handlungs- und Problemfelder sollen nachfolgend hinterfragt und in Kernaspekten erörtert werden,[1] um Ansatzpunkte für Konsequenzen aus PISA und IGLU im Horizont deutschdidaktischer Theorie und Praxis in einem ersten Zugriff ins Blickfeld zu heben. Auf dieser Grundlage lassen sich die thematischen Schwerpunkte der im zweiten Teil versammelten Aufsätze respektive der sie bündelnden thematischen Einheiten in akzentuierter Form erläutern.

1 Deutschdidaktische Handlungs- und Problemfelder

1.1 Deutschunterricht

1.1.1 Lesen ist im Zeichen der Medialisierung von Kindheit und Jugend zu einer Kulturtechnik geworden, deren Vermittlung den Deutschunterricht vor qualitativ neue Herausforderungen stellt.

Wenn „auf der Gesamtskala im Lesen der Mittelwert der 15-Jährigen in Deutschland [...] 16 Punkte unter dem OECD-Mittelwert" (Artelt/Stanat/Schneider/Schiefele 2001, S. 109) liegt, so bestätigt dies leider die Lesesozialisationsforschung, die schon früh vor einem Verfall der Lesekultur gewarnt hat. Eine Ursache ist sicherlich die Medialisierung der Gesellschaft. Insbesondere die AV-Medien haben klassische Formen literarischer Sozialisation verändert. Der Deutschunterricht kann nicht mehr – wie noch vor wenigen Jahrzehnten – von einer selbstverständlichen Lesebereitschaft, Leselust und Lesekompetenz bei den Heranwachsenden ausgehen. Ihre Förderung wird vielmehr zu einer seiner zentralen Aufgaben. Insbesondere in der Grundschule und den Eingangsklassen weiterführender Schulen sollte auf Leseübungen mehr Wert gelegt werden, ebenso aber auch auf Reflexion von Lese- und Verstehensprozessen (vgl. die Beiträge von Ulf Abraham, Ortwin Beisbart und Albert Bremerich-Vos/Sonja Schlegel).

Die Erhöhung der Pflichtstundenzahl im Fach Deutsch im Bereich von Primar- und Sekundarstufe I sollte damit einhergehen. Das Interesse an Sprache und Literatur sollte außerdem auf spielerische Weise bereits im Kindergarten mehr gefördert werden. Denn wir wissen, dass die vorschulische Lesesozialisation der Vier- bis Sechsjährigen von entscheidender Bedeutung ist und dass Kinder aus sozial schwachen Elternhäusern, die aufgrund ihres wenig literal geprägten familiären Umfeldes schwerwiegende Nachteile gegenüber ihren Altersgenoss(inn)en aus höheren Schichten haben, in ihrer Lesekompetenz nur durch frühzeitige Kompensation zu fördern sind.

1.1.2 Der Deutschunterricht muss in Analyse und Produktion von Texten eigenaktiver werden, um das Interesse an Literatur und das Entstehen einer Lesekultur zu fördern.

Der Erwerb von Lesekompetenz setzt Leselust voraus. Es ist deshalb ein ebenso alarmierendes Ergebnis der PISA-Studie, „dass der Anteil der 15-jährigen, die angeben, überhaupt nicht zum Vergnügen zu lesen, in Deutschland bei 42 Prozent liegt und von keinem anderen Land übertroffen wird" (Artelt/Stanat/Schneider/Schiefele 2001, S. 113–116). Dieses Ergebnis deckt sich mit Erkenntnissen, die die Lesesozialisationsforschung schon seit vielen Jahren gewonnen hat – nicht beachtet von Politik, Medien und Öffentlichkeit. Für die verlorene Leselust verantwortlich gemacht wurde von Schüler(inne)n dabei auch und gerade die rein analytisch-sezierende Umgangsweise mit literarischen Texten, wie die Leseforschung gezeigt hat. Natürlich ist kognitive Distanz zum Text in der Schule unverzichtbar, analytische Vorgehensweisen sind es deshalb auch. Sie haben aber nur Sinn als Anbahnung einer Äußerungskompetenz in Bezug auf das Gelesene. In diesem Zusammenhang dürfen auch methodische Wege einer produktiven, Gestaltungsfähigkeiten herausfordernden Arbeit mit Texten nicht länger ungenutzt bleiben. Viele Deutschlehrer(innen) begegnen kreativ-eigenständigen Bearbeitungsformen allerdings noch immer mit Skepsis – mit dem Ergebnis, dass ihre Schüler(innen) nicht in der Lage sind, kreative Schreibarrangements und die eher auf Selbstständigkeit zielenden Aufgabenstellungen der PISA-Erhebung zu bewältigen (vgl. dazu die Beiträge von Volker Frederking und Kaspar H. Spinner).

1.1.3 An die Stelle abstrakter und isolierter Faktenvermittlung sollte in stärkerem Maße die Entwicklung einer umfassenden Problemlösungskompetenz treten.

Ein bemerkenswertes Ergebnis der Studie besteht darin, „dass die Differenz vor allem beim Reflektieren und Bewerten groß ist“ (Artelt/Stanat/Schneider/Schiefele 2001, S. 109). Dass der Deutschunterricht selbst in seiner bisherigen Domäne – der Analyse, Deutung und Bewertung von Texten – im internationalen Vergleich weit abgeschlagen ist, muss zu denken geben. Hier bestätigen sich jene seit langem von großen Teilen der Deutschdidaktik benannten Vorbehalte gegenüber einem immer noch dominierenden lehrerzentrierten und fragengesteuerten Deutschunterricht (vgl. dazu den Beitrag von Kaspar H. Spinner). Die Lernenden in ihrer Mehrzahl sind gewohnt kleinschrittig in einer von der Lehrkraft gesteuerten Leitfragen-Erschließung an ein Textverständnis ‚herangeführt‘ zu werden. So kann sich keine Selbstständigkeit aufbauen. Um sie zu erreichen, müssen Lese- und Schreibstrategien vermittelt werden; auch sie allerdings machen nur Sinn, wenn sie nicht isoliert ‚geübt‘, sondern in einer themazentrierten und integrativen Arbeit an Texten eingesetzt werden (vgl. den Beitrag von Ulf Abraham).

1.1.4 Der Deutschunterricht muss eine Lernkultur ausbilden, die stärker an die Lebens- und Erfahrungswelt der Heranwachsenden anknüpft und auf diese zurückwirkt.

Zu überwinden ist ein lange dominanter Etikettenstreit: Leistungsterror hier – Kuscheleckenpädagogik dort. Anzustreben ist im modernen Deutschunterricht vielmehr ein fach-, alters- und schulstufenspezifisches Gleichgewicht von Leistungsbereitschaft und Lernfreude auf Seiten der Schüler(innen) sowie von fachlichen Ansprüchen und Lehrkunst auf Seiten der Lehrer(innen). Erst dann entsteht eine Lernkultur, in der Deutschunterricht als ebenso interessant wie bereichernd erlebt wird. Dies setzt voraus, Zugänge zu sprachlichen und literarischen Gegenständen zu eröffnen, die an Lebens- und Erfahrungswelten der Schüler(innen) anknüpfen und ihre geschlechtsspezifischen Interessen berücksichtigen (vgl. dazu den Beitrag von Anita Schilcher), um auf dieser Grundlage die vielfältigen fachspezifischen Möglichkeiten zur literarischen Bildung, ästhetischen Erfahrung, Identitätsentwicklung und Wertevermittlung zu nutzen. Nur so erschließt sich den Heranwachsenden die Welt der deutschen Sprache und Literatur als etwas, das mit ihnen selbst und ihrem Leben zu tun hat und zum Aufbau eines tragfähigen Selbst- und Weltverhältnisses beitragen kann (vgl. dazu die Beiträge von Kaspar H. Spinner und Volker Frederking).

Die Straffung der Lehrpläne ist hierfür ebenso eine Bedingung der Möglichkeit wie die Entlastung der Lehrkräfte durch die Reduktion der Korrekturbelastung bzw. deren Ausgleich durch Deputatsermäßigungen. Denn nur Lehrkräfte, die sich nicht länger als Vollzugsbeamte prall gefüllter Stoffvermittlungspläne und als Leistungsmesser im mit Abstand korrekturintensivsten Unterrichtsfach erleben, werden in der Lage sein, in den selbst gewonnenen Freiräumen eines normalisierten beruflichen Selbst- und Weltverhältnisses ihren Schüler(inne)n entsprechende Optionen überzeugend und engagiert eröffnen zu können.

1.1.5 Die Integration neuer Medien in den Deutschunterricht steht der Förderung von Lesekompetenz nicht entgegen, sondern kann einen spezifischen Beitrag zu ihrer Entwicklung leisten.

Fachspezifische Medienintegration und Medienreflexion rücken seit dem Aufstieg der sogenannten neuen Medien immer stärker in den Mittelpunkt von Deutschdidaktik und Deutschunterricht. Dieser Prozess steht der mit der PISA-Studie erkennbar gewordenen Notwendigkeit einer gezielten Förderung der ‚Lesekompetenz' keinesfalls entgegen. Denn gleichzeitig eröffnet der fachspezifische Einsatz von Computer und Internet im Deutschunterricht neue Chancen für einen interessanten Umgang mit Sprache und Literatur, der die Lesekompetenz der Schüler(innen) erweitern bzw. vertiefen kann. Im Gegensatz zu den audiovisuellen Medien sind Computer und Internet nämlich auf Sprache gegründete Medien. Ein sinnvoller, den spezifischen Mehrwert berücksichtigender Einsatz neuer Medien kann deshalb zur Förderung von Lesekompetenz beitragen, insbesondere zur Fähigkeit mit „nichtkontinuierlichen Texten" umzugehen. Eine besondere Rolle kommt in diesem Zusammenhang der eigenen Produktion von Texten mit Hilfe der verschiedenen Medien zu. Durch den fachspezifischen Einsatz neuer Medien wird im Übrigen die Kluft zwischen der Lebens- und Erfahrungswirklichkeit der Heranwachenden auf der einen und der schulischen Ausbildung auf der anderen Seite verringert (vgl. dazu die Beiträge von Volker Frederking und Anita Schilcher).

1.2 Deutschlehrer(innen)-Ausbildung

1.2.1 Die Stärkung der Deutschdidaktik in allen Phasen der Lehrer(innen)-Bildung ist eine unverzichtbare Voraussetzung für deren Professionalisierung.

Fundierte fachwissenschaftliche Bildung bleibt zwar Bedingung eines qualifizierten Unterrichts. Sie ist aber nur eine notwendige, keine hinreichende Voraussetzung. Denn daneben benötigen Lehrende Klarheit über Unterrichtsziele (didaktisches Bewusstsein) sowie über ein breites Spektrum fachspezifischer Methoden. Vor diesem Hintergrund lässt sich die unvermindert bestehende Vernachlässigung der Deutschdidaktik im Kontext der Studien- und Prüfungsordnungen der Lehramtsstudiengänge nahezu aller Bundesländer nur als schweres bildungspolitisches Versäumnis bezeichnen. Es dominieren nach wie vor fachwissenschaftliche Studien- und Prüfungsinhalte; am ehesten kommt noch in der 2. Phase (vgl. den Beitrag von Dagmar Wilde) fachdidaktische Kompetenz zu ihrem Recht.

Eine Erhöhung der nachzuweisenden Semesterwochenstunden sowie der zu erbringenden Leistungsnachweise im Bereich der Deutschdidaktik und, damit einhergehend, eine personelle Stärkung der Deutschdidaktik an den Universitäten bilden hierfür zentrale Voraussetzungen. Diese Forderung deckt sich im Übrigen mit den Empfehlungen des Wissenschaftsrates zur Neustrukturierung der Lehrerausbildung. In der aktuellen Neugestaltung der Lehrerausbildung im Rahmen der BA- bzw. MA-Studiengänge sollte die Deutschdidaktik entsprechend eine deutlich stärkere Gewichtung erhalten.

1.2.2 Optimierung der Aus- und Fortbildung setzt Straffung der Lehrinhalte, Verbesserung der Lehrformen und Orientierung an tragfähigen didaktisch-methodischen Forschungsergebnissen voraus.

Die Professionalisierung der Deutschlehrer(innen)-Ausbildung und -Fortbildung setzt quantitative Verbesserungen voraus (vgl. 2.1), aber auch eine qualitative Optimierung – z.B. eine schulartenspezifischere Ausrichtung des Lehrangebots. Umgekehrt sind für die philologischen Anteile der Lehramtsstudiengänge ausbildungsbezogenere Fragestellungen bei der Textauswahl bzw. der Textanalyse sinnvoll und notwendig.

Doch nicht nur die Lehrinhalte bedürfen der Überprüfung, sondern auch die Lehrformen und -qualifikationen. Welche didaktische Ausbildung haben Hochschullehrer(innen) in den Lehramtsstudiengängen? Eine Ausbildung, die angehende Deutschlehrer(innen) professionell auf ihr zukünftiges Aufgabenfeld vorbereiten soll, setzt eine Lehre voraus, die exemplarisch praktiziert, was die Lehramtsstudierenden später realisieren sollen. Daneben stehen auch die zweite und dritte Phase der Deutschlehrer(innen)-Ausbildung auf dem Prüfstand (vgl. die Beiträge von Jörg Steitz-Kallenbach und Dagmar Wilde). Welche didaktischen und methodischen Prinzipien werden im Referendariat vermittelt? Wie sieht Fortbildung in der Praxis aus? Viele der heute tätigen Deutschlehrer(innen) wurden in einer Zeit ausgebildet, da Kindheit und Jugend noch anders verliefen. Auf den Wandel von Interessenschwerpunkten und Lernvoraussetzungen ihrer Schüler(innen) konnten sie folglich nur unzureichend vorbereitet sein. Da das für jede neue Generation gilt, ist Fort- bzw. Weiterbildung seit jeher eine vordringliche Aufgabe der Deutschdidaktik. Heute sind von ministerieller wie universitärer Seite verstärkte Anstrengungen notwendig, um die in der Praxis tätigen Deutschlehrer(innen) mit tragfähigen didaktischen und methodischen Erkenntnissen vertraut zu machen. Damit sollte eine veränderte Supervisionspraxis einhergehen: Deutsche Lehrer(innen) sind in ihrer Mehrheit zu sehr am input von Unterricht interessiert und zu einer output-Orientierung erst hinzuführen. Diagnostische Fähigkeiten, aber auch empirische Unterrichtsforschung im Fach Deutsch sind dafür entscheidende Voraussetzungen (vgl. die Beiträge von Albert Bremerich-Vos/Sonja Schlegel und Holger Ehlers/Heiner Willenberg). Auch brauchen Lehrer(innen) mehr beratende Rückmeldung: Die Überwindung des in den Schulen verbreiteten Einzelkämpfertums geht damit einher.

1.2.3 Ohne Leseförderung einseitig auf Bedürfnisse der Wirtschaft zuschneiden zu wollen, sollten pragmatische Texte stärker als bisher zum Ziel didaktisch-methodischer Bemühungen um Wissens- und Kompetenzerwerb gemacht werden.

Einer guten Tradition der Pflege ästhetischer Kommunikation und literarischer Bildung in Schule und Hochschule steht bei uns eine Vernachlässigung pragmatischer Lektüre gegenüber. Dabei dominieren pragmatische Texte – auf einer großen Bandbreite von Funktionen und Formen bis hin zu sprachlich sehr dichten, für Heranwachsende kaum verständlichen Artikeln von Wissenschaftsjournalisten über öffentlich diskutierte Fachfragen (z.B. Gentechnik) – den Alltag des Lesens. Strategien des Lernens mit und aus Sach- und Fachtexten sind mehr als bisher zu entwickeln und zu vermitteln. Neuere kognitionspsychologische Forschungen zum Wissenserwerb aus Texten sowie zur Verständlichkeit von Texten sollten genutzt werden für eine erneuerte Didaktik und Methodik der Arbeit mit nichtpoetischen Texten in allen Medien (vgl. die Beiträge von Ulf Abraham und Albert Bremerich-Vos/Sonja Schlegel). Andererseits sollte den Schüler(inne)n bewusst werden, dass poetische Texte anders zu lesen sind als Sachtexte (vgl. die Beiträge von Kaspar H. Spinner und Ortwin Beisbart).

1.3 Schul- und Hochschulentwicklung

1.3.1 Der Deutschunterricht allein kann Lesekompetenz nicht nachhaltig verbessern; auch Familie, Vorschule und vor allem andere Schulfächer haben hier eine Aufgabe.

PISA hat gezeigt, dass vor allem Sachtexte und „nicht kontinuierliche Texte" (z.B. Schaubilder, Statistiken), die in vielen Schulfächern und an der Hochschule, aber auch in Alltag und Beruf eine erhebliche Rolle spielen, noch mehr als Herausforderungen des Unterrichts angenommen werden müssen. Psychologische Überlegungen zur Textverständlichkeit und zum Aufbau von Wissensstrukturen aus Texten gibt es seit längerem. Sie gehen auch andere Fächer etwas an. In Mathematik, Geografie oder Geschichte spielt pragmatische Lesekompetenz eine noch größere Rolle als im Deutschunterricht (vgl. dazu die Beiträge von Gabriela Paule und Siegfried Hummelsberger). In der Praxis des Fachunterrichts wird das selten reflektiert. Stattdessen setzen die meisten Lehrer(innen) die Fähigkeit, präsentierten Texten Informationen zu entnehmen, einfach voraus. Nun sind Fähigkeiten und Fertigkeiten problemlösenden Denkens („cognitive skills") nur begrenzt von einem Wissensbereich auf einen anderen übertragbar. Sie müssen also (auch) dort geübt und reflektiert werden, wo sie verlangt werden, nicht (nur) isoliert davon in einem anderen, für die Sprachlichkeit von Lernprozessen dann allein zuständigen Fach. Es handelt sich um eine fächerübergreifende Schlüsselkompetenz. Diese verlangt nach einem fächerübergreifenden bildungspolitischen und dann auch didaktischen Konzept. Das Fach Deutsch kann Leitfach, die Deutschdidaktik Leitwissenschaft einer solchen Didaktik des Textverstehens sein; aber Lehrer(innen) anderer Fächer müssen sich um eine Verbesserung entsprechender Leistungen mitbemühen – schon deshalb, weil solche Leistungen letztlich nicht inhaltsneutral zu evaluieren sein werden. Analog gilt für die Hochschule, dass Schreib- und Leseberatung nicht nur, falls überhaupt, von Lehrenden der Fachdidaktik Deutsch angeboten, sondern als übergreifende Aufgabe erkannt und wahrgenommen werden muss.

1.3.2 Die sprachliche und soziale Integration von Kindern ethnischer Minderheiten muss im Rahmen gezielter Bildungsmaßnahmen vor allem im Deutschunterricht gefördert werden.

Sprachkompetenz ist die Basis für die Teilnahme am gesellschaftlichen wie privaten Leben. Voraussetzung und Ziel einer erfolgreichen Schullaufbahn Heranwachsender nicht-deutscher Herkunft sind zunächst gesicherte Deutschkenntnisse im Mündlichen und Schriftlichen. Dies stellt auch die PISA-Studie in aller Deutlichkeit fest: „Weder die soziale Lage noch die kulturelle Distanz als solche sind primär für Disparitäten der Bildungsbeteiligung verantwortlich; von entscheidender Bedeutung ist vielmehr die Beherrschung der deutschen Sprache auf einem dem jeweiligen Bildungsgang angemessenen Niveau. Für Kinder aus Zuwandererfamilien ist die Sprachkompetenz die entscheidende Hürde in ihrer Bildungskarriere" (Baumert/Schümer 2001, S. 374). Denn wer nicht bzw. nur unzureichend Texte in deutscher Sprache lesen bzw. verstehen kann, hat nicht nur im Fach Deutsch Schwierigkeiten. Da praktisch alle Unterrichtsprozesse sprachlich fundiert sind, können Kinder, die nicht Deutsch als Muttersprache gelernt haben, auch dem Unterricht der anderen Fächer nur in unzureichender Weise folgen.

Diese Erkenntnisse sind nicht neu, mit der PISA-Studie dringen sie lediglich ins öffentliche Bewusstsein und erzeugen Druck auf politisch Verantwortliche. Es ist bedauerlich, dass die Gelder für die sprachliche Förderung von Kindern ethnischer Minderheiten in den letzten Jahren sukzessive abgebaut wurden. Auf diese Weise werden Lehrende allein gelassen mit Aufgaben, auf die sie in ihrer Ausbildung nicht vorbereitet worden sind und die sie im Rahmen des normalen Unterrichts nur ansatzweise lösen können. Neben die problemspezifische Vorbereitung angehender und die Weiterbildung tätiger Deutschlehrer(innen) muss die gezielte sprachliche Förderung von Kindern aus Minderheitenfamilien treten. Hier ist die Fachdidaktik gefordert (vgl. den Beitrag von Jörg Steitz-Kallenbach). Aber auch die Politik ist in der Pflicht, dies durch entsprechende Programme zu ermöglichen. Anders verhält es sich hingegen mit der durch PISA erkennbar gewordenen Konsequenz einer stärkeren Berücksichtigung von Lernvoraussetzungen der Schüler(innen) nichtdeutscher Muttersprache: Sie geht die Fachdidaktik mehr an, als diese lange hat wahrhaben wollen und findet nachfolgend deshalb eine ausführlichere Thematisierung (vgl. die Beiträge von Ingelore Oomen-Welke, Swantje Ehlers sowie Julian Lüddecke und Sigrid Luchtenberg).

1.3.3 Germanistik, Deutschdidaktik und Deutschunterricht müssen ihr disziplinäres Selbstverständnis erweitern und ihren Beitrag zur literarischen Kultur und Bildung unserer Gesellschaft neu bestimmen.

Wir leben in einer Mediengesellschaft. Kulturelle Leitbilder werden immer mehr durch medial vermittelte bestimmt. Diese orientieren sich nicht selten an ökonomischen Interessen. Die Erlebnis- und Spaßgesellschaft ist Ausdruck dieses Prozesses. Möglicherweise wird sich im Rahmen weiterer Forschungsbemühungen herausstellen, dass die bei den 15-Jährigen in Deutschland ermittelte unterdurchschnittliche Lesekompetenz nur punktuelles Abbild eines umfassenderen Problems darstellt, das in das Zentrum unserer kulturellen und gesellschaftlichen Wirklichkeit in Deutschland selbst reicht und sich nicht zuletzt im teilweise mangelhaften Interesse von Eltern am Bildungsfortschritt ihrer Kinder zeigt. Zu beachten wird in diesem Zusammenhang insbesondere sein, welche Folgen die zu beobachtende Marginalisierung der literarischen Bildung auf gesamtgesellschaftlicher und der Geisteswissenschaften auf universitärer Ebene hat: Die ehedem so angesehenen Geisteswissenschaften wurden mit fortschreitender Modernisierungsdynamik zu Zaungästen der gesellschaftlichen und wissenschaftlichen Entwicklung. Sprachliche und literarische Bildung scheint bedeutungslos, wo es um angeblichen Fortschritt von Wirtschaft und Technik geht. Die mit der Ausbildung von Sprach- und Literaturlehrer(innen) befassten Fächer an der Hochschule müssen ebenso wie das mit sprachlicher und literarischer Bildung befasste Schulfach Deutsch eine Neubestimmung ihres fachspezifischen Selbstverständnisses einleiten und deren Resultat – immerhin die Vermittlungsaufgabe der Schlüsselkompetenzen einer Mediengesellschaft! – in die Hochschul- und Schulentwicklung aktiv einbringen. Empirische fachdidaktische Forschung kann dazu einen entscheidenden Beitrag leisten (vgl. dazu die Beiträge von Volker Frederking, Albert Bremerich-Vos/Sonja Schlegel und Holger Ehlers/Heiner Willenberg).

Werden sich dann, nach Jahren stagnierender Einstellung von Junglehrer(innen), endlich die Kollegien verjüngen, so können die in Fachdidaktik und Ausbildung zum großen Teil schon seit Längerem diskutierten und vermittelten neuen Inhalte, Konzepte und Verfahren (z.B. eben des Sprach-

und Literaturunterrichts im Fach Deutsch) die Schulpraxis endlich im erforderlichen Ausmaß auch erreichen.

2 Zu den Beiträgen

Die im vorangegangenen Kapitel erläuterten deutschdidaktischen Handlungs- und Problemfelder werden in den einzelnen Beiträgen des II. Teils dieses Buches in unterschiedlichen Fragehorizonten und Akzentsetzungen aufgegriffen, weitergeführt, differenziert und vertieft.

Den Auftakt bilden Artikel, die grundsätzliche Konsequenzen für die Deutschdidaktik und den Deutschunterricht nach PISA und IGLU in den Mittelpunkt der Aufmerksamkeit rücken. So sichtet **Ulf Abraham** (Würzburg) die didaktisch-methodische Literatur zu den gegenwärtig kontrovers diskutierten Lesestrategien, die er in Zusammenhang mit Schreibstrategien bringt und unter der – freilich nicht durchweg erfüllten - Voraussetzung ihrer Einbindung in themazentrierte Unterrichtsvorhaben prinzipiell positiv bewertet. **Ortwin Beisbart** (Bamberg) klärt, was PISA wollte und was nicht, betont die Notwendigkeit einer fachdidaktischen Auseinandersetzung mit dem Konzept der reading literacy und zieht aus den PISA-Ergebnissen vorsichtige didaktische Folgerungen zur Verbesserung der Leseförderung: Junge Leser im deutschen Schulwesen müssen lernen, innere Konzepte über das Gelesene zu entwickeln. Dabei müssen sie von geeigneten didaktischen Konzepten besser unterstützt werden. **Kaspar H. Spinner** (Augsburg) setzt sich mit dem Problem der Lesekompetenz nach PISA und den Konsequenzen für den Literaturunterricht auseinander. Besondere Aufmerksamkeit widmet er dabei dem Problem des fragend-entwickelnden Unterrichtsgesprächs, dem Verhältnis von Induktion und entdeckendem Lernen, den Möglichkeiten und Grenzen individualisierenden Unterrichts, dem Verhältnis von kumulativem und nachhaltigem Lernen, den Potentialen situierten Lernens, der Ambiguität literarischer Texte, der Identitätsbildung und der ästhetischen Sensibilität im Rahmen empirischer Bildungsforschung. **Volker Frederking** (Erlangen-Nürnberg) thematisiert Möglichkeiten der fachspezifischen Förderung von Leseinteresse und Lernmotivation im Deutschunterricht im Horizont von fünf didaktischen Ansatzpunkten: der Förderung von ästhetischer Genussfähigkeit und literarischer Geselligkeit, der Reintegration der künstlerischen Anteile des Faches Deutsch, der fachspezifischen Nutzung digitaler Medien, der Stärkung der

Eigenaktivität der Lernenden und der umfassenderen Berücksichtigung des fachspezifischen Selbstkonzepts, des Lebensweltbezugs und der Identität der Schüler(innen) im unterrichtlichen Prozess. Die in diesem Zusammenhang erkennbar gewordenen Desiderate empirischer fachdidaktischer Forschungen werden im Schlussteil im Horizont wissenschaftstheoretischer und interdisziplinärer Aspekte hinterfragt.

An diese allgemeiner ausgerichteten Artikel schließen sich Beiträge zu einzelnen Problembereichen an, die auf der Grundlage der PISA- bzw. der IGLU-Studie in neuer Deutlichkeit erkennbar geworden sind und Deutschdidaktik wie Deutschunterricht zu einer verstärkten Auseinandersetzung mit Ursachen und Konsequenzen herausfordern müssen.

Der erste dieser Teilbereiche hat die interkulturellen bzw. migrationsspezifischen Implikationen von PISA zum Gegenstand. **Ingelore Oomen-Welke** (Freiburg) setzt sich in ihrem Beitrag mit Migrantenkindern im Deutschunterricht nach PISA auseinander. Im Anschluss an eine prinzipielle Reflexion der spezifischen Problemlagen von Schüler(inne)n der unteren Leistungsstufen stehen Fragen sinnvoller didaktischer Intervention angesichts der erkennbar gewordenen Problemlagen im Mittelpunkt ihrer Aufmerksamkeit. Während die vielfältigen, unmittelbar nach Veröffentlichung der PISA-Studie diskutierten bzw. realisierten Vorschläge wie Deutschtests, Deutschkurse, Deutsch für Mütter oder die diskutierte Festlegung nationaler und regionaler Bildungsstandards nicht mehr als schulexterne ‚Reparaturversuche' darstellen, muss das Hauptaugenmerk auf dem schulischen Unterricht selbst sowie auf der Beantwortung der nach wie vor offenen Fragen der Lern- und Instruktionsforschung liegen. **Swantje Ehlers** (Giessen) setzt sich in ihrem Artikel mit einer damit korrespondierenden Problemstellung auseinander: dem Leseverständnis von Migrantenkindern und dem Erwerb von L2-Lesefähigkeit unter den Bedingungen von sozialer Mehrsprachigkeit. Nach der Klärung der Besonderheiten zweitsprachlichen Lesens und des Verhältnisses zwischen Mündlichkeit bzw. sozialem Kontext und L2-Leseerwerb rücken praktische Konsequenzen für den Deutschunterricht in heterogenen Klassen in das Zentrum ihrer Ausführungen. In neun Problemkreisen werden diese en detail entwickelt. Konsequenzen aus PISA im Horizont interkultureller Erziehung reflektieren **Julian Lüddecke** (Essen) und **Sigrid Luchtenberg** (Essen) in ihrem Beitrag. Auf der Grundlage einer detaillierteren Auswertung einschlägiger Daten der PISA–Studie zu dem Leistungsstand von Migrantenkindern und ihren Schulkarrieren werden zahlreiche Vorschläge zur Verbesserung ihrer

Lernsituation gemacht. Dabei bilden Erkenntnisse und Prinzipien interkultureller Erziehung die Grundlage für Konzepte, wie im Deutschunterricht konkret die Lesekompetenz von Migrantenkindern verbessert werden kann.

Die angesichts des besonders schlechten Abschneidens männlicher Jugendlicher im Rahmen von PISA erkennbar gewordenen spezifischen neuen Herausforderungen an einen geschlechterdifferenzierenden Deutschunterricht rücken in dem Beitrag von **Anita Schilcher** (Passau) in den Fokus der Aufmerksamkeit. Auf der Grundlage einer akzentuierten Sichtung von Forschungsergebnissen zu geschlechtsspezifischen Unterschieden im Zusammenhang mit Lesekompetenz, Leseintensität, Lesemotivation, Medieninteressen etc. arbeitet sie zunächst jugendliterarische und gesellschaftliche Jungenbilder heraus, um auf dieser Grundlage systematisch Möglichkeiten zu skizzieren, die Interessen der Jungen verstärkt in den Deutschunterricht zu integrieren.

Einen weiteren Schwerpunkt bilden Beiträge zum Umgang mit sogenannten Sachtexten bzw. dem Lesen und Schreiben pragmatischer Texte im Unterricht. **Siegfried Hummelsberger** (München) fragt nach der Sachdienlichkeit der Rede von den Sachtexten, d.h. nach Kriterien ihrer Wahrnehmung, Einteilung und Abgrenzung gegen literarische Texte, und entwickelt praxisorientierte Prinzipien des Umgangs mit diesem Gegenstandsbereich. **Gabriela Paule** (Bayreuth) stellt ein erprobtes Konzept zum fächerverbindenden Umgang mit dem Lesen und Schreiben der Textsorte „Definition" in Deutsch und Mathematik dar. Damit wird, exemplarisch für ein Fach, das die Ausbildung (schrift-)sprachlicher Kompetenzen und die Förderung von Sprachbewusstsein bisher überhaupt nicht als Aufgabe wahrgenommen hat, gezeigt, dass beide Fächer von einer solchen Zusammenarbeit profitieren: Lesekompetenz ist auf Dauer nur zu verbessern, wenn ihre Förderung als Aufgabe nicht nur des Faches Deutsch erkannt wird.

Ein weiterer zentraler Aufgabenbereich, der nach PISA und IGLU in neuem Licht erscheint, ist der Bereich der Lehreraus- bzw. –weiterbildung. **Dagmar Wilde** (Berlin) reflektiert in ihrem Beitrag auf der Grundlage eigener Erfahrungen wie der von Kolleg(inn)en Spezifika von Fachseminararbeit in der Folge von PISA und IGLU. Das Spektrum neuer bzw. bestätigter alter Schwerpunkte ist dabei breit. Es reicht von der intensiven Auseinandersetzung mit dem Lesebegriff von PISA über Lesestrategien, Lesekompetenzstufen als Diagnoseinstrumente, einem erweiterten Textbegriff, der verstärkten Anknüpfung an die Lebenssituation der Schüler(innen) bis hin zu einem geschärften Blick für die Qualität des Lehrens und Lernens und die Notwendigkeit, in der Ausbildung den Referendar(inn)en Wege von der Belehrungs- zur Lernkultur zu erschließen. Stand, Probleme und Perspektiven von Lehrerfort- und -weiterbildung nach PISA und IGLU diskutiert **Jörg Steitz-Kallenbach** (Oldenburg) in seinem Beitrag. Dabei werden Problemzusammenhänge und Handlungsfelder der Lehrerfortbildung differenziert hinterfragt und Ansatzpunkte ins Blickfeld gehoben. Neben dem Nutzbarmachen als Ideen- und Kontaktbörsen bestehender Kompetenzen werden vier inhaltliche Schwerpunkte benannt und erläutert: Informationen zu PISA und IGLU, fachspezifische Perspektiven, fächerübergreifende Möglichkeiten und Fragen der Schulentwicklung bzw. des Schulprofils.

Der letzte im Rahmen dieses Buches aufgenommene Problemkomplex, in dem sich aus PISA und IGLU deutschdidaktische Konsequenzen grundlegender Art ergeben, ist die Notwendigkeit, in Zukunft in stärkerem Maße fachspezifische empirische Unterrichtsforschung zu betreiben. **Albert Bremerich-Vos** (Hildesheim) und **Sonja Schlegel** (Hildesheim) stellen mit ihrem Beitrag Möglichkeiten und Probleme eines empirisch evaluierten Lesetrainings im Deutschunterricht zur Diskussion. Der Untertitel ist dabei Programm: ‚Das lehrreiche Scheitern eines Projekts'. Im Rahmen einer Replikationsstudie sollten Lernstrategien im Deutschunterricht auf der Grundlage eines von Karl Josef Klauer entwickelten und evaluierten Trainings gefördert und überprüft werden. Die unerwarteten Ergebnisse des Projekts werfen vielfältige Fragen auf, die für zukünftige deutschdidaktische Forschungsprojekte fruchtbar gemacht werden können. In dem Beitrag von **Holger Ehlers** (Hamburg) und **Heiner Willenberg** (Hamburg) werden andere Schwierigkeiten, aber auch reichhaltige Chancen in der Begegnung zwischen empirischem Forschen und didaktischem Denken exemplarisch vorgeführt und ausgewertet. Bezugspunkt ist das KMK-Projekt DESI, das anders als PISA deutlich didaktisch ausgerichtet ist und Lehrplanbezug und Lesepsychologie zu verbinden sucht. Der Forschungsbericht über DESI und dessen auf Validität wie Reliabilität zielende Grundkonzeption macht Möglichkeiten didaktischer Empirie als Basis für die Bildungspolitik kenntlich und lässt gleichzeitig erste Ansätze zu einer Überwindung des empirischen Desiderats innerhalb der Deutschdidaktik erkennbar werden.

Anmerkungen

[1] Dies geschieht auf der Grundlage bzw. in Weiterentwicklung von 12 Thesen, die wir gemeinsam mit Ortwin Beisbart im Januar 2001 formuliert haben (vgl. http://www.deutschdidaktik.ewf.uni-erlangen.de/home/index,id,396,selid,1006,type,VAL_MEMO.html).

Literatur

Artelt, Cordula/Stanat, Petra/Schneider, Wolfgang/Schiefele, Ulrich: Lesekompetenz: Testkonzeption und Ergebnisse. In: Baumert, Jürgen/Klieme, Eckhard/Neubrand, Michael/Prenzel, Manfred/Schiefele, Ulrich/Schneider, Wolfgang/Stanat, Petra/Tillmann, Klaus-Jürgen/Weiß, Manfred (Hrsg.): PISA 2000. Basiskompetenzen von Schülerinnen und Schülern im internationalen Vergleich. Opladen: Leske + Budrich 2001. S. 69–137.

Baumert, Jürgen/Schümer, Gundel: Familiäre Lebensverhältnisse, Bildungsbeteiligung und Kompetenzerwerb: In: Baumert, Jürgen/Klieme, Eckhard/Neubrand, Michael/Prenzel, Manfred/Schiefele, Ulrich/Schneider, Wolfgang/Stanat, Petra/Tillmann, Klaus-Jürgen/Weiß, Manfred (Hrsg.): PISA 2000. Basiskompetenzen von Schülerinnen und Schülern im internationalen Vergleich. Opladen: Leske + Budrich 2001. S. 323–407.

Bos, Wilfried/Lankes, Eva-Maria/Schwippert, Knut/Valtin, Renate/Voss, Andreas/Badel, Isolde/Plaßmeier, Nike: Lesekompetenzen deutscher Grundschülerinnen und Grundschüler am Ende der vierten Jahrgangsstufe im internationalen Vergleich. In: Bos, Wilfried/Lankes, Eva-Maria/Prenzel, Manfred/Schwippert, Knut/Walther, Gerd/Valtin, Renate (Hrsg.): Erste Ergebnisse aus IGLU. Schülerleistungen am Ende der vierten Jahrgangsstufe im internationalen Vergleich. Münster/New York/München/Berlin: Waxmann 2003. S. 69–142.

1

Deutschdidaktik und Deutschunterricht nach PISA und IGLU

Lese- und Schreibstrategien im themazentrierten Deutschunterricht. Zu einer Didaktik selbstgesteuerten und zielbewussten Umgangs mit Texten

ULF ABRAHAM

1
Pragmatisches Lesen und Schreiben in Alltag und Beruf

Was tun wir – als Erwachsene, als professionelle Leser- und SchreiberInnen gar – mit Texten? Wir halten uns mit einem Kapitel aus einem Fachbuch, einem Artikel aus einer Zeitschrift, einem Text von der Homepage eines Fachmannes, einem Lexikoneintrag zum Thema gerade so lange auf, wie nötig ist, um unsere eigenen Wissenslücken zu schließen und Klarheit in ein diffuses oder Differenzierung in ein simples mentales Modell eines Gegenstandes zu bringen. Wir kämen wohl kaum auf den Gedanken, einen solchen Text länger, weitergehend oder tieferreichend zu „lesen", als das Ziel der Lektüre es erfordert. Einen ‚richtigen' Umgang damit gibt es nicht; es gibt bestenfalls einen zweck-mäßigen und damit sinn-vollen Umgang. Denn wie wir uns der kognitiven, emotionalen und pragmatischen Herausforderung eines Textangebots gegenüber verhalten, entscheiden wir vernünftiger Weise je nach Sinn und Zweck; wir *wissen*, warum wir den uns vorliegenden Text ausgesucht haben, welchen Beitrag zur Lösung eines Problems wir uns von ihm erwarten und welche Aspekte, die er darstellt, *uns* wichtig sind.

Wir kämen dabei auch nicht auf die Idee, dass jemand anderer uns das sagen könnte oder müsste – allein wir selber, indem wir das, was der Text uns bietet, nach bestem Wissen und Können in unser Welt-, Sach- oder Fachwissen einbauen, können darüber entscheiden,

- was nützlich und weiterführend ist,
- was zu Ende zu lesen sich angesichts der Problemstellung überhaupt lohnt und
- wie mit dem Erschlossenen am besten zu verfahren ist.

Wir, als Leser- und SchreiberInnen, sind also souverän. Wir nehmen uns heraus, einen inhaltsarmen oder unangemessen einseitigen Text schnell beiseite zu legen, einen langen und komplexen Text nur teilweise oder nur diagonal („überfliegend“) zu lesen, über einen Text, der uns nichts Neues gesagt hat, nicht weiter nachzudenken und uns nur bei dem aufzuhalten, was unsere eigenen Möglichkeiten, ein Thema zu behandeln, erweitert. Das kann durch uns unbekannte Aspekte oder Details geschehen, durch uns ungewohnte Perspektiven oder durch uns irritierende Urteile. Das *Recht*, fremde Texte in dieser Weise zu bewerten und unterschiedlich zu behandeln (also sozusagen zu diskriminieren), nehmen wir aus unserem Handlungsinteresse; es ist unser subjektives Recht.

Kriterien der Bewertung freilich müssen wir kennen; wir haben sie durch Sozialisation und Erfahrung erworben und im Lauf der Zeit auch angereichert mit teilweise domänenspezifischen Kenntnissen, etwa über bestimmte Textsorten und was man von ihnen erwarten darf. Die Kriterien sind also nicht nur subjektiv, unsere Wertungen mehr als Geschmacksurteile.

Pragmatische Texte, bei deren Erschließung und Bewertung deutsche SekundarstufenschülerInnen in PISA-Aufgaben zur Lesekompetenz nicht gut abgeschnitten haben, deutsche Grundschülerinnen in IGLU aber um Einiges besser,[1] sind in Alltag und Beruf allgegenwärtig. Der Umgang mit ihnen erfolgt oft so beiläufig, dass gerade professionelle Leser- und SchreiberInnen ihn kaum zu bemerken scheinen: mal schnell woanders etwas nachlesen, noch mal zurückblättern, ein gutes Zitat herausschreiben, die wichtigsten Begriffe farbig markieren, am Rand Stellen anstreichen, die noch klärungsbedürftig sind oder die so gar nicht ‚stimmen‘, ein einfaches Schema auf den Notizblock zeichnen, nach dem man verstehen kann, was der Text eigentlich ‚sagt‘. In kleinen Handlungen dieser Art, die besonders in einer Wissenschaft zwar zum praktischen Handwerk gehören, aber lange nicht Gegenstand der Reflexion waren, zeigt sich, wer versiert mit Texten umgeht – gerade wenn es sich um größere Textmengen handelt und gerade, wenn sie unter Zeitdruck erschlossen werden müssen.

Es sollte deutlich geworden sein, dass wir uns im Umgang mit Texten weniger einem Text – den wir sozusagen nur zufällig vorliegen haben, wir hätten auch einen andern finden können – verpflichtet fühlen als einem Erkenntnisinteresse und damit einem *Thema*. Was wir in die Hand nehmen, betrachten wir unter thematischen Aspekten. Im Literaturunterricht mag das gelegentlich problematisch sein, wenn es nämlich Einsichten in komplexe Zusammenhänge eher behindert.[2] Pragmatische Texte aber können kein Sonderrecht der ganzheitlichen Betrachtung oder eingehenden Analyse geltend machen. Sie sind Zweckgebilde und kommen nur verzweckt vor. Wir lesen sie, weil und insoweit wir sie *brauchen*.

Das gilt auch für den vorliegenden Text: Wenn er es nicht vermag, auf den folgenden Seiten zu klären und hinreichend zu konkretisieren, was Lese- und Schreibstrategien *sind* und wie der themazentrierte Deutschunterricht *aussieht*, der sie fordert und fördert, dann wird man mit Recht die Lektüre abbrechen und die Bewertung vornehmen, hier habe sich ein selbsternannter Fachmann für PISA-Konsequenzen im Fach Deutsch vergeblich darum bemüht, einen weiterführenden Beitrag zu leisten. *Thematisch* geht es darum, welche lese- und schreibdidaktischen Schlussfolgerungen die PISA-Ergebnisse nahe legen. Das damit verbundene *Erkenntnisinteresse* wird sein, Begründungen und methodische Möglichkeiten für einen Schreib-Lese-Unterricht zu finden, der im Sinn des *reading-literacy*-Konzepts tatsächlich Kompetenzen ausbildet und damit seiner fächerübergreifenden Bedeutung gerecht wird, ohne dass dabei genuine Zielsetzungen des *Deutsch*unterrichts aufgegeben werden.[3]

2
Situiertheit und Themazentrierung des Lesens und Schreibens

Abschnitt 1 hat das Lese- und Schreibhandeln in Alltag und Beruf als eine Art Tateinheit beschrieben, die sowohl Legitimierung (warum geschieht es?) als auch methodische Modellierung (wie geschieht es?) aus einer Situierung in Handlungs- bzw. Arbeitszusammenhängen bezieht. Lesen und Schreiben ist – überall außerhalb von Bildungseinrichtungen wie Schule und Hochschule – grundsätzlich situiert, ist – mit Otto Ludwig (1996) gesagt – „integrierte Schriftlichkeit". Das heißt nun nicht zwangsläufig, dass einzelne Funktionen und/oder Phasen des Schreibens nicht aus didaktisch-methodischen Gründen ausgelagert werden könnten und sollten. Traditioneller Aufsatzunterricht hat lange – mit den „Aufsatzarten" – einzelne

Funktionen der Schriftlichkeit isoliert und geübt; die prozessorientierte Schreibdidaktik isoliert einzelne Phasen des Schreibprozesses aus demselben Grund: Zum Üben die Situierung zeitweise aufzuheben, kann sinnvoll sein. Die Lesedidaktik ist hier allerdings nicht annähernd so weit wie die Schreibdidaktik. (Es gibt Ansätze, auf die ich unten noch eingehe.) Ziel bleibt die integrierte Schriftlichkeit; *situated literacies* (Barton/Hamilton/Ivanič 2000) sind die lebensweltliche Normalität, auf die hin wir Lernende bilden und erziehen sollten.

Nun ist es offensichtlich und nicht erst seit der PISA-Studie Fachleuten klar, dass unsere Sekundarschulen – im Unterschied zu den Grundschulen, wie man mit einem Blick auf IGLU versucht ist zu ergänzen – es nicht nur im Fach Deutsch versäumt haben, Schriftlichkeit ausreichend erfahrbar zu machen als situiert, als integriert in Handlungs- und Projektzusammenhänge. Den in Abschnitt 1 skizzierten Ernstfall des Alltags und Berufs hätten sie zu simulieren, wenn schon nicht herzustellen. Ist die Fähigkeit, pragmatische Texte zielgerichtet und zweck-mäßig, damit aber sinnvoll selbstständig zu nutzen, um sich und anderen ein Thema zu erarbeiten, als Leitziel des Leseunterrichts zu betrachten (was ich gern hier tun möchte), und gewinnen erst in diesem didaktischen Rahmen methodische Vorschläge wie der Aufbau von Lesekompetenz durch Strategieerwerb und -reflexion ihren Sinn (was ich damit unterstelle), so kann man bei einem wie auch immer verbesserten, wodurch auch immer effektiveren *isolierten* Leseunterricht nicht stehen bleiben. Denn effektive Texterschließung kann ja eben nicht unabhängig von Erkenntnisinteressen bzw. thematischer Aspektierung von Handlungszielen der Lesenden betrieben werden. Auch die so peinlich fehlende Fähigkeit der Textbewertung wird sich nicht wirklich erwerben lassen, wenn die Not fehlt, aus der diese Tugend erwüchse – nämlich die Notwendigkeit, gesichtete Texte nach ihrem Grad an Ergiebigkeit, Verständlichkeit und Themazentriertheit zu ordnen und mit je angemessener Intensität zu lesen.

Wir dürfen deshalb nicht stehen bleiben bei einzelnen Erschließungsaufgaben, wie man sie gleichsam in Abbildung von PISA-Aufgaben auf Leseunterricht erhielte; und wir sollten Trainingsprogramme zur Verbesserung von Strategiewissen, wie sie jetzt entwickelt werden (vgl. unten), nicht isoliert anwenden, sondern integriert. Ohnehin wäre es ein Missverständnis, unseren Deutschunterricht so umzubauen, dass künftige PISA-ProbandInnen einfach besser abschneiden. Es geht nicht darum, jemanden fit zu machen für PISA, DESI oder alles, was noch folgt; es geht darum, im und durch Deutschunterricht besser zu einer Sozialisation beizutragen, in der wesentliche Funktionen der Schriftlichkeit erarbeitet und verstanden werden: „Kommunikation, Reflexion/Erkenntnis, Selbstausdruck" hat Fritzsche (1994, S. 14ff.) diese in Anlehnung an Bühlers Organon-Modell genannt. Die Kommunikation schließt Lesen und Schreiben ein, die Reflexion und Erkenntnis (Fritzsche: „geistige Arbeit") erfolgt durch das Medium ‚Text' hindurch rezeptiv und produktiv, und der Selbstausdruck, fasst man ihn nicht nur als poetische Kompetenz, zielt auf *Äußerungskompetenz* zu Themen, die Lernende angehen, betreffen, beschäftigen.

In diesem Sinn schließt aber das, was Fritzsche *Schriftliches Arbeiten* genannt hat, auch das Lesen ein. Dass wir dabei allzu lange nur an das Schreiben, den Aufsatz gar, gedacht haben, wird uns angesichts der PISA-Ergebnisse schmerzlich bewusst. Wer *schriftlich arbeiten* kann, der kann Lesen und Schreiben in einen zielgerichteten Zusammenhang bringen und als situierte Tätigkeiten thematisch verfolgen (vgl. auch Kopfermann 2002). Ohne einen solchen Zusammenhang kann man das letztlich nicht auf nachhaltige Weise erlernen.

Eine Didaktik des selbstgesteuerten und zielbewussten Lesens, die wir aller angebrachten Skepsis gegen Patentrezepte[4] zum Trotz zu entwickeln haben, kann dabei nicht nur von der Didaktik des Deutschen als Fremdsprache profitieren,[5] sondern auch von neueren Ansätzen der Schreibdidaktik: Was Bräuer (2000) *Schreiben als reflexive Praxis* nennt, kann und muss *Lesen* (auch pragmatischer Texte) *als reflexive Praxis* einschließen. Es ist im Deutschunterricht – von anderen Fächern, die das angeht, ganz zu schweigen – bisher zu wenig gefragt worden, was eigentlich *tut*, wer einen Text für seine Zwecke erschließt, wie eigentlich jemand *merkt*, was daran schwierig ist und wo seine Verständnisprobleme liegen, in welchen *Begriffen* es möglich ist, sich selber beim Lesen und Verstehen bzw. Nichtverstehen zu überwachen. Dieser metakognitive Aspekt fehlte weithin; er gehört, und zwar unter Einschluss eines meta*sprachlichen* Aspekts („metalinguistic awareness"[6]), zu einem effektiven „Strategieunterricht" (vgl. Souvignier/Küppers/Gold 2003).

3 „Themazentrierter Deutschunterricht" kann Strategien situiert vermitteln

„Themazentrierter Deutschunterricht" ist in diesem Sinn ein Unterricht, der Lese- und Schreibstrategien gerade in der Sekundarstufe I mehr als bisher vermittelt, also an die Lernenden bringt, und der sie gleichzeitig auch in einem zweiten Sinn vermittelt, nämlich zusammenbringt mit Arbeit an Themen.[7] In Anlehnung an Ruth Cohns Begriff der *themenzentrierten Interaktion* möchte ich Lese- und Schreibunterricht als schriftlichkeitsgestützte Interaktion verstehen, in der sich eine Lerngruppe einem Thema verpflichtet fühlt, ja: *verschrieben* hat.[8] Konzepte integrativen Deutschunterrichts, wie sie in den 90er Jahren entwickelt worden sind (vgl. im Überblick Schindler 2002), haben zwar die Verbindbarkeit, ja: innere Verbundenheit der Lernbereiche stark betont, aber sie haben die Einheit eines Schreib-Lese-Zusammenhangs noch nicht wirklich herausarbeiten können – vermutlich deshalb nicht, weil sie noch eher an den Zielen und damit am *input* orientiert waren, wogegen es seit der PISA-Studie zunehmend um den *outcome* geht, d.h. um das, was an Wissen, Fähigkeiten und Fertigkeiten als Folge von Unterricht tatsächlich entsteht. Diese neue Sichtweise schärft uns heute den Blick für Kompetenzen und Qualifikationen, die sich in den schriftlichkeitsbezogenen Tätigkeiten der Lernenden zeigen: In einem Thema- oder Projektzusammenhang müssen/können sie Texte zusammenfassen, vorformulierte Thesen vortragen, Bildmaterial oder Grafiken schriftlich kommentieren, strittige oder unklare Begriffe durch Nachschlagen klären, usw.

Damit ist eine Re-Situierung schriftlichkeitsbezogener Tätigkeiten verbunden, die wir uns in der Schule angewöhnt haben als isolierte zu betreiben, zu üben und zu bewerten (vgl. auch Abraham 2002). Dass die Handlungsziele beim Schreiben und Lesen sozusagen ganz authentisch die der Subjekte – also der Lernenden – sind, kann man zwar nicht sicherstellen; dennoch hat die Integration des Lesens und Schreibens in einen offenen, projektorientierten Unterricht, der ein Thema verfolgt, entscheidende Vorzüge:

- Lese- und Schreibstrategien werden nicht nur erklärt und geübt, sondern sofort auch benutzt, so dass sich zeigt, was sie leisten.
- Es entstehen Produkte (u.a. Texte), die vom gewählten Thema her auch interessant sind für andere, die der Lerngruppe nicht angehören, aber als Adressaten des Schreibens gedacht werden können.

- Der erwähnte metakognitive Aspekt des Umgangs mit Texten (was tun wir jetzt gerade, woraufhin lesen, wie verstehen, wofür brauchen wir den Text?) kann gewissermaßen unauffällig mitlaufen.

Ein Beispiel unter – hoffentlich – vielen:[9] SchülerInnen der Klasse 7c des Steinbart-Gymnasiums Duisburg haben 2001 mit ihrem Deutschlehrer eine Inhaltsangabe von Willi Fährmann: *Es geschah im Nachbarhaus* erstellt. Man kann sie bis heute[10] im Internet nachlesen, ihr Nutzen auch für andere Lernende, die dieselbe Lektüre im Deutschunterricht „lesen", liegt auf der Hand. Die einzelnen Kapitelzusammenfassungen stammen von einzelnen SchülerInnen, sind unterschiedlich lang und komplex, lassen aber alle erkennen, dass eine Schreib-Lese-Strategie „Zusammenfassen" effektiv geübt und angewandt wurde. Und gleichzeitig war dieses Schreibhandeln integriert in einen thematischen Zusammenhang. Wo erforderlich, haben die VerfasserInnen Erläuterungen beigefügt, die sie sich mit Hilfe geeigneter Quellen erschlossen haben, z.B. zum vierten Kapitel:

> **„Die Frau eines guten Freundes distanziert sich.**
> Nachdem Jeans Trauerzug den Friedhof erreicht hat, gehen Waldhoff und sein Sohn zu Kardows, weil Juden keine christlichen Friedhöfe betreten. Sie bekommen dort Tee und unterhalten sich blendend mit Peter Kardow. Doch seine Frau Katrin ist ganz still, schließlich fragt sie Waldhoff heftig, ob er denn nun den Jungen umgebracht hat. Waldhoff geht wütend und traurig zugleich mit Sigi davon. Auch Peter Kardow ist verärgert über seine Frau.
>
> Erklärungen: Bruderschaften: In der Katholischen Kirche zu freiwilligen Werken der Frömmigkeit, Buße und Nächstenliebe zusammengefasst. Oft veranstalten sie eigene Andachten Prozessionen und Wallfahrten."
> Verfasser: Caroline Brüggemann

Oder Kapitel 18:

> **„Wahre Freundschaft**
> In diesem Kapitel geht es um Karl, der Sigis bester Freund ist. Aber das Verhältnis wird schwierig, weil der Druck auf die Familie Waldhoff immer größer wird. Er beschließt seinen Vater um Rat zu bitten. Er vertraut ihm an, dass sie sich streiten und doch in schwierigen Situationen zusammenhalten.
>
> Daraufhin erzählt auch Herr Ulpius von seinem besten Freund: Er hat ihn beim Studium kennen gelernt. An einem Tag durfte Ulpius im Seminarraum arbeiten, um Eulengewölle zu untersuchen. Sein Studienkollege Flint war schon im 3., er erst im 1. Semester. Flint sagte, dass die anderen Ulpius für einen Streber hielten. Also erzählte Ulpius, wie schwer sein Vater als Landarbeiter arbei-

ten musste, damit sein Sohn den Studienplatz bekam. Er wollte deswegen das Beste daraus machen. Am nächsten Tag kam der Professor in den Seminarraum herein und fand sein teures Mikroskop zerstört auf dem Boden. Ulpius hatte zwar als Letzter den Raum verlassen, doch musste das Mikroskop später zerstört worden sein. Ein Schuldiger fand sich nicht. Daraufhin wurde Ulpius von den übrigen Studenten geschnitten. Als er von ihnen verprügelt werden sollte, erwies Flint sich als einziger, der zu ihm hielt und sich mit ihm von der Übermacht schlagen ließ. Dadurch wurde er sein Freund.

Aus dieser Geschichte lernt Karl, dass Sigi immer sein bester Freund bleiben wird.

Ein Präparat ist ein Heilmittel, also ein Medikament, das chemisch hergestellt wird. In unserem Buch wird ein konservierter Tierkörper als Präparat bezeichnet. Medizin- oder Biologiestudenten nutzen diese Tierkörper, um sie genauestens untersuchen zu können."

Quelle: Encarta Enzyklopädie/Duden

Verfasser: Juliane Lippert

Schreiben und Lesen bilden hier einen thematisch aspektierten Zusammenhang, der zunächst von Fährmanns Roman vorgegeben wird (Judenverfolgung im späten 19. Jahrhundert), der aber die Benutzung weiterer Quellen nahe legt. Verschiedenartige Strategien werden gebraucht, um das Thema zu bearbeiten und zu Unterrichtszielen zu kommen (wer immer sie festgelegt hat).

Damit können Lesen und Schreiben sowohl als Basistätigkeiten des Lernens und des Wissenserwerbs für alle Fächer geübt als auch fachspezifisch genutzt werden. Was vorliegender Band in seinem theoretischen Teil fordert, nämlich in einem neuen Konzept von Lesekompetenz sowohl die *reading literacy* der PISA-Studie als auch die Textkompetenz bisherigen Deutschunterrichts zu vereinen, findet hier seine praktische Fortsetzung.

„Eine Didaktik des Lesens, die alle Lesehaltungen (oder „Leseweisen") einbezieht, denkt heute über Fächer- und Textsortengrenzen, *auch* über die Grenzen der Medien hinweg und verfolgt Ziele sowohl kognitiver als auch affektiver und sozialer Art: Aus Texten Wissen erwerben und Informationen entnehmen, aber eben auch mit Texten eigene Interessen und Vorlieben verfolgen, in Texten eigene Erfahrungen, Schwierigkeiten, Empfindungen wiedererkennen, an Texten eigene Einstellungen und Haltungen überprüfen, und nicht zuletzt sich mit andern über Leseerfahrungen austauschen und Geschmacks- und Werturteile formulieren können." (Abraham/Launer 2002, S. 45)

„Schlechte Leser scheinen nicht zu merken, wenn sie etwas nicht verstehen", heißt es unter „Möglichkeiten der Förderung von Lesekompetenz" in der Publikation der PISA-Ergebnisse (Artelt/Stanat/Schneider/Schiefele 2001, S. 76). „Gute Leser hingegen gehen eher strategisch vor, indem sie zum Beispiel den Kontext heranziehen, um sich die Bedeutung zu erschließen, aktiv das Gedächtnis nach relevantem Vorwissen absuchen und/oder versuchen, Zusammenhänge zwischen verschiedenen Textteilen herzustellen" (ebd.). In empirischen Studien, auf die Christmann/Groeben (1999) verweisen, stellte sich die Überlegenheit der guten Leser über die schlechten gerade darin heraus, dass sie sich ihrer kognitiven Fähigkeiten und Möglichkeiten bewusst sind und über Strategien *nachdenken.*[11]

Strategien, die ich im Sinn eines erweiterten Konzepts von *Schriftlicher Arbeit* als Lese- und Schreibstrategien auslegen will, werden also einem themazentrierten, offenen und potenziell projektförmigen Deutschunterricht „nach PISA" wichtig sein. Aus einer größeren Auswahl derzeit auch in der Fachdidaktik diskutierter Strategien[12] möchte ich einige nennen. Betonen will ich aber, dass der *auch auf der Sekundarstufe I nötige Leseunterricht*, in dem sie zu erwerben sein sollten, unterschieden werden muss von „Literaturunterricht", in dem es um vorwiegend poetische Texte geht, um deren sprachliche Beschreibung, Deutung, Einordnung, Vergleich und Bewertung. Schon die literarischen Texte ermöglichen und provozieren zum Teil einen noch ganz anderen Gebrauch als den der Interpretation, wenn man nämlich nach dem *Weltwissen* fragt, das im literarischen Diskurs stets mitverarbeitet ist (vgl. Abraham/Launer 2002).

Nichtliterarische Textsorten legen erst recht einen fächerverbindenden Gebrauch nahe: Leseunterricht, der zu zielbewusstem und selbstgesteuertem Umgang mit Texten befähigt, ist eine fächerübergreifende Aufgabe. Was dieser Unterricht vermitteln kann, hilft in allen Fächern, fachliche Ziele überhaupt zu erreichen. Was er vermitteln soll, ist dreierlei:

- eine positive Haltung gegenüber der Schriftlichkeit und ihrem Gebrauch in vielen unterschiedlichen Situationen des Lebens (Lese- und Schreibförderung),
- eine Habitualisierung von Strategien des selbstständigen Umgangs mit Texten,

- eine metakognitive Grundhaltung Problemen verstehenden Lesens gegenüber (sich selbst überwachen und Strategien bewusst anwenden).

Der Begriff der „Strategie“ füllt dabei, soweit ich sehe, eine Leerstelle in der fachdidaktischen Begrifflichkeit zwischen dem, was man traditionell „Lesehaltungen“ nannte, und dem, was „Arbeitstechniken“ hieß und vom *Methodenlernen* her begründet wurde (vgl. Menzel 2000). „Lesehaltung“ ist ein eher kognitiv-affektiv gemeinter, auf grundlegende Fähigkeiten zielender Begriff gewesen, „Arbeitstechnik“ ein eher instrumenteller, auf eine Fertigkeit zielender. „Strategie“ bringt nun beides zusammen:

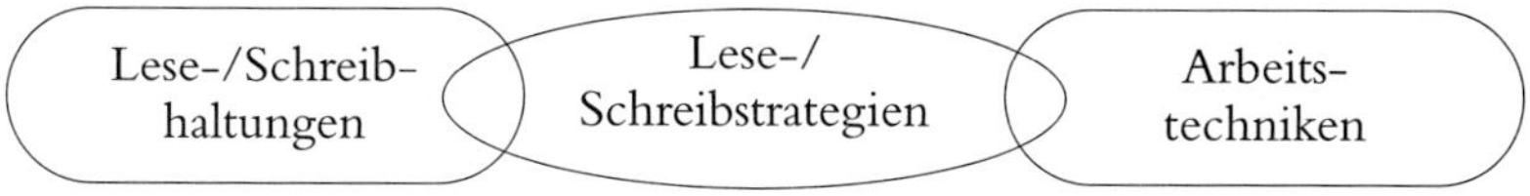

Den Begriff kann man fassen im Anschluss an Grzesik (1990, S. 383) als „die feste Abfolge bestimmter Arbeitsformen beim Umgang mit Texten [...]. Je besser eine Lesestrategie der jeweiligen Leseabsicht und dem Text im Hinblick auf den dargestellten Sachbereich entspricht, desto effektiver ist sie.“ Ähnlich formuliert Astrid Müller in einem empfehlenswerten Aufsatz: „Lesestrategien‘ ermöglichen es [...], den Lernprozess flexibel nach Leseabsicht und Art des Textes selbst zu steuern“ (Müller 2000, S. 12).

Strategien werden wohl gelegentlich im Unterricht benutzt; aber es findet, wie ein Team von Kognitionspsychologen der Universität Frankfurt/M. mit Recht bemängelt, kaum irgendwo „informierender Strategieunterricht“ statt (Souvignier/Küppers/Gold 2003, S. 33). Das Trainingsprogramm, das von diesem Team entwickelt und erprobt wurde, will deshalb nicht nur eine „Routine“ der Texterschließung aufbauen (vgl. ebd., S. 29), sondern vor allem ein Bewusstsein der Anwendungsbedingungen und Vorzüge dieser Routine schaffen. *Elaborierende Strategien* wie „Überschrift beachten“ werden deshalb ergänzt durch *metakognitive Strategien* wie „Verstehen überprüfen“ (vgl. ebd., S. 27). Die Lernenden werden angehalten „langsam und genau zu lesen, sowie ihren Leseprozess zu überwachen und ihr Vorgehen und auch die Lesegeschwindigkeit der Schwierigkeit des Textes anzupassen“ (ebd., S. 28).

Nun ist ein solches Training nicht über Kritik erhaben; dem Frankfurter Konzept hat Bräuer (2002, S. 27) vorgeworfen, es lege eine zu statische Vorstellung vom Lesen zu Grunde. Dem Text werde immer schon „Informativität unterstellt", und das ist ja nun spätestens beim Einbezug literarischer Texte problematisch. Auch die Frage nach der Textsorte komme im Trainingsprogramm nicht vor, was ebenfalls stimmt. Aber dennoch ist das Programm verdienstvoll, weil es gerade das methodisiert, was eben nicht allein Sache des Faches ist, das von Textsorten und polyvalenten Bedeutungen handelt (Deutsch). Es macht für alle Fächer mindestens deutlich, dass Leseinteressen den Umgang mit dem Text bestimmen und es bewusst einsetzbare Lesestrategien für Ziele und Probleme des Textverstehens gibt.

Die Sichtung weiterer methodischer Vorschläge zu Lese- und Schreibstrategien ergibt eine Auswahlliste empfohlener Strategien (siehe Tabelle). In Bezug auf sie ist natürlich stets kritisch zu fragen, *wobei* sie denn helfen sollen. Nach dem Vorbild von Müller (2000, S. 11), aber in meiner eigenen Auswahl habe ich daher den Strategien *Zwecke* zugeordnet.

Hinweisen möchte ich darauf, dass in den von mir gesichteten Empfehlungen solche stark unterrepräsentiert sind, die auf *intersubjektive Verständigung* ausgehen, also z.B. helfen, Wertschätzung einer Lektüre gegenüber andern auszudrücken, oder den Beitrag eines gelesenen Textes zu einem Thema zu bestimmen, mit dem die Lerngruppe sich aktuell befasst. Zu sehr hat die Fachdidaktik – und darin wird sie von PISA und IGLU eher noch bestärkt – das Problem des Leseverstehens vom *einzelnen* Lernersubjekt her gedacht, zu wenig als dynamischen Prozess in der Lerngruppe (vgl. dazu auch P. Wieler in diesem Band). [13]

In Deutsch-Lehrplänen der S II sind Strategien zwar mitgemeint, wenn von „Arbeitstechniken" die Rede ist; aber wo werden sie in der S I angebahnt oder gar thematisiert? Ohne diese Thematisierung entsteht keine metakognitive Perspektive, d.h. keine intra- und intersubjektive Auseinandersetzung darüber, was man tun (können) muss, um seine eigenen Verstehensprobleme zu lösen. Dass eine so bestürzende Mehrheit der „Lehrplanexperten" im Rahmen der PISA-Studie die Lesekompetenz der Lernenden grotesk überschätzte und die sich dort bietenden Verstehensaufgaben für wesentlich leichter hielt als sie dann tatsächlich für die ProbandInnen waren, [14] hat meines Erachtens seinen Grund auch darin, dass Experten (die ja nicht nur Lehrplanexperten sind, sondern eben allererst professionelle Schreiber- und Leserinnen!), die selbst über metakognitive Fähigkeiten verfügen und Strategien anwenden, wenn es nötig ist, sich nicht klar machen, wie schwer man es hat, wenn man nicht darüber verfügt.

Metakognitive Fähigkeiten in diesem Sinn werden wohl noch am ehesten am Gymnasium und am wenigsten in der Hauptschule vermittelt –

Lese- und Schreibstrategien

für Texte jeder Art:	für pragmatische Texte:	für poetische Texte:	*Die Strategie hilft ...*
Überschrift: Diskussion, cluster, brainstorming diagonales /"orientierendes Lesen"			*Vorwissen aktivieren/den Text einordnen*
Fragen an den Text stellen (vorab, aber auch lektürebegleitend marginal oder interlinear)	unbekannte (oft Fremd-)Wörter unterstreichen, klären und wenn möglich paraphrasieren	Metaphern/Sprachbilder/Symbole finden und kommentieren	*Verstehensprobleme aufdecken*
Zwischenüberschriften finden oder vorgegebene zuordnen sich selbst oder jemand anderem aus dem Gedächtnis wiederholen, was man gelesen hat	in argumentativen Texten nach Wenn-Dann-Verbindungen suchen Wichtiges unterstreichen und daraus eine Zusammenfassung erstellen	den Text • zum Vortrag vorbereiten, • vortragen, • die Art des Vortrags begründen	*die Textstruktur erkennen, das Wesentliche erfassen*
	Zentrale Begriffe schriftlich definieren Beziehungen zwischen Informationen grafisch verdeutlichen (Schaubilder, mind-mapping)	einen Satz aussuchen und zu diesem einen "Anschlusstext" schreiben, der in den Originaltext passt	*eigene Vorstellungen zum Textgehalt klären*
Fixieren von Lese ergebnissen für • Eigenbedarf (z.B. Exzerpt, Notiz) • Fremdbedarf (z.B. Zusammenfassung, Resümee).	aus mehreren Texten zum selben Thema *einen* Text machen einen Kurzvortrag über das Thema vorbereiten, halten und begründen		*gewonnene Einsichten verarbeiten/ weitergeben*
eine stilgetreue Kurzfassung von 1/3 der Länge (Précis) erstellen	den Text für einen bestimmten Adressaten(kreis) neu, d.h. *verständlicher* formulieren		*Textverstehen prüfen und sichern*

also gerade dort *nicht*, wo die meisten „schwachen Leser" sitzen. Dabei gilt doch: Die *Fertigkeit* des Lesens und Schreibens wird zwar, wie wir alle aus eigener Erfahrung wissen, ein Leben lang „unfertig" bleiben; aber zielbewussten und zunehmend selbstgesteuerten Umgang mit Texten kann man lernen, indem man ihn betreibt; und auch schon mit Gewinn betreiben, indem man ihn erlernt.

Anmerkungen

1 Vgl. die Diskussion der IGLU-Ergebnisse zum Leseverstehen durch Bos et al. 2003; Kurzfassung: www.erzwiss.uni-hamburg.de/IGLU/kurz-end.pdf

2 Die Spannungen zwischen Literaturunterricht und Leseunterricht einerseits und zwischen Sprach- und Sachunterricht andererseits, die überall auftreten, wo fächerübergreifend gedacht und gehandelt wird, finden sich näher beleuchtet in Abraham/Launer 2002, S. 44f.

3 Ein solcher Unterricht ist theoretisch modelliert bei Holle 2002.

4 Vgl. hierzu den Beitrag von Beisbart in diesem Band.

5 Kühn hat in DU 4/2002 auf das Versäumnis der Muttersprachdidaktik hingewiesen, Prozesse des Lesens im Unterricht zu thematisieren. Sie könne von DaF lernen: Unter der Überschrift „PISA und die Lesekompetenz" stellt Kühn fest: „Leseverstehen im Sprachbuch: Fehlanzeige". Zu Strategien im Fremdsprachenunterricht allgemein vgl. auch Oxford 1996.

6 Eine Arbeit von Little (1999) betont zu Recht die Rolle metasprachlichen Bewusstseins für selbstgesteuertes Fremdsprachenlernen; es spricht manches dafür, auch für den Erwerb erstsprachlicher Lese- und Schreibkompetenz darauf zu setzen.

7 Ob das bessere Abscheiden deutscher ProbandInnen (KL. 4) in IGLU u.a. darauf zurückzuführen ist, dass im Deutschunterricht der Grundschule integratives und themazentriertes Arbeiten mit Texten, auch über Fächergrenzen hinweg, nie so unüblich war wie etwa im gymnasialen Deutschunterricht, wäre noch zu prüfen.

8 Das Wort *verlesen* ist leider in dieser Bedeutung nicht möglich.

9 Kepser (2002) entwirft für den Umgang mit Irvin Shaloms Roman *Und Nietzsche weinte* in der Sek. II ein Konzept, das dem hier gemeinten Schreib-Lese-Unterricht sehr nahe kommt und die Erschließung pragmatischer Textquellen neben der literarischen Lektüre nahe legt. Das Gleiche gilt für Gross (2002) und ihr Unterrichtsmodell zu Alan Lightmans Bestseller *Einstein's Dreams*, und für das Thema „Zukunft" (Veränderungen im Lebensraum ‚Stadt' im 3. Jahrtausend): vgl. Abraham/Launer 1999.

[10] http://www.uni-duisburg.de/SCHULEN/STG/Faehrmann/Index.htm (20. 3. 2003)

[11] Noch zu erforschen ist freilich, ob sie auch in der *Anschlusskommunikation* überlegen sind, und wenn ja, wodurch.

[12] Vgl. z.B. Rudolph/Menzel 2000; Müller 2000; Bade/Valtin 2003.

[13] Zur Auseinandersetzung mit der Fachliteratur in dieser Hinsicht vgl. Abraham 2002, S. 110f.

[14] 85% der Experten erwarteten die Bewältigung der Kompetenzstufe V am Ende der 9. Klasse. Gefragt, wie viel Prozent der Probanden wohl die schwierigsten Aufgaben lösen würden, schätzten die Experten im Schnitt: 60%; de facto waren es 10%. – Woraus folgt, „dass das tatsächliche Leistungsniveau der 15jährigen Schülerinnen und Schüler von den Lehrplanexperten deutlich überschätzt wird“ (Artelt/Stanat/Schneider/Schiefele 2001, S. 99).

Literatur

Abraham, Ulf: Basiskompetenzen des Literaturunterrichts: Lesen – Schreiben – Vorlesen/Vortragen. In: Bogdal, Klaus-Michael/Korte, Hermann (Hrsg.): Grundzüge der Literaturdidaktik. München: DTV 2002. S. 105–119.

Abraham, Ulf/Beisbart, Ortwin: Sachkompetenz und Sprachkompetenz. Verstehen durch Umschreiben und Umschreiben durch Verstehen fachexterner pragmatischer Texte im Deutschunterricht. In: RAAbits Deutsch/Sprache. Impulse und Materialien für die kreative Unterrichtsgestaltung. 2. Ergänzungslieferung. Heidelberg: Raabe 1995.

Abraham, Ulf/Launer, Christoph: Beantwortung und Bewertung kreativer schriftlicher Leistungen. In: Praxis Deutsch 155 (1999). S. 43–46.

Abraham, Ulf/Launer, Christoph (Hrsg.): Weltwissen erlesen. Literarisches Lernen im fächerverbindenden Unterricht. Baltmannsweiler: Schneider 2002.

Artelt, Cordula/Stanat, Petra/Schneider, Wolfgang/Schiefele, Ulrich: Lesekompetenz: Testkonzeption und Ergebnisse. In: Baumert, Jürgen/Klieme, Eckhard/Neubrand, Michael/Prenzel, Manfred/Schiefele, Ulrich/Schneider, Wolfgang/Stanat, Petra/Tillmann, Klaus-Jürgen/Weiß, Manfred (Hrsg.): PISA 2000. Basiskompetenzen von Schülerinnen und Schülern im internationalen Vergleich. Opladen: Leske + Budrich 2001. S. 69–137.

Bade, Isolde /Valtin, Renate: Lesestrategien verbessern – Lesekompetenz fördern. In: Die Grundschule 2 (2003). S. 23.

Barton, David/Hamilton, Mary/Ivanič, Roz (Hrsg.): Situated Literacies. Reading and writing in context. London/New York: Routledge 2000.

Baumert, Jürgen/Klieme, Eckhard/Neubrand, Michael/Prenzel, Manfred/Schiefele, Ulrich /Schneider, Wolfgang /Stanat, Petra /Tillmann, Klaus-Jürgen/Weiß, Manfred (Hrsg.): PISA 2000. Basiskompetenzen von Schülerinnen und Schülern im internationalen Vergleich. Opladen: Leske + Budrich 2001.

Bos, Wilfried/Lankes, Eva-Maria/Prenzel, Manfred/Schwippert, Knut/Walther, Gerd/Valtin, Renate (Hrsg.): Erste Ergebnisse aus IGLU. Schülerleistungen am Ende der vierten Jahrgangsstufe im internationalen Vergleich. Münster/New York/München/Berlin: Waxmann 2003.

Bräuer, Christoph: Als Textdetektive der Lesekompetenz auf der Spur – Zwei Blicke auf ein Unterrichtskonzept zur Vermittlung von Lesestrategien. In: Didaktik Deutsch 13 (2002). S. 17–32.

Christmann, Ursula/Groeben, Norbert: Psychologie des Lesens. In: Franzmann, Bodo/Hasemann, Klaus/Löffler, Dietrich/Schön, Erich: Handbuch Lesen. Im Auftrag der Stiftung Lesen und der Deutschen Literaturkonferenz. Baltmannsweiler: Schneider 2001. S. 145–223.

Groeben, Norbert/Hurrelmann, Bettina (Hrsg.): Lesekompetenz. Bedingungen, Dimensionen, Faktoren. Weinheim/München: Juventa 2002.

Gross, Monika: *Einstein's Dreams* von Alan Lightman im Deutsch- und Philosophieunterricht der S II. In: Abraham, Ulf/Launer, Christoph (Hrsg.): Weltwissen erlesen. Literarisches Lernen im fächerverbindenden Unterricht. Baltmannsweiler: Schneider 2002. S.163–172.

Grzesik, Jürgen: Textverstehen lernen und lehren. Geistige Operationen im Prozeß des Textverstehens und Typische Methoden für die Schulung zum kompetenten Leser. Stuttgart: Klett-Cotta 1990.

Holle, Karl: Schreib-Lese-Prozesse, Lehrprozesse und Unterrichtsprozesse. In: Didaktik Deutsch 12 (2002). S. 4–22.

Kepser, Matthis: *Und Nietzsche weinte* von Irvin D. Shalom im Deutsch- und Psychologieunterricht der S II. In: Abraham, Ulf/Launer, Christoph (Hrsg.): Weltwissen erlesen. Literarisches Lernen im fächerverbindenden Unterricht. Baltmannsweiler: Schneider 2002. S. 173–195.

Kopfermann, Thomas: LesenSchreibenLesen. In: Deutschunterricht-Westermann 55 (2002) 1. S. 4–8.

Kühn, Peter: PISA und die Lesekompetenz. Wie die Muttersprachdidaktik von der Fremdsprachdidaktik (Deutsch als Fremdsprache) profitieren kann. In: DU 54 (2002) 4. S. 91–95.

Küppers, Judith et al.: "Wir werden Textdetektive" – Lehrerhandbuch. Frankfurt am Main: Institut für Pädagogische Psychologie der Johann-Wolfgang-Goethe-Universität 2002.

Little, David: Metalinguistic Awareness: The Cornerstone of Learner Autonomy. In: Beate Mißler/Uwe Multhaup (Hrsg.): The Construction of Knowledge, Learner Autonomy and Related Issues in Foreign Language

Learning. Essays in Honour of Dieter Wolff. Tübingen: Stauffenburg 1999.

Ludwig, Otto: Integriertes und nicht-integriertes Schreiben. Zu einer Theorie des Schreibens: eine Skizze. In: Baurmann, Jürgen/Weingarten, Rüdiger (Hrsg.): Schreiben. Prozesse, Prozeduren und Produkte. Opladen: Westdeutscher Verlag 1996. S. 273-287.

Ludwig, Otto: PISA 2000 und der Deutschunterricht. In: Deutschunterricht 54 (2002) 2. S. 82–85.

Menzel, Wolfgang: Methodenlernen im Deutschunterricht. In: Praxis Deutsch 164 (2000). S. 6–13.

Müller, Astrid: Sachtexte lesen und verstehen. Bedeutung des Lesens und Verstehens. In: Lernchancen 13 (2000). S. 4–12.

Oxford, Rebecca L. (Hrsg.): Language Learning Strategies Around the World: Cross-cultural Perspectives. Honolulu: University of Hawai Press 1996.

Rudolph, Günter/Wolfgang Menzel: Was sind die wichtigsten Informationen? Sachtexte erarbeiten. In: Praxis Deutsch 164 (2000). S. 40–47.

Schindler, Frank: Verbundsysteme: Integrativer Deutschunterricht und fächerübergreifendes Lernen. In: Bogdal, Klaus-Michael/Korte, Hermann (Hrsg.): Grundzüge der Literaturdidaktik. München: DTV 2002. S. 272–285.

Souvignier, Elmar/Küppers, Judith/Gold, Andreas: Wir werden Textdetektive: Beschreibung eines Trainingsprogramms zur Förderung des Leseverstehens. In: Didaktik Deutsch 14 (2003). S. 21–37.

Willenberg, Heiner: Lesen und Lernen. Eine Einführung in die Neuropsychologie des Textverstehens. Heidelberg/Berlin: Spektrum 1999.

Willenberg, Heiner: Kompetenzen brauchen Wissen. Teilfähigkeiten beim Lesen und Verstehen. In: Witte, Hansjörg/Garbe, Christine/Holle, Karl/Stückrath, Jörn/Willenberg, Heiner: Deutschunterricht zwischen Kompetenzerwerb und Persönlichkeitsbildung. Baltmannsweiler: Schneider 2000. S. 69–84.

Didaktische Folgerungen aus den PISA-Ergebnissen zur Verbesserung der Leseförderung[1]

ORTWIN BEISBART

PISA hat Reaktionen ausgelöst. Und das ist gut so, wenn es nicht nur um Abwehr geht, sondern um ein Nachdenken, wenn es nicht um Schuldzuweisungen geht, sondern um gründliche Analyse.

PISA sollte Konsequenzen haben. Das ist die Meinung sehr verschiedener Interessentengruppen – jeder zieht freilich andere Schlüsse. Jeder mag Recht haben. Es bleibt die Frage: Wo anfangen?

Mein Aufgabenfeld ist die Didaktik des Deutschen. Ich werde mich deshalb auf dieses Fach konzentrieren, ohne freilich nur da stehen bleiben zu können: Es geht um den Stand und den Ort der Lesekompetenz von 15-jährigen Schülern, und der betrifft alle Fächer.

1 Was PISA wollte und was nicht

PISA – das *Programme for Internationale Student Assessment*, Programm zur Einschätzung von Schülern verschiedener Länder – will erstmals konkrete Zahlen für einen internationalen Leistungsvergleich vorlegen. Die Studie kommentiert die Zahlen zwar auch, vielleicht manchmal allzu schnell, zieht aber keine umfassenden Folgerungen, noch nicht, da man weiter auf der Suche nach einer „überschaubaren Zahl von Bedingungsfaktoren" (Prenzel/Rost/Senkbeil/Häußler/Klopp 2001, S. 228 zur naturwissenschaftlichen Grundbildung) sei.

Ziel ist zu definieren, welche Anforderungen gegenwärtige und künftige Generationen in den Industriestaaten brauchen, um in angemessener Weise am gesellschaftlichen Leben teilhaben zu können. Dies knüpft an die Curriculumdebatte der 60er Jahre an, die sich in Abwendung von tradierten Inhalten an die Entwicklung angemessener und realisierbarer Ziele von Unterricht und Bildung[2] gemacht hatte.

PISA spricht von „funktionalistischer Orientierung", „die der Bewährung von Kompetenzen in Anwendungssituationen besondere Bedeutung zumisst" (Baumert/Stanat/Demmrich 2001, S. 19). So mussten Beschreibungen von Grundqualifikationen gesucht werden, die für alle teilnehmenden Länder Gültigkeit haben, und diese Grundqualifikationen mussten so operationalisiert werden, dass sie empirisch überprüfbar wurden.

Die These von notwendigen Basisfähigkeiten oder Grundkompetenzen nimmt nicht Stellung zu einem umfassenden personalen Bildungskonzept, versteht sich aber als Teil dessen. Zwar wird Kompetenz von gesellschaftlichen Herausforderungen her definiert – aber nicht parallelisiert mit Anpassung an aktuelle Bedürfnisse, sondern im Sinne von Hentigs als „geistige Verarbeitung von Erfahrung" (v. Hentig 1995, S. 59) verstanden. Dafür stehen Teile des gesamten Untersuchungsdesigns, vor allem zu „Selbstreguliertem Lernen" (Artelt/Demmrich/Baumert 2001, S. 271ff.) und zu „Kooperations- und Kommunikation"-sfähigkeit (Stanat/Kunter 2001, S. 300ff.).

Man darf das Interesse an solchen basalen Fertigkeiten nicht von vornherein als einseitig funktionalistisch, stromlinienförmig oder nicht schülergemäß zurückweisen. Didaktische und pädagogische Aufgaben bleiben freilich zu weiterem Nachdenken und Handeln gestellt.

Dem Vorurteil, mit PISA würden enge, spezialisierte und unvernetzte Wissensdomänen ohne Rücksicht auf Zusammenhänge abgeprüft, treten die Verantwortlichen mit vielen Absicherungen einleuchtend entgegen. Der eigentliche Schwerpunkt ist Lesekompetenz mit 141 Aufgaben – eine vorrangig von Deutschdidaktik und Deutschunterricht verantwortete Grundbildung.

Dass solche Grundbildung ohne Schule und Unterricht, also ohne intentionale Lehr-Lernkontexte, nicht denkbar ist, muss vielleicht ausdrücklich betont werden.

Die konkreten Erhebungen zur Leseleistung wurden innerhalb eines viel weiter gespannten Rahmenmodells situiert, d.h. es wurde für alle Leseleistungen ein Kranz von Bedingungen als Einflussgrößen angesehen, allerdings ohne diese schon in ihrem Inhalt und ihrer Gewichtung benennen zu können. Bei diesen Rahmenbedingungen handelt es sich um die in einem Schema dargestellten (Abb. 1). Die dunklere Einfärbung einzelner Parameter zeigt den Grad der Mitberücksichtigung von Daten in der PISA-Untersuchung an.

Erhebungen

- zur sozialen, kulturellen und sprachlichen Herkunft der Schüler,
- über ihr soziales und kulturelles "Kapital",
- über ihr Lern- und Erziehungsumfeld

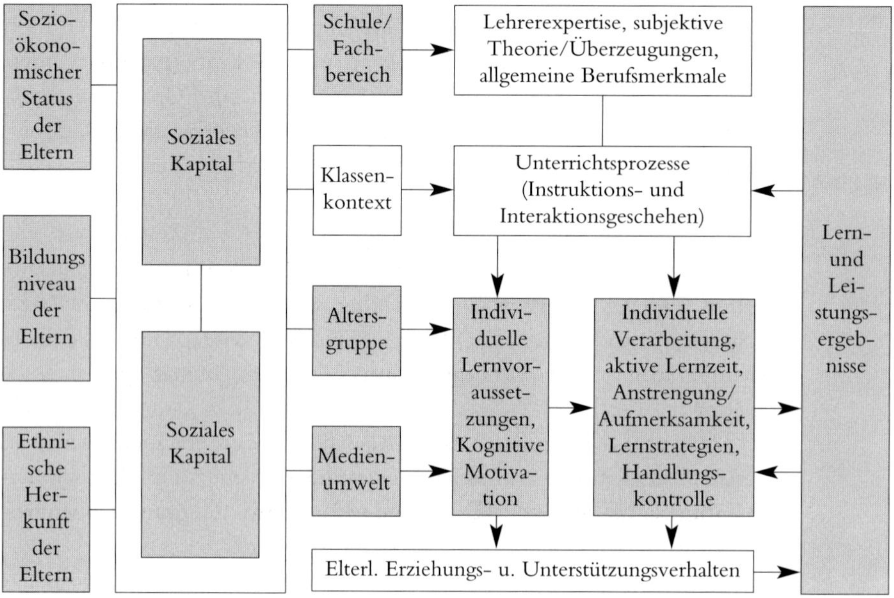

Abb. 1: Bedingungen schulischer Leistungen – Allgemeines Rahmenmodell (Baumert/Stanat/Demmrich 2001, S.19)

sind mitberücksichtigt und mit Erhebungen und Befragungen in die Untersuchungsergebnisse einbezogen. Aber PISA leistet eine individuelle Erhebung an einzelnen 15-jährigen Jugendlichen. Weder sind die kommunikativen Kompetenzen von Lerngruppen noch von Schulklassen als ganze, noch explizit und jenseits der Schülerperspektive die Art der Unterrichtsprozesse und ihre sehr unterschiedlichen didaktischen und methodischen Organisationsprozesse einbezogen. „Zurzeit stehen noch nicht genügend Informationen zur Verfügung, um die Erziehungs- und Bildungssysteme der an PISA beteiligten Länder sowie ihre gesellschaftlichen und kulturellen Grundlagen genauer darzustellen und zur Interpretation von Leistungsunterschieden zu nutzen" (Schümer 2001, S. 411).

Dass dann trotzdem Ländervergleiche mit angeblich aussagekräftigen Zahlen vorgelegt werden, die zu weitreichenden Ursachenanalysen und vielen Ratschlägen führen, ist problematisch. Es gibt also Einwände gegen die diagnostische Validität mancher Ergebnisse. Doch das halte ich nicht für einen grundsätzlichen Einwand, sich mit der Leseförderung intensiver zu befassen.

Die Ergebnisse sind nicht Abbild von konkretem Unterricht und trotzdem muss man festhalten, dass Basiskompetenzen abgefragt werden, die auf Unterricht angewiesen sind. So stehen der scheinbaren Enthaltsamkeit über Aussagen zu Unterricht Sätze entgegen wie der folgende: „Das Wissen über effektive Strategien der Textverarbeitung des verstehenden Lesens und Lernens aus Texten wird [...] im schulischen Unterricht viel zu selten thematisiert" (Artelt/Stanat/Schneider/Schiefele 2001, S. 132). Zu fragen ist demnach: Wie sieht es mit der unterrichtlichen Leseförderung aus?

Was in dem Schaubild noch zu wenig sichtbar ist: Vorgaben von Lehrplänen wurden zwar geprüft, hatten aber keinen Einfluss auf das gesetzte Anspruchsniveau der Testfragen.[3] Zwar kann und muss Lesekompetenz auch in anderen Fächern als Deutsch gefördert werden, dennoch ist richtig, dass die Lehrpläne des Deutschen eher auf andere Ziele orientiert sind und wissenschaftlich-didaktische Fragen noch zu wenig berücksichtigen: „[...] die Lehrpläne für den Deutschunterricht auf der Sekundarstufe I [reichen] nicht aus, um die curriculare Validität der Leseverständnistests zu bestimmen" (Artelt/Stanat/Schneider/Schiefele 2001, S. 97).

Ludwig (2002, S. 83) hat betont, Lehrpläne konzentrierten sich traditionell nur auf ein technisches Leseverständnis, mit der Folge, dass sich die Sekundarschule nicht mehr darum kümmere.[4] Doch lassen sich seit den 70er Jahren im Kontext textlinguistischer und kognitionspsychologischer Überlegungen durchaus mehr Bemühungen nachweisen als aktuell.[5]

Nach meiner Kenntnis überhaupt nicht untersucht wurden Unterrichtsmedien, wie sie in Form von Schulbüchern, Arbeitsblättern oder Software-Angeboten vorliegen oder wie sie von Lehrern selbst hergestellt werden. Kühn (2002, S. 92f.) hat aus Grundschul-Sprachbüchern einige interessante Beispiele über deren mangelnde didaktische Qualität angeführt.

Ebensowenig wurde in PISA eine Lehrerexpertise erstellt, d.h. es sind keine Selbsteinschätzungen von Lehrern und Lehrerinnen berücksichtigt, in denen sowohl ihre didaktische und methodische Reflexionsqualität als auch konkrete Erfahrungen ihrer aktuellen Arbeit und die Einschätzung ihrer Ausbildungsqualität an Instituten, Hochschulen, Universitäten und Fortbildungseinrichtungen erkennbar wären.

2
Was PISA unter Lesekompetenz versteht und was nicht

2.1 Der Begriff Lesekompetenz

Der im Deutschen verwendete Begriff Lesekompetenz meint mit „Kompetenz“ das funktionale Ziel: eine kommunikative und pragmatische Lebensbewältigung, wie sie für eine weitere Entfaltung und Ausbildung in der Wissensgesellschaft definiert werden kann. Dazu gehört der Umgang mit geschriebenen und gedruckten Texten: Lesekompetenz also.

Der englische Begriff *Reading Literacy* wäre mit *Literarität* wörtlich übersetzt entweder missverständlich – weil im Bereich Deutsch zu sehr auf den Erstleseprozess oder gar technische Aspekte des Lesens bezogen – oder auf eine literarisch-poetische Bildung spezialisiert. Gemeint aber ist eine aktive und konstruktive Mitwirkungsfähigkeit des einzelnen an Prozessen des kognitiven Verstehens, Beurteilens und Eingreifens in der Welt der Texte.[6]

Zugrunde liegt demnach

- ein konstruktivistisches Konzept von Wirklichkeit, das das abendländische Verfügen-können über die Welt in sich trägt,
- die These von der Bildungsnotwendigkeit des Menschen und deren Planbarkeit,
- die Einsicht, dass es für einen jeden notwendig ist, sich der Begriffe, Methoden und Theorien der Konstruktion(en) seiner Welt zu versichern und – im besten Falle (oder hoffentlich?) – sich auch seiner Verantwortlichkeit dafür bewusst zu werden.

Kompetenz (oder Literacy) in *diesem* Sinne ist demnach eingeschränkter als eine umfassende Bildung – es bedürfte dazu weiterer Kompetenzen –, erhebt aber den Anspruch mit dem Begriff „basale Lesekompetenz“ die umfassende Basis für weiterführende Lernleistungen zu sein.

Im Anschluss an vorher Gesagtes aber heißt basal ausdrücklich nicht: am Anfang der Belehrung, in der Grundschule etwa, ein für allemal abzuhandeln.

2.2 Zur Auswahl der Texte

Die Mehrzahl der den Schülern vorgelegten Texte sind sogenannte pragmatische Texte oder Sachtexte. Literarische Texte – unter Ausschluss von Lyrik – sind nur mit einem Anteil von 12% beteiligt. Damit wird gegenüber der landläufigen Hochschätzung literarischer Texte im Deutschunterricht ein anderer Schwerpunkt gesetzt. PISA stellt sich hier einem Trend entgegen, wie er in deutschen Schulen und bei vielen Lehrern feststellbar ist: Je mehr sich der Deutschunterricht auf genuine und nur ihm zukommende Inhalte konzentriert, desto mehr verliert er seine Aufgabe als Grundlegungsunterricht aus dem Auge, je mehr er sich zur Gegenwelt gegen eine als kalt empfundene Welt entwickelt, desto weniger kommt die Wissensgesellschaft in ihm vor (vgl. dazu Hurrelmann 1994). Dies sieht wohl auch Ludwig (2002) ähnlich. Die sich daran entzündende innerdidaktische Auseinandersetzung um das Verhältnis von Sachtext- und Literatur-Unterricht ist aber m.E. wenig hilfreich (vgl. Kammler 2002). Wichtiger wäre, nach den Brücken zwischen Lesekompetenz und literarischer Kompetenz zu fragen. Auch die Differenz zwischen den folgenden beiden Aussagen von Eggert und Groeben ist – wie ich meine vor allem mithilfe der Vorstellungsbildung[7] – überbrückbar:

> „Die Erschließung literarischer Texte in aktueller Rezeption ist nicht nur an Sprachwissen, literarisches Gattungswissen und Weltwissen gebunden, sondern auch an ein kulturelles Wissen, das mehr ist als Kontextwissen bezogen auf einzelne Texte.“ (Eggert 2002, S. 192)
>
> „[Es ist] nicht sinnvoll, prinzipiell zwischen dem Lesen literarischer und nicht-literarischer Texte zu unterscheiden.[...] Vielmehr geht es beim Konzept der Lesekompetenz um das Lesen generell, also aller möglichen Lektürestoffe [...].“ (Groeben 2002, S. 12)

Dass PISA ausdrücklich zwischen kontinuierlichen und nicht-kontinuierlichen Texten (Schemata, Tabellen, Grafiken, Karten, Formularen u.a.) unterscheidet und die letzteren mit 38% Anteil einbezieht, war vermutlich für viele Deutschlehrer überraschend. Ehe man die Beschäftigung damit anderen Fächern zuweist (Kammler 2002), sollte man Erfahrungen anderer Muttersprachdidaktiken (Frankreich z.B.), der Fremdsprachdidaktik (Kühn 2002) und der DDR (vgl. Beisbart 2003, S. 145ff.) zur Kenntnis nehmen.

Mir sind zur Häufigkeit von Sachtexten jeder Art im Unterricht (samt den Hausaufgaben) keine genauen Zahlen bekannt. Dennoch scheint mir Folgendes auffällig:

- Im gesellschaftlichen Alltag spielen Sachtexte eine vorrangige Rolle.
- Sachtexte sind in ihrem Wortschatz und hinsichtlich des Satzbaus oft komplizierter als literarische (vgl. Mihm 1977).
- Nach meinen Beobachtungen hat die strukturelle Komplexität und die Länge der Texte – auch vielleicht in Orientierung an der Textmaßeinheit ‚Bildschirmseite' – seit einiger Zeit abgenommen, auch in den anspruchsvolleren Zeitungen und Zeitschriften. Im eigentlich wissenschaftlichen Bereich aber ist eher eine Komplexitätszunahme zu verzeichnen.
- Sachtexte dominieren in den Wissensfächern der Schule, mit oft nicht nur dichter, sondern auch wenig leserangemessener Struktur (vgl. dazu Abraham/Beisbart 1995), sind dort aber kaum Gegenstand der Vermittlung der notwendigen Basiskompetenzen.
- Sachtexte sind im Deutschunterricht deutlich unterrepräsentiert. Diese Vernachlässigung hat im letzten Jahrzehnt (wieder) zugenommen (vgl. oben Anm. 4).
- In der Wahrnehmung vieler Lehrer aber ist nicht von verringerter Anstrengung zur Leseförderung die Rede, denn die Vermittlung von Lesefreude und die literarische Förderung durch freie Leseanregungen und Schullektüren hat ja zugenommen.

2.3 Zur Frage nach Kompetenzunterschieden aufgrund von Variablen

Die wichtigsten Variablen der Lesekompetenz in der Untersuchung sind die *kognitive Grundfähigkeit* und die *Decodierfähigkeit* – beide in geringerem Maße förderbar – sowie *Lernstrategiewissen* und beim verstehenden Umgang mit Texten *Leseinteresse* sowie – beim Lernen aus Texten[8] (weit wichtiger als das Leseinteresse) *Inhaltliches Vorwissen*, also ein längerfristig aufgebautes Weltwissen.

Als Ergebnis hält die Studie fest: Lernstrategiewissen erweist sich als die am besten beeinflussbare und die zentrale Variable für Lesekompetenz.

Diesen Befund kann man als Bestätigung der Ausgangsbedingungen ansehen: Wenn Lesekompetenz unter funktionalen Gesichtspunkten gesehen wird, hat die Variable, die diese Funktionalität stützt, hohen Wert. Da es dabei aber nicht nur um die Fähigkeit der Anwendung, sondern zugleich um die metakognitive Einsicht in die Bedeutung dieser Fähigkeit geht, kann der Deutschunterricht das Ergebnis nicht mit spitzen Fingern zur Seite schieben. Eine Reihe von Textumgangsweisen im Literaturunterricht jedenfalls vermittelt solches Lernstrategiewissen nicht, vor allem kreative und viele kreativ-produktiven Verfahren.

2.4 Zur Differenzierung der Weisen des Umgangs mit Texten

Für die Entwicklung von insgesamt fünf Kompetenzstufen wurde auf Textschichtenmodelle zurückgegriffen, bezüglich des handelnden Umgangs auf drei sogenannte Subskalen des Verstehens von Texten (Artelt/Stanat/Schneider/Schiefele, S. 91ff.) und bezüglich der Repräsentationsformen beim Leser auf Konzepte mentaler Modelle.

Textschichtenmodelle, wie sie die Leseforschung vorgelegt hat, fragen nach der Anzahl sinnvoll zu unterscheidender Einheiten, die beim Lesen erkannt werden müssen, also von der Einheit Buchstaben über komplexere Strukturen, Wort, Satz, Satzverknüpfungen, Wortbedeutung, Wortbedeutung im Kontext bis zur Gesamtintention eines Textes und seiner Verortung in einem größeren Wissenszusammenhang.

Solche Modelle geben keine Auskunft über die Lesestrategien des einzelnen und auch nicht über didaktische Strategien des Lehrens. Sie beschreiben nur.

Ein etwas vereinfachtes, aber bereits vernetztes Modell ist das auf der nächsten Seite (Abb. 2).

Ein solches Modell wird auch der Entwicklung der fünf Kompetenzstufen zugrunde gelegt. Diese Stufen reichen in aufsteigender Schwierigkeit von der Identifikation von Einzelinformationen über deren Widersprüche und Beziehung bis zur Bewertung von Relevanz und Tiefenbedeutung.

Die Leserforschung jedoch weiß, dass kognitives und konstruktives Lesen notwendig nicht nur von unten nach oben – bottom-up –, sondern auch den umgekehrten Weg von der Überschau zu den Details, also top-down, gehen muss, und zwar während des Lesens abwechselnd.[9] Soll dies gelingen, muss freilich der Leser sowohl die metakognitive Verfügbarkeit darüber besitzen als auch die Entscheidungsfreiheit haben, welchen lesenden Zugang er jeweils wählt.

Diese unterschiedlichen Vorgehensweisen – top-down bzw. bottom-up – berücksichtigen die Kompetenzstufen der drei sogenannten Subskalen des Lesens, man könnte auch sagen, der drei verschiedenen Funktionen von Leseoperationen:

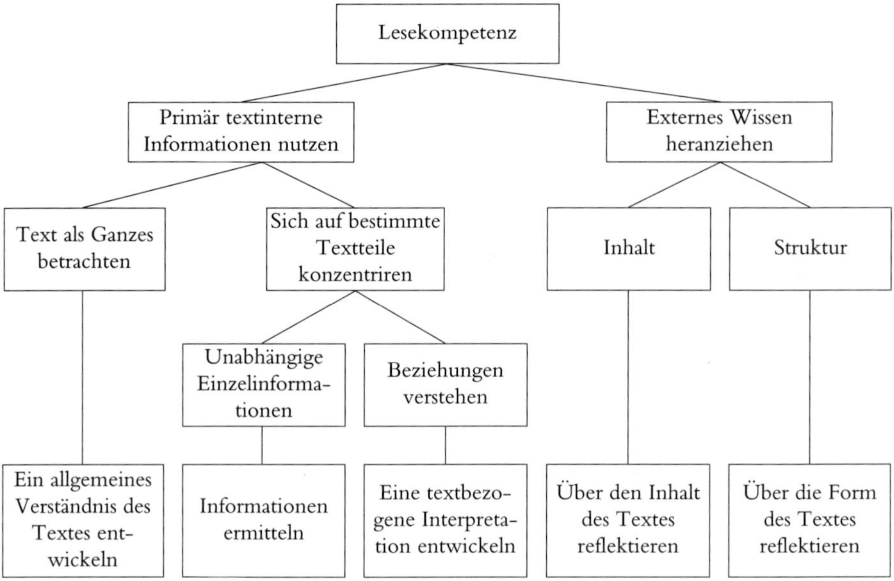

Abb. 2 Theoretische Struktur der Lesekompetenz in PISA (Artelt/Stanat/Schneider/Schiefele 2001, S. 82)

1. Informationen ermitteln – vom Detail zu den Tiefeninformationen;
2. Textbezogenes Interpretieren;
3. Reflektieren und Bewerten.

Vor allem die Funktion *Textbezogenes Interpretieren* geht von vorneherein von der Überschau über einen Text aus, genauer: einer ersten Vorstellung vom Text und regt von da aus zur Berücksichtigung versteckter und präziser Details an.

Die Funktion *Reflektieren und Bewerten* meint nicht vorrangig eine persönliche Stellungnahme, sondern bezieht unterschiedliche Niveaus logischer Denkleistungen ein, reflektiert sowohl den Inhalt (etwa auf seine Richtigkeit) wie die Form des Textes (etwa auf seine Logik oder Wirkung) und braucht, um voll leistungsfähig zu sein, auch externes Wissen, sogar eine ganze Menge.

Es ist gerade diese Funktion des Reflektierens und Bewertens, bei der die deutschen Schüler im Durchschnitt auffällig schlecht abgeschnitten haben. Des Weiteren ist die Streubreite zwischen schlechten und guten Leistungen in Deutschland weitaus am größten und zum dritten gehört dennoch auch die Spitzengruppe international nicht zu den besten (Artelt/Stanat/Schneider/Schiefele 2001, S. 109). Woher aber kann externes Wissen und die Fähigkeit, es kritisch einzubeziehen, kommen, wenn nicht durch gezieltes Erlesen – aber durch Lesen solcher Texte, die Wissen transportieren und die auch das Lernstrategiewissen erweitern? Hier mangelt es deutlich an entsprechenden Übungsformen.

Die notwendige Bedingung „Vertrautheit mit dem Kontext" meint den allgemeinen Hintergrund kultureller Tradition, speziell Weltwissen, weiterhin Sprachwissen, auch um schwierigere Formulierungen und Handlungswissen aus unterschiedlichen Erfahrungszusammenhängen zu erfassen. Wird solches wirklich gelehrt und geübt?

Da in diesem Kernbereich der Untersuchung die deutschen Schüler im Durchschnitt relativ schlecht abgeschnitten haben, sind jedenfalls Fragen nach möglichen Ursachen und notwendigen Folgerungen für die Lesedidaktik unausweichlich. Die über PISA diskutierende Öffentlichkeit geht über solche Aspekte häufig großzügig hinweg.[10] Es ist die Aufgabe der wissenschaftlichen Didaktik und der Lehrer, nicht nur auf die enorme Kleinarbeit und Übungsnotwendigkeit hinzuweisen, sondern sie auch im Unterricht zu praktizieren.

PISA geht von einem konstruktivistischen Ansatz aus, d.h. von der Annahme, das sich Leser selbst ein Vorstellungskonzept oder ein „mentales Modell" über einen Text und seine Bedeutung aufbauen müssen, wenn sie ihn (umfassend) verstehen und einschätzen wollen. Freilich – noch einmal sei es betont – PISA gibt keine Anleitungen dazu.[11]

Kritiker an PISA betonen nun, dass eine Lesekompetenz von poetischen und literarischen Texten so gut wie gar nicht vorkäme, sie sei aber die höhere, denn solcher Umgang fördere gerade Vorstellungs- und Imaginationskraft, Perspektivenwechsel und Empathie, Vorstellungsbildung und ästhetische Bildung, „Achtsamkeitsschuldung" – wie ich dies nenne – und damit (vielleicht) auch Wertebildung.

Dies alles sind Ziele, die die gegenwärtige literaturdidaktische Diskussion weithin bestimmen,[12] und z.B. so dem ja auch von PISA beklagten Defizit von Leseinteresse und Leselust bei Kindern und Jugendlichen entgegenwirken wollen. Wenn 42% der befragten deutschen 15-Jährigen nie „zum Vergnügen" lesen – wenn dies selbst bei Studierenden und selbst bei Lehramtsstudenten mit dem Fach Deutsch ähnlich zu sein scheint, dann ist da wirklich einiges zu tun. Aber sind nicht doch Lesedomänen für literarische und für pragmatische Texte auseinanderzuhalten? Ich sehe dies so.

Vielleicht ist PISA manchem Deutschlehrer zu funktional, ja zu wenig motivierend. Dennoch ist von deren Zielsetzungen nicht abzurücken. Und die lauten nun und sind damit wirklich grundlegend: Die Leser müssen lernen, innere Konzepte über das Gelesene zu entwickeln. Diese Konzepte können sprachgeleitet sein, dann müssen Leser zur Umstrukturierung während des Lesens fähig sein und das Wichtige vom Unwichtigen sowie die Hierarchienebenen von Informationen und Argumentationen unterscheiden können usw.. Außerdem müssen sie die Strukturen und Vernetzungen, die Gesamt- und die Teilmetaphorik von Texten erkennen und ggf. auch grafisch abbilden können, verschiedene mentale Modellisierungsmöglichkeiten bei sich aufbauen (vgl. Abraham/Beisbart 1995) und schließlich auch deren Wert metakognitiv erkennen und den Einsatz selbst steuern können.

Nun enthält PISA auch einen eigenen Abschnitt zum Thema *selbstreguliertes Lernen*. Aufschlussreich sind in diesem Zusammenhang die Antworten der 15-Jährigen auf die Frage, welche „Strategien" sie selbst – also „konstruktivistisch" – anwenden, wenn sie mit Lernaufgaben (und Texten) umgehen. *Elaborations-, Kontroll- und Wiederholungsstrategien* waren die drei geprüften Strategien: „Ohne die Kenntnis von Strategien der Informationsverarbeitung, verbunden mit Wissen um deren Wert und Nutzen [für einen selbst], ist selbstreguliertes Lernen kaum denkbar" (Artelt/Demmrich/Baumert 2001, S. 272).

Man darf jedoch dieses sehr vorsichtig formulierte Kapitel nicht überinterpretieren. Es geht um längst verfestigte Regulationen, die nicht durch informierende Schnellkurse oder durch den Kurzschluss, selbstreguliertes Lernen und selbstorganisiertes Gruppenlernen wären identisch, aufgehoben werden können. Hier fehlen noch weitere Forschungen.[13] Allerdings ist zu vermuten, dass gerade „schwache" Leser von einem Leseunterricht als Strategieunterricht (dazu vgl. den Beitrag von U. Abraham in diesem Band) besonders profitieren würden.

„Das Wissen über effektive Lernstrategien erwies sich im Vergleich [...] als der beste Prädikator der Lesekompetenz" (PISA 2002, S. 296). Daneben aber gehören Leseinteresse samt einem positiven Selbstkonzept zusammen, und schließlich gibt es " verschiedene Wege, um gute Leseleistungen zu erzielen" (PISA 2002, S. 296).

Wenn festgestellt wird, dass die Strategien deutscher Schüler im internationalen Vergleich ebenso gut genutzt bzw. gut genutzt werden – so klingt beides durchaus erfreulich. Wenn trotzdem die Lesekompetenzen eher niedrig sind, so heißt dies, dass wohl auch andere Einflüsse ausschlaggebend sind. Ich sehe sie – neben der „Förderung einzelner Komponenten selbstregulierten Lernens“ (S. 270) – vor allem in einer intensiveren inhaltlichen und produktiven, positiv besetzten, also neugierigen Auseinandersetzung mit – vorrangig – Sachtexten.

3 Wie man mit den Reaktionen auf PISA umgehen kann

Vielfältige Diskussionen und Vorschläge hat PISA provoziert – von Schülern, die sich in Leserbriefen zu Wort gemeldet haben bis zu den Lehrer-Verbänden, von Reaktionen der Bildungspolitiker und -minister bis zu den überregionalen Zeitungen.[14]

Wenn man die Vorschläge den verschiedenen Variablen des Rahmen-Schemas (s.o.) zuordnet, kann man daraus leicht erkennen, dass je nach Perspektive woanders angesetzt wird – und dass viele Ansätze plausibel erscheinen, oder aber, wie Cornelia Rosebrock (2002, S. 52) nicht zu Unrecht sagt, jeder sein „Süppchen mit PISA 2000 kochen“ könne. Schließlich sind eben die Bedingungsfaktoren in ihrem Gewicht und in ihrem Verhältnis (noch) nicht bekannt, weil auch die Erwerbsperspektive unbekannt ist. Da genügen aber sicher nicht die Konstruktion eines (auch nur vage erkennbaren) „Lesecurriculums für alle Schulstufen“ (Ludwig 2002, S. 83) und eine regelmäßige ‚Testeritis‘, wie man sie sich in Kultusministerien ausdenkt.

Geld zu fordern, ist richtig, aber eine andere Einstellung zur Bildung ist schwieriger zu haben. Strukturveränderungen sind möglich, aber Änderungen in den Köpfen und den Handlungsmustern der Beteiligten, den Politikern wie den Eltern, sind nicht so schnell zu bekommen. Große Lösungen sind wünschenswert, aber ehe man ins Schulsystem eingreift, kommt es auf jeden Einzelnen an, in den Familien, den Klassen, den Kollegien, den Leitungseinrichtungen usw.

Was das Fach Didaktik Deutsch und jeden Lehrer vorrangig interessieren muss, ist die Frage der Folgerungen für den Deutschunterricht.

4 Folgerungen für den Deutschunterricht

Auch in diesem engeren Diskussionsfeld sind die Antworten sehr verschieden – mit dem Ergebnis, dass sich viele ihr eigenes Programm stricken. Tipps für eine veränderte Praxis sind sicher wichtig, [15] aber sie sollten miteinander verknüpft werden. Meine zentralen Forderungen sind – im Anschluss und in Erweiterung vorausgehender [16] – abschließend in 10 Thesen zusammengefasst. Entsprechend dem ersten Publikationsort sind sie mit „Weimarer Thesen" benannt.

1. Lesekompetenzförderung muss die gesamte Kindheit und Jugendzeit umfassen. Mit einem frühen Beginn, in Verbindung mit einem vielfältigen und anregenden Leseangebot und vielen Sprechanlässen, für alle und besonders für Kinder fremder Muttersprache, aber fortgesetzt und systematisch im Niveau gesteigert in den Sekundarstufen.
2. Zum Leseangebot gehören weit mehr als bisher die unterrepräsentierten Textsorten der Sachtexte und der nicht-kontinuierlichen Texte. Es ist falsch zu behaupten, Kinder und Jugendliche hätten daran kein Interesse. Hinzu gehören aber auch neue, multimediale und bewegliche Texte im Internet.
3. Der Deutschunterricht braucht ein ausgebautes Lesecurriculum, das von Anfang an und kontinuierlich aufbauend gezielt neben der Interpretation die Leseoperationen *Informationsentnahme und -verarbeitung* sowie *Reflexion und Bewertung* berücksichtigt.
4. Die Texte dürfen jedoch nicht Objekte von Formaldrill sein, sondern müssen herausfordernde Wissens- und Wertbereiche ansprechen. Literarische Texte sind dabei – stärker als in PISA und anders als im literaturwissenschaftlich dominierten Unterricht – in den Qualifikationserwerb einzubeziehen.
5. Dringend erforderlich ist eine Überprüfung der geringen Stundenanteile für Deutsch (von der Ganztagsschule mit ihren Möglichkeiten zu schweigen). Denn der Deutschunterricht braucht mehr Zeit zur Ermöglichung selbstorganisierten Lernens sowie zum Üben und Anwenden.
6. Die Schüler brauchen für diese Zeit des Übens und Anwendens in vielfältigen Situationen des Sprechens und Schreibens, Darstellens und Verarbeitens und für lange Jahre die Begleitung der Schule: Eine solche Begleitung ist gesellschaftlich nur als Ganztagsschule vorstellbar.

7. Dies entbindet nicht von einer intensiven Elternarbeit: Eltern müssen neugierig werden auf das Welt- und Reflexions- und Strategiewissen, das ihre Kinder von Lehrern erwerben, deren Arbeit nicht hoch genug zu schätzen ist.
8. Deutschlehrer müssen und können als Fachleute – in Zusammenarbeit mit ihren örtlichen Kollegen der sogenannten Sachfächer, aber auch der Mathematik – für ihre Schüler und mit ihnen gemeinsam Strategien zur sinnvollen Nutzung von Texten und zur Förderung der Lesekompetenz zur Vorstellungsbildung und zur Entwicklung mentaler Modelle entwickeln.[17] Dazu sollten die Niveaustufen der Kompetenzbereiche aus PISA eine entscheidende Hilfe sein.
9. Die Lehreraus- und -fortbildung muss die Lehrkonzepte im Bereich der Leseförderung im Sinne von PISA ergänzen. Literaturwissenschaft und Literaturunterricht reichen nicht aus. Es bedarf einer Intensivierung der Kenntnisse über die Leseforschung und eine breiter angelegte Lesedidaktik.
10. Lesenächte und die Ermöglichung von vielfältigen, auch medial unterstützten, anregenden Leseerfahrungen sind das eine Erfordernis – eine gesteigerte Diagnosekompetenz sowie Fähigkeiten und Kenntnisse zur Förderung der schwachen Leser in jeder Klasse sind die anderen Herausforderungen bei der Tätigkeit des Lehrers. Dies hat Auswirkung auf die Stärke der Klassen.

Anmerkungen

1 Eine erste Fassung dieses Beitrags wurde auf dem Deutschen Lehrertag 2002 in Weimar vorgetragen. Vgl. Verband Bildung und Erziehung (Hrsg.): PISA: Menetekel oder heilsamer Schock? Kinder und Jugendliche in Deutschland brauchen Lesekompetenz. Dokumentation 2002, S. 37–58.

2 Zu einem umfassenderen Bildungsbegriff vgl. jedoch die neueren Stimmen v. Hentig 1995, Fuhrmann 2002.

3 In dem Testprogramm DESI ist dies geplant; vgl. dazu den Beitrag von H. Willenberg in diesem Band.

4 In deren Abhängigkeit stehen auch die Lernmedien.

5 Hinzuweisen ist auf Publikationen wie Ader/Kress/Riemen 1975; Beisbart/Dobnig-Jülich/Eroms/Koß 1976; Scherner 1975; Praxis Deutsch 4 (1977), H. 23; Hölsken 1987, S. 62–87; Hölsken 1993, S. 47–54.

6 Vgl. auch den Beitrag von U. Abraham in diesem Band.

7 Vgl. dazu unten Anm. 11.

[8] Im Rahmen von PISA wurden ein internationaler Test zum „Verstehenden Umgang mit Texten" und ein nationaler zum „Lernen aus Texten" durchgeführt. Beim Verstehenstest haben die Schüler den Ausgangstext während der Bearbeitungszeit zur Verfügung. Beim Test „Lernen aus Texten" müssen sie nach einer Lektüre auf ihre Gedächtnis- und Repräsentationsleistung vertrauen.

[9] Vgl. ausführlicher den Beitrag von U. Abraham in diesem Band.

[10] So kommentierte der Berichterstatter der FAZ zu dem hier überarbeitet vorgelegten Vortrag zu diesem Thema: „geschenkt", ohne zu erkennen, das die von ihm beobachtete „seltsame Hilflosigkeit der Lehrer" eben auf einem dem seinen vergleichbaren Desinteresse beruht. (Jürgen Kaube: Projekt 0,08 Prozent. In: FAZ 125, S. 43 vom 3. 6. 2002)

[11] Interessante Hilfen geben u.a.: Abraham/Beisbart 1995, Schnotz 1998, Willenberg 1999 und 2001 (vgl. auch Anm. 3).

[12] Der Literaturwissenschaftler Schärf 2001 argumentiert angesichts des Verlustes, den Literatur in der Wissensgesellschaft erlitten hat, in eine ähnliche Richtung – zu einem „linguistic turn" beim literarischen Lesen. Ludwigs Plädoyer für mehr Sprachunterricht bleibt für den Deutschunterricht zu beherzigen.

[13] Hingewiesen wird in der Studie auf die geringe Nutzung von Kontrollstrategien bei Jungen und von Elaborationsstrategien von Mädchen.

[14] Links dazu auf der genannten Homepage von V. Frederking an der Universität Erlangen-Nürnberg (vgl. dazu Anm. 16).

[15] Vgl. schon den Titel von H. Willenberg 2001.

[16] Ich verweise auch auf zwölf Thesen, die ich zusammen mit meinen Kollegen U. Abraham/Würzburg und V. Frederking/Erlangen-Nürnberg kurz nach der Veröffentlichung der Studie formuliert hatte. Dort wird auf ein breites Spektrum von Förderungsmaßnahmen sowie auch auf die Frage der Medien eingegangen, im Internet zu finden unter
uni-bamberg.de/Fakultät Sprach-und Literaturwissenschaften/
Lehrstuhl für Didaktik der deutschen Sprache und Literatur;
erweitert um verschiedene Links unter:
http://www.deutschdidaktik.ewf.uni-erlangen.de.

[17] Rosebrock wünscht für die Sekundarstufe, es „wäre ein wöchentlicher ‚Leseunterricht' quer über die Fächer denkbar, der sich die Steigerung der Lesekompetenz direkt zur Aufgabe macht" (2002, S. 54). Wenn man dazu die Schüler selbst auch einschlägige Texte auswählen lässt, ist der Kontakt zum Leseinteresse nicht abgerissen.

Literatur

Abraham, Ulf/Beisbart, Ortwin/Frederking, Volker: Die PISA-Studie im Blickfeld der Deutschdidaktik. 12 Thesen. Internet: http://www.uni-wuerzburg.de/germanistik/did/; http://www.uni-bamberg.de/~ba4dd1/home.html; http://www.deutschdidaktik.ewf.uni-erlangen.de.

Abraham, Ulf/Beisbart, Ortwin: Sachkompetenz und Sprachkompetenz. Verstehen durch Umschreiben und Umschreiben durch Verstehen ‚fachexterner' pragmatischer Texte im Deutschunterricht. In: RAAbits Deutsch/Sprache, Reihe 2, März 1995. S. 1–14.

Ader, Dorothea/Kress, Axel/Riemen, Alfred: Literatur im Unterricht – linguistisch. München: Kösel 1975.

Artelt, Cordula/Stanat, Petra/Schneider, Wolfgang/Schiefele, Ulrich: Lesekompetenz: Testkonzeption und Ergebnisse. In: Baumert/Klieme/Neubrand/Prenzel/Schiefele/Schneider/Stanat/Tillmann/Weiß 2001. S. 69–137.

Artelt, Cordula/Demmrich, Anke/Baumert, Jürgen: Selbstreguliertes Lernen. In: Baumert/Klieme/Neubrand/Prenzel/Schiefele/Schneider/Stanat/Tillmann/Weiß 2001. S. 271–298.

Baumert, Jürgen/Klieme, Eckhard/Neubrand, Michael/Prenzel, Manfred/Schiefele, Ulrich/Schneider, Wolfgang/Stanat, Petra/Tillmann, Klaus-Jürgen/Weiß, Manfred (Hrsg.): PISA 2000. Basiskompetenzen von Schülerinnen und Schülern im internationalen Vergleich. Opladen: Leske + Budrich 2001.

Baumert, Jürgen/Stanat, Petra/Demmrich, Anke: PISA 2000: Untersuchungsgegenstand, theoretische Grundlagen und Durchführung der Studie. In: Baumert/Klieme/Neubrand/Prenzel/Schiefele/Schneider/Stanat/Tillmann/Weiß 2001. S. 15–68.

Beisbart, Ortwin: Grafiken und Schaubilder erstellen und verbalisieren. In: Abraham, Ulf/Beisbart, Ortwin/Koß, Gerhard: Praxis des Deutschunterrichts. 3. Aufl. Donauwörth: Auer 2003, S. 145–147.

Beisbart, Ortwin/Dobnig-Jülich, Edeltraud/Eroms, Hans-Werner/Koß, Gerhard: Textlinguistik und ihre Didaktik. Donauwörth: Auer 1976.

Bölsche, Jürgen: Die sieben Todsünden des deutschen Bildungssystems. In: DER SPIEGEL 20/2002, 13.5.2002. S. 96–123 (Fortsetzung Nr. 21/2002, 19.5.2002).

Christmann, Ursula/Groeben, Norbert: Psychologie des Lesens. In: Franzmann, Bodo/Hasemann, Klaus/Löffler, Dietrich/Schön, Erich: Handbuch Lesen. Im Auftrag der Stiftung Lesen und der Deutschen Literaturkonferenz. Baltmannsweiler: Schneider 2001. S. 145–223.

Eggert, Hartmut: Literarische Texte und ihre Anforderungen an die Lesekompetenz. In Groeben/Hurrelmann 2002. S. 186–194.

Fuhrmann, Manfred: Bildung. Europas kulturelle Identität. Stuttgart: Reclam 2002.

Greszik, Jürgen: Textverstehen lehren und lernen. Stuttgart: Klett 1990.

Groeben, Norbert: Zur konzeptionellen Struktur des Konstrukts „Lesekompetenz". In: Groeben/Hurrelmann 2002. S. 11–20.

Groeben, Norbert/Hurrelmann, Bettina (Hrsg.): Lesekompetenz. Bedingungen, Dimensionen, Funktionen. Weinheim: Juventa 2002.

Hentig, Hartmut von: Bildung. München: Hanser 1995.

Hölsken, Hans-Georg: Der Text als Problem. Kognitive Textverarbeitung im Literaturunterricht. In: Willenberg, Heiner: Zur Psychologie des Literaturunterrichts. Frankfurt: Diesterweg 1987. S.62–87.

Hölsken, Hans-Georg: Textverstehen als kognitive Textverarbeitung. In: Beisbart, Ortwin/Eisenbeiß, Ulrich/Koß, Gerhard/Marenbach, Dieter (Hrsg.): Leseförderung und Leseerziehung. Theorie und Praxis des Umgangs mit Büchern für junge Leser. Donauwörth: Auer 1993. S. 47–54.

Hurrelmann, Bettina: Leseförderung. In: Praxis Deutsch 21 (1994) 127. S. 17–26.

Kahl, Reinhard: Limonade und Bitterstoff. Nach PISA: Ein Blick auf den deutschen Sonderweg. In: Zeitzeichen 4 (2002). S. 26–30.

Kammler, Clemens: Rezept ohne Beipackzettel. Zu Otto Ludwigs Vorschlägen für eine Reform des Deutschunterrichts nach PISA. In: Der Deutschunterricht 54 (2002) 6. S. 91–93.

Kintsch, Walter/Van Dijk, Teun: Strategies of Discourse Comprehension. New York: Academic Press 1983.

Kühn, Peter: Wie die Muttersprachdidaktik von der Fremdsprachdidaktik (Deutsch als Fremdsprache) profitieren kann. In: Der Deutschunterricht 54 (2002) 4. S. 91–95.

Ludwig, Otto: PISA 2000 und der Deutschunterricht. In: Der Deutschunterricht 54 (2002) 2. S. 82–85.

Mihm, Arend: Sprachstatistische Kriterien zur Tauglichkeit von Lesebüchern. In: Geiger, Heinz (Hrsg.): Lesebuchdiskussion 1970–1975. München: Fink 1977. S. 208–222.

Praxis Deutsch 4 (1977) 23: Textanalyse linguistisch.

Prenzel, Manfred/Rost, Jürgen/Senkbeil, Martin/Häußler, Peter/Klopp, Annekatrin: Naturwissenschaftliche Grundbildung: Textkonzeption und Ergebnisse. In: Baumert/Klieme/Neubrand/Prenzel/Schiefele/Schneider/Stanat/Tillmann/Weiß 2001. S. 191–248.

Rosebrock, Cornelia: Folgen von PISA für den Deutschunterricht. In: Praxis Deutsch 29 (2002)174. S. 51–55.

Schärf, Christian: Literatur in der Wissensgesellschaft. Göttingen: Vandenhoeck& Ruprecht 2001.

Scherner, Maximilian: Wie Texte das Verstehen steuern. Dortmund: Crüweill 1975.

Schnotz, Wolfgang: Imagination beim Sprach-. und Bildverstehen. In: Neue Sammlung 38 (1998) 2. S. 141–154.

Schümer, Gundel: Institutionelle Bedingungen schulischen Lernens im internationalen Vergleich. In: Baumert/Klieme/Neubrand/Prenzel/Schiefele/Schneider/Stanat/Tillmann/Weiß 2001. S. 411–427.

Stanat, Petra/Kunter, Mareike: Kooperation und Kommunikation. In: Baumert/Klieme/Neubrand/Prenzel/Schiefele/Schneider/Stanat/Tillmann/Weiß 2001. S. 299–322.

Willenberg, Heiner: Lesen und Lernen. Eine Einführung in die Neuropsychologie des Textverstehens. Heidelberg: Spektrum Akademischer Verlag 1999.

Willenberg, Heiner: Wir sollten mehr üben als anders zu lesen. In: Deutschunterricht 54 (2001) 2. S. 11f.

Lesekompetenz nach PISA und Literaturunterricht

KASPAR H. SPINNER

PISA folgt einem pragmatischen Textbegriff, bei dem literarische Texte eine untergeordnete Rolle spielen. Das entspricht nicht dem Deutschunterricht in den deutschsprachigen Ländern, der der Literatur einen hervorgehobenen Stellenwert zuschreibt. Mit den folgenden Ausführungen soll der Frage nachgegangen werden, ob PISA trotzdem Anstöße für eine Verbesserung des Literaturunterrichts geben kann und welche Einseitigkeiten und Gefahren entstehen können, wenn PISA zur Richtschnur für die Arbeit mit literarischen (erzählenden, dramatischen und lyrischen) Texten wird.

Das Problem des fragend-entwickelnden Unterrichtsgesprächs

PISA prüft verstehendes Lesen und nicht Wissensbestände. Man könnte meinen, deutsche Schülerinnen und Schüler müssten darauf gut vorbereitet sein, weil die Analyse und Interpretation von Texten seit langem einen hohen Stellenwert im Unterricht hat. Offensichtlich erreicht der Deutschunterricht jedoch nicht, was man sich von ihm verspricht. Ein wesentlicher Grund dafür dürfte im methodischen Vorgehen liegen. Es dominiert im Deutschunterricht nach wie vor das fragend-entwickelnde Unterrichtsgespräch, das wenig geeignet ist, in großen Klassen alle Schülerinnen und Schüler angemessen zu fördern. Es fordert zwar, wenn es gut geführt wird, das entdeckende Lernen heraus, aber es verlangt von den Schülerinnen und Schülern anhaltendes konzentriertes Mitdenken; sie sollen ja, angeleitet durch Fragen, in konsequentem Problemlösen schrittweise Texte erschließen. Nun ist jedoch bekannt und täglich zu beobachten, dass in der Regel nur ganz wenige Schülerinnen und Schüler in dieser Weise die Problementfaltung mittragen. Die Mehrheit der Klasse begnügt sich mit einem rein rezeptiven Verhalten, d.h. sie hört sich an, wie die Lehrkraft und die vier bis fünf aktiv mitarbeitenden Schülerinnen und Schüler das Unterrichtsgeschehen bestimmen. Die Förderung des selbstständigen Verstehens von Texten entfällt für passive Schülerinnen und Schüler weitgehend. Viele von ihnen warten träumend und sich anders beschäftigend einfach ab, bis die Interpretationsergebnisse (oft als Tafelanschrieb, vielleicht sogar als Hefteintrag) zusammengefasst werden. Diese merken sie sich dann, so dass der Unterricht, der nach der Grundintention der fragend-entwickelnden Methode doch die eigenständige Problemerschließung fördern soll, zu einem Wissensunterricht wird: Man merkt sich, was herausgekommen ist. Aber was nützt es zu wissen, was Heinrich Böll mit einer Kurzgeschichte hat sagen wollen, für das Verstehen der Kurzgeschichte eines anderen Autors, also für die Kompetenz der Texterschließung?

Das fragend-entwickelnde Unterrichtsgespräch ist für Lehrkräfte insofern verführerisch, als es die Mitwirkung der willigen, aktiven Schülerinnen und Schüler zum Maßstab des Unterrichtserfolges macht. Wenn man von ihnen die gewünschten Antworten erhält und so seine Textinterpretation zusammenbekommt, glaubt man, das Stundenziel erreicht zu haben, und verschließt allzu gerne die Augen davor, dass ein großer Teil der Schülerinnen und Schüler nicht wirklich mitgedacht hat. Im Grunde ist es ihnen auch nicht zu verdenken. Die meisten von ihnen kommen, selbst wenn sie wollten, gar nicht dazu, jeweils einen eigenen Gedanken zu Ende zu denken, denn immer ist eine oder einer da, der oder die schneller ist, sich gemeldet und eine Antwort gegeben hat. Das entmotiviert, und so kann man nur allzu gut verstehen, wenn die Mehrzahl der Schülerinnen und Schüler sich lieber darauf verlegt, mit dem Denken innezuhalten und auf das Ergebnis zu warten.

Wenn Lehrkräfte sich angesichts dieses Problems bemühen, auf die langsameren Schülerinnen und Schüler Rücksicht zu nehmen, droht umgekehrt eine Unterforderung der intelligenteren Schülerinnen und Schüler. Deren oft vorpreschende Antworten werden dann zurückgedrängt, was sich nun auf diese Schülergruppe entmotivierend auswirkt.

Als Antwort auf PISA sollte man sich also vornehmen, das fragend-entwickelnde Unterrichtsgespräch sorgsamer und zurückhaltender einzusetzen. Das ist keine neue Forderung, aber sie wird durch PISA neu in Erinnerung gerufen.

Induktion und entdeckendes Lernen

Das fragend-entwickelnde Unterrichtsgespräch gilt im Deutschunterricht meist als Methode induktiven Lernens: Wissensinhalte sollen nicht deduktiv präsentiert werden, vielmehr sollen Schülerinnen und Schüler ausgehend von einzelnen Beobachtungen selbst Zusammenhänge erkennen, z.B. Bezüge zwischen Raum- und Figurenkonstellation in einem Roman oder zwischen Rhythmus, Lautstruktur und Stimmung in einem Gedicht. Dieses induktive und entdeckende Vorgehen wirkt auf Schülerinnen und Schüler allerdings oft als beliebiges Herumraten, weil es nicht von einem für sie erkennbaren und von ihnen geteilten Erkenntnisinteresse ausgeht. Sie wissen zwar, dass die Lehrerin oder der Lehrer auf eine Interpretation hinauswill; aber sie sehen nicht wirklich ein zu lösendes Problem, für das sie eigene Lösungswege entwickeln möchten und könnten. Wenn es nach PISA vor allem um selbstreguliertes Lernen gehen soll, dann muss die Arbeit an Texten im Rahmen eines einsehbaren Problemhorizontes erfolgen, der es Schülerinnen und Schülern dann auch erlaubt, selbstständige Zugänge zu suchen.

Induktion und entdeckendes Lernen sind vor dem Hintergrund von PISA allerdings noch grundsätzlicher zu problematisieren. Der Lesekompetenzbegriff von PISA ist konstruktivistisch beeinflusst (im Sinne eines gemäßigten Konstruktivismus); er modelliert das Lesen als Interaktion zwischen Text und Leser, betont die kognitive Tätigkeit des Verstehenden, der Inferenzen bildet, Propositionen zu Makrostrukturen zusammenbaut und der kritisch über den Text reflektiert. Verstehendes Lesen ist Sinnkonstruktion. In der konkreten Umsetzung mögen die PISA-Aufgaben einem solchen Anspruch nicht immer gerecht werden; aber die Studie hat doch nachdrücklich die Aufmerksamkeit auf die konstruktiven Prozesse beim Lesen gelenkt. Für die Unterrichtspraxis im Fach Deutsch heißt dies vor allem, dass gegenüber den gewohnten und gängigen Begriffen der Informationsentnahme und des sinnentnehmenden Lesens eine gewisse Vorsicht angebracht ist, denn Information und Sinn werden einem Text nicht einfach entnommen. Manche Unterrichtsvorschläge und -materialien, die heute als Antwort auf PISA angeboten werden, entsprechen nicht der Lesetheorie von PISA, sondern fallen in verkürzte Vorstellungen zurück. Auch der Begriff des entdeckenden Lernens passt nicht recht zu konstruktivistischen Annahmen. Er suggeriert, dass es darum gehe, etwas Vorhandenes zu entdecken, also z.B. eine vorfindliche Textstruktur oder einen im Text verborgenen Sinn; es ist ein empiristisches Verstehensmodell, das hier wirksam ist. Wenn aber Lesen ein konstruktiver Vorgang ist, dann geht es nicht um Entdecken von Struktur und Sinn, sondern um Sinnkonstruktion und Strukturbildung. Etwas polemisch könnte man sagen: Wenn Schülerinnen und Schüler, wie das oft der Fall ist, den Eindruck haben, im Interpretationsunterricht ginge es darum, zu entdecken, wie die Lehrkraft den Text versteht, dann haben sie in gewisser Weise eine konstruktivistische Einsicht gewonnen, nämlich dass der Sinn nicht im Text liegt, sondern nur als Konstrukt eines Interpretierenden existiert. Eine solche Einsicht sollte bewusst gemacht und zur Basis eigener Arbeit mit Literatur gemacht werden, so dass es nicht beim Nachvollzug fremder Interpretation bleibt.

Heißt dies, dass auch das induktive Vorgehen, auf das sich Deutschlehrkräfte und -didaktiker in der Regel viel zugute halten, problematisch ist? Fragwürdig ist jene Form von induktivem Vorgehen, bei dem Schülerinnen und Schüler auf der Basis von Impulsen beliebig Assoziationen und Vermutungen äußern, die dann wie durch Zauberhand von der Lehrkraft zu einem Ergebnis zusammengeführt werden. Wenn dagegen eine leitende Fragestellung für die Schülerinnen und Schüler klar ist und sie dann Lösungsstrategien entwickeln, handelt es sich um eine Induktion, die den Grundprinzipien von PISA und der kognitivistischen Verstehenspsychologie gerecht wird.

Individualisierender Unterricht

Zu den wichtigen Ergebnissen von PISA gehört die Erkenntnis, dass es dem deutschen Schulsystem offensichtlich schlecht gelingt, allen Schülerinnen und Schülern gerecht zu werden. Daraus ergibt sich die Forderung nach stärker individualisierenden Lernverfahren. Schülerinnen und Schüler müssen die Gelegenheit erhalten, ihre individuellen Lernwege zu gehen, und die Lehrkräfte müssen diese aufmerksamer wahrnehmen. Bislang hat vor allem in den Grundschulen eine Neuorientierung in dieser Richtung stattgefunden, wie z.B. verschiedene Formen von Freiarbeit und Wochenplanarbeit zeigen. In die Sekundarstufe dringen diese Arbeitsformen nur sehr zögerlich ein. Das wird schon an der Ausstattung der Klassenzimmer deutlich. Während es in den Grundschulen schon fast zum Standard gehört, dass eine kleine Klassenbücherei vorhanden ist und auch andere Materialien in Regalen zur Verfügung stehen, fehlt in den weiterführenden Schulen – und diese sind ja durch PISA getestet worden – eine solche Ausstattung weitgehend. Die Folge ist, dass Literaturunterricht fast nur im Gleichschritt (eben z.B. nach der fragend-entwickelnden Methode) erfolgt. Rücksichtnahme auf unterschiedliche Lernstände ist so kaum möglich, Freiheitsspielräume, die für eine positive emotionale Beziehung zum Lesen wichtig sind, fehlen. Auch die Schulbiblio- und mediotheken sind vielerorts nicht so ausgestattet, dass sie zum verweilenden Lesen und selbstständigen Arbeiten einladen, ganz absehen davon, dass die Öffnungszeiten oft so sind, dass das Angebot in Freistunden und am Nachmittag gar nicht genutzt werden kann.

Offener Unterricht, der ein stärker individualisiertes Lernen erlaubt, kann allerdings auch zu einer Gleichgültigkeit der Lehrkräfte gegenüber den Lernprozessen führen. Das bloße Beschäftigtsein der Kinder und Jugendlichen gilt dann schon als Ausweis für fortschrittlichen Unterricht. Die folgenden Fehlentwicklungen, die heute teilweise zu beobachten sind, gilt es zu vermeiden:

- Freiarbeit, Wochenplanarbeit und Stationentraining verführen dazu, als Arbeitsblätter simple Übungsaufgaben auszulegen, die wenig kognitiven Anreiz bieten und dadurch kaum nachhaltiges Lernen bewirken.
- Die freien Arbeitsformen verzetteln sich leicht in ein Patchwork-Angebot, bei dem die Schülerinnen und Schüler zusammenhanglos von einer Aufgabe zur anderen springen – z.B. ein bisschen Biographie eines Dichters, ein wenig Zeitgeschichte, eine produktive Aufgabe zum Weiterschreiben eines Textes, ein paar stilistische Beobachtungen, alles jeweils ohne Verknüpfungen. Damit wird der Aufbau zusammenhängender kognitiver Strukturen erschwert.

Offener Unterricht erreicht dann seine positive Wirkung, wenn sich die Schülerinnen und Schüler mit Aufgaben beschäftigen, die sie als interessante kognitive Herausforderung erfahren, die ihnen eigene Lösungswege ermöglichen und eine Vernetzung mit angeeignetem Wissen erlauben.

Kumulatives und nachhaltiges Lernen

PISA hat gezeigt, dass deutsche Lehrerinnen und Lehrer die Fähigkeiten ihrer Schülerinnen und Schüler überschätzen; sie hielten Aufgaben für lösbar, an denen die Mehrzahl von diesen scheiterten. Die hier erkennbar werdende mangelnde Diagnosefähigkeit dürfte mit der Art und Weise zusammenhängen, wie der Lernstoff im Literaturunterricht häppchenweise vermittelt wird. Man hat etwas durchgenommen und sieht damit die Pflicht, den Stoff vermittelt zu haben, erfüllt. Um die Nachhaltigkeit des Gelernten kümmert man sich wenig. Für Schülerinnen und Schüler ist oft nicht erkennbar, welcher Aufbau den Unterricht über ein Jahr oder auch über mehrere Jahre hin strukturiert. Selbst Lehrkräfte wissen, wenn sie eine Klasse neu übernehmen, meist nicht, was den Schülerinnen und Schülern im Jahr vorher z.B. an textanalytischen Kategorien vermittelt worden ist. Es herrscht die Einstellung, dass Schülerinnen und Schüler sowieso alles vergessen hätten und man mit einer neuen Lektüre auch die methodischen Zugänge neu erarbeiten müsse. Ein wirklich kohärenter Aufbau von Wissensstrukturen und Fähigkeiten im Sinne kumulativen und nachhaltigen Lernens ist auf diese Weise nicht erreichbar.

In der bildungspolitischen Diskussion nach Veröffentlichung der PISA-Ergebnisse ist vor allem die Eingangsphase des Schulunterrichts in den Blick gerückt worden, und es sind Anstrengungen unternommen worden, etwa ausreichende Deutschkenntnisse bei der Einschulung ins erste Schuljahr zu sichern. PISA hat jedoch Fünfzehnjährige untersucht, und ein Vergleich mit IGLU, der Internationalen Grundschul-Leseuntersuchung, legt nahe, dass das Hauptdefizit der Leseförderung nicht in der Grundschule zu suchen ist. Man muss eher davon ausgehen, dass Leselernkarrieren im Verlauf der Sekundarstufe abbrechen. Es gelingt offenbar schlecht, die in der Grundschule grundgelegte Lesefähigkeit kontinuierlich weiter zu entwickeln. Erforderlich wäre ein genaueres Nachdenken darüber, welche Teilkompetenzen der Lesefähigkeit vermittelt und gefördert werden sollen. Eine solche kompetenzorientierte Sicht ist etwas anderes und mehr als nur die Auflistung, welche Textsorte in welchem Schuljahr dran ist.

Strategien

Zur Nachhaltigkeit von Lernprozessen trägt wesentlich bei, was in der kognitivistischen Lerntheorie mit Strategien bezeichnet wird und von PISA auch gezielt untersucht worden ist. Zu den Strategien, die für das Lesen wichtig sind, kann man z.B. das Nacherzählen, das Zusammenfassen, die Klärung von Unverstandenem oder das Stellen von Fragen an den Text zählen, sofern dies im Hinblick auf ein besseres Textverständnis eingesetzt wird (vgl. auch den Beitrag von U. Abraham in diesem Band). Solche Verfahren sind durchaus gängig in deutschen Schulen, aber den Schülerinnen und Schülern ist ihre Funktion oft nicht klar; sie empfinden sie als schulischen Selbstzweck, weil ihnen die Relevanz für das Textverstehen im Alltag nicht gezeigt wird. In diesem Sinne gälte es z.B. zu verdeutlichen, dass die im Unterricht explizit, ausführlich und oftmals schreibgestützt angewandten Strategien mit dem Ziel durchgeführt werden, dass sie dann als rein gedankliche Operation im Alltag eingesetzt werden können. Eine schriftliche Inhaltszusammenfassung ist z.B. eine Übung dafür, sich gedanklich den Argumentationsgang eines Zeitungsartikels zu rekonstruieren.

In der Lesepsychologie unterscheidet man zwischen reduktiv organisierenden und elaborierenden Lesestrategien. Die ersteren schaffen Konzentration auf das Wesentliche, wie z.B. das Formulieren von Überschriften zu einzelnen Absätzen zeigt. Für literarische Verstehensprozesse ist das nicht unbedingt funktional; denn oft ist gerade das, was zunächst marginal erscheinen mag, besonders interessant. Reduzierende Strategien können die semantische Vielschichtigkeit, die ein Kennzeichen von Literatur ist, zerstören. Eine gewisse Vorsicht ihnen gegenüber ist da, wo es um Literatur geht, also angebracht.

Wichtiger für das literarische Verstehen sind die elaborierenden Strategien, z.B. das Finden von Beispielen zur Textaussage, das Antizipieren, das Entwickeln bildlicher Vorstellungen. Sie gehören zum Standardrepertoire des gegenwärtigen Literaturunterrichts. PISA allerdings untersucht Strategien im Hinblick auf das Lernen, z.B. mit Fragen wie „Wenn ich lerne, versuche ich beim Lesen herauszufinden, was ich noch nicht verstanden habe" (Antworten auf einer Skala von „fast nie", „manchmal", „oft" bis „fast immer"). Das Lesen literarischer Texte dient allerdings nicht einfach dem Lernen; insofern gibt PISA nur eingeschränkt Auskunft über die Strategien, die für das literarische Verstehen wichtig sind.

Besondere Beachtung haben in der jüngeren Lernpsychologie die metakognitiven Strategien gefunden. Man unterscheidet dabei in der Regel Planen, Überwachen und Steuerung oder Kontrolle. Für den Literaturunterricht bedeutet dies ein Bewusstsein des methodischen Vorgehens. Schülerinnen und Schülern wird dies oft unzureichend vermittelt, so dass sie auch gar nicht angemessen ihr eigenes Vorgehen bei der Interpretation planen und kontrollieren können. Textinterpretation, so haben sie den Eindruck, entspringt einer nicht kontrollierbaren Intuition, über die vor allem der Lehrer verfügt (wenn Schülerinnen und Schüler Unterrichtshilfen benützen, kann es vorkommen, dass sie entdecken, woher die vermeintliche Intuition der Lehrkraft kommt).

Als Reaktion auf die Defizite in der Vermittlung von Lesestrategien werden neuerdings viele Unterrichtsmaterialien veröffentlicht, die – oft explizit als Training ausgewiesen – speziell der Vermittlung von Strategien dienen. Angesichts dieser Tendenzen ist auch ein kritischer Hinweis angebracht. Die durch die kognitive Lesepsychologie beförderte neue Terminologie mit ihren Schlüsselwörtern wie „Strategie", „Training", „Ziel" erinnert an militärische Übungen und Unternehmungen, die Begriffstrias „Planen – Überwachen – Kontrolle" an totalitäre Staatsapparate. In den

Ausdrücken verrät sich ein Geist, der in mancherlei Hinsicht dem, was Literatur ist, entgegensteht; das Anarchische, das Lustbetonte, die Hingabe an die zwecklose ästhetische Erfahrung, das ziellose sich Verlieren in einem Text – all dies, was zum literarischen Lesen wesentlich gehört, steht in deutlichem Kontrast zu dem, was unter Lesestrategien verstanden wird. Man kommt in der Unterrichtspraxis nicht darum herum, die Spannung zwischen der Literatur als ästhetischem Phänomen und der Vermittlung von methodischen Zugängen bewusst zu machen und zu verdeutlichen, dass der Widerspruch ausgehalten werden muss. Mit Widersprüchen umgehen zu lernen ist ja auch in anderen Lernbereichen wichtig.

Test und situiertes Lernen

Die PISA-Diskussion hat bildungspolitisch den Ruf nach regelmäßiger Testung von Schulleistungen bewirkt, mit der Folge, dass testähnliche Aufgaben nun auch verstärkt im Unterricht berücksichtigt werden. Dabei droht die Gefahr, dass der Unterschied zwischen Lern- und Prüfungssituation übersehen wird. Dies kann sich insbesondere im Hinblick auf das sogenannte situierte Lernen fatal auswirken. Aus der Lernpsychologie wissen wir, dass Lernprozesse nachhaltiger sind, wenn sie funktional in Situationen eingebettet sind. Eine Recherche in Bibliothek und Internet ist für das Lernen wirkungsvoller, wenn sie auf ein reales Informationsbedürfnis, z.B. im Rahmen eines Projektes, zurückgeht, als wenn es sich nur um eine Trockenübung handelt. Solche situative Einbettung ist in der Testsituation nicht möglich, sie kann höchstens imaginiert werden. Die Testaufgaben sollten deshalb nicht Vorbild für Lernaufgaben sein – was für die Überprüfung tauglich ist, muss es nicht für das Lernen sein. Es ist schließlich gerade der pragmatisch ausgerichtete Kompetenzbegriff nach PISA, der die Einbettung des Lernens in funktionale Zusammenhänge nahe legt. Dass in der Fachdidaktik jetzt verstärkt über Aufgabenkultur nachgedacht wird, kann in diesem Zusammenhang als wichtige Konsequenz aus PISA betrachtet werden.

Allerdings herrscht in der kognitivistischen Lesepsychologie, die der PISA-Studie zugrunde liegt, ein Situationsbegriff, der dem Konzept des situierten Lernens nicht ganz entspricht. Eine genauere Klärung ist deshalb nötig. Walter Kintsch, auf den sich PISA vor allem beruft, hat den Begriff des Situationsmodells geprägt (vgl. dazu auch den Beitrag von A. Krommer in diesem Band). Sein theoretisches Konzept geht von zwei Stufen des

Verstehens aus, einer mentalen Textrepräsentation, d.h. der Vergegenwärtigung der oberflächlichen Textinformation, und dem Aufbau eines Situationsmodells, d.h. der Entwicklung einer zusammenhängenden Vorstellung vom Gesagten, in die Vorwissen einfließt. Ein solches Konzept des Verstehens lässt sich wegen seines aufbauend hierarchischen Charakters relativ gut in Textaufgaben abbilden, aber es wird nicht der Tatsache gerecht, dass in normalen alltäglichen Verstehenssituationen eine situative Einbettung von vornherein gegeben und damit eine Situationsvorstellung dadurch vorbereitet ist; der Text wird auch in seiner Oberflächenstruktur gleich daraufhin gelesen. Man stelle sich als Beispiel das Lesen im Reiseführer bei der Besichtigung einer Kirche oder das Nachschlagen im Kochbuch in der Küche vor.

Bei literarischen Texten, die man in der Literaturtheorie oft als situationsabstrakt bezeichnet, ist die Loslösung von konkreten Situationen allerdings stärker und deshalb ist bei ihnen auch ein sorgfältigeres Wahrnehmen der Textoberfläche nötig. Ein bottom-up-Vorgehen von der Einzelwahrnehmung zur Gesamtvorstellung ist durchaus ein Charakteristikum literarischen Lesens. Testfragen allerdings erfordern eine distanzierende Arbeit am Text, während literarisches Lesen ein imaginatives Sich-Hineinversetzen in die fiktionale Welt beinhaltet. Aufgabentypen nach PISA sollten deshalb nicht unbesehen das Vorgehen im Literaturunterricht bestimmen.

Ambiguität literarischer Texte

Testaufgaben, wie sie bei PISA gestellt worden sind, müssen für die Auswertung mit „richtig" bzw. „falsch" kodiert werden. Dies steht in einem gewissen Widerspruch zur Komplexität sprachlicher Verstehensprozesse. Insbesondere literarische Texte zeichnen sich durch vielfältige symbolische Bezüge und Ambiguität aus. Zu den Zielsetzungen von Literaturunterricht gehört es deshalb, dass Schülerinnen und Schüler mit Vieldeutigkeit umgehen lernen. Als ästhetische Phänomene reichen literarische Texte auch über das rationale Verstehen hinaus. Intensive literarästhetische Erfahrungen zeichnen sich oft dadurch aus, dass der Textsinn eine gewisse Rätselhaftigkeit behält. Gegenüber dem schnellen Verstehen, das in Alltagssituationen meist angebracht ist, gehört es deshalb zu den Zielen des Literaturunterrichts, auch das Nicht-Verstehen auszuhalten.

Wenn man die Kodierungsanweisungen von PISA anschaut, erkennt man, dass für die Aufgaben jeweils durchaus unterschiedliche Lösungen akzeptiert werden. Trotzdem hat es in der Diskussion über PISA z.T. heftige Kritik gerade an der Kodierung von Antworten zu literarischen Texten gegeben, weil die dahinter stehenden Interpretationen willkürlich seien. Man kann aus dieser Auseinandersetzung lernen, dass wegen ihrer Vielschichtigkeit literarische Verstehensprozesse unabschließbar sind und Festlegungen nach richtig/falsch bzw. gelöst/nicht gelöst problematisch bleiben.

Möglichkeitssinn

Literarisches Lesen stützt den Möglichkeitssinn des Menschen: Es sind mögliche Welten, denen man in den Büchern begegnet; man spielt z.B. in der Imagination die Rollen von Figuren mit, man entwirft Hypothesen und alternative Handlungsverläufe beim Lesen, etwa im Sinne von „Wer könnte das gewesen sein?", „Was mag sie jetzt wohl empfinden", „Was würde ich in dieser Situation tun" usw.. In der Entfaltung des Möglichkeitssinnes kann man eine Kompetenz allgemeinbildenden Charakters sehen, die über das Verstehen von Literatur hinausreicht. Der Lesekompetenzbegriff von PISA beschränkt sich auf das Verstehen, Reflektieren und Beurteilen von Texten, er bezieht sich damit auf eine grundlegende und wichtige Zielsetzung des Leseunterrichts, aber er umfasst keineswegs alles, was Literaturunterricht leisten kann. Wenn Konsequenzen aus PISA gezogen werden, gilt es darauf zu achten, dass im Unterricht nicht eine Reduzierung auf das erfolgt, was PISA testet. Andere Untersuchungen haben auch zusätzliche Aspekte von Lesekompetenz erfasst; die Internationale Grundschul-Lese-Untersuchung IGLU hat z.B. mit der Leseintention „Reading for Literary Experience", die sie gleichberechtigt neben die Leseintention „Acquire and Use Information" stellt, eine stärker literarisch orientierte Akzentsetzung gewählt.

Jenseits von PISA: Identitätsbildung und ästhetische Sensibilität

Noch weniger erfasst werden durch PISA zwei Zieldimensionen, die – zu Recht – im Literaturunterricht für wichtig gehalten werden: Identitätsbildung und ästhetische Sensibilität (vgl. dazu auch den Beitrag von V. Frederking in diesem Band). Die Begegnung mit literarischen Imaginationen ist vom Kleinkindalter an, beginnend mit Kinderliedern, Bilderbüchern und erzählten Geschichten, ein wesentlicher Beitrag zum Umgang mit Ängsten, Wünschen, Aggressionen und Glückserfahrungen und hilft den Heranwachsenden so, mit der Komplexität der eigenen Ich-Struktur umzugehen. Es ist eine Aufgabe von Deutschunterricht, Literatur so in den Erfahrungshorizont der Kinder und Jugendlichen zu rücken, dass das identitätsbildende Potential zur Entfaltung kommt. Mit Testaufgaben lässt sich eine solche Leistung von Literaturunterricht kaum evaluieren. Da wären eher Unterrichtsbeobachtungen und Videoaufzeichnungen hilfreich, die nach Kriterien eines guten Deutschunterrichts ausgewertet werden. Im Hinblick auf die Identitätsbildung hieße das z.B., dass Unterricht eine Balance zwischen Schülerorientierung und Textbezug herstellen muss, dass Spielräume für Imaginationen eröffnet werden und dass das Gespräch über Texte von Achtung gegenüber der jeweils sprechenden Person und ihren Empfindungen getragen ist.

Ästhetische Kompetenz kommt in PISA vor allem durch textanalytische Fragen und Bewertungsaufgaben zum Tragen. Kaum tauglich ist die Testkonstruktion für die Feststellung ästhetischer Sensibilität. Ob eine Empfänglichkeit für Klang und Rhythmus von Sprache vorhanden ist, ob Schilderungen in Texten zu einer stimmungsgesättigten Imagination führen, ob das spannungsvolle Wechselspiel zwischen Harmonie und Dissonanz in Inhalt und Form intensiv empfunden wird, lässt sich mit Testfragen kaum erheben – und man kann sich fragen, ob solche Aspekte überhaupt in die Leistungsfeststellung einbezogen werden sollen. Eine Schule, die nur das vermittelt, was als Leistung hinterher evaluiert werden kann, wäre eine Schule, die weder den Schülerinnen und Schülern noch dem Gegenstand Literatur als einem ästhetischen Phänomen gerecht werden kann.

„Es werde von Grund aus anders" !? Leseinteresse, Lernmotivation und Selbstregulation im Deutschunterricht nach PISA und IGLU

VOLKER FREDERKING

„Es werde von Grund aus anders!" – Mit diesen Worten ließ Friedrich Hölderlin (1799, S. 112) sein literarisches Alter Ego Hyperion in dem gleichnamigen Bildungsroman den Kern einer ästhetischen Utopie verkünden, die die geistige Situation im Deutschland seiner Zeit im Blick hatte, auch wenn Hyperion diese Worte angesichts der vor ihm liegenden Trümmer des athenischen Pantheon spricht. Als Trümmerlandschaft erscheint vielen auch die Bildungssituation im Deutschland der Gegenwart, nur dass unser kathartischer bzw. utopiestiftender Auslöser nicht die Reste griechischer Tempelanlagen sind, sondern ein inhaltlich metamorphisierter Anklang an einen legendären italienischen Turm, dessen Schieflage Symbol unserer Bildungsmisere sein könnte: PISA (vgl. Baumert/Klieme/Neubrand/Prenzel/Schiefele/Schneider/Stanat/Tillmann/Weiß 2001).

Avancierte der ‚PISA-Schock' 2002 zum Terminus technicus in den Berichterstattungen von Zeitungen und Fernsehen, hat sich mit IGLU unsere bislang an Metaphern eher arme Bildungsdebatte nicht nur bildhaft noch einmal erweitert, sondern auch inhaltlich. Denn von IGLU gehen in gewisser Hinsicht Signale der Erleichterung aus, weil deutsche Heranwachsende zumindest in der Grundschule international noch mithalten können, mehr noch, sich hier sogar partiell im oberen Drittel platzieren (vgl. Bos/Lankes/Schwippert/Valtin/Voss/Badel/Plaßmeier 2003, S. 101). Dieses Ergebnis kann jedoch nur vordergründig beruhigen. In Wahrheit fordert es zum vertieften Nachdenken heraus. Zu fragen ist nach den Grundlagen, Zielen und Spezifika eines gegenwärtigen und zukünftigen Deutschunterrichts in der Primarstufe und in den Sekundarstufen I und II. Dabei ist evident: Weder sollten die PISA-, die PISA-E- oder die IGLU-Studie zu Bildungsbibeln der anbrechenden globalisierten Weltgesellschaft avancieren noch zu neuen Gravitationszentren deutschdidaktischer Theoriebildung. Beides war nicht intendiert und beides wäre auch angesichts des im ersten Teil dieses Bandes aufgezeigten fachspezifischen Diskussionsbedarfes kaum Opinio communis innerhalb unserer Disziplin. Gleichwohl ergeben sich meines Erachtens für die didaktische Theorie und die unterrichtliche Praxis im Fach Deutsch auf der Grundlage der genannten Studien wichtige Impulse.

Grundsätzlich gilt: Deutschunterricht nach ‚PISA' und ‚IGLU' – das ist angesichts der weit unter dem OECD-Durchschnitt liegenden Ergebnisse 15jähriger deutscher Schüler(innen) im Bereich der Lesekompetenz wohl notwendigerweise ein anderer Deutschunterricht als der vor allem in der Sekundarstufe I gegenwärtig zumeist praktizierte.[1] Doch in welcher Weise sind Veränderungen möglich, sinnvoll bzw. geboten? Um wissenschaftlich umfassend abgesicherte Aussagen treffen zu können, bedarf es fachspezifischer empirischer Unterrichtsforschung. Dies wird Aufgabe der Deutschdidaktik der nächsten Jahre sein (vgl. dazu die Beiträge von M. Kämper-van den Boogaart, A. Bremerich-Vos/S. Schlegel und H. Ehlers/H. Willenberg in diesem Band). Den heute unterrichtenden Deutschlehrer(inne)n helfen diese notwendigen wissenschaftlichen Konsequenzen allerdings zunächst nicht. Sie erwarten von der Deutschdidaktik als Theorie fachspezifischen unterrichtlichen Handelns zurecht schon jetzt plausible und praktikable Ansätze für den Deutschunterricht vor dem Hintergrund der jüngsten Schulleistungstests. Diese zu formulieren kann angesichts der noch weitestgehend fehlenden empirischen Validierung zwar nur heuristisch möglich sein. Dies allerdings will ich nachfolgend – trotz der skizzierten Schwierigkeiten – versuchen, um einerseits einen Beitrag zur Intensivierung des Dialoges zwischen didaktischer Theorie und unterrichtlicher Praxis zu leisten und andererseits Desiderate empirischer Forschung innerhalb unserer Disziplin zu benennen.

Wissenschaftlich bzw. didaktisch tragfähige Ansatzpunkte ergeben sich meines Erachtens auf der Grundlage von Empfehlungen, die das deutsche PISA-Konsortium selbst im Zusammenhang mit der Lesekompetenz formuliert hat. Denn in Bezug auf zwei der im Rahmen von PISA untersuchten ‚Prädiktoren' von Lesekompetenz haben deutsche Schüler(innen) besonders schlecht abgeschnitten. Hier empfiehlt das PISA-Konsortium eine gezielte Förderung: Leselust, d.h. Interesse und Freude an Literatur bzw. Texten, und fachspezifisches Lernstrategiewissen, d.h. Informations- und Textverarbeitungskompetenz im Rahmen selbstregulierten Lernens (vgl. Artelt/Stanat/Schneider/Schiefele 2001, S. 134). Damit sind Ansatzpunkte für eine gezielte Intervention benannt. Weil fachspezifische Lesestrategien in den Beiträgen von Ulf Abraham, Ortwin Beisbart und Albert Bremerich-Vos/Sonja Schlegel unter verschiedenen Perspektiven ausführlich diskutiert werden, liegt der Fokus meiner Aufmerksamkeit auf Möglichkeiten zur Förderung des Leseinteresses bzw. der fachspezifischen Lernmotivation.

Die lernpsychologischen Fundamente dieser Akzentsetzungen seien nachfolgend ausführlicher erläutert, ehe deutschdidaktische Konsequenzen exemplarisch zur Darstellung gelangen. Dies geschieht im Bewusstsein der Schwierigkeiten eines trans- bzw. interdisziplinären Diskurses zwischen geisteswissenschaftlich-hermeneutisch und mathematisch-empirisch geprägten Wissenschaftstraditionen (vgl. dazu Frühwald/Jauß/Koselleck/Mittelstraß/Steinwachs 1991; Kocka 1987; Heckhausen 1987). Hier zeigt sich in besonderer Weise, was Franz-Xaver Kaufmann als Grundproblem von Interdisziplinarität kenntlich gemacht hat: „Interdisziplinäre Kommunikation kann sich [...] gerade nicht auf jene Selbstverständlichkeiten verlassen, die die disziplinäre Kommunikation so sehr erleichtern: Die Gemeinsamkeiten der perspektivischen Grundannahmen und Auswahlgesichtspunkte, durch die das fachwissenschaftliche Erkenntnisinteresse geformt wird, die grundbegrifflichen Prämissen und die Eigenarten der fachwissenschaftlichen Methodik" (Kaufmann 1987, S. 70). Umso wichtiger ist das Bemühen, fachspezifische Terminologien, Theorien und Erkenntnisse in einer interdisziplinären Oszillationsbewegung auszuloten und auf Gemeinsamkeiten und Unterschiede zu befragen. Dies soll nachfolgend geschehen.

1
Leseinteresse, Lernmotivation, Selbstregulation – lernpsychologische Theoreme im Blickfeld der Deutschdidaktik

Dass Lesemotivation bzw. das Interesse am Lesen im Rahmen der PISA-Studie eine zentrale Rolle spielen, ist eine Konsequenz aus neueren Forschungen zu den motivationalen Grundlagen selbstregulierten Lernens (SRL). Dieses gehört zu den grundlegenden Theoremen der modernen Lernpsychologie. In der PISA-Studie ist dem selbstregulierten Lernen folgerichtig ein eigenes Kapitel gewidmet. Dort heißt es:

> „Lernende, die ihr eigenes Lernen regulieren, sind in der Lage, sich selbstständig Lernziele zu setzen, dem Inhalt und Ziel angemessene Techniken und Strategien auszuwählen und sie auch einzusetzen. [...] Die Selbstregulation des Lernens beruht demnach auf einem flexibel einsetzbaren Repertoire von Strategien zur Wissensaufnahme und Wissensverarbeitung sowie zur Überwachung der am Lernen beteiligten Prozesse" (Artelt/Demmrich/Baumert 2001, S. 271).

Während nun in älteren lerntheoretischen Konzepten, beispielsweise bei Lyn Corno (1989, S. 111ff.), ein Gelingen selbstregulierter Lernprozesse allein an kognitiven Aspekten festgemacht wurde, haben neuere Studien die grundlegende Korrelation zwischen Kognition und Motivation herausgearbeitet. So unterscheidet Monique Boekaerts im Rahmen ihres Sechs-Komponenten-Modells zwischen kognitiver und motivationaler Selbstregulation (1997, S. 164). Ganz ähnlich argumentieren Mitglieder des PISA-Konsortiums in eigenen, zeitlich vor der OECD-Studie erschienenen Publikationen. So hat Jürgen Baumert die Distinktion zwischen kognitiv-metakognitiver Regulation und motivationaler Selbstregulation in den lernpsychologischen Diskurs eingeführt (1999; vgl. auch 1993, S. 327ff.), Cordula Artelt die motivationalen und emotionalen Voraussetzungen von Lernstrategien bzw. ihres Einsatzes in den Fokus ihrer Aufmerksamkeit gerückt (2000, S. 118ff.) und Ulrich Schiefele (1996) das Bedingungsverhältnis zwischen Motivation und Textverstehen zum Gegenstand umfassender Forschungen gemacht. Im Rahmen der PISA-Studie nehmen die motivationalen Voraussetzungen selbstregulierten Lernens neben den (meta)kognitiven denn auch eine exponierte Stellung ein.[2] Dazu heißt es:

> „Die gegenstandsspezifischen Interessensskalen (Interesse (Lesen), Interesse (Mathematik)) haben nach der Interessenstheorie einen Einfluss auf die Kontinuität und Intensität des Engagements in Lernsituationen und auf die erreichte Verstehenstiefe. Dieser Einfluss ist unabhängig vom Einfluss der generalisierten Lernmotivation. Interessensdimensionen beinhalten die individuelle Bewertung von Inhaltsbereichen (*topics*), die positive emotionale Erfahrung (*flow*) und die Selbstintentionalität" (Baumert/Klieme/Neubrand/Prenzel/Schiefele/Schneider/Tillmann/Weiß 2001, S. 11).

Das hier betonte Bedingungsverhältnis zwischen habitueller bzw. gegenstandsspezifischer Motivation und Lernertrag ist für die Diskussion von Ansatzpunkten zur Optimierung von Lesekompetenz im Rahmen selbstregulierter Lernprozesse zentral. Denn damit wird erkennbar, welch grundlegende Bedeutung das Interesse am Lesen für die Lesekompetenz besitzt – auch wenn es im internationalen Leistungstest als Prädiktor nur mit .11 gewichtet ist –, und wie alarmierend vor diesem Hintergrund die ermittelten Daten sind. Denn tatsächlich ist die Lesemotivation 15-jähriger deutscher Schüler(innen) bedenklich gering, so das Ergebnis der PISA-Studie. Über vierzig Prozent der deutschen Jugendlichen artikulieren eine deutliche Leseunlust und belegen damit im internationalen Vergleich den viertletzten Platz (vgl. Artelt/Stanat/Schneider/Schiefele 2001, S. 114). Dabei ist die Korrelation zwischen mangelnder Leselust und mangelnder Lesekompetenz in Deutschland am ausgeprägtesten. Interessanterweise hat die IGLU-Studie in Bezug auf die Leselust ein positiveres Ergebnis erbracht. ‚Nur' 18 Prozent der getesteten deutschen Viertklässler(innen) geben an, außerhalb der Schule nie zum Spaß zu lesen (vgl. Bos/Lankes/Schwippert/Valtin/Voss/Badel/Plaßmeier 2003, S. 126). Damit belegen sie international einen Mittelwert. Diese unterschiedlichen Ergebnisse sind nur auf den ersten Blick widersprüchlich. Vice versa bestätigen bzw. präzisieren sie Erkenntnisse der Leseforschung, nach denen das Leseinteresse der Heranwachsenden in Deutschland nach der Grundschulzeit rapide abnimmt (vgl. z.B. Harmgarth 1999). Dieser Sachverhalt mag auch schulexterne Gründe haben, die empirisch zu erforschen sein werden. Gleichwohl liegt die Vermutung nahe, dass auch die Schule selbst und hier insbesondere der Deutschunterricht an diesem dramatischen Abfall der Lesemotivation einen nicht unerheblichen Anteil hat. So kam Erich Schön schon Ende der achtziger Jahre zu dem Ergebnis, dass es einen signifikanten Zusammenhang zwischen Deutschunterricht und abnehmender Lesemotivation gibt, insofern die meisten der von ihm befragten Probanden „dem Deutschunterricht die Schuld am Verlust des kindlich-unbeschwerten Lesens" gaben – mit dem Grundtenor: „Lesen war eine wunderschöne Sache, aber dann kam der Deutschunterricht" (Schön 1996, S. 172). Vor dem Hintergrund der Ergebnisse der PISA- und IGLU-Studie erscheinen diese deutschdidaktischen Erkenntnisse und die auf ihnen basierenden Theorien und Konzepte zur Förderung von Lesemotivation (vgl. dazu z.B. Rosebrock 2000, S. 44ff.; Dehn/Payrhuber/Schulz/Spinner 2001, S. 570ff.; Hurrelmann 2002a, S. 6ff.) in erhöhter Brisanz. Denn wenn einerseits der bislang praktizierte Deutschunterricht insbesondere der Sekundarstufe I tatsächlich eher Leseunlust statt Leselust fördert – eine Hypothese, die Schöns Untersuchungsergebnisse ebenso nahe legen wie die Daten aus PISA und IGLU – und wenn andererseits eine deutliche Korrelation zwischen Leselust und Lesekompetenz bzw. mangelnder Leselust und mangelnder Lesekompetenz besteht – wie PISA empirisch bestätigt hat – ist evident, dass die Notwendigkeit eines leselustfördernden Deutschunterrichts zu einem Kernaxiom deutschdidaktischer Theorie und unterrichtlicher Praxis gerade in der Sekundarstufe I avancieren muss. Zu lange hat die fachspezifische Sekundarschuldidaktik die Lesemotivation als selbstverständliche Gegebenheit angenommen, die nicht in ihren Aufgabenbereich fällt (vgl. dazu Rosebrock 2000, S. 44ff.).

Dabei erweist sich die verstärkte Berücksichtigung geschlechtsspezifischer Aspekte als wesentliche Voraussetzung erfolgreicher Intervention, wie die PISA-Studie in neuer Deutlichkeit hat erkennbar werden lassen. Besonders die Jungen bedürfen einer gezielten Förderung. Denn unter dem Aspekt gelingender Lesesozialisation sind die männlichen Jugendlichen in Deutschland als ausgeprägte Problemgruppe zu verstehen. Im OECD-Durchschnitt gibt es bereits ein deutliches geschlechtsspezifisches Gefälle zwischen Jungen (25,2%) und Mädchen (45,4%), die angeben, gern zu lesen (vgl. Stanat/Kunter 2001, S. 263). In Deutschland verschärft sich diese Tendenz aber noch einmal deutlich. Nur 17,1% der befragten männlichen Jugendlichen geben an, zu ihrem Vergnügen zu lesen (Mädchen 41,0%). Dass diese männliche Leseunlust entsprechende Lesekompetenzdefizite zur Folge hat und damit die im Prädiktoren-Modell unterstellte Wechselbeziehung in geschlechtsspezifischer Hinsicht eine Besorgnis erregende Bestätigung findet, belegen weitere im Rahmen von PISA empirisch ermittelte Daten. Die getesteten männlichen Probanden schnitten weit unterhalb des OECD-Durchschnittes ab. Nur 6,7% erreichten Kompetenzstufe V, 12,6% blieben unter, 13,9% verharrten auf Kompetenzstufe I (vgl. Stanat/Kunter 2001, S. 261). Diese spezifischen Schwächen der Jungen im Hinblick auf Leselust bzw. Lesekompetenz haben zwar schon in der deutschdidaktischen Diskussion vor PISA verschiedentlich eine Rolle gespielt (vgl. z.B. Schön 1990; Richter/May/Brügelmann 1994; Eggert/Garbe 1995, S. 76ff.), sie wurden allerdings nicht zuletzt durch den Emanzipationsdiskurs überlagert und in ihrer Virulenz offensichtlich unterschätzt. Mit PISA dürfte sich dies ändern (vgl. z.B. Franz 2002; vgl. auch die Beiträge von Ch. Garbe und A. Schilcher in diesem Band). Denn die geschlechtsspezifischen Disparitäten haben bei deutschen Kindern und Jugendlichen ein eklatantes Ausmaß erreicht. Deutschdidaktik wie Deutschunterricht sind hier in spezifischer Weise gefordert. Dies gilt insbesondere für die Sekundarstufe I. Denn wiederum hat die IGLU-Studie deutlich gemacht, dass die leistungs- und motivationsspezifischen Problemlagen der 15Jährigen ihre Ursachen nicht in der Primar-, sondern in der Sekundarstufe I zu haben scheinen. Bei den untersuchten Viertklässler(inne)n nämlich ließen sich keine gravierenden geschlechtsspezifischen Unterschiede der Leselust bzw. Lesekompetenz feststellen (vgl. Bos/Lankes/Schwippert/Valtin/Voss/Badel/Plaßmeier 2003, S. 114 und 125ff.). Dieser Befund ist sogar im internationalen Vergleich bemerkenswert. Denn die auch international „immer wieder zu beobachtenden Unterschiede in der Lesekompetenz zwischen Jungen und Mädchen sind in Deutschland geringer ausgeprägt“ (Ebd., S.114). Vergleichsweise kleine Unterschiede zwischen Mädchen und Jungen zeichnen sich auch für die noch nicht veröffentlichten, aber in der Mehrzahl bereits ausgewerteten Daten zum Vergleich geschlechtsspezifischen Leseinteresses ab. Daraus ergibt sich die Schlussfolgerung, dass angesichts des dramatischen Einbruchs der Lesemotivation bei den im Rahmen von PISA befragten männlichen Jugendlichen insbesondere der Deutschunterricht der Sekundarstufe I, also der Klassen 5–10 an Haupt-, Real- und Gesamtschule bzw. Gymnasium, die Förderung bzw. Stabilisierung der Lesemotivation bei den Jungen zu seinem besonderen Anliegen machen muss.

2
Didaktische Konzeptionen zur Förderung von Leseinteresse und fachspezifischer Lernmotivation

Vor diesem Hintergrund möchte ich nachfolgend exemplarisch Ansatzpunkte für die Förderung von Lese- und Lernmotivation im Deutschunterricht unter besonderer Berücksichtigung geschlechts- bzw. sekundarstufenspezifischer Aspekte skizzieren. Bewusst werden dabei auch und gerade Ansätze bzw. Konzeptionen eine Rolle spielen, die zwar im deutschdidaktischen Diskurs, nicht aber in der unterrichtlichen Praxis der Sekundarstufe I einen festen Platz haben. Damit soll deutlich werden, dass nach PISA und IGLU nun nicht alles didaktisch bzw. methodisch neu zu erfinden ist, sondern dass es vielmehr um eine konsequentere Umsetzung deutschdidaktischer Erkenntnisse geht, die nicht zuletzt aufgrund der restriktiven Einstellungspolitik der meisten Bundesländer in den achtziger und frühen neunziger Jahren bislang kaum Einzug in den Deutschunterricht gefunden haben.

2.1 Ästhetischer Genuss und literarische Geselligkeit

Die gängige Praxis im Deutschunterricht gerade der weiterführenden Schulen orientiert sich bislang zumeist eher an ‚leselustfeindlichen‘, zumindest aber wenig leselustfördernden Zielsetzungen. Schon Mitte der siebziger Jahre sprach Kaspar H. Spinner (1976) vom vergällten Lesevergnügen als Folge fehlgeleiteter didaktischer Prinzipien. Anfang der neunziger Jahre kam Erich Schön auf der Grundlage empirischer Forschungen zu dem Ergebnis, dass der in Klassenzimmern vorherrschende Deutschunterricht zu einem nicht unerheblichen Teil das Gegenteil dessen erreicht, das er eigentlich anstreben müsste: Statt Leselust ist nicht selten Lesefrust sein Ergebnis. Eine wesentliche Ursache dafür erkennt Schön in der Abwertung identifikatorischer Leseweisen als ‚trivial'. Literaturunterricht arbeitet nach Schöns Beobachtungen eher „auf das Ziel hin, solche Leseweisen als inkompetent zu ‚überwinden', d.h. den Schülern zugunsten nicht-involviert interpretierender Leseweisen auszutreiben" (Schön 1995, S. 122).

Diese Unterrichtspraxis ist in meinem Urteil auch ein Resultat der die abendländische Geistesgeschichte durchziehenden Tradition einer teils offenen, teils verdeckten Diskreditierung ästhetischen Genusses, um eine These von Hans-Robert Jauß (1982) literaturdidaktisch zu applizieren. So ist identifikatorisches, lustvolles Lesen seit der Antike auf Skepsis gestoßen. In der Neuzeit kulminierte diese in einer zunehmenden Entsinnlichung der individuellen Leseprozesse (vgl. Schön 1993a; 1996, S. 164ff.; Anz 1998; Bellebaum/Muth 1996). Die einseitige Betonung kognitiver ästhetischer Prinzipien war dafür in besonderer Weise verantwortlich. Diesem literaturwissenschaftlichen Mainstream hat Jauß seine Theorie ästhetischer Erfahrung und literarischer Hermeneutik entgegengestellt. Zu ihrem Kern gehört die Erkenntnis, dass ästhetische Genussfähigkeit eine Grundkonstituente literarisch-ästhetischer Bildung darstellt. Erschließen sich vor diesem Hintergrund zentrale literaturtheoretische Fundamente für eine Reintegration von Formen identifikatorisch-lustvollen Lesens in den Deutschunterricht, lassen sich diese mit Mihaly Csikszentmihalyis (1992) Theorie des Flow-Erlebens psychologisch ergänzen. So hat Erich Schön in seiner ‚Mentalitätsgeschichte des Leseglücks' differenziert herausgearbeitet, dass es auch im Bereich des Lesens zu einem Flow-Erlebnis kommen kann (1996, S. 151ff.).

Wie nun lässt sich genussvolles Lesen im Deutschunterricht realisieren, wie Leselust gezielt aufbauen bzw. intensivieren? Zur Förderung der Lesemotivation gibt es eine Reihe einschlägiger fachdidaktischer Ansätze. Zu nennen sind hier beispielsweise die lesedidaktischen Konzepte von Klaus Maiwald (2001a; 2001b; Maiwald/Rosner 2001), Ortwin Beisbart (Beisbart/Eisenbeiß/Koß/Marenbach 1993; Beisbart/Maiwald 2001 sowie den Beitrag in diesem Band) oder Ulf Abraham (1998; 2000; Abraham/Launer 2001 sowie den Beitrag in diesem Band), die allesamt auf eine fachspezifische Synthese von Leselust und Lesekompetenz zielen. Wichtige Impulse liefert aber auch Gundel Mattenklotts (1979) Plädoyer für die Integration regelmäßiger genussvoller Vorleserunden vor dem Hintergrund klassischer, romantischer oder avantgardistischer Traditionen literarischer Geselligkeit. Besonders für Heranwachsende mit ihren noch mehr affektiv und spontan geprägten Mustern der Selbst- und Weltbegegnung sind solche Formen der erlebnisorientierten Literaturbegegnung als Ergänzung im Deutschunterricht wichtig, um Interesse an, vielleicht sogar Begeisterung für Literatur zu wecken (vgl. dazu auch Behnken/Messner/Rosebrock/Zinnecker 1997). Dabei sollten die Leseinteressen der Jungen bzw. die von ihnen favorisierten Genres wie Abenteuerbücher, Science Fiction, Sachbücher etc. eine stärkere Berücksichtigung finden als dies im traditionellen Deutschunterricht bislang der Fall gewesen ist.

Auch Daniel Pennacs Vorschläge für Formen entschulten Lesens, die er in seinem Anfang der neunziger Jahre auch in Deutschland zum Bestseller avancierten Buch *Wie ein Roman* gemacht hat, bieten Anregungen für die Unterrichtspraxis. Theoretischer Bezugspunkt sind dabei 10 von ihm formulierte Grundrechte des Lesers (vgl. Pennac 1994, S. 163ff.), auf deren Grundlage der an einer französischen Schule unterrichtende Pennac seine eigenen Schüler(innen) für Literatur zu interessieren versuchte, u.a., indem er ihnen schlicht vorlas.

Dass eine an Mattenklott oder Pennac angelehnte Lesedidaktik die Selbstbestimmungsrechte der kindlichen und jugendlichen Leser(innen) in stärkerem Maße achtet, steht außer Frage. Wahrscheinlich entstehen auf dieser Grundlage motivierende Freiräume, die gerade Schüler(inne)n bildungsferner Elternhäuser einen Zugang zur Welt der Literatur bzw. der lesenden Weltaneignung eröffnen. Clemens Kammler (1996, S. 7) hat deshalb zu Recht von der „Wiederherstellung einer vollkommen zweckfreien, ursprünglichen Vorlesesituation" gesprochen. Allerdings kann dieses an Mattenklott oder Pennac angelehnte Prinzip literarischer Geselligkeit nur einen kleinen Teil des Deutschunterrichts ausmachen. Dafür sorgen nicht nur die begrenzten Stundenzahlkontingente und die curricular bzw. ministeriell vorgegebenen fachspezifischen Bildungsaufträge, die eben sehr viel umfassender sind. Der Deutschunterricht würde sich auch seiner besonderen Potenziale berauben, die sich unter dem Begriff des kommunikativen und ästhetischen Mehrwerts fassen lassen (vgl. dazu Abraham 2000, S. 27; Maiwald 2001a, S. 26). Denn anders als bei der privaten Lektüre bietet ein gut gemachter Deutschunterricht die ganz spezifische Möglichkeit, im Gedankenaustausch mit anderen über Literatur nachzudenken, zu sprechen, Wege des Verstehens zu suchen, Deutungsmöglichkeiten zu prüfen und Interpretationshypothesen zu diskutieren. Diese Chance kann die didaktisch wie methodisch professionell arrangierte schulische Auseinandersetzung mit Literatur zu einem ästhetischen wie intellektuellen Erlebnis machen und Schüler(inne)n die Erfahrung vermitteln, dass im Deutschunterricht ästhetischer Genuss und interessegeleitete kognitive Erkenntnis eine spezifische Einheit finden können – ganz im Sinne des Goethe-Wortes: „Es gibt dreierlei Arten Leser: Eine, die ohne Urteil genießt, eine dritte, die ohne zu genießen urteilt, die mittlere, die genießend urteilt und urteilend genießt; diese reproduziert eigentlich ein Kunstwerk aufs neue“ (Goethe 1819, S. 337). Die empirische Erforschung der didaktisch-methodischen Bedingungen bzw. Potentiale eines gelingenden Verschmelzens von genießender und urteilender Rezeption stellt ein Desiderat dar, dessen Beseitigung wesentliche Impulse für die Optimierung fachspezifischer Lehr-Lern-Prozesse im Zusammenhang mit Literatur erwarten lassen. Dass diese nicht ganz einfach sein wird, hat bereits Walter Kintsch deutlich gemacht (vgl. 1994, S. 51).

2.2 Die Reintegration der künstlerischen Anteile des Faches Deutsch

Eine weitere didaktisch-konzeptionelle Möglichkeit zur Förderung von Leseinteresse ergibt sich durch die Reintegration der künstlerischen Anteile in das disziplinäre fachwissenschaftliche und fachdidaktische Selbstverständnis. Deutsch ist das einzige mit Kunst bzw. mit künstlerischer Produktivität befasste Fach, das sich viele Jahrzehnte lang allein auf die Analyse künstlerischer Gegenstände, d.h. hier konkret literarischer Texte beschränkt hat, ohne Formen eigenen künstlerischen Tuns in den Unterricht zu integrieren, wie das im angloamerikanischen Raum teilweise der Fall ist. Die heute unterrichtenden Deutschlehrer(innen) sind in nicht geringen Teilen noch durch diese Prinzipien in ihrer Ausbildung geprägt worden – ein Sachverhalt, der entsprechende Weiterbildungsangebote für praktizierende respektive Korrekturen in der Ausbildung zukünftiger Deutschlehrer(innen) notwendig macht (vgl. Frederking 1998). Denn rein analytisch-distanzierende Verfahren verfehlen ihr eigentliches Ziel, Zugänge zum Verstehen zu eröffnen, weil ein künstlerischer Gegenstand ohne eigene Erfahrungen im Zusammenhang mit künstlerischen Prozessen nicht wirklich erfassbar ist. Zumindest Interesse entsteht auf diese Weise offenbar nicht oder kaum, wie die Leseforschung nachgewiesen hat (vgl. Schön 1990; 1993b; 1996).

Als Folge der bereits thematisierten Abwertung von Formen ästhetischen Genusses avancierte die Textanalyse, zweifelsfrei eine ebenso sinnvolle wie notwendige Herangehensweise an Literatur, seit den sechziger Jahren zur alles beherrschenden Unterrichtsmethodik und trieb mit ihrer Alleinherrschaft offenbar bei vielen Schüler(inne)n die letzten Reste schulisch induzierter Lesemotivation aus. Die Diktatur der einen richtigen Interpretation – Folge einer irregeleiteten Realisierung werkimmanenter Prinzipien – und die Dominanz des fragend-entwickelnden Unterrichts traten als verhängnisvolle Bündnisgenossen im Wettstreit um die Eliminierung lustbetonter Leseweisen und eigenaktiven künstlerischen Handelns im Bereich der Literatur auf. Der mit PISA im Hinblick auf das Leseinteresse empirisch belegte ‚Erfolg' dieser zweifelhaften Bemühungen sollte nun zwar nicht dazu führen, das eine Extrem durch ein anderes zu ersetzen und die Analyse literarischer Texte im Deutschunterricht zu anathematisieren. Es scheint mir allerdings offenkundig geworden zu sein, dass der von Fachkollegen wie Gerhard Haas (1984; 1997), Günter Waldmann (1984; 1998), Kaspar H. Spinner (1993) u.a. mit den handelnd-produktiven Verfahren eingeleitete Paradigmenwechsel innerhalb der Literaturdidaktik einen festen Platz in den Curricula, in der Ausbildung von Deutschlehrer(inne)n in Studium und Referendariat sowie in der Fort- und Weiterbildung finden sollte (vgl. Frederking 1998, S. 56ff.). Eigenaktive und kreative Verfahren im Umgang mit Literatur finden nämlich nicht nur im Horizont einer rezeptionsästhetisch oder konstruktivistisch ausgerichteten Literaturtheorie (vgl. Jauß 1970; 1982; Schmidt 1987; Scheffer 1992) wichtige fachwissenschaftliche Fundamente, sondern eröffnen Schüler(inne)n auch Möglichkeiten zur selbstbestimmten handelnd-künstlerischen Auseinandersetzung mit Literatur, die Leselust fördern und das Interesse an Literatur dauerhafter sichern kann. Inwieweit und in welcher unterrichtlichen Form ein solcher Anspruch tatsächlich erfolgreich ist, lässt sich aber nur auf der Grundlage empirischer Forschungen valide wissenschaftlich erheben. Dies wird Aufgabe zukünftiger deutschdidaktischer Forschung sein.

2.3 Die Integration digitaler Medien

Dass sich fachspezifische Lese- und Lernmotivation im Deutschunterricht auch durch eine konsequentere Realisierung medienintegrativer deutschdidaktischer Ansätze erhöhen lässt, ist ebenfalls eine These, die noch der empirischen Validierung bedarf, auch wenn es eine Reihe von Aspekten gibt, die sie plausibilisieren. Besonders Computer und Internet bieten vielfältige Optionen, die im Unterschied zu anderen Ländern in Deutschland bislang eher zögerlich genutzt worden sind. Dieser Sachverhalt resultiert aus dem Tatbestand, dass die fachspezifische Medienintegration (Wermke 1997), durch die längerfristig an die Seite von Literatur- und Sprachdidaktik mit der Mediendidaktik Deutsch eine dritte Säule treten könnte (Frederking 2002), erst relativ spät einen festeren Ort innerhalb des fachlichen Diskurses gefunden hat. Mittlerweile gehört es zwar fast schon zur fachspezifischen Opinio communis, dass die neuen technischen Medien angesichts der Medialisierung von Kindheit und Jugend wie von Sprache und Literatur im Deutschunterricht einen festen Platz haben sollten (vgl. Wermke 1997; Kepser 1999; Abraham 2002; Jonas/Rose 2002; Frederking 2002). In der unterrichtlichen Praxis spielen audiovisuelle und digitale Medien hingegen noch immer eine eher untergeordnete Rolle.

Dieser Sachverhalt ist in doppelter Weise anachronistisch. Zum einen haben sich die fachlichen Gegenstände in signifikanter Weise verändert – auf sprachlichem Gebiet durch medienspezifische Formen asynchroner und synchroner schriftsprachlicher Kommunikation, auf literarischem Gebiet durch hypertextuelle und hypermediale Produktions- und Rezeptionsmodi im Offline- und Online-Modus. Zum anderen sind mit PISA neue Begründungszusammenhänge für den Einsatz audiovisueller und digitaler Medien im Deutschunterricht erkennbar geworden. Denn insbesondere die Jungen könnten mit ihrer empirisch nachgewiesenen besonderen Affinität zu elektronischen Medien (vgl. z.B. Opaschowski 1999, S. 42f.; Hurrelmann 1999, S. 116; Bertschi-Kaufmann 2000; Linssen/Leven/Hurrelmann 2002, S. 78 und 82; Franz 2002, S. 2ff.) auf für sie interessante Weise an die Welt des Lesens herangeführt werden. Dabei besitzen Computer und Internet im Hinblick auf die Förderung von Lesemotivation deutschdidaktisch besonders interessante Potentiale, insofern sie anders als Radio, Film und Fernsehen in wesentlichen Teilen skriptografisch bzw. literal geprägte Medien sind. Zwei Optionen sind dabei zu unterscheiden: Die Nutzung von Computer und Internet als Informations- und als Kommunikationsmedien. Beginnen wir mit ersteren. Der Deutschunterricht sollte stärker als bislang das Internet zur selbstständigen fachspezifischen Informationsrecherche zu Autor(inn)en, Werken, Epochen, Motiven etc. nutzen. Dafür spricht nicht nur der fast unerschöpfliche, digital zur Verfügung stehende inhaltliche Fundus an Informationen selbst, sondern auch der lesedidaktische Aspekt, dass für die Informationsermittlung und Verarbeitung umfassende Lese- bzw.

Schreibprozesse notwendig sind – gepaart mit der Fähigkeit zur themenspezifischen Selektion und kompetenten selbstständigen Informationsverarbeitung. In der Grundschule wie in den weiterführenden Schulen bietet sich das Internet aus diesem Grund als Medium für die ebenso spielerisch-entdeckende wie motivierende Einübung in Formen informatorischen Lesens an, das im Kontext von PISA wie im Rahmen der modernen Lese- und Medienforschung als zentral erachtet wird (Artelt/Stanat/Schneider/Schiefele 2001, S. 69ff.; Christmann/Groeben 2002, S. 150ff.; Hurrelmann 2002b, S. 275ff.) Außerdem kann es die Fähigkeit zu Realitäts-Fiktions-Unterscheidungen (vgl. Schreier/Appel 2002, S. 231ff.; Nickel-Bacon/Groeben 2002, S. 28ff.) sowie zur Rezeption multimedialer bzw. nichtlinearer hypermedialer Texte (Vorderer/Klimmt 2002, S. 215ff.; Frederking 2002, S. 148f.) entwickeln helfen.

Eine andere Nutzungsoption, die sowohl Schreib- als auch Leseprozesse anregt bzw. einleitet, bietet der Einsatz des Internet als Kommunikations- und Kooperationsmedium. Der medienspezifische Mehrwert ergibt sich aus dem Sachverhalt, dass alle computer- bzw. internetbasierten Interaktionen schriftbasiert sind und damit vielfältige didaktische Chancen eröffnen: Schüler(innen) schreiben und lesen – und das auch noch gern (Blatt/Hartmann/Voss 2001; Frederking/Berghoff/Krommer 2000). Länderübergreifend sind solche E-Mail-, Chat- bzw. BSCW-basierten Kooperationen natürlich noch interessanter (vgl. dazu Berghoff/Frederking/Steinig 1998; Berghoff/Frederking 2001).

All die aufgezeigten und in der Praxis erprobten Möglichkeiten multimedialen Deutschunterrichts lassen gerade bei den Jungen im Kindes- bzw. Jugendalter einen Motivationsschub erwarten, der sich auch in einem verstärkten Interesse am Lesen und am Fach manifestieren und mittelfristig eine verbesserte Lesekompetenz zur Folge haben könnte. Allerdings stehen auch hier empirische Studien zur Validität dieser Annahmen noch aus.

2.4 Die Stärkung der Eigenaktivität der Lernenden

Empirisch zu erforschen werden darüber hinaus die fachspezifischen Möglichkeiten zur Stärkung der Eigenaktivität der Lernenden sein. Schon Goethe wusste: „Man begreift nur, was man selbst machen kann, und man faßt nur, was man selbst hervorbringen kann" (1804, S. 462). Im Rahmen der PISA-Studie ist im Sinne moderner psychologischer Lerntheorie das Prinzip der Eigenaktivität mit dem des selbstregulierten Lernens verbunden. Wenn

„Selbstregulation beim Lernen (SRL) bedeutet, in der Lage zu sein, Wissen, Fertigkeiten und Einstellungen zu entwickeln, die zukünftiges Lernen fördern und erleichtern und die – vom ursprünglichen Lernkontext abstrahiert – auf andere Lernsituationen übertragen werden können“ (Baumert/Klieme/Neubrand/Prenzel/Schiefele/Schneider/Tillmann/Weiß 2001, S. 2), dann setzt dies zuallererst die Möglichkeit zur Eigenaktivität im Unterrichtsprozess voraus. Hier aber liegt ganz offensichtlich ein Grundproblem des Standardunterrichts in Deutschland und damit eine nicht unerhebliche Ursache für das schlechte Abschneiden deutscher Schüler(innen). Denn selbstbestimmte Formen des Lernens und Arbeitens kennen diese kaum. Wie auch: Immer noch dominiert der fragend-entwickelnde Unterricht und damit eine massive Form der Lehrerzentrierung. Dazu Andreas Schleicher (zit. nach Pädagogen.de 2002): „Wo es um selbstständiges Denken statt um die Wiederholung von formelhaftem Wissen ging, gerieten deutsche Schüler bei PISA auf die Verliererstraße.“ Jürgen Baumert (zit. nach Thiel 2002) konkludiert: „Die bildungspolitische Antwort auf PISA lautet: [...] Steigerung der Lehrer-Professionalität zu Gunsten der Unterrichtsqualität. Der traditionelle Frontalunterricht überfordert den Lehrer restlos. Er wird den heterogenen Klassenstrukturen nicht mehr gerecht. Schwache Schüler sind über-, gute unterfordert.“

Vor diesem Hintergrund erschließen sich spezifische deutschdidaktische Konsequenzen. Denn mit PISA finden all jene Ansätze eine Bestätigung, bei denen die Stärkung der Eigenaktivität durch Formen selbstgesteuerter Lernprozesse didaktisch wie methodisch ein exponierte Rolle spielen. Die Abkehr vom immer noch vorherrschenden Ritus des fragend-entwickelnden lehrerzentrierten Unterrichtsgespräches ist hierfür sicherlich eine wesentliche Voraussetzung (vgl. dazu auch den Beitrag von K.H. Spinner in diesem Band). Damit ist keinesfalls die generelle Substitution von themenspezifischen Gesprächssequenzen im Klassenplenum gemeint. Besonders offene Formen mündlicher Interaktion zwischen Lehrer(in) und Schüler(inne)n bzw. zwischen Schüler(inne)n untereinander werden auch in Zukunft feste Bestandteile fruchtbaren Deutschunterrichts sein. Die Dominanz enger Frage-Antwort-Rituale allerdings ist zu durchbrechen (vgl. z.B. Wagner 2002, S. 200ff.).

Als Alternative bietet sich beispielsweise der didaktisch reflektierte und methodisch kompetente fachspezifische Einsatz von Gruppenarbeit an, um die Eigenaktivität der Schüler(innen) gezielt in den Mittelpunkt des Unterrichtsprozesses zu rücken. Die Wirkmächtigkeit derartiger schülerzentrierter und in gewissem Grad auch selbstregulierter Interaktions- bzw. Lernformen haben empirische Studien belegt (vgl. Dann/Diegritz/Rosenbusch 1999; Barth/Dann/Diegritz/Fürst/Haag/Rosenbusch 2001). Ähnlich vielversprechend sind Formen konsequent realisierter Projektarbeit (vgl. Tymister 1975; Frey 1990; Lange 1999). Anders als in den schulisch gegenwärtig zumeist vorherrschenden Alibi-Projekten am Schuljahresende ist damit ein mehrwöchiges oder ganzjährig die Unterrichtsprozesse konstituierendes didaktisches Konzept gemeint, das gegenwärtig vor allem in der Grundschuldidaktik - z.B. im Rahmen der Wochenplanarbeit – eine Umsetzung findet.

In stärkerem Maße zu berücksichtigen sind darüber hinaus aber auch Ansätze zur Kreativitätsförderung im Deutschunterricht. Damit sind primär nicht die gegenwärtig besonders en voquen Facetten des kreativen Schreibens gemeint, sondern vor allem die zu Unrecht ignorierten bzw. kaum wahrgenommenen Ansätze zur Förderung von Kreativität in kognitiver Hinsicht. Zu nennen sind hier beispielsweise Werner Jüngers Vorschläge für ein Unterrichten nach dem divergenten Prinzip (1998, S. 167ff.), vor allem aber Jutta Wermkes Untersuchung von Möglichkeiten und Problemen eines kreativitätsorientierten Deutschunterrichts (1989). Dabei handelt es sich um eine der wenigen umfassenden empirischen Studien zum Deutschunterricht, die unser Fach hervorgebracht hat. Dass diese kaum rezipiert worden ist, zumindest wenn man die Zitationen in den einschlägigen Fachpublikationen zum Maßstab nimmt, gereicht unserer Disziplin nicht gerade zur Zierde.

2.5 Selbstkonzept, Lebensweltbezug und Identitätsorientierung

Eine weitere, bislang in der unterrichtlichen Wirklichkeit noch nicht hinreichend genutzte Möglichkeit zur Verbesserung des fachspezifischen Lerninteresses ergibt sich aus deutschdidaktischen Konzeptionen zur Intensivierung bzw. Optimierung des Verhältnisses von Schülersubjekt und thematischem Gegenstand. Die PISA-Studie liefert einige Anhaltspunkte für die Wichtigkeit und Richtigkeit einer solchen Akzentverlagerung. Ein wesentlicher Begründungszusammenhang ergibt sich mit dem ganz in der Tradition des angloamerikanischen Pragmatismus stehenden Konzepts der Reading Literacy (vgl. dazu auch P. Wieler und J. Grzesik in diesem Band) und seiner funktional-lebensweltlichen Grundausrichtung (Baumert/Stanat/Demmrich 2001, S. 23). Diese korrespondiert in spezifischer Weise mit dem lernpsychologisch in den letzten Jahren umfassender erforschten und in der PISA-Studie entsprechend zentral gewichteten Zusammenhangs zwischen Lesekompetenz und Selbstkonzept. Die Ergebnisse deutscher Schüler(innen) signalisieren in diesem Zusammenhang einen erhöhten pädagogisch-didaktischen Interventionsbedarf. Mit mehr als 90 Skalenpunkten ist die Differenz zwischen Schüler(inne)n mit einem positiven bzw. negativen verbalen Selbstkonzept im Bereich des Lesens in Deutschland nämlich extrem ausgeprägt (vgl. Artelt/Demmrich/Baumert 2001, S. 287). Dass fachspezifische Selbstkonzepte für die Lernleistungen von zentraler Bedeutung sind, hat schon Monique Boekaerts auf der Grundlage ihres Drei-Schichten-Modells empirisch erforscht, innerhalb dessen zwischen Verarbeitungsmodus, Lernprozess und Selbst als zentralen Bereichen selbstregulierten Lernens unterschieden wird (1999, S. 449). Die Mitglieder des PISA-Konsortiums gelangen zu ähnlichen Schlussfolgerungen:

> „Das Selbstkonzept wird üblicherweise als multidimensionales System von selbstbezogenen Kognitionen gesehen, welche mehr oder weniger hierarchisch strukturiert sind […]. Für die Annahme, dass die genannten Konstrukte bezogen auf erfolgreiches Lernen sehr relevant sind, besteht starke empirische Evidenz." (Baumert/Klieme/Neubrand/Prenzel/Schiefele/Schneider/Tillmann/Weiß 2001, S. 13; vgl. dazu auch Köller 2001)

Grundlegend ist in diesem Zusammenhang das gegenstandsspezifische Interesse. Dass dieses im Zusammenhang mit dem Lesen von bzw. dem verstehenden Umgang mit Texten die Kontinuität, Intensität und Verstehenstiefe der Lernprozesse prägt, haben die Forschungen Ulrich Schiefeles zur Korrelation zwischen Lernmotivation und Textverstehen ergeben (vgl. 1996, S. 265ff.; vgl. dazu auch Artelt/Demmrich/Baumert 2001, S. 275). Im Rahmen von PISA ist nicht zuletzt auf der Grundlage dieser Ansätze vom Selbstkonzept ‚Lesen' die Rede. Für dieses gilt, was generell in der Pädagogischen Psychologie über die Beziehung zwischen Person und thematischem Gegenstand als zentral angenommen wird:

> „Die Beschäftigung mit dem Gegenstand ist subjektiv hoch bedeutsam – sie kann Teil der Identität werden –, emotional befriedigend bis hin zum Flow-Erleben und selbstintentional." (Artelt/Demmrich/Baumert 2001, S. 274f.)

Wie aber ist dieses empirisch erhärtete Bedingungsverhältnis zwischen themenspezifischem Interesse, Selbstkonzept bzw. Identität und Lernertrag zur Optimierung von Lehr-Lern-Prozessen im Deutschunterricht zu nutzen?

Welche Möglichkeiten gibt es, das gegenstandsspezifische Interesse von Schüler(inne)n, d.h. hier konkret ihr Interesse am Text und seinem Verständnis, zu fördern bzw. zu intensivieren? Ein möglicher Weg eröffnet sich in meinem Urteil in Anknüpfung an die Konzeption identitätsorientierten Literaturunterrichts (vgl. Kreft 1977; Fritzsche 1980; Spinner 1980; 1993; 2001; Frederking 2000; 2001). Zwar bedarf es sicherlich noch einer differenzierteren theoretischen Bestandsaufnahme im Hinblick auf die Gemeinsamkeiten und Unterschiede zwischen der in Psychologie und Pädagogik zentralen Selbstkonzept-Forschung und identitätstheoretischen Konzeptionen, wie sie deutschdidaktischen Ansätzen zugrunde liegen. Dennoch lassen sich meines Erachtens in heuristischer Absicht bereits mögliche Berührungspunkte in einem ersten Zugriff benennen und unterrichtspraktische Konsequenzen extrapolieren.

Von entscheidender Bedeutung ist dabei das Grundanliegen identitätsorientierter Literaturdidaktik, zwei auf den ersten Blick widerstrebende didaktische Zielperspektiven zusammenzuführen: Schüler- und Sachorientierung (vgl. dazu auch Kaspar H. Spinner in diesem Band). Im Mittelpunkt identitätsorientierten Literaturunterrichts steht in diesem Sinne der Versuch, Literatur nicht nur als Lerngegenstand zu vermitteln, sondern Schüler(inne)n das Gefühl zu geben: Mea res agitur. Zu diesem Zweck ist es wichtig, dass Kindern bzw. Jugendlichen Raum gegeben wird, Literatur auch als Medium für die Auseinandersetzung mit dem eigenen Selbst- und Weltverhältnis zu erfahren, als Spiegel, in dem Eigenes wie Fremdes zu entdecken ist und kulturelle wie geschlechtliche Facetten von Identität überprüft werden können. In diesem Sinne wurden mit je eigenen Schwerpunkten Phasen-Modelle der Literaturbegegnung für den Deutschunterricht entwickelt (vgl. z.B. Kreft 1977, S. 379ff.; Müller-Michaels 1991, S. 588ff.; Frederking 2000, S. 55ff.). Diesen ist gemeinsam, dass der Phase der analytisch-distanzierten, auf objektivierendes Textverstehen zielenden Auseinandersetzung mit einem literarischen Text eine Phase vorgeschaltet wird, in der die Schüler(innen) die Möglichkeit erhalten, sich zunächst aus ihrem ganz persönlichen Denk- und Erfahrungshorizont heraus mit einem Text zu beschäftigen. Dabei sollten in meinem Urteil zunächst bewusst auch emotionale Rezeptionsebenen aktuiert bzw. geschlechtsspezifische Sichtweisen zugelassen werden, weil diese für intrinsisch motivierte Lernprozesse auch im Zusammenhang mit Texten von grundlegender Bedeutung sind (vgl. z.B. Grzesik 1990, S. 278ff.; Hänze 1998; Willenberg 1999, S. 127ff.; Artelt 2000, S. 131ff.). Auf diese Weise kann sich das fachspezifische Selbstkonzept verbessern und damit auch das themenspezifische Lerninteresse (Fend 1997, S. 115ff.). Doch auch literaturwissenschaftlich hat ein solches Vorgehen ein fundamentum in re. So gehört es zu den zentralen Erkenntnissen der Rezeptionsästhetik, dass im Rahmen eines adäquaten Modells literarischen Verstehens nicht nur Autor und Text Berücksichtigung finden sollten, sondern auch der Rezipient, der aus seinem Denk- und Erfahrungshorizont heraus einen Text rezipiert und seinen Sinn mitkonstruiert (vgl. Jauß 1970, S. 144ff.).

Gleichwohl ist natürlich evident, dass eine solche Phase der ‚subjektiven Annäherung' (Frederking 2000, S. 56) nicht den End-, sondern nur den Ausgangspunkt einer Textbegegnung bzw. -erarbeitung darstellen kann. Eine umfassendere analytische Durchdringung sollte sich vice versa in der Regel anschließen, um den Schüler(inne)n ein vertieftes und systematisiertes Verständnis des Textes zu ermöglichen. Hier greift das gesamte Spektrum an methodischen Varianten der Textanalyse, der Lesestrategien und der selbstregulierten Textverarbeitung in Einzel-, Partner-, Gruppen-, Plenums- bzw. Projektform, auf das ich hier aus Raumgründen nicht eingehe (vgl. dazu aber die Beiträge von U. Abraham, O. Beisbart oder J. Grzesik).

Erst in dieser zweiten, sachorientierten Phase können dabei meines Erachtens die motivationalen ‚Früchte' der ersten, schülerzentrierten Phase wirklich ‚geerntet' werden. Dies gilt sowohl im Hinblick auf den Grad des Textverstehens als auch in Bezug auf die identitätsspezifischen Implikationen. Denn die in der ersten Phase vorherrschenden emotionalen Rezeptionsmuster der Identifikation, Irritation etc. werden in der zweiten, analytisch-distanzierten Phase der Texterschließung nahezu zwangsläufig problematisiert. Dabei werden die Schüler(innen) zu einer vertiefenden analytischen Durchdringung des Textes wie auch zu einer kritischen Selbstüberprüfung im Hinblick auf Verständnis- und Interpretationshypothesen herausgefordert, die in der ersten Phase formuliert wurden. Das Andere des Textes kann dabei in zunehmender Deutlichkeit ins Blickfeld treten und Möglichkeiten für vielfältige Fremdheits-, Differenz- bzw. Alteritätserfahrungen eröffnen.

Doch all diese hier nur in groben Linien skizzierten didaktischen Ziele bzw. Begründungszusammenhänge stellen nicht mehr dar als theoretisch fundierte Hypothesen. Diese sind zwar durch eigene wie fremde Unterrichts- bzw. Lehrpraxis gestützt und lassen sich noch umfassender theoretisch plausibilisieren – auch im Horizont der Ergebnisse pädagogisch-psychologischer Bildungsforschung. Dennoch steht außer Frage, dass sie der systematischen empirischen Überprüfung bedürfen, um in einem wissenschaftlichen Sinne Anspruch auf Gültigkeit erheben zu können. Auch hier besteht mit anderen Worten ein erhebliches Desiderat und ein entsprechend dringender empirischer Forschungsbedarf.

3 Schlussgedanken: Die Empirisierung der Deutschdidaktik und das Problem der Interdisziplinarität

Der Physiker und Romancier Charles Percy Snow hat vor fünf Jahrzehnten die von Wilhelm Dilthey 1894 getroffene Unterscheidung zwischen Geistes- und Naturwissenschaften radikalisiert, indem er das Bild von den zwei wissenschaftlichen Kulturen prägte, die sich mit unterschiedlichen Prämissen, Begrifflichkeiten und Forschungstraditionen gegenüberstehen – teils mit Unverständnis, teils mit Ressentiments (vgl. Snow 1959; Mittelstraß 1991, S. 24ff.; Jauß 1991, S. 57ff.). Die Ergebnisse der PISA-Studie zur Lesekompetenz haben zwei spezifische Ausprägungen dieser unterschiedlichen wissenschaftlichen Welten veranlasst, miteinander vertiefend ins Gespräch zu kommen: Pädagogisch-psychologische Bildungsforschung und Deutschdidaktik. Da beide das Wohl der am fachspezifischen Bildungsprozess beteiligten Lehrenden und Lernenden im Blick haben bzw. haben sollten, ist der interdisziplinäre Diskurs zwischen ihnen ebenso notwendig wie der Erfolg desselben.

Beides ist an Bedingungen geknüpft. Zum einen besteht die Notwendigkeit komplexer Reflexionsbewegungen zwischen den Disziplinen, wie die vorangegangenen Ausführungen aus deutschdidaktischer Perspektive deutlich gemacht haben. Dies schließt die wechselseitige Überprüfung und Diskussion disziplinärer Begrifflichkeiten, Fragehorizonte und Prämissen ein. Zum anderen hat PISA gezeigt, dass die Deutschdidaktik bei einer ausschließlich hermeneutischen Ausrichtung nicht stehen bleiben kann. Mit den Ergebnissen der empirischen Bildungsforschung und deren deutschdidaktischen Implikationen haben vielmehr die bereits seit den siebziger Jahren konstatierbaren Ansätze zu einer Empirisierung bzw. empirischen Überprüfung deutschdidaktischer Theorie eine deutliche Aufwertung erhalten. Hatte das Siegener Symposion Deutschdidaktik 1998 im Sinne der Empfehlungen der Hochschulrektorenkonferenz die Stärkung der empirischen fachdidaktischen Unterrichtsforschung in den Mittelpunkt der Diskussionen gerückt (vgl. Fingerhut 1998, S. 61; Bremerich-Vos 2002; Kammler/Knapp 2002), wird diese für die Deutschdidaktik nach PISA Programm werden – vorausgesetzt, die personelle Ausstattung unserer durch Überlast extrem betroffenen Disziplin wird mit den erweiterten Aufgabenfeldern endlich merklich verbessert.

Allerdings mahnt mich mein Selbstverständnis als Geisteswissenschaftler zu betonen, dass diese empirische Öffnung nicht zur Usurpation bzw. Eliminierung geisteswissenschaftlicher Frage- und Reflexionshorizonte führen kann, darf und wird (vgl. dazu Miall 2000, S. 43ff.). Während Heinz Heckhausen wohl zurecht festgestellt hat, dass sich die Psychologie, für die anfänglich eine „Bi-disziplinarität" im Sinne der von Dilthey getroffenen Unterscheidung zwischen ausblendend-zergliedernd-erklärenden Natur- und hermeneutisch-beschreibend-verstehenden Geisteswissenschaften kennzeichnend war, inzwischen längst in eine ausschließlich ‚nicht-hermeneutische' Wissenschaft verwandelt hat (Heckhausen 1987, S. 140), ist eine derartige disziplinäre Metamorphose weder für die Germanistik als Ganzes noch für die Didaktik der deutschen Sprache und Literatur im besonderen wünschenswert. Die Empirisierung der Deutschdidaktik und die Rezeption, Reflexion und Integration lernpsychologischer Fragestellungen, Ergebnisse und Theoreme kann mit anderen Worten nur in Form einer transdisziplinären Öffnung bzw. einer interdisziplinären Zusammenarbeit erfolgen (vgl. dazu Jauß 1991, S. 66f.). Nicht die Substitution hermeneutischer durch empirische Ansätze ist deshalb der Weg der Deutschdidaktik, sondern die Integration bzw. fachspezifische Verschmelzung von beiden.

Dabei kann die Deutschdidaktik von der Pädagogischen Psychologie wichtige Impulse erhalten. Nimmt sie diese auf bzw. intensivieren beide zusammen ihren Austausch vielleicht sogar im Rahmen gemeinsamer interdisziplinärer Kooperationen, kommt es zur Verbindung originär geistes- bzw. naturwissenschaftlicher Forschungstraditionen, bei der das neu entstandene Ganze mehr ist als die Summe seiner Teile. Ob ein derartiges Zusammenwirken bis dahin getrennter wissenschaftlicher Kulturen nicht der Prototyp eines von den Wissenschaften insgesamt zu beschreitenden Weges darstellen könnte, ist eine Frage, die im Rahmen eines metakommunikativ zu verortenden wissenschaftstheoretischen Diskurses zwischen den einzelnen Disziplinen zu reflektieren sein wird (vgl. dazu Mittelstraß 1991; Kocka 1987).

Fest steht in meinem Urteil allerdings zumindest für den Bereich der Deutschdidaktik, dass die durch PISA bedingte Ausweitung des disziplinären

Selbstverständnisses über die engeren Grenzen des eigenen Fachgebietes hinaus einen Beitrag zur Generierung einer neuen, fachübergreifend verankerten wissenschaftlichen Kultur darstellen könnte, in der geistes- und naturwissenschaftlich geprägte Forschungstraditionen sich gegenseitig befruchten. Mit PISA könnten eo ipso nicht nur Ansätze entwickelt werden, um den Deutschunterricht wissenschaftlich breiter zu fundieren, zu professionalisieren und zu optimieren, sondern zugleich auch Grundformen einer neuen interdisziplinären Zusammenarbeit im Bereich der Bildung entstehen, in denen bis dato eher getrennte wissenschaftliche Welten sich wieder „als Ausdruck *einer* Kultur" der Wissenschaften begreifen lernen (Mittelstraß 1991, S. 25). Beide Chancen sollten wir nutzen – ganz im Sinne des eingangs zitierten Hölderlin-Wortes. Dass es dazu auch von Seiten der empirischen Psychologie Bereitschaft geben könnte, hat bereits Walter Kintsch deutlich gemacht (vgl. dazu auch den Beitrag von A. Krommer in diesem Buch), als er einerseits die Grenzen der bislang entwickelten kognitionspsychologischen Modelle zum Verstehen literarischer Texte im Hinblick auf ästhetische Erfahrungen eingestand und andererseits betonte, dass ein „derartiges Projekt nur in enger Zusammenarbeit mit Literaturwissenschaftlern denkbar wäre" (Kintsch 1994, S. 49). Dem ist uneingeschränkt zuzustimmen. Angesichts der mit PISA ins Zentrum der Aufmerksamkeit gerückten unterrichtlichen Dimension literarischen Verstehens ist allerdings zu ergänzen bzw. zu präzisieren, dass hier insbesondere die didaktische Teildisziplin der Literaturwissenschaft, d.h. die Literaturdidaktik, gefragt ist bzw. in der Verantwortung steht, dieses Desiderat in interdisziplinärer Forschungskooperation beseitigen zu helfen.

Anmerkungen

1 Dennoch ist natürlich evident, dass die Förderung von Lesekompetenz durchaus eine fachübergreifende Aufgabe vieler Fächer ist, insofern auch im Mathematik- oder Geografieunterricht etc. Texte in unterschiedlichen Kontexten eine Rolle spielen (vgl. dazu auch den Beitrag von G. Paule in diesem Band).

2 Kritik an einer Vernachlässigung motivationaler Aspekte des Lesens im Rahmen von PISA, wie sie partiell von deutschdidaktischer Seite formuliert wurde, geht deshalb meines Erachtens ins Leere.

Literatur

Abraham, Ulf: Übergänge. Literatur, Sozialisation und Literarisches Lernen. Wiesbaden: Westdeutscher Verlag 1998.

Abraham, Ulf: Übergänge. Wie Heranwachsende zu kompetenten LeserInnen werden. In: Lesen in der Medienwelt. ide. Zeitschrift für den Deutschunterricht in Wissenschaft und Schule. 2 (2000). S. 20–34.

Abraham, Ulf/Launer, Christoph: Weltwissen erlesen. Literarisches Lernen im fächerverbindenden Unterricht. Baltmannsweiler: Schneider 2001.

Abraham, Ulf: Soll Deutsch ein Medienfach werden? Kulturhistorische, didaktische und bildungspolitische Streitfragen. Streitgespräch mit Elisabeth K. Paefgen (digitalisiertes Filmdokument). http://www.uni-jena.de/~x9krmi/SDD2002/

Anz, Thomas: Literatur und Lust. Glück und Unglück beim Lesen. München: Deutscher Taschenbuch Verlag 2002.

Artelt, Cordula: Strategisches Lernen. Münster/New York/München/ Berlin: Waxmann 2000.

Artelt, Cordula/Stanat, Petra/Schneider, Wolfgang/Schiefele, Ulrich: Lesekompetenz: Testkonzeption und Ergebnisse. In: Baumert/Klieme/Neubrand/Prenzel/Schiefele/Schneider/Stanat/Tillmann/Weiß 2001. S. 69–137.

Artelt, Cordula/Demmrich, Anke/Baumert, Jürgen: Selbstreguliertes Lernen. In: Baumert/Klieme/Neubrand/Prenzel/Schiefele/Schneider/Stanat/ Tillmann/Weiß 2001. S. 271–298.

Barth, Anne-Rose/Dann, Hanns-Dietrich/Diegritz, Theodor/Fürst, Carl/ Haag, Ludwig/Rosenbusch, Heinz S.: Erfolgreicher Gruppenunterricht. Praktische Anregungen für den Schulalltag. Stuttgart/Düsseldorf/Leipzig: Klett 2001.

Baumert, Jürgen: Lernstrategien, motivationale Orientierung und Selbstwirksamkeitsüberzeugungen im Kontext schulischen Lernens. Unterrichtswissenschaft 4 (1993). S. 327–354.

Baumert, Jürgen: Selbstreguliertes Lernen: Ein dynamisches Modell des Wissenserwerbs. Posterpräsentation auf der PISA-Tagung im Jagdschloss Hubertusstock, 30. September – 1. Oktober 1999 [nach: Baumert/Klieme/Neubrand/Prenzel/Schiefele/Schneider/Tillmann/Weiß 2001].

Baumert, Jürgen/Klieme, Eckhard/Neubrand, Michael/Prenzel, Manfred/ Schiefele, Ulrich/Schneider, Wolfgang/Stanat, Petra/Tillmann, Klaus-Jürgen/Weiß, Manfred (Hrsg.): PISA 2000. Basiskompetenzen von Schülerinnen und Schûlern im internationalen Vergleich. Opladen: Leske + Budrich 2001.

Baumert, Jürgen/Klieme, Eckhard/Neubrand, Michael/Prenzel, Manfred/Schiefele, Ulrich/Schneider, Wolfgang/Tillmann, Klaus-Jürgen/Weiß, Manfred: Fähigkeit zum selbstregulierten Lernen als fächerübergreifende Kompetenz. 2001.
In: http://www.mpib-berlin.mpg.de/pisa/CCCdt.pdf. S. 1–22.

Baumert, Jürgen/Stanat, Petra/Demmrich, Anke: PISA 2000: Untersuchungsgegenstand, theoretische Grundlagen und Durchführung der Studie. In: Baumert/Klieme/Neubrand/Prenzel/Schiefele/Schneider/Stanat/Tillmann/Weiß 2001. S. 15–68.

Baumert, Jürgen/Klieme, Eckhard/Neubrand, Michael/Prenzel, Manfred/Schiefele, Ulrich/Schneider, Wolfgang/Stanat, Petra/Tillmann, Klaus-Jürgen/Weiß, Manfred (Hrsg.): PISA 2000. Die Länder der Bundesrepublik im Vergleich. Opladen: Leske + Budrich 2002.

Behnken, Imbke/Messner, Rudolf/Rosebrock, Cornelia/Zinnecker, Jürgen: Lesen und Schreiben aus Leidenschaft: Jugendkulturelle Inszenierungen von Schriftkultur. München: Juventa Verlag 1997.

Bellebaum, Alfred/Muth, Ludwig (Hrsg.): Leseglück. Eine vergessene Erfahrung. Opladen: Westdeutscher Verlag 1996.

Beisbart, Ortwin/Eisenbeiß, Ulrich/Koß, Gerhard/Marenbach, Dieter (Hrsg.): Leseförderung und Leseerziehung. Theorie und Praxis des Umgangs mit Büchern für junge Leser. Donauwörth: Auer 1993.

Beisbart, Ortwin/Maiwald, Klaus: Von der Leselust zur Wut über das verlorene Lesen. Historische und aktuelle Aspekte der Nutzung des Mediums Buch. In: Maiwald/Rosner 2001. S. 99–129.

Berghoff, Matthias/Frederking, Volker/Steinig, Wolfgang: Produktiv-kreative Verfahren im ‚Didaktischen Chat-Raum' (DCR). Vorschläge zu einem (multi)medial unterstützten Deutschunterricht. In: Didaktik Deutsch. Halbjahresschrift für die Didaktik der deutschen Sprache und Literatur. Mitteilungsorgan des Symposions Deutschdidaktik e.V. Heft 5 (1998). S. 36–59.

Berghoff, Matthias/Frederking, Volker: Umgang mit dem Fremden in Sprache und Literatur. Internet-Kooperationsseminar und Unterrichts-Modell für die Sekundarstufe. In: Jutta Wermke (Hrsg.): HÖREN und SEHEN. Beiträge zu Medien- und Ästhetischer Erziehung. München: KoPäd 2001. S. 169–189.

Bertschi-Kaufmann, Andrea: Lesen und Schreiben in einer Medienumgebung. Die literalen Aktivitäten von Primarschulkindern. Aarau: Sauerländer 2000.

Blatt, Inge/Hartmann, Wilfried/Voss, Andreas: Neue Schriftmedien im Lehramtsstudium Deutsch. Frankfurt am Main/Berlin/Bern: Lang 2001.

Boekaerts, Monique: Self-regulated learning: A new concept embraced by researchers, policy makers, educators, teachers, and students. Learning and Instruction 7 (1997) 2. S. 161–186.

Boekaerts, Monique: Self-regulated learning: Where we are today. International Journal of Educational Research 31 (1999). S. 445–475.

Bos, Wilfried/Lankes, Eva-Maria/Schwippert, Knut/Valtin, Renate/Voss, Andreas/Badel, Isolde/Plaßmeier, Nike: Lesekompetenzen deutscher Grundschülerinnen und Grundschüler am Ende der vierten Jahrgangsstufe im internationalen Vergleich. In: Bos, Wilfried/Lankes, Eva-Maria/Prenzel, Manfred/Schwippert, Knut/Walther, Gerd/Valtin, Renate (Hrsg.): Erste Ergebnisse aus IGLU. Schülerleistungen am Ende der vierten Jahrgangsstufe im internationalen Vergleich. Münster/New York/München/Berlin: Waxmann 2003. S. 69–142.

Bremerich-Vos, Albert: Empirisches Arbeiten in der Deutschdidaktik. In: Kammler/Knapp 2002. S. 16–29.

Christmann, Ursula/Groeben, Norbert: Anforderungen und Einflussfaktoren bei Sach- und Informationstexten. In: Groeben/Hurrelmann 2002. S. 150–173.

Corno, Lyn: Self-regulated learning: A volitional analysis. In: B. J. Zimmerman & D. H. Schunk (Hrsg.): Self-regulated learning and academic achievement. Theory, research and practice. New York: Spinger 1989. S. 111–141.

Csikszentmihalyi, Mihaly: (1992) Flow. Das Geheimnis des Glücks. Stuttgart: Klett Cotta 1998.

Dann, Hanns-Dietrich/Diegritz, Theodor/Rosenbusch, Heinz S. (Hrsg.): Gruppenunterricht im Schulalltag. Realität und Chancen. Erlangen: Universitätsbund 1999.

Dehn, Mechthild/Payrhuber, Franz-Josef/Schulz, Gudrun/Spinner, Kaspar H.: Lesesozialisation, Literaturunterricht und Leseförderung in der Schule. In: Franzmann, Bodo/Hasemann, Klaus/Löffler. Dietrich/Schön, Erich: Handbuch Lesen. Im Auftrag der Stiftung Lesen und der Deutschen Literaturkonferenz. Baltmannsweiler: Schneider 2001. S. 568–637.

Eggert, Hartmut/Garbe, Christine: Literarische Sozialisation. Stuttgart: Metzler 1995.

Fend, Helmut: Der Umgang mit Schule in der Adoleszenz. Aufbau und Verlust von Lernmotivation, Selbstachtung und Empathie. Entwicklungspsychologie der Adoleszenz in der Moderne. Band IV. Bern/Göttingen/Toronto/Seattle: Huber 1997.

Fingerhut, Karlheinz: Man kann nicht alles ganz anders sehen. Über einen eigenen Weg der Literaturdidaktik. In: Didaktik Deutsch Sonderheft 1998. S. 53–75.

Franz, Kurt: Lese- und Medienverhalten von Schülern und Schülerinnen der 8. Jahrgangsstufe. In: Franz, Kurt/Payrhuber, Franz-Josef: Lesen heute. Leseverhalten und Leseförderung im Kontext der PISA-Studie. Baltmannsweiler: Schneider 2002. S. 2–25.

Frederking, Volker: Handlungs- und Produktionsorientierung im Deutschstudium? Zur Koinzidenz von Lehrinhalt, Lehrform und zu vermittelnder Lehrkompetenz. In: Volker Frederking (Hrsg.): Verbessern heißt verändern. Neue Wege, Inhalte und Ziele der Ausbildung von Deutschlehrer(inne)n in Studium und Referendariat. Baltmannsweiler: Schneider 1998. S. 56–85.

Frederking, Volker/Berghoff, Matthias/Krommer, Axel: Virtueller Deutschunterricht. ‚Umgang mit dem Fremden' – eine Internet-Kooperation zwischen zwei achten Klassen. In: Deutschunterricht 3 (2000). S. 207–216.

Frederking, Volker: Identitätsorientierung im Literaturunterricht am Beispiel von Max Frischs ‚Andorra'. In: Blattmann, Ekkehard/Frederking, Volker (Hrsg.): Deutschunterricht konkret. Baltmannsweiler: Schneider 2000. S. 43–101.

Frederking, Volker: Peter Härtlings ‚Ben liebt Anna'. Identitätsorientierter Umgang mit einem Klassiker der Kinder- und Jugendliteratur im Zeichen von Individualisierung, Pluralisierung und Medialisierung. In: Köppert, Christine/Metzger, Klaus (Hrsg.): „Entfaltung innerer Kräfte". Blickpunkte der Deutschdidaktik. Festschrift für Kaspar H. Spinner anlässlich seines 60. Geburtstages. Seelze: Friedrich Verlag 2001. S. 92–110.

Frederking, Volker: Auf neuen Wegen ...? Deutschdidaktik und Deutschunterricht im Zeichen der Medialisierung – eine Bestandsaufnahme. In: Jutta Wermke (Hrsg.): Literatur und Medien. Jahrbuch Medien im Deutschunterricht 2002. München: KoPäd 2002. S. 143–159.

Fritzsche, Joachim: Aufsatzdidaktik. Kritische und systematische Untersuchungen zu den Funktionen schriftlicher Texte von Schülern. Stuttgart/Berlin/Köln/Mainz 1980.

Frey, Karl: Die Projektmethode. Weinheim: Beltz 1998.

Frühwald, Wolfgang/Jauß, Hans Robert/Koselleck, Reinhart/Mittelstraß, Jürgen/Steinwachs, Burkhart: Geisteswissenschaften heute. Eine Denkschrift. Frankfurt am Main: Suhrkamp 1991.

Goethe, Johann Wolfgang von: Brief an Zelter am 28.3.1804. In: Goethe, Johann Wolfgang von: Gedenkausgabe der Werke, Briefe und Gespräche. Hrsg. von Ernst Beutler. 24 Bde. und 3 Ergänzungsbände. Bd. 19. Zürich: Artemis-Verlag 1948–1971.

Goethe, Johann Wolfgang von: Brief an J.F. Rochlitz am 13.6.1819. In: Goethe, Johann Wolfgang von: Gedenkausgabe der Werke, Briefe und Gespräche. Hrsg. von Ernst Beutler. 24 Bde. und 3 Ergänzungsbände. Bd. 21. Zürich: Artemis-Verlag 1948–1971.

Groeben, Norbert/Hurrelmann, Bettina (Hrsg.): Lesekompetenz. Bedingungen, Dimensionen, Funktionen. Weinheim/München: Juventa 2002

Grzesik, Jürgen: Textverstehen lernen und lehren. Geistige Operationen im Prozeß des Textverstehens und Typische Methoden für die Schulung zum kompetenten Leser. Stuttgart: Klett 1990.

Haas, Gerhard: Handlungs- und produktionsorientierter Literaturunterricht in der Sekundarstufe I. Hannover: Schroedel 1984.

Haas, Gerhard: Handlungs- und produktionsorientierter Literaturunterricht. Theorie und Praxis eines ‚anderen' Literaturunterrichts für die Primar- und Sekundarstufe. Seelze: Kallmeyer 1997.

Harmgarth, Friederike (Hrsg.): Das Lesebarometer – Lesen und Umgang mit Büchern in Deutschland. Gütersloh: Bertelsmann 1999.

Hänze, Martin: Denken und Gefühl. Wechselwirkung von Emotion und Kognition im Unterricht. Neuwied: Luchterhand 1998.

Heckhausen, Heinz: ‚Interdisziplinäre Forschung' zwischen Intra-, Multi- und Chimären-Disziplinarität. In: Kocka 1987. S. 129–145.

Hölderlin, Friedrich: (1799) Hyperion oder Der Eremit in Griechenland. Herausgegeben und mit einem Nachwort versehen von Jochen Schmidt. Frankfurt am Main: Insel 1980.

Hurrelmann, Bettina: Medien – Generationen – Familie. In: Gogolin, Ingrid/Lenzen, Dieter (Hrsg.): Medien-Generation. Beiträge zum 16. Kongreß der Deutschen Gesellschaft für Erziehungswissenschaft. Opladen: Leske + Budrich 1999. S. 99–124.

Hurrelmann, Bettina: Leseleistung – Lesekompetenz. Folgerungen aus PISA mit einem Plädoyer für ein didaktisches Konzept des Lesens als kultureller Praxis. In: Praxis Deutsch 176. S. 6–18. (zitiert als 2002a)

Hurrelmann, Bettina: Prototypische Merkmale von Lesekompetenz. In: Groeben/Hurrelmann 2002. S. 275–286. (zitiert als 2002b)

Jauß, Hans Robert: Literaturgeschichte als Provokation. Frankfurt am Main: Suhrkamp 1970.

Jauß, Hans Robert: Ästhetische Erfahrung und literarische Hermeneutik. Frankfurt am Main: Suhrkamp 1997.

Jauß, Hans Robert: Die Paradigmatik der Geisteswissenschaften im Dialog der Disziplinen. In: Frühwald, Wolfgang/Jauß, Hans Robert/Koselleck, Reinhart/Mittelstraß, Jürgen/Steinwachs, Burkhart: Geisteswissenschaften heute. Eine Denkschrift. Frankfurt am Main: Suhrkamp 1991. S. 45–72.

Jonas, Hartmut/Rose, Kurt: Computerunterstützter Deutschunterricht. Frankfurt am Main/Berlin/Bern: Lang 2002.

Jünger, Werner: Kreativitätsförderung – Unterrichten nach dem Divergenten Prinzip. In: Volker Frederking (Hrsg.): Verbessern heißt verändern. Neue Wege, Inhalte und Ziele der Ausbildung von Deutschlehrer(inne)n in Studium und Referendariat. Baltmannsweiler: Schneider 1998. S. 167–186.

Kammler, Clemens: „Lieber Monsieur Süskind, danke!" Oder: Kann Schule die Lust am Lesen fördern? In: Der Deutschunterricht 3 (1996). S. 6–10.

Kammler, Clemens/Knapp, Werner (Hrsg.): Empirische Unterrichtsforschung und Deutschdidaktik. Baltmannsweiler: Schneider 2002.

Kaufmann, Franz-Xaver: Interdisziplinäre Wissenschaftspraxis. Erfahrungen und Kriterien. In: Kocka 1987. S. 63–81.

Kepser, Matthias: Massenmedium Computer. Ein Handbuch für Theorie und Praxis des Deutschunterrichts. Bad Krotzingen: D-Punkt 1999.

Kintsch, Walter: Kognitionspsychologische Modelle des Textverstehens: Literarische Texte. In: Reusser, Kurt/Reusser-Weyeneth, Marianne (Hrsg.): Verstehen. Psychologischer Prozeß und didaktische Aufgabe. Bern/Göttingen/Toronto/Seattle: Hans Huber 1994. S. 39–53.

Kocka, Jürgen: (Hrsg.) Interdisziplinarität. Praxis – Herausforderung – Ideologie. Frankfurt am Main: Suhrkamp 1987.

Köller, Olaf: Leistungsgruppierungen, soziale Vergleiche und selbstbezogene Fähigkeitskognitionen in der Schule. Habilitationsschrift: Universität Potsdam 2001.

Kreft, Jürgen: Grundprobleme der Literaturdidaktik. Eine Fachdidaktik im Konzept sozialer und individueller Entwicklung und Geschichte. Heidelberg: UTB 1982.

Lange, Günther: Lust am Projekt. Chancen kulturellen Lernens im Deutschunterricht. Baltmannsweiler: Schneider 1999.

Linssen, Ruth/Leven, Ingo/Hurrelmann, Klaus: Wachsende Ungleichheit der Zukunftschancen? Familie, Schule und Freizeit als jugendliche Lebenswelten. In: Deutsche Shell (Hrsg.): Jugend 2002. Zwischen pragmatischem Idealismus und robustem Materialismus. Konzeption & Koordination: Klaus Hurrelmann/Matthias Albert in Arbeitsgemeinschaft mit Infratest Sozialforschung. Frankfurt am Main: Fischer 2002.

Maiwald, Klaus: Deutschdidaktik aktuell. Literatur lesen lernen. Begründung und Dokumentation eines literaturdidaktischen Experimentes. Baltmannsweiler: Schneider 2001 (zitiert als 2001a).

Maiwald, Klaus: Plattformen oder platte Formen? Von der Hyperlust am Text. In: Maiwald/Rosner 2001. S. 173–193 (zitiert als 2001b).

Maiwald, Klaus/Rosner, Peter (Hrsg.): Lust am Lesen. Bielefeld: Aisthesis 2001.

Mattenklott, Gundel: Literarische Geselligkeit – Schreiben in der Schule. Mit Texten von Jugendlichen und Vorschlägen für den Unterricht. Stuttgart: Metzlersche Verlagsbuchhandlung 1979.

Miall, David S.: On the necessity of empirical studies of literary reading. In: Frame. Utrecht Journal of Literary Theory 14 (2000). S. 43–59.

Mittelstraß, Jürgen: Die Geisteswissenschaften im System der Wissenschaften. In: Frühwald/Jauß/Koselleck/Mittelstraß/Steinwachs 1991. S. 15–44.

Müller-Michaels, Harro: Produktive Lektüre. Zum produktionsorientierten und schöpferischen Literaturunterricht. In: Deutschunterricht 44 (1991) 8. S. 584–594.

Nickel-Bacon, Irmgard/Groeben, Norbert: Deutschunterricht und kritisch-konstruktive Mediennutzungskompetenz: Impulse aus Medienpsychologie und Literaturwissenschaft zum Umgang mit Fiktionen. In: Hug, Michael/Richter, Sigrun (Hrsg.): Ergebnisse soziologischer und psychologischer Forschung. Impulse für den Deutschunterricht. Baltmannsweiler: Schneider 2002. S. 28–43.

Opaschowski, Horst W.: Generation @ – Die Medienrevolution entlässt ihre Kinder. Hamburg: Mairs Geographischer Verlag 1999.

Pädagogen.de: Arbeit und Gesellschaft: Nun auch Lehrer zum Pisa-Test? http://www.managementfortbildung.de/020901.htm (Stand 10.11.2002).

Pennac, Daniel: Wie ein Roman. Köln: Kiepenheuer & Witsch 1994.

Richter, Sigrun/May, Peter/Brügelmann, Hans: Ein anderer Unterricht – nur für Jungen? Psychologische Erkenntnisse und pädagogische Folgerungen. In: Richter, Sigrun/Brügelmann, Hans (Hrsg.): Mädchen lernen anders als Jungen. Geschlechtsspezifische Unterschiede beim Schriftspracherwerb. Bottighofen: Libelle 1994. S. 157–164.

Rosebrock, Cornelia: Literaturdidaktik und Lesekultur. In: Lesen in der Medienwelt. Ide. 2 (2000). S. 35–48.

Scheffer, Bernd: Interpretation und Lebensroman. Zu einer konstruktivistischen Literaturtheorie. Frankfurt am Main: Suhrkamp 1992.

Schiefele, Ulrich: Motivation und Lernen mit Texten. Göttingen: Hogrefe 1996.

Schmidt, Siegfried J.: Der Diskurs des radikalen Konstruktivismus. Frankfurt am Main: Suhrkamp 1987.

Schön, Erich: Erinnerungen von Lesern an ihre Kindheit und Jugend. In: Media Perspektiven 5 (1990). S. 337–347.

Schön, Erich: Der Verlust der Sinnlichkeit oder die Verwandlungen des Lesers. Mentalitätswandel um 1800. Stuttgart: Klett-Cotta 1993.

Schön, Erich: Jugendliche Leser im Deutschunterricht. In: Heiko Balhorn/Hans Brügelmann (Hrsg.): Bedeutungen erfinden – im Kopf, mit Schrift und miteinander. Zur individuellen und sozialen Konstruktion von Wirklichkeiten. Konstanz: Faude. S. 220–226.

Schön, Erich: Veränderungen der literarischen Rezeptionskompetenz Jugendlicher im aktuellen Medienverbund. In: Lange, Günter/Steffens, Wilhelm (Hrsg.): Moderne Formen des Erzählens in der Kinder- und Jugendliteratur der Gegenwart unter literarischen und didaktischen Aspekten. Würzburg: Königshausen und Neumann 1995. S. 99–127.

Schön, Erich: Mentalitätsgeschichte des Leseglücks. In: Bellebaum, Alfred/Muth, Ludwig (Hrsg.): Leseglück – eine vergessene Erfahrung? Opladen: Westdeutscher Verlag 1996. S. 151–175.

Schreier, Margrit/Appel, Markus: Realitäts-Fiktions-Unterscheidungen als Aspekt einer kritisch-konstruktiven Mediennutzungskompetenz. In: Groeben, Norbert/Hurrelmann, Bettina (Hrsg.): Medienkompetenz. Voraussetzungen, Dimensionen, Funktionen. Weinheim/München: Juventa 2002. S. 231–254.

Snow, Charles Percy: (1959) Die zwei Kulturen. Literarische und naturwissenschaftliche Intelligenz. Stuttgart: Klett 1967.

Spinner, Kaspar H.: Das vergällte Lesevergnügen. Zur Didaktik der Unterhaltungsliteratur. In: Jörg Hiener (Hrsg.): Unterhaltungsliteratur. Zu ihrer Theorie und Verteidigung. Göttingen 1976. S. 98–116.

Spinner, Kaspar H.: Identität und Deutschunterricht. Göttingen: Vandenhoeck & Ruprecht 1980.

Spinner, Kaspar H.: Von der Notwendigkeit produktiver Verfahren im Literaturunterricht. In: Diskussion Deutsch 133 (1993). S. 1–6.

Spinner, Kaspar H.: Kreativer Deutschunterricht. Identität – Imagination – Kognition. Seelze: Kallmeyer 2001.

Stanat, Petra/Kunter, Mareike: Geschlechtsunterschiede in Basiskompetenzen. In: Baumert/Klieme/Neubrand/Prenzel/Schiefele/Schneider/Stanat/Tillmann/Weiß 2001. S. 249–269.

Thiel, Peter: Expertenrunde der Hanns-Seidel-Stiftung zur PISA-Studie: Ist die Schieflage korrigierbar? http://www.vlb-bayern.de/akzente/ak020805.htm (Stand 10.11.2002).

Tymister, Hans-Josef (Hrsg.): Projektorientierter Deutschunterricht. Düsseldorf: Schwann 1975.

Vorderer, Peter/Klimmt, Christoph: Lesekompetenz im medialen Spannungsfeld von Informations- und Unterhaltungsangeboten. In: Groeben/Hurrelmann 2002. S. 215–235.

Wagner, Roland W.: Fragen im Unterricht. Anmerkungen aus sprechpädagogischer Sicht. In: Blattmann, Ekkehard/Frederking, Volker (Hrsg.): Deutschunterricht konkret. Band II. Sprache. Baltmannsweiler: Schneider 2000. S. 200–214.

Waldmann, Günter: Grundzüge von Theorie und Praxis eines produktionsorientierten Literaturunterrichts. In: Hopster, Norbert (Hrsg.): Handbuch ‚Deutsch' für Schule und Hochschule Sekundarstufe I. Paderborn/München/Wien/Zürich: Schöningh 1984. S.98–141.

Waldmann, Günter: Produktiver Umgang mit Literatur im Unterricht. Grundriss einer produktiven Hermeneutik. Baltmannsweiler: Schneider 1998.

Wermke, Jutta: ‚Hab a Talent, sei a Genie!'. Kreativität als paradoxe Aufgabe. Band 1: Entwicklung eines Konzepts der Kreativität und ihrer Förderung durch Literatur. Band 2: Empirische Überprüfung literaturdidaktischer Möglichkeiten der Kreativitätsförderung. Weinheim: Beltz 1989.

Wermke, Jutta: Integrierte Medienerziehung im Fachunterricht. Schwerpunkt: Deutsch. München: KoPäd 1997.

Willenberg, Heiner: Lesen und Lernen. Eine Einführung in die Neuropsychologie des Textverstehens. Heidelberg/Berlin: Spektrum 1999.

2

Interkulturelle Perspektiven von PISA

Ein Viertel laut PISA „ganz unten“

INGELORE OOMEN-WELKE

Woher bekommen junge Menschen, die nicht mithalten können, ihre Anerkennung? fragt der Bielefelder Sozialwissenschaftler Wilhelm Heitmeyer[1] am Ende einer klugen Analyse. Das müsse die Frage der Zukunft sein. Anerkennung werde verschafft durch schulische Leistung, äußerliche Attraktivität oder Demonstration von Stärke. Als Instanzen der Anerkennung von Jugendlichen nennt er Familie und Schule. Wir wissen, dass der Familie und den peers das größere Gewicht zukommt.[2] Dennoch müssen wir dort unseren Beitrag leisten, wo wir es können: im schulischen Kontext.

1 Zur Lage von Schülerinnen und Schülern der unteren Leistungsstufe

Aus der Sicht von Schule, Lehramtsausbildung und Deutschdidaktik stelle ich die Frage ein wenig anders: *Wie kann Schule zum Gelingen des Lebens beitragen? Wie schaffen wir es, dass junge Menschen in der Schule lernen (wollen), ihre Kompetenzen entfalten und persönlich sowie in der Gesellschaft handlungsfähig werden? Wie unterstützen wir den Aufbau eines Selbstüberzeugungs- und Selbstwirksamkeitskonzepts, auf dessen Grundlage sie zu sinnvollem sozialem und kulturellem Handeln bereit sind? Welche Rolle spielt dabei fachliches Wissen und Können, und was kann der Deutschunterricht dafür tun?* Die demokratische Schule hat die Aufgabe, *alle* Kinder und Jugendlichen so gut wie möglich zu fördern und Nachteile der sozialen und (ethno-)kulturellen Herkunft auszugleichen. Das kann laut PISA am besten durch den Erwerb von Problemlösekompetenzen, durch sinnerfassendes und reflektierendes

Lernen mit selbstgesteuerten Anteilen geschehen. Reflektierendes und eigenaktives Lernen hat sich der Deutschunterricht auf seine Fahnen geschrieben. Was dies für Kinder mit Migrationshintergrund bedeutet, möchte ich im Folgenden deutlich machen.

„Es scheint ... insbesondere im unteren Leistungsbereich Handlungsbedarf zu bestehen." (Artelt/Stanat/Schneider/Schiefele 2001, S. 108). Die Hälfte der Risikogruppe derjenigen, die die Kompetenzstufe I nicht erreichen, machen laut PISA 2000 (Artelt/Stanat/Schneider/Schiefele 2001, S. 117ff.) Jugendliche mit Migration in der eigenen (35,6%) oder der Elterngeneration (17%) aus; 47,1% haben keine Migrationserfahrungen, oder die Migration liegt zwei oder mehr Generationen zurück. Zur Risikogruppe gehören ein Viertel aller Jugendlichen mit eigenen Migrationserfahrungen und immer noch ein Siebtel aller Jugendlichen, bei denen ein Elternteil immigriert ist. Diese Schüler und Schülerinnen sind mehrheitlich sitzen geblieben, was ihre Lesekompetenz offensichtlich nicht verbessert hat. Das alles überrascht nicht: Die Publikationsreihe *Daten und Fakten zur Ausländersituation*[3] belegt seit zwanzig Jahren, dass der Schulerfolg von Kindern aus immigrierten Familien bedeutend geringer ist als der aus lang ansässigen Familien (vgl. den Beitrag von J. Lüddecke und S. Luchtenberg in diesem Band). Über den Schulerfolg von Flüchtlingskindern haben wir keine ausreichende Übersicht.

Der Schulerfolg der sog. Aussiedlerkinder ist schwierig zu verfolgen, weil diese meist Deutsche sind und daher nicht in besonderen Listen geführt werden. Ihre Situation sei unter dem erweiterten Begriff von *Zuwanderung* mitgedacht. Verbleiben die einheimischen Kinder bildungsferner Milieus sowie Kinder mit besonderen Lernschwierigkeiten.

Mit Blick auf den Migrationshintergrund hatte die Untersuchung von Ingrid Dietrich (Heidelberg) schon 1997 die Zufriedenheit von Migranteneltern mit der deutschen Schule erhoben. Es zeigte sich durchweg, dass Eltern wenig Offenheit für die individuellen Migrations- und Spracherfahrungen sowie generell für Zwei- und Mehrsprachigkeit bei Schule und Lehrpersonen antreffen, und dies scheint sich ungünstig auf die Schulkarrieren ihrer Kinder auszuwirken.

Wir wissen, dass sich viele dieser jungen Menschen mit Migrationshintergrund nicht als Adressaten von Schule und Unterricht fühlen, weil ihre Lebenswelt kaum vorkommt.[4] Ihre Sprachen werden zurückgedrängt oder sogar verboten, ihre Kultur (Herkunftskultur der Familie oder Migrationskultur) spielt keine Rolle, die Werte der Schule unterscheiden sich stark von denen der Familie. Schule und Unterricht werden von ihnen als Veranstaltungen erlebt, zu denen sie wenig oder nichts beitragen können und bald auch nicht mehr wollen („Wenn sich die Schule nicht für mich interessiert, interessiere ich mich auch nicht für sie!") und deren Angebote sich für ihre Lebenswirklichkeit nicht direkt eignen. Wenn sie sich doch auf ein Lernangebot einlassen, z.B. auf das unvermeidliche Deutschlernen, treffen sie in der Regel auf Lehrpersonen, die für den Muttersprachenunterricht Deutsch ausgebildet sind und bei aller engagierten und wohlgemeinten Hilfe die hinter den Sprachfehlern stehenden Lernerhypothesen nicht als konstruktiven Lernschritt erkennen, sondern eben als Fehler. Oft führen Lehrpersonen Sprachfehler der Kinder auf das (von ihnen negativ beurteilte) Verhaftetsein in der Erstsprache zurück.[5] Dass neuerdings die Eltern und speziell die Mütter, die daheim eine andere Sprache als Deutsch sprechen und die Kinder nicht bei den Hausaufgaben unterstützen können, als Risikofaktor ausgemacht werden, scheint ihnen Recht zu geben. Dabei verdrängt die Schule in nicht unproblematischer Weise die Erstsprachen (Schülerinnen und Schüler sollen möglichst weder auf dem Schulhof noch zu Hause die Herkunftssprache sprechen, sollen nicht am muttersprachlichen Unterricht teilnehmen),[6] was der Degradierung von Herkunftskultur und Herkunftssprache gleichkommt und diesen das Prestige raubt. Dagegen hat die Zweitsprachenforschung gerade die Bedeutung der schon erworbenen Sprache(n) für das Deutschlernen herausgestellt. Wenn etwas zum Deutschlernen fehlt, sind das vielmehr zwei Dinge: ausreichender Input deutscher Sprache und aktiver Deutschgebrauch im Alltag.[7] Für letzteren können jedoch nicht die Mütter verantwortlich sein, sondern vielmehr die Bildungsinstanzen und sozialen Gruppen.

In der oben skizzierten Konstellation entsteht einerseits eine dynamische Spirale aus mangelnder Erfolgszuversicht, ja Misserfolgs- und Versagenserwartung bei den Kindern und Jugendlichen anderer Erstsprache und andererseits Enttäuschung und schließlich Resignation bei den Lehrpersonen, die letztlich nicht weiter wissen, daher einen Mangel an Lernfähigkeit konstatieren und entsprechende Laufbahnempfehlungen aussprechen.[8] Dies soll als Skizze des Problemzusammenhangs genügen.

Ergo: Einem Teil der Kinder mit Migrationshintergrund wird im Deutschunterricht nicht die Erfahrung vermittelt, dass der Umgang mit Sprachen und Texten ihre Beteiligung erfordert und dass sie dazu wichtige Beiträge leisten können, da ihre Welt nicht in gleicher Weise einbezogen wird. Dabei wäre gerade für ihr Lernen die Gelingenserwartung, die Erfolgszuversicht, das Selbstüberzeugungs- und Selbstwirksamkeitskonzept hilfreich, das heißt alles was sie optimistisch stimmen kann in Bezug auf ihre Ziele und ihr Handeln. Das wird aber nur erreicht, wenn sie „Aufgaben kriegen, die man auch schaffen kann“,[9] die an ihre Interessen und Wahrnehmungen anknüpfen und sie sanft leiten.[10] Dass das im Übrigen für alle Lernenden gut ist, dürfte unter Didaktikern Konsens sein.

2 ‚Reparaturversuche'

In der Reaktion auf die PISA-Ergebnisse melden sich didaktische, politische und bildungspolitische Gruppen mit Reparaturvorschlägen zu Wort. Einige davon, die Schüler und Schülerinnen mit Migrationshintergrund betreffen, seien kurz kommentiert.

Mehr Räume und mehr Stunden

SchulleiterInnen fordern mehr Räume und Mittel für ihre Schulen, DeutschdidaktikerInnen mehr Stunden für Deutsch, dann könne man auch Schwache besser fördern und die Selbständigkeit durch Gruppenunterricht stärken. Das ist sicher richtig, es ist jedoch nur ein einzelnes Segment, das in der Wahrnehmung der jeweils Interessierten prädominiert und den Zusammenhang z.B. mit dem Migrationshintergrund vernachlässigt.

Deutschtests

In verschiedenen Bundesländern werden Tests zur Feststellung des Sprachstands in Deutsch vom Kindergarten an vorgeschlagen.[11] Bei Mängeln sollen Kinder von einer altersgemäßen Bildung zurückgestellt werden – und dann? Die Zeit heilt zwar manche Wunden, aber Sprache(n) lernt man auch mit der Zeit nur durch Sprechen und durch Unterstützung dabei. Und gerade sind auch durch PISA Zurückstellung und Sitzenbleiben in ihrem förderungsresistenten Charakter entlarvt worden.

Deutschkurse

Niemand wird Deutschkurse für entbehrlich halten, weder für Erwachsene noch für Schülerinnen und Schüler. Da es das demokratische Ziel ist, Menschen mit Migrationshintergrund und mit der Perspektive langen Verweilens im deutschen Sprachraum handlungskompetent zu machen sowie zur

Teilhabe in möglichst allen Bereichen zu befähigen, kommt der Landessprache, hier Deutsch, eine überragende Bedeutung zu.
Es ist jedoch nach den Modalitäten zu fragen:

- Für **Erwachsene** mögen (nicht zu knapp bemessene) Deutschkurse genügen. Aus Erfahrungen und Untersuchungen mit *Deutsch als Fremdsprache* weiß man, dass eine Anpassung der Kurse an die Spezifik der Gruppen die Effizienz steigert. Der Bezug zur eigenen Welt fördert ganz offensichtlich die Motivation des Lernens, denn die Lernenden erfahren, dass die Lernwelt mit ihrer Lebenswelt zu tun hat und dass die Lehrenden sich auf ihre Herkunftswelt einstellen, d.h. sie erfahren Interesse und im besten Fall Wechselseitigkeit des Lernens. (Damit soll das Sprachenlernen nicht auf Praktisches und auf die vermeintliche Realität reduziert werden, wie es leider oft geschieht. Gerade auch Vorstellbares und ästhetische Ausdrucksweisen tragen, in ganz unterschiedlicher Weise, zum Lernen bei.)
- Für **Kinder und Jugendliche** im Schulalter, die sich in der Sprachentwicklung und in der Identitätsentwicklung befinden, gilt Entsprechendes. Doch genügen Deutschkurse durchweg nicht. Extra-Kurse, die nicht mit dem Kernunterricht verbunden sind, bleiben wenig effizient. Die Idee, als defizitär im Deutschen identifizierte Kinder aus ihrer Klasse herauszunehmen und bis zu zwei Jahre lang gesondert zu beschulen, um sie dann wieder in die Klasse zu integrieren, kann nur am administrativen Schreibtisch unter Verkennung aller sozio-dynamischen Prozesse entstanden sein.[12] Sie isoliert oder segregiert die betreffenden Kinder und enthält ihnen gerade das vor, was das Lernen fördert: zusätzlich zum Deutschkurs einen geeigneten Regelunterricht und die Gleichaltrigen-Kommunikation auf Deutsch – also Integrationschancen.
- Gleichzeitig brauchen die **Familiensprachen und -kulturen** der Kinder und Jugendlichen Raum und Anerkennung in der Schule. Die selbstverständliche Sprachenvielfalt in jedem Bereich der Schule verstärkt das Lernen in Fächern und Kursen. Nicht die Verdrängung anderer Sprachen fördert das Deutsche, sondern ihr Ausbau. Wege dahin sind Unterricht in ihren Sprachen, wie er in manchen Bundesländern angeboten wird, und der Blick auf andere Sprachen in der Sprachdidaktik Deutsch. Letzteres wird unten skizziert.

Deutsch für die Mütter

Der empirische Befund, dass zur Risikogruppe vielfach Kinder gehören, deren Mütter nicht oder nicht gut Deutsch sprechen, verleitet erkennbar leicht zu unreflektierten Schlussfolgerungen, die von der Schule wegführen und die Verantwortung für das Lernen bei den Familien abladen. Geraten wird dann zum Sprachwechsel, Deutsch solle Familiensprache sein. Gern übersehen werden Gegenbeispiele: die Deutsch-Französischen Gymnasien, deren Schüler trotz der französischen Mütter- oder Familiensprache[13] gute bis hervorragende Ergebnisse erzielen; die Europaschulen, die europäischen Schulen sowie andere zwei- und mehrsprachige Schulen. Offenbar sind es andere Faktoren, vielleicht das soziale Milieu und das mehr oder weniger reiche Sprachangebot in beiden oder mehreren Sprachen, die den Erfolg oder Misserfolg im Sprachenlernen bewirken. Im besten Fall kann die anderssprachige gebildete Mutter, die das deutschsprachige Lernen ihres Kindes in ihrer Sprache verdoppelt und dadurch verstärkt, viel zum Lernerfolg beitragen. Im gegenteiligen Fall kann weder die deutschsprachige noch die anderssprachige Mutter, die keine formale Bildung erfahren hat, schulunterstützend bei Hausaufgaben und bei anderen schulischen Anforderungen tätig werden. Ein Sprachwechsel (ganz abgesehen von der entscheidenden Frage, wie er denn von der Familie bewältigt werden solle) bringt dabei keine Hilfe. Hier ist die Bildungspolitik mit einem *Chancengleichheits*konzept gefordert (in der Klieme-Expertise 2003 *Bildungsgerechtigkeit* genannt – gibt es da einen Unterschied?). Dazu gehören die von Swantje Ehlers in diesem Band genannten Maßnahmen (vgl. besonders Seite 304, Punkt 7). Sprachkurse für Mütter (und auch Väter) mit Migrationshintergrund, wenn sie den AdressatInnen entsprechend konzipiert sind, wären sicher eine unterstützende Maßnahme für die gesellschaftliche Teilhabe der Erwachsenen und damit ein günstiger Kontext für den Schulerfolg der Kinder.

Was gar nicht zur Sprache kommt in diesem Diskurs, das sind die unterschiedlichen Verhaltensmöglichkeiten beim Lernen. Ethnomethodologische Studien haben diese beschrieben, ich selbst habe sie als Fragen gefasst. Ziel ist es, den Lehrpersonen zu sensiblerer Wahrnehmung zu verhelfen,[14] ohne dass die Verhaltensweisen reduktiv verarbeitet werden sollten.

Nationale und regionale Bildungsstandards

PISA 2000 hat Lese- und Textkompetenzen unter weitgehend pragmatisch orientierter Fragestellung erhoben, sozusagen output-orientiert im Hinblick auf Lebenspraktisches. Das heißt nicht, dass die eingangs genannten, viel umfassenderen Fragen keine Rolle spielten, weil Teilfertigkeiten sie nicht erforderten. Im Gegenteil, erst auf dem (breiteren) Hintergrund deutsch- und sprachdidaktischer Ziele samt einem Bildungskonzept im Rahmen gelingenden Lebens lässt sich der Stellenwert einzelner Lernbereiche bzw. der darin basalen Kompetenzen bestimmen. Lesen z.B. meint ja nicht Lesetechniken, sondern Sinnentnahme bzw. Verstehen auf der Basis von Weltwissen und sprachbezogenem Wissen und Können. Die Kenntnis der darin enthaltenen Sprachstrukturen macht die Rezeption eines Textes leichter und die Sinnentnahme weniger störungsanfällig (vgl. Swantje Ehlers in diesem Band). Ähnliches gilt für vorhandenes Alltags- und Weltwissen sowie für die individuelle Motivation, so dass wir ein Faktorengeflecht zugrunde legen müssen; gefordert sind Sprachförderung und die Unterstützung beim Aufbau von Weltwissen und bereichsspezifischem Wissen.

Nun werden in der Folge nationale Bildungsstandards entwickelt, sowohl in einigen vorpreschenden Bundesländern als auch im Auftrag der KMK und des BMBF.[15] Bildungsstandards sind output-orientierte Minimalsetzungen auf der zweiten Ebene innerhalb einer Hierarchie von *Bildungszielen, Bildungsstandards, Kompetenzen* und *Tests*. „Die Bildungsstandards legen fest, welche Kompetenzen die Kinder und Jugendlichen bis zu einer bestimmten Jahrgangsstufe mindestens erworben haben sollten" (Klieme 2003, S. 3). Sie sind „Wissensbestände, die in absolut notwendiger Weise angeeignet werden müssen und die hierin auch einem handlungsorientierten Gütemassstab standhalten" (Oser 1997).[16]

So wohlmeinend man den in solchen Mindeststandards enthaltenen Appell, ihre Output-Orientierung und ihre Vergleiche ermöglichenden Tests betrachten mag – sie sind keine Therapie für die Probleme im unteren Leistungsbereich und können es nicht sein; höchstens ermöglichen sie eine summative Diagnose. Aussagen über Lernweisen und Lernwege der sog. Risikogruppen enthalten sie nicht; vielmehr verlagern sie dies auf Schule und Unterricht. Die Lösung der durch PISA sichtbar gemachten Probleme muss offensichtlich in der Schule gefunden werden.

3 Offene Fragen

Dass der *Output* oder besser *Outcome* (Sieber 2002) den Zielen bisher nicht standhält, wissen wir also. Was aber sind richtige Wege zum Lernen und zur Sprachförderung? Wenn nicht nur repariert, sondern auch reformiert werden soll, müssen nach wie vor offene Forschungsfragen der Lern- und Instruktionsforschung sowie der Deutschdidaktik beantwortet werden. Einige seien hier in Kürze aufgegriffen, weil sie besonders bedeutsam erscheinen.

Hypothesen der Instruktionspsychologie

Aufschlüsse über das Lernen erwarten wir von der Lern- bzw. Instruktionspsychologie. Ihre Antworten genügen empirischen Kriterien, lassen uns Deutschdidaktiker jedoch oft ratlos zurück. Die jeweiligen Settings entsprechen selten den deutschspezifischen Fragen an Unterricht und sind oft nicht auf den Deutschunterricht übertragbar, und wir fragen, wie Untersuchungen unter restriktiven Bedingungen an begrenzten Gruppen generalisierbar sind. Ein übereinstimmendes Ergebnis scheint immerhin zu sein, dass Selbstregulation und Motivation das Lernen fördern (vgl. V. Frederking in diesem Band, S. 251ff.). Leutner/Barthel/Schreiber 2001 berichten, dass sich bei Verstehensleistungen von Fachtexten in verschiedenen Erwachsenengruppen ein Lernstrategietraining mit Selbstregulationstraining stärker positiv bemerkbar machte als ein Strategietraining allein. Ergebnisse aus anderen Untersuchungen besagen, es existiere eine Bereichsspezifik beim Lernen (Stern 2003; Spitzer 2002). Wie ist das aber bei der Beschäftigung mit Sprache? An den meisten Untersuchungen waren Deutschdidaktiker, Lesedidaktiker nicht beteiligt, und über eine etwaige Zweisprachigkeit der Probanden wurden keine Aussagen gemacht. Es wäre daher wichtig, Folgeuntersuchungen für die zweitsprachliche Schülerpopulation mit schwachen Leseverstehensleistungen durchzuführen und die Wirkungen und ggf. Interdependenzen von Selbstregulation, Alltags-, Fach- und Weltwissen sowie fachlichem Strategietraining auf breiter Basis festzustellen.

Der Aspekt Motivation und Betroffensein

Es ist Konsens, dass die aktive Mitarbeit der Lernenden für die Effizienz des Lernens nötig ist. Ob und wie sie bei Schülerinnen und Schülern mit Migrationshintergrund erreicht wird, bleibt offen. In Unterrichtsberichten werden oft pauschale Aussagen über das Gelingen und die Motivation der Lernenden getroffen, die nicht die einzelnen Faktoren und Bedingungen klären. Manchmal wird konstatiert, dass eine Schülerin oder ein Schüler oder eine Gruppe motiviert, betroffen oder beteiligt sei, ohne dass über das Zustandekommen dieser Einstellungen Aussagen gemacht würden. Es wäre an der Zeit, hier mehr Klarheit zu schaffen.

Immersion oder Submersion

Vor allem in der Zweitsprachendidaktik sind die Forschungen zu Submersion von Migrantenkindern und Immersionsprogrammen zur Kenntnis genommen worden. *Submersion* bedeutet das Untergehen Einzelner oder von Gruppen in einem anderssprachigen Klassenverband mit seiner Mehrheitssprache, *Immersion* bedeutet das angeleitete Eintauchen in ein Sprachbad, evtl. zusammen mit peers.

Submersion ist kein definiertes Konzept; dies erleben die anderssprachigen Kinder in der deutschen Schule, wenn sie nicht begleitet und unterstützt werden. Viele gehen unter (vgl. den Beitrag von J. Lüddecke und S. Luchtenberg in diesem Band).

Immersion erleben Kinder zwei- und mehrsprachiger Schulen, also Kinder, bei denen Fachunterricht in einer anderen als der Erstsprache unterrichtet wird.[17] Wir wissen aber nicht, durch welche Faktoren genau die besseren Ergebnisse unter Immersionsbedingungen zustande kommen: durch das Milieu der Familien, durch die Akzeptanz in den Schulen und durch die Unterrichtsorganisation, durch Motivation, durch bestimmte Methoden etc. In den 70er und 80er Jahren des 20. Jahrhunderts existierten parallel zur Submersion zugewanderter Kinder (Regelklassen) in verschiedenen deutschen Bundesländern[18] sprachhomogene Immersionsklassen (griechische, türkische … Klassen), deren Ergebnisse nicht die der Immersion sonst zugeschriebenen positiven Leistungen zeigten. Das ist u.a. sichtbar daran, dass die Übergangsquote in Realschule und Gymnasium verschwindend gering blieb. Evaluation fand nicht statt, zumindest keine, die diese Bezeichnung verdient hätte. Welche Faktoren waren in diesen Modellen anders als in Schweden und Kanada (vermutlich die soziale Zugehörigkeit der Kinder), oder trifft die Hypothese als Ganze nur begrenzt und unter bestimmten Bedingungen zu?

Sach-/Fachlernen in der Zweit- oder Fremdsprache

Schon in den 80er Jahren war Konsens, dass der Übergang vom Alltagswortschatz zum Fachwortschatz in der Grundschule eine Hürde oder Barriere für Kinder im Zweitspracherwerb darstellt. Dieser Aspekt ist m.W. nicht genau genug untersucht worden. Es wäre nun im Kontext von PISA und auch bei der Reform des Fremdsprachenlernens wichtig zu erfahren, ob es auf lange Sicht einen Unterschied macht, ein Fach in der Erst- oder Zweitsprache durchlaufen zu haben. Sind die Verarbeitungstiefe und der Erinnerungswert über lange Zeit gleich, ob nun in Erstsprache oder Zweitsprache oder Fremdsprache gelernt wird (vgl. Swantje Ehlers in diesem Band für den Aspekt des Lesens)? Nach meiner eigenen Erfahrung mit türkischsprachigen Klassen an deutschen Grundschulen wurde die Unterrichtszeit in Deutsch oder Sachunterricht für elementare deutsche Wortschatzerklärungen gebraucht, so dass Vertiefungen innerhalb der verfügbaren Zeit nicht stattfanden. Ob das auch in der Sekundarstufe bei Jugendlichen anderer Erstsprache das Problem ist, ob die Lehrpersonen es bemerken und beachten, wie weit das Verstehen der Lernenden reicht und wo es endet, das ist uns nicht verlässlich bekannt. Wird das in der Zweitsprache Gelernte schneller vergessen, wie viele Lehrpersonen berichten? Solche Fragen stellt Tabouret-Keller (1998, S. 160) in Form einer Behauptung: „La mémoire est ou simple ou double ou boiteuse“ (*Das Gedächtnis ist einfach oder doppelt oder wacklig/hinkt*). Wir brauchen mehr Kenntnisse über das fachliche Lernen von Kindern anderer Erstsprache während einer Lernsequenz und auf lange Sicht.

Diese Fragen sind überhaupt von eminenter Bedeutung, denn der Sach- oder Fachunterricht in der ersten Fremdsprache oder Partnersprache erscheint gegenwärtig als progressives Modell des Fremdsprachenlernens – ist es das wirklich auch für das Wissen und für das fachorientierte Handeln? Unter welchen Bedingungen?

Teil-Erkenntnisse könnten evtl. zweisprachige Schulen im Elsass liefern. Seit den 90er Jahren hatten dem Vernehmen nach die zweisprachigen Klassen dort im Vergleich mit dem französischen Durchschnitt, der jährlich erhoben wird, leicht besser abgeschnitten, z.B. auch in Mathematik, was in deutscher Sprache unterrichtet worden war.[19] Was lässt sich daraus schlussfolgern? Welche Faktoren sind zu berücksichtigen, Quantität des Inputs, Motivation, Menge der Stunden, was sonst?

Implizites Wissen und Meinen / Subjektive Theorien von Lehrpersonen und Lernenden und die Entwicklung von Lernstrategien

Wie wirkt sich das, was Lehrpersonen sicher zu wissen glauben, auf die Lernenden aus? Welche Theorie von Schule und Unterricht haben sie? Mit welcher subjektiven Theorie betrachten sie ihre Schülerinnen und Schüler, insbesondere diejenigen mit Migrationshintergrund, und wie reagieren diese darauf? Und umgekehrt: Was erwarten Schülerinnen und Schüler von

Schule und Unterricht, und wie interpretieren sie die Ereignisse und das Verhalten? Welchen Einfluss haben Konvergenzen und Divergenzen auf den Lernerfolg? Fallstudien (vgl. Oomen-Welke 1993; Kroon/Sturm 1995; Spitz 2003) lassen Auswirkungen subjektiver Theorien von Lehrpersonen auf Schüler vermuten, die wir jedoch weder in der Breite noch im Detail kennen und die genauer untersucht werden sollten.

Die Bilanz der Abschnitte 2 und 3 zeigt begrenzte Reparaturversuche seitens der Bildungspolitik und immensen Forschungsbedarf in der Deutschdidaktik. Angesichts dieses Klärungsbedarfs – sind wir zur Tatenlosigkeit im Deutschunterricht verurteilt, weil wir zu wenig wissen? Lehrpersonen und Didaktiker müssen auch unter solch unklaren Bedingungen handeln, weil sie nicht einfach das Unterrichten einstellen können. Wie soll im Deutschunterricht gehandelt werden im Hinblick auf die am Anfang formulierten Leitfragen?

4 Prinzipien sprachlicher Arbeit

Ich möchte daher nicht schließen, ohne den Schritt von der PISA-Diskussion in den Deutschunterricht zu tun. Es lassen sich auch jetzt schon Merkmale von Unterricht formulieren, die dem unteren Viertel bessere Chancen einräumen und dabei alle fördern, weil sie Motivation und Aktivität bewirken (vgl. dazu auch den Beitrag von V. Frederking in diesem Band):

- An die eigenen Vorstellungen der Lernenden anknüpfen und echte Fragen aufgreifen, die jeweils in weitere Horizonte gerückt werden,
- Alle Sprachen (Erstsprachen, Zweitsprachen, Fremdsprachen) einbeziehen – SchülerInnen als ExpertInnen für Sprachen anerkennen,
- Selbstregulation als Eigenaktivität mit Methodenentscheidungen und Weiterführen in größere fachliche und überfachliche Zusammenhänge.

Etwas genauer: Wenn ich den Sprachunterricht unter der Perspektive gelingenden Lebens der Kinder und Jugendlichen neu denke, welche Prinzipien sind fundamental für das Sprachlernen?

- Ein Ziel oberster Ordnung ist die *Beteiligung* aller Schüler und Schülerinnen am Unterricht, gleich welcher Herkunft. Alle sollen Beiträge leisten und wollen dies auch aufgrund von Motivation und Selbststeuerung, die sich gegenseitig bedingen. Die Lernenden merken, dass sich in ihren Köpfen und durch Auseinandersetzung mit anderen die Welt konstruiert und dass sie selbst in der Welt wirksam werden.

- *Alle Sprachen der Beteiligten*, Deutsch, die Schulfremdsprachen und auch die in der Schule meist nicht gelehrten Erst- und Zweitsprachen der Kinder und Jugendlichen in Klasse, Schule und Gesellschaft sind Gegenstand des Unterrichts. Die gemeinsame Unterrichtssprache bleibt dennoch Deutsch, aus Gründen der Verständigung und als Sprache des Landes.
- Die *soziale Wirklichkeit* kommt dadurch implizit und bei Bedarf auch explizit zur Sprache. Sie ist enthalten in der Auseinandersetzung mit realen, fiktionalen und poetischen Welten.
- *Zwei- und Mehrsprachigkeit* wird ausdrücklich und praktisch als normal anerkannt und *als Leistung erlebt*. Das stärkt die Sprecher dieser Sprachen.
- Aus dem Umgang mit Sprachen und Texten ergeben sich Anlässe zur *Reflexion* auf einer ersten Ebene, d.i. die Ebene der Sprachen und Texte. Dazu sind auch die Mehrsprachigen und evtl. ihre Angehörigen als Experten gefragt. Als Experte gefragt zu sein, das wirkt zurück auf die Motivation und stärkt die Selbststeuerung.
- Die Unterrichtsthemen, seien sie groß oder klein, schließen an *Wissenswertes* an: an die Lebenswirklichkeit der Lernenden, an ihre Überlegungen und Fragen (subjektive Theorien), an kulturelle Inhalte. Sie öffnen sich jeweils über eine tradierte Kultur hinaus, ohne dass daraus ein Pflichtpensum entstünde.
- Der Unterricht ereignet sich *problemorientiert*, das heißt tastend und fragend, so dass die *Methodenreflexion* aller Lernenden gemeinsam ein konstitutives Element ist. Schülerinnen und Schüler erfahren, dass sie *Methodenentscheidungen* treffen und methodisch arbeiten können. Dadurch erleben sie *Selbstwirksamkeit.*
- Alle *Informationsquellen* werden einbezogen, persönliche, mündliche, schriftliche, elektronische. Im Deutschunterricht wird Hilfe geboten, Kompetenzen des Einholens und Auswertens von Informationen zu erwerben und die Ergebnisse zu bewerten, also eine Art *Wissensmanagement.*
- Das bisher beschriebene Vorgehen ist meist *indirekt.* Es thematisiert nicht primär Defizite, z.B. nicht die Integration Zugewanderter als ihr persönliches Problem oder als ein durch sie geschaffenes gesellschaftliches Problem; nicht die Sprachförderung als explizites Ziel, nicht explizite

moralische und antirassistische Ziele, was ja bei Jugendlichen bekanntlich oft kontraproduktiv wirkt. Es greift vielmehr das Vorhandensein von Menschen verschiedener Herkunft in Deutschland und anderen Ländern als *normal und selbstverständlich* auf. Das Vorgehen stärkt das Selbst sowie das Interesse am jeweils Anderen und lässt diesen seine Sprache(n) und Lebenswelt(en) thematisieren. Es öffnet die Aufmerksamkeit für andere Sprachen und Kulturen der Welt, mit denen die Schülerinnen und Schüler in Kontakt sind oder mit denen sie zukünftig in Kontakt geraten können. Die *Integration* besteht schulisch in der Beteiligung aller (der Lernenden und der Lehrenden) an der Klärung von Fragen in der Welt, also am Lernen, und perspektivisch in der gemeinsamen Zukunft.
- *Motivation* wird dadurch erreicht, dass die Fragen der Lernenden nicht nur Vorwand für Unterricht sind, sondern Zentrum des Lernens. Sie arbeiten daran selbstständig mit Beratung der Lehrperson, was sie zu neuen Fragen führt. Der Sprachunterricht Deutsch entwickelt sich stärker in Richtung eines allgemeinen reflektorischen Sprachunterrichts für alle.
- *Orientierung* wird erreicht durch resümierendes Innehalten und Ordnen, also durch *Reflexion* auf einer zweiten Ebene, die eine fachliche und überfachliche Zusammenschau bzw. Strukturen zum Ziel hat. Dabei müssen öfter Fachgrenzen überschritten werden, sowohl die zu anderen Sprachen als auch zu Sachfächern.

Durch einen diesen Prinzipien folgenden Deutschunterricht nutzen – im besten Falle – die Lernenden ihre vorhandenen Kognitionen, bauen sie in der Auseinandersetzung mit Neuem aus und wälzen sie um. Sie entdecken Gegenstände, auch abstrakte, und Probleme und konstruieren Strukturen. Das Entdecken wird keineswegs überflüssig, sondern ist Teil des und Schritt im Konstruktionsprozess. Dabei kann es Irrwege und Umwege geben, die jedoch produktiv werden können.

Den Lehrpersonen verlangt ein solcher Unterricht viel ab, sie verfahren weniger dozierend und kleinschrittig methodisierend als ermutigend, beratend, zutrauend, haben das Ganze im Blick. Das lernt man im Team und evtl. mit Supervision. Schulen und Lehrpersonen könnten, sollten, müssten Veränderung als ihr eigenes Projekt begreifen, viele sind schon auf dem Wege.

Hilfe kann ein neuer Typ von Lernmaterialien bereitstellen, der offen genug ist, direkt mit den Erfahrungen und Reflexionen der Lernenden zu arbeiten und sie weiterzuführen. [20]

Anmerkungen

1 auf Seite 4 der Zeit Nr. 19 vom 2. Mai 2002.

2 Im Rahmen ihres Habilitationsprojekts hat Jutta Mägdefrau, wiss. Assistentin an der Pädagogischen Hochschule Freiburg im Forschungs- und Nachwuchs-Kolleg *Hauptschule*, die Bedürfnisse von Hauptschülern und Hauptschülerinnen repräsentativ erhoben. Die Studie (erscheint 2004) wird zeigen, dass dem Elternhaus überragende Bedeutung bei Chancen, Risiken und Krisen der Kinder zukommt. Viele Bedürfnisse werden jedoch am besten über Gleichaltrige befriedigt. Schule als Lebens- und Lernraum erscheint am wenigsten befriedigend, wobei es Einflüsse der Befindlichkeit durch das Schulhaus, das Sozialklimas der Klasse sowie sehr stark durch die Beziehung zur Lehrperson der Klasse gibt. Wozu mangelnde Befriedigung elementarer Bedürfnisse führen kann, ist bekannt.

3 Hg. v. der Beauftragten der Bundesregierung für Ausländerfragen. Berlin/Bonn, jährlich; zuletzt 2002.

4 So jedoch auch Gymnasiasten deutscher Herkunft: „Ich finde den Unterricht oft weltfremd. Es gibt keinen Bezug zu dem, was uns interessiert. Und mir stinkt die Einstellung der Lehrer. Die motivieren einen oft überhaupt nicht ..." TAZ vom 12.6.2003, S. 3 über den Wettbewerb „Klasse Zukunft" der Berliner Akademie der Wissenschaften. Es waren Preisträger, die so sprachen!

5 Vgl. dazu in diesem Artikel die Prinzipien in Abschnitt 4.

6 Vgl. Kroon/Sturm 1995 für die Niederlande sowie die BILD-Zeitung und andere deutsche Tageszeitungen vom 30.9./1.10.1999, zuletzt Adelheid Hu bei der FaDaF-Tagung an der Univ. Essen am 29.5.2003. In Schulen wird das Sprechen von Migrantensprachen weitgehend verboten, nicht nur im Unterricht, auch in der Pause und auf dem Schulhof.

7 Zur Zweisprachigkeit in jüngster Zeit Belliveau 2002, Finkbeiner 2002, Montanari 2002, Jeuk 2003.

8 Vgl. das – wenn auch im Ganzen umstrittene – Ergebnis der Hamburger LAU-Studie 2001, dass Lehrpersonen weder bei Diagnose noch Prognose ausreichende Kompetenzen hätten und daher ihre Empfehlungen eher aufgrund des Elternhauses als aufgrund der Leistungsfähigkeit ausspràchen, mit bedeutsamen Auswirkungen für die Erfolgszuversicht oder Misserfolgserwartung der Kinder im Laufe der weiteren schulischen Karriere.

9 Vgl. die Wünsche von Schülerinnen und Schülern der Hauptschulen an Deutschunterricht: Oomen-Welke 1998 und 2001.

10 Mit diesem Aspekt haben sich die Neurodidaktik/Neurobiologie und die Kognitionsforschung in den letzen Jahren intensiv beschäftigt, vgl. Forschungsberichte und Darstellungen bei Roth 1998, Spitzer 1995/2000 und Spitzer 2002.

11 Klieme-Expertise 2003, TAZ vom 11.6.2003, S. 14.

12 TAZ vom 11.6.2003, S. 14 über Bayern: „Bayerns Kultusministerin Monika Hohlmeier sieht (in einer temporären Separierung) den Vorteil, dass Schüler und Schülerinnen zügig an den erforderlichen Leistungsstand herangeführt und auf der anderen Seite die Isolation und Ghettoisierung überwunden werden. Nach einem, spätestens zwei Schuljahren sollen die Sprachlernklässler wieder in die Regelklasse wechseln." Die Logik der Argumentation – Integration durch Separierung – verwundert.

13 In Freiburg und Saarbrücken gibt es Deutsch-Französische Gymnasien (auf der Basis des deutsch-französischen Freundschaftsvertrags von 1963), in denen ein deutscher und ein französischer Zug bestehen. Den französischen Zug besuchen SchülerInnen, die eine Grundschule mit Unterrichtssprache Französisch und evtl. Deutsch als Fremdsprache absolviert haben. Den deutschen Zug besuchen SchülerInnen, die eine deutsche Grundschule besucht haben, darunter viele Zweisprachige mit Französisch als Familiensprache. – Parallel dazu gibt es seit Langem andere zweisprachige Schulen (vgl. Kuhs/Steinig 1998).

14 Vgl. Oomen-Welke 1994 und Abdallah-Pretceille 1987.

15 Vgl. nationale Bildungsstandards Klieme u.a. 2003 und den meist aktuellen Stand der Bundesländer über den Deutschen Bildungsserver www.bildungssrever.de.

16 Osers Definition ist auf die Lehramtsausbildung gemünzt. – Zu diesem ganzen Teil vgl. auch Sieber 2002.

17 Vgl. die zweisprachigen Schulen im Elsass, internationale Schulen, spezielle Programme mit zwei Sprachen.

18 Z.B. Bayern mit dem „Bayerischen Modell": Boos-Nünning 1981; Baden-Württemberg mit dem Pilotversuch „Muttersprachliche Grundschulklassen": Oomen-Welke 1985, dort jeweils die politischen Kontroversen und die Erlasse und Verlautbarungen. Für Baden-Württemberg auch Chrysakopoulos/Oomen-Welke 1986, Oomen-Welke/Sen 1986.

19 Mdl. Bericht von Jean David, Strasbourg, am 4.12.1999 in Freiburg. Vgl. zu den zweisprachigen Klassen im Elsass ABCM Zweisprachigkeit.

20 Im Rahmen des JaLing-Projekts (seit 2000), gefördert vom Europarat und von der EU/Comenius, haben wir Sprachmaterialien entwickelt, die diesen Anforderungen genügen sollen. In mehreren Veranstaltungen der deutschen, österreichischen und schweizerischen Lehrerfortbildung wurden die Arbeitshefte begutachtet und positiv bewertet. Die deutschsprachigen Arbeitshefte sind in der Erprobung, bislang konnten die Stellungnahmen von 250 Sekundarstufenschülern und ihren Lehrpersonen ausgewertet wer-

den. Entsprechendes in anderen europäischen Ländern, die am Projekt beteiligt sind. Vgl. vorläufig die gemeinsame Publikation Candelier u.a. 2003. Ansichtsexemplare der JaLing-Arbeitshefte sind bei mir erhältlich.

Literatur

ABCM Zweisprachigkeit. http://www.chez.com/abcm/.

Abdallah-Pretceille, Martine: L'interculturel comme approche méthodologique. In: Migrants Formation 69 (1987). S. 91–94.

Artelt, Cordula/Stanat, Petra/Schneider, Wolfgang/Schiefele, Ulrich: Lesekompetenz: Testkonzeption und Ergebnisse. In: Baumert/Klieme/Neubrand/Prenzel/Schiefele/Schneider/Stanat/Tillmann/Weiß 2001. S. 69–137.

Baumert, Jürgen/Klieme, Eckhard/Neubrand, Michael/Prenzel, Manfred/Schiefele, Ulrich/Schneider, Wolfgang/Stanat, Petra/Tillmann, Klaus-Jürgen/Weiß, Manfred (Hrsg.): PISA 2000. Basiskompetenzen von Schülerinnen und Schülern im internationalen Vergleich. Opladen: Leske + Budrich 2001.

Belliveau, Corinna: Simultaner bilingualer Spracherwerb unter entwicklungs- und kognitionspsychologischen Aspekten. Aachen: Shaker 2002.

Boos-Nünning, Ursula: Muttersprachliche Klassen für ausländische Kinder: Eine kritische Diskussion des bayerischen „Offenen Modells". In: Deutsch lernen 6, 2 (1981). S. 40–70.

Candelier, Michel/Andrade, Ana-Isabel/Bernaus, Mercè/Kervran, Martine/Martins, Filomena/Murkowska, Anna/Noguerol, Artur/Oomen-Welke, Ingelore/Perregaux, Christiane/Saudan, Victor/Zielinska, Janina: Janua Linguarum – La porte des langues. L'introduction de l'éveil aux langues dans le curriculum. Graz: Centre européen pour les langues vivantes/European Center for Modern Languages 2003.

Chrysakopoulos, Christos/Oomen-Welke, Ingelore: Griechische und türkische Muttersprachenklassen. In: Diskussion Deutsch 90 (1986). S. 389–401.

Die Beauftragte der Bundesregierung für Ausländerfragen (Hrsg.): Daten und Fakten zur Ausländersituation. Berlin 2002.

Dietrich, Ingrid: Voll integriert? Zuwanderer-Eltern berichten über Erfahrungen ihrer Kinder mit Schule in Deutschland. Interkulturelle Erziehung in Praxis und Theorie Bd. 20. Baltmannsweiler: Schneider 1997. (Kurzfassung in: Oomen-Welke 1998, S. 163–191).

Finkbeiner, Claudia (Hrsg.): Bilingualität und Mehrsprachigkeit: Modelle, Projekte, Ergebnisse. Hannover : Schroedel 2002.

Heitmeyer, Wilhelm: Süchtig nach Anerkennung. Die prekäre Normalität: Wer nicht auffällt, wird nicht wahrgenommen. In: Die Zeit Nr. 19 vom 2. Mai 2002, S. 4.

Hu, Adelheid: „Ich glaub', sie wollen uns mehr integrieren..." Ausgewählte Ergebnisse einer qualitativ-empirischen Studie zu schulischem Sprachenunterricht und migrationsbedingter Mehrsprachigkeit. Vortrag bei der 31. Jahrestagung FaDaF in Essen am 29. 5. 2003 (erscheint demn. 2003 als selbständige Publikation).

Jeuk, Stefan: Erste Schritte in der Zweitsprache Deutsch. Eine empirische Untersuchung zum Zweitspracherwerb türkischer Migrantenkinder in Kindertageseinrichtungen. Freiburg: Fillibach 2003.

Klieme, Eckhard u.a.: Zur Entwicklung nationaler Bildungsstandards. Eine Expertise. 2003.
http://www.dipf.de/aktuelles/expertise_bildungsstandards.pdf

Kroon, Sjaak/Sturm, Jan: Ethnische Diversität und Homogenisierung im Unterricht. In: Linke, Angelika/Oomen-Welke, Ingelore (Hrsg.): Herkunft, Geschlecht und Deutschunterricht. Freiburg: Fillibach 1995. S. 61–93.

Kuhs, Katharina/Steinig, Wolfgang (Hrsg.): Pfade durch Babylon. Konzepte und Beispiele für den Umgang mit sprachlicher Vielfalt in Schule und Gesellschaft. Freiburg: Fillibach 1998.

Lehmann, Rainer H./Peek, Rainer/Gänsfuß, Rüdiger/Husfeldt, Vera: LAU 9. Aspekte der Lernausgangslage und der Lernentwicklung – Klassenstufe 9 – Ergebnisse einer längsschnittlichen Untersuchung in Hamburg. 2001. http://
www.hamburger-bildungsserver.de/schulentwicklung/lau/lau9.pdf

Leutner, Detlev/Barthel, Anke/Schreiber, Beate: Studierende können lernen, sich selbst zum Lernen zu motivieren: Ein Trainingsexperiment. Zeitschrift für Pädagogische Psychologie/German Journal of Educational Psychology, 15 (3/4) (2001). S. 155–167.

Mägdefrau, Jutta: Bedürfnisse von Hauptschülern in Baden-Württemberg (Arbeitstitel). Habil.-Schrift Pädagogische Hochschule Freiburg (demn. 2004).

Montanari, Elke: Mit zwei Sprachen groß werden: mehrsprachige Erziehung in Familie, Kindergarten und Schule. München: Kösel 2002.

Oomen-Welke, Ingelore/Şen, Zeki: Modellversuch „türkische Grundschulklasse" in Baden-Württemberg. In: Yakut, A./Steffen, G. (Hrsg.): Projekt Ausländerkinder in der Schule – Fernstudienmaterialien für die Lehrerfortbildung. Tübingen: Deutsches Institut für Fernstudien an der Universität 1986. S. 171–175.

Oomen-Welke, Ingelore: Innenansicht einer Türkenklasse: Erfahrungen und Reflexionen aus der Arbeit in einem „nationalen Modell". In: Deutsch lernen 2 (1985). S. 3–45.

Oomen-Welke, Ingelore: Deutscher Unterricht als (inter-)kulturelle Praxis. In: Bremerich-Vos, Albert (Hrsg.): Handlungsfeld Deutschunterricht im Kontext. Festschrift für Hubert Ivo. Frankfurt: Diesterweg 1993. S. 142–167.

Oomen-Welke, Ingelore: „... ich kann da nix!" Mehr zutrauen im Deutschunterricht. Freiburg: Fillibach 1998.

Oomen-Welke, Ingelore: Veränderte Lernsituationen in der multikulturellen Gesellschaft. In: schweizer schule 7–8 (1994). S. 17–35.

Oser, Fritz: Standards in der Lehrerbildung, Teil I: Berufliche Kompetenzen, die hohen Qualitätsmerkmalen entsprechen. In: Beiträge zur Lehrerbildung 15,1 (1997). S. 26–37.

Roth, Gerhard: Das Gehirn und seine Wirklichkeit. Kognitive Neurobiologie und ihre philosophischen Konsequenzen. Frankfurt a.M.: Suhrkamp 1998.

Sieber, Peter: Sprachförderung – mit PISA in anderem Licht? Vortrag des Preisträgers bei der Verleihung des Preises für Deutschdidaktik. Jena 2002. http://www.personal.uni-jena.de/~x9krmi/SDD2002/

Spitz, Silke: Professionalität bei Grundschullehrerinnen. Eine qualitative Studie zu ihrer Unterrichtsinteraktion und beruflichen Entwicklung. Hamburg: Dr. Kovač 2003.

Spitzer, Manfred : Geist im Netz. Modelle für Lernen, Denken und Handeln. Heidelberg: Spektrum 2000 (Erstausgabe 1995).

Spitzer, Manfred: Lernen. Gehirnforschung und die Schule des Lebens. Heidelberg: Spektrum 2002.

Stern, Elsbeth: „Wissen schlägt Intelligenz". Der Geist kann nicht an beliebigen Themen trainiert werden. In: Die Zeit Nr. 27 vom 26. 6. 2003, S. 65.

Tabouret-Keller, Andrée: Apprentissage et alternance des langues. Peut-on théoriser la complexité ? In : Billiez Jacqueline/Simon, Diana-Lee Hrsg.: Alternance des langues: enjeux socio-culturels et identitaires. Lidil 18 (1998). S. 153–170.

Das Leseverständnis von Migrantenkindern / L2-Lesefähigkeit

SWANTJE EHLERS

1 Problemstellung

Seit Jahren werden in der internationalen Forschung die niedrigen Leseleistungen von Migrantenkindern konstatiert, u.a. bei Hakuta/Diaz (1985), in der IEA-Studie (Elley 1994) oder bei Lehmann et al. (1995). Nach deren Untersuchung bewegt sich die Lesefähigkeit von Schülern nicht-deutscher Herkunftssprache (ndH) in der dritten und achten Klasse in Deutschland im unteren Leistungsbereich. Die PISA-Studie (Baumert/Klieme/Neubrand/Prenzel/Schiefele/Schneider/Stanat/Tillmann/Weiß 2001, S. 36ff.) ergab, dass der Anteil von Jugendlichen aus Zuwandererfamilien, die über die 1. Stufe einer elementaren Lesekompetenz nicht hinauskommen, 50% beträgt. Der Anteil extrem schwacher Jugendlicher mit Elternteilen, die beide zugewandert sind, steigt um 20%. Trotz einer Reihe konkurrierender Erklärungsansätze für die geringen schulischen Leistungen, hohen Schulabbrüche und unzureichenden Lese-/Schreibfähigkeiten bei Minderheitenkindern gibt es in der Lese- und Bilingualismusforschung keine befriedigende Antwort auf die Frage nach den Ursachen. In der PISA-Studie wird zwar ausdrücklich auf mangelnde Deutschsprachkenntnisse als Haupthindernis verwiesen, aber Lesefähigkeit in der L2 ist ein eigenes Konstrukt, so dass sich die Frage stellt: Wie weit sind Leseschwierigkeiten in der L2 ein Leseproblem oder ein Sprachproblem? Weiterhin bleibt zu klären, wie die spezifischen Kontextbedingungen den Leseerwerb in der L2 beeinflussen.

Ich werde daher in meinen Ausführungen auf das Spezifische zweitsprachlichen Lesens und den Erwerb von L2-Lesefähigkeit unter den Bedingungen von sozialer Mehrsprachigkeit bei Minderheitenkindern[1] eingehen, um danach einen Ausblick auf praktische Konsequenzen zur Verbesserung von Lesefähigkeiten bei Schülern ndH unter den gegebenen schulischen Rahmenbedingungen zu geben.

2
Besonderheit zweitsprachlichen Lesens

Ein grundlegender Unterschied zwischen dem Lesen in einer Zweitsprache und dem erstsprachigen Lesen besteht darin, dass immer eine Erstsprache involviert ist und teilweise sogar noch eine zweite Sprache, wie z.B. bei Kindern, die bilingual in der Familie aufwachsen. Zentrale Einflussfaktoren sind die zuerst in einer Sprache erworbene Lesefähigkeit, die Zweitsprachenkompetenz, die Erwerbsphase, das Schriftsystem, Alter, Häufigkeit des Sprachkontakts, Dominanz von sprachlichen Eigenschaften von Ausgangs- und Zielsprache und die Erziehungsumgebung. In bilingualen Erwerbskontexten kommen das Alter der Ankunft in einem neuen Land, die Dauer des Aufenthalts und die Länge der schulischen Erziehung in der Herkunftskultur hinzu. Die PISA-Studie ergab u.a., dass sich die frühe Einschulung in das deutsche Schulsystem gegenüber einer späteren positiv auf Leseleistungen in der L2 auswirkt. Differentielle Aspekte zwischen erst- und zweitsprachigem Lesen betreffen die Worterkennung, die Lesegeschwindigkeit, das Nutzen orthographischer Konventionen bei der Worterkennung, den Sichtwortschatz, Inferenzen und Kohärenzbildung. Typisch für zweitsprachliches Lesen sind die verringerte Leseflüssigkeit und ein begrenzter Wortschatzumfang, der wiederum die semantische Verarbeitung beeinträchtigt. Mangelnde Vokabelkenntnisse begrenzen den Sichtwortschatz und behindern damit den lexikalischen Zugang, der wiederum Voraussetzung für eine schnelle Worterkennung ist. Die Worterkennung spielt eine Schlüsselrolle für die Lesegeschwindigkeit. Der verringerten Leseflüssigkeit kommt insofern eine Bedeutung zu, als dass diese Voraussetzung für das Verstehen von Texten ist und eine verringerte Lesegeschwindigkeit zu einem Bruch im Verstehen führen kann. Das langsamere Lesen in der L2 steht in Verbindung mit längeren Fixationszeiten und eingeschränkten Vokabel- und Syntaxkenntnissen. Fehlendes kulturelles Wissen ist ein weiterer Faktor, der das Lesen in der L2 beeinträchtigen kann. Da Inferenzen sich auf verschiedene Konzepte wie Raum, Zeit, Kausalität etc. beziehen können, bilden sie unter zweitsprachlichen Lesebedingungen eine potentielle Quelle für Missverständnisse.

Das Verhältnis von Erst- und Zweitsprache wird vorrangig an der Lesefähigkeit spezifiziert. In einer universalistischen Perspektive auf den Leseprozess wird Lesen als eine sprachübergreifende Fähigkeit betrachtet, die von einer Sprache zu einer anderen transferiert wird (Interdependenzthese). Diese These stützt sich vor allem auf Untersuchungen in der Bilingualismusforschung, wo hohe Korrelationen zwischen den Lesefertigkeiten in der L1 und L2 festgestellt wurden (u.a. Cummins 1991; Hakuta/Diaz 1985). Danach sind gute Leser in der L1 auch gute Leser in der L2 und werden Leseprobleme in der L2 zurückgeführt auf Leseschwierigkeiten in der L1 und/oder auf mangelnden Transfer zwischen den Sprachen. Pädagogisch bedeutsam ist die interdependente Beziehung zwischen zwei Sprachen insofern, als je nach Kontext, Lernergruppe und -voraussetzungen der Unterricht in der Zweitsprache auf erstsprachlichen Lesefähigkeiten aufbauen kann. Jüngere Studien zum Leseverhalten von türkischen Kindern in den Niederlanden konnten einen Transfereffekt von Wortdekodierfähigkeiten zwischen dem Türkischen und dem Holländischen nachweisen (Verhoeven 1994). Einen Transfer von phonologischer Bewusstheit beim Schriftspracherwerb zeigten Untersuchungen von Durgunoglu et al. (1993).

3 Mündlichkeit und L2-Leseerwerb

Das Lesenlernen in einer L2 baut auf mündlichen Sprachkenntnissen auf, die durch mündliche Interaktion erworben wurden und produktiv in die Leseerwerbssituation mit eingebracht werden. Beachtenswert ist, dass Sprechfertigkeiten, die in face-to-face-Kommunikationssituationen entwickelt wurden, weniger ein ‚Vorhersager' für Lesefähigkeiten in der L2 sind als mündliche Fertigkeiten, die in Bezug auf Aufgaben zu einem verbundenen Diskurs ausgebildet wurden. Die ineffiziente Verarbeitung auf den unteren Ebenen, die längeren Fixationszeiten, die Verlangsamung, die ungenaue Worterkennung hängen mit begrenztem Zweitsprachenwissen zusammen, dessen Einzelkomponenten folgenden Effekt auf den L2-Leseerwerb haben:

1. Orthographiekenntnisse beeinflussen vor allem die Worterkennung.
2. Die phonologische Bewusstheit ist ein starker ‚Vorhersager' für Leseerwerb (Koda 1994).
3. Vokabelkenntnisse und konzeptuelles Wissen sind zentral für die semantische Verarbeitung.
4. Morphosyntaktisches Wissen ist bedeutsam für die Satzverarbeitung und das Ausnutzen von syntaktischen und semantischen Signalen. Es ist ein Hauptfaktor für differentielle Unterschiede zwischen guten und schlechten L2-Lesern. L2-Lerner brauchen metasprachlichen Einblick, um L2-morphosyntaktische Merkmale zu identifizieren.
5. Kulturspezifisches Wissen über Textinhalte ist ebenfalls von Einfluss.

Von direktem Einfluss auf den Leseerwerb in der L2 bei Minderheitenkindern sind morphosyntaktische und lexikalische Fähigkeiten. Demgegenüber schwindet der Einfluss von nicht-sprachlicher Intelligenz und der Einstellung zum Lesen.

Übereinstimmung besteht in der Forschung darin, dass beim Anfangs-Lesenlernen die Unterweisung in einer Sprache, die mündlich noch nicht gemeistert ist, eine hohe kognitive Herausforderung bedeutet. Die Empfehlung geht dahin, Lesen in der Sprache zu lernen, in der bereits phonologische, lexikalische und syntaktische Fertigkeiten vorhanden sind.

Wenig Einblick haben wir in Erwerbsprozesse *bilingualer Lesefähigkeiten* im Vergleich zu monolingualen. Der Schwerpunkt der Forschung zum Lesen in der L2 liegt auf Abweichungen gegenüber Normen/Standards muttersprachlichen, monolingualen Lesens und Untersuchungen zu Variablen fremdsprachlichen Lesens, aber es mangelt an einer genetischen Perspektive auf das L2-Lesen. Studien, die Leseerwerbsprozesse bei bilingualen Minderheitenkindern im Vergleich zu L1-Leseerwerbsprozessen bei monolingualen Mehrheitskindern untersuchen, hat vor allem Verhoeven (1990) in den Niederlanden durchgeführt. Seine Studien erbrachten, dass die türkischen Kinder im L2-Lesen weniger effizient waren als die einsprachigen holländischen Kinder, aber dass Monolinguale und Bilinguale die gleichen Strategien beim Leseerwerb anwenden. Beide Lesergruppen sind effizienter bei vertrauten vs. unvertrauten Wörtern, bei einsilbigen vs. zweisilbigen Wörtern, bei KVK-Mustern vs. doppelten Konsonantenmustern, bei bedeutungsvollen vs. Pseudo-Wörtern. In der Leseverstehensentwicklung zeigte sich eine gleiche Abfolge von Schwierigkeiten von semantischen Aspekten bei einzelnen Aufgaben: Anfangssätze sind leichter zu erkennen als Endsätze, weil die nominale Referenz leichter erkannt wird. Anaphorische Referenz ist leichter herzustellen als wort- und satzbezogene Referenz. Der Schwierigkeitsgrad und die Leseerschwernisse steigen mit der Implizitheit von Texten bzw. mit dem, was die moderne Schreibforschung als konzeptionelle Schriftlichkeit bezeichnet (Koch/Oesterreicher 1985).

Um noch tieferen Einblick in die Leseerwerbsprozesse in der L2 bei Schülern ndH zu gewinnen, sind in der Zukunft Forschungen notwendig, die erstsprachige mündliche Fertigkeiten, L1- Lesefähigkeiten, Zweitsprachenkompetenz und L2-Lesefähigkeiten in ihrer Intedependenz untersuchen.

Seit den 60er Jahren etwa ist die Aufmerksamkeit zunehmend darauf gelenkt worden, dass Literalität ein kognitiver Prozess ist, der vom soziokulturellen Kontext abhängt. Im Unterschied zu deutschen Kindern aus bildungsfernen Elternhäusern ist für Kinder aus Zuwandererfamilien die Beziehung zwischen Minderheiten- und Mehrheitssprachgruppe bezeichnend, so dass Phänomene wie Sprachkontakte, Sprachhäufigkeit, Sprachenwechsel und Sprachenverlust ins Spiel kommen. Zu den soziokulturellen Faktoren gehören das Prestige der Sprache, das wiederum abhängig ist vom Minderheitenstatus, die Selbstwahrnehmung, die kulturelle Orientierung und die Dominanzverhältnisse zwischen Minderheiten und Mehrheiten. Im Zusammenspiel mit sprachlichen, kognitiven und pädagogischen Faktoren ist der soziale Faktor der beherrschende. Dieser überlagert auch personenbezogene Variablen wie Motivation und Einstellung zum Zweitsprachenlernen. Dass sich der soziale Faktor in Deutschland im Vergleich zu anderen Ländern auf die Leseleistungen von Schülern besonders stark auswirkt, ist ein weiteres Ergebnis der PISA-Studie.

Kulturelle Orientierung spiegelt sich in der Sprachhäufigkeit und im Sprachkontakt zu Angehörigen der Mehrheitsgruppe wider. Bei einer positiven Orientierung in Bezug auf die Mehrheitskultur werden mehr Kontakte gesucht. Diese Interaktionen fördern die Sprechfertigkeit in der L2, die gerade in den ersten zwei Jahren die Wortlesefähigkeit und das Leseverständnis in der L2 beeinflussen. Da der Wortschatz eine wichtige Voraussetzung für den Leseerwerb ist, z.B. weil die Frequenz von Wörtern besser genutzt werden kann, besteht hier ein positiver Zusammenhang.

Umgekehrt können negative Stereotypen und die Abwertung der eigenen Sprach- und Kulturgruppe die Lernleistungen mindern. Tendenziell bestimmt der Identifikationsgrad mit der Mehrheitskultur die Entwicklung von Mündlichkeit und Schriftlichkeit in der L2 (Lambert 1967).

Vor Schulbeginn werden Vorbedingungen für den Erwerb von Literalität geschaffen, die je nach sozialem Milieu und Zugehörigkeit zu einer Minderheiten- oder Mehrheitsgruppe zu unterschiedlichen Erfolgen im Lesenlernen führen. Von beherrschendem Einfluss sind die Spracherfahrung und die literale Praxis im Elternhaus. Juel et al. (1986) führen die schlechten Leseleistungen von Migrantenkindern teilweise auf eine geringere phonologische Bewusstheit zurück und erklären diese mit mangelnden Wort- und Reimspielen im Elternhaus. Nach Snow et al. (1991) ist die literale Praxis im Elternhaus ein Hauptvorhersager für die Worterkennung und die Entwicklung des Wortschatzes. Von Nachteil für die schulische Entwicklung der Literalität erweist sich generell die sprachliche und kulturelle Diskontinuität zwischen Elternhaus und Schule. Die mündliche Sprache reicht nicht aus, um in der L2 erfolgreich lesen zu lernen. Aufgrund eingeschränkter kognitiver Voraussetzungen können die für den primären Schriftspracherwerb erforderlichen kognitiven Leistungen wie Abstraktion und Diskrimination nicht erbracht werden. Um die Diskrepanz zwischen Elternhaus und Schule zu überbrücken, empfiehlt sich eine vorschulische Erziehung, die jeweils an den beiden Sprachen und Kulturen anknüpft und teilweise eine mangelnde literale Erfahrung im Elternhaus durch Reim-/ Wortspiele, Lieder, Bilderbuchgeschichten und Erzählen ausgleicht. Außerdem ist vor dem Schriftspracherwerb in der L2 die Entwicklung von mündlichen Fertigkeiten zentral.

4.1 Schulvariablen

Eine schulische Variable, die den Leseerwerb in der L2 maßgeblich beeinflusst, ist die Sprache, in der unterrichtet wird. Bei Schulbeginn mit dem Unterricht in der L2 sind offensichtlich bestimmte Lernervoraussetzungen nicht gegeben, um erfolgreich mit der pädagogischen Umgebung zu interagieren und insbesondere Literalität in der L2 zu erwerben. Die geringe Erfahrung mit der Schulsprache ist ein Faktor, der die Leistungen in der Schule beeinflusst. Vor dem Hintergrund unterschiedlicher Effekte von zweisprachigen Beschulungsmodellen gibt es eine anhaltende und kontrovers geführte Diskussion um die Rolle der L1 für einen erfolgreichen Leseerwerb in der L2. Die Befunde sind nicht eindeutig, doch offensichtlich wirkt sich die Verankerung des Kindes in der Muttersprache, vor allem der L1-Literalitätserwerb, positiv auf das Lesenlernen in der Zweitsprache aus (s. auch Collier/Thomas 1989). Befürworter der These vom Fördereffekt der L1 auf den L2-Leseerwerb stützen sich vor allem auf die Interdependenzthese und den Transfer von Lesefähigkeiten; zu ihren Hauptvertretern gehören u.a. Cummins 1979, Verhoeven 1994). Die Gegenposition geht von der höchst problematischen spracherwerbstheoretischen Annahme aus, dass ein Maximum an L2-Input lernfördernd ist (*time-on-task*-These). Dem derzeitigen Beschulungsmodell der Integration von Kindern ndH in den Regelunterricht mit Deutsch als Unterrichtssprache liegt dieses Prinzip zugrunde. Doch hat es sich offensichtlich nicht bewährt, wenn die eingeschränkten Lesekompetenzen und die niedrigen Bildungsabschlüsse als Maßstab gelten. Nicht die Quantität und der höhere Zeitaufwand, der für eine Lernaufgabe aufgewandt wird, sichert Lernerfolg, sondern die Qualität des Unterrichts (u.a. Lehrerqualifikation, Lesematerial, Stützgerüste). Angesichts der Bemühungen um die Förderung von Zwei-/Mehrsprachigkeit im europäischen Kontext empfiehlt sich m.E. ein Sichtwechsel: Statt nach der Effektivität von Beschulungsmodellen zu fragen, sollte in den mitgebrachten Sprachen selbst ein Wert gesehen werden und somit die Möglichkeit einer zweisprachigen Erziehung auch für Minderheitenkinder eingeräumt werden, indem sie Literalität auch in der L1 erwerben können und damit einen Zugang zu verschiedenen Schriftkodes und den eigenen Texten ihrer Kultur erhalten.

5
Praktische Konsequenzen für den Deutschunterricht in heterogenen Klassen

Aus meinen Ausführungen ergeben sich mehrere Konsequenzen für den Deutschunterricht in sprachlich gemischten Klassen. Empfehlenswert wäre ein Beschulungsmodell, das für die Erstsprache ein Zeitfenster öffnet, um eine konzeptionelle Grundlage für den Schriftspracherwerb in der L2 und damit Ruhezonen für das Lesenlernen in der L2 zu schaffen. Wenn diese Gegebenheiten aufgrund sprachpolitischer Entscheidungen nicht bestehen und dennoch das Handeln des Lehrers optimiert werden soll, fragt sich: Wie kann Unterricht unter den gegebenen Rahmenbedingungen der Einschulung von Schülern ndH in den Regelunterricht an allgemeinbildenden Schulen verbessert werden?

1. Es empfiehlt sich, eine zweitsprachliche Lesedidaktik zu entwickeln, die den Lernervoraussetzungen von Schülern ndH Rechnung trägt, bzw. ein L1- und L2-Lesecurriculum, das eine Binnendifferenzierung ermöglicht und erst- und zweitsprachliche Leseprozesse koordiniert. Die positiven Ergebnisse des Leseverständnisses in der Grundschule (IGLU) deuten darauf hin, dass die Versäumnisse vor allem in der Sekundarstufe liegen.

2. Mündliche Sprechfertigkeit sollte bei beginnenden Lernern vor dem Lesenlernen in der L2 geschult werden. Auch für den Sekundarbereich empfiehlt sich eine enge Verbindung von Spracharbeit und Lesenler-

nen, insbesondere bei Sachtexten (Erarbeiten/Bereitstellen von Fachwortschatz).

3. Zweitsprachendidaktische Ansätze sollten fruchtbar gemacht werden für den Leseunterricht: Einsatz von Bildern als Semantisierungshilfe, Wortschatzarbeit (Entlastung), Schlüsselwortmethode, Bereitstellen und Explizitmachen von Lesestrategien, Aktivitäten vor der Lektüre (prereading-activities) sowie die Aktivierung von kulturellem Wissen und das Wachrufen von vorhandenen Kenntnissen zu einem Gegenstandsbereich.

4. Es sollte systematisch Wortschatzarbeit geleistet werden, wobei es nicht um den Umfang des Wortschatzes geht, sondern um die Tiefe der Verarbeitung, die z.B. durch wiederholte Verwendung eines Wortes in unterschiedlichen Kontexten gefördert werden kann.

5. Texte sollten so strukturiert sein, dass sie *topic sentences* und Signalwörter enthalten, die das Erfassen des Hauptgedankens erleichtern.

6. Es empfiehlt sich eine kleinschrittige Lese-/Textarbeit, indem der Lektüreprozess untergliedert und durch gezielte Teilaufgaben das zuvor Gelesene verarbeitet bzw. erschlossen wird. Künftiges kann durch das Erzeugen eines Erwartungs- und Verständnisrahmens vorbereitet werden (vgl. dazu auch den Beitrag von U. Abraham in diesem Band).

7. Der sozialen Situiertheit des L2-Lesenlernens sollte Rechnung getragen werden durch überbrückende Maßnahmen des Ausgleichens fehlender literaler Praktiken im Elternhaus – z.B. durch Geschichtenerzählen oder Bilderbucharbeit. Motivationssteuernde Funktion hat in diesem Zusammenhang nicht nur die Methodik des vielfältigen Umgehens mit Texten. Einige weitere Aspekte sind von Bedeutung: das Anknüpfen an kulturelle Erfahrungen der unmittelbaren Lebensumwelt von Schülern ndH, die Gestaltung des Klassenraums als Lernort der Begegnung, die Akzeptanz von sprachlich-kultureller Andersheit, das Thematisieren von Differenzerfahrung sowie das Einleiten von Verständigungsprozessen in Bezug auf kulturell unterschiedliche Konzepte (Religion, Feste, Gebräuche, Kleidung, Eßgewohnheiten).

8. Die Lesedidaktik sollte bei Schülern, die bereits in ihrer L1 lesen gelernt haben, auf Transferleistungen zwischen den Sprachen aufbauen. Bei Seiteneinsteigern können die bereits mitgebrachten Lesefähigkeiten in der

Erstsprache produktiv für das Lesenlernen in der L2 genutzt werden (Lesestrategien, Wissen, das Lesen auf die Konstituierung von Bedeutungen zielt, dass man in Texten vor- und zurückgehen kann).

9. Es sollte ein L2-Lesecurriculum entwickelt werden, das systematisch Lesestrategien in Bezug auf die verschiedenen Prozessebenen des Lesens vermittelt und dieses variiert nach Textsorten und Sachfächern, um Lesenlernen und Fachlernen miteinander zu verbinden. Lesetheoretisch liegt dem der Gedanke zugrunde, dass Lesen ein zeitlicher Vorgang ist, bei dem parallel die Verarbeitung auf den verschiedenen Ebenen erfolgt und der Leser in jedem Zeitmoment von unterschiedlichen Wissensquellen Gebrauch macht. Da der Leser seine Aufmerksamkeit nicht allen Aufgaben in einem Moment zuwenden kann, sind für eine effiziente Verarbeitung Strategien erforderlich. Als wesentlich haben sich dabei selektive Mechanismen erwiesen, ohne die ein Leser verloren geht, und Inferenzen – jene Informationen, die der Leser dem Text hinzufügt, damit kohärente Sinnzusammenhänge entstehen. Zu den Lesestrategien zählen:

    1. Selektion von wichtig/nebensächlich;
    2. Antizipieren; Nutzen von Bild-/Titelinformationen;
    3. Inferenzen ziehen (lokal und global);
    4. Verstreute Informationen in ein gemeinsames Konzept integrieren;
    5. Vorwissen aktivieren und einbringen;
    6. Gliedern eines Textes in funktionale Sinnzusammenhänge, Gliederungssignale erkennen und nutzen;
    7. textsortenspezifische Merkmale bzw. Gattungsmerkmale wahrnehmen und für die Interpretation nutzen;
    8. die Schulung kognitiver Flexibilität: Anpassung des Leseverhaltens an die Erfordernisse der Situation, der Aufgabe, des Textes und der eigenen Leseziele.

   Hinzu kommen metakognitive Strategien der Kontrolle und Planung des eigenen Leseverstehens. Dazu gehören das Stellen selbstinduzierender Fragen oder das Prüfen, ob und wieweit etwas verstanden wurde.

10. Erforderlich ist eine *L2-Lesediagnostik*, die auch die unterschiedlichen Lese- und Lernbiographien mit einbezieht. Bislang liegen vorrangig lesediagnostische Ansätze für leseschwache deutschsprachige Schüler

vor, die jedoch nicht die Besonderheiten und Probleme zweitsprachlichen Lesens berücksichtigen.

Einen Ansatz für eine *Binnendifferenzierung* im Hinblick auf Schüler deutscher und nicht-deutscher Herkunftssprache bietet das Lesebuch *Doppel-Klick* (vgl. Krull 2000 ff.), das für die Hauptschule konzipiert ist und jeweils ein Arbeitsheft für DaM und DaZ anbietet. Es ist nicht speziell für die Förderung von Lesen konzipiert, enthält jedoch ein Kapitel zum „Textknacken", in dem Texterschließungsstrategien bereitgestellt werden. Das Arbeitsheft für DaZ bietet zusätzliche Erläuterungen, Stützgerüste und Hilfen an (Wörter, Artikel, Nummerierung) und arbeitet mit Bildern zur Semantisierung von Inhalten und mit Texten, die sprachlich und inhaltlich vereinfacht sind. Z.B. enthalten die Texte weniger Abstrakta als Konkreta.

Die Rezipientenadäquatheit von Texten und Leseaufgaben, deren motivierender Effekt in der Zweitsprachenerwerbsforschung seit langem diskutiert wird, kann durch Bezugnahme auf den außerschulischen Bereich, d.h. den Alltag mit seinen vielfältigen Textsorten und Leseanforderungen gesichert werden, um nicht zuletzt eine funktionale Lesefähigkeit zu entwickeln.

Anmerkungen

1 Im Unterschied zur individuellen Bilingualität handelt es sich beim sozialen Bilingualismus bzw. bei sozialer Mehrsprachigkeit um ein Gesellschaftsphänomen, das durch Wanderbewegungen zustande kommt und bei dem es um die Existenz verschiedener Sprachgruppen in einer Sprachgemeinschaft geht.

Literatur

Bernhardt, Elizabeth B./Kamil, Michael L.: Interpreting relationships between L1 and L2 reading: Consolidating the linguistic threshold and the linguistic interdependence hypotheses. In: Applied Linguistics (1995) 16, p. 15–34.

Collier, Virginia P./Thomas, W. P.: How quickly can immigrants become proficient in school English? In: Journal od Educational Issues of Language Minority Students (1989) 5, p. 26–38.

Cummins, Jim: Linguistic Interdependence and the Educational Development of Bilingual Children. In: Review of Educational Research 49 (1979) 2, p. 222–251.

Cummins, Jim: Conversational and Academic Language Proficiency in Bilingual Context. In: AILA Review 8 (1991), p. 75–89.

Baumert, Jürgen/Klieme, Eckhard/Neubrand, Michael/Prenzel, Manfred/ Schiefele, Ulrich/Schneider, Wolfgang/Stanat, Petra/Tillmann, Klaus-Jürgen/Weiß, Manfred (Hrsg.): PISA 2000. Basiskompetenzen von Schülerinnen und Schülern im internationalen Vergleich. Opladen: Leske + Budrich 2001.

Durgunoglu, A. Y./Nagy, W. /Hancin-Bhatt, B. J.: Cross-Language Transfer of Phonological Awareness. In: Journal of Educational Psychology 85 (1993) 3. S. 453–465.

Ehlers, Swantje: Lesetheorie und fremdsprachliche Lesepraxis aus der Perspektive des deutschen als Fremdsprache. Tübingen: Narr 1998.

Ehlers, Swantje: Modelle für eine zweisprachige Erziehung von Minderheitenkindern in der BRD. In: Barkowski, Hans /Faistauer, Renate (Hrsg.): ... in Sachen Deutsch als Fremdsprache. Baltmannsweiler: Schneider 2003. S. 37–51.

Elley, Warwick B.: The IEA Study of Reading Literacy: Achievement and Instruction in Thirty-Two School Systems. The Hague: Pergamon 1994.

Hakuta, K./Diaz, R.M.:The relationship between degree of bilingualism and cognitive ability: A critical discussion and some new longitudinal data. In: K. Nelson (ed.): Children's Language. 5th ed. Hillsdale, NJ: Erlbaum 1985, p. 319–345.

Hancin-Bhatt, Barbara J./Nagy, William E.: Lexical transfer and second language morphological development. In: Applied Psycholinguistics 15 (1994), p. 289–310.

Juel, Connie/Griffith, Priscilla L./Gough, Philip B.: Acquisition of Literacy: A Longitudinal Study of Children in First and Second Grade. In: Journal of Educational Psychology 78 (1986) 4, p. 243–255.

Koch, Peter/Oesterreicher, Wulf: Sprache der Nähe – Sprache der Distanz. Mündlichkeit und Schriftlichkeit im Spannungsfeld von Sprachtheorie und Sprachgeschichte. In: Romanisches Jahrbuch 36 (1985), S. 15–43.

Krull, Renate (Hrsg): Doppel-Klick. Das Sprach- und Lesebuch. München: Cornelsen-Verlag 2000 ff.

Lambert, Wallace E.: The Effects of Bilingualism on the Individual: Cognitive and Sociocultural Consequences. In: P. A. Hornby (ed.): Bilingualism. Psychological, Social and Educational Implications. New York 1977, p. 15–27.

Lehmann, Rainer H./Peek, Rainer/Pieper, Iris/Stritzky, Regine von: Leseverständnis und Lesegewohnheiten deutscher Schüler. Weinheim/Basel: Beltz 1995.

Skutnabb-Kangas, Tove/Toukomaa, Pertti: Teaching Migrant Children's Mother Tongue and Learning the language of the Host Country in the

Context of the Sociocultural Situation of the Migrant Family. Helsinki: The Finnish National Commission for UNESCO 1976. Snow, Catherine E./Barnes, W./Chander, J./Goodman, J./Hempbill, L.: Unfulfilled Expectations: Home and School Influence in Literacy. Boston: Harvard University Press 1991.

Swain, Merrill/Lapkin, Sharon: Heritage Language Children in an English-French Bilingual program. In: The Canadian Modern Language Review 47 (1991) 4, p. 635–641.

Verhoeven, Ludo: Acquisition of reading in a second language. In: Reading Research Quarterly 25 (1990), p. 90–114.

Verhoeven, Ludo: Transfer in bilingual development. In: Language Learning 44 (1994), p. 381–415.

PISA und die Folgen aus Sicht interkultureller Erziehung

JULIAN LÜDDECKE, SIGRID LUCHTENBERG

1 Einleitung

Aus der PISA–Studie (Baumert/Klieme/Neubrand/Prenzel/Schiefele/Schneider/Stanat/Tillmann/Weiß 2001) geht hervor, dass Schüler und Schülerinnen mit Migrationshintergrund in ihren Leistungen eher schlecht abschneiden. Dieses Ergebnis hat in der bildungspolitischen Diskussion – in Vermengung mit migrationspolitischen Fragestellungen – zu Schuldzuweisungen in Bezug auf das insgesamt schlechte Abschneiden deutscher Schüler und Schülerinnen geführt sowie zu Vorschlägen, die der defizitorientierten Ausländerpädagogik der 70er und 80er Jahre verwandt waren.

Wir wollen im Folgenden zunächst genauer auf die PISA–Studie eingehen und die Ergebnisse der Migrantenkinder eingehender auch in Verbindung mit anderen Ergebnissen zu ihren Schulkarrieren betrachten. Im Mittelpunkt stehen im dritten Abschnitt Überlegungen zur Verbesserung der Lernsituation dieser Kinder. Dazu gehen wir von Interkultureller Erziehung aus und stellen einige Konzepte für den Deutschunterricht vor.

Interkulturelle Erziehung verstehen wir als einen Oberbegriff mit zwei wesentlichen Zielen: Vorbereitung aller Schüler und Schülerinnen auf das Leben in einer mehrsprachigen und mehrkulturellen Gesellschaft einerseits und Herstellung von Chancengleichheit andererseits. Der zweite Punkt betrifft vor allem Migrantenkinder (im Folgenden verwenden wir – in Abweichung von der offiziellen bildungspolitischen Terminologie – den Begriff Migrantenkinder oder Kinder mit Migrationshintergrund).

2 Ergebnisse der Pisa-Studie im Hinblick auf Schüler und Schülerinnen mit Migrationshintergrund

Ein großer Teil der Schulen in der Bundesrepublik Deutschland wird heute von Schülern und Schülerinnen unterschiedlicher ethnischer Herkunft besucht. Dies gilt insbesondere im Westen der Republik und in den Großstädten (vgl. z.B. Karakasoglu-Aydin 2001, S. 276ff.). 1999 besuchten 1.160.452 Schüler und Schülerinnen mit ausländischem Pass die allgemein- und berufsbildenden Schulen einschließlich der Kollegschulen (Nordrhein-Westfalen). Ihr Anteil an der Gesamtzahl der Schüler und Schülerinnen liegt damit bei 9,1 % (vgl. Beauftragte der Bundesregierung für Ausländerfragen 2002, S. 14).

Bei den allgemein bildenden Schulen verteilten sich die ausländischen Schüler und Schülerinnen 1999 folgendermaßen (ebd., S. 15; zur genauen Verteilung an berufsbildenden Schulen vgl. Beauftragte der Bundesregierung für Ausländerfragen 2002, Tabelle 18, S. 39):

42,3 %	auf Grundschulen,
9,4 %	auf Gymnasien,
8,4 %	auf Realschulen,
19,9 %	auf Hauptschulen,
6,4 %	auf Sonderschulen,
7,9 %	auf Gesamtschulen, Freie Waldorfschulen bzw. Abendschulen und Kollegs.

Hierbei ist zu berücksichtigen, dass die Statistiken im Allgemeinen nur ausländische Schüler und Schülerinnen aufführen und weder Kinder aus Aussiedlerfamilien berücksichtigen noch solche aus Einwandererfamilien, die die deutsche Staatsangehörigkeit erworben haben.

Schüler und Schülerinnen mit Migrationshintergrund sind im allgemein- wie berufsbildenden Schulsystem in unteren Bildungsbereichen überproportional vertreten, während sie in höheren Bildungsbereichen unterrepräsentiert bleiben (vgl. z.B. Karakasoglu-Aydin 2001; Beauftragte der Bundesregierung 2002):

> Schüler/-innen aus Zuwandererfamilien sind im Durchschnitt überrepräsentiert in Vorklassen und Schulkindergärten, sowie in der Sonderschule für Lernbehinderte [...]. Unterrepräsentiert sind Kinder aus Zuwandererfamilien hingegen in den Realschulen und Gymnasien. Schüler ausländischer Herkunft sind fast doppelt so stark an den Hauptschulen und weniger als halb so stark an den Gymnasien vertreten, als es ihrem Anteil an den Schülern der allgemeinbildenden Schulen insgesamt entspricht (Karakasoglu-Aydin 2001, S. 281f.).
>
> Die Verteilung auf die einzelnen Schularten zeigt, dass ausländische Jugendliche überproportional an Berufsfachschulen, am Berufsvorbereitungs- und

Berufsgrundbildungsjahr und unterproportional an weiterführenden beruflichen Schulen vertreten sind (Beauftragte der Bundesregierung 2002, S. 15).

Hinsichtlich der Herkunftsländer der 1999 amtlich registrierten ausländischen Kinder und Jugendlichen kann festgehalten werden: Von den 946.300 Schülern und Schülerinnen der allgemeinbildenden Schulen ist die Türkei das Herkunftsland der größten Gruppe (412.161), gefolgt von Serbien und Montenegro (75.893), Italien (71.504), Griechenland (33.149), Portugal (12.863) und Spanien (8.257). Die Türkei (90.882) ist auch das Herkunftsland der größten Gruppe der 214.152 Schüler und Schülerinnen berufsbildender Schulen, gefolgt von Italien (21.182), Jugoslawien (13.983), Griechenland (9.674), Spanien (3.634) und Portugal (3.327) (vgl. Beauftragte der Bundesregierung 2002, Tabelle 17, S. 38).

Die PISA–Studie bestätigt Untersuchungen zu Schulkarrieren und Schulabschlüssen von Kindern aus eingewanderten Familien (vgl. z.B. Karakasoglu–Aydin 2001). Schüler und Schülerinnen aus eingewanderten Familien schneiden im deutschen Schulsystem schlechter ab als Kinder aus einheimischen Familien:

- Sie besuchen häufiger Hauptschulen.
- Sie machen seltener Abitur.
- Sie werden häufiger beim Schulbeginn zurückgestellt.
- Sie bleiben häufiger sitzen.
- Sie werden häufiger auf Sonderschulen überwiesen.

Die PISA-Studie hat deutlich gemacht, dass die Bildungsbeteiligung an deutschen Schulen entlang ethnischer Grenzen verläuft. Dies ist bei einer genaueren Betrachtung der Ergebnisse anderer Länder kein nationales Phänomen; die Bundesrepublik Deutschland gehört allerdings zu den Ländern, in denen ein enger Zusammenhang zwischen der Bildungsbeteiligung und sozialer, geschlechtlicher und ethnischer Faktoren bei einer im internationalen Vergleich relativ großen Gruppe von Schülern und Schülerinnen existiert (vgl. Baumert/Schümer 2001, S. 402).

Auch in der PISA-E-Studie wird hervorgehoben, dass sich die Bildungsbeteiligung von Jugendlichen in Abhängigkeit vom Migrationsstatus der Familienangehörigen erheblich unterscheidet (vgl. Baumert/Klieme/Neubrand/Prenzel/Schiefele/Schneider/Stanat/Tillmann/Weiß 2002, S. 199). Diese Studie erlaubt einen differenzierten Blick auf die länderspezifische Bildungsbeteiligung:

> Die Beteiligungsmuster unterscheiden sich allerdings von Land zu Land erheblich. Dies ist in erster Linie auf die unterschiedlichen Angebotsstrukturen der Länder und deren Nutzung zurückzuführen. In den Ländern Hessen, Niedersachsen, Nordrhein-Westfalen, dem Saarland und dem Stadtstaat Bremen sind die Übergangsschwellen zu einem mittleren und höheren Bildungsgang für Jugendliche aus Migrationsfamilien deutlich abgesenkt. Aber nur in Hessen und Niedersachsen führt dies auch zu einer Annäherung des Bildungsverhaltens der unterschiedlichen Bevölkerungsteile (Baumert/Klieme/Neubrand/Prenzel/Schiefele/Schneider/Stanat/Tillmann/Weiß 2002, S. 199).

Schüler und Schülerinnen mit Migrationshintergrund erreichen zwar heute bessere Schulabschlüsse als noch vor zehn Jahren, aber ihre Ergebnisse sind immer noch deutlich schlechter als die deutscher Schüler und Schülerinnen:

> Im Bereich der Hauptschulabschlüsse und der Schulabgänger ohne Hauptschulabschluss hat sich der Trend zu höheren Abschlüssen seit Mitte der 90er Jahre deutlich verlangsamt und bleibt auf einem alarmierend hohen Niveau: über die Hälfte der Schulabgänger mit ausländischem Pass verlassen die Schule ohne Schulabschluss (einschließlich Sonderschulen) oder mit einem Hauptschulabschluss. Doppelt so viele ausländische Jugendliche verlassen die Schule ohne Hauptschulabschluss (16,7%) als deutsche Jugendliche (8%) (Beauftragte der Bundesregierung 2002, S. 15).

Es kommt hinzu, dass der Hauptschulabschluss, den zu erreichen in den 80er Jahren als ein bildungspolitisches Ziel galt, heute wesentlich weniger Berufsperspektiven aufweist. Die Situation im Übergang von der Schule in den Beruf hat sich für Schüler und Schülerinnen mit Migrationshintergrund deutlich verschlechtert:

> Während bei deutschen Jugendlichen und jungen Erwachsenen nur ca. 8% ohne Ausbildung bleiben, liegt die Ungelerntenquote bei türkischen Jugendlichen mit 40% fünfmal höher (Ausländer insgesamt: 33%). Bedenklich ist vor allem, dass seit 1995 ein erheblicher Rückgang bei der Ausbildungsbeteiligung junger Migrantinnen und Migranten festzustellen ist. (...). Zu der deutlich geringeren Ausbildungsbeteiligung kommt hinzu, dass das faktische Berufsspektrum der Jugendlichen ausländischer Herkunft viel enger ist als das der deutschen Gleichaltrigen (Beauftragte der Bundesregierung 2002, S. 15f.; vgl. auch Gangl 2003 zur Bedeutung von Bildungsabschlüssen für die berufliche Karriere).

In der PISA-Studie wird nachgewiesen, dass die Bundesrepublik zu den Staaten mit einer großen potenziellen Risikogruppe gehört. Schwache und extrem schwache Leser und Leserinnen sind beispielsweise in den bundesrepublikanischen Schulen im Vergleich zu anderen OECD-Staaten relativ häufig zu finden. Die Autoren und Autorinnen der PISA-Studie unternehmen den Versuch, Risikofaktoren näher zu bestimmen – sie werden in der Sozialschicht, im Bildungsniveau, in der ethnischen Herkunft und im Geschlecht vermutet:

> In Deutschland ist die potenzielle Risikogruppe schwacher und extrem schwacher Leser im internationalen Vergleich groß: Sie macht rund 23 Prozent der Alterskohorte der 15-Jährigen aus. Soziale Herkunft, Bildungsniveau des Elternhauses, Zuwanderungsgeschichte der Familie und Geschlecht beeinflussen das relative Risiko der Zugehörigkeit zu dieser potenziell gefährdeten Gruppe. In Deutschland ist der Gesamtzusammenhang zwischen diesen Merkmalen und der Risikogruppenzugehörigkeit enger als in vielen anderen OECD-Staaten, die gerade bei der Förderung von Kindern unterer sozialer Schichten erfolgreicher sind (Baumert/Schümer 2001, S. 402; vgl. auch Artelt/Schiefele/Schneider/Stanat 2002).

Des weiteren wird ein Zusammenhang zwischen der Benachteiligung in der Bildungsbeteiligung und der Beherrschung der deutschen Sprache hergestellt. Als zentraler Faktor für die Benachteiligung wird von den PISA-Autoren und -Autorinnen die Sprachbeherrschung genannt:

> Für die Benachteiligungen in der Bildungsbeteiligung von Jugendlichen aus Zuwandererfamilien sind primär weder die soziale Lage noch die kulturelle Distanz der Familie als solche verantwortlich; von entscheidender Bedeutung ist vielmehr die Beherrschung der deutschen Sprache auf einem dem jeweiligen Bildungsgang angemessenen Niveau (...). Fast 50 % der Jugendlichen aus Zuwandererfamilien überschreiten im Lesen nicht die Kompetenzstufe I, obwohl über 70 % von ihnen die deutsche Schule vollständig durchlaufen haben. Nach den Befunden scheinen sich sprachliche Defizite kumulativ in Sachfächern auszuwirken, sodass Personen mit unzureichendem Leseverständnis in allen akademischen Bereichen in ihrem Kompetenzerwerb beeinträchtigt sind (Baumert/Schümer 2001, S. 379).

Nach Gomolla/Radtke (2002) handelt es sich hier um eine Form institutionalisierter Diskriminierung, da Schule, Lehrkräfte und Bildungspolitik den Bedürfnissen von Schülern und Schülerinnen mit Migrationshintergrund nicht Rechnung tragen, sondern vielmehr deren Anpassung an das vorhandene System erwarten. Dies zeigt sich besonders in Schulmedien, in denen Kinder aus eingewanderten Familien, ihre Familien oder ihre Lebenssituation bestenfalls eine marginale Rolle spielen. Oft findet man lediglich ein Kapitel über sie, das zudem oft die Situation in den Herkunftsländern in den Mittelpunkt stellt (vgl. Höhne/Kunz/Radtke 2000). Zugleich wird häufig eine Sprache der Exklusion verwandt, wenn ‚wir' und ‚sie' unterschieden wird.

Notwendige Unterstützung beim Zweitsprachenerwerb und der Entwicklung bilingual-mehrkultureller Kompetenzen fehlt weitgehend, was ebenfalls als institutionelle Diskrimierung angesehen werden kann.

Den Lehrkräften muss zu Gute gehalten werden, dass eine entsprechende Ausbildung in interkulturellem Unterricht und Deutsch als Zweitsprache im Wesentlichen nur durch Zusatzausbildungen erworben werden kann, die aber nicht an allen Hochschulen mit Lehrerausbildung angeboten werden. Genau das aber wird zunehmend bildungspolitisch gefordert (vgl. Sekretariat 2002). Auernheimer/Blumenthal/Stübig/Willmann (1996) können allerdings auch zeigen, dass Lehrkräfte ohne besondere Ausbildung dazu neigen, sich aus der Verantwortung zu ziehen, wenn es an ihrer Schule Lehrkräfte mit diesen Spezialausbildungen gibt. Nach Marburger/Helbig/Kienast (1997) erkennen viele Lehrkräfte gar keine besondere Verpflichtung, sich mit der Thematik auseinander zu setzen. Beides hängt mit der fehlenden Verankerung in der grundständigen Ausbildung ursächlich zusammen.

Kritisch anzumerken ist, dass in der PISA-Studie nicht näher auf die spezifischen Formen der Migration in den einzelnen Ländern eingegangen wird. So ist es von Bedeutung, ob Migranten und Migrantinnen mit der Sprache des Einwanderungslandes deshalb vertraut sind, weil z.B. diese Sprache auch im Herkunftsland gesprochen wird. Zudem findet der für die Bundesrepublik Deutschland wichtige Aspekt der Heiratsmigration keine Berücksichtigung. Letztlich ist es auch von Bedeutung, welche konkreten Maßnahmen zum Abbau der Bildungsbenachteiligung ethnischer Minderheiten in den einzelnen Ländern umgesetzt werden. Hier wäre zu klären, welche Rolle der Herkunftssprache in Schule und Unterricht zukommt, ob und ggf. inwieweit die sprachliche Förderung in ein interkulturelles Schulprogramm eingebettet ist und ob und ggf. welche interkulturellen Aus- und Weiterbildungsstandards für Lehrer und Lehrerinnen existieren. Die von den PISA-Autoren und Autorinnen abgeleiteten Maßnahmen bleiben unkonkret, so dass sie leicht ausländerpädagogisch interpretiert werden können, d.h. in einer separierenden statt integrierenden Weise.

> Insgesamt weisen die Befunde darauf hin, dass in Deutschland die gezielte und frühzeitige Identifikation und Förderung von schwachen Lesern zu einer erheblichen Verkleinerung der potenziellen Risikogruppe am Ende der Vollzeitschulpflicht führen könnten (Baumert/Schümer 2001, S. 401).

3 Folgerungen für den Deutschunterricht, Deutsch als Zweitsprache und Interkulturelles Lernen

In dem am 05./06. Dezember 2001 in ihrer 296. Plenarsitzung vorgelegten „Maßnahmenkatalog" der KMK (Sekretariat 2001) zur Verbesserung der schulischen Bildung in Deutschland entsteht der Eindruck, als ob mit speziellen Fördermaßnahmen für einzelne Schülergruppen wichtige bildungspolitische Probleme Deutschlands gelöst werden könnten. In der Konsequenz der PISA-Ergebnisse werden als Kernthemen insbesondere eine frühe Vermittlung fundierter Deutschkenntnisse, der Ausbau von Förderprogrammen für Migrantenkinder und eine Betonung der Sprachstandsdiagnostik herausgestellt. Deutsch als Zweitsprache gewinnt dadurch noch größere Bedeutung, als diesem Fach ohnehin schon zugeschrieben wurde. Hieraus wurden und werden teilweise Schlüsse gezogen, die als ausländerpädagogisch charakterisiert werden können, denn Deutschlernen wird a) als Bringschuld, b) als alleinige Aktion und c) als Defizitausgleich verstanden. Die PISA–Studie hat allerdings auch einen Zusammenhang zwischen sozialer Herkunft und Schulkarriere betont, der für viele Migrantenfamilien zutreffend sein dürfte, da sie oft unteren sozialen Schichten angehören. Das schlechte Abschneiden ihrer Kinder findet demnach auch eine Erklärung in der Verfestigung sozialer Situationen im Bildungssystem. Dies betont aber insgesamt die Tatsache, dass das deutsche Schulsystem Kindern und Jugendlichen mit Migrationshintergrund keine ausreichende Schulbildung zu vermitteln vermag.

Die nach PISA verstärkt diskutierten Maßnahmen werden vielfach kritisiert und beispielsweise in einer Resolution von im interkulturellen Kontext Tätigen zurückgewiesen (IMAZ 2002). Stattdessen werden interkulturelle Konzepte vorgeschlagen. Hierzu zählt auch die Einsicht, dass Migrantenkinder keine Belastung des deutschen Schulsystems sind, sondern ein Teil dieses Systems. Sie tragen vielmehr dazu bei, dass Schule und Bildungspolitik mehr und mehr der Vielfalt und Diversität unter allen Kindern und Jugendlichen auch didaktisch Rechnung tragen. Zugleich ergibt sich die Vorstellung, dass diese Vielfalt und Diversität nicht nur Umstellungen beinhaltet, sondern auch im Berufsleben positive Auswirkungen haben kann.

Anstatt ausländerpädagogische Vorstellungen neu zu beleben, soll hier vielmehr zunächst nach den Ergebnissen interkultureller Pädagogik gefragt werden, die in den Erziehungswissenschaften an die Stelle der Ausländerpädagogik getreten ist. Dabei ist zu prüfen, ob und inwieweit Vorstellungen interkultureller Pädagogik überhaupt in die Bildungspolitik und vor allem die Schulrealität Einzug halten konnten. Seit die Kultusministerkonferenz 1996 (Sekretariat 1996) ihre Empfehlungen zur interkulturellen Erziehung verabschiedet hat, konnte man der Meinung sein, dass interkulturelle Erziehung – und ihre Didaktik – in den Schulen zum allgemeinen Standard werden würden, zumal etwa auch die Bildungskommission in NRW dies befürwortet hatte (Bildungskommission NRW 1995, S. 117–126). Dass dies nicht geschehen ist, hat mehrere Gründe:

- Auch die KMK–Empfehlung mischt – wie viele Empfehlungen – internationale, europäische und interkulturelle Erziehung, was in Schulen oft eher Verwirrung erzeugt
- Nur wenige Lehrkräfte haben bislang eine Aus- und Fortbildung in interkultureller Erziehung erhalten.
- Der politische, mediale und überwiegend auch der gesellschaftliche Diskurs zielt auf Integration im Sinne von Anpassung und warnt beispielsweise vor der Herausbildung von Parallelgesellschaften (vgl. beispielsweise Spiewak 2002). Die interkulturelle Vorstellung des Rechts auf Entwicklung sprachlicher und kultureller Eigenständigkeit und die positive Bewertung ethnischer Netzwerke steht hierzu – zumindest partiell – im Widerspruch.

Im Folgenden soll an einigen Beispielen aufgezeigt werden, dass im Rahmen interkultureller Erziehung allen Lernenden eine angemessene Bildung zukommen kann. Welche Konzepte wurden im Rahmen interkultureller Erziehung entwickelt, die sich den neuen ausländerpädagogischen Vorstellungen entgegensetzen lassen, die gerade auch im Zusammenhang mit der PISA–Studie, wenn auch nicht explizit in ihr, verbreitet werden? Konzepte wie die hier vorgestellten sollen zur Verbesserung der Lernsituation in mehrsprachigen und mehrkulturellen Klassen sowie zur Entwicklung interkultureller Kompetenzen beitragen und die Leistungen von Migrantenkindern steigern. Sie richten sich demzufolge stets an die gesamte Klasse.

3.1 Interkulturelles Lernen

Im Umgang mit den Ergebnissen aus der PISA-Studie hat sich gezeigt, wie Ergebnisse aus internationalen Vergleichsuntersuchungen ausländerpädagogisch uminterpretiert werden können. Die Maßnahmen zur Verbesserung der Situation von Migrantenkindern, die in der Öffentlichkeit diskutiert werden, z.B. Maßnahmen zur Entwicklung von Kompetenzen im Umgang mit der deutschen Sprache im vorschulischen Bereich, Sprachförderprogramme für Migrantenkinder an Grundschulen oder eine Verbesserung der Sprachstandsdiagnostik und des Methodenrepertoires von Lehrern und Lehrerinnen, laufen Gefahr, einen mittlerweile drei Jahrzehnte andauernden Diskurs um interkulturelles Lernen im Unterricht und in der Schule zu ignorieren bzw. für gescheitert zu erklären. Eine Rückbesinnung auf das Konzept des Interkulturellen Lernens mit den spezifischen Einwänden gegenüber der Ausländerpädagogik sowie Grundlagen, Zielstellungen und Konsequenzen für Schule und (Fach-)Unterricht kann zu einer notwendigen Versachlichung des Diskurses über PISA und die Folgen führen.

Ausländerpädagogischen Ansätzen liegt generell die Zielsetzung zugrunde, als „ausländisch" definierte Kinder und Jugendliche in das deutsche Regelschulsystem zu integrieren. Mit Hilfe spezieller Förderprogramme wird versucht, diese Zielgruppe für das bundesdeutsche Schulsystem „fit" zu machen. Kompensatorische Maßnahmen wie z.B. die Einrichtung von Vorbereitungsklassen oder Förderkursen für ausländische Schüler und Schülerinnen sollen helfen, sprachliche „Defizite" zu beseitigen. In der wissenschaftlichen Diskussion gibt es keinerlei Belege dafür, dass kompensatorische Maßnahmen allein zu einer Verbesserung des schulischen Lernens von Kindern mit Migrationshintergrund führen. In denjenigen Ländern, in denen die Benachteiligung von Schülern und Schülerinnen mit Migrationshintergrund gering ist, z.B. Schweden, Norwegen oder Finnland, sind Fördermaßnahmen in ein umfangreiches Programm interkulturellen Lernens eingebettet.

Als Gegenentwurf zur Ausländerpädagogik ist in den 80er Jahren das Konzept des Interkulturellen Lernens als pädagogische Reaktion auf die kulturelle Pluralität in der bundesrepublikanischen Einwanderungsgesellschaft entwickelt worden (vgl. z.B. Hohmann 1989). In Abgrenzung zu einer (Sonder-)Pädagogik für Ausländer werden Programme, Bildungsaktivitäten und Konzepte dann interkulturell genannt,

- wenn sie sich an Einheimische und Zugewanderte gleichermaßen richten,
- nicht die Defizite und Probleme, sondern die Ressourcen der Zugewanderten im Mittelpunkt stehen,
- nicht eine einseitige Anpassung an das Norm- und Wertesystem gefordert wird, sondern ein Aushandeln möglich ist,
- nicht die Kulturen der Herkunftsländer, sondern die lebendigen „Migrantenkulturen" in den Sozialisations- und Bildungsprozess eingebunden werden (vgl. Boos-Nünning 1997).

Zwei grundsätzliche Richtungen interkulturellen Lernens stehen im Zentrum des pädagogischen Diskurses: die Begegnungspädagogik und die Konfliktpädagogik. Die Begegnungspädagogik sieht sich den Zielstellungen der Achtung der zugewanderten Kulturen, der Repräsentation der fremd erscheinenden Kulturen im öffentlichen Leben für die Majorität und der gegenseitigen kulturellen Bereicherung verpflichtet. Im Rahmen der Konfliktpädagogik werden die Bekämpfung von Ausländerfeindlichkeit, Diskriminierung und Rassismus, die Beseitigung von Vorurteilen und Ethnozentrismus sowie die Herstellung von Chancengleichheit als primäre Zielstellungen einer Pädagogik für alle Kinder genannt (vgl. Hohmann 1989, S. 15f.).

Im Unterschied zu den nach der Veröffentlichung der PISA-Ergebnisse verstärkt gefordertern zielgruppenspezifischen Maßnahmen einer (Früh-) Förderung für Kinder von Ausländern und Ausländerinnen als potenzielle Risikogruppe setzen sich Vertreter und Vertreterinnen interkulturellen Lernens mit Blick auf begegnungs- wie konfliktpädagogisch ausgerichtete Zielsetzungen für Maßnahmen ein, die alle am Schulleben beteiligten Personen auf verschiedenen Ebenen berücksichtigen (vgl. im Überblick Diehm/ Radtke 1999; Nieke 2000; Auernheimer 2003). Die Komplexität des Konzepts interkulturellen Lernens zeigt sich schon bei einer beispielhaften Darstellung einzelner Maßnahmen auf personeller, unterrichtlicher, curricularer, schulorganisatorischer wie administrativer Ebene:

- Auf personeller Ebene setzen beispielsweise Aus- und Fortbildungsveranstaltungen für Pädagogen und Pädagoginnen an, in denen interkulturelle Kompetenzen vermittelt werden (vgl. z.B. Lüddecke 2002). In ethnisch heterogenen Lerngruppen ist es von entscheidender Bedeutung, unterschiedliche Lernstile unter Berücksichtigung des spezifischen ethnischen und sprachlichen Hintergrundes der Schüler und Schülerinnen wahrnehmen und unterrichtlich nutzen zu können. Die Erweiterung der Analyse- bzw. Diagnosekompetenz dient dazu, die Bedingungen und Voraussetzungen interkulturellen Lehrens und Lernens einschätzen zu lernen und aus den Beobachtungsergebnissen Richtlinien für das professionelle Handeln ableiten zu können. Eine weitere Forderung interkultureller Pädagogen und Pädagoginnen wird durch die PISA-Ergebnisse bestätigt: In der Bundesrepublik sollte eine intensive Auseinandersetzung mit den institutionellen Selektionspraktiken, insbesondere im Hinblick auf den Umgang mit Kindern und Jugendlichen mit Migrationshintergrund, einsetzen. Dies schließt die Bereitschaft zur kritischen Prüfung der eigenen Übergangsempfehlungen, Sonderschulüberweisungen und Versetzungsverfahren und das Wissen um geeignete Förderungsmöglichkeiten ein.

- Aus unterrichtsbezogener Sicht ist dem Ideal einer Assimilation von „Ausländern" entgegenzuwirken; stattdessen geht es darum, die Lebenssituation von Schülern und Schülerinnen mit Migrationshintergrund ernst zu nehmen, ihre eigenen Lernwege, ihre Zweit- und Mehrsprachenkompetenz anzuerkennen und zu fördern. Die muttersprachliche und mehrsprachige Erziehung aller Schüler und Schülerinnen bildet die Grundlage für die unterrichtliche Vorbereitung auf das Leben und Lernen in der pluralen und heterogenen Einwanderungsgesellschaft, die wir de facto sind. Die Schule sollte einen Raum bieten für die Erprobung eines mehrperspektivischen Unterrichts. Dieser setzt die Mitwirkung der Lernenden am Unterrichtsgeschehen voraus. Interkulturelle Unterrichtsreihen sind gemeinsam mit den Schülern und Schülerinnen zu planen, durchzuführen und zu reflektieren. In Untersuchungen zum interkulturellen Unterricht (vgl. z.B. Auernheimer/Blumenthal/Stübig/Willmann 1996) hat sich gezeigt, dass das „Unterrichten" in einer (Wissens-)Gesellschaft im kulturellen Wandel einer didaktischen Umorientierung bedarf hin zu einer handlungsorientierten, Differenzierung ermöglichenden Form des Lehrens und Lernen, wie dies in der Freiarbeit, in der Wochenplanarbeit, im offenen Unterricht oder im Projektunterricht möglich ist (vgl. Reich/Holzbrecher/Roth 2000). Dies hat auch Konsequenzen für eine Didaktik eines interkulturellen Deutschunterrichts (vgl. z.B. Reich 2000; Kliewer 2000).

- Auf curricularer Ebene wird die Forderung nach einer Analyse der Fächerangebote, Lehrpläne und Lehrwerke im Hinblick auf ethnische Vorurteile und monokulturelle oder rassistische Sichtweisen aufgestellt (vgl. z.B. Gogolin/Neumann/Reuter 2001). Zur Überwindung monokulturell bzw. monolingual ausgerichteter unterrichtlicher Inhalte ist eine Implementierung und Vernetzung interkultureller Themen in den länderspezifischen schulischen Lehrwerken und Curricula notwendig. Auch wenn hinsichtlich der curricularen wie medialen Verankerung interkultureller Schwerpunkte – z.B. in den Fächern Deutsch, Geschichte, Erdkunde, Religion, Pädagogik und den diesbezüglichen Lehrwerken – Fortschritte zu verzeichnen sind, werden weitergehende Informationen über Möglichkeiten einer schulpädagogischen, curricularen und didaktisch-methodischen Umsetzung des Konzepts des interkulturellen Lernens den Pädagogen und Pädagoginnen nur selten an die Hand gegeben (vgl. z.B. Sekretariat 1996; Puskeppeleit/Krüger-Potratz 1999).
- Aus schulorganisatorischer Perspektive ist es im Sinne interkulturellen Lernens notwendig, Prinzipien des Umgangs mit ethnischen Vorurteilen im Schulprogramm schriftlich zu fixieren. In einem Schulprogramm sollten u.a. der Schutz ethnischer und kultureller Minderheiten vor Diskriminierungen, die Achtung und Förderung der Zwei- und Mehrsprachigkeit von Schülern und Schülerinnen, Förderungs- und Beratungstätigkeiten benachteiligter Schüler und Schülerinnen (v.a. im Rahmen des Übergangs von der Schule in den Beruf), die Kooperation mit Eltern und mit Organisationen, Projekten, Initiativen und Verbänden, die sich einer Antidiskriminierungsarbeit verpflichtet fühlen, verbindlich gemacht werden. Die Maßnahmen dürfen sich nicht auf einzelne Personen oder Personengruppen konzentrieren, sondern müssen beim Erziehungssystem bzw. den dazugehörigen Subsystemen beginnen (vgl. Gomolla/Radtke 2001).
- Auf administrativer Ebene sollte beispielsweise im Rahmen der Schulentwicklungsplanung der Zielstellung des Abbaus institutioneller Diskriminierung Priorität eingeräumt werden. Hier wären aus der nachgewiesenen Bildungsbenachteiligung ethnischer Minderheiten in der Bundesrepublik Deutschland im Sinne der Interkulturellen Pädagogik bildungspolitische Konsequenzen auf regionaler, länderbezogener wie nationaler Ebene zu ziehen (vgl. z.B. Diehm/Radtke 1999, S. 190f.).

Mit diesen hier skizzierten Maßnahmen zur Vorbereitung von Schülern und Schülerinnen auf ein Leben in der bundesrepublikanischen Einwanderungsgesellschaft und zum Abbau von Bildungsbenachteiligung von Migrantenkindern im Rahmen des Konzepts interkulturellen Lernens kann mit Blick auf die PISA-Ergebnisse ein umfangreiches Programm zur Verbesserung unterrichtlichen und schulischen Lernens entwickelt werden. Im Zuge der fortschreitenden Europäisierung und Internationalisierung von Bildung erscheint es zudem von Bedeutung, diese zukunftsweisende Programmatik in Anlehnung an Konzepte des Lernens für Europa (vgl. z.B. Boos-Nünning 2000), der Eine-Welt-Erziehung (vgl. z.B. Nestvogel 2001) oder der Antirassistischen Erziehung (vgl. z.B. Leiprecht 2001) weiterzuentwickeln.

Luchtenberg (2003) warnt allerdings vor einer unkontrollierten Mischung dieser Konzepte und betont stattdessen die Bedeutung einer Differenzierung in Binnen- und Außenperspektive. Erst nach Klarstellung der unterschiedlichen Aufgabenbereiche können Überschneidungen und Verzahnungen sinnvoll berücksichtigt werden.

Die PISA- Studie steht selbst im Zeichen der Internationalisierung und ist damit ein wichtiger Schritt, Erziehungswissenschaft aus ihrer nationalen Enge heraus zu holen. Sie ist empirische Forschung im internationalen Kontext. Die Maßnahmen, die aus den Ergebnissen abgeleitet werden, sind für die Interkulturelle Pädagogik von besonderer Bedeutung. So können interkulturelle Projekte gefördert oder auch als gescheitert erklärt werden.

Die nach PISA erfolgte Diskussion um Verbesserungen der Deutschkenntnisse von Migrantenkindern zielt nahezu ausschließlich auf Deutsch als Zweitsprache und vernachlässigt demzufolge den gemeinsamen Deutschunterricht ebenso wie Formen zweisprachiger Erziehung. In Abschnitt 3.2 wird stattdessen ein Konzept vorgestellt, das im Rahmen eines interkulturellen Deutschunterrichts Sprachförderung für alle Kinder in einem gemeinsamen Unterricht leistet. In 3.3 wird nach den tatsächlichen Möglichkeiten von Deutsch als Zweitsprache gefragt und Einbettung in den Deutschunterricht angeregt (vgl. Luchtenberg 2000).

3.2 Language Awareness

In den 70er Jahren wurde in England das Konzept *Language Awareness* in einer der Deutschlands nach der PISA-Erhebung vergleichbaren Situation entwickelt: Es war festgestellt worden, dass die (Fremdsprachen-)Kenntnisse der englischen Schüler und Schülerinnen Anlass zur Sorge gaben. Sensibilisierung für Sprache, sprachliche Prozesse und sprachliche Phänomene aller Art sollte die Leistungen der Kinder und Jugendlichen steigern. Da in England auch Schüler und Schülerinnen mit einer anderen Familiensprache als Englisch die Schulen besuchten, wurde das Konzept, das kognitives, soziales und emotionales Lernen in einem holistischen Ansatz verbindet, schnell erweitert auf Languages (and Cultural) Awareness. Damit steht das Konzept, das inzwischen noch Erweiterungen erfahren hat wie beispielsweise durch Critical Language Awareness, in einer interkulturellen Tradition (vgl. auch Luchtenberg 1998, 2002). Vergleichbare Grundlagen wurden im Konzept der Mehrsprachigkeitsdidaktik entwickelt (vgl. Oomen-Welke 1999). Beide Konzepte sind auch den Konzepten von Multiliteracies nahe, in denen Lesekompetenzen in einem breiten Verständnis analysiert und didaktisiert werden (vgl. Cope/Kalantzis 2000).

In Konzepten von Language Awareness und Mehrsprachigkeitsdidaktik geht es in erster Linie darum, Freude an Sprache und Neugier für sprachliche Prozesse zu wecken und dadurch den Schülern und Schülerinnen den Umgang mit Sprache – also auch Texten – zu erleichtern. In mehrsprachigen Klassen verlaufen diese Prozesse – wie zu erwarten – in der Regel mehrsprachig, denn Kinder und Jugendliche mit anderen Familiensprachen als Deutsch erkennen Zusammenhänge wie Unterschiede zwischen den Sprachen. Deutschunterricht, der Konzepte von Language Awareness integriert, ist kein Unterricht, in dem andere Sprachen gelehrt oder gelernt werden sollen. Sie sind jedoch zugelassen und als Vergleichssprachen willkommen. Da die Lehrkräfte in den seltensten Fällen alle in ihren Klassen gesprochenen Sprachen beherrschen oder auch nur kennen, müssen sie den Sprachkenntnissen ihrer Schüler und Schülerinnen nicht nur vertrauen, sondern auch selbst Sprachaufmerksamkeit für diese Sprachen lernen. Sprachvergleichendes Arbeiten dient auch der Erweiterung von Sozialkompetenz, da sich viele Schüler und Schülerinnen einbringen können, gegenseitiges Zuhören notwendig ist und Arbeit in Gruppen angeregt werden kann. Zur Förderung der Lesekompetenz können unterschiedliche Teilbereiche beitragen:

- Wortarten zu erkennen ist eine wesentliche Voraussetzung zum souveränen Umgang mit Texten. Wortarten erzeugen aber auch oft Aufmerksamkeit etwa durch Konversionen (warum veränderte Schreibweise von „Das Lernen“ im Vergleich zu „lernen“?) oder im Sprachvergleich: Warum „fehlen“ in manchen Sprachen die Artikel? Solche

Fragen tauchen oft nur kurz im Unterricht auf, können aber gut aufgegriffen und dann in die Textarbeit einbezogen werden.

- Wortbildung kann nicht nur viele Fragen in Bezug auf Wortarten beantworten und somit den selbstständigen Umgang mit Texten (auch Rechtschreibung) erleichtern, sondern auch das Leseverständnis – nicht zuletzt von Fachtexten – fördern. So kann ausgehend von Schülerwahrnehmungen die Verwendung von Verkleinerungsformen in verschiedenen Sprachen diskutiert und in Bezug auf das Deutsche systematisiert werden.
- Satzstrukturen sind das wesentliche Handwerkszeug zu erfolgreichem Lesen. Hier kann die Deutschdidaktik auf Methoden des Deutschen als Fremdsprache zurückgreifen, die zugleich Sprachaufmerksamkeit zugrunde legen: So kann im Sprachvergleich die deutsche Satzklammer verstanden werden und durch Springen des Auges im Satz trainiert werden (vgl. etwa Heringer 1987). Kühn (2002) empfiehlt der Deutschdidaktik auch für andere Themen einen vergleichenden Blick in die Methoden des verwandten Faches.
- Namen erzeugen in besonders hohem Maße Sprachaufmerksamkeit und werden in mehrsprachigen Klassen oft thematisiert. Namen sind auch wesentlicher Bestandteil von Texten, vor allem fiktionalen Texten, aber auch in Fachtexten. Kenntnisse über ihre Einbindung in Texte (Referenzherstellung) ist daher ausschlaggebend für die Lesekompetenz.
- Textstrukturierungen und Textpragmatik, d.h. der Umgang mit verschiedenen Textsorten, ihren Merkmalen und Unterschieden, helfen beim Textverständnis, aber auch beim Lesen, da die für unterschiedliche Texte notwendigen Leseformen erworben werden. Im Rahmen von Language Awareness bietet es sich an, beispielsweise Nachrichten (oder Kochrezepte!) in verschiedenen Sprachen (und Medien) zu vergleichen und daraus Merkmale zusammenzustellen. Textvielfalt zu berücksichtigen ist wesentlicher Bestandteil von Multiliteracies-Konzepten, in denen gerade die Kenntnis von Eigenheiten unterschiedlicher Texte und Medien zur flexiblen Lesekompetenz beitragen soll.

Language Awareness greift im Idealfall Wahrnehmungen von Schülern und Schülerinnen auf, die diese im Unterricht – zum Unterrichtsthema oder einer außerschulischen Erfahrung – machen. Auf diese Wahrnehmungen kann dann der Deutschunterricht in systematischer Weise zurückgreifen und sie in geeignete Themen einbinden (vgl. Oomen-Welke 1999).

Werbetexte sind ein für die meisten Kinder und Jugendlichen relativ vertrautes Medium, das eine reiche Breite an Textstrukturen, Satzbau und Inhalten aufweist und so gut dazu beitragen kann, Sprachverständnis, Textentschlüsselung und unterschiedliche Lesestrategien zu üben. Auch Mehrsprachigkeit kann hier eine Rolle spielen: In Deutschland ist Werbung mehrsprachig, allerdings nur selten unter Verwendung von Einwanderersprachen. Im Unterricht werden jedoch die mehrsprachigen Schüler und Schülerinnen andere Sprachen vergleichend einbringen (vgl. Luchtenberg/ Gardner 1998). Da Werbetexte oft Sprachaufmerksamkeit ansprechen oder erzeugen wollen, sind sie in besonderem Maße geeignet, einen Einstieg in Konzepte von Language Awareness zu leisten – auch für Lehrkräfte, die hierin noch wenig Erfahrung gesammelt haben. Werbetexte haben zudem den Vorteil, dass sie den meisten Kindern und Jugendlichen Spaß machen und so ein kleiner Schritt in Richtung Lesefreude sein können.

Bilinguale Kompetenzen gewinnen hier an Bedeutung, auch wenn der Deutschunterricht bislang erst wenige Konzepte zu ihrer Erarbeitung hat. Dass auch der Aufsatzunterricht der Sprachaufmerksamkeit wie der Förderung der zweisprachigen Kompetenz dienen kann, zeigen Beispiele des Kreativen Schreibens (vgl. Pommerin 1996).

Language Awareness im Deutschunterricht kann also nicht nur einen Beitrag zur Lesekompetenz von Kindern und Jugendlichen mit Migrationshintergrund leisten, sondern darüber hinaus auch zur Anerkennung von Zwei- und Mehrsprachigkeit beitragen. Dies scheint umso dringlicher, als die PISA-Ergebnisse den Blick sehr verengt haben auf die Notwendigkeit der Förderung in Deutsch, so dass die Zweisprachigkeit mit ihren Chancen zur Zeit wenig Beachtung findet im pädagogischen Diskurs.

Der Ruf nach besserer Förderung in Deutsch als Zweitsprache ist zwar laut, aber über konkrete Umsetzungen wird nur wenig diskutiert. Dazu ist zunächst danach zu fragen, wo Deutsch als Zweitsprache in der Schule vermittelt wird.

3.3 *Deutsch als Zweitsprache als Teil des Deutschunterrichts*

Ludwig (2002, 2003) betont die hohe Bedeutung des Muttersprachenunterrichts für die gesamte Bildung von Kindern und leitet daraus eine besondere Verantwortung des Deutschunterrichts ab. Was aber bedeutet das für die Kinder, die mit einer anderen Familiensprache als Deutsch aufwachsen? Es lassen sich mehrere Antworten ableiten:

- Kinder mit einer anderen Familiensprache werden – wegen der Bedeutung der Erstsprache – separiert in eben dieser Familiensprache unterrichtet: Dies widerspricht jeder Form der Integration und verhindert vermutlich auch eine berufliche Karriere.
- Kinder mit einer anderen Familiensprache werden so intensiv in Deutsch trainiert, dass sie am Unterricht in Deutsch (als Muttersprache für deutschsprachige Kinder) erfolgreich teilnehmen können, was einer Assimilation nahekommt.
- Der Deutschunterricht öffnet sich der neuen Situation und begreift sich als Unterricht in deutscher Sprache und Literatur, der der Heterogenität in der Schülerschaft und in der Gesellschaft Rechnung trägt. Dazu ist eine interkulturelle Deutschdidaktik nötig, die auch Deutsch als Zweitsprache umfasst und in der akzeptiert wird, dass der Deutschunterricht immer auch Unterricht in Deutsch als Zweitsprache ist (was im Prinzip für alle Fächer gilt, die sich mit dieser Frage ebenfalls auseinander setzen müssen).

Aus der Öffnung des Deutschunterrichts für die Bedürfnisse der Zweitsprachenlernenden ergeben sich unterschiedliche methodische Wege, wie sie aus migrationserfahrenen Ländern seit langem bekannt sind:

- Das Deutschcurriculum weist die jeweiligen besonderen Schwierigkeiten – oder Fragestellungen – für Zweitsprachenlernende aus wie etwa die Bedeutung des Personalpronomens, das für viele Zweitsprachenlernende eine vertiefte Behandlung erfordert (vgl. hierzu das Beispiel aus Australien in Luchtenberg/Gardner 2003).
- Das Deutschcurriculum weist auf Beiträge hin, die Zweitsprachenlernende leisten können wie beispielsweise im Sprachvergleich, in der Grammatikbehandlung oder bei Texten (z.B. Gedichte oder Rundfunknachrichten).
- Es findet eine enge Kooperation zwischen den Lehrkräften im Fach Deutsch und im Förderunterricht Deutsch als Zweitsprache – das ist der Normalfall von Deutsch als Zweitsprache – statt (nach Möglichkeit unter Einbeziehung der Lehrkraft für den Muttersprachenunterricht).
- TeamTeaching wird im Deutschunterricht so oft wie möglich eingerichtet, so dass die Lehrkräfte für Deutsch und Deutsch als Zweitsprache – gleichberechtigt – den Unterricht gemeinsam gestalten.

- Es finden viele Absprachen zwischen Lehrkräften statt, Materialien werden gemeinsam erarbeitet, um letztlich den Arbeitsaufwand zu reduzieren.
- Formen offenen Unterrichts empfehlen sich, da sie Freiraum für individuelle Förderung schaffen.

Zusammenfassend und ausblickend lässt sich konstatieren: Die PISA-Studie hat verdeutlicht, dass Schüler und Schülerinnen mit Migrationshintergrund im deutschen Schulsystem benachteiligt sind. Damit hat PISA zugleich die Chance eröffnet, über die bislang entwickelten Konzepte neu nachzudenken und interkulturelles Lernen besser in Schule und Unterricht umzusetzen – zum Nutzen aller Schüler und Schülerinnen. Anregungen aus anderen Ländern – wie etwa Language Awareness, Multiliteracies oder die Verbindung von Mehrheitsprachenunterricht mit Belangen der Zweitsprachenlernenden können die Diskussion beleben.

Literatur

Artelt, Cordula/Schiefele, Ulrich/Schneider, Wolfgang/Petra Stanat: Leseleistungen deutscher Schülerinnen und Schüler im internationalen Vergleich. Ergebnisse und Erklärungsansätze. In: Zeitschrift für Erziehungswissenschaft 1 (2002). S. 6–27.

Auernheimer, Georg: Einführung in die interkulturelle Pädagogik. Darmstadt: Wissenschaftliche Buchgesellschaft 2003.

Auernheimer, Georg/Blumenthal, Viktor von/Stübig, Heinz/Willmann, Bodo: Interkulturelle Erziehung im Schulalltag. Fallstudien zum Umgang von Schulen mit der multikulturellen Situation. Münster: Waxmann 1996.

Baumert, Jürgen/Klieme, Eckhard/Neubrand, Michael/Prenzel, Manfred/Schiefele, Ulrich/Schneider, Wolfgang/Stanat, Petra/Tillmann, Klaus-Jürgen/Weiß, Manfred (Hrsg.): PISA 2000. Basiskompetenzen von Schülerinnen und Schülern im internationalen Vergleich. Opladen: Leske + Budrich 2001.

Baumert, Jürgen/Klieme, Eckhard/Neubrand, Michael/Prenzel, Manfred/Schiefele, Ulrich/Schneider, Wolfgang/Stanat, Petra/Tillmann, Klaus-Jürgen/Weiß, Manfred (Hrsg.): PISA 2000. Die Länder der Bundesrepublik im Vergleich. Opladen: Leske + Budrich 2002.

Baumert, Jürgen/Schümer, Gundel: Familiäre Lebensverhältnisse, Bildungsbeteiligung und Kompetenzerwerb. In: Baumert/Klieme/Neubrand/Prenzel/Schiefele/Schneider/Stanat/Tillmann/Weiß 2001. S. 323–410.

Beauftragte der Bundesregierung für Ausländerfragen (Hrsg.): Daten und Fakten zur Ausländersituation. Bonn: 2002

Bildungskommission NRW: Zukunft der Bildung – Schule der Zukunft. Denkschrift der Kommission „Zukunft der Bildung – Schule der Zukunft" beim Ministerpräsidenten des Landes Nordrhein–Westfalen. Neuwied: Luchterhand 1995.

Boos-Nünning, Ursula: Offene theoretische Probleme des interkulturellen Bildungsgedankens. In: Rickers, Folkert/Gottwald, Eckart (Hrsg.): Verständigung in religiöser Vielfalt. Duisburg 1997. S. 19–29.

Boos-Nünning, Ursula: Interkulturelle Kompetenz – Europakompetenz. In: Essener Unicate 14: Europäische Gesellschaft. Essen: Wissenschaftsverlag 2000. S. 80–89.

Cope, Bill/Mary Kalantzis: Multiliteracies. Literacy Learning and the Design of Social Futures. London and New York: Routledge 2000.

Diehm, Elisabeth/Radtke, Frank-Olaf: Erziehung und Migration. Eine Einführung. Stuttgart u.a.: Kohlhammer 1999.

Gangl, Markus: Bildung und Übergangsrisiken beim Einstig in den Beruf. Ein europäischer Vergleich zum Arbeitsmarktwert von Bildungsabschlüssen. In: Zeitschrift für Erziehungswissenschaft 1 (2003) 6. S. 72–89.

Gogolin, Ingrid/Neumann, Ursula/Lutz Reuter (Hrsg.): Schulbildung für Kinder aus Minderheiten in Deutschland 1989–1999. Schulrecht, Schulorganisation, curriculare Fragen, sprachliche Bildung. Münster/New York/München/Berlin: Waxmann 2001.

Gomolla, Mechthild/Radtke, Frank-Olaf: Institutionelle Diskriminierung. Die Herstellung ethnischer Differenz in der Schule. Leverkusen: Leske + Budrich 2002.

Heringer, Hans Jürgen: Wege zum verstehenden Lesen. Lesegrammatik für Deutsch als Fremdsprache. Ismaning: Hueber 1987.

Höhne, Thomas/Kunz, Thomas/Frank-Olaf Radtke: „wir" und „sie". Bilder von Fremden im Schulbuch. In: Forschung Frankfurt 2 (2000). S. 16–25.

Hohmann, Manfred: Interkulturelle Erziehung. In: Hohmann, Manfred/Reich, Hans H. (Hrsg.): Ein Europa für Mehrheiten und Minderheiten. Diskussionen um Interkulturelle Erziehung. Münster/New York/München/Berlin: Waxmann 1989. S. 1–32.

IMAZ: Resolution zur PISA-Studie und dem bildungspolitischen Umgang mit ihren Ergebnissen. Essen 2002 (www.imaz.uni-essen.de).

Karakasoglu-Aydin, Yasemin: Kinder aus Zuwandererfamilien im Bildungssystem. In: Böttcher, Wolfgang/Klemm, Klaus/Rauschenbach, Thomas (Hrsg.): Bildung und Soziales in Zahlen. Statistisches Handbuch zu Daten und Trends im Bildungsbereich. Weinheim: Juventa 2001. S. 273–302.

Kliewer, Hans-Jürgen: Deutsch: Literatur. In: Reich/Holzbrecher/Roth 2000. S. 213–233.

Kühn, Peter: PISA und die Lesekompetenz. Wie die Muttersprachendidaktik von der Fremdsprachendidaktik profitieren kann. In: Der Deutschunterricht 5 (2002). S. 91–96.

Leiprecht, Rudolf: Förderung interkultureller und antirassistischer Kompetenz. In: Leiprecht, Rudolf/Riegel, Christine/Held, Josef/Gabriele Wiemeyer (Hrsg.): International Lernen – Lokal Handeln: Interkulturelle Praxis „vor Ort" und Weiterbildung im internationalen Austausch. Frankfurt/Main/London: IKO (2001). S. 17–46.

Luchtenberg, Sigrid: Möglichkeiten und Grenzen von Language Awareness zur Berücksichtigung von Mehrsprachigkeit im (Deutsch-)Unterricht. In: Kuhs, Katharina/Wolfgang Steinig (Hrsg.): Pfade durch Babylon. Konzepte und Beispiele für den Umgang mit sprachlicher Vielfalt in Schule und Gesellschaft. Freiburg: Fillibach Verlag 1998. S. 137–156.

Luchtenberg, Sigrid: "(Keine) Zeit für Deutsch als Zweitsprache in der Deutschlehrerausbildung in Deutsch – ein altes Problem neu beleuchtet". In: Deutsch lernen 1 (2000). S. 12–31.

Luchtenberg, Sigrid: Mehrsprachigkeit und Deutschunterricht: Widerspruch oder Chance? Zu den Möglichkeiten von Language Awareness in interkultureller Deutschdidaktik. In: ide 3 (2002). S. 27–46

Luchtenberg, Sigrid: Challenges to multicultural education in the 21 century. Essen: IMAZ Arbeitspapiere 2 2003.

Luchtenberg, Sigrid/Wolfgang Nieke (Hrsg.): Interkulturelle Pädagogik und Europäische Dimension: Herausforderung für Bildungssystem und Erziehungswissenschaft. Münster/New York/München/Berlin: Waxmann 1994.

Luchtenberg, Sigrid/Rod Gardner: Plakatwerbung als Weg zu language awareness in der Sprachdidaktik In: Strohner, Hans/Sichelschmidt, Lorenz/Martina Hielscher (Hrsg.): Medium Sprache. Forum Angewandte Linguistik. Frankfurt/Main u.a.: Peter Lang. 1998. S. 37–51.

Luchtenberg, Sigrid/Rod Gardner: Sprachunterricht und Sprachdidaktik in Einwanderungsländern – das Beispiel Australien. Erscheint in: Ursula Bredel u.a.: Didaktik der deutschen Sprache – ein Handbuch. Paderborn: Schöningh 2003.

Lüddecke, Julian: Interkulturelle Handlungskompetenz von Erzieherinnen. In: KiTa NRW Kindertageseinrichtungen aktuell 5 (2002). S. 110–114.

Ludwig, Otto: PISA 2000 und der Deutschunterricht. In: Der Deutschunterricht 2 (2002). S. 82–85.

Ludwig, Otto: PISA und der Sprachunterricht. In: Der Sprachdienst 1 (2003) 47. S. 16–24.

Marburger, Helga/Helbig, Gisela/Eckhard Kienast: Sichtweisen und Orientierungen Berliner Grundschullehrerinnen und -lehrer zur Multiethnizität der bundesdeutschen Gesellschaft und den Konsequenzen für Schule und Unterricht. In: Andreas Heintze u.a. (Hrsg.): Schule und multiethnische Schülerschaft. Sichtweisen, Orientierungen und Handlungsmuster von Lehrerinnen und Lehrer. Frankfurt am Main: IKO 1997. S. 4–62.

Nestvogel, Renate: Interkulturelles Lernen und Global Culture: Ein Beitrag zu einer nachhaltigen Entwicklung. In: iza – Zeitschrift für Migration und Soziale Arbeit (2001) 1. S. 46–51.

Nieke, Wolfgang: Interkulturelle Erziehung und Bildung: Wertorientierungen im Alltag. Opladen: Leske + Budrich 2000.

Oomen-Welke, Ingelore: Sprachen in der Klasse. In: Praxis Deutsch (1999) 157. S. 14–23.

Pommerin, Gabriele : Kreatives Schreiben. Handbuch für den deutschen und interkulturellen Sprachunterricht in den Klassen 1–10. Weinheim: Beltz 1996.

Puskeppeleit, Jürgen/Marianne Krüger-Potratz: Bildungspolitik und Migration. Texte und Dokumente zur Beschulung ausländischer und ausgesiedelter Kinder und Jugendlicher, 1950 bis 1999. Band 1 und Band 2. Münster 1999.

Reich, Hans H./Holzbrecher, Alfred/Roth, Hans Joachim (Hrsg.): Fachdidaktik interkulturell. Ein Handbuch. Opladen: Leske + Budrich 2000.

Reich, Hans H.: Deutsch: Sprache. In: Reich/Holzbrecher/Roth 2000. S. 235–256.

Sekretariat: Empfehlung „Interkulturelle Bildung und Erziehung in der Schule". Bonn: Sekretariat der Ständigen Konferenz der Kultusminister der Länder in der Bundesrepublik Deutschland 1996.

Sekretariat: Erste Konsequenzen aus den Ergebnissen der PISA-Studie 2001 (http://www.kmk.org/aktuell/pm011206.htm#ref1).

Sekretariat: Bericht „Zuwanderung". Beschluss der Kultusministerkonferenz vom 24.05.2002. Bonn: Sekretariat 2002.

Spiewak, Martin: Gefangen im Ghetto. Ausländische Jugendliche sind die Verlierer von morgen. Die Schule sieht hilflos zu. In: Die ZEIT 13.4.2002.

3

Sachtexte im Deutschunterricht nach PISA

‚Sachtext-Leser' oder ‚Sach-Bearbeiter'? Wie sachdienlich ist die Rede von Sachtexten in eigener Sache?

SIEGFRIED HUMMELSBERGER

0 Einleitung

Die als niederschmetternd erlebten Ergebnisse der PISA- und Pisa-E-Studie haben im Jahr 2002 die öffentliche Meinung in Deutschland äußerst stark bewegt.[1] Neben dem schlechten Abschneiden im Ländervergleich konzentrierte sich die öffentliche Diskussion rasch auf zwei Themenfelder, nämlich den enorm hohen Einfluss sozio-kultureller Komponenten auf den Schulerfolg einerseits und die in der Studie offen zutage getretenen Schwächen im Umgang mit (Sach-) Texten andererseits; dieser letzte Punkt muss für die Deutschdidaktik von besonderem Interesse sein.

Eine der wesentlichen Gründe für das vergleichsweise schlechte Abschneiden Deutschlands, so zeigte sich in den Analysen der PISA-Studie, war die gering ausgeprägte Fähigkeit der deutschen Probanden, mit informativen Texten umzugehen. Genau diese Fähigkeit beschreibt nämlich der Terminus „literacy", der im deutschen Sprachraum zumeist mit „Lesekompetenz" übersetzt wird und damit rein begrifflich oft ein zu enges Verständnis dieses Begriffs nahelegt. „Literacy" meint demgegenüber viel mehr, nämlich einem informativen Text wesentliche Informationen entnehmen, sie ordnen und in Zusammenhänge stellen und zielgerichtet auf bestimmte Frage- und Problemstellungen hin produktiv nutzen zu können (vgl. dazu Baumert/Stanat/Demmrich 2001, S. 20ff.). In der Folge entspann sich sowohl in der interessierten Öffentlichkeit als auch in Expertenkreisen aus

Pädagogik und verschiedenen Fachdidaktiken eine intensive Diskussion darüber, wie diesem offensichtlichen Manko zu begegnen sei.

Im Folgenden soll versucht werden, diese komplexe Thematik, die von Fragen der Textlinguistik über pädagogische bis hin zu Fragen der Didaktik und der Unterrichtsgestaltung reicht, vorzustrukturieren. Erst dann kann versucht werden, einige offene Fragen vorläufig zu beantworten, ggf. im Anschluss an eine weitere wissenschaftliche Diskussion.

1 Das „Textsorten"-Problem

Die Problematik des Themas „Sachtexte" beginnt bereits mit einem definitorischen Mangel: Überblickt man auch nur einen Teil der Fachliteratur und der einschlägigen Schulbücher, so stellt man rasch fest, dass die Begrifflichkeit höchst verwirrend ist. Neben dem Textsortenbegriff ‚Sachtexte' finden wir in nahezu identischer Verwendung z.B. die Begriffe ‚Gebrauchstexte', ‚pragmatische Texte', ‚nichtliterarische Texte', ‚nichtfiktionale Texte', ‚expositorische Texte' u.v.m., die alle versuchen, eine extrem heterogene Gruppe von einzelnen Textarten und Textgruppen unter einem gemeinsamen Terminus zu subsummieren. Dabei krankt die Klassifikation bereits daran, dass (je nach Erkenntnisinteresse) sehr unterschiedliche Systematisierungsansätze parallel nebeneinander und teilweise in Konkurrenz zueinander stehen:

- die kommunikative (Haupt-) Funktion des Textes;
- sprachlich-linguistische Merkmale von der Mikro- bis zur Makroebene;
- der inhaltliche Fokus eines Textes;
- die Produktions- oder Vermittlungsinstanz;
- die Autorenintention;
- die Modalität der Themenbehandlung und Themenentfaltung;
- das Rezeptionsziel und die Rezipientenlenkung u.v.m.

Weder in der Linguistik, speziell der Textlinguistik, noch in der Didaktik konnten bislang trennscharfe und für sich genommen allgemein gültige Kriterien entwickelt werden; selbst der scheinbare Minimalkonsens, nämlich die Abgrenzung gegenüber fiktionalen und ästhetisch gestalteten Texten („Literatur") wird häufig in Frage gestellt. Allenthalben wird konzediert, dass selbst diese Abgrenzung nur hypothetisch sei und die Mischform der eigentliche Normalfall wäre; erwähnt seien nur die oft zitierten Beispiele der ästhetisch und literarisch ambitionierten Textformen „Reisebericht“ oder „Autobiografie“. Aber auch in der Deutschdidaktik selbst gibt es noch erheblichen Diskussionsbedarf, da z.B. noch keineswegs geklärt scheint, ob das Thema ‚Sachtexte‘ nun in den Aufgabenbereich der Sprach- oder der Literaturdidaktik (oder beider? – oder in einen eigenen?) fällt.

Natürlich könnten wir uns zunächst einmal mit einem quasi „alltagssprachlichen“ Verständnis des Terminus ‚Sachtexte‘ zufrieden geben und uns vielmehr auf die Vermittlungsaufgabe konzentrieren. Doch ich fürchte, damit springen wir zu kurz. Es stellt sich vielmehr die Frage, ob wir nicht auf einem scheinbaren Umweg wesentlich schneller zum Ziel kommen können, nämlich über die Erkenntnisse der kognitiv orientierten Lese(r)psychologie. Möglicherweise hilft es, sich vor Augen zu halten, dass die Rezeption eines Textes, auch eines Sachtextes, nicht mit dem ‚Trichtermodell‘ (oder moderner: mit der Metapher des biologischen Einscannens) verglichen werden kann. Vielmehr ist es so, dass als Ergebnis der Rezeption eines Textes ein mentales Konstrukt anzunehmen ist, welches im Kopf des Lesers entsteht und das keinesfalls eine 1:1-Identität mit der Textvorlage oder dem mentalen Konstrukt eines anderen Rezipienten besitzt;[2] dies gilt noch nicht einmal für jene Textsorten, deren oberstes Ziel es ist, nach Möglichkeit völlige interpretatorische Eindeutigkeit herzustellen; Heerscharen von Juristen müssten ansonsten in die Arbeitslosigkeit entlassen werden.

Ebenso scheint festzustehen, dass die Leseintention und die Fokussierung auf bestimmte Textvariablen einen ganz entscheidenden Einfluss auf die Art dieses mentalen Konstruktes haben. In zahlreichen Untersuchungen konnte nachgewiesen werden, dass selbst die scheinbare Grenze zwischen ‚fiktionaler Literatur‘ und ‚pragmatischen Texten‘ massiv beeinflusst werden kann. Zudem wissen wir, dass jede Rezeption durch selektive Wahrnehmung bestimmt wird, durch den Rezipienten aktiv gesteuert ist und massivem Einfluss durch den jeweiligen Kontext unterliegt. Erinnert sei in diesem Zusammenhang an die Ergebnisse der umfangreichen didaktisch orientierten Rezeptionsforschung bezüglich literarischer Texte vor allem der 1980er Jahre.[3] Wenn wir nun von der Grundannahme der Existenz solcher mentalen Konstrukte, welche bestimmten Fokussierungen aufgrund der Leserintention und des Rezeptionskontextes unterliegen, ausgehen, macht es für die Didaktik möglicherweise viel Sinn, das Problem der Textsortenklassifikation der Textlinguistik und verwandten Disziplinen zu überlassen und uns überwiegend auf die unterschiedlichen Zugriffsweisen der Rezipienten zu konzentrieren.

These 1:

Diskutiert werden muss, ob die Deutschdidaktik in ihrer Theoriebildung und Praxis weniger von der Textsorte selbst als vielmehr von den verschiedenen intentionalen Zugangs- bzw. Zugriffsweisen auf Texte ausgehen sollte. Unabhängig von der Zuordnung zu einer Textsorte könnte man z.B. sprechen von:

- unterhaltendem Lesen,
- ästhetisch interessiertem Lesen,
- analytischem Lesen,
- historisch/literaturhistorisch interessiertem Lesen,
- informationsentnehmendem Lesen,
- etc.

Kombinationen dieser verschiedenen Lesezugriffsweisen sind natürlich möglich (vgl. hierzu auch Christmann/Groeben 2002).

Ein solcher Ansatz könnte mit einiger Wahrscheinlichkeit dazu beitragen, isolierbare (und damit auch einübbare) Komponenten des Verständnis-, Verarbeitungs- und Interpretationsprozesses im Hinblick auf spezifische Fragestellungen beim Umgang mit Texten aller Art zu entwickeln. Entscheidend wäre also nicht mehr vorrangig das reine Klassifikationswissen, welcher Textsorte die konkret rezipierte Textvorlage zugehört, sondern vielmehr, mit welchem Fokus der Rezeptionsprozess stattfindet. Im Mittelpunkt des Interesses stände damit der Verständnisprozess und das konkrete Handlungsziel.

2 Das Problem von Inhalt, Darstellung und Performanz

Deutlich zu wenig diskutiert erscheint in der didaktischen orientierten Literatur bei Sachtexten auch das komplexe Wirkungsgeflecht aus empirisch feststellbaren Textelementen und erkennbaren Textmarkierungen, den dargestellten Inhalten bzw. Sachverhalten und deren Performanz, also der Darstellungsweise, beginnend bei Fragen der Textorganisation bis hin zur Stilistik. Auch in dieser Hinsicht habe ich den Eindruck, dass eine fundierte

Theoriebildung im Gegensatz zu eher literarischen Texten bislang noch weitgehend fehlt.

Ich versuche an einem konkreten Beispiel aufzuzeigen, was ich meine: Sie finden als Textbeispiel die Beschreibung einer eigentümlichen Maschine abgedruckt. Sicher erkennen Sie rasch, dass es sich um die Beschreibung der ‚Exekutionsmaschine' aus Kafkas *Strafkolonie* handelt. Ich habe lediglich die beschreibenden Passagen des Offiziers herauskopiert, Zwischentexte weggelassen und die verbleibenden Textelemente zusammengestellt. Diese Beschreibung nun entspricht tatsächlich dem Prototyp einer Gegenstands- bzw. Funktionsbeschreibung, wie sie in jedem Schulbuch steht. Allerdings ist dieser Kafka-Text nicht informativ auf der Sachebene selbst, es kommt gerade nicht auf den augenscheinlich dargestellten Informationsgehalt an (nämlich die Beschreibung der Maschine selbst), sondern vielmehr darauf, wie dieser Informationsgehalt durch den Offizier dargestellt und vermittelt wird; der Text beschreibt den Charakter dieser literarischen Figur nämlich indirekt selbst. Insofern ist der Text zwar tatsächlich beschreibend, er beschreibt allerdings gerade nicht den offensichtlich beschriebenen und dargestellten Gegenstand (wie die schulische Textsorte „Gegenstandsbeschreibung" es machen würde), sondern über die Art und Weise der Präsentation und Darstellung vielmehr implizit **die Person** des Informanten selbst, also den Offizier und seine Geisteshaltung. Ich sehe bislang keinen sprachdidaktischen Ansatz, der diese aus literaturdidaktischer Sicht so offensichtliche Diskrepanz zuverlässig aufdecken würde.

These 2:

Fragen der Performanz, der Darstellung, der Themenentwicklung und der Präsentation sind in ihrem interdependenten Zusammenhang mit dem Inhalt und in ihrer funktionalen Dimension für Sachtexte bislang in der Didaktik (zu?) wenig thematisiert, im Gegensatz zu literarischen Texten. In aller Regel ist jedoch davon auszugehen, dass Sachtexte (ebenso wie literarische) vom Autor bedacht und bewusst (intentional) gestaltet sind; diese Gestaltung ist für die Funktion des Textes und damit für sein Gesamtverständnis wesentlich. Es wäre zu diskutieren, ob und wie z.B. das an fiktionalen, literarischen Texten bereits erworbene Verständniswissen der Schülerinnen und Schüler auf Sachtexte übertragbar zu machen ist. Es wäre weiterhin zu diskutieren, welche literaturwissenschaftlichen und literaturdidaktischen Modelle auch im Hinblick auf Sachtexte Erfolg versprechend sind.

Die Mehrheit der auf Sachtexte bezogenen Unterrichtsmodelle im Deutschunterricht ist ganz überwiegend auf rein textanalytische Handlungen beschränkt; werden Sachtexte in anderen Unterrichtsfächern behandelt, geht es oft einzig um die Aufnahme expliziter Informationen an der unmittelbaren Textoberfläche. Auffallend ist, dass (bis auf wenige Ausnahmen, etwa Werbetexte oder politische Reden) die interpretatorische Ebene weitgehend fehlt. Dies wäre m.E. jedoch eine Voraussetzung für komplexere kognitive Operationen im Sinne des „literacy"-Konzeptes.

3
Inwieweit sind Sachtexte wirklich Aufgabe des Deutschunterrichts?

Der Einfachheit halber gehe ich im Weiteren trotz der eingangs aufgezeigten Problematik von einem traditionellen Verständnis von „Sachtexten" im herkömmlichen Sinne aus. Wenn wir uns nun (vorläufig) auf „echte" Sachtexte einschränken, so stellt sich m.E. eine ganz zentrale Frage: Inwieweit ist die Beschäftigung mit Sachtexten unter der didaktischen Zielvorgabe der ‚Informationsentnahme', der ‚Informationsverarbeitung' und der ‚Informationsorganisation' (also der mit dem Begriff „literacy" zusammengefassten Teilkompetenzen) überhaupt als originärer Inhalt des Deutschunterrichts zu begreifen?

Schon seit langer Zeit wird in der Didaktik das Zeit-/Stoffproblem, die ständig ansteigende Stofffülle und die Überlastung des Deutschunterrichts mit vielleicht zwar nicht sachfremden, aber doch zumindest fachübergreifenden Lernzielen und Inhalten (von der Verkehrserziehung und Drogenprophylaxe bis hin zur Leitfunktion in der Medienerziehung) beklagt. Intensiviert man nun einen stark auf die Informationsentnahme konzentrierten Unterricht, so wird bei gleichbleibender Unterrichtszeit entweder der Umgang mit fiktionalen Texten, die sprachbezogene Arbeit oder irgendein anderer Teilbereich des Deutschunterrichts darunter leiden müssen. Zu bedenken wäre dagegen: Ein informationsentnehmender Umgang mit Sachtexten verlangt notwendigerweise eine Fokussierung auf inhaltliche Aspekte, auf die dargestellte ‚Sache' und weniger auf die Art und Weise der Darstellung; die Beschäftigung mit Inhalten, mit ‚Sachen' aber sollte doch eigentlich vielmehr Aufgabe des Sach- bzw. Fachunterrichts sein. In diesem Sinne müssten wir vor allem in der Sekundarstufe ein Auge darauf haben, dass der Deutschunterricht nicht in Teilbereichen zu einer Art ‚Hilfs-' oder ‚Zuträgerfach' für andere Fächer funktionalisiert wird. Im Bereich der berufsbildenden Schulen, in denen naturgemäß der Umgang mit Sachtexten eine sehr hohe Bedeutung hat, ist dies tatsächlich ein seit Jahrzehnten in der Didaktik immer wieder beklagter realer Missstand (vgl. Hummelsberger 2002, S. 76f.).

These 3:

Es ist zu diskutieren, ob die weitgehend auf inhaltliche Aspekte und Informationsentnahme zielende Beschäftigung mit Sachtexten tatsächlich (nur) eine originäre Aufgabe des Deutschunterrichts ist oder ob eine Konzentration auf die „Sache" im Sinne einer „Sachbearbeitung" nicht vielmehr in der Hauptsache eine Angelegenheit der „Sachfächer" wäre.

Wegen der eminent großen Bedeutung von Sachtexten für nahezu alle Fächer (man denke an Schulbücher, Informationstexte aller Art, Versuchsbeschreibungen, Funktionserklärungen, Hefteinträge u.v.m.) sollte vielmehr grundsätzlich und für Lehramtsstudierende **aller Fächer** und **aller Studiengänge** eine verpflichtende Veranstaltung „Umgang mit Sach- und Informationstexten" als zwingender Bestandteil in die Studienordnungen aufgenommen werden. Dies würde im Hinblick auf eine erweiterte Kompetenz beim Umgang mit Sachtexten sicherlich erheblich mehr bewirken als ausschließlich den Deutschunterricht in die Verantwortung zu nehmen und eine notgedrungen nur sehr begrenzte Anzahl von Stunden in einer abstrakten Lernumgebung und zudem auf Kosten anderer Inhalte zum Thema „Umgang mit Sachtexten" aufzuwenden. Der auf ein „literacy"-Konzept hin ausgerichtete Umgang mit Sachtexten müsste demgegenüber vielmehr als Unterrichtsprinzip in allen Fächern etabliert werden; dazu müssen auch die Lehrkräfte aller Fächer qualifiziert werden. Um kurzfristige Effekte zu erzielen müssten entsprechende Fortbildungsmaßnahmen für praktizierende Lehrkräfte stattfinden. Hier ergibt sich eine Aufgabe, für die die Deutschdidaktik tatsächlich eine Bringschuld hätte (vgl. dazu auch den Beitrag von U. Abraham in diesem Band).

4 In welchem Umfang, wann und vor allem wie soll das Rezipieren von Sachtexten stattfinden?

Die PISA-Studie hatte u.a. gezeigt, dass bei deutschen Schülerinnen und Schülern ein eklatantes Versagen sowohl bei der Erfassung der korrekten Fragestellung zu den einzelnen Aufgaben als auch der Informationsentnahme und der Ver- bzw. Bearbeitung dieser Informationen zu beobachten ist, insbesondere was das Reflektieren und Bewerten angeht (vgl. Hurrelmann 2002, S. 8f.). Die Forderung, Sachtexten daher nun einen erheblich größeren Raum in den Curricula zukommen zu lassen, liegt auf der Hand und wurde auch vielfach formuliert, so etwa kürzlich von Otto Ludwig (2002). Nun ist es allerdings keineswegs so, dass in den Lehrplänen der verschiedenen Schularten und den einzelnen Bundesländern die Beschäftigung mit Sachtexten den gleichen Raum einnimmt, eher im Gegenteil. Wäre es allerdings so, dass in der Hauptsache der Umfang (also die aufgewendete Unterrichtszeit) der Beschäftigung mit Sachtexten Ausschlag gebend und Erfolg versprechend wäre, dann müsste sich doch zumindest tendenziell aus den nach Schularten differenzierten PISA-Ergebnissen gerade bei jenen Schularten, bei denen anteilsmäßig weniger literarische Bildung und mehr der Umgang mit pragmatischen Texten stattfindet, im Schulartenvergleich Hinweise auf eine bessere Kompetenz jener Schüler im Umgang mit Sachtexten ergeben. Dafür aber gibt es in der Studie nicht einmal den geringsten Hinweis; eher im Gegenteil. Wir sollten deshalb sehr vorsichtig damit sein, jetzt sofort nach dem ironischen Watzlawick'schen Motto *„Mehr desselben"* zu handeln, also eine pure quantitative Ausweitung der Arbeit mit Sachtexten bei gleichbleibender Didaktik und Methodik anzustreben. Mit dieser Meinung, die möglicherweise dem derzeitigen Mainstream widerspricht, stehe ich nicht alleine; auch Clemens Kammler fragt z.B., *„ob es Sinn macht, Beipackzettel oder Bundesbahnfahrpläne zu möglichen Gegenständen des Deutschunterrichts zu erklären, während man gleichzeitig den Anteil literarischer Texte reduzieren will"* (Kammler 2002, S. 93).

Woran es uns – soweit ich sehe – bei den Sachtexten vielmehr fehlt, ist eine entwicklungspsychologisch fundierte und didaktisch orientierte Forschung, die Hinweise darauf gibt, welche Verstehens- und Verarbeitungsleistungen in welchem Alter möglich und sinnvoll sind. Ähnliches wie im Bereich der literarischen Texte, bei denen das vorwissenschaftliche Konzept der seit den 1920er Jahren tradierten Lesealtersstufen in den 80er und frühen 90er Jahren durch empirisch abgesicherte Systeme der Rezeptions- und Interpretationskompetenz abgelöst wurden, ist für pragmatische Texte weit und breit noch nicht in Sicht. Hier ist wohl tatsächlich ein schmerzliches Versäumnis der Deutschdidaktik, aber auch der Kognitiven Psychologie zu beklagen, die sich lange Zeit ganz überwiegend auf andere Themen konzentrierten.

These 4:

Die PISA-Ergebnisse liefern keinen Hinweis darauf, dass (wie zur Zeit vielfach gefordert) eine rein quantitativ größere Berücksichtigung von Sachtexten bereits zum gewünschten Ergebnis führt. Sicherlich aber müssten dann bei anderen Teilbereichen des Deutschunterrichts schmerzliche Abstriche hingenommen werden. Sinnvoller erscheint daher der Weg, die qualitative Komponente zu stärken. Dazu ist einerseits eine explizit pädagogisch-didaktische Forschung notwendig, zum anderen eine stärkere Fokussierung der Didaktik auf die Beschäftigung mit Sachtexten, auch und gerade in methodischer Sicht.

5
Welche Texte, welche Themen?

Wenn man nun die Arbeit mit Sachtexten im Unterricht näher betrachtet, so scheint es wesentlich, zunächst die didaktischen Auswahlkriterien für solche Texte näher zu betrachten. Folgt man den in jüngster Zeit als Reaktion auf die PISA-Studie gemachten Vorschlägen, so müssen sich didaktisch relevante Auswahlkriterien für Sachtexte und pragmatische Texte an folgenden Punkten orientieren (vgl. dazu Abraham/Beisbart/Frederking 2002):

- altersgerecht und entwicklungsgemäß;
- interessengeleitet und/oder thematisch eingebunden;
- durch Situation oder Thema motiviert;
- exemplarisch;
- ggf. fachübergreifend ausgewählt (hierbei taucht u.U. allerdings das bereits erwähnte Problem der Zuträgerfunktion des Deutschunterrichts auf);
- an der Lebensumwelt ausgerichtet.

Ob auf dieser Basis bereits – wie etwa von Ludwig (2002) kürzlich vorgeschlagen – ein Lesecurriculum zu entwickeln wäre, muss bezweifelt werden, und zwar nicht nur deswegen, weil ein Lesecurriculum zumindest tendenziell dem Situationsbezug und der Orientierung an den individuellen Interessen widerspräche. Wie bereits ausgeführt, fehlt es uns darüber hinaus in vielen Bereichen noch an verlässlichem empirischem und didaktischem Wissen. Eines allerdings erscheint in diesem Zusammenhang sicher: Sehr oft werden in der Schulpraxis pragmatische Texte eingesetzt, die zwar sprachlich durchaus interessant sein mögen, die aber vom behandelten Inhalt her die Jugendlichen m.E. deutlich überfordern, von deren Interessen ganz zu schweigen. Bereits über ein relativ banales Thema wie etwa die Ausweisung eines neuen Industriegebietes oder den Bau einer Umgehungsstraße im eigenen Wohnort werden sich zweifellos intelligente und mit der Materie vertraute Erwachsene oft nicht leicht einig; bei in der Schule gerne behandelten Themen mit gesamtgesellschaftlicher Problematik wie z.B. der Atomenergie oder der Gentechnik verheddern sich sogar gestandene Philosophen – man denke etwa an Sloterdijk – zuweilen gewaltig. Man sollte hier wohl etwas maßvoller bei der Themenauswahl vorgehen. Ganz nebenbei: Ähnliches gilt m.E. übrigens auch für die Erörterung.

Zwei Vorschläge zum Unterrichtseinsatz von Sachtexten erscheinen jedoch auch ohne weitere didaktische Begründung ebenso notwendig wie sinnvoll.

- Wenn im Deutschunterricht vermehrt Sachtexte behandelt werden, so sollte man daran denken, dass es auch ‚in eigener Sache', also rund um die großen Lernbereiche des Deutschunterrichts im weiteren Sinne, zahlreiche geeignete Sachtexte gibt. All jene pragmatischen Texte, die Sprache und Literatur, sprachliche Ästhetik und Kunst, Sprach- und Literaturgeschichte, Sprachgebrauch und Sprachvarianten, Mediengebrauch und Medientheorie usw. behandeln, gehören auf natürliche Weise zum Deutschunterricht – und wir könnten sie vermehrt berücksichtigen, ohne das beunruhigende Gefühl haben zu müssen, ständig mit einem Bein in anderen Fächern zu stehen. Hier könnte das Sachtext-Lesen nun tatsächlich auch zum ‚Sach-Bearbeiten' in eigener Sache führen – und damit in dem und für den Deutschunterricht sachdienlich werden.
- Sinnvoll erscheint mir weiterhin, Texte im thematischen Zusammenhang auszuwählen und dabei verschiedenste Textsorten, Textformen und evtl. verschiedene Medien zu berücksichtigen. Das übergreifende Thema sollte die Motivation und den Anlass bieten, pragmatische Texte können wesentliche Informationen liefern, literarische Texte eher zum weiteren Nachdenken anregen. Im Kontrast fände dabei mutmaßlich ein (vielleicht nicht einmal unbedingt intendiertes oder formales) Lernen über Textsorten und -formen statt.

These 5:

Von Seiten der Didaktik sind im Hinblick auf das alltägliche Unterrichtsgeschehen Fragen der Textauswahl, insbesondere was Textformen und Inhalte angeht, zu klären. Dabei ist zu diskutieren, ob im Deutschunterricht vorrangig solche pragmatischen Texte behandelt werden sollten, die in thematischem Zusammenhang mit dem Deutschunterricht selbst stehen („in eigener Sache“).

Weiterhin wäre zu untersuchen, ob das Prinzip des kontrastiven Lernens nicht deutlich gestärkt werden sollte, also statt gleicher Textarten mit verschiedenen Inhalten nicht vielmehr verschiedene Textarten zu einem gemeinsamen Thema zu behandeln. Als didaktisches Prinzip stände dann nicht mehr das Erkennen gleicher Textmuster im Vordergrund, sondern das Erkennen der Unterschiede zwischen den verschiedenen Textarten und ihrer jeweiligen Spezifika im Hinblick auf eine bestimmte Fragestellung.

6 Fragen der didaktisch-methodischen Umsetzung

Folgen wir unserer grob an Klafkis Strukturschema orientierten Gliederung weiter, so wären wir nun bei Fragen der methodisch-didaktischen Umsetzung. Der letzte große Boom bei der Arbeit mit pragmatischen Texten fand wohl in den 70er Jahren statt, zumindest wenn man die Anzahl der einschlägigen Publikationen als Maßstab nimmt. Das didaktische Credo der damaligen Zeit war die Kommunikationsorientierung, im Hinblick auf die Gebrauchstexte stand der ‚natürliche‘ oder ‚reale Kommunikationsanlass‘ im Mittelpunkt. Dies erscheint sicherlich auch heute noch als sinnvoller Ansatz; dennoch müssen wir zugeben, dass zum Thema Sachtexte in Hinblick auf Unterrichtsmethoden, -strategien und Vermittlungswege ein enormer Nachholbedarf besteht. Exemplarisch möchte ich hier fünf Aspekte in aller Kürze herausgreifen:

1. Nur wenige Themengebiete erscheinen mir für **handlungsorientierte Ansätze** so viel Potenzial zu bieten wie gerade die pragmatischen Textsorten. Wobei „Handlung“ in diesem Sinne sowohl kognitive als auch sprachliche und manuelle Tätigkeiten bedeuten kann.
2. Die „Ernstfall“-Didaktik der 70er Jahre war vor allem auch insofern ein Ansatz mit nur sehr begrenzter Reichweite, als sich nicht in beliebiger Anzahl „Ernstfälle“, sprich: authentische Situationen, wie am Fließ-

band und sozusagen ‚just-in-time' ergeben können oder herstellen lassen. Hier erscheinen mir Ansätze aus der kognitiv orientierten Pädagogik viel versprechend, insbesondere die **Modellbildung und die Simulation**, um gleichzeitig an didaktischen Modellen der 70er anknüpfen und sie weiterentwickeln zu können. Auch ein „So-tun-als-ob" kann durchaus als sinnhaft erlebt werden und bietet einen Raum für ein „Probehandeln" in einem sanktionslosen, geschonten Handlungsraum.[4] Voraussetzung ist dabei allerdings die Orientierung an den Interessen bzw. Bedürfnissen der Schüler.

3. Von besonderer Bedeutung erscheint mir weiterhin das **Problem der Fokussierung**; behandelt man pragmatische Texte, so kann einerseits das Hauptaugenmerk auf die Erfassung des Inhalts bzw. der Handlungsanweisung gelegt werden, dazu sind diese Texte ja auch vorwiegend da. Andererseits aber kann der Schwerpunkt auf die sprachliche bzw. textlinguistische Seite gelegt werden, also auf die Gestaltungsweise, auf kodifizierte oder zumindest ritualisierte Textmuster und -eigenschaften. Will man über den bloßen Erwerb nur reproduzierbaren Faktenwissens hinaus gelangen, so steht außer Frage, dass neu zu erwerbendes Wissen in vorhandene Wissenbestände eingeordnet werden muss. Man kann sicher davon ausgehen, dass in der Mehrzahl der Fälle bei einer Fokussierung auf inhaltliche Aspekte ganz andere Wissensbestände bis hin zum Weltwissen relevant werden als bei einer Fokussierung auf überwiegend sprachliche oder gar nur textimmanente Aspekte. Diskutiert werden müsste also, ob die Abstrahierung, also z.B. das Erkennen übergreifender Textmuster, bis zu einem gewissen Grade nicht der Konkretisierung, also der auf den konkreten Text bezogenen inhaltlichen Auseinandersetzung und dem Einordnen der entnommenen Wissensbestände, entgegensteht.
4. Wir wissen aus der pädagogischen Forschung heute zudem, dass kognitive Operationen und Handlungswissen nur in sehr begrenztem Rahmen von einem Wissensbereich auf andere Wissensbereiche zu transferieren sind. Gerade bei der herkömmlichen Arbeit mit Sachtexten im Unterricht aber behandeln wir oft sehr disparate Wissensbereiche. Insofern erscheint es auch aus dieser Perspektive sehr fraglich, ob es tatsächlich ausreichend ist, im Deutschunterricht vermehrt mit Gebrauchstexten zu arbeiten, um die allgemein geforderten „cognitive skills" zu fördern, welche über die reine Lesekompetenz ja weit hinausreichen. Notwendig ist dazu meines Erachtens vielmehr die **Entwicklung eines**

Metawissens und übergreifender Handlungskompetenzen, die nicht an Fachgrenzen enden und in sehr unterschiedlichen Situationen zur Anwendung gebracht werden können. In den städtischen Gymnasien Münchens gibt es z.B. inzwischen so genannte „Skill-Stunden", in denen fachunabhängig und exemplarisch solche weitreichenden Qualifikationen und Kompetenzen entwickelt werden. Dies erscheint mir für den gewünschten Effekt in Hinblick auf das „PISA-Leck" allemal ein weit sinnvollerer Weg als *nur* den Deutschunterricht in die Pflicht nehmen zu lassen.

5. Letzter Punkt: Gerade wenn wir uns in Richtung des bislang skizzierten Weges bewegen, brauchen wir didaktische Ansätze, die weit mehr als bisher auf **offenen, nur wenig strukturierten Problem- und Handlungssituationen** basieren. Zudem sollten wir mehr auf **ergebnisoffene** Aufgaben vertrauen, die verschiedene Lösungswege nicht nur zulassen, sondern sogar unterstützen. Viele traditionelle Aufgabenstellungen sind so konzipiert, dass Elemente aus einer exakt vorgegebenen Informationsmenge im Hinblick auf eine geschlossene Fragestellung lediglich neu kombiniert werden sollen. Mit einem derart konvergenten Vorgehen kann sich sicherlich keine umfassende Problemlösefähigkeit entwickeln. Kennzeichnend für die PISA-Aufgaben waren dagegen divergente Aufgabenstellungen mit nicht vorgegebenen Lösungswegen; dementsprechend schlecht konnten sie von den deutschen Schülern gelöst werden.

These 6:

In didaktisch-methodischer Sicht sollte der Deutschunterricht im Umgang mit Sachtexten stärker handlungsorientiert sein; er sollte konkrete und authentische Situationen dabei ebenso nutzen wie Modellbildung und Simulation. Notwendig wäre zudem, Abstraktion (Textmusterwissen) und Konkretisierung (inhaltliche Aufarbeitung) stärker zu trennen. Fachübergreifende Kompetenzen großer Reichweite sollten auch fachübergreifend entwickelt werden, z.B. in „Lernstudios", einer „Lernwerkstatt" o.ä. Die Arbeit mit wenig strukturierten („ill-structured") Problemen und offenen Aufgabenstellungen ist zu stärken; dies entspricht der Lebenswirklichkeit und nur so können sich Kreativität und Problem lösendes Denken entwickeln.

7 Verbindung von Rezeption und Produktion

Soweit ich die Forschungslage überblicke, ist bei pragmatischen Texten bislang über den Zusammenhang von Rezeption und Produktion kaum etwas bekannt, obwohl beides doch seit langem schon zum Kernbereich des Deutschunterrichts gehört. Inwieweit ist das, was wir über das Schreiben von Aufsätzen wissen, auch auf Sachtexte übertragbar? Wie wichtig ist das Sach-Wissen für das Sach-Schreiben und *vice versa*? Und wie hängt beides mit dem Sachtext-Lesen zusammen? Erinnert sei in diesem Zusammenhang z.B. daran, dass für das Schreiben von Erörterungen nachgewiesen werden konnte, dass das inhaltliche Wissen zu über 50% für die erreichte Note relevant ist. Wir wissen aus der Schreibprozess-orientierten Forschung auch, dass beim Schreiben von Aufsätzen die Kenntnis von Textmustern zwar notwendig und hilfreich, aber alleine keineswegs ausreichend ist. Gilt Ähnliches auch für die verschiedenen pragmatischen Textsorten? Welche Bedeutung hat hier das imitative Lernen? Und wie sieht es dann erst bei nichtkontinuierlichen „Texten" aus, also jenen, die nicht primär sprachlich vermittelt werden, wie etwa Graphiken, Zeichnungen, Tabellen usw., die ja in den PISA-Aufgaben auch eine ganz große Bedeutung hatten? Jede Menge offene Fragen also zum Thema Sachtexte.

Erlaubt sei gegen Ende dieses Beitrages, den Blickwinkel ein wenig über das eigentliche Thema, das Verstehen von Sachtexten, hinaus zu erweitern. Nach wie vor ist in der Schulpraxis beim Schreiben insbesondere, aber nicht nur von sachorientierten Textarten die von Seiten der Didaktik seit Jahrzehnten schon kritisierte Orientierung an stark formalisierten Aufsatzformen dominant; man schreibt „den Erlebnisaufsatz" und „den Bericht", „die Personenbeschreibung" und „die Gegenstandsbeschreibung", „die Problemerörterung" usw. Der jeweils konkret dargestellte Inhalt scheint dabei gegenüber dem Einhalten des vorgegebenen und eingepaukten Kriterienkatalogs oft nur nachrangig zu sein. Bei näherem Nachdenken fällt rasch auf, dass das hohe Gewicht der formalen Seite bei einer vergleichsweisen Vernachlässigung der inhaltlichen Seite im Rahmen des Produktionsprozesses, also beim Schreiben von Sachtexten, mit einer zumindest strukturell ähnlichen Vorgehensweise bei der Rezeption, also dem Lesen von Sachtexten, in auffallender Weise korrespondiert: Müssen beim Schreiben die Kriterienkataloge der vorgegebenen Textsorte eingehalten werden, so ist es bei zahlreichen Aufgabenstellungen im Zusammenhang mit dem Rezipieren so, dass mittels bestimmter Kriterien die Textsorte ermittelt und bestimmt werden soll. Ob beides mit dafür verantwortlich sein könnte, dass gerade deutsche Schülerinnen und Schüler sich so schwer tun, den Inhalt von Sachtexten erfassen, einordnen und bewerten zu können, kann hier nur als Vermutung in den Raum gestellt werden.

Es ist sehr unbefriedigend, auf alle aufgeworfenen Fragen keine sicheren Antworten zu wissen – und die einzige Schlussfolgerung, die sich derzeit ziehen lässt, ist, dass die didaktische Grundlagenforschung gerade in dieser Hinsicht deutlich gestärkt werden muss, und zwar personell und finanziell (vgl. dazu auch den Beitrag von V. Frederking in diesem Band). Wenn es der Bildungspolitik ernst ist mit dem Anliegen, den in der PISA-Studie eindeutig aufgezeigten Schwächen des deutschen Bildungssystems offensiv und wirkungsvoll entgegenzuwirken, dann müssen dafür auch die Möglichkeiten geschaffen werden.

These 7:

Eine didaktisch orientierte empirische Forschung zum Themengebiet „Sachtexte" muss als dringendes Desiderat erkannt und unterstützt werden. Ein erster Schwerpunkt könnte dabei das Verhältnis von Produktions- und Rezeptionskompetenz sein.

Anmerkungen

1 Die bei der Abfassung dieses Aufsatzes gerade erst vorveröffentlichten Ergebnisse der IGLU-Studie bleiben hier weitgehend unberücksichtigt. Zum einen sind die konkreten Details bislang nur teilweise bekannt und noch kaum qualifiziert diskutiert worden; zum anderen ändert das nach dem PISA-Schock kaum erwartete bessere Ergebnis im Ländervergleich in keiner Weise die durch PISA und PISA-E aufgedeckten Defizite.

2 Bis zu diesem Punkt sind sich traditionell orientierte Ansätze, semikonstruktivistische bzw. kognitionspsychologische und radikal konstruktivistisch orientierte Modelle noch einig.

3 Exemplarisch genannt seien etwa Willenberg 1987; Pätzmann 1980; Kreft/Vollertsen/Wellner 1981; Spinner 1978; 1984, 1987, 1993; Hölsken 1986; Meutsch 1987; Rünger 1990.

4 Auch dieser didaktische Ansatz ist nicht neu, sondern aus der Literaturdidaktik quasi „importiert".

Verwendete Literatur

Abraham, Ulf/Beisbart, Ortwin./Frederking, Volker: Die PISA-Studie im Blickpunkt der Deutschdidaktik. 12 Thesen. In: http://www.deutschdidaktik.ewf.uni-erlangen.de. Dezember 2002.

Bos, Wilfried/Lankes, Eva-Maria/Prenzel, Manfred/Schwippert, Knut/Walther, Gerd/Valtin, Renate (Hrsg.): Erste Ergebnisse aus IGLU. Schülerleistungen am Ende der vierten Jahrgangsstufe im internationalen Vergleich. Münster/New York/München/Berlin: Waxmann 2003.

Christmann, Ursula/Groeben, Norbert: Anforderungen und Einflussfaktoren bei Sach- und Informationstexten. In: Groeben/Hurrelmann 2002. S. 150–73.

Baumert, Jürgen/Klieme, Eckhard/Neubrand, Michael/Prenzel, Manfred/ Schiefele, Ulrich/Schneider, Wolfgang/Stanat, Petra/Tillmann, Klaus-Jürgen/Weiß, Manfred (Hrsg.): PISA 2000. Basiskompetenzen von Schülerinnen und Schülern im internationalen Vergleich. Opladen: Leske + Budrich 2001.

Groeben, Norbert/Hurrelmann, Bettina (Hrsg.): Lesekompetenz. Bedingungen, Dimensionen, Funktionen. München/Weinheim: Beltz 2002.

Heinemann, Margot/Heinemann, Wolfgang: Grundlagen der Textlinguistik. Interaktion – Text – Diskurs. Tübingen: Niemeyer 2002.

Hölsken, Hans-Georg.: Der Text als Problem – oder wie Schüler im Unterricht Textprobleme lösen. In: Mitteilungen des Deutschen Germanistenverbandes 1986. S. 10–19.

Hummelsberger, Sigfried: Literaturunterricht und literarisches Verstehen bei Berufsschülern. "Ich lese was, was du nicht liest ..." Frankfurt am Main/Berlin/Bern/Bruxelles/New York: Lang 2002.

Hurrelmann, Bettina: Leseleistung – Lesekompetenz. Folgerungen aus PISA, mit einem Plädoyer für ein didaktisches Konzept des Lesens als kultureller Praxis. In: Praxis Deutsch, H. 176, 2002, S. 6–18.

Kammler, Clemens: Rezepte ohne Beipackzettel. Zu Otto Ludwigs Vorschlägen für eine Reform des Deutschunterrichts nach PISA. In: Der Deutschunterricht 6 (2002). S. 91–93.

Kreft, Jürgen/Wellner, Klaus/Vollertsen, Peter: Der Schüler als Leser. Identität und Abwehr. Paderborn: Schöningh 1981.

Ludwig, Otto: PISA 2000 und der Deutschunterricht. In: Der Deutschunterricht, 2 (2002). S. 82–85.

Meutsch, Dietrich: Literatur verstehen. Eine empirische Studie. Opladen: Westdeutscher Verlag 1987.

Pätzmann, Klaus: Rezeption und sinnzuweisung. Einflußnahme auf die situierung eines Brechtgedichts in der schülerrezeption. [sic!] In: Wirkendes Wort 5 (1980). S. 337–361.

Rosebrock, Cornelia: Folgen von PISA für den Deutschunterricht. In: Praxis Deutsch 174 (2002). S. 51–55.

Rünger, B.: Private Funktionalisierungen von Literatur. Über einige psychische Mechanismen beim Lesen. In: Der Deutschunterricht 6 (1990). S. 73–82.

Spinner, Kaspar H.: Der mißverstandene Humpf und die verstehenden Schüler. Beobachtungen zur kognitiven Verstehenskompetenz vom 5. bis 12. Schuljahr. In: Müller-Michaels, Harro (Hrsg.): Jahrbuch der Deutschdidaktik 1983/84. Tübingen: Narr 1984. S. 23–25.

Spinner, Kaspar H.: Entwicklung des literarischen Verstehens. In: Beisbart, Ortwin et al. (Hrsg.): Leseförderung und Leseerziehung. Donauwörth: Auer 1993. S. 55–64.

Spinner, Kaspar H.: Interpretieren im Deutschunterricht. In: Praxis Deutsch 81 (1987). S. 17–23.

Spinner, Kaspar H.: Eigene Erfahrungswelt als Deutungsfolie. Ein literaturdidaktisches Problem. In: Westermanns Pädagogische Beiträge 12 (1978). S. 471–474.

Willenberg, Heiner (Hrsg.): Zur Psychologie des Literaturunterrichts. Schülerfähigkeiten – Unterrichtsmethoden – Beispiele. Frankfurt am Main: Diesterweg 1987.

Sachtexte lesen und schreiben – Fächerverbindungen nutzen

GABRIELA PAULE

1 Textsortenkompetenz im Licht der PISA-Studie

Die internationale PISA-Studie zur Lesekompetenz (2000) konfrontierte 15jährige Schülerinnen und Schüler hauptsächlich mit sogenannten expositorischen Texten, Sachtexten also, die vorrangig nicht expressiv oder appellativ sind, sondern der Darstellung und Erörterung von Sachverhalten dienen. Sie haben in erster Linie informierende und erläuternde Funktion und – im Unterschied zu literarischen Texten – einen deutlichen Verwendungszweck. Den Schülern lagen sie sowohl in kontinuierlicher wie in nicht-kontinuierlicher Form (Tabellen, Diagramme, Graphiken etc.) vor. Diese Textauswahl orientierte sich an einem „Grundbildungskonzept, in dem Lesekompetenz als Fähigkeit verstanden wird, Texte zu verstehen, zu nutzen und über sie zu reflektieren, um eigene Ziele zu erreichen, das eigene Wissen und Potenzial weiterzuentwickeln und am gesellschaftlichen Leben teilzunehmen“ (Artelt et al. 2001, S. 97). Die Konzeption des Tests hatte damit ausdrücklich nicht zum Ziel, die jeweiligen Lehrpläne für den muttersprachlichen Unterricht abzubilden. PISA blendet beispielsweise den Bereich literarischer Genres größtenteils aus, der aber in deutschen Lehrplänen des Gymnasiums im Vergleich zu Sachtexten deutlich stärker gewichtet ist (vgl. den Beitrag von K. H. Spinner in diesem Band).

Wie die Studie gezeigt hat, ist die so getestete Lesekompetenz deutscher Schülerinnen und Schüler im internationalen Vergleich unterdurchschnittlich. Dieses Ergebnis erfordert Konsequenzen auf verschiedenen Ebenen. Neben einem anzustrebenden systematischeren Leseunterricht innerhalb des Faches Deutsch wird in Bezug auf Sachtexte insbesondere eine fachübergreifende Perspektive lohnend sein. Denn Defizite in der Lesekompetenz wirken sich auch in hohem Maße auf das Lernen in denjenigen Schulfächern aus, die den kompetenten Umgang mit Sachtexten weitgehend voraussetzen. Naturwissenschaften, Mathematik oder Geschichte kommen ohne zumindest grundlegende Textsortenkompetenz der Lernenden nicht aus. Erwartet werden sowohl Rezeptions- als auch Produktionskompetenz für verschiedenste Textsorten, die sich ihrerseits auf der Basis eines Bündels von Erwartungen des Lesers bzw. an den Leser konstituieren.

Aus dieser Perspektive stellen sich nach den Ergebnissen der PISA-Studie folgende Fragen:

- Welches Basiswissen über Sachtexte muss der Deutschunterricht speziell im Hinblick auf gelingendes Lernen in anderen Fächern vermitteln?
- Inwieweit verfügen Schüler über diese notwendigen Voraussetzungen und inwieweit nicht?
- Welche Konsequenzen ergeben sich daraus für das Fach Deutsch und die von ihm zu erbringenden Leistungen?

Aus diesen Fragen wird ersichtlich, dass das Fach Deutsch hier auch als „Dienstleistungsfach" verstanden wird. So wie Deutschdidaktiker und Deutschlehrer zu Recht fordern, dass jeder Fachunterricht immer auch Sprachunterricht zu sein hat, so muss umgekehrt der Deutschunterricht anderen Fächern zuarbeiten und sprachliches Grundwissen für sie bereitstellen. In Bezug auf Sachtexte wird man die Vermittlung von Rezeptions- und Produktionskompetenz für eine breite Palette an Textsorten fordern müssen. Denn die einzelnen Fächer haben unterschiedliche Bedürfnisse: Während z.B. in Mathematik viel mit Definitionen gearbeitet wird, sind im Fach Biologie exakte Beschreibungen unverzichtbar. Freilich kann eine solche Zuarbeit des Faches Deutsch nicht bedeuten, dass der Deutschunterricht fachfremde Texte zum Gegenstand der Untersuchung machen soll – dies bleibt Sache des jeweiligen Fachunterrichts und der fachspezifischen Arbeitsweisen und Anforderungen. Aber der Deutschunterricht ist – und dies kann an seinen ureigenen Gegenständen geschehen – zuständig für die Vermittlung von grundlegender Textsortenkompetenz, an die der Fachunterricht anknüpfen und auf die er aufbauen kann. Vorliegender Beitrag will sich am Beispiel der Fächer Deutsch und Mathematik diesen Fragen nähern und am exemplarischen Fall, einer fächerverbindenden Unterrichtskonzeption zur Textsorte Definition, erste Antworten suchen.

2 Die Textsorte „Definition"

Im Mathematikunterricht lässt sich häufig beobachten, dass Schülerinnen und Schüler große Schwierigkeiten haben, sich über mathematische Sachverhalte sprachlich zu äußern. Das liegt sicherlich zum Teil daran, dass der Mathematikunterricht selbst allzu oft die Förderung fach*sprachlicher* Kompetenzen gerade nicht in den Mittelpunkt des Interesses rückt. Andererseits muss der Mathematikunterricht – wie jeder andere Fachunterricht auch – sprachliche Grundkenntnisse voraussetzen können, und er tut dies im Vertrauen darauf, dass sie vom Deutschunterricht vermittelt werden. Begibt man sich aber im Mathematikunterricht auf das Feld sprachlichen Lernens, so wird ersichtlich, dass Schülerinnen und Schüler häufig nur unzureichend über die Basisqualifikationen verfügen, die zur sprachlichen Bewältigung mathematischer Zusammenhänge notwendig wären: das Verstehen und Verfassen von Definitionen oder Beschreibungen, das Lesen von Schaubildern oder auch das Verfügen über sprachlogische Fähigkeiten (z.B. konditionale Beziehungen). Wie man diesen Defiziten durch eine engere Verzahnung von sprachlichem und fachlichem Lernen begegnen kann, soll nun am Beispiel der Textsorte Definition diskutiert werden.

Definitionen mathematischer Begriffe sind zentraler Bestandteil des Faches. Wie die Unterrichtspraxis und ein Blick in Schulbücher zeigen, werden Definitionen in der Regel vorgegeben, um schnell damit arbeiten und Gesetzmäßigkeiten bzw. Anwendungen erschließen zu können. Schüler nehmen solche Definitionen zur Kenntnis, sie können sie meist auch schnell reproduzieren und bei ausreichender Übung korrekt anwenden. Dennoch bleibt bei einem solchen Vorgehen häufig verborgen, dass sich die Schüler keinen ausreichenden Begriff von der definierten Sache bilden konnten – die Definition bleibt für sie gewissermaßen leer. Folge davon ist nicht selten ein sinnentleertes, verselbstständigtes Hantieren mit dem neuen Begriff. Im Unterricht tritt dies allerdings oft erst dann zutage, wenn es um komplexere Sachzusammenhänge geht, die einen Transfer verlangen – also in einer relativ späten Phase der Begriffsbildung. Hier noch nacharbeiten oder reparieren zu müssen, gestaltet sich in der Regel als extrem schwierig.

Da erscheint ein methodisches Vorgehen günstiger, das Begriffe nicht deduktiv „einführt", sondern sie vom Schüler selbsttätig entwickeln lässt und dadurch begreifendes Denken von Anfang an wach hält. Die Gefahr bloßen Reproduzierens von eventuell nur auswendig gelernten Definitionen ohne verstehendes Durchdringen wird so zumindest reduziert. Die Lernenden erhalten die Chance, verschiedene Stufen der Begriffsbildung bewusst zu durchlaufen. Erst danach wird der entwickelte Begriff verbal in Form einer Definition festgelegt. Sie ist damit Ergebnis, nicht Beginn des initiierten Begriffsbildungsprozesses. Das vorzustellende unterrichtliche Experiment folgt dieser Konzeption und richtet die Aufmerksamkeit vor allem darauf, dass die Schülerinnen und Schüler neben der Entwicklung eines mathematischen Fachbegriffs über Leistung und sprachliche Struktur einer Definition reflektieren, Textrezeption wie -produktion trainieren und die Relevanz sprachlicher Qualität und Verständigung für gelingende fachliche Kommunikation erkennen. Im Rahmen dieses Beitrags wird insbesondere nach den vom Fach Mathematik erwarteten Kompetenzen der Schüler in Bezug auf die Textsorte Definition zu fragen sein.

3 Beispiel: die „Zentrische Streckung"

Thema der vorzustellenden Unterrichtskonzeption ist die Zentrische Streckung, ein Teilgebiet der Geometrie, das im bayerischen Lehrplan für das Gymnasium der Jahrgangsstufe 9 zugeordnet ist. Die Wahl dieses Themas bietet sich aus verschiedenen Gründen an: Die Schüler machen schon in Klasse 8 erste Erfahrungen auf dem Gebiet der mathematischen Logik – sie lernen Möglichkeiten des Definierens, Behauptens und Beweisens kennen. So ist Grundlagenwissen für die Erarbeitung der Textsorte Definition bereits durch den Mathematikunterricht selbst angebahnt. Gleichzeitig sieht auch das Fach Deutsch in Bayern eine Beschäftigung mit Definitionen vor:

- Im Lehrplan von 1992 findet sich für Klasse 9 im Rahmen der Sprachbetrachtung der Aspekt „Wortbedeutung und Begriff", bei dem insbesondere „Bedeutung im Kontext, Mehrdeutigkeit, Ober- und Unterbegriffe" thematisiert werden. Dies setzt sich in Jahrgangsstufe 10 fort, indem ausdrücklich noch einmal die „Erklärung von Begriffen und Wortbedeutungen" sowie „Fach- und Sondersprachen" erwähnt werden (Lehrplan für das bayerische Gymnasium 1992, S. 328).
- Im Entwurf für den neuen gymnasialen Lehrplan (ISB-Bayern, 19. 2. 2003) ist das entsprechende Thema ebenfalls für Klasse 9 geplant und erfährt in Jahrgangsstufe 10 eine Präzisierung: „Definieren von Begriffen: Klassifizierungen, Unterscheidungsmerkmale, Umschreibungen".

Die strukturellen Vorgaben sind damit in diesem Fall recht günstig, es bedarf im Prinzip nur einer zeitlichen Absprache der beiden Fächer Deutsch und Mathematik. Dass die Themenwahl schließlich auf einen geometrischen Sachverhalt fiel, liegt an dem oben beschriebenen methodischen Vorgehen einer eigenaktiven – geometrisch gesprochen: konstruktiven – Erarbeitung des Begriffs durch die Schüler. Geometrische Themen sind für Schüler in der Regel anschaulicher als algebraische und erleichtern damit das geplante Vorgehen, welches mit Gymnasiasten der 9. Jahrgangsstufe eines mathematisch-naturwissenschaftlichen Zweigs erprobt wurde.

Da es im Folgenden hauptsächlich um die sprachlichen Fähigkeiten der Schüler, insbesondere deren Basiswissen zur Textsorte Definition geht, wird die Darstellung auf eine exakte Analyse des mathematischen Sachverhalts weniger Wert legen als auf die Erkenntnisse und Konsequenzen aus deutschdidaktischer Perspektive. Dem Fach Mathematik kommt hier lediglich exemplarische Funktion zu, mathematische Sachverhalte werden nur so weit beleuchtet, wie es für das Verständnis des Unterrichtsexperiments notwendig ist.

Abbildung 1

Die geometrische Abbildung der Zentrischen Streckung hat mit maßstäblichen Vergrößerungen bzw. Verkleinerungen zu tun: Eine Figur wird so auf eine andere Figur abgebildet, dass beide sich zwar in der Größe, aber nicht in der Form unterscheiden (s. Abb. 1). Den Vergrößerungsfaktor nennt man üblicherweise *k*, er bestimmt das Längenverhältnis von Urbild- und Bildstrecken.

Nach dem oben dargelegten Konzept war zu überlegen, welche Möglichkeiten zur eigenaktiven Begriffsentwicklung und -festlegung sich für diesen geometrischen Sachverhalt anbieten. Unter den gängigen Methoden des Geometrieunterrichts lag eine Kombination folgender Strategien nahe (vgl. Winter 1983, S. 35; siehe auch: Holland 1975, S. 59–68):

a) einer konstruktiven: Damit sind geometrische Konstruktionsverfahren gemeint, die – unter Bezug auf die zu abstrahierenden Merkmale – zur Herstellung genau der Gegenstände führen, die unter den zu entwickelnden Begriff fallen sollen.
b) einer explizit-definitiven: Begriffe werden hier durch die Strukturierung ‚Oberbegriff plus unterscheidende Merkmale' gebildet. Dies ermöglicht insbesondere eine Einordnung des neu zu definierenden Begriffs in ein bereits vorhandenes Begriffsnetz.

Auf dieser Grundlage ergaben sich drei wesentliche Phasen der Unterrichtseinheit:

1. Nach einer umfassenden Problemstellung erarbeiteten sich die Schülerinnen und Schüler konstruktiv einen Begriff von der Abbildung ‚Zentrische Streckung'. Dies mündete in erste schriftliche Definitionsversuche durch die Schüler.
2. Daran schloss sich eine intensive Phase des Sprachunterrichts an: Um die Diskussion und Überarbeitung der Schülertexte vorzubereiten, wurden Kenntnisse zur Textsorte Definition wiederholt bzw. neu erworben – in rezeptiv wie produktiv orientierten Arbeitsaufträgen.
3. Schließlich wurden in einer Überarbeitungsphase die ersten Definitionsversuche verbessert und erneut auf ihre fachliche und sprachliche Qualität geprüft. Erst danach und in kritischer Auseinandersetzung mit Definitionen aus Schulbüchern wurde der Begriff ‚Zentrische Streckung' endgültig festgelegt.

Um die Schüler in der ersten Phase für das Problem des maßstäblichen Vergrößerns bzw. Verkleinerns zu sensibilisieren, erhielten sie verschiedene Bilder in je zwei unterschiedlichen Größen – z.B. einen Stadtplan, ein Foto, einen Kunstdruck (analog zur Abb. 1). An diesen Beispielen wurden zunächst Gemeinsamkeiten und Unterschiede der Bildpaare sowie ihre Wirkung auf den Betrachter diskutiert, was allmählich zu der Frage führen sollte, wie die jeweils eine aus der anderen Figur konstruktiv entsteht. Auch wenn die Schüler sehr unterschiedlich mit dieser Herangehensweise umgingen, so konnte in jedem Fall ein Problembewusstsein geschaffen werden: Hier war offenbar geometrisch etwas zu leisten, eine Abbildung zu finden, die die festgestellten Gemeinsamkeiten, z.B. die gleichbleibende Form, berücksichtigt. Den Schülern war klar, wonach sie suchen sollten. Sie befanden sich damit auf einer ersten Stufe des Begriffserwerbs (vgl. Winter 1983, S. 35), sie hatten eine Situation erkannt, aus der sich eine Problemstellung ergibt. Ihre Versuche, Lösungen zu finden, zwangen danach zu genauerer und problemrelevanter Betrachtung. Dabei wurde Wesentliches isoliert und formuliert. Der nach und nach entstehende Begriff musste sodann in die vorhandene Wissensstruktur eingebaut werden. Schließlich erfolgte eine Bewusstmachung der Bedeutung des Begriffs und seine Übertragung auf weitere Situationen.

Diese Stationen reinen Mathematikunterrichts seien hier nicht näher beschrieben. Nur so viel: Am Ende der umfangreichen Phase der Begriffsentwicklung konnten die Schülerinnen und Schüler relativ routiniert mit der – bislang immer noch nicht definierten – Abbildung umgehen und bereits Transferleistungen erbringen. Es war offenbar ein Begriff entstanden, der nun in einem ersten Definitionsversuch verbal festgelegt werden sollte. Die Schüler arbeiteten daran in Einzel- oder Partnerarbeit, so dass am Ende dieses Prozesses insgesamt 17 schriftliche Definitionen vorlagen. In der Summe lassen sie Verschiedenes erkennen:

- Trotz aller Unzulänglichkeiten fachlicher oder sprachlicher Natur hatten die Schüler einen Begriff von der Zentrischen Streckung entwickelt. Die meisten ihrer Definitionen stellten das Problem der Vergrößerung bzw. Verkleinerung einer Figur dar und rückten die Formerhaltung ins Zentrum.
- Gleichzeitig genügte aber keine einzige der Definitionen auch nur annähernd den strukturellen und sprachlichen Anforderungen an die Textsorte Definition. Den Schülern ist es durchweg nicht gelungen, den Begriff in einer sprachlich angemessenen Form zu fassen.

Um eine detailliertere Analyse der Schülertexte zu erleichtern, sei zunächst eine gängige Definition der Zentrischen Steckung wiedergegeben:

Eine Zentrische Streckung mit Streckzentrum Z und Streckfaktor $k \in \Re$, $k \neq 0$, ist eine Abbildung der Ebene auf sich, die jedem Punkt P den Bildpunkt P' folgendermaßen zuordnet:

1. P' liegt auf der Geraden ZP
2. $|ZP'| = |k| \cdot |ZP|$

Z ist Fixpunkt.

Für k>0 liegen P und P' auf derselben Seite von Z.

Für k<0 liegen P und P' auf verschiedenen Seiten von Z.

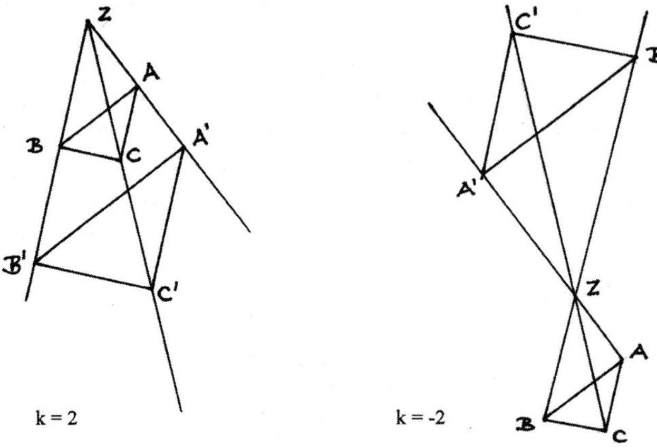

Abbildung 2

Schülertext A:

> *Wenn man eine Figur um einen bestimmten Faktor vergrößert oder verkleinert, so ist es eine Streckung. Die beiden Dreiecke sind parallel zueinander, und ihre Strecken bleiben im gleichen Verhältnis zueinander.*

Was man diesem Schüler hoch anrechnen muss, ist sein Bewusstsein von der Notwendigkeit eines definierenden Akts und dessen sprachlicher Kennzeichnung (Satz 1). Immerhin etwa ein Drittel der Schülertexte lassen derartige Ansätze erkennen, z.B. auch in der Form „*Eine Streckung ist ein Vorgang, bei dem …*“. Allerdings genügen die meisten Versuche nicht der Forderung nach Allgemeingültigkeit einer Definition. Zwar beginnt vorliegender Text allgemein (*eine Figur*), er rekurriert dann aber auf den Spezialfall (*die beiden Dreiecke*) und hält damit die Orientierung an der Norm nicht durch. Andere Arbeiten deuten Allgemeinheit lediglich dadurch an, dass sie statt nur einer gleich mehrere geometrische Figuren erwähnen („... *ein Dreieck (Viereck, Vieleck)* ...“). Auf die erheblichen mathematischen Defizite dieses Schülertextes sei hier nicht weiter eingegangen.

Schülertext B:

> *Zeichne ein Dreieck. Wähle einen Punkt Z. Ziehe Linien durch den Punkt Z. Messe die Strecke der Linien zu Z. Falls k positiv, vor Z abtragen. Falls k negativ, nach Z abtragen. Verbinde die Punkte.*

Dieses Beispiel zeigt sehr deutlich, dass der Schüler die Textsorten Definition und Konstruktionsbeschreibung nicht unterscheiden kann. Er versucht durchgängig, eine Anleitung zur Konstruktion dieser Abbildung zu geben, das Bewusstsein von Leistung oder Struktur einer Definition ist in diesem Text nirgends erkennbar. Dies zeigt sich auch in der unreflektierten Verwendung der Bezeichnung *k*. Sie wird nirgends eingeführt oder erklärt, sondern offenbar als bekannt vorausgesetzt. Genauso verhält es sich mit den am Ende benannten Punkten. Auffällig ist aber, dass der Schüler diesen Fehler beim Beginn seiner Konstruktionsbeschreibung nicht begeht, mit dieser Textsorte ist er offenbar besser vertraut: der Punkt Z wird eingeführt, bevor er weiter verwendet wird.

Schülertext C:

> *Wenn man ein Dreieck oder Viereck vergrößert oder verkleinert, dann verkleinert und vergrößert man den Flächeninhalt.*
>
> *Die Punkte der Ausgangsfigur und der ‚Bildfigur' liegen entsprechend k in einer Relation. Man braucht die Ausgangsfigur und ein Zentrum. Man verbindet die Eckpunkte mit Z. Auf der Verbindungslinie von z.B. C kann man k festlegen. Wählt man C' z.B. in der Mitte der Linie, ist k=1/2 ... Durch Parallelverschiebung erhält man die anderen Punkte. Die Vergrößerung oder Verkleinerung ist eine Kongruenzabbildung, bei der der Flächeninhalt verändert wird.*

Auffälligstes Merkmal dieses Versuchs ist das im letzten Satz zu erkennende Definitionsprinzip ‚Oberbegriff plus unterscheidende Merkmale'. Der Schüler versucht, die neu zu definierende Abbildung an bereits bekanntes Wissen anzubinden. Er klassifiziert die neue Abbildung – mathematisch leider falsch – als Spezialfall der ihm bekannten Kongruenzabbildung. Dieser letzte Satz stellt gewissermaßen eine Zusammenfassung der vorher unternommenen Versuche dar. Sie bestehen aus Mischformen zwischen Konstruktionsbeschreibung und definierenden Akten. Insgesamt wirkt der Text recht hilflos, wiederholte Anläufe werden aneinandergereiht, die festgestellten Eigenschaften der Abbildung zu beschreiben. Der Schüler vermag dabei aber zu keiner Textkohärenz zu gelangen.

Der Textbefund ist insofern eindeutig, als die vorhandenen Schwierigkeiten nur zu einem Teil auf den komplexen mathematischen Sachverhalt und die geforderte mathematische Fachsprache zurückzuführen sind. Ebenso bedeutend erscheint die fehlende Textsortenkompetenz der Schüler: Sie waren nicht in der Lage, mit den strukturellen und sprachlichen Anforderungen an eine zu entwickelnde Definition zurechtzukommen.

Allerdings zeigte der weitere Verlauf der Unterrichtseinheit, dass die Fähigkeit der Text*rezeption* in Bezug auf Definitionen deutlich besser ausgebildet war. Im Anschluss an die ersten Definitionsversuche erfolgte eine intensive Phase des Sprachunterrichts, um eine Textüberarbeitung zu ermöglichen und die Mängel der ersten Versuche zu beheben. Dazu erhielten die Schüler zunächst vorgegebene Definitionen mathematischer und nichtmathematischer Sachverhalte, anhand derer Aufgaben und Merkmale einer Definition erarbeitet bzw. wiederholt wurden. Hierbei konnte auf Kenntnisse aus der Jahrgangsstufe 8 zurückgegriffen werden, in der die Schüler bereits mit Definitionen einfacher geometrischer Objekte wie Parallelogramm, Rechteck etc. arbeiten. Diese wiederholende Übung endete mit der Formulierung notwendiger Eigenschaften einer Definition: Sie soll eindeutig, möglichst einfach, sachlich richtig und allgemeingültig sein. In dieser Übersicht noch nicht erfasst sind mögliche Verfahrensweisen zur Strukturierung einer Definition sowie ihre sprachliche Form. Für vorliegenden Fall lag nahe, das Definitionsprinzip ‚Oberbegriff plus unterscheidende Merkmale' mit den Schülern zu erarbeiten. Dies geschah wiederum an Beispielen aus verschiedensten Wissensgebieten, wobei diese nicht nur rezeptiv-beurteilend diskutiert wurden, sondern die Schüler fehlerhafte Definitionen auch verbessern bzw. optimieren sollten, hier also bereits produktiv-schreibend tätig waren.

Diese Phase des Sprachunterrichts zeigt mehreres: Zum einen deutet das relativ problemlose Erarbeiten der Eigenschaften einer Definition darauf hin, dass Kenntnisse über die Textsorte durchaus vorhanden sind. Diese können offenbar auch auf bestehende Textangebote kritisch angewendet werden; aber die selbstständige Text*produktion* scheint kaum trainiert zu sein. Dabei würde gerade eine Lese-/Schreibstrategie des Definierens (vgl. auch den Beitrag von U. Abraham in diesem Band) Verstehensprobleme aufdecken helfen. Können die Schüler aber auf keine Routinen in der Textproduktion zurückgreifen und kommt dazu ein relativ komplexer fachlicher Sachverhalt, so ist ein Scheitern an den gestellten Anforderungen sehr wahrscheinlich. Die in dieser Unterrichtskonzeption eigens darauf abgestimmte Arbeit an der Textsorte ‚Definition' führte dagegen zu einer Entzerrung und gleichzeitigen Bewusstmachung sprachlicher wie fachlicher Zusammenhänge und beförderte dadurch das Lernen auf beiden Ebenen. Dies zeigte die dritte Unterrichtsphase, die die Schüler mit der Aufgabe konfrontierte, ihre eigenen Definitionsversuche zu beurteilen und zu überarbeiten. Dazu lagen in anonymer Version alle Texte allen Schülern vor. Ausgestattet mit dem erarbeiteten Wissen über Definitionen erfolgte eine intensive und kritische Beurteilung der eigenen Produkte, so dass am Ende der Diskussion notwendige Bausteine für eine Definition der Zentrischen Streckung zusammengestellt werden konnten:

- Abbildung: P → P'
- Streckzentrum Z
- Streckfaktor k (k>0, k<0, k=0)
- P, P' und Z liegen auf einer Geraden

Mit dieser Hilfe sollten die Schüler einen neuen Definitionsversuch wagen. Ein typisches Beispiel der entstandenen Texte sei hier vorgestellt:

> *Eine Streckung ist ein Vorgang, bei dem eine beliebige Figur vergrößert oder verkleinert wird. Vom Streckzentrum Z aus wird eine Gerade durch die Punkte der Figur gezogen. Die Bildpunkte liegen dann auch auf der jeweiligen Geraden, und zwar so: Ist k>0, so liegt die Bildfigur auf derselben Seite von Z, ist k<0, liegt die Bildfigur auf der anderen Seite von Z. Die Bildstrecken sind k-mal so lang wie die Urbildstrecken. Die Bildfigur hat die gleiche Form wie die Urbildfigur.*

Wie man sofort erkennen kann, ist die Qualität dieser Definition im Vergleich zu den ersten Versuchen deutlich höher. Sie genügt der Forderung nach Allgemeingültigkeit, sie enthält keine undefinierten Elemente mehr. Der Schreiber nimmt bewusst einen Akt des Festlegens vor, der Aufbau des Textes erscheint insgesamt als systematisch und die Textualität hat deutlich gewonnen. Zwar gibt es immer noch einige Mängel in der fachlichen Präzision[1], aber dies stellt, gemessen am fachlichen Niveau einer 9. Klasse, keine Einschränkung dar. Dem Schüler ist es gelungen, den Begriff, den er sich von dem mathematischen Sachverhalt der Zentrischen Streckung gemacht hat, sprachlich weitgehend verständlich zu fassen. Diese zweiten Entwürfe führten schließlich zu einer Einigung auf eine Textfassung, mit der im weiteren Verlauf des Unterrichts gearbeitet wurde.

4 Fächerübergreifende Spracharbeit an der Textsorte „Definition"

Das vorgestellte Experiment soll abschließend sowohl aus der Perspektive des Fachunterrichts – hier Mathematik – als auch aus deutschdidaktischer Sicht gedeutet werden. Für den Mathematikunterricht stellt die dezidierte Spracharbeit an der Textsorte Definition einen Gewinn besonderer Art dar: Gegen Ende der Unterrichtseinheit, also nach der Erarbeitung der Definition, wurden die Schüler mit verschiedenen Schulbuchdefinitionen der Zentrischen Streckung konfrontiert und aufgefordert, diese auf Vollständigkeit sowie Gemeinsamkeiten und Unterschiede in Bezug auf die eigene Definition zu überprüfen. Spontane Zweifel der Schüler am Sinn dieser Aufgabenstellung ergaben sich daraus, dass sie von Schulbuchdefinitionen Korrektheit erwarteten, wodurch sich ihrer Ansicht nach eine Überprüfung erübrige. Sie hatten aber bewusst Beispiele zur Diskussion erhalten, die zum Teil andere mathematische Zugänge zu diesem Thema präsentierten und so zwar korrekt, aber mit dem im Unterricht entwickelten Begriff von der zu definierenden Abbildung nicht identisch waren. So konnten die Schüler hier direkt erfahren, dass es im Fach Mathematik tatsächlich etwas zu verhandeln, zu diskutieren gibt. Genauer: Sie haben in ihrer Auseinandersetzung mit dem Definieren die Tatsache des Definierens erfahren – dass dies ein Akt des Festlegens ist, der je nach Art des entwickelten Begriffs zu unterschiedlichen Ergebnissen führen kann. Durch das sprachliche Ringen um die Entwicklung eines Fachbegriffs wurde das Fach sozusagen nebenbei in das Stadium des Experiments zurückversetzt, in dem es möglich wird, Mathematik selbst zu „machen", entstehen zu lassen und nicht nur rezeptiv nachvollziehen zu müssen.

Damit aber wie hier ein Arbeiten an Fachtexten gelingen kann, muss sichergestellt sein, dass den Schülern notwendiges Textwissen zur Verfügung steht, das dann fachspezifisch angewendet und erweitert werden kann. Dies erfordert einen Blick über das eigene Fach hinaus, sowohl vom Deutsch- als auch vom jeweiligen Fachlehrer. Manchmal genügt dafür bereits – wie im vorliegenden Experiment – eine zeitliche Koordination. Generell wird man fordern müssen, dass andere Fächer, die in der Regel einen relativ hohen Grad an Begrifflichkeit und an Textsortenwissen erwarten, diese Bedürfnisse stärker artikulieren und diesbezüglich mit dem Fach Deutsch in Kontakt treten. Genauso gilt umgekehrt: Die Vermittlung von sprachlichem Grundwissen – eine genuine Aufgabe des Deutschunterrichts – kann nicht losgelöst von den Anforderungen anderer Fächer geschehen. Insbesondere müssen Bemühungen um die Vermittlung von Textsortenkompetenz diejenigen Sachtexte berücksichtigen, die in anderen Fächern verstärkt vorkommen, und zwar rezeptiv wie produktiv. Denn – und das hat vorliegendes Unterrichtsexperiment gezeigt – wenn Schüler über keinerlei Routinen in der Textproduktion verfügen und sich dazu ein hohes fachspezifisches Abstraktionsniveau addiert, so ist erfolgreiches fachliches Lernen zumindest in Frage gestellt. Grundlegendes Textsortenwissen bereitzustellen, muss Sache des Faches Deutsch bleiben, das kann der Fachunterricht nicht leisten.

Der erste Entwurf des neuen bayerischen Lehrplans für das Gymnasium ging in dieser Hinsicht in die richtige Richtung. Bei den verpflichtenden Schulaufgaben waren ab Jahrgangsstufe 9 auch Schreibaufgaben zu Sachtexten, z.B. Inhaltsangaben, Sachtextanalysen sowie das „Verfassen eines Informationstextes auf der Grundlage einer vergleichenden Analyse mehrerer Sachtexte" (ISB-Bayern 31.7.2002) vorgesehen. Die stärkere Berücksichtigung dieser Textsorten steht natürlich in engem Zusammenhang mit den Ergebnissen der PISA-Studie, die deutschen Schülerinnen und Schülern Defizite ihrer Lesekompetenz gerade für Sachtexte bescheinigte. Die Tatsache, dass diese Textsorten auch in höheren Klassen schulaufgabenrelevant werden sollten, also eine deutlichere Wertschätzung innerhalb des Beurteilungssystems erfahren, eröffnet und legitimiert die Möglichkeit einer konsequenteren Bezugnahme des Deutschunterrichts auf die Bedürfnisse derjenigen Fächer, bei denen insbesondere das Arbeiten mit Sachtexten im Vordergrund steht. Dies allein als Serviceleistung des Faches Deutsch zu verstehen griffe aber zu kurz, da Ergebnisse solcher Bemühungen nicht nur anderen Fächern zur Verfügung stehen, sondern auf den Deutschunterricht selbst zurückwirken: Wenn Verstehens- und Produktionskompetenz für Textsorten geschult werden, die in Fächern wie Biologie (Beschreibungen), Geografie (Diagramme) oder Mathematik (Definitionen) von zentraler Bedeutung sind, so wird das gesamte Spektrum von Sachwissen, Textsorte, Adressatenbezug, Textualität und Schreibprozess relevant und für den Schüler erfahrbar. Textsortenkompetenz für Sachtexte in einer solchen zweifachen Orientierung zu vermitteln könnte daher einer der Ansätze zum Abbau vorhandener Defizite sein.

Anmerkungen

[1] Beispielsweise fehlt der Begriff „Abbildung“; für den Streckfaktor *k* wird keine Zahlenmenge angegeben; Z als Fixpunkt wird nicht erwähnt; eine illustrierende Zeichnung fehlt; die Definition enthält immer noch Teile von Konstruktionsbeschreibungen.

Literatur

Artelt, Cordula/Stanat, Petra/Schneider, Wolfgang/Schiefele, Ulrich: Lesekompetenz: Testkonzeption und Ergebnisse. In: Baumert, Jürgen/Klieme, Eckhard/Neubrand, Michael/Prenzel, Manfred/Schiefele, Ulrich/Schneider, Wolfgang/Stanat, Petra/Tillmann, Klaus-Jürgen/Weiß, Manfred (Hrsg.): PISA 2000. Basiskompetenzen von Schülerinnen und Schülern im internationalen Vergleich. Opladen: Leske + Budrich 2001. S. 69–137.

Holland, Gerhard: Strategien zur Bildung geometrischer Begriffe. In: Beiträge zum Mathematikunterricht. Hannover: Schroedel 1975. S. 59–68.

Staatsministeriums für Unterricht, Kultus, Wissenschaft und Kunst: Lehrplan für das bayerische Gymnasium. Fachlehrplan für Deutsch. In: Amtsblatt des Bayerischen Staatsministeriums für Unterricht, Kultus, Wissenschaft und Kunst. Teil I. Sondernummer 7. München 6.2.1992.

ISB-Bayern (Hrsg.): Überarbeitung des Lehrplans für das Gymnasium (Mathematik, alle Jahrgangsstufen), In: http://www.isb.bayern.de/gym/math_inf/index.htm. (Stand 7/2002).

Winter, Heinrich: Über das Lernen von Begriffen im Mathematikunterricht der Primarstufe. In: Praxis Deutsch 59 (1983). S. 33–36.

4

Geschlechterdifferenzierender Deutschunterricht

Was machen die Jungs? Geschlechterdifferenzierender Deutschunterricht nach PISA

ANITA SCHILCHER

1 Einleitung

‚Was machen die Jungs?' fragt Nikolaus Heidelbach auf der Titelseite eines seiner Bilderbücher und schon beim Aufblättern des Buches erahnt man die Schwierigkeit der Antwort. Sie sind gut versteckt – die ‚Jungs' – und wenn man verschiedene Aufsätze und Bücher zum Thema Jungen liest, bekommt man den Eindruck, dass es immer nur ein Teil ist, der sichtbar wird. Sind sie nun „Kleine Helden in Not" (Neutzling/Schnack 1990), „Einsame Cowboys" (Benard/Schlaffer 2002) oder „Die neuen Prügelknaben" (Etzold 2002, S. 23f.), wie einige einschlägige Veröffentlichungen glauben machen wollen, oder sind sie aggressive, hyperaktive, computerspielsüchtige Monster, die weder von Eltern noch Lehrern gebändigt werden können, wie es verschiedene Artikel in „Spiegel" oder „Stern" immer wieder gerne titeln, wenn nicht gerade die realen „Kriegsspiele" herangewachsener Jungen im Blickfeld stehen.

Auf der Suche nach den Jungen gerät man in ein Gewirr von Rollenbildern und Konstruktionen, vermischt mit immer mal wieder eingestreuten empirischen Daten. Im Folgenden soll versucht werden, einige Aspekte der Forschungslage herauszugreifen und anschließend mögliche Fragestellungen und Konsequenzen für den Deutschunterricht aufzuzeigen.

Dass Jungen und Mädchen sich im Hinblick auf Lesekompetenz, -interesse und -intensität unterscheiden, wissen wir nicht erst seit PISA, wenngleich PISA das Ausmaß der Unterschiede noch einmal klar ins Bewusstsein gehoben hat. Im Folgenden seien einige Ergebnisse der empirischen Forschung der letzten Jahre kurz zusammengefasst.

2.1 Lesekompetenzen / Sprachkompetenzen

Bereits in der von Hurrelmann u.a. durchgeführten Kölner Leseklima-Studie waren Unterschiede zwischen Jungen und Mädchen in Lesefertigkeit, Lesefreude, Rezeptionsverhalten und Lesevorlieben deutlich zutage getreten (vgl. Hurrelmann/Hammer/Nieß 1993, S. 51f.).

Richter u.a. weisen auf die Überlegenheit der Mädchen im Schriftspracherwerb zwischen der 1. und 9. Klasse hin (Richter/May/Brügelmann 1994, S. 157f.). Geschlechtsspezifische Unterschiede waren also auch für PISA zu erwarten, das Ausmaß der Differenzen war dennoch überraschend.

In allen Teilnehmerstaaten der PISA-Studie erreichten die Mädchen in der Lesekompetenz signifikant höhere Testwerte als die Jungen. Vor allem beim Lesen kontinuierlicher Texte und von Prosatexten haben die Jungen weitaus größere Schwierigkeiten als die Mädchen (vgl. Stanat/Kunter 2000, S. 256). Gerade narrative und argumentative Textsorten liegen den Mädchen besonders.

In den Subkategorien „Textbezogenes Interpretieren“ und „Reflektieren und Bewerten“, also den anspruchsvolleren Textumgangsformen, war der Vorsprung der Mädchen besonders deutlich (vgl. Stanat/Kunter 2000, S. 255). Die Jungen scheinen also insbesondere in der kritischen Auseinandersetzung mit Texten relative Schwächen aufzuweisen.

Auch bei der Lesegeschwindigkeit, die mit der Lesekompetenz korreliert, erreichten die Mädchen signifikant bessere Werte.

2.2 Leseintensität – Lesemotivation

Alle entsprechenden Untersuchungen zeigen, dass Mädchen häufiger lesen als Jungen (vgl. z.B. Hurrelmann/Hammer/Nieß 1993, S. 51ff.; Bonfadelli/Fritz 1993, S. 51). Auch bei PISA wiesen die Jungen hinsichtlich der

Lesemotivation wesentlich schlechtere Werte auf als die Mädchen. Bei den deutschen 15-Jährigen trifft auf 51,8 % der Jungen die Feststellung „Ich lese nur, wenn ich muss“ genau oder annähernd zu, jedoch nur bei 26,4 % der Mädchen. Gerade was den Anteil der Freizeit-Leser und Leserinnen anbelangt, liegt Deutschland weit unter dem OECD-Durchschnitt. Da das Leseinteresse ein relativ wichtiger Faktor zur Vorhersage der Lesekompetenz ist, muss eine didaktische Konsequenz lauten, dass für eine gezielte Leseförderung neben der Vermittlung von Lesestrategien und einer Verbesserung der Informationsverarbeitung auch die Steigerung der Lesemotivation gerade bei Jungen stehen muss (vgl. dazu die Beiträge von Ch. Garbe und V. Frederking in diesem Band). Bestätigungen bzw. Präzisierungen für diese Schlussfolgerung finden sich in der fachspezifischen Leseforschung. So weisen Bischof/Heidtmann darauf hin, dass die Leseintensität bei den Jungen mit einsetzender Pubertät deutlicher zurückgeht als bei den Mädchen. Als einen möglichen Grund dafür nennen sie die verstärkte Konkurrenz, die das Lesen durch eine erhöhte Verfügungsgewalt über andere Medien erhält (Bischof/Heidtmann 2002, S. 249f.). Auch Repräsentativbefragungen der Bertelsmann-Stiftung hatten einen starken Leseknick bei den Zwölfjährigen konstatiert, der sich bei den Jungen stärker auswirkte als bei den Mädchen (vgl. Harmgarth 1999, S. 23). Zu ähnlichen Ergebnissen kommt die DFG-Studie „Muss-Lektüre versus Lust-Lektüre“. Bei den befragten Achtklässlern fanden sich unter den Viellesern mehr als doppelt so viele Mädchen wie Jungen, unter den Computer-Nutzern doppelt so viele Jungen wie Mädchen. Während der Anteil der männlichen Nichtleser in dieser Studie bei 36 % lag, waren es bei den Mädchen 11 % (Franz 2002, S. 10f.).

2.3 *Lese-/Medieninteressen*

Frauen und Männer unterschieden sich schon immer im Hinblick auf ihre Leseinteressen und das hat sich auch durch die voranschreitende gesellschaftliche Gleichberechtigung nicht wesentlich geändert (vgl. z.B. Eggert/Garbe 1995, S. 78f.; Bonfadelli/Fritz 1993, S. 54f.). Während Mädchen und junge Frauen nach wie vor auf Genres wie Mädchenbücher sowie Schicksals- und Liebesromane zurückgreifen, lesen Männer und Jungen häufig lieber Sachbücher. Abenteuerromane sind hingegen bei beiden Geschlechtern beliebt, auch humoristische und satirische Lesestoffe finden bei einer großen Zahl der Jugendlichen Gefallen. Für die im Unterricht häufig gelesenen Problembücher sowie Kinder- und Jugendbücher ist bei den Mädchen größeres Interesse vorhanden (vgl. Bonfadelli/Fritz 1993, S. 54f.; Eggert/ Garbe 1995, S. 79; Franz 2002, S. 13ff.).

Richter/Plath kommen in ihrer Untersuchung der Lesemotivation bei Grundschülern zu dem Ergebnis, dass Mädchen und Jungen während ihrer Grundschulzeit etwa gleich gerne Abenteuerliteratur (m: 63,7 %; w: 65,1 %) lesen, Jungen jedoch bereits hier ein etwas ausgeprägteres Interesse an informierenden Texten (m: 59 %; w: 52 %) haben (Richter/Plath 2002, S. 48f.).

2.4 *Lektüremotivationen und -gratifikationen*

Lesen bietet für Frauen vielschichtigere Gratifikationen als für durchschnittliche männliche Leser (Köcher 1993, S. 300ff.). Bei den Gratifikationen und Funktionen, die die Buchlektüre erfüllen soll, sind bei Frauen häufiger das eskapistische Lesen mit Betonung der Unterhaltungsfunktion und der Möglichkeit zum „Abschalten" stark überrepräsentiert, aber auch die ästhetisch-reflexive und sozial-emotionale Ebene spielen eine wichtige Rolle. Bei den Männern steht die Informationsgewinnung im Vordergrund (Hurrelmann/Hammer/Nieß 1993, S. 51; Eggert/Garbe 1995, S. 79f.). Wie bereits oben erwähnt, zeigen sich diese Unterschiede schon bei den Kindern. So gilt für Mädchen und Frauen, dass zum Lesen nicht in erster Linie ein rationaler, zweckorientierter Zugang gewählt wird, sondern ein ganzheitlicher, der auch emotionale Komponenten enthält.

Trotzdem spielt in der Zeit der Adoleszenz auch bei den Jungen das Lesen als Möglichkeit, eigene Probleme zu bearbeiten, eine gewisse Rolle. Hierzu werden gerne Biographien und Autobiographien gewählt, aber auch literarische Texte (Eggert/Garbe 1995, S. 80).

Wie Franz aufzeigt, finden sich große geschlechtsspezifische Unterschiede bei folgenden Komponenten der Buchlektüre: Für die Mädchen der 8. Klasse ist guter Handlungsausgang wesentlich wichtiger als für die Jungen (m 38,8 %; w 56,0 %). Auch die Identifikationsmöglichkeit mit den Figuren spielt bei den Mädchen eine größere Rolle (m 70 %; w 87,1 %). Die Antworten von Mädchen und Jungen auf die Frage „Ein Buch muss so richtig meine Gefühle ansprechen" stehen sich diametral entgegen. Während 71 % der Mädchen dieser Aussage zustimmen, beantworten 72 % der Jungen diese Frage mit „nein" (Franz 2002, S. 16f.).

Neueste Untersuchungen von Bischof/Heidtmann (2002) weisen darauf hin, dass das informatorische Lesen bei den Jungen an Bedeutung verliert. Die Befragung 14–17-Jähriger ergab, dass erzählende Literatur von Jungen immer stärker ausschließlich unterhaltungs- und erlebnisorientiert genutzt wird. Dabei dominieren Bücher, die erzähltechnisch und dramaturgisch Ähnlichkeiten mit TV-Serien und Drehbüchern aufweisen. Rezeptionsgewohnheiten werden heute bereits bei Klein- und Vorschulkindern durch Hörspiele und TV-Cartoonserien geprägt, Medien, die durch eine Aneinanderreihung von Spannungshöhepunkten Aktion und Abwechslung generieren und besonders stark von Jungen konsumiert werden (Bischof/Heidtmann 2002, S. 257ff.). Von der Buchlektüre werden ähnliche Gratifikationen erwartet. Die Mehrheit der Jungen sieht als besondere Gratifikationsleistung des Buches die individuelle Phantasieanregung. Die Jungen erkennen demnach durchaus, dass das Lesen intensivere Erlebnisse als die Rezeption audiovisueller Medien verschaffen kann. Sie erwarten jedoch bereits auf den ersten Seiten eines Buches äußere Aktion und anschließend eine Abfolge von Spannungshöhepunkten, eine Struktur also, die ihnen aufgrund ihrer primären medialen Rezeptionserfahrungen die Lektüre erleichtert. Klassiker oder ambitionierte Literatur fallen hier oft heraus (Bischof/Heidtmann 2002, S. 259).

3 Jungenbilder: Abbilder, Zerrbilder, Wunschbilder?

Welche Rollen und Vorbilder hat nun der Deutschunterricht den Jungen anzubieten? Betrachtet man die Jungenbilder, die in den verschiedenen Medien präsentiert werden, so bietet sich ein äußerst disparates Bild. Schon innerhalb der für den Deutschunterricht wichtigen Kinder- und Jugendliteratur zeigt ein kurzer historischer Rückblick ganz unterschiedliche Ausprägungen der Jungenrolle. Kommen dazu noch die verschiedenen gesellschaftlichen Jungen- und Männlichkeitsbilder, wie sie sich in den unterschiedlichen Medien darstellen, entsteht oft der Eindruck, diese entstammten verschiedenen Welten oder zumindest unterschiedlichen Gesellschaften.

3.1 *Jugendliterarische Jungenbilder*

Menschen necken, Tiere quälen,
Äpfel, Birnen, Zwetschgen stehlen –
Das ist freilich angenehmer
Und dazu auch viel bequemer,

Als in Kirche oder Schule
Festzusitzen auf dem Stuhle. –
– Aber wehe, wehe, wehe,
wenn ich auf das Ende sehe!! –
Ach, das war ein schlimmes Ding,
Wie es Max und Moritz ging.
(Wilhelm Busch: *Max und Moritz*)

Dann ging er in einem Schwarm lärmender und aufgeputzter Jungen und Mädchen hinein, suchte sich einen Platz und fing sofort mit dem Nächstbesten einen Streit an. Der Lehrer, ein bejahrter und würdiger Mann, legte sich ins Mittel. Kaum hatte er sich abgewandt, als Tom seinen Vordermann an den Haaren zog und, als der Junge herumfuhr, im Nu wieder in sein Buch vertieft schien. Als nächstes piekte er einen anderen mit einer Nadel, und als dieser mit einem Aufschrei hochfuhr, bekam er vom Lehrer abermals einen Tadel.
(Mark Twain: *Tom Sawyer*)

Michel hieß ein Junge, der in Lönneberga wohnte. Das war ein kleiner wilder und eigensinniger Junge, nicht etwa so nett wie du. Obwohl er nett aussah, bestimmt, wenn er nicht gerade schrie.
(Astrid Lindgren: *Immer dieser Michel*)

Diese Zitate stellen eine recht willkürliche Auswahl an Beschreibungen aus der klassischen Kinder- und Jugendliteratur dar. Ebenso gut könnten hier noch Krabat stehen, Branko aus „Die rote Zora", Jim Hawkins und viele andere. Viele von ihnen würde man heute für aggressiv, hyperaktiv und schwer erziehbar halten. Manche von ihnen quälen Tiere, traktieren Mitschüler, treiben sich herum, begehen Diebstähle – und sind doch positive Identifikationsfiguren. Die Texte führen zwar immer wieder ihre Disziplinierung vor und verstärken damit durchaus geltende Erziehungsnormen, auf der anderen Seite unterlaufen sie diese Lesart durch die Darstellung der lustvollen Wildheit der Jungen.

Wie sehen dagegen die Jungenfiguren der modernen Kinder- und Jugendliteratur aus?

Die in den Texten auftretenden zentralen Jungenfiguren entsprechen durchaus nicht dem Klischee des Abenteuerhelden. Die Väter, die sich „einen richtigen Jungen" wünschen, sind enttäuscht, wenn ihre Söhne sich nicht entsprechend verhalten.[1]

„[...] Ich habe dir doch schon erklärt, ich bin einfach gar nichts Besonderes. Ich bin der einzige in meiner Familie, der nichts ist.“ (...) Simon breitete die Arme aus. „Wenn du schon alles weißt – in der Klasse sagen auch alle, daß ich ein Feigling bin. So. Jetzt kannst du mich wegschicken.“
(Renate Welsh: *Eine Krone aus Papier*, S. 132)

Das war besser. So konnte er liegen und träumen und nachdenken. Wenn er nicht schwimmen lernen müßte, könnte es ihm hier vielleicht doch gefallen. Aber der Vater würde nicht mit sich reden lassen ... Ein richtiger Indianer! Wie er das vorhin gesagt hatte ... Es klang wie: ein richtiger Junge. Und ein richtiger Junge mußte schwimmen können und angeln und Boot fahren und Lagerfeuer anzünden und vieles mehr.
(Klaus Kordon: *Ein richtiger Indianer*, S. 13)

Als Papa den Sattel losläßt, reißt Hannes blitzschnell die Füße von den Pedalen und stützt sich breitbeinig auf dem Boden ab. Gerade noch rechtzeitig. Sonst wäre er umgefallen. „Stell dich doch nicht so dämlich an,“ sagt Papa verärgert. Hannes legt den Kopf auf den verrosteten Lenker und beginnt zu schluchzen. „Was ist eigentlich so schwierig daran?“ fragt Papa. Die Tränen schießen Hannes in die Augen. Papa tritt einen Schritt zurück.
(Regina Rusch: *Zappelhannes*, S. 36)

„Jetzt steh nicht so schisserig da!“ schnauzte sein Vater. Er brüllte fast, vielleicht wegen des Windes, der auf der Höhenterrasse pfiff. Die Leute schauten sich um.
„Lass den Jungen“, sagte Oma.
„Nun guck doch bloß, wie der dasteht! Der macht sich ja gleich in die Hose!“
[...]
„Na los, nimm die Hände vom Geländer. Mein Gott, was bist du bloß für eine Memme!“
(Gutzschhahn, Uwe-Michael: *Der Sog*, S. 26)

Vergleicht man diese Textstellen mit denen der klassischen Kinder- und Jugendliteratur, dann könnte man fast meinen, die jetzt erwachsenen Toms, Brankos und Michels werden mit ihren Söhnen aus der modernen Kinderliteratur konfrontiert und verstehen die Welt nicht mehr. Körperliche Geschicklichkeit, Selbstständigkeit, Mut, Abenteuerlust, die Lust an die Grenzen der gesteckten Normen zu gehen – all diese Eigenschaften fehlen den modernen Kinderbuchjungen – sie sind übergegangen auf die starken Mädchen, die es wie Sand am Meer gibt.

Die Textstellen zeigen zwar den starken Erwartungsdruck der Umwelt wie auch die Scham der Jungen, dem internalisierten Rollenbild nicht zu entsprechen. Da diese Jungen im Kontext der Handlung jedoch immer positiv besetzt werden, also als ‚diskursmächtige Figuren' auftreten und letztendlich in ihrem Verhalten durch Erfolg und Akzeptanz bei Gleichaltrigen belohnt werden, werden die vorgegebenen Rollenerwartungen als irrelevant für das Gelingen ihres Lebens gesetzt und somit entwertet.

Interessanterweise werden die sensiblen Jungenfiguren oft auch nicht in ‚typischen Jungenkontexten', wie Jungenbanden, dargestellt, sondern in ihrer Freundschaft mit einem oder mehreren Mädchen. [2]

Gerade in Situationen, in denen Freundschaften zwischen Mädchen und Jungen dargestellt werden, wird von den Texten immer wieder betont, dass bestimmte Verhaltensweisen nicht geschlechtsrollentypisch festgelegt sind (Fische fangen, töten und ausnehmen, Baumhäuser bauen, Bandenführerin sein etc.).

Das Gefühl geliebt zu werden und jemanden zu lieben wird als existenziell für das Leben der Jungen dargestellt. Das bringt oft eine hohe Affinität zur Mutter mit sich. Vor allem in den Texten von Peter Härtling liegt oft eine wesentlich stärkere Identifikation der Jungen mit der Mutter als mit dem Vater vor, doch auch bei Dagmar Chidolue, Kirsten Boie und Paul Steinhöfel werden Probleme zwischen den Eltern sehr oft aus der Perspektive der Mutter wahrgenommen:

Durch diese Darstellung wird gerade die traditionelle Männer- und Väterrolle aus der Perspektive des Jungen abgewertet und eine Identifikation mit ihr ausgeschlossen.

Positive männliche Rollenvorbilder sind in den Texten Mangelware. Auch eine Identifikation mit der Mutter erscheint problematisch, denn nach wie vor gibt es ja – wie gezeigt – das Leitbild vom ‚richtigen Jungen', das sich eben nicht durch Feminisierung auszeichnet, auch wenn von den Texten die Vorstellung vom ‚richtigen' Jungen modifiziert wird.

Verstärkt wird dieser Kontrast zwischen der rollenklischeehaften Stärke und der Realität der Jungenfiguren noch, wenn die dargestellten Jungen krank sind, und es gibt auffällig viele kranke oder leicht behinderte Jungen in den Texten – im Gegensatz zu Mädchen –, z.B. Hannes (Regina Rusch: *Zappelhannes*) leidet an einer minimalen cerebralen Disfunktion, Jonas (Herbert Beckmann: *Jonas und die Sache mit der Freundschaft*) wird krank und hat Angst, dass er Aids hat, Simon (Renate Welsh: *Eine Krone aus Papier*) zwinkert ständig, wenn er aufgeregt ist, Till (Dagmar Chidolue: *Der Schönste von allen*) ist auf einem Auge blind und könnte vollständig erblinden, Annes Bruder (Renate Welsh: *Drachenflügel*) ist schwer geistig behindert, Lars (Peter Härtling: *Lena auf dem Dach*) ist zuckerkrank, Leander (Johanna Meißner-Johannknecht: *Leanders Traum*) leidet an schlimmen Allergien und Asthmaanfällen. Die auffällige Häufung kranker und behinderter Jungen verstärkt den Kontrast ‚erwartete Rolle' versus ‚Realität der dargestellten Welt' und macht somit noch deutlicher, dass eine Erfüllung der traditionellen Erwartungen von vielen Jungen gar nicht geleistet werden kann und diese Vorstellung somit aufgegeben werden muss.

So lässt sich zusammenfassend sagen, dass der „normale Junge" im Kinderbuch der 90er Jahre in der Regel sensibel und einfühlsam, verantwortungsbewusst und phantasievoll ist, auf der anderen Seite eher unsportlich, oft kränklich und wenig selbstbewusst.

Im Vergleich mit der extratextuellen Realität fällt die gehäufte Darstellung des sensiblen und etwas schwachen Jungen auf, der somit zum textkorpusimmanenten Normalfall wird. Dieses Bild entspricht – wie auch sozialwissenschaftliche Untersuchungen bestätigen (vgl. z.B. Rohrmann 1994) – nicht der Realität, sondern eher einem Wunsch nach weitgehenderer Geschlechtsrollenangleichung auf Seiten der Autoren – wobei keine Unterschiede zwischen Autorinnen und Autoren auszumachen sind.

Wie oben bereits gezeigt, lehnen die realen Jungen diese Art der Problemliteratur ab. Sie wird, wenn sie freiwillig gelesen wird, meist von Mädchen gelesen (vgl. Elstner 2003, S. 37f.).

Auch wenn die Kinder- und Jugendliteratur uns kein Abbild der Realität liefert, vermag sie doch Auskunft zu geben über die Deutungsmuster und Weltbilder der sie produzierenden Autoren (Kaulen 1999, S. 126f.) und – im weiteren Sinne – der sie rezipierenden und akzeptierenden Leser bzw. der sie akzeptierenden erwachsenen Käufer und oft nicht akzeptierenden Kinder. Literatur entwirft Modelle von Realität, die – wie John Stephens darlegt – Träger expliziter und impliziter Werte und Normen einer Gesellschaft sind und zwar auch unabhängig von der Absicht der Autoren. „Ein Buch, das ein Leser für ideologiefrei hält, wird ein Buch sein, das weitgehend mit den eigenen unbewussten Annahmen dieses Lesers übereinstimmt." Das selbstbewusste, durchsetzungsfreudige und kommunikative Mädchen, das schon zum Klischee moderner, pädagogisch wertvoller Kinderliteratur geworden ist, stellt einen Rollentyp dar, der sich seit Pippi Langstrumpf über Gretchen Sackmeier bis zu Prinzessin Pfiffigunde mit unserer Vorstellung von einer geglückten modernen Mädchensozialisation in einer emanzipierten Gesellschaft deckt.

Was aber ist mit den Jungenbildern? Sie sind nicht unabhängig von der Konstruktion moderner Weiblichkeitsentwürfe, denn wie bereits bei Talcott Parsons zu lesen ist, sind Rollen an ein kollektives Wertsystem gebunden. Die Art ihrer Differenzierung ist nicht beliebig (Parsons 1994, S. 49).

Gesellschaftlich verlief dieser Ausdifferenzierungsprozess nicht simultan. Die Angleichung der Bildungschancen für Mädchen kam einer stillen Revolution gleich, die die Gesellschaft in relativ kurzer Zeit wie kaum eine andere Revolution umstrukturierte (vgl. Hettlage 1992, S. 97). Wie wir an den Ergebnissen der PISA-Studie sehen, sind wir an einem Punkt angelangt, an dem auf schulischem Gebiet die Mädchen die Jungen überholt haben.

Was machen also die Jungs? Oder auch: Was wird mit ihnen gemacht? Auf der einen Seite entstehen Jungenbilder, die sowohl literarisch als auch gesellschaftlich auf die Mädchen- und Frauenemanzipation reagieren. Dazu gehören zweifelsohne die in der modernen, gesellschaftlich sanktionierten Kinder- und Jugendliteratur präsentierten Jungen. Auf der anderen Seite gibt es jedoch auch wieder verstärkt die Tendenz, sich einer nahtlosen Anpassung an diese durch das veränderte Selbstverständnis der Frauen entstandene Situation zu verweigern und zu versuchen, traditionelle männliche Rollenbilder aufrechtzuerhalten. Sichtbar wird dies vor allem in den anderen Medien, in Filmen und Computerspielen (vgl. z.B. Fokus 2003, H. 15), aber auch in wenig sanktionierter Kinder- und Jugendliteratur, zu der ich auch *Harry Potter* zählen würde (aber auch Bücher wie die *Animorphs* von K. A. Applegate und die *Gänsehautreihe* von R. L. Stine).

3.2 Gesellschaftliche Jungenbilder: Kleine Helden in Not – prügelnde Rowdies?

Es stellt sich die Frage, ob die Verweigerung der realen Jungen gegenüber den neuen Kinderbuchjungen uns überraschen sollte. Wie etwa Daubert und Pyerin gezeigt haben, haben sich auch die Mädchen den an sie herangetragenen Emanzipierungsversuchen á la *Aber ich werde alles anders machen* und *Lady Punk* (Dagmar Chidolue) verweigert, hauptsächlich deswegen, weil die dargestellten Inhalte ihren Vorstellungen von der romantischen Liebe so diametral entgegengesetzt waren (Pyerin 1989, S. 76; Daubert 1987, S. 95). Und jetzt weigern sich die Jungen, die aufgeklärt-emanzipatorischen Erziehungsvorstellungen, die sich in der Kinderliteratur manifestieren, zu akzeptieren.

Warum das so ist, macht auch eine Studie von Marianne Horstkemper klar, die sich unter dem bezeichnenden Titel „Was dürfen die Mädchen, was sollen die Jungen?“ (1996, S. 128) der Frage widmete, inwieweit die Geschlechtsrollenorientierungen von Jungen und Mädchen Vorstellungen von Gleichheit bzw. Differenz aufweisen. Dabei stellte sich heraus, dass die Jungen eher die Differenz betonen, während die Mädchen eher zu einer Geschlechtsrollenangleichung tendieren. (Fragen waren u.a., ob Jungen ebenso im Haushalt helfen müssen wie Mädchen oder ob Frauen auch leitende Tätigkeiten und technische Berufe ausfüllen könnten.) Interessante Ergebnisse brachte auch die Frage nach der Akzeptanz geschlechtsuntypischer Verhaltensweisen. Schülerinnen und Schülern wurden je zwei fiktive Kurzbiographien einer Schülerin (Michaela) und eines Schülers (Thomas) vorgelegt. Sie sollten einschätzen, ob sie die geschilderten Altersgenossen sympathisch fänden oder nicht. Michaela wurde als aktives, für viele Dinge aufgeschlossenes Mädchen dargestellt, das neben sozialem Engagement in der Jugendarbeit auch technische und Computerinteressen verfolgt und sich von Jugendlichen, die nur „Klamotten und Jungs“ im Kopf haben, deutlich absetzt. Thomas wird als eher zurückhaltender, musisch interessierter, dabei auch erfolgreicher und weitgereister junger Mensch beschrieben, der vielfältige kulturelle Interessen verfolgt und sozial engagiert ist. Beide Jugendlichen verkörpern keine Extremtypen, sie repräsentieren jedoch jeweils Eigenschaften, die dem männlich-weiblich Stereotyp nicht voll entsprechen.

Michaela wird sowohl von den meisten befragten Jungs wie auch den Mädchen übereinstimmend sympathisch gefunden (von 76% der Mädchen und 72% der Jungen). Thomas dagegen finden zwar 74% der Mädchen sympathisch, jedoch nur 55% der Jungen. 45% der Jungen lehnen ihn ab. Dieses Ergebnis legt den Schluss nahe, dass Mädchen es leichter haben, sich von stereotypen Festlegungen zu distanzieren. „Jungen hingegen sollen Jungen bleiben“ resümiert Horstkemper. „Die Furcht, als lächerlich, verweichlicht oder zu wenig „cool“ zu gelten, hemmt die Experimentierlust mit Verhaltensweisen, die aus dem Bereich männlicher „Normalität“ herausfallen. Insbesondere die Gruppe der Gleichaltrigen sanktioniert solche Verhaltensweisen in der Regel negativ, jedenfalls gibt es kaum positive Resonanz darauf“ (Horstkemper 1996, S. 128). Moderne Jungenbücher dürften zum großen Teil als Bedrohung für die männliche Selbstfindung erlebt werden. Viele typische Klassenlektüren – meist entnommen aus dem Kanon der „guten“ Kinder- und Jugendliteratur – haben einen sensiblen, schwachen Jungen als Protagonisten. Wie eine Untersuchung von Gabriele Runge zeigt, ist der mit Abstand meistgelesene Jugendbuchautor in deutschen Klassenzimmern Peter Härtling (Runge 1997, S. 6f.). Warum ist das so? Ich denke, wir – die Lehrer und Lehrerinnen, Didaktiker und Didaktikerinnen, aber auch Autoren und Autorinnen – wünschen uns Jungen, die nicht wie kleine Rambos durch das Schulhaus ziehen und jeden Zwist mit den Fäusten lösen und finden deshalb die beschriebenen Jungen recht sympathisch. Ich denke, es ist auch nicht unredlich, als Erziehungsziel den emanzipierten, partnerschaftlichen, kommunikativen Mann vor Augen zu haben. Zudem erleben wir ja Tag für Tag, dass die Mehrzahl der Jungen durchaus nicht dem Prototyp des ‚Superhero‘ entspricht, sondern dass viele Jungen unter dem Druck der Rollenerwartungen ein negatives Selbstkonzept entwickeln. Besonders extrem erleben dies z.B. homosexuelle Jungen, von denen statistisch gesehen in jeder Klasse einer ist (vgl. Rosalila PanterInnen 2001, S. 1). Auch Defizite und Krankheiten, von denen überwiegend Jungen betroffen sind, wie das ADS-Syndrom, Lese-Rechtschreibschwächen, Erkrankungen wie Asthma, Autismus, Stottern sowie eine niedrigere Stress-Toleranz, ein erhöhtes Unfall- und Suizidrisiko (Romberg 2003, S. 73ff.) weisen darauf hin, dass vom „starken“ Geschlecht im Hinblick auf die Jungen eigentlich nicht die Rede sein kann. Trotzdem scheinen auch diese Jungen mehrheitlich die dargestellten Protagonisten abzulehnen, was sich in Bibliotheken daran zeigt, dass nur 3%–9% der männlichen Leser Bücher aus dem Jugendbuchregal ausleihen (Elstner 2003, S. 37).

Was sind die Konsequenzen? Zurück zu einem dichotomischen Denken, das Jungen und Mädchen auf ihre althergebrachten Rollen festlegt?

Helga Kotthoff (2003, S. 86) warnt eindringlich davor, in alte Schemata zurückzufallen. Schnell werden heute überkommene Verhaltensmuster auf biologisch-genetische Ursachen zurückgeführt. Sicher gibt es da Unterschiede, allerdings – so scheint es – besteht im Augenblick die Gefahr, dass allen Unterschieden genetische Ursachen unterstellt werden. Dass die Mädchen zur Zeit im Schnitt bessere Leistungen zustande bringen als die Jungen und vor allem im Lesen in allen OECD-Ländern besser abschneiden als ihre männlichen Alterskollegen, kann auch andere Ursachen haben als die Gene. Wie PISA gezeigt hat, korrelieren Leseinteresse und Lesekompetenz hoch. Und das Interesse der Jungen am Lesen ist – wie oben ausgeführt – im Vergleich zu den Mädchen sehr niedrig. Dass Leistung und Leseinteresse eher eine Sache der Mädchen ist, lässt sich plausibler mit gewandelten gesellschaftlichen Lebensmodellen erklären als mit genetischen Faktoren oder mit Unkenrufen von der ungerechten Behandlung der Jungen durch die Überzahl an Lehrerinnen. Natürlich ist nicht ausschließen, dass Lehrerinnen unbewusst ihre „weiblichen" Lesepräferenzen zum thematischen Ausgangspunkt ihres Unterrichts nehmen (Vgl. Etzold 2002, S. 23; Hurrelmann/Hammer/Nieß 1993, S. 50). Allerdings habe ich bei verschiedenen Praktika nicht feststellen können, dass die Lehrer grundsätzlich andere Klassenlektüren oder Texte auswählen oder einen anderen Literaturunterricht machen. Empirische Untersuchungen dazu stellen aber noch ein Desiderat der Forschung dar.

Außerhalb der Schule finden sich aber heute vor allem in der Werbung, aber auch im Action-Film wieder vermehrt alte Klischees vom ‚mackerhaften Draufgänger' (Kotthoff 2003, S. 86). Und in der Schule geht es nun mal nicht um heldenhafte Aktivitäten – außer wenn man sich als Klassenclown immer in die Frontlinie der Kritik begibt, übrigens eine typische Jungenrolle. Jungen erfahren in unserer Gesellschaft nun zweierlei: Zum einen sehen sie in den verschiedenen Medien, dass Männlichkeit bedeutet, körperorientiert, abenteuerlustig, aggressiv und mutig zu sein; auf der anderen Seite erleben sie Anforderungen von Seiten der Schule und der Eltern, die diesem Bild entgegenstehen.

Die Ambivalenz der Anforderungen an Jungen scheint ein Problem zu sein, dem wir gesellschaftlich und schulisch nicht so einfach beikommen werden. Schon im Kleinkindalter erfahren Jungen, dass rosa lackierte Fingernägel und Haarspangen sie zum Gespött ihrer Umgebung machen. Wen wundert es da, wenn sie sich als Heranwachsende von allem distanzieren, was irgendwie weiblich konnotiert ist? Wenn sie Mädchen als leistungszentriert und unterrichtsbezogen erfahren, wenn sie in der Bibliothek umringt sind von Mädchen, die in Pferdebücher vertieft sind, und wenn sich die Leiterin der Schulspielgruppe die Haare rauft, weil es kaum Stücke gibt, die 80% weibliche und 20% männliche Rollen aufweisen, dann erhalten die Jungen in diesen Beobachtungen Aufschluss darüber, was als feminin gilt.

Was das Lesen betrifft, kommt dazu noch die Tatsache, dass die Lesesozialisation traditionell eine Aufgabe der Mutter ist. Christine Garbe kommt in Rückgriff auf psychoanalytische Ansätze zu dem Ergebnis, dass eine zentrale Entwicklungsaufgabe des kleinen Jungen darin besteht, sich aus der symbiotisch-inzestuösen Beziehung mit seiner Mutter zu lösen (Garbe 2003, S. 23f.). „Kaum, dass diese Knäblein ihr erstes Selbstverständnis in der Beziehung zu ihren Müttern ausgebildet haben, wird ihnen bereits angedeutet, dass zuviel Identifikation mit diesen sie in der Welt der Männer schonungslos der Lächerlichkeit preisgibt. Was ist also mehr geboten, als sich von all diesen Haltungen so bald wie möglich wieder zu befreien? Diese Form der Initiation zum Männlichen schafft aber nahezu bei jedem Jungen eine Traumatisierung: So wie er sich bislang erlebt hat, darf er nicht mehr sein, die Beziehung seiner ersten drei oder vier Lebensjahre ist in der Öffentlichkeit dem Gespött ausgesetzt, seine Identifikation mit der Frau, die ihn ins Leben hineinführte, muss mit allen Kräften unterdrückt werden, zumindest muss er in der Öffentlichkeit so tun, als sei er schon groß, selbständig, furchtlos und ausschließlich rational orientiert.“ (Martens 2003, S. 24) Für den Prozess der Lese- und Mediensozialisation bedeutet dies, dass Lesen durch die ersten Vorleseerfahrungen sehr oft als weiblich konnotiert gilt, den vorlesenden oder auch für sich lesenden Mann gibt es in unserer Gesellschaft wesentlich seltener, wie wir aus verschiedenen Studien wissen (vgl. z.B. Bonfadelli/Fritz 1993, S. 135f.). Und auch der Deutschunterricht wird zunehmend von Lehrerinnen bestritten. Schweden z.B. reagiert auf diese Tatsache mit speziellen Maßnahmen. So können sich gewerkschaftlich organisierte Väter jeden Tag eine bestimmte Zeit frei nehmen, um ihren Kindern vorzulesen – natürlich bei vollem Lohnausgleich. Das Projekt trägt den Titel: „Laes foer mig, Pappa!“ (Vgl. Norberg 2003, S. 82). Dies ist aber nur eine Maßnahme, um das Vorbild des „lesenden Mannes“ in der Gesellschaft zu etablieren. Man könnte ja probeweise einmal versuchen, eine solche Forderungen an deutsche Politiker und Gewerkschaftler heranzutragen. Das Etikett der realitätsfremden Wissenschaft wäre wieder einmal bestätigt. Dabei wäre ein verändertes Vaterbild ein erster Schritt in Richtung eines veränderten Rollenkonzepts.

4 Folgerungen und Konsequenzen für den Literaturunterricht

Im Hinblick auf den Deutschunterricht bleibt die Einsicht, dass es utopisch ist zu glauben, dass wir die Jungen dort abholen können, wo sie sind, wie die modische „Jungenarbeit“ dies will (vgl. Kotthoff 2003, S. 88). Jungen stehen im Sinne der Normalverteilung an ganz unterschiedlichen Punkten, müssen sich aber an ein gesellschaftlich etabliertes Jungenbild anpassen, um sich nicht zum Außenseiter zu machen. Wir können nicht mehr tun als Rollenvorbilder anzubieten, die gesellschaftlich sinnvoll erscheinen, die Jungen aber nicht in unauflösbare Ambivalenzen stürzen.

Die im gegenwärtigen Literaturunterricht stattfindende Leseerziehung erreicht die Jungen nur zu einem geringen Teil. Das liegt vor allem an der Auswahl der Schullektüren, die – literarisch ambitioniert – moderne Erzähltechniken verwenden und durch einen hohen Anteil an Innensichten emphatisches und affektbezogenes Lesen unterstützen. Um die Jungen mehr anzusprechen, müsste schulische Leseerziehung Texte einbringen, die aktionsgeladen, spannend und episodenreich sind und eine höhere Verzahnung mit der Popularkultur aufweisen (vgl. Bischof/Heidtmann 2002, S. 265). Solche Texte lassen sich oft nur abseits der Empfehlungslisten und Buchpreise finden. Abenteuerliteratur, phantastische Literatur und Krimis entsprechen sowohl den Leseinteressen der Mädchen wie der Jungen. Es gilt, aus diesen Genres literarisch ansprechende Titel auszuwählen. Ich denke nicht, dass es richtig ist, im Deutschunterricht alles zu lesen, was die Schüler und Schülerinnen interessieren könnte, etwa die *Gänsehaut*-Serie von R. L. Stine oder die *Knickerbockerbande* von Thomas Brezina. Neben äußerst stereotypen Rollenmustern bieten diese Bücher zwar äußere Spannung und Action, jedoch wenig literarische Qualität. Wenn Schüler und Schülerinnen dies gerne lesen, kann es ja immer noch durch Referate in den Deutschunterricht mit einbezogen werden.

Für besonders geeignet hingegen halte ich Bandenromane. Bereits unter den Klassikern der Kinder- und Jugendliteratur spielen sie eine große Rolle (*Emil und die Detektive, Die rote Zora, Robin Hood, Krabat, Pippi Langstrumpf, Harry Potter*, fast sämtliche Serien von Enid Blyton, Oliver Hassencamp, usw.). Vor allem gemischtgeschlechtliche Banden können Identifikationsbedürfnisse bei Mädchen und Jungen befriedigen. Einige Titel, die meines Erachtens sowohl spannende, episodenreiche Handlungen aufweisen, aber auch literarisch etwas zu bieten haben, sind z.B. Manfred Mai: *Die Tigerbande*, Cornelia Funke: *Der Herr der Diebe*, Uwe Timm: *Der Schatz auf Pagensand*, Zoran Drvenkar: *Niemand so stark wie wir.*

Wenn organisatorisch möglich, bieten sich sicher gerade bei der Lektüre seedukative Phasen an, d.h. Phasen, in denen Mädchen und Jungen getrennt unterrichtet werden und dabei über „ihre" Bücher sprechen. Damit können unterschiedliche Gratifikationserwartungen von Jungen und Mädchen erfüllt werden (vgl. Barth 1997, S. 19). Dies bietet die Möglichkeit, gute Mädchen- und Jungenbücher einzubringen, ohne immer eine Gruppe zu „vernachlässigen".

Auch ein „offener Lektüreunterricht", in dem auch Computermedien eine Rolle spielen (Bertschi-Kaufmann 2002, S. 141ff.), bietet eine Alternative zur „Pflichtlektüre" einer einzigen – meist von der Lehrkraft verordneten – Lektüre. Es kann ein Rahmenthema gewählt werden, zu dem verschiedene Bücher (Prosatexte, Sachbücher) und CD-ROMs angeboten werden. Aus diesen wählen sich die Schüler und Schülerinnen je eine Lektüre, die sie selbstständig lesen. Um die für Kinder wichtige Anschlusskommunikation zu ermöglichen (vgl. Richter/Plath 2002, S. 55f.), kann eine Aufgabe darin bestehen, zu einem gelesenen Buch in der Gruppe eine Präsentation zu erarbeiten. Gerade für die Jungen bedeutet der Einbezug der neuen Medien einen erheblichen Motivationszuwachs und kann ein Übergangsmedium hin zum Buch darstellen (Bertschi-Kaufmann 2002, S. 146f.).

Ein ähnliches Vorgehen erlauben fächerintegrativ angelegte Projekte (vgl. dazu auch U. Abraham in diesem Band), also z.B. Themen wie „Säugetiere" (Deutsch/Biologie) oder „Ägypten" (Deutsch/Geschichte), in denen je eine Gruppe ein Thema ausarbeitet und anschließend präsentiert. Aus dem Bereich des Deutschunterrichts werden dabei Ziele wie das „Lesen von Sachtexten", das „Gestalten eines Referats" oder das „Zusammenfassen von Texten" erreicht. Wie eigene Befragungen ergaben, kommen integrative Projekte verstärkt den Interessen der Jungen entgegen.

Die Ergebnisse meiner eigenen Fragebogenerhebung[3] lassen ebenfalls den Schluss zu, dass Jungen überwiegend solche Methoden des handlungs- und produktionsorientierten Literaturunterrichts ablehnen, die eine „öffentliche" Auseinandersetzung mit den eigenen Gefühlen verlangen.

Dazu gehören etwa das Schreiben von Gedichten oder Briefen an fiktive Personen, das Erzählen von sich und seinem Leben oder auch das Schreiben von Schilderungen. Weniger problematisch erscheinen Methoden, die das Hineinversetzen in eine andere Rolle voraussetzen. Denn außerschulisch beteiligen sich hauptsächlich Jungen an Rollenspielen, zu denen sich eine Gruppe von Jugendlichen trifft, um sich in einer vorgegebenen fiktiven Welt in einer Rolle auszuprobieren. Ähnlich funktionieren die sogenannten MUDs, die Multi-User-Dungeons im Internet, in denen komplexe Welten entworfen werden, in denen sich zum größten Teil Jungen stundenlang in zuvor übernommenen und definierten Rollen ausagieren. Um die Jungen für handlungs- und produktionsorientierte Verfahren zu gewinnen, müsste also der Akzent auf Verfahren gelegt werden, die ein Sich-Ausprobieren in fremden Rollen ermöglichen und weniger die Entblößung des eigenen Ichs verlangen (vgl. Berghoff/Frederking 1999).

Wie gezeigt, gibt es durchaus Möglichkeiten, die Interessen der Jungen verstärkt in den Deutschunterricht zu integrieren. Ich glaube jedoch nicht, dass diese Möglichkeiten Allheilmittel sein werden. Deutsch ist seit Jahrzehnten ein Fach, das die Mädchen mehr interessiert, genauso wie Mathe und Physik traditionell Jungenfächer sind. Ich denke jedoch, dass Deutschlehrerinnen und Deutschlehrer gerade nach PISA die Wichtigkeit des eigenen Faches hoch genug einschätzen sollten, um ihre Ziele auch dann selbstbewusst zu verfolgen, wenn die Schüler und Schülerinnen nicht vor Begeisterung über die Lektüre in Jubelgeschrei ausbrechen. Erich Schön weist darauf hin, dass bei PISA bestimmte Länder eine hohe Lesekompetenz erreichen, obwohl ihre Schüler und Schülerinnen eher wenig zum Vergnügen lesen (z.B. Japan). „Die Schüler müssen lesen! Auch wenn es zunächst anstrengend ist!" ist eine Forderung Schöns (2002, S. 84ff.), die sicherlich berechtigt ist, auch wenn gerade in den unteren Jahrgangsstufen vieles getan werden muss, um das Lesen lustvoll zu gestalten (vgl. dazu auch V. Frederking in diesem Band).

Anmerkungen

1 Vgl. Hentschel 2000, S. 7: „Das bisherige Leitbild wird zum Leidbild. ‚Leiden an der Männlichkeit' in der patriarchalen Gesellschaft bedeutet für Jungen und Männer, dass diese Rollenmuster sie seelisch und körperlich krank machen."

2 Dieses für die in den Texten dargestellten Jungen „normale" (im statistischen Sinn) Verhalten lässt sich in der extratextuellen Realität nur selten finden (vgl. Rohrmann 1994, S. 107). Auch Kelle/Breidenstein (1996, S. 62) weisen auf das Distanzierungsverhalten hin: „Keine der Ethnografien zur sozialen Welt des Schulkindes läßt heute einen Zweifel daran, dass die Unterscheidung in Mädchen und Jungen eine relevante Strukturierung in der Kultur der Gleichaltrigen darstellt, und zwar eine, die vor allem auch von den Kindern selbst vorgenommen wird."

3 Die Ergebnisse werden dargestellt in: Kliewer/Schilcher: Geschlechterdifferenzierender Deutschunterricht. Erscheint Ende 2003 im Schneider Verlag Hohengehren.

Literatur

Barth, Susanne: Differenzen: weiblich – männlich. In: Praxis Deutsch 143 (1997). S. 17–23.

Berghoff, Matthias/Frederking, Volker: Virtuelle Rollenspiele. In: Deutschunterricht 2 (1999). S. 100–108.

Benard, Cheryl/Schlaffer, Edit: Einsame Cowboys. Jungen in der Pubertät. München: dtv 2000.

Bertschi-Kaufmann, Andrea: Lesen und Schreiben in einer Medienumgebung. In: Kammler, Clemens/Knapp, Werner: Empirische Unterrichtsforschung und Deutschdidaktik. Baltmannsweiler: Schneider 2002. S. 141–155.

Bußmann, Hadumond/Hof, Renate (Hrsg.): Genus. Zur Geschlechterdifferenz in den Kulturwissenschaften. Stuttgart: Kröner 1995.

Bischof, Ulrike/Heidtmann, Horst: Leseverhalten in der Erlebnisgesellschaft. Eine Untersuchung zu den Leseinteressen und Lektüregratifikationen von Jungen. Weinheim/München: Juventa 2002. S. 241–267.

Bonfadelli Heinz/Fritz, Angela: Lesesozialisation. Leseerfahrungen und Lesekarrieren. Gütersloh: Bertelsmann 1993.

Daubert, Hannelore: Probleme bei der Rezeption „emanzipatorischer" Mädchenliteratur. In Grossmann, Wilma/Naumann, Britta (Hrsg.): Frauen- und Mädchenrollen in Kinder- und Jugendbüchern. Frankfurt/Main: Max-Traeger-Stiftung 1987. S. 93–97.

Eggert, Hartmut/Garbe, Christine: Literarische Sozialisation. Stuttgart: Metzler 1995.

Elstner, Robert: Leset ihr Knaben! In: JuLit 2 (2003). S. 37–39.

Etzold, Sabine: Die neuen Prügelknaben. In: DIE ZEIT Nr. 31 (2002). S. 23–24.

Faulstich-Wieland, Hannelore: Koedukation – enttäuschte Hoffnungen? Darmstadt: Wissenschaftliche Buchgesellschaft 1991.

Faulstich-Wieland, Hannelore: Geschlecht und Erziehung. Darmstadt: Wissenschaftliche Buchgesellschaft 1995.

Fokus 2003 H. 15.

Franz, Kurt: Lese- und Medienverhalten von Schülern und Schülerinnen der 8. Jahrgangsstufe. In: Franz, Kurt/Payrhuber, Franz-Josef: Lesen heute. Leseverhalten und Leseförderung im Kontext der PISA-Studie. Baltmannsweiler: Schneider 2002. S. 2–25.

Garbe, Christine: Frauen – das lesende Geschlecht? Perspektiven einer geschlechtsdifferenzierten Leseforschung. In: Literatur und Erfahrung 26/27 (1993). S. 7–34.

Garbe, Christine: Mädchen lesen ander(e)s. In: JuLit 2 (2003) S. 14–29.

Harmgarth, Friederike (Hrsg.): Das Lesebarometer – Lesen und Umgang mit Büchern in Deutschland. Gütersloh: Bertelsmann 1999.

Hentschel, Ute: Bücher für Bruno. Neue Jungen im Bilder-, Kinder- und Jugendbuch? In: Eselsohr 3 (2000). S. 7.

Hettlage, Robert: Familienreport. Eine Lebensform im Umbruch. München: Beck 1992.

Horstkemper, Marianne: Was dürfen Mädchen, was sollen Jungen. In: Staatsinstitut für Schülpädagogik und Bildungsforschung München (Hrsg.): Typisch Junge? Typisch Mädchen? Jungen und Mädchen in Schule und Unterricht. Handreichungen für die Lehrerinnen und Lehrer an bayerischen Schulen. München: ISB 1996. S. 121–131.

Hurrelmann Bettina/Hammer, Michael/Nieß, Ferdinand: Leseklima in der Familie. Gütersloh: Bertelsmann 1993.

Kaulen, Heinrich: Vom bürgerlichen Elternhaus zur Patchwork-Familie. Familienbilder im Adoleszenzroman der Jahrhundertwende und der Gegenwart. In Ewers, Hans-Heino/Wild, Inge (Hrsg.): Familienszenen. Weinheim/München: Juventa 1999. S. 115–127.

Kelle, Helga/Breidenstein, Georg: Kinder als Akteure: Ethnographische Ansätze in der Kindheitsforschung. In: Zeitschrift für Sozialisationsforschung und Erziehungssoziologie 62 (1996). S. 47–68.

Kliewer, Anette/Schilcher, Anita: Geschlechterdifferenzierender Deutschunterricht. Baltmannsweiler: Schneider 2003 (erscheint demnächst).

Köcher, Renate: Lesekarrieren – Kontinuität und Brüche. Gütersloh: Bertelsmann 1993.

Kothoff, Helga: Problemgruppe Jungen? In: Der Deutschunterricht 2 (2003). S. 85–88.

Neutzling, Rainer/Schnack, Dieter: Kleine Helden in Not. Junge auf der Suche nach Männlichkeit. Reinbek bei Hamburg: Rowohlt 1990.

Norberg, Inger, Laeslust och Laettlaest. Stockholm 2003.

Parsons, Talcott: Aktor, Situation und normative Muster. Frankfurt am Main: Suhrkamp 1994.

Pyerin, Brigitte: Mädchenlektüre und Emanzipation. Kritische Fragen an Dagmar Chidolue im Kontext feministischer Literaturpädagogik. Frankfurt am Main 1989.

Richter, Sigrun/May, Peter/Brügelmann, Hans: Ein anderer Unterricht – nur für Jungen? Psychologische Erkenntnisse und pädagogische Folgerungen. In: Richter, Sigrun/Brügelmann, Hans (Hrsg.): Mädchen lernen anders als Jungen. Geschlechtsspezifische Unterschiede beim Schriftspracheneerwerb. Bottighofen am Bodensee: Libelle 1994. S. 157–164.

Richter, Karin/Plath, Monika: Die Bedeutung der Entwicklung von Lesemotivation in der Grundschule. In: Franz, Kurt/Payrhuber, Franz-Josef: Lesen heute. Leseverhalten und Leseförderung im Kontext der PISA-Studie. Baltmannsweiler: Schneider 2002. S. 41–58.

Rohrmann, Till: Junge, Junge – Mann, o Mann: die Entwicklung zur Männlichkeit. Reinbeck bei Hamburg 1994.

Romberg, Johanna: Jungs. In: GEO 3 (2003). S. 64–92.

Rosalila PantherInnen. Schwul-lesbische Arbeitsgemeinschaft Steiermark (Hrsg.): Eine/r in jeder Klasse. Schwule und lesbische Jugendliche. Eine Handreichung für Schule und Jugendarbeit. Graz: Felix Moser 2001.

Schilcher, Anita: Geschlechtsrollen in der Kinderliteratur: Zwischen individuellem Lebensstil und Rollenkonformität. In: Schilcher, Anita: Geschlechtsrollen, Familie, Freundschaft und Liebe in der Kinderliteratur der 90er Jahre. Frankfurt: Lang 2001.

Runge, Gabriele: Nur keine Experimente! Was und wie häufig lassen Lehrer lesen? – Ergebnisse einer empirischen Untersuchung. In Praxis Deutsch 143 (1997). S. 4–10.

Schiefele, Hans/Stocker, Karl: Literatur-Interesse. Ansatzpunkte einer Literaturdidaktik. Weinheim/München: Juventa 1990.

Schön, Erich: Einige Anmerkungen zur PISA-Studie, auch aus literaturdidaktischer Perspektive Oder: Lesen lernt man nur durch Lesen. In: Franz, Kurt/Payrhuber, Franz-Josef: Lesen heute. Leseverhalten und Leseförderung im Kontext der PISA-Studie. Baltmannsweiler: Schneider 2002. S. 72–91.

Stanat, Petra/Kunter, Mareike: Geschlechtsunterschiede in Basiskompetenzen. In: Baumert, Jürgen/Klieme, Eckhard/Neubrand, Michael/Prenzel, Manfred/Schiefele, Ulrich/Schneider, Wolfgang/Stanat, Petra/Tillmann, Klaus-Jürgen/Weiß, Manfred (Hrsg.): PISA 2000. Basiskompetenzen von Schülerinnen und Schülern im internationalen Vergleich. Opladen: Leske + Budrich 2001. S. 249–269.

5

Lehrerausbildung – Lehrerweiterbildung

„Ich habe den Fokus noch einmal verstärkt auf diagnostische Verfahren gelegt ..."[1] – Fachseminararbeit in der Folge von PISA und IGLU

DAGMAR WILDE

In der Zweiten Phase der Lehrerausbildung erfolgt eine Erweiterung theoretischer Kenntnisse (Arbeit in den Seminaren) und praktischer Handlungskompetenzen (Ausbildungsunterricht in der Schule). Die Potenziale liegen in der Interdependenz von theoretischem Wissen und praktischem Tun. Lehramtsanwärter generieren Handlungswissen im Rahmen der Erforschung der eigenen Praxis, der Auseinandersetzung mit der Theorie und des konstruktiven Diskurses in der Seminargruppe. Die Lernkultur im Seminar, das didaktisch-methodische Setting einer Fachseminarveranstaltung hat Modellcharakter für den Zugriff der Lehramtsanwärter auf Unterrichtskonzepte. Die Ausbildung akzentuiert sich – in Orientierung an Arbeitsgrundlagen und Handreichungen zu Fachseminarinhalten, die als Rahmung existieren – im systemischen Kontext der Gruppe der Lehramtsanwärter, der individuellen Bedingungen an den Ausbildungsschulen und der Person des Fachseminarleiters. Organisatorische Rahmungen, Situierung und Problemorientierung, persönliche Lernbedürfnisse, differenziertes und individualisierendes Arbeiten im Seminar, exemplarische Inhaltsfelder und Problemstellungen sowie gemeinsame Ziele führen in verschiedenen Fachseminaren – innerhalb der curricularen Vorgaben durch Ausbildungsinhalte – zu durchaus unterschiedlichen Schwerpunktsetzungen.

Vor dem Hintergrund von PISA und IGLU steht diese Arbeit auf dem Prüfstand. PISA hat die Leistungen 15-Jähriger überprüft. Dennoch gibt PISA auch Lehrerausbildern kritisch-konstruktive Rückmeldungen – obschon die Einstellungspraxis der letzten Jahre dazu geführt hat, dass ein

Großteil der Absolventen der zweiten Phase nicht in den Schuldienst übernommen wurde. Die konstatierten Schwächen des Unterrichts lassen zweifellos auf Ausbildungsdefizite der Lehrenden schließen: Knapp 10 Prozent der 15-jährigen Schüler können kaum lesen, weitere 13 Prozent verfügen nur über Lesekompetenz auf Grundschulniveau. Aber nicht nur die Förderung leistungsschwacher Schüler gelingt deutschen Lehrkräften im internationalen Vergleich wenig. Gleiches gilt für die leistungsstarken Schüler. Dabei zeigen deutsche Schüler insbesondere bei Aufgaben Leistungsschwächen, die nicht im Rückgriff auf reproduzierbares Routinewissen gelöst werden können, sondern ein qualitatives Verständnis der Sachverhalte verlangen. Bedenklich ist ebenfalls, dass die meisten der in der PISA-Studie ermittelten schwachen Leser von den Lehrkräften nicht als solche eingeschätzt worden waren.

Auch die IGLU-Ergebnisse unterstreichen die Zweifel an der diagnostischen Kompetenz der Lehrkräfte, da starke Diskrepanzen zwischen Testergebnissen und Lesenoten konstatiert wurden. Dennoch ergibt sich insgesamt ein positiveres Bild. Zwar kommen auch knapp 10 Prozent der in der IGLU-Studie getesteten Grundschüler am Ende der 4. Klasse nicht über die Kompetenzstufe 1 hinaus. Dennoch bewegen sich die Testleistungen der deutschen Grundschüler im Bereich der Lesekompetenz im internationalen Vergleich im oberen Drittel (vgl. Bos/Lankes/Schwippert/Valtin/Voss/Badel/Plaßmeier 2003, S. 69ff.).

Welche Konzepte des Lehrens und Lernens in der Grundschule werden vor diesem Hintergrund durch die PISA-Befunde und die für die Grundschule positiver ausfallenden Ergebnisse des IGLU-Tests bestärkt, welche sind einer kritischen Überprüfung zu unterziehen, welche zu modifizieren? Welche Konsequenzen folgen daraus für die Ausbildung der Grundschullehrer von morgen und übermorgen? Widmet sich die zweite Phase dem Lesen in der heutigen Medienumgebung mit der gebotenen Aufmerksamkeit? Der Lesebegriff von PISA weist Lesen als eine in allen Fächern und Lernbereichen zu fördernde Kompetenz aus – welche Konsequenzen leiten sich daraus für die Fachseminararbeit im Lernbereich Deutsch ab?

Generell ergibt sich folgender allgemeiner Befund: Wer in den letzten Jahren in der Hochschuldidaktik und der Fachseminararbeit für Situierung und Problemorientierung des Lernens, für Einbindung der Lerninhalte in den Erfahrungshintergrund, für Schülerorientierung, Selbststeuerung und Methodenlernen eingetreten ist (vgl. Frederking 1998), wer sich für Leseförderung engagiert hat, der dürfte die PISA-Studie ebenso wie die Ergebnisse von IGLU als Bestätigung ansehen. Anlass uns zurückzulehnen haben wir allerdings nicht. Den relativ hohen Anteil an schwachen Lesern in Deutschland müssen wir auch auf die Qualität unserer Ausbildungsarbeit zurückführen. Die Tatsache, dass zu viele Lehrer offensichtlich einen anderen Lesebegriff als PISA und IGLU zur Grundlage ihres Leseunterrichts und in der Folge dann zur Beurteilung von Leseleistungen heranziehen, muss zu denken geben. Was wäre – unter Bezug auf die PISA-Befunde und IGLU-Ergebnisse – heute zu ergänzen, zu streichen, anders zu gewichten?

„Intensive Auseinandersetzung mit dem Lesebegriff von PISA ...", „Auseinandersetzung mit Lesestrategien, Lesekompetenzstufen als Diagnoseinstrumenten ..."

Der in der PISA-Studie zugrunde gelegte Lesebegriff fokussiert Lesen schärfer in pragmatischer Hinsicht als das bislang in den fachdidaktischen Konzepten und im seminardidaktischen Zugriff der Fall war. Bestärkt wird durch PISA wie auch durch die IGLU-Studie, der gleichfalls ein pragmatischer Lesebegriff zugrunde liegt, die Prämisse, dass Lesen kein schlichtes Dekodieren auf der Buchstaben-, Wort- und Satzebene, sondern stets Konstruktion von Bedeutung (unter Bezug auf Vor-Erfahrungen und Vor-Wissen) ist. Entscheidend ist es, Lesestrategien, die dem Textverstehen dienen, stärker in den Mittelpunkt der Aufmerksamkeit zu rücken (vgl. auch U. Abraham und A. Bremerich-Vos in diesem Band). Die Auswertung der PISA-Ergebnisse zeigt auf, dass Schüler mit ausgeprägter Lesekompetenz u.a. über ein breites Wissen bezüglich der Effektivität und Anwendbarkeit von Lernstrategien im Allgemeinen und Lesestrategien im Besonderen verfügen (z.B. Segmentieren von Wörtern in Wortteile, Sinnerwartung aufbauen und prüfen, bei Verständnisschwierigkeiten den Kontext heranziehen). Seit PISA lassen sich Teilkompetenzen und Lesestrategien bestimmen, die Gegenstand eines gezielten Lesetrainings und weiterführender Leseübungen sein sollten. Der besonderen Rolle von Lesestrategien (vor, beim und nach dem Lesen) bei der Entwicklung von Lesekompetenz muss die Fachseminararbeit mehr Aufmerksamkeit widmen als bisher. Lehramtsanwärter versäumen es nicht selten, sich ein genaues Bild über die Lernvoraussetzungen ihrer Schüler zu machen. Sie attestieren der Lerngruppe eine „starke Leistungsstreuung", spezifizieren ihre Einschätzungen aber nicht in Bezug auf die Lernanforderungen der Stunde, richten Textangebote oft nicht einmal auf die Kinder nichtdeutscher Herkunftssprache aus, denen sie im Entwurf geringe Sprachkenntnisse attestierten. PISA und IGLU machen nun unmissverständlich klar: Lerngruppen sind heterogener als Lehrer es denken und/oder wahrnehmen.

PISA lenkt die Aufmerksamkeit explizit auf die Voraussetzungen von Leseverstehen: genaues Lesen, Vorwissen, Kenntnis von Begriffen, Vertrautheit mit Textsorten und ein Spektrum an Methoden zum Umgang mit Texten (Lernstrategiewissen). PISA wie auch IGLU weisen darauf hin, dass die reine Lesetechnik noch nicht auf Leseverständnis schließen lassen darf, weshalb die Strategien der Texterschließung und die Überprüfung des Sinnverständnisses verstärkt in den Fokus des Unterrichts – und eben nicht allein des Deutschunterrichts – rücken müssen. Darin bestehen Impulse, die im Fachseminar aufzugreifen sind. Es gilt nicht allein im Fach Deutsch der Klassenstufen 1–4, aber doch hier besonders, dass die diagnostische Kompetenz von Lehramtsanwärtern verstärkt werden muss, damit diese Verarbeitungs- und Verstehensprozesse bei Schülern wahrnehmen, einschätzen und fördern können.

„Einbeziehung der Ergebnisse der PISA-Studie in die Lernbereiche Mathematik und Sachunterricht ..."

PISA rückt Lesekompetenz als fächerübergreifende Schlüsselkompetenz in den Fokus. Das erweitert die in Lehrplänen ausgewiesenen Anforderungen und schärft den Blick auf Leseförderung – auch außerhalb des Deutschunterrichts. Kontinuierliche, insbesondere auch nicht-kontinuierliche Texte bergen Anlässe gezielter Leseförderung in allen Lernbereichen.[2] PISA hat es verdeutlicht, IGLU bestärkt es: Auch im Sach- und Mathematikunterricht muss der Prozess des Leseverstehens explizit thematisiert werden (vgl. dazu auch G. Paule und S. Hummelsberger in diesem Band). Informationsentnahme aus Texten impliziert die Fähigkeit, aus Texten gezielt die Informationen zu extrahieren, die für die Beantwortung einer Frage von Bedeutung sind, und diese nutzen zu können. Lesestrategien reichen über Arbeitstechniken (Markieren, Exzerpieren) im Umgang mit Texten hinaus. Der Transfer kontextgebunden geübter Lesestrategien auf neue Texte muss planmäßig unterstützt werden. Lesekompetenz impliziert den selbstgesteuerten, zielgerichteten Einsatz von Lesestrategien. Wichtig ist, dass neben einer anwendungsorientierten Vermittlung von Lesestrategien und auch von Lernstrategien i. A. gemeinsam mit den Lernenden gleichfalls die Funktion der Methoden und die individuellen Wege ihres Einsatzes beim Lernen reflektiert werden. Die Förderung metakognitiver Prozesse, die zur Bewusstheit über das eigene Lernen beitragen, muss bereits in der Grundschule in allen Lernbereichen noch konsequenter initiiert werden. Gleiches gilt für die Erkenntnis, dass Bedeutungen individuell konstruiert werden und auf intersubjektiven Vor-Erfahrungen beruhen. (Wer z.B. die kindliche Dorfwelt Astrid Lindgrens verstehen will, der benötigt ein Schema vom „Leben auf dem Dorf". Wenn im individuellen Wissensnetz – z.B. durch Lektüre, Filme oder eigene Erfahrung – hierzu keine Knoten existieren, dann können die „Kinder aus Bullerbü" nicht hineinverwoben werden.) Gespräche über Prozesse beim Aufbau des Textverständnisses dienen dem Aufspüren individueller Lesestrategien und Lesarten, der Begriffsbildung und der Erweiterung von Erfahrungen.

„Didaktische Analyse von Texten, weiter Textbegriff ..."

Der Lesebegriff von PISA – im Sinne von Textverarbeitung und Wissensaneignung – steht in Zusammenhang mit einem erweiterten Textbegriff. In Ergänzung zu so genannten kontinuierlichen Texte richtet PISA den Blick verstärkt auf nicht-kontinuierliche Texte (Tabellen, Grafiken, Listen). In den Themenstellungen der schriftlichen Prüfungsarbeiten der letzten zehn Jahre spiegelt sich demgegenüber eine Dominanz fiktionaler und narrativer Texte im Unterricht und in der Fachseminararbeit wider. Hier wären in beiden Bereichen neue Akzentuierungen notwendig.

Lesen ist traditionell eine Scharnierstelle verbundenen Sprachunterrichts in der Grundschule. Unterrichtsvorhaben zur Leseförderung legen eine Integration weiterer Teilgebiete des Deutschunterrichts nahe: Lesen, Sprechen, Schreiben und Hören bilden eine Einheit. Leseförderung impliziert einen produktiven Umgang mit Texten; dazu gehört, dass Kinder selbst Texte schreiben, eigene Bücher verfassen, Aufführungen inszenieren, Texte in Musik umsetzen, Texte vorlesen oder Buchrezensionen verfassen. Dabei ist der kommunikative Abgleich individueller Lesarten im Austausch über das Gelesene wichtig, da sich dadurch Urteilsfähigkeit entwickelt. (Lesekonferenzen wären z.B. auch bei der Lektüre von Sachtexten ein konsequenter als bislang zu nutzendes Forum zum arbeitsteiligen Lesen, zum Klären von Fragen an Texte, zum Abgleich des Textverständnisses, etc.). Die Arbeit mit Lesekarteien, -begleitheften und -tagebüchern ist seit langem Inhalt der Ausbildung. Viele Examensarbeiten wurden in den vergangenen zehn Jahren dazu verfasst. Mit Texten etwas zu tun, kreative Zugangsweisen zu eröffnen, ist ein wichtiges Anliegen, das fast alle Lehramtsanwärter bereits aus dem Studium mitbringen. Durch IGLU werden die damit verbundenen Intentionen, literarische Erfahrungen zu eröffnen, durchaus bestärkt, denn IGLU geht davon aus, dass altersgemäße literarische Texte im Deutschunterricht der Grundschule eine wichtige Rolle spielen. Bei all diesen Aktivitäten sollte aber stets der Text im Mittelpunkt stehen, da Arbeit am Text dem Textverständnis dienen soll. Wege der Texterschließung – schreibend, musizierend, gestaltend etc. – müssen (wie jede Methodenentscheidung) in Passung zum Text und den Intentionen, die mit der Lektüre verbunden werden, zu den Lernvoraussetzungen der Kinder gewählt werden, wenn sie nicht in trivialen Aktionismus münden sollen. Charakteristisch für viele Unterrichtsplanungen ist, dass methodische Zugriffsmöglichkeiten präzise ausgefeilt, Textanalysen jedoch oberflächlich bearbeitet werden. Die Passung zwischen Inhalt und Methode ist bei der Lektüre eines Kinderbuches z.B. erst auf Grundlage der dem Text immanenten Erzählsituation und sprachlich-stilistischen Merkmale zu entscheiden. Natürlich gilt: Nicht allein der Text, auch die Voraussetzungen der Lernenden und die Lehr-Lern-Ziele sind bei der Wahl von Texterschließungsmethoden zu berücksichtigen. Unterschiedliche Lernvoraussetzungen erfordern jedoch nicht nur ein variables Methodenangebot, sondern auch eine variable Textauswahl in Passung zu Lesekompetenz und Leseinteresse. Nicht jedes Kind kann z.B. mit Vorausinformationen etwas anfangen, nicht jedes etwas mit Schlüsselfragen, nicht jedes möchte Wörter unterstreichen und nicht jedes mag spontan etwas zu einem Text schreiben – und manches benötigt unbedingt erst einmal begriffliche Vorentlastung, um den Text oder einzelne Sätze und Wörter zu verstehen. Methoden, die sachstrukturell sinnvoll sind, erweisen sich nicht automatisch als kompatibel mit den Voraussetzungen der Lernenden. Methoden, die kindgerecht erscheinen, sind nicht per se sachstrukturell stringent. Lehreranwärter müssen lernen, die Qualität ihres Unterrichts mit diesem fachlich-didaktischen Blick auf Lese-Szenarien zu überprüfen.

„… mit Texten an die Lebenssituation der Schüler anknüpfen und Texte entlasten, damit Lesefreude bleibt …"

Lesen umfasst mehr als kognitive Prozesse. Leseförderung besteht nicht allein in der gezielten Vermittlung von Lesestrategien. PISA alarmiert uns aufgrund des geringen Interesses, das deutsche Schüler am Lesen zeigen. Nur Kinder, die gerne lesen, erweitern ihre Lesekompetenz in vielfältigen Lesesituationen. Wege zur Förderung des Leseinteresses und der Lesemotivation in Unterricht, Schule und Familie müssen Lehramtsanwärter kennen (vgl. dazu auch V. Frederking in diesem Band). Damit Kinder zu Lesern werden, müssen sie vielfältige Gelegenheiten erfahren, in denen ihnen Lesen Genuss und Gewinn bringt und in denen es sich lohnt, Ausdauer aufzuwenden. Außerdem sollten sie vielfältige Leseangebote erhalten und erfahren, dass ihre Lektürevorlieben akzeptiert werden. In den Fachseminaren der Grundschule wurde in den vergangenen Jahren ausgiebig an Szenarien zur Förderung der Lesekultur in Unterricht und Schule gearbeitet. Daran darf sich nach PISA nichts ändern. Die emotionale Dimension des Lesens (Textauswahl, Lesefreude, Ausdauer beim Lesen, ästhetischer Genuss, Versinken in Büchern) sollte jedoch nunmehr konsequenter um die Rezeption von Sachtexten erweitert werden. Dies zielt auch auf die stärkere Beachtung der Lektürevorlieben und Rezeptionsgewohnheiten der Jungen. In diesem Zusammenhang gewinnen multimedial präsentierte Texte im Internet, auf CD-Roms etc. für die Fachseminararbeit an Bedeutung. Den Medienalltag und die Rezeptionsgewohnheiten heutiger Kinder müssen Lehrende kennen und für die Leseförderung nutzen. Die Multimedia-Generation bringt vielfältige vor- und außerschulische Erfahrungen im Umgang mit medialen Texten in den Unterricht mit – noch zu selten werden sie im Unterricht aufgegriffen. Potenziale eines Zugangs zur Lesekultur über Bilder,

Filme, CD-Roms etc. werden bislang noch nicht hinlänglich ausgeschöpft. Die neuen Medien müssen – als ‚Agenten der Lesesozialisation' (Hurrelmann 2002) – in ihren Potenzialen für die Rezeption, Produktion und Reflexion von Medienangeboten stärker berücksichtigt und in der Fachseminararbeit auch aktiv genutzt werden.

„Durch die PISA-Studie wurde der Blick für Lesen und Lernpotenziale, vor allem aber insgesamt für die Qualität des Lehrens und Lernens geschärft ..."

Lehren ist Lernen, wenn Fachseminarleiter und Lehramtsanwärter über das Lehren und Lernen im Seminar und bei Unterrichtsversuchen gemeinsam nachdenken, um das Lernen nachhaltig zu fördern. Die Befunde von PISA und IGLU machen darauf aufmerksam, dass es in der Ausbildung einerseits der Entwicklung und Erweiterung von Fachkompetenz, andererseits aber auch der Erarbeitung exemplarischer Zugänge zu Lehr-Lern-Konzepten und Lehrkompetenzen bedarf. Eine kriterienorientierte Wahrnehmung der Lernwege, Lernfortschritte bzw. -stagnationen jedes Kindes, ein Handlungsrepertoire zur Förderung individueller Lernentwicklungen im sozialen Kontext der Gruppe, Diagnosekompetenz zur Feststellung des Lernstandes und der Lernbedürfnisse verschiedener Kinder müssen Lehramtsanwärter fachspezifisch und fachübergreifend entwickeln, um im Umgang mit Heterogenität so erfolgreich zu sein, wie PISA es Lehrern anderer Länder und IGLU deutschen Grundschullehrern bescheinigte.

„Natürlich ist der Rahmen begrenzt, weil wir ja noch viele andere Themen bewältigen müssen ...“ – PISA und IGLU regen mehr an als die gezielte Förderung von Lesekompetenz

Es sollte nicht darauf hinauslaufen, den Ausbildungs- und Unterrichtsinhalten immer noch etwas Neues hinzuzufügen. Tradierte Inhalte sind zu überprüfen, wenn es darum geht zu entscheiden, welche Kompetenzen Lehramtsanwärter in der begrenzten Ausbildungszeit erwerben sollen. Die PISA-Befunde zielen auf eine Veränderung von Unterricht und eine veränderte Lehrerrolle. Sie unterstreichen die seit längerem gestellte Forderung nach einer neuen Lernkultur in Schule und Ausbildung. „Wer einmal die Befriedigung erfahren hat, die es bedeutet, Kinder zum Lernen anzustiften und sich von ihrer Lernbegeisterung anstecken und tragen zu lassen, ist infiziert von der Idee einer neuen Lern- und Unterrichtskultur – die nach meinem Verständnis vor allem auch eine bestimmte Form des Miteinander-Umgehens impliziert und vor allem auch immer das Ziel der Persönlichkeitsstärkung verfolgt – und möchte mehr davon und verabschiedet sich ohne viel Feder- und Fehlerlesen vom herkömmlichen Belehrungskonzept“ (W. Holthus, Fachseminarleiter VU (D/SK) im 1. SPS Treptow-Köpenick). PISA und IGLU zeigen erneut, dass sich tradierte Lehr-Lern-Konzepte nicht länger als tragfähig erweisen, dass Lernen – als ein aktiver, individueller, ganzheitlicher Prozess – mehr ist als die Aneignung und Reproduktion von (abfragbarem) Wissen. Lernen ist Konstruktion des Wahrgenommenen zu einer Erkenntnis, Lernen ist Anknüpfen an und Erweitern von Vorwissen und Erfahrungen sowie Abgleichen dieser Wissensbestände und Erfahrungen im Austausch mit anderen. Lernen zielt auf Kompetenzerweiterung in Balance zwischen Instruktion und Konstruktion. Wenn wir Lernen als individuellen und selbstgesteuerten Prozess ansehen, dann verändern sich die Rollen der Lehrenden und Lernenden in diesem Prozess. Es ist der Blick auf die Lernenden, auf ihre Lernschritte und ihren Lernertrag, den es in der Ausbildung zu entwickeln und zu schärfen gilt. Dazu gehört der Umgang mit Fehlern, das Ansetzen am individuellen Können bei der Förderung und das Akzeptieren von Heterogenität – nicht nur im Deutschunterricht, nicht nur bei der Förderung von Lesekompetenz. Dass dies in der Grundschule schon recht gut zu gelingen scheint, hat IGLU gezeigt.

„Wir wussten doch alle vorher schon, um was es geht – nach PISA nun noch die wunderbare Möglichkeit jedes Argument mit einer PISA-Plakette zu versehen ..." – Von der Belehrungskultur zur Lernkultur

PISA und IGLU haben diejenigen bestärkt, die Fachseminararbeit schon länger immer wieder „neu" denken. Für die Ausbildung im Seminar gilt mehr denn je: Es gibt keine vordergründigen Rezepte, denn Lernen ist ein individueller Prozess. Wissen trägt die Kriterien seiner Anwendung nicht in sich. Wir können – im Seminar wie im Unterricht – Handlungskompetenzen nicht vermitteln, wir können aber Möglichkeiten, Strukturen, Lernumgebungen anbieten, in denen Lernende Wissen aufbauen, konstruieren und diese Konstruktionen prüfen und austauschen sowie in Handlungskompetenzen überführen können. Fachseminararbeit muss sich vom Belehrungskonzept abwenden und einem Forschungskonzept folgen. Fachseminarleiter können Lehramtsanwärtern Lernanregungen zur Reflexion von Praxiserfahrungen unter Bezug auf die Theorie bieten. Lehramtsanwärter können ihre Kompetenzen jedoch nur durch reflektiertes Handeln – d.h. nur über Handeln, Reflektieren des Handelns im Austausch mit anderen und durch erneutes Handeln – erweitern. Fachseminararbeit nach PISA und IGLU bedeutet fachlich-didaktische Professionalisierung mit „Experimentierklausel" im Ausbildungsunterricht, reflexive Praxis (Portfolio, Lerntagebücher) im Seminar, Einbeziehung neuer Medien in die Seminar-/Unterrichtsarbeit, Impulse zur Etablierung einer neuen Lernkultur, Orientierung am kompetenzorientierten Lern- und Leistungsbegriff. Solange aber Lehramtsanwärter nach dem 2. Staatsexamen nicht in den Schuldienst übernommen werden, kann Ausbildung die erforderlichen Veränderungen des Unterrichts nur mittelbar beeinflussen – nämlich nur während der begrenzten Ausbildungszeit über Ausbildungsunterricht als Modell guten Unterrichts, über reflexive Praxis als Modell professionellen Lehrerhandelns für Kollegien.

Anmerkungen

1 Die Zitate sind Rückmeldungen entnommen, die ich zur Fragestellung des Aufsatzes von Fachseminarleitern erhielt. Ich bedanke mich bei Gerda Bungenstock, Fachseminarleiterin VU (D/M) im 3. SPS Mitte (L), Wilhelm Holthus, Fachseminarleiter VU (D/SK) im 1. SPS Treptow-Köpenick (L), Jean Jestel, Hauptamtliche Fachseminarleiterin im 1. SPS Hohenschönhausen (L), Manfred Koch, Fachseminarleiter VU (M/MÄERZ) im

3. SPS Steglitz-Zehlendorf (L), Doris Lerner, Fachseminarleiterin VU (D/SK) im 3. SPS Tempelhof-Schöneberg (L), Manfred Oesterreich, Hauptamtlicher Fachseminarleiter VU (D/SK) im 1. SPS Friedrichshain (L), Angela Sommerlatte, Fachseminarleiterin VU (M/SK) im 3. SPS Charlottenburg-Wilmersdorf (L), Ruth Stephan, Fachseminarleiterin VU (D/M) im 3. SPS Charlottenburg-Wilmersdorf (L) und Marion Ziesmer, Fachseminarleiterin VU (D/SK) im 1. SPS Hellersdorf-Marzahn (L).

[2] Die Ausbildung für die Lehrer mit einer Unterrichtsbefähigung für ein Fach in den Klassen 1–10 findet im Berliner Schulsystem im studierten Fach und in den beiden studierten Lernbereichen der Grundschulpädagogik statt. Mit dem Terminus „Lernbereich" ist also einesteils der Lernbereich der Berliner Grundschule in den Klassen 1–4, andererseits der in der ersten Phase studierte Lernbereich der Grundschulpädagogik gemeint. Dementsprechend werden die Referendare in den Fachseminaren für zwei Lernbereiche ausgebildet (Deutsch/Sachkunde, Deutsch/Mathematik, Deutsch/MÄERZ, Mathematik/Sachkunde, Mathematik/MÄERZ, Sachkunde/MÄERZ).

Literatur

Bos, Wilfried/Lankes, Eva-Maria/Schwippert, Knut/Valtin, Renate/Voss, Andreas/Badel, Isolde/Plaßmeier, Nike: Lesekompetenzen deutscher Grundschülerinnen und Grundschüler am Ende der vierten Jahrgangsstufe im internationalen Vergleich. In: Bos, Wilfried/Lankes, Eva-Maria/Prenzel, Manfred/Schwippert, Knut/Walther, Gerd/Valtin, Renate (Hrsg.): Erste Ergebnisse aus IGLU. Schülerleistungen am Ende der vierten Jahrgangsstufe im internationalen Vergleich. Münster/New York/München/Berlin: Waxmann 2003. S. 69–142.

Baumert, Jürgen/Klieme, Eckhard/Neubrand, Michael/Prenzel, Manfred/Schiefele, Ulrich/Schneider, Wolfgang/Stanat, Petra/Tillmann, Klaus-Jürgen/Weiß, Manfred (Hrsg.): PISA 2000. Basiskompetenzen von Schülerinnen und Schülern im internationalen Vergleich. Opladen: Leske + Budrich 2001.

Frederking, Volker (Hrsg.): Verbessern heißt verändern. Neue Wege, Inhalte und Ziele der Ausbildung von Deutschlehrer(inne)n in Studium und Referendariat. Baltmannsweiler: Schneider 1998.

Hurrelmann, Bettina: Lesen nach PISA. Konzepte, Resultate, Konsequenzen. In: Buchen, Herbert/Horster, Leonhard/Pantel, Gerhard/Rolff, Hans-Georg. (Hrsg.): Schulleitung und Schulentwicklung. Berlin: Raabe 2002. S. 1–14.

Klement, Karl/Lobendanz, Alois/Teml, Hubert (Hrsg.): Schulpraktische Studien. Innsbruck: StudienVerlag 2002.

Lehrerfortbildung und Lehrerweiterbildung nach PISA und IGLU. Stand – Probleme – Perspektiven

JÖRG STEITZ-KALLENBACH

PISA hat wie keine andere Studie zuvor im Feld der Bildungsforschung für eine öffentliche Debatte gesorgt. Mitunter war und ist sie durch deutliche Züge einer Untergangsvision geprägt. Gleichzeitig hat kaum ein anderes Teilnehmerland eine derart entfaltete öffentliche Reaktion auf PISA gezeigt wie die Bundesrepublik Deutschland.[1] Dies ist sicher einerseits der Tatsache geschuldet, dass die Veröffentlichung der Ergebnisse von PISA 2000 in eine anhaltende wirtschaftliche Rezession hinein geschah und dass andererseits die internationale Studie wie vor allem die nationale Ergänzungsstudie PISA-E in den Bundestagswahlkampf 2002 hinein gewirkt hat. Ersteres hat einer eher depressiven Stimmung Vorschub geleistet, dahingehend, dass neben den wirtschaftlichen Ressourcen nun auch die Bildungsressourcen knapp zu werden schienen. Letzteres hat die Debatte um PISA einer publizistischen Eigendynamik unterworfen, die einer kritischen Würdigung der Ergebnisse der Studie sowie einer genauen Bestimmung der zu ziehenden Konsequenzen nicht förderlich war und zum Teil wohl auch noch nicht ist. Öffentliche Ankündigungen folgen einer öffentlichen Erwartungshaltung und können kurzfristig einen hohen Aufmerksamkeitswert für sich verbuchen. Gleichwohl beantworten angekündigte Konsequenzen noch nicht aufgeworfene Fragen. Das öffentliche Interesse an den langfristigen Perspektiven von Schulreform, von unterrichtlicher Konzeptentwicklung, von Fort- und Weiterbildung der Lehrerinnen und Lehrer als Voraussetzung für deren Umsetzung droht in dieser Dynamik vom Interesse für andere, ‚aktuellere' Themen verdrängt zu werden. Diesen Mechanismus kann man bereits an der Veröffentlichung der Ergebnisse aus IGLU, der Internationalen Grundschul-Lese-Untersuchung, sehen, die im April 2003 publizistisch dem Interesse am Irak-Krieg zum Opfer fiel. Ungeachtet dessen benötigt die Formulierung und Umsetzung der Konsequenzen aus PISA und IGLU für die Weiterentwicklung schulischer Strukturen und unterrichtlicher Konzepte die Begleitung durch ein nachhaltiges, öffentliches Engagement. Fehlt es, drohen auch die Impulse zu verschwinden, die internationale Untersuchungen dieser Reichweite für notwendige Reformprozesse in der Tat geben können.

Im Folgenden soll zunächst ein Überblick über einige kultusministerielle Reaktionen auf PISA sowie auf avisierte Konsequenzen bzw. deren Implikationen für Fortbildungsnotwendigkeiten gegeben werden. Anschließend werden die wesentlichen Handlungsfelder benannt, derer sich die Weiterentwicklung unterrichtlicher Konzepte, die sich als spezifische Reaktionen auf PISA ausweisen wollen, annehmen muss. In Verbindung mit diesen Handlungsfeldern werden deren systemische Bedingungen betrachtet, um schließlich konkrete Fortbildungs- und Entwicklungsperspektiven aufzuzeigen. Auf IGLU wird dann gesondert eingegangen, wenn sich besondere Fortbildungsnotwendigkeiten ergeben.

Zum aktuellen Stand der Formulierung von Fortbildungsperspektiven

In Bayern und in Baden-Württemberg besteht offensichtlich kein Grund zur gezielten Reaktion auf PISA. Diesen Schluss kann man zumindest nach einem eingehenden Studium der einschlägigen Informationen aus den jeweiligen Kultusministerien ziehen. Die offiziellen Informationen des Bayerischen Staatsministeriums für Unterricht und Kultus kombinieren die Informationen zu PISA und PISA-E und veröffentlichen sie unter dem gemeinsamen Titel „PISA-E: Ergebnisse und Folgerungen" (Hohlmeier 2002). Ähnlich wie in Baden-Württemberg wird die nationale Spitzenstellung Bayerns international extrapoliert und mit Stolz und Selbstzufriedenheit verkündet: „Die Ergebnisse von PISA und PISA-E sind eine Bestätigung für die bayerischen Schulen und die bayerische Bildungspolitik. Sie sind aber auch Ansporn für weitere Anstrengungen." (Hohlmeier 2002, S. 23) Der mit dem Ansporn angedeutete Handlungsbedarf besteht zunächst in einem verstärkten ‚Weiter-So', zielt aber auch auf Konsequenzen aus dem Deutungszusammenhang von PISA. Leseförderung im weitesten Sinne und in der Perspektive des in PISA zugrunde gelegten erweiterten Textbegriffs spielen eine wichtige Rolle (vgl. Freller 2002). Andere Konsequenzen zielen auf Zusammenhänge, für die in der Studie selbst keine unmittelbaren Daten vorliegen, wie die Verbesserung der Arbeit im Kindergarten oder die optimierte Gestaltung des Übergangs Kindergarten–Grundschule (vgl. Hohlmeier 2002, S. 24). Für die konkrete Lehrerfortbildung wird programmatisch formuliert:

> „Als Konsequenz aus den Ergebnissen der PISA-Studien wurde der Unterricht als Kernaufgabe der Schule in den Mittelpunkt der Fortbildung gestellt.

> Dem bisherigen Schwerpunkt ‚Schulqualität' folgt der neue Schwerpunkt ‚Unterrichtsqualität'. Neue Lehr- und Lernformen, neue Aufgabenformen, die den Anwendungsbezug betonen und zu einer Vertiefung des Gelernten führen, sowie die systematische Evaluation des Unterrichts sollen auf allen Ebenen der Fortbildung thematisiert werden. Für die schulinterne Lehrerfortbildung bieten die Orientierungsarbeiten und die Jahrgangsstufentests gute Anknüpfungspunkte" (Akademie für Lehrerfortbildung und Personalführung, 2002).

Dies lässt sich als Bezugnahme auf PISA insofern deuten, als sowohl die Orientierung an pragmatischen Textsorten wie auch die Perspektive einer quantifizierenden Dauerevaluation des Unterrichtsgeschehens und der Schülerleistungen ins Zentrum der Schul- und Unterrichtsentwicklung gerückt werden sollen. Eine konkrete Ausgestaltung eines entsprechenden Fortbildungsangebots befindet sich in Bayern, wie auch in anderen Bundesländern, derzeit aber noch im Aufbau.

Obschon im Ton etwas moderater, präsentiert auch Sachsen, das im bundesdeutschen Vergleich drittplatzierte Land, seine Ergebnisse mit Stolz und Zufriedenheit in die eigene Schulpolitik. Mit den Worten des sächsischen Kultusministers sind „Qualität und Leistungsfähigkeit unseres sächsischen Schulsystems eindrucksvoll bestätigt worden" (Mannsfeld, Karl, zit. nach Meyer-Wyk 2003, S. 1). Gründe werden wie in Bayern in der frühen Leistungsdifferenzierung, in der Etablierung von Standards sowie in zentralen Überprüfungen gesehen (vgl. Mannsfeld, Karl, zit. nach Meyer-Wyk 2003, S. 1f.). Für die Weiterentwicklung des Schulwesens im Allgemeinen und die Lehrerfortbildung im Besonderen wird eine enge Orientierung an den Ergebnissen von PISA bzw. den angenommenen Ursachenzusammenhängen gefordert. Dabei spielen die Entwicklung von Diagnosekompetenzen bei Lehrern und Lehrerinnen, die Orientierung am pragmatischen Textbegriff sowie die Gestaltung des Übergangs Kindergarten–Grundschule eine herausragende Rolle (vgl. Mannsfeld, Karl, zit. nach Meyer-Wyk 2003, S. 3ff.). In den Angeboten in der Lehrerfortbildung spielt PISA allerdings eine im Verhältnis zu den programmatischen Absichtserklärungen nachgeordnete Rolle. PISA wird als weitere Begründung für Schulentwicklung und Organisationskompetenz gesehen. Für den Deutschunterricht beschränken sich die Angebote auf die „Mittelschule". Sie stellen Ergebnisse vor, interpretieren sie und bieten handlungsorientierte Verfahren zur Leseförderung an.[2]

Bremen, das Schlusslicht im nationalen Vergleich, wartet auf den Internet-Seiten des Senators für Wissenschaft und Bildung mit einer umfangreichen Dokumentation derjenigen Maßnahmen auf, die im Anschluss an die Veröffentlichung der für Bremen niederschmetternden Ergebnisse aus PISA und PISA-E eingeleitet wurden. Im Zentrum der Aktivitäten steht ein im Mai 2002 eingerichteter „Runder Tisch Bildung“[3], der sich aus Vertretern aus Politik, Schule, Wissenschaft und Verbänden zusammensetzt (vgl. Runder Tisch Bildung 2002, S. 39). Er legte im Oktober 2002 ein umfangreiches Maßnahmenpaket vor und skizzierte konkrete Arbeitsvorschläge (Runder Tisch Bildung 2002, S. 41ff.), die bereits im Vorfeld ihrer Veröffentlichung zum Gegenstand einer politischen Willenserklärung im Koalitionsausschuss der Großen Koalition geworden sind.[4] In drei Feldern sieht der Runde Tisch Handlungsbedarf, nämlich:

- in der Stärkung der Sprach- und Lesekompetenz sowie des selbstständigen Lernens,
- in der Verbesserung im unteren Leistungsbereich sowie im Abbau der sozialen Koppelung und
- in der Weiterentwicklung des Schulmanagements.

Vor allem die insgesamt 125 Arbeitsvorschläge, die diesen Feldern zugeordnet sind, enthalten eine Fülle von Fortbildungsnotwendigkeiten und -anregungen, denen das LIS, das bremische Landesinstitut für Schule, mit seinem derzeitigen Angebot aber noch kaum entspricht.

Eine zentrale Fortbildungsmaßnahme war gleichwohl der Bremer Bildungstag am 6. Februar 2003, an dem vor allem die wissenschaftlichen Vertreter am „Runden Tisch Bildung“ das dort erarbeitete Maßnahmenpaket erläuterten.[5] Das Beispiel Bremen macht jedoch auch deutlich, dass der erklärte Wille, die Lösung der PISA-Krise möglichst kostenneutral zu bewerkstelligen, in ein Dilemma führt, in dem Absicht und Realisierungen nur auseinander klaffen können.

Zum Teil im Zusammenhang mit kultusministeriellen Anregungen, zum Teil im Rahmen ihres eigenen Angebots in der Lehrerfortbildung haben sich auch einige Universitäten, namentlich mit ihren Didaktischen Zentren, an speziellen Fortbildungsangeboten zum Thema PISA beteiligt. Erläuterungen zu Design und Ergebnissen der Studie standen hier jeweils zunächst im Vordergrund, Anregungen zum Unterricht ergänzten diese grundlegenden Informationen.

Auch die Lehrerverbände haben die Notwendigkeit der Lehrerfortbildung nach PISA erkannt und mit entsprechenden Angeboten reagiert. Vor allem der Verband Bildung und Erziehung (VBE) hat in Zusammenarbeit mit dem Münchner Domino-Verlag ein umfangreiches Fortbildungsangebot zusammengestellt, das seit Ende 2002 in den Landesverbänden und Kreisebenen realisiert wird.[6] Neben zentralen Informationen vor allem zum Schwerpunkt „Lesekompetenz" geben Workshops konkrete Anregungen für den Unterricht. Das Beispiel lässt aber auch einen problematischen Zusammenhang von Fortbildung und wirtschaftlichen Interessen des Sponsors der Fortbildungsreihe erkennen. Der Domino-Verlag verlegt ein umfangreiches Leseförderprogramm (*Flohkiste, Lesefitness-Training, Lesen bringts*-Elternratgeber, *Flohs Ideenkiste*) und versucht im Rahmen seiner Mitarbeit im Fortbildungsangebot, Lehrerinnen und Lehrer für die Verbreitung der eigenen Produkte zu gewinnen, die Schüler und Schülerinnen, respektive deren Eltern, als Zeitschriftenreihe abonnieren müssen. Das sinnvolle Lernziel der Heranführung an Zeitschriftenlektüre und der Einübung in entnehmendes Lesen wird hier mit einem kommerziellen Material durchgeführt, das immerhin knapp € 80 im Jahr kostet, zuzüglich der didaktischen Zusatzmaterialien. Der Verdacht lässt sich nicht ganz von der Hand weisen, dass bei aller hehrer Absicht mit der Verunsicherung von Eltern und LehrerInnen umsatzsteigernd gerechnet wird, wie dies auch auf dem Markt der Ratgeberliteratur derzeit zu beobachten ist, wenn man an Titel denkt wie „Wann ist mein Kind PISA-fit?" (Meyer 2002).

Insgesamt ist derzeit also eine Situation zu erkennen, die vorwiegend von Absichtserklärungen geprägt ist. PISA wird in einem überwiegend publizistischen Argumentationszusammenhang zu einer Generalformel für die Begründung von Vorhaben, die entweder bereits unabhängig von PISA geplant waren oder aber nicht unmittelbar aus PISA heraus zu begründen sind. Für ersteres ließe sich die Neuregelung der Lehrerbildung nach BA- und MA-Abschlüssen anführen, die nicht erstrangig durch PISA, sondern durch die Beschlüsse von Bologna[7] verursacht ist. Für letzteres kann man die reformerische Konzentration auf den Übergang Kindergarten–Grundschule nennen. Die verstärkte Förderung von Kindern im Kindergartenalter und die Optimierung der Kooperation zwischen Kindergarten und Grundschule ist zwar grundsätzlich plausibel; angesichts des im Verhältnis zu PISA deutlich besseren Abschneidens der Viertklässler bei der Erhebung der Lesekompetenz am Ende der Grundschulzeit durch die IGLU-Untersuchung (vgl. Bos/Lankes/Schwippert/Valtin/Voss/Badel/Plaßmeier 2003) kann aber die Ursache für das vergleichsweise schlechte Abschneiden deutscher Schülerinnen und Schüler in den PISA-Untersuchungen nicht in erster Linie auf diese Problemlage bezogen werden.

Problemzusammenhänge der Lehrerfortbildung nach PISA

Die bisher skizzierten kultusministeriellen Reaktionen auf PISA lassen zwei große Problemkomplexe erkennbar werden, die mit Fragen der Lehrerfortbildung verknüpft sind. Es ist zum einen der Komplex der Unterrichtsqualität und zum anderen der des Schulmanagements. Beide verbindet die Frage nach Standards und Qualitätskontrolle. Dabei geht es um eine Reformulierung und ein verstärktes ins Bewusstsein-Bringen des institutionellen Auftrags der Schule im Allgemeinen und des Deutschunterrichts im Besonderen. Ohne eine entsprechende Mitwirkung der Lehrerschaft wird aber auch Fortbildung keine Früchte tragen. Dies bedeutet, dass Fortbildung nicht getragen sein darf von Schuldzuweisungen und von Depotenzierung. Eine Vielzahl von PISA-Ergebnissen ist den Lehrerinnen und Lehrern nicht neu, weil sie ein Alltagswissen darüber besitzen, was ihre Schülerinnen und Schüler können und was nicht. Insofern könnte die in PISA konstatierte mangelnde Fähigkeit zur Diagnose von Schwächen der Schülerinnen und Schülern hinsichtlich der Lesekompetenz (vgl. Artelt/Stanat/Schneider/Schiefele 2001, S. 119f.) bei Lehrkräften als Problem vielschichtiger sein, als es die bloße Datenlage spiegelt. Nimmt man diese Vielschichtigkeit an, ginge es nicht nur um die Frage diagnostischer Kompetenz, sondern auch um die Frage der meist unbewusst bleibenden Solidarisierung mit den Schülern und Schülerinnen. Die Illusion über vermeintliche Kompetenzen der Lernenden ist dann allemal leichter zu ertragen als das Bewusstsein eines als individuell verschuldet erlebten Versagens als LehrerIn. Denn viele Beschreibungen von Defiziten sind bisher ungehört geblieben, die Kritik der mangelhaften Rahmenbedingungen von Unterricht wurden allzu häufig als berufsspezifische Jammerei abgetan. Jetzt findet vieles in den PISA-Ergebnissen eine Bestätigung.

Darin liegt die Chance, einen Konsens zu finden, der tragfähige Schulentwicklung möglich macht. Bemerkenswert ist in diesem Zusammenhang auch, dass die öffentliche Reaktion auf PISA nicht die alten, pauschalen Schuldzuweisungen gegen die Lehrerschaft wiederholt hat. Anders als in früheren Debatten um die Qualität der Schule hat die Diskussion um PISA zu einer realistischeren Wahrnehmung der Schwierigkeiten am Arbeitsplatz

Schule geführt, hat die Rolle und die Verantwortung des Elternhauses erkennbar gemacht und die Reaktion auf PISA als eine gesamtgesellschaftliche Aufgabe formuliert. Das neue Interesse an Fragen von Erziehung, Bildung und Schule ist verknüpft mit einer neuen Wertschätzung des Lehrerberufs. Publizistisch kommt dies etwa in den liebevollen, Ambivalenzen nicht verschweigenden Zeichnungen von Lehrerporträts in der ZEIT-Serie *Schulmeister* (ab Nr. 42/2002) zum Ausdruck. Die Problemzusammenhänge von Lehrerfortbildung und Schulentwicklung haben also nicht nur eine sachliche Seite, sondern sind von Gefühlen überdeterminiert, die zu negieren für die Entwicklung von Perspektiven nachteilig wäre. Innerhalb dieser Gefühlslage ist es für jegliche Fortbildungsmaßnahme wichtig, die bestehenden Kompetenzen der Lehrerinnen und Lehrer abzufragen, bewusst zu machen und in die Konzeptentwicklung einzubeziehen. Mit Engagement und Interesse nehmen Lehrerinnen und Lehrer aktuelle Fortbildungsangebote zu PISA und den Konsequenzen für die Deutschdidaktik wahr. Dabei wird auch deutlich, wie groß und breit gefächert die Kompetenzen im Bereich der Leseförderung sind. Eine Vielzahl methodisch-didaktischer Impulse aus dem Feld der Handlungs- und Produktionsorientierung hat in die schulische Praxis Eingang gefunden und ist zum festen Bestandteil von Unterricht geworden. Spezielle Maßnahmen der Leseförderung wie das Schreiben von Lesetagebüchern, das Durchführen von Lesenächten, das ritualisierte Vorlesen, das Nutzen von Lesepartnerschaften und vieles mehr wird als Kompetenzspektrum der Teilnehmerinnen und Teilnehmer einschlägiger Veranstaltungen deutlich.

Was sich allerdings auch zeigt, ist die Tatsache, dass viele Initiativen am Engagement einzelner Lehrkräfte hängen. Leseförderung, Entwicklung der Lesekompetenz als didaktisches Profilelement einer ganzen Schule ist eher eine Seltenheit. Ein solches Schulprofil kann und muss sich zudem der Tatsache bewusst sein, dass die Entwicklung von Lesekompetenz mitnichten nur eine Aufgabe des Deutschunterrichts sein kann, sondern als facherübergreifende Aufgabe zu praktizieren ist. Die Tatsache, dass Lesen eine Basiskompetenz für alle Fächer, für den Aufbau von Wissensstrukturen überhaupt ist, kann sich argumentativ der PISA-Untersuchung bedienen, ohne dass diese Erkenntnis grundlegend aus PISA alleine herzuleiten wäre. Die in der PISA-Untersuchung verwendeten Textsorten sind nur zu einem geringen Teil Standardmaterialien des Deutschunterrichts. 38% der verwendeten Texte stellen nicht-kontinuierliche Texte wie Diagramme, Karten, schematische Zeichnungen u.a.m. dar (vgl. Artelt/Stanat/Schneider/Schiefele 2001, S. 81). PISA hat also auf die breite Palette der uns heute umgebenden Texte aufmerksam gemacht und das Augenmerk darauf gelenkt, dass es eines differenzierten Kompetenzspektrums bedarf, um diese Vielfalt von Texten gewinnbringend verarbeiten zu können. Und hier zeigt sich in der Tat bei aller feststellbarer Kompetenz der Lehrerinnen und Lehrer ein didaktisch-methodisches Defizit. Dieses Defizit wird umso deutlicher, wenn man berücksichtigt, dass in IGLU der Anteil literarischer Texte 50% beträgt und auch die informatorischen Texte weitgehend linear strukturiert sind, auch wenn sie Bildmaterial enthalten, das die Textinformationen visuell begleitet (vgl. Bos/Lankes/Schwippert/Valtin/Voss/Badel/Plaßmeier 2003, S. 96, sowie die Beispieltexte und Aufgaben unter: http://www.erzwiss.uni-hamburg.de/IGLU/deutsch.html).

Die Didaktik des textnahen Verstehens von Texten und insbesondere die erweiterten Anforderungen, die sich an das Verstehen und Verarbeiten nicht-linearer und/oder diskontinuierlicher Texte stellen, haben im Deutschunterricht der letzten Jahre eine eher untergeordnete Rolle gespielt. Dies ist kein Vorwurf an die Lehrerinnen und Lehrer, sondern beschreibt gleichermaßen ein Defizit der didaktischen Reflexion und Konzeptentwicklung. Vieles von dem, was Wolfgang Menzel als Arbeitstechniken unter dem Stichwort „Lesen lernen dauert ein Leben lang“ (Menzel 2002, S. 22f.) skizziert, mag uns trivial und handwerklich erscheinen: das genaue Lesen, das Unterstreichen und Markieren, das Gliedern von Texten in Abschnitte, das Überschriften-Finden für diese Abschnitte, das bloße Zusammenfassen von Texten u.v.m. Die Bedeutung der Techniken steht aber außer Frage und ist wissenschaftlich untermauert; die Techniken lassen sich noch ergänzen, vor allem, wenn man an nicht-lineare Texte und insbesondere an Hypertexte denkt (vgl. Flender/Christmann 2002, insbes. S. 221f.).

Es ist die Frage der Vermittlung solcher Techniken, die das Problem darstellt. Sicher sind Methoden nicht um ihrer selbst Willen zu lernen. Aber auch in sinnerfüllten Kontexten ist das Beherrschen der Methode ein eigenes Lernziel. Und ein unterrichtliches Geschehen, das sich dem Austausch über das Unterstrichene widmet, das Formulierungen für Abschnittsüberschriften vergleicht etc., das die Ergebnisse solch konkreter Textarbeit also auch explizit und unter Einbeziehung methodologischer Perspektiven auswertet, ist unterrichtsdynamisch anstrengend. Die Etablierung von Metaperspektiven (*Wie haben wir das jetzt gemacht? Welche Vor- und Nachteile bestehen in dieser und jener Methode?*) gehört unter dem Stichwort „Lernstrategiewissen“ zu den „bedeutsame(n) Prädiktoren der Lesekompetenz“

(Artelt/Stanat/Schneider/Schiefele 2001, S. 129). Ihre Vermittlung setzt aber auch die Fähigkeit/Bereitschaft zum Umgang mit dem Widerstand voraus, den Schüler und Schülerinnen entfalten, wenn es um Textarbeit geht. Welche Gefühlsdimensionen dieser Widerstand auf Seiten der Schülerinnen und Schüler hat, welche Gefühle von Ohnmacht gegenüber einem zunächst unverständlichen Text dabei eine Rolle spielen, wie Vertrauen in Methoden als Erschließungsinstrumente für Texte auch etwas mit der Etablierung eines Bewusstseins in Ich-Kompetenzen zu tun hat, all das lässt sich Lehrerinnen und Lehrern vermitteln, am eigenen Leib, in Fortbildungsveranstaltungen. Konfrontiert man Teilnehmer und Teilnehmerinnen in Fortbildungsveranstaltungen etwa mit für sie ähnlich schwierigen und tendenziell überfordernden Texten, dann reagieren sie mit ähnlichen Verweigerungshaltungen, mit ähnlichen Fluchttendenzen wie ihre Schülerinnen und Schüler. Nun ließen sich solche Situationen durch eine entsprechende Aufbereitung und Auswahl des Fortbildungsmaterials verhindern. Allerdings bieten sie eben auch die Chance, die gesamte unterrichtliche Dynamik der Etablierung von Verstehenskompetenzen in den Blick zu nehmen. Diese Kompetenzen haben eben neben der Objektseite des Textes auch eine Subjektseite, die die als Ich-Kompetenz erlebte Fähigkeit der Schüler und Schülerinnen in das Meistern komplexer Verstehensaufgaben umfasst. Die Kognitionspsychologie der Textverstehensprozesse nennt das „affektive und volitionale Strategien“ zur Verarbeitung von Texten (vgl. Flender/Christmann 2002, S. 211). In der unterrichtlichen Beziehungsdynamik wirken diese subjektseitigen Kompetenzaspekte aber eben auch im Sinne der oben angedeuteten Gefühle von Ohnmacht und Fluchttendenz. Sie nach dem Erleben durch ein entsprechendes Containment-Angebot des Leiters/der Leiterin der Fortbildung auch als aushaltbar und produktiv anwendbar zu charakterisieren, ist eine wichtige Dimension von Fortbildung als Erfahrungsprozess.

Eine Ebene, auf der sich dieser Aspekt von Unterrichtsarbeit auch zeigt, ist das Verhältnis von Mündlichkeit und Schriftlichkeit. Die Didaktik der letzten 20 Jahre war, so kann man sicher etwas pauschalierend sagen, vom Primat der Mündlichkeit und der Entwicklung von oraler Kommunikationsfähigkeit geprägt. Mündlichkeit ist von anderer Qualität als Schriftlichkeit. Jene ist kommunikativ, offen, partnerbezogen fließend, flüchtig, während diese reflexiv, fixierend, ich-bezogen und begrenzend ist. Schreiben stellt nicht nur eine physische, sondern auch eine kognitive Anstrengung dar, denn im Schreibprozess positioniere und fixiere ich meine Sicht der Dinge im System der Sprache und der kulturell bereitgestellten symbolischen Ordnung. Und auch das ist ein Prozess der Arbeit und Anstrengung, wie sie oben skizziert wurde und stellt daher ein komplexes Feld für Fortbildungsprozesse und Begleitprozesse von Schul- und Unterrichtsreformen dar.

Gerade in der Differenz zu PISA veranschaulicht IGLU einen weiteren wichtigen Problemzusammenhang im Feld der Entwicklung von Lesekompetenz, der bisher zu wenig Beachtung gefunden hat: die geschlechtsspezifische Dimensionen der Lesekompetenz. In PISA beträgt der Unterschied zwischen Mädchen und Jungen im Bereich Lesen etwa 35 Punkte, was einer halben Kompetenzstufe entspricht (vgl. Stanat/Kunter 2001, S. 251f.). Dieser Wert liegt zwar nur knapp über dem OECD-Durchschnitt von 32 Punkten und deutlich niedriger als in Finnland mit 51 Punkten. Was im Vergleich zu IGLU aber nachdenklich stimmen muss, ist die Tatsache, dass dort der Unterschied nur 13 Punkte beträgt, also deutlich weniger als die Hälfte des Abstands aus PISA (vgl. Bos/Lankes/Schwippert/Valtin/Voss/Badel/Plaßmeier 2003, S. 13). Auch wenn der Bereich der Forschung zur geschlechtsspezifischen Differenz deutschdidaktischer Lernprozesse im Unterricht und der Forschung zur Geschlechtsspezifik der sprachlich-literarischen Sozialisation gerade hinsichtlich der Jungen und der Frage nach der Jungen-Förderung derzeit noch deutliche Lücken aufweist, darf dieses Thema insbesondere angesichts der Ergebnisse in PISA, IGLU und anderen vergleichbaren Studien aus Fortbildungen nicht herausgehalten werden. Nach den Jahren der speziellen Förderung von Mädchen machen Lehrerinnen und Lehrer die Alltagserfahrung, dass es gerade im Fach Deutsch die Jungen sind, die einer besonderen Förderung bedürfen (vgl. dazu Ch. Garbe, V. Frederking und A. Schilcher in diesem Band.

Bei all dem darf aber nicht vergessen werden, die Grenzen des Machbaren nicht aus den Augen zu verlieren, um nicht Überforderungstendenzen Vorschub zu leisten. Der schiefe Turm von PISA ist nicht durch Lehrerinnen und Lehrer bzw. durch die Schule allein aufzurichten. Fortbildung ist zwar nötig und für die Weiterentwicklung von Schule wichtig. Aber die Schule muss der Versuchung widerstehen, die Delegation zur Lösung aller Probleme anzunehmen, die ihr gerne allenthalben angedient wird, wenn es gesellschaftlich irgendwo brennt. Das bedeutet auch, dass bei aller Notwendigkeit zur Fortentwicklung professioneller Kompetenzen auf Seiten der Lehrerinnen und Lehrer die Fortentwicklung der materiellen Rahmenbedingungen von Schule nicht auf der Strecke bleiben darf. Eine Gesellschaft, die eine Quittung bekommen hat wie die aus PISA, muss darüber nachdenken, welchen Stellenwert sie Bildung und Erziehung einzuräumen gedenkt – und dies ist auch ein finanzieller Stellenwert. Zudem kann, auch wenn es nicht für die Entwicklung der Lesekompetenz allein zuständig ist, ein solch zentrales Fach wie das Fach Deutsch in den Stundentafeln nicht immer nur gekürzt werden. Aber auch das ist eine altbekannte Forderung, die ihre Berechtigung unabhängig von PISA hat (vgl. Müller-Michaels 2000).

Handlungsfelder der Lehrerfortbildung nach PISA

Fortbildungsveranstaltungen, sieht man von großen Kongressen einmal ab, sind in der Regel auch Veranstaltungen des kollegialen Austausches regionaler Art. Gerade im Sinne des oben angedeuteten Nutzbarmachens von bestehenden Kompetenzen fungieren sie daher als Ideen- und Kontaktbörsen. Erfahrungen gilt es daher verstärkt zu vernetzen und so in einem größeren Rahmen verfügbar zu machen. Die Möglichkeiten des Internet bieten sich dazu an, interessante Beispiele sind bereits entstanden oder entstehen gerade.[8] Auch viele Schulen stellen auf ihren Websites Erfahrungen zur Verfügung, sodass die Suchmaschinen auf einschlägige Stichworte hin (Lesenacht, Lesetagebuch, Leseförderung u.ä.m.) interessante Seiten auflisten. Die Möglichkeiten des Austausches im Medium Internet sind also noch lange nicht erschöpft.

Neben dieser allgemeinen Perspektive von Fortbildung als einem Austausch von Kompetenzen müssen sich konkrete Angebote um vier Bereiche herum gruppieren.

a) *Information zu PISA und IGLU*

Selbst knapp zwei Jahre nach der Veröffentlichung der Ergebnisse aus PISA 2000 fehlt es immer noch und immer wieder an grundlegender Information. Dies betrifft sowohl das allgemeine Design der Studie wie die für den Deutschunterricht relevanten Teilaspekte. So geht in der Diskussion die Konzentration auf 15jährige und damit der Verzicht auf einen Längsschnitt in der Untersuchung in der öffentlichen Debatte häufig verloren. Gerade die Lese- und Mediensozialisation ist ein langfristiger und facettenreicher Prozess, der nicht adäquat mit nur einer punktuellen Beschreibung zu erfassen ist. Gestützt wird diese Überzeugung durch die vorläufigen Ergebnisse der IGLU-Untersuchung, die an einem anderen Punkt der Lesesozialisation (Ende Grundschulzeit) zu einem qualitativ stark abweichenden Ergebnis hinsichtlich der Lesekompetenz kommt, insofern deutsche Grundschüler im Rahmen von IGLU „einen Rangplatz im oberen Leistungsdrittel" (Bos/Lankes/Schwippert/Valtin/Voss/Badel/Plaßmeier 2003, S. 101) erreicht haben. Grundinformationen zu Bedingungen und Verläufen der Lese- und Mediensozialisation müssen daher die Informationen zu PISA und IGLU begleiten. Auch die Entkoppelung von Kompetenzen und nationalen Curricula ist für Lehrerinnen und Lehrer eine nach wie vor wichtige Information. Dies gilt auch für die Verteilung von Textsorten in den Aufgaben, für das Aufgabendesign und die jeweilige Verankerung von Aufgabendesigns in bestimmten nationalen Aufgabentraditionen. Für den Bereich der Lesekompetenz ist es wichtig, das Konzept der „reading literacy" in seiner Herkunft zu erläutern, den Kompetenzbegriff in Bezug auf das Textverstehen zu entfalten und mit entsprechenden deutschdidaktischen Traditionen in Bezug zu setzen. Ziel muss es dabei sein, mit der Aufklärung über die Studie auch zu einer Entlastung der Lehrerinnen und Lehrer beizutragen, die ihrerseits Voraussetzung für ein kritisches und produktives Sich-Einlassen-Können ist.

b) *Fachspezifische Perspektiven*

Leseförderung ist sicher die allgemeine Formel, die in der Fortbildungslandschaft zusammenzufassen versucht, was an fachspezifischen Reaktionen auf PISA nötig ist. Leseförderung ist als Begriff und unterrichtliche Konzeption aber letztlich auch zu unbestimmt, um die verschiedenen Facetten fachspezifischer Fortbildungsnotwendigkeiten zu beschreiben. Gerade im Zusammenhang mit den Methoden eines handlungs- und produktionsorientierten Literaturunterrichts meint Leseförderung eher die Förderung des literarischen Lesens, d.h. zielt auf die Kompetenz zum Umgang mit literarischen Texten. Dass diese Orientierung des Unterrichts nicht vorschnell aufgegeben werden darf, um den pragmatischen Perspektiven von PISA zu folgen, darauf hat u.a. Bettina Hurrelmann (2002) in ihrer kritischen Auseinandersetzung mit PISA mit Nachdruck hingewiesen. Und gerade IGLU zeigt eine andere Perspektive auf den Umgang mit Textsorten. Nicht nur stellen literarische Texte 50% der verwendeten Texte dar. In dem für IGLU zugrunde gelegten Modell zur Erklärung der Testleistungen gehen die Forscher zudem davon aus, dass das Lesen literarischer Texte und das Lesen von Informationstexten in hohem Maße miteinander kovariieren, sodass „Schülerinnen und Schüler, die eine hohe Kompetenz aufweisen, Informationen aus literarischen Texten zu verstehen, (...) auch besser Informationstexte verarbeiten (können) und umgekehrt" (Bos/Lankes/Schwippert/Valtin/Voss/Badel/Plaßmeier 2003, S. 82). Dies lässt noch einmal insbesondere die in PISA so prominent verwendeten nicht-linearen sowie diskontinuierlichen Texte in das Blickfeld des Deutschunterrichts treten. Didaktische Forschung muss sich vermehrt darum kümmern, solche Texte in ihren spezifischen Verstehensvoraussetzungen zu beschreiben und Methoden des Umgangs mit diesen Texten zu benennen, um Fortbildungsmaßnahmen entsprechend gesicherte Grundlagen anzubieten. In diesem Zusammenhang muss es auch darum gehen, besondere Schwierigkeiten zu benennen, die sich im Prozess des Textverstehens ergeben können. Dies trägt zur Sensibilisierung von Lehrern und Lehrerinnen gegenüber Defiziten ihrer Schüler und Schülerinnen bei und erlaubt es, gezielte Unterstützung anzubringen. Ungeachtet der Konzentration von PISA auf Texte verschiedenster Erscheinungsweisen muss die Medialität der Texte eine angemessene Berücksichtigung finden. Die Förderung der Medienkompetenz bleibt eine wichtige Aufgabe des Deutschunterrichts. Die begonnenen Initiativen zur Weiterbildung der Lehrerinnen und Lehrer dürfen nicht zugunsten printmedialer Beschränkungen abgebrochen werden.

Bei aller Vorsicht hinsichtlich der Vergleiche bleibt für IGLU im Ergebnis aber festzuhalten: Der Beweis ist geliefert , dass inhomogene Lerngruppen durchaus erfolgreich Lernprozesse durchlaufen können. Dennoch weist IGLU mit einem interessanten Detailergebnis auf, dass direkte Fortbildungsanregungen enthält. Bei der Erhebung der Lehr- und Lernbedingungen wurde im begleitenden Schul- bzw. Lehrerfragebogen nach der Form der Binnendifferenzierung gefragt. Dabei stellte sich heraus, dass ca. 80% der Schüler und Schülerinnen mit dem gleichen Material arbeiten und in der ganzen Klasse im Lesen unterrichtet werden. Dem entspricht die Erkenntnis, dass zwar knapp die Hälfte der schwachen Leser besondere Förderung erfahren, aber nur etwas über 10% der guten Leser besondere Anregungen bekommen (vgl. Bos/Lankes/Schwippert/Valtin/Voss/Badel/Plaßmeier 2003, S. 57ff.). Die Daten zeigen einen erheblichen Bedarf in der Entwicklung von Methoden und Materialien der Binnendifferenzierung.

Ein weiteres Detail aus den begleitenden Erhebungen betrifft die Wertschätzung, die dem Lesen entgegen gebracht wird, sowie den Umfang des Buchbesitzes. Die Tatsache, dass gegenüber den 42% aus PISA „nur" 18%

der Schülerinnen und Schüler in IGLU angaben, nicht zum Vergnügen zu lesen, deckt sich mit den Erwartungen aus der Lesesozialisationsforschung. Aus diesen Zusammenhängen weiß man, dass die Leselust und die Leseintensität nicht konstante Größen im Verlauf einer Biografie sind. Es gibt Lebensphasen, in denen liest jemand mehr, und es gibt solche, in denen liest jemand weniger. Die Leseaktivität und die Leselust müssen als Variablen in biografischer Perspektive begriffen werden, wenn man valide Schlussfolgerungen ziehen will. All dies entlastet nicht von der Notwendigkeit zur Förderung auch und gerade im außer- und vorschulischen Bereich. Etwa die Hälfte der Kinder in Deutschland bringen dem Lesen gegenüber eine hohe Wertschätzung zum Ausdruck. Das mag man für zu wenig halten, interessant jedoch ist die Tatsache, dass nur etwas mehr Eltern (55%) das Lesen für wertvoll halten. Das reicht für eine positive Vorbildfunktion wohl kaum aus. Demgegenüber steht die Tatsache, dass die Anzahl der Kinderbücher in den Haushalten überdurchschnittlich ist. Dies lässt die Vermutung zu, dass es weniger aktiven gemeinsamen Gebrauch von Büchern, weniger gemeinsame Lesesituationen zwischen Eltern und Kindern gibt, als dies für eine förderliche häusliche Leseumgebung sinnvoll wäre (vgl. Bos/Lankes/Schwippert/Valtin/Voss/Badel/Plaßmeier 2003, S. 50f.). An solchen Details zeigt sich, dass der fachspezifische Fortbildungsbedarf über die Schulen hinausgehen und die Kindergärten sowie die Kooperation Grundschule-Kindergarten erfassen muss.

c) Fächerübergreifende Perspektiven

Die fächerübergreifende Dimension von Lesekompetenz festzustellen ist eine Sache. Eine andere ist es, diese Feststellung konkret werden zu lassen. Hier kann die Deutschdidaktik allein nicht bestimmen, wie entsprechende Konzepte aussehen können, denn zunächst ist ein Austausch über „Texte" und „Lesen" in den verschiedenen Fächern nötig. Auf der Basis eines solchen Austausches kann dann eine „Text"didaktik in fächerübergreifender Perspektive entwickelt werden. Für solche Prozesse bietet sich das Forum der schulinternen Lehrerfortbildung an, denn hier sind die betroffenen Fächer in einem „natürlichen" institutionellen Zusammenhang aufeinander bezogen. Dies ist deshalb wichtig, weil die fächerübergreifenden Perspektiven von Lesekompetenz letztlich auf die Schule als Ganzes zielen.

d) *Schulentwicklung / Schulprofil*

Bereits oben wurde festgestellt, dass sich in Fortbildungsmaßnahmen immer wieder gezeigt hat, wie breit gestreut die Kompetenzen in Sachen Leseförderung im Grunde sind, dass die sich aus diesen Kompetenzen ergebende Praxis aber dem ‚Werkeln' einzelner Lehrerinnen und Lehrer überlassen bleibt. Fortbildung muss daher auch Schulen als ganze Institutionen erreichen und fachliche Weiterbildung und Schulentwicklung in einem Prozess miteinander verknüpfen. Vor dem Hintergrund von PISA muss dies heißen, die Entwicklung von Medien- und Lesekompetenz zu einem Element von Schulprofilentwicklung zu machen. Die Erarbeitung und die Praxis von sinnvollen Mediennutzungsmustern in einer Schule als ganzer hat dabei eine wichtige Entlastungsfunktion für den Einzelnen. Er/sie muss nun nicht mehr alleinige Verantwortung tragen, sondern kann sich aufgehoben wissen in den Verantwortungsstrukturen der Institution. Dies beflügelt den Austausch und ist eine Chance auf Kontinuität – und ohne Kontinuität der Anstrengung wird die Schieflage in Sachen PISA nicht wirklich zu begradigen sein.

Anmerkungen

1 Vgl. hierzu die Übersicht über die publizistischen Reaktionen auf die internationale PISA-Studie unter http://www.pisa.oecd.org/News/cntry.htm, Stand 25.4.2003.

2 Siehe das Angebot des Sächsischen Akademie für Lehrerfortbildung unter http://marvin.sn.schule.de/~salf/index.htm, Suchanfrage „4.3.2.1" (= Fach Deutsch) und „PISA", Stand 25.4.03.

3 Siehe: http://www.bildung.bremen.de/rundertischbildung/index.htm, 23.4.2003.

4 Vgl. http://www.bildung.bremen.de/sfb/aktuelles/info_176-2002_a.pdf, 24. 4. 2003.

5 Vgl. http://www.bildung.bremen.de/rundertischbildung/PDF/Ablauf_des_Bremer_Bildungstages.pdf, 24.4.2003.

6 Vgl. http://www.vbe.de sowie http://www.domino-verlag.de/allgemein/index.htm.

7 Vgl. http://www.sup.adc.education.fr/europedu/deutsch/vert/bologne.html, 26.4.03.

8 Vgl. beispielsweise www.lesefoerderung.de oder www.steitz-kallenbach.de/werkstatt-lesefoerderung.

Literatur

Akademie für Lehrerfortbildung und Personalführung: Schwerpunkte für die Lehrerfortbildung 2003/2004. Dillingen 2002 (=http://alp.dillingen.de/akademie/konzepte/schwerpunktprg/, 24.4.03).

Artelt, Cordula/Stanat,Petra/Schneider, Wolfgang/Schiefele, Ulrich: Lesekompetenz: Testkonzeption und Ergebnisse. In.: Baumert/Klieme/Neubrand/Prenzel/Schiefele/Schneider/Stanat/Tillmann/Weiß 2001. S. 69–137.

Bos, Wilfried/Lankes, Eva-Maria/Prenzel, Manfred/Schwippert, Knut/Walther, Gerd/Valtin, Renate (Hrsg.): Erste Ergebnisse aus IGLU. Schülerleistungen am Ende der vierten Jahrgangsstufe im internationalen Vergleich. Münster/New York/München/Berlin: Waxmann 2003.

Bos, Wilfried/Lankes, Eva-Maria/Schwippert, Knut/Valtin, Renate/Voss, Andreas/Badel, Isolde/Plaßmeier, Nike: Lesekompetenzen deutscher Grundschülerinnen und Grundschüler am Ende der vierten Jahrgangsstufe im internationalen Vergleich. In: Bos/Lankes/Prenzel/Schwippert/Walther/Valtin 2003. S. 69–142.

Baumert, Jürgen/Klieme, Eckhard/Neubrand, Michael/Prenzel, Manfred/Schiefele, Ulrich/Schneider, Wolfgang/Stanat, Petra/Tillmann, Klaus-Jürgen/Weiß, Manfred (Hrsg.): PISA 2000. Basiskompetenzen von Schülerinnen und Schülern im internationalen Vergleich. Opladen: Leske + Budrich 2001.

Flender, Jürgen/Christmann, Ursula: Zur optimalen Passung von medienspezifischen Randbedingungen und Verarbeitungskompetenzen / Lernstrategien bei linearen Texten und Hypertexten. In: Groeben, Norbert/Hurrelmann, Bettina (Hrsg.): Medienkompetenz. Voraussetzungen, Dimensionen, Funktionen. 1. Aufl. Weinheim/München: Juventa 2002. S. 201–230.

Freller, Karl: (2002) Rede zur Eröffnung der Veranstaltung „Leseforum Bayern". München 2002 (= http://www.km.bayern.de/a3/r10/archiv/19_11_leseforum.pdf, 24.4.03).

Hohlmeier, Monika (Hrsg.): (2002) PISA–E: Ergebnisse und Folgerungen. München 2002) (=http://www.km.bayern.de/a3/r5/load/pisa.pdf , 24.4.2003).

Menzel, Wolfgang: (2002) Lesen lernen dauert ein Leben lang. Methoden zur Verbesserung der Lesefähigkeit und des Textverständnisses. In: Praxis Deutsch 176 (2002). S. 20–24.

Meyer, Anke-Sophie: Wann ist mein Kind PISA-fit? Was Eltern für die schulische Entwicklung ihrer Kinder tun können. 1. Aufl. Weinheim/Basel: Beltz 2002.

Meyer-Wyk, Barbara: (2003) Das sächsische Schulmodell – Basis für das gute Abschneiden bei PISA-E. (= http://www.sachsen-macht-schule.de/pisa/fz_pisa.pdf, 22.4.03).

Müller-Michael, Harro: Mehr Deutschstunden!. Ein Plädoyer für die Aufwertung des muttersprachlichen Unterrichts. In: Die Zeit. 55. Jg. Nr. 39, 2000.

Runder Tisch Bildung: Empfehlungen an den Senat der Freien Hansestadt Bremen. Bremen 2002 (=http://www.bildung.bremen.de/rundertischbildung/PDF/Empfehlungen.pdf, 23.4.2003).

Stanat, Petra/Kunter, Mareike: Geschlechterunterschiede in Basiskompetenzen. In: Baumert/Klieme/Neubrand/Prenzel/Schiefele/Schneider/Stanat/Tillmann/Weiß 2001. S. 249–269.

6

Forschungsperspektiven

Zum Scheitern eines Lesestrategietrainings für SchülerInnen der Orientierungsstufe

ALBERT BREMERICH-VOS, SONJA SCHLEGEL

1
Zum PISA-Kontext

Laut PISA 2000 sind die wichtigsten Prädiktoren der Lesekompetenz kognitive Grundfähigkeit (.52), Dekodierfähigkeit (.22), Leseinteresse (.11) und Lernstrategiewissen (.23) (Artelt/Stanat/Schneider/Schiefele 2001, S. 129). Dabei ist der zentrale Prädiktor, die kognitive Grundfähigkeit, schulisch am wenigsten zu beeinflussen. Anders verhält es sich mit dem Lernstrategiewissen. Strategien und ihr flexibler Einsatz können und sollen im Unterricht thematisiert und geübt werden, zumal – so die PISA-AutorInnen – die vorliegenden Befunde darauf schließen lassen, „dass sich schlechte von guten Lesern vor allem hinsichtlich der Bewusstheit über die eigenen Fähigkeiten sowie hinsichtlich der Fähigkeit zum strategischen, aufgaben- und zielbezogenen Lesen unterscheiden [...]“ (ebd., S. 73). Schlecht lesende SchülerInnen gibt es in Deutschland zuhauf, vor allem auch solche, deren Kompetenz noch unterhalb der sogenannten Stufe I angesiedelt ist.[1] Gerade für sie gilt: „Bezüglich der strategischen Kompetenz beim Umgang mit Texten besteht erheblicher Förderbedarf [...]“ (ebd., S. 77). Angesichts dessen, dass in Deutschland der Zusammenhang von (schlechter) Leseleistung und („niedriger“) sozialer Herkunft im internationalen Vergleich besonders eng ist, hätte ein massiv auf eine solche Förderung setzender Deutschunterricht überdies kompensatorischen Charakter. Das im Blick, scheuen sich die PISA-AutorInnen nicht, eine Umorientierung anzumahnen. „Gerade Kinder aus lesefernen Elternhäusern [...] profitieren wenig von einem Literaturunterricht, der bereits voraussetzt, was ihnen aus ihren Familien unbekannt ist. [...] Stattdessen benötigen sie elementare Leseförderung, die auf ihre Startbedingungen eingeht, sowie auch die Erfahrung, dass Lesen lohnend ist und auch im sozialen Zusammenhang Sinn macht" (ebd., S. 77f.).[2]

2 Zur Klassifikation von Strategien

Bei Lernstrategien im Allgemeinen handelt es sich, grob gesagt, um Sequenzen von mehr oder weniger komplexen Operationen zur Erreichung von Lernzielen[3], die sich auf „Bereiche" bzw. „Domänen" beziehen, nicht nur auf einzelne Aufgaben. Die Operationen müssen nicht bewusst vollzogen werden; aber auch dann, wenn man sie „automatisiert" hat, sind sie doch bewusstseinsfähig.[4] Für die meisten Lehr-, Lernforscher ist ausgemacht, dass die Verfügbarkeit von Lernstrategien einen wesentlichen Teil der Fähigkeit ausmacht, „selbstgesteuert" zu lernen. Diese Fähigkeit wird angesichts des immer wieder konstatierten schnellen Wandels dessen, was „man zu wissen hat", zu einer Schlüsselqualifikation und damit zum wesentlichen Teil eines zeitgemäßen Verständnisses von Allgemeinbildung. Allerdings ist vor derzeit populären Erwartungen zu warnen: Wer auf die Figur eines Lerners setzt, die nur aufgrund von virtuoser Beherrschung von Lernstrategien im Allgemeinen und von Lesestrategien im Besonderen in der Lage ist, schnell und flexibel Neues zu lernen, setzt auf die falsche Karte. Denn es wurde vielfach gezeigt, dass mit wachsendem Alter das fachliche, bereichsspezifische Vorwissen für die Erklärung von Leistungsunterschieden immer bedeutsamer wird. Darüber hinaus gibt es ein „Bandbreite-Genauigkeits-Dilemma": „Allgemeine Strategien tragen zur Lösung eines konkreten Problems zumeist nur wenig bei; jene Strategien, die einen großen Beitrag leisten, sind selten allgemein" (Friedrich/Mandl 1992, S. 18).

Was speziell Lesestrategien betrifft, so hat sich folgende Klassifikation weithin eingebürgert:

- Um Wiederholungsstrategien handelt es sich, wenn man z.B. Aufzeichnungen mehrmals durchliest, auswendig lernt usw.
- Aktivitäten wie das Unterstreichen von Wesentlichem, das Zusammenfassen von im Text verstreuten Informationen, die schematische Darstellung usw. sind Beispiele für reduktive Strategien und Organisationsstrategien.

- Wer Elaborationsstrategien verfolgt, verknüpft neues, durch den Text induziertes Wissen mit seinem Vorwissen, stellt Analogien her, zieht Beispiele heran, stellt kritische Fragen usw.
- Bei metakognitiven Strategien geht es um das ziel- und aufgabenbezogene Planen der Leseaktivität, die Überprüfung des Verstehens im Leseprozess und um die Regulation dieses Prozesses (z.B. durch Verlangsamen des Lesetempos im Gefolge des Gewahrwerdens von Verständnisschwierigkeiten) und die Bewertung des Lernergebnisses. Es gibt Hinweise darauf, dass sich gerade hier ein Training besonders lohnen dürfte, denn „schlechte Leser/innen scheinen nicht zu bemerken, wenn sie etwas nicht verstehen, oder tendieren dazu, schwierige Passagen zu übergehen" (Christmann/Groeben 2001, S. 200).
- Wer die Lernumgebung z.B. durch Ausschalten von Störquellen, Setzen eines zeitlichen Rahmens und Einplanen von Belohnungen so gestaltet, dass sie in emotionaler und motivationaler Hinsicht günstig ist, macht von Stützstrategien Gebrauch.[5]

Die Grenzen zwischen den einzelnen Strategiearten sind nicht immer leicht zu ziehen. Wann verfahre ich im Umgang mit einem Text z.B. reduktiv, wann elaborativ? Ballstaedt/Mandl/Schnotz/Tergan (1981, S. 59f.) erläutern „Elaboration" wie folgt: „Über die explizite Textbasis kann sich jeder Leser darüber hinausgehende Inhalte erschließen, d.h. er muß zwischen den Zeilen lesen. Es wird angenommen, daß der Leser dabei automatisch eine große Zahl von Inferenzen vollzieht. Gehen diese über das Maß hinaus, das zum Verstehen der expliziten Textbasis erforderlich ist, werden solche Anreicherungen als Elaborationen bezeichnet [...]. Elaborative Prozesse vernetzen die Textinformation in vielfältiger Weise mit dem Vorwissen und bilden das eigentliche kreative Moment beim Lesen." Wann aber über das „erforderliche Maß" hinausgegangen wird, mag von Fall zu Fall strittig sein und kann im jeweils gegebenen Kontext nur diskursiv entschieden werden.[6]

Als problematisch erscheint auch die in der psychologischen Literatur immer wieder zu findende undifferenzierte Wertschätzung elaborativer Strategien. Anders als Wiederholungsstrategien, von denen man annimmt, dass sie nur eine oberflächliche Verarbeitung gestatten, gelten Elaborationen als „Tiefenstrategien". So gerät nicht in den Blick, dass man hier sozusagen des Guten zu viel tun kann, so dass die Texte nur noch „Auslösereize" sind, Anlässe für Erinnerungen, Phantasien und dergleichen, die selbst nicht mehr auf den Textsinn bezogen werden (können).[7]

„Lernmethoden", „Arbeitstechniken", „Lerntipps", „Wie man Lernen lernt" usw.: In Lehrplänen und Lehrwerken für den Deutschunterricht in der Sekundarstufe I finden sich viele einschlägige Hinweise, und was Psychologen in die genannten Strategieklassen einteilen, ist für den Deutschunterricht, sieht man von den Etiketten ab, überhaupt nicht neu. Allerdings gibt es Hinweise darauf, dass viele Lehrkräfte allenfalls die Jahrgangsstufen 3 und 4 als die Zeit ansehen, in der „weiterführendes Lesen" unterrichtet wird. In den Schulformen der Sekundarstufe I werden die damit verbundenen Lehrziele womöglich als bereits erreicht unterstellt, so dass „basale" Leseförderung hier oft nicht mehr vorkommen dürfte (vgl. Dehn/Payrhuber/Schulz/Spinner 2001). Viele Lehrkräfte scheinen darauf zu vertrauen, dass die SchülerInnen über die von Fall zu Fall geeigneten Lesestrategien bereits verfügen. Dazu passt der PISA-Befund, dass sie die Lesefähigkeiten der Schülerinnen und Schüler überschätzen. So wurden Hauptschullehrer gefragt, welche Schüler wohl über eine so geringe Lesekompetenz verfügten, dass sie erhebliche Schwierigkeiten beim Übergang in das Berufsleben haben dürften. Sie stuften nur 11 % der Schüler unter Kompetenzstufe I als schwache Leser ein. Auch Lehrplanexperten überschätzten das Leistungsniveau der 15-Jährigen ganz massiv (vgl. Artelt/Stanat/Schneider/Schiefele 2001, S. 119f. und S. 99ff.).

Empirische Arbeiten zum Zusammenhang von Lernstrategien und Lernerfolg im Allgemeinen bzw. von Lesestrategietrainings und Leseleistungen im Besonderen haben bislang – anders als PISA nahe legen mag – keine einheitlichen positiven Befunde erbracht (vgl. die Übersichten bei Friedrich/Mandl 1992; Friedrich 1995; Artelt 2000).

Fünf Studien seien herausgepickt. Die letzte Studie wird ausführlicher vorgestellt, weil sie für unser Projekt gleichsam als Muster fungierte.

- Friedrich (1995) ließ Jura-Studierende Strategien des Zusammenfassens[8] von fachnahen und fachfernen Texten üben. Am Ende fassten sie denfachnahen Text schlechter zusammen als die Mitglieder einer Kontrollgruppe, die das Zusammenfassen ohne Training geübt hatten. Auch bei einem studienfachfernen Text waren die trainierten Studierenden den anderen gerade einmal gleichwertig, wenn beide Gruppen den Text vor sich hatten, und allenfalls leicht überlegen, wenn er aus dem Gedächtnis zusammengefasst werden musste. Insofern liegt folgende Vermutung nahe: Wenn es um Gebiete geht, in denen die Lernenden bereits über Vorwissen verfügen, kann das systematische Training von Strategien der Textverarbeitung „zu Interferenzen zwischen dem trainingsinduzierten und dem vorwissensgesteuerten Modus des Wissenserwerbs führen" (Friedrich 1995, S. 202). Hinzu kommt, dass die Studierenden längst über mehr oder weniger differenzierte, von Friedrich allerdings nicht untersuchte Repertoires von Lesestrategien verfügten. Auch insofern mag es also zu Interferenzen gekommen sein, die zu „Labilisierungen" der alten Strategien führten, ohne dass die neuen „automatisiert" wurden.

- Bei jüngeren SchülerInnen dürfte mit solchen unerwünschten Effekten nicht zu rechnen sein. Baumert (1993) verglich im Rahmen einer großen Fragebogenstudie SchülerInnen der 7., 10. und 12. Jahrgangsstufe in Gymnasien miteinander und fand, dass die SiebtklässlerInnen allenfalls danach zu unterscheiden waren, ob sie überhaupt Strategien nutzten oder nicht. Über Kriterien zur Differenzierung verfügten sie nicht. Bei den ZehntklässlerInnen zeigte sich noch keine stabile Trennung von „Oberflächen"- und „Tiefenstrategien". Sie war erst bei den ZwölftklässlerInnen erkennbar. „17–18jährige trennen auf einer allgemeineren Ebene der Strategienutzung [...] klar Memorier- und Tiefenverarbeitungsstrategien als unterschiedliche, voneinander unabhängige Grundformen des Vorgehens" (Baumert 1993, S. 348).[9]
- Guldimann (1995) trainierte über mehrere Monate hinweg 10- bis 14-jährige SchülerInnen aus sechs Klassen, drei Klassen fungierten als Kontrollgruppe. Nach einem Jahr konnten die VersuchsschülerInnen nicht kompetenter strategische Lernhilfen geben als die Mitglieder der Kontrollklassen. Ihr Wissen über Strategien war zwar größer, sie machten davon aber nicht intensiver Gebrauch als die nichttrainierten SchülerInnen; auch die Leistungen waren am Ende nicht besser als die der Kontrollgruppe.

Anderen Studien zufolge waren Trainings durchaus sehr effektiv.

- Das gilt insbesondere für die wesentlich von Palincsar und Brown (1984) propagierte Methode des *reciprocal teaching*: Die Lehrperson präsentiert sich zunächst als Modell; allmählich übernehmen die SchülerInnen selbst Verantwortung für den Prozess, die Expertin steht aber zur Unterstützung bereit; schließlich übernehmen die SchülerInnen im Gespräch miteinander abwechselnd die Lehrer- und die Schülerrolle. Im Zentrum stehen die kognitiven und metakognitiven Strategien des Zusammenfassens, des Formulierens von Fragen, des Klärens von etwaigen Unklarheiten (z.B. von Wortbedeutungen) und der „Vorhersage", wie es im Text wohl weitergehen wird. Nach 15 knapp halbstündigen Sitzungen waren 113 leseschwache Siebt- und Achtklässler, die in einem Vortest nur 40 Prozent eines standardisierten Leseverständnistests richtig beantwortet hatten, in der Lage, 70 bis 80 Prozent der Testfragen zu meistern und damit auf ein durchschnittliches Niveau zu kommen (Palincsar/Brown 1984).

- Karl Josef Klauer (1996) berichtet über ein Training von SchülerInnen aus zwei sechsten und einer fünften Hauptschulklasse. Per Urnenwahl wurden insgesamt 60 SchülerInnen „gezogen" und auf vier Gruppen verteilt. Eine Gruppe erhielt ein Training zum induktiven Denken, eine ein Lesetraining, eine dritte eine Kombination aus beiden Trainings und eine vierte Gruppe, die Kontrollgruppe, nahm an keinem Training teil. Vor dem Training wurde Form B des Tests „Verständiges Lesen 5–6" von Anger/Bargmann/Voigt (1971) eingesetzt, nach dem Training Form A. Sechs Monate später kam auch noch der Subtest „Leseverständnis" aus dem „Kombinierten Schultest" von Mietzel (1974) zum Einsatz. Das Training bestand aus sechs Sitzungen. Grundlage war ein Programm von Friedrich/Fischer/Mandl/Weis (1987), das für Studierende konzipiert war und also modifiziert werden musste. Es wurden ausschließlich Sachtexte aus aktuellen Lehrwerken für 5. und 6. Klassen bearbeitet. Zur Illustration ein Beispiel aus dem Sprachbuch „Deutschstunden" für 6. Klassen (Frommer/Heringer/Herold 1991):

Die Belagerung einer mittelalterlichen Burg

Die Burgen waren oft Zeugen heftiger Kämpfe. Versuchen der Angreifer, den Burggraben mit Steinen, Erde und Reisigbündeln zu füllen, folgten ganze Serien von Steinkugeln, die mit Hilfe von Wurfmaschinen gegen die Burg geschleudert wurden. Und oft versuchten die Belagerer, durch das Abschießen brennender Pfeile Holzteile der Burg zum Brennen zu bringen. Nun kam das Entscheidende, aber auch Gefährlichste. Die Angreifer begannen, mit einem mächtigen Baumstamm – dem Rammbock – das Burgtor zu zertrümmern, und dabei mussten sie sich gegen das Herabgießen von siedendem Öl oder kochendem Pech unter den Schutz eines fahrbaren Holzdaches begeben. War den Belagerern der Durchbruch durch den äußeren Mauerring gelungen, dann gab es für die Burgbewohner nur noch den Rückzug in den inneren Burghof. Hier lag auch der Brunnen, der nicht nur das Trinkwasser, sondern auch das Wasser zum Löschen der Brände lieferte. Das Belagern der Burgen dauerte meist Monate, oft auch mehrere Jahre.

In der 1. Stunde wurden die Kinder darauf hingewiesen, dass man sich klar machen sollte, was man über ein Thema, wovon ein Text handelt, bereits weiß. Schließlich standen an der Tafel die folgenden Fragen:

1. Was weiß ich schon über das Thema?
2. Lese ich konzentriert? (Wenn nein, z.B. Pause einlegen.)
3. Verstehe ich das, was ich gerade lese? (Wenn nein, zu Frage 4 gehen.)
4. Warum verstehe ich die Stelle nicht? (Liegt es an einem Wort, an einem ganzen Satz, was ist zu tun?)

Drei Trainingskräfte standen für Gruppen mit jeweils fünf Mitgliedern zur Verfügung und es wurde vor allem geübt, wie man von Fall zu Fall Unklarheiten angehen kann. In der 2. Stunde wurde zunächst anhand der Fragen 1 bis 4 rekapituliert; dann ging es um reduktive Strategien:

5. Welches sind die Kernwörter/Kernsätze des Textes?
6. Wie kann ich den Text am besten zusammenfassen?

Alle Zusammenfassungen wurden in den Kleingruppen durchgesprochen. In der 3. Stunde wurde wie gehabt anhand eines neuen Textes wiederholt, dann standen elaborative Strategien im Zentrum:

7. Was habe ich in dem Text an neuen Informationen erhalten?
8. Fällt mir ein Beispiel zu dem Gelesenen ein?

Nachdem in der 4. Stunde – wieder angesichts eines neuen Textes – alle bisherigen Schritte wiederholt worden waren, wurde eine neue Frage thematisch:

9. Was fällt mir jetzt (nach dem Lesen) zu der Überschrift ein?

In der 5. und 6. Stunde wurde dieser Set von Fragen jeweils im Kontext neuer Texte abgearbeitet (nach Klauer 1996, S. 74f.).

Für das Lesetraining ermittelte Klauer eine Effektstärke von 0,73 (signifikant auf dem 0,01-Niveau) [10], nach einem Follow up nach sechs Monaten sogar von 0,90, d.h. zwischen drei Vierteln einer Standardabweichung und fast einer ganzen Standardabweichung. Dieses Resultat kann sich – so Klauer (1996, S. 83) – „auch im internationalen Vergleich durchaus sehen lassen [...].“ Dabei bezieht er sich auf Metaanalysen von Lesetrainings, denen zufolge zum Teil deutlich niedrigere durchschnittliche Effektstärken zu verzeichnen waren.

4 Das Training

4.1 *Ziel*

Klauers Befund ist bislang nicht repliziert worden. Dieses Beispiel „direkten" Trainings (vgl. Friedrich/Mandl 1992, S. 31ff.) ist dem Anspruch nach „basal" und zielt zwar nicht ausschließlich, aber doch vornehmlich auf metakognitive Strategien, über die gerade schwache Leser nicht hinreichend verfügen. Wenn aus PISA u.a. der Schluss gezogen werden kann, dass insbesondere die Schüler im unteren Leistungsviertel gefördert werden sollten, dann liegt es nahe, auf die Reproduzierbarkeit des von Klauer berichteten sehr positiven Effekts zu setzen.

4.2 *Verfahren*

Wir variierten – und vereinfachten damit – das Verfahren, weil wir nicht wie Klauer zusätzlich an einem Training zum induktiven Denken interessiert waren. Es genügte also ein einfaches Design mit Versuchs- und Kontrollgruppe. Wir arbeiteten auch nicht mit den „alten" Lesetests, die Klauer einsetzte, sondern mit dem 1997 erschienenen Hamburger Lesetest für 3. und 4. Klassen (HAMLET 3–4) (Lehmann/Peek/Poerschke 1997). Dieser Test bot sich u.a. deshalb an, weil er auf derselben Methode der Datenerhebung wie PISA und damit ebenfalls auf einer Stufentheorie beruht.[11] Für einen kurzen Wort- und einen Leseverständnistest[12] waren insgesamt zwei Schulstunden zu veranschlagen. Es müssen multiple-choice-Aufgaben zu zehn Texten bearbeitet werden, fünf „Sachtexten", zwei „Erzähltexten" und drei „Gebrauchstexten" im Umfang von 118 bis 616 Wörtern. Ein Beispieltext mit den Aufgaben:

> Der Dachs
>
> Der Dachs ist der größte heimische Marder. Der auch als Meister Grimbart aus Märchen bekannte Dachs ist in Wirklichkeit durchaus nicht der grimmige und mürrische Einzelgänger, als der er immer hingestellt wird. Neuere Forschungen haben ergeben, dass die Dachse paarweise in Lebensehe verbunden sind und mit den Jungen des jährlichen Wurfes, die meist im Spätwinter oder

Vorfrühling zur Welt kommen, bis zum Herbst zusammenbleiben und ein munteres Familienleben führen. Auch stehen benachbarte Dachsfamilien miteinander in Verbindung und besuchen sich gegenseitig.

Das alles blieb dem Menschen lange verborgen, weil der Dachs vorwiegend in der Dämmerung und nachts tätig und dann nur schwer zu beobachten ist. Als Lebensraum bevorzugt der in fast ganz Europa vorkommende Dachs Laub- und Mischwälder, Parklandschaften, Weinberge und ähnlich bewachsenes, schlupfwinkelreiches Gelände. Im Gebirge ist er bis 2000 Meter Höhe anzutreffen. Seine Wohnung bezieht der Dachs in selbstgegrabenen oder vom Rotfuchs übernommenen Erdbauten. Abends trottet der Dachs auf Nahrungssuche. Als Allesfresser ist er wenig wählerisch und verzehrt Würmer, Schnecken, Eier, Nestlinge, Waldfrüchte, Pilze, Wurzeln, reifes Getreide und Ähnliches. So wird er im Sommer und Herbst fett und kann den Winter durch wochenlanges Ruhen, das jedoch kein echter Winterschlaf ist, im Bau gut überstehen.

1. Wie wird der Dachs auch häufig in Märchen genannt?
   A Meister Grimbart
   B Marder
   C Einzelgänger
   D Isegrim

2. Woher wissen wir, dass Dachse paarweise in Lebensehe verbunden sind?
   A Aus der Untersuchung von Erdbauten des Rotfuchses.
   B Aus Beobachtungen am Tage.
   C Neuere Nachtbeobachtungen haben das ergeben.
   D Die Dachse bekommen jährlich Junge.

3. Was ist der bevorzugte Lebensraum des Dachses?
   A schlupfwinkelreiches Gelände
   B die Bauten von benachbarten Dachsfamilien
   C Gebirge
   D selbstgegrabene Erdbauten

4. Welche der folgenden Aussagen stimmt nicht?
   A Dachse sind Allesfresser.
   B Dachse sind Marder.
   C Dachse leben gerne oberhalb von 2000 Meter Höhe.
   D Dachse sind Nachttiere.

(Testheft, Form A, S. 24f.)

Trainiert wurden 30 Schülerinnen und Schüler, die ebenso wie 30 Mitglieder einer Kontrollgruppe per Urnenwahl aus drei fünften Klassen (mit zwei Mal 27 und 29 SchülerInnen) einer Hildesheimer Schule (einer Kombination aus Orientierungsstufe, Haupt- und Realschule) „gezogen“ worden waren. Es ist eine Besonderheit der mit uns kooperierenden Schule, dass hier im Rahmen der Orientierungsstufe auf der Basis der Grundschulgutachten und von Gesprächen mit den Eltern bereits früh Gruppen bzw. Klassen gebildet werden, von denen man annimmt, dass ihre Mitglieder später, d.h. ab Jahrgangsstufe 7, z.B. eher die Haupt- oder die Realschule oder das Gymnasium besuchen werden. Für die SchülerInnen der drei Klassen überwiegen die Haupt- und die Realschulprognose.

Zehn SchülerInnen pro Klasse wurden in der Gruppe (und dort dann in Zweier-Tandems) nicht wie bei Klauer nur 6, sondern 10 Einzelstunden lang im Lesen trainiert, und zwar von einer einzigen Lehrkraft (Schlegel), nicht wie im Referenzprojekt von verschiedenen Lehrenden. So verringert sich die Gefahr, dass das Trainingskonzept auf verschiedene Weisen interpretiert wird und „Trainermerkmale“ das Resultat beeinflussen.

Zehn SchülerInnen und nicht wie bei Klauer nur fünf sollten es sein, weil wir ökologisch valider zu Werke gehen wollten: Eine Binnendifferenzierung auf der Basis einer derart großen Gruppe sollte vielen Lehrkräften als eher machbar erscheinen. In den Trainingsstunden, die nie am Ende des Schultages lagen, hatten die Mitglieder der Kontrollgruppe teils regulären Deutschunterricht, teils wurden sie in anderen Fächern unterrichtet. So sollte der Befürchtung von Eltern entgegengearbeitet werden, die SchülerInnen in den Versuchsgruppen würden zuviel regulären Deutschunterricht versäumen und sie seien deshalb bei der nächsten Klassenarbeit in Deutsch womöglich benachteiligt.

Anfang November 2002 wurden die SchülerInnen der Versuchs- und der Kontrollgruppe entweder mit Halbform A oder mit Halbform B von HAMLET 3–4 getestet, am Ende dieses Monats, nach 10 Stunden Training in der Treatment-Gruppe, sollten sie mit der jeweils anderen Halbform konfrontiert werden. Dabei kam es zu zwei Ausfällen. Ein Schüler aus der Versuchsgruppe konnte am Nachtest nicht teilnehmen, ein Schüler aus der Kontrollgruppe fehlte beim Vortest. Darüber hinaus unterlief uns ein Missgeschick: Fünf SchülerInnen bearbeiteten im Vor- und im Nachtest dieselbe Halbform des Tests. Auch sie werden deshalb im Folgenden nicht weiter berücksichtigt.

Es ist nicht unbedenklich, SchülerInnen in der Mitte des 1. Halbjahres der Jahrgangsstufe 5 mit einem Instrument zu testen, das nur noch für SchülerInnen der 4. Jahrgangsstufe geeicht ist. Ein Vergleich der Vortestrohwerte (jetzt also für N=53, nicht mehr für N=60) mit den Normwerten für die 4. Jahrgangsstufe ergab aber Folgendes: Bei der Trainingsgruppe lag der Mittelwert bei 27,46 (Standardabweichung 6,39), bei der Kontrollgruppe bei 28,85 (Standardabweichung 5,48). Maximal erreichbar war ein Wert von 40; bei Rohwerten zwischen 27 und 29 wurden in der Eichstichprobe für 4. Klassen die Prozentrangplätze 44 bis 57 und die Prozentrangbänder 22 bis 86 erreicht.[13] Bedenkt man die Mittelwerte, dann waren die von uns trainierten FünftklässlerInnen demnach keineswegs jenseits des HAMLET-Spektrums für 4. Klassen angesiedelt.

Die Trainingstexte stammten aus Lehrwerken für fünfte Klassen. Insofern ist curriculare Validität gegeben. Sie wurden allerdings nicht speziell auf ihre Verständlichkeit hin untersucht. Das thematische Spektrum ist breit; es dominieren „Sachtexte" zu Tieren (Dromedar, Kreuzotter), zum Leben auf Burgen und zur Historie unserer Städte, zu den Inuit und zum Untergang der Titanic; hinzu kamen zwei Märchen und eine Fabel, die aber nur wahlweise zu bearbeiten waren. Insofern war der Anteil literarischer Texte bescheiden. Das war kein Manko, brauchte doch der Anspruch nicht eingelöst zu werden, das für den Beginn der Sekundarstufe I charakteristische Textsortenspektrum abzudecken.

In der 1. Stunde wurden zunächst die Trainingsziele sehr intensiv erläutert. Hinweise darauf, dass es oft nötig ist, Texte sehr gut zu verstehen, dass man ein „tieferes" Verstehen lernen kann, auch wenn man sich das bislang nicht zugetraut hat, usw. zielen vor allem auf die – zentrale – motivationale Dimension. Es ist allerdings damit zu rechnen, dass diese Zielperspektive zumindest bei einigen SchülerInnen nicht auf Resonanz stößt. Die Lehrperson kann nicht mehr tun, als sie mit Nachdruck zu rechtfertigen, indem sie u.a. ihren Nutzen herausstellt und auf die Lesekompetenz als „Schlüsselqualifikation" gerade auch in Zeiten eines medialen Umbruchs hinweist.[14]

Die folgenden Trainingsstunden waren weitgehend so strukturiert, dass die Lehrerin zunächst im Sinne des Modellierens direkt instruierte. Sie stellte sich selbst die für die einzelnen Lesestrategien zentralen Fragen und beantwortete sie vor der Klasse, „spielte" z.B. das Nichtverstehen eines Wortes und griff in diesem Kontext zum Wörterbuch, das im Übrigen allen Jugendlichen zur Verfügung stand. Später war sie nicht mehr Modell, sondern sie übernahm nun die Expertenrolle, half nur noch aus, wenn die SchülerInnen selbst nicht mehr weiterkamen. Schließlich ermutigte sie die SchülerInnen, im Rahmen von Lerntandems selbst zwischen der Lehrer- und der Schülerrolle hin- und herzuwechseln. Dabei war das Ziel leitend, die SchülerInnen auf dem Weg zu „autonomem" Lernen zu unterstützen. Die Leitfragen Klauers wurden zum Teil modifiziert und lauteten nun:

1. Was weiß ich schon über das Thema?
2. Lese ich konzentriert? Ja, also kann ich weiterlesen. Nein, also muss ich mich wieder konzentrieren und den letzten Teil des Textes noch einmal lesen.
3. Verstehe ich das, was ich lese? Ja, also kann ich weiterlesen. Nein, also muss ich die nächste Frage stellen: Warum verstehe ich die Textstelle nicht und wie kann ich das ändern? Ich kenne ein bestimmtes Wort nicht, also muss ich versuchen, es aus dem Zusammenhang zu erklären, in einem Wörterbuch nachschauen oder meinen Partner oder die Lehrerin nach der Bedeutung fragen. Ich verstehe einen schwierigen Satz nicht, also lese ich ihn noch einmal und versuche, den gleichen Satz so auszudrücken, dass ich ihn verstehe. Wenn das nicht hilft, frage ich wieder.
4. Welches sind die wichtigsten Kernwörter und Kernsätze des Textes? Ich unterstreiche sie.
5. Wie kann ich den Text zusammenfassen? Die Zusammenfassung soll deutlich kürzer sein.
6. Welche Informationen habe ich durch den Text neu gewonnen?
7. Was fällt mir jetzt zu dem Gelesenen noch ein (Beispiele, eigene Erfahrungen, was ich von anderen gehört habe)?

Die erste Frage nötigt die SchülerInnen dazu, z.B. anhand einer Textüberschrift ihr Vorwissen zu aktivieren. Werden sie fündig, sollen sie Stichwörter notieren, wenn nicht, sollen sie auch das im Gedächtnis behalten. Die Fragen 2 und 3 haben mit dem Überwachen des Leseprozesses zu tun. Die SchülerInnen sollen lernen, sich beim Lesen zu beobachten, Abschweifungen zu bemerken, einzelne Textstellen nicht einfach zu ignorieren usw. Dabei kommt es u.a. darauf an, das unkonzentrierte Lesen nicht als solches zu brandmarken. Je nach Leseinteresse mag es ja sinnvoll sein, diese oder jene Passage zu überlesen und einen Text nur auf besondere „Schlüsselwörter" hin abzuklopfen. Besteht die Aufgabe aber darin, den Text möglichst „tief" zu verstehen, hat man sich entsprechend in Zucht zu nehmen.

Frage 4 ist im schulischen Kontext wohl vertraut. Verlangt ist eine „reduktive“ Strategie: Unwichtiges soll weggelassen, Wichtiges markiert werden. Ob diese Aufgabe schwer oder leicht zu lösen ist, hängt vor allem von der Textvorlage ab. Manchmal sind die Kernsätze an prominenter Stelle bereits formuliert, manchmal bestehen sie aus einer erst zu erschließenden Kombination von verstreuten (Teil-) Sätzen. Zusammenfassungen machen kommunikativ vor allem dann Sinn, wenn sie für jemanden formuliert werden, der den Ausgangstext nicht kennt. Dem wurde im Rahmen des Trainings Rechnung getragen, indem die drei 10-er Gruppen in weitere Gruppen unterteilt wurden, die verschiedene Texte zu bearbeiten hatten.

Die Fragen 5 bis 7 beziehen sich auf reduktive und elaborative Strategien, wobei – wie gesagt – die Grenzen hier nicht immer leicht zu ziehen sind. Die SchülerInnen sollen ausdrücklich dazu ermuntert werden, die Textinformation in ihr jeweiliges „kognitives System“ zu integrieren und es so – gegebenenfalls – zu differenzieren.

Begonnen wurde mit den ersten Fragen; weitere kamen hinzu, wobei die früheren immer wiederholt wurden. So sollte „kumulatives Lernen“ erleichtert werden. Mehr und mehr wurde auch auf „konditionales“ Wissen abgehoben: Sollen Strategien flexibel einsetzbar sein, muss man ein Gespür dafür entwickeln, wann sie sich von Fall zu Fall lohnen.

Die SchülerInnen sollten also anhand eines Sachtextes „Das Dromedar – ein Leben in der Wüste“ gleich nach der Lektüre der Überschrift in Stichworten aufschreiben, was sie bereits über das Thema wussten (elaborative Strategie). Wie die Fragen 2 und 3 zu metakognitiven Strategien („Lese ich konzentriert?“ – „Verstehe ich das, was ich gerade lese?“) zu bearbeiten waren, führte die Lehrperson zunächst als „Modell“ vor: „Jemand schwätzt, das lenkt mich ab“, „Mit diesem Wort habe ich Schwierigkeiten, ich schaue, ob es im Zusammenhang klar wird, wenn nicht, schlage ich es im Wörterbuch nach“, usw. In Tandems arbeiteten die Schüler weiter, einander fragend, helfend, sich und den jeweils anderen prüfend, mal eher als Lehrende, mal eher als Lernende (reciprocal teaching) und auf ihren Wunsch hin dann und wann von der Lehrperson als Expertin unterstützt (expert scaffolding). Am Ende der Stunde wurden die Fragen fixiert und der Prozess resümiert.

In der 2. Stunde ging es um einen neuen Sachtext: „Das Leben von Mädchen und Jungen auf der Burg“. Wieder wurden die Fragen 1 bis 3 abgearbeitet; der Umgang mit Verstehensschwierigkeiten stand im Zentrum. Herausgestellt wurde, dass eine Frage wie 1 nicht immer zu beantworten ist und dass man lernen soll, mit „Techniken“ flexibel umzugehen. In der 3. Stunde wurde ein weiterer Sachtext mit dem Titel „Bei den Inuit auf Grönland“ gelesen. Die SchülerInnen nannten die bisher eingeübten Schritte und praktizierten sie am neuen Exempel. Als neue Frage kam hinzu: „Welches sind die wichtigsten Kernwörter/Kernsätze des Textes?“ Die Anwendung dieser (reduktiv-organisierenden) Strategie führte zunächst wieder die Lehrkraft ansatzweise als Modell vor; dann wurden die Lösungen der SchülerInnen im Rahmen von *reciprocal teaching* im Einzelnen miteinander verglichen. Man stellte u.a. fest, dass durchaus verschiedene Versionen plausibel sein können, dass ab und an aber auch Korrekturbedarf bestand. In der 4. und 5. Stunde ging es anhand eines Sachtextes („Die Geschichte unserer Städte“) zunächst um alle bisherigen Schritte und dann um das Zusammenfassen. (Was von dem, was – nach einer ersten Lektüre – unterstrichen wurde, ist besonders wichtig, was eher entbehrlich? Wie steht es mit den Beziehungen zwischen den Teilen, die für wichtig gehalten werden? Ist die Zusammenfassung deutlich kürzer als der Ausgangstext?) Wieder präsentierte sich die Lehrkraft zunächst als Modell, dann bot sie ihre Hilfe an, sollte Bedarf bestehen, und man arbeitete in Tandems, wobei alle Versionen Gegenstand intensiver Gespräche waren. Schließlich ließ man den Prozess wieder Revue passieren. In der 6. und 7. Stunde wurden anhand eines Textes über die Kreuzotter wie gehabt zunächst kurz alle bereits bekannten Fragen sukzessive angegangen. Im Wesentlichen ging es dann um die Fragen „Welche Informationen habe ich durch den Text neu gewonnen?“ und „Was fällt mir jetzt zu dem Gelesenen noch ein (Beispiele, eigene Erfahrungen, was ich von anderen gehört habe)?“ Auch diese Fragen, die auf eine elaborative Verarbeitung zielen, erörterte die Lehrkraft zunächst als Modell. In der 8. und 9. Stunde wurde das Bisherige im Kontext der Beschäftigung mit einem narrativen Text zum Untergang der „Titanic“ wiederholt. Die SchülerInnen sollten die Resultate ihrer Arbeit auf Plakaten darstellen. In der 10. Stunde schließlich hatten sie die Aufgabe, den Inhalt eines Märchen- bzw. Fabeltexts vor der jeweils textunkundigen Gruppe zu präsentieren. Dabei sollte jeder Schüler, jede Schülerin entscheiden, von welchen Strategien sie Gebrauch machen wollte.

4.3 Ergebnisse

Testversion A erwies sich als signifikant schwieriger als Version B. Weil im Vortest in Folge der Randomisierung in der Trainingsgruppe 10 die leichtere, 16 die schwerere Version hatten, in der Kontrollgruppe aber 15 die leichtere und 12 die schwerere Version, wurde der Datensatz entsprechend bereinigt.[15] Im Nachtest dagegen wirkte sich die Testversion nicht aus.

Der Vergleich von Vor- und Nachtest in Trainings- und Kontrollgruppe ergab Folgendes:

Trainingsgruppe

	N	Mittelwert	Standardabweichung
Rohwert Vortest	26	27,46	6,39
Rohwert Vortest bereinigt	26	26,22	6,00
Rohwert Nachtest	26	27,96	5,60

Kontrollgruppe

	N	Mittelwert	Standardabweichung
Rohwert Vortest	27	28,85	5,48
Rohwert Vortest bereinigt	27	27,05	5,47
Rohwert Nachtest	27	28,00	5,47

Die Hypothese, dass sich das Training auf das Leseverständnis positiv auswirken würde, brauchte zwar nicht verworfen zu werden. Die Effekte waren aber ausnehmend bescheiden. Die Überprüfung mit Hilfe des t-Tests ergab zunächst, dass weder im Vor- noch im Nachtest signifikante Unterschiede zwischen der Trainings- und der Kontrollgruppe zu vermelden waren: Unterschied der Rohwerte im Vortest t = -.85; df (degree of freedom, Freiheitsgrad) = 51; p = .4; Unterschied der Rohwerte im Vortest mit bereinigten Daten t = -.53; df = 51; p = .6; Unterschied der Rohwerte im Nachtest t = -03; df = 51; p = .98.[16]

Die Veränderungen innerhalb der Trainingsgruppe sind dann signifikant, wenn man sich auf die bereinigten Daten bezieht. Die entsprechenden Werte für die Trainingsgruppe sind t = 2,42; df = 25; p = .023 (Signifikanz auf dem 5%-Niveau). Für die Kontrollgruppe lauten sie t = 1,19; df = 26; p = .245 (nicht signifikant).

Bei der Effektstärke handelt es sich um die Differenz der Mittelwerte zwischen Trainings- und Kontrollgruppe, dividiert durch die gemittelte Standardabweichung bei beiden Gruppen. Außerdem sind präexperimentelle Unterschiede zu berücksichtigen. Klauer ermittelte, wie bereits gesagt, einen sehr beachtlichen Wert von 0,73. Wir kamen bei den nicht bereinigten Daten, die eine Benachteiligung der Experimentalgruppe anzeigen, auf eine Effektstärke von 0,23; wurden sie „bereinigt", belief sich der Effekt nur noch auf 0,14. Man kommt nicht umhin, ihn als sehr schwach zu bezeichnen. Berechnungen auf der Ebene der drei Klassen ergaben in einem Fall einen ähnlich hohen Wert wie bei Klauer; er hat aber damit zu tun, dass die aus dieser Klasse stammenden SchülerInnen der Kontrollgruppe im Nachtest besonders schlecht abschnitten.

Der Median halbiert die nach ihrer Größe geordnete Reihe der Messwerte. Über ihm und unter ihm liegen gleich viele Messwerte. Die untere Hälfte der Werte lieferten 24, die obere Hälfte 29 SchülerInnen. „Splittete" man also am Median, so ergab sich im Hinblick auf die untere Hälfte folgendes Bild:

	Gruppe	N	Mittelwert	Standard-abweichung
Rohwert Vortest	Trainingsgruppe	11	21,09	3,59
	Kontrollgruppe	13	24,31	3,5
Rohwert Vortest bereinigt	Trainingsgruppe	11	20,50	3,58
	Kontrollgruppe	13	22,81	4,33
Rohwert Nachtest	Trainingsgruppe	11	23,45	4,82
	Kontrollgruppe	13	24,85	4,65

Werden die nicht bereinigten Daten zugrunde gelegt, verbessern sich die schwächeren SchülerInnen der Trainingsgruppe gegenüber denen aus der Kontrollgruppe signifikant: t = -2,22; df = 22; p = .0237.

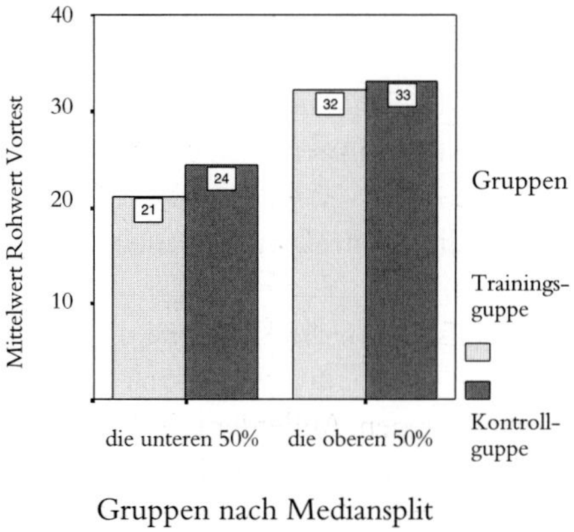

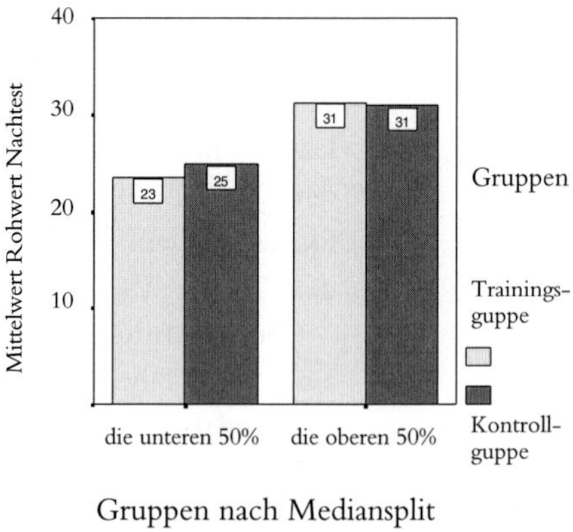

Die Größenordnung ist allerdings enttäuschend, zumal dann, wenn man Klauers Befunde zum Vergleich heranzieht. Bei den oberen 50 Prozent der Schülerinnen gibt es im Übrigen keine signifikanten Verbesserungen bzw. Verschlechterungen.

Geschlechtsspezifische Effekte haben wir entgegen unseren Erwartungen durchgängig nicht ausmachen können.

4.4 Diskussion der Ergebnisse

Replikationsstudien im hier erörterten Feld sind nach unserer Kenntnis sehr dünn gesät. Insofern mag unser Unternehmen zwar per se verdienstvoll sein. Die Effekte sind aber, wenn überhaupt vorhanden, allenfalls sehr klein. Will man nicht generell gegen Trainings argumentieren, was sich angesichts der Befundlage auch verbietet, dann könnten folgende Aspekte einer Interpretation von Belang sein:

- Es handelt sich um ein Beispiel „direkten" Trainings von Lesestrategien im Unterricht. Hier stehen die Inhalte der einzelnen Texte nicht im Zentrum. Sie sind nur eigentlich auswechselbares „Material" und insofern letztlich sekundär. Bislang gibt es zwar offenbar keine überzeugenden Hinweise darauf, ob direkte oder indirekte Förderung von Strategien erfolgreicher ist (vgl. Friedrich/Mandl 1992, S. 33). Zur Klärung dieser Frage können wir auf der Basis dieser Trainingsstudie nicht beitragen. Es entspricht aber unserem Habitus als DeutschdidaktikerInnen, indirekte Trainingsvarianten u.a. deshalb für überzeugender zu halten, weil die Texte hier nicht derart „instrumentalisiert" werden. Deutschdidaktische Studien hierzu stehen allerdings noch aus.
- Denkbar ist auch, dass Leseleistungen, wie sie in einem Test wie HAMLET 3–4 erfasst werden, doch nicht im Einzelnen mit deklarativem, prozeduralem und konditionalem Wissen um kognitive und metakognitive Lesestrategien zusammenhängen, wie es im Training vermittelt werden sollte. So waren Fragen wie „Was weiß ich bereits über das Thema?" und „Welche Informationen habe ich durch den Text neu gewonnen?", die auf eine elaborative, „tiefe" Verarbeitung zielen, in der Testsituation womöglich geradezu kontraindiziert. Vielleicht war es kognitiv (zu) aufwendig, sie zunächst zu stellen und dann im Testkontext als irrelevant zu verwerfen.
- Die erste Interpretation zielt auf die Differenz von direktem und indirektem Training. Angesichts des Klauerschen Erfolgs bleibt sie ersicht-

lich blass bzw. zu allgemein. Die zweite Version wäre überzeugender, wenn sie auf einem detaillierten Vergleich von HAMLET mit den von Klauer eingesetzten Tests beruhte, der hier nicht geleistet werden kann. So bleibt als für uns derzeit plausibelste Annahme, dass das unterschiedliche Setting eine wesentliche Rolle gespielt haben könnte. Bei Klauer arbeiteten die Trainer mit Gruppen, denen jeweils fünf SchülerInnen angehörten. Bei uns waren zwar zunächst je zehn SchülerInnen versammelt. Sie hatten dann aber primär in Tandems, d.h. in Zweiergruppen, zu operieren. Diese Arbeitsform war womöglich zu ungewohnt und vielleicht haben wir die nicht immer positive Dynamik dieser Minigruppen unterschätzt.

Klauer (1996, S.83) schrieb: „In praktischer Hinsicht wird man auf Grund der Ergebnisse die Empfehlung verantworten können, dass zukünftig solch ein Lesetraining auch in den allgemeinen Schulen durchgeführt wird." Er irrt sich. Irrt er sich?

Anmerkungen

1 Der untersten Stufe I werden national 12,7 % der 15-Jährigen zugeordnet, der internationale Mittelwert liegt bei 11,9 %; unterhalb von Stufe I rangieren in Deutschland 9,9 % der Schüler, im internationalen Durchschnitt dagegen nur 6 %. Im Hinblick auf „Reflektieren und Bewerten" werden sogar 26,5 % der Schüler auf Stufe I und darunter verortet, im internationalen Mittel sind es nur 18,2 %.

2 Skeptische Fragen liegen nahe. Wie soll Lesen in bildungsfernen Milieus, also ohne positive Modelle, als lohnend erfahrbar sein und überdies im sozialen Zusammenhang der peer group Sinn machen können, wenn es dort z.B. mit Attributen von Weiblichkeit verknüpft wird, mit denen man (als Junge) unter keinen Umständen etwas zu tun haben darf (vgl. die Beiträge von Christine Garbe und Anita Schilcher in diesem Band)?

3 Lernziele sind keine Lehrziele. Als Lehrkraft mag man u.a. das Ziel haben, dass die Lernenden sich an bestimmten Lernzielen orientieren sollten. Ob dieses Ziel erreicht wird, hat man als Lehrende/r nicht allein in der Hand. Es gibt hier ein „Technologiedefizit" (Luhmann).

4 Die Überzeugung, dass Strategien nicht bewusst sein müssen, aber doch bewusstseinsfähig sind, wird nicht von allen, aber doch den meisten PsychologInnen geteilt. Sie werden vielleicht zum Gegenstand der Reflexion, wenn sie einmal nicht zielführend sind, wenn Barrieren entstehen, die mit Routine allein nicht zu überwinden sind. „Strategie" dürfte im Übrigen mit Konnotationen verbunden sein, die ein rationalistisches „Menschenbild" nahe legen. Die psychoanalytische Ansicht, die Subjekte seien

nicht Herren (bzw. Damen) im eigenen Haus, ist VertreterInnen der kognitiven Psychologie jedenfalls eher fremd. Ein interessanter Vorschlag, Lese- und Schreibstrategien zu koppeln und dabei zusätzlich nach „pragmatischen" und „poetischen" Texten zu differenzieren, findet sich bei Abraham (in diesem Band).

5 Neben dem damit angedeuteten engen gibt es einen weiten Begriff von Stützstrategien, wonach z.B. auch metakognitive Strategien eingeschlossen sind. Überhaupt kann man angesichts prominenter Darstellungen den Eindruck gewinnen, dass gerade in diesem Bereich Strategien sozusagen wuchern – ein ungutes Zeichen (vgl. Christmann/Groeben 2001, S. 194).

6 In neueren kognitionspsychologischen Arbeiten lässt man folgerichtig einige Vorsicht walten. So heißt es bei Artelt (2000, S. 25): „Die Unterscheidung zwischen Elaborations-, Organisations- und Reduktionsstrategien ist zum Teil idealtypisch, da in der Realität elaborative und reduktive Informationsverarbeitungsprozesse auf das Engste miteinander verwoben sind."

7 Das war Ballstaedt/Mandl/Schnotz/Tergan (1981, S. 257f.) noch geläufig: „Grundsätzlich muß [...] festgehalten werden, daß Elaborationen das Verstehen und Behalten nicht nur verbessern, sondern auch beeinträchtigen können, wenn durch weitschweifige oder auch irrelevante Elaborationen der Bezug zum Text weitgehend verloren geht. Wichtig ist daher, daß nicht irgendwelche Elaborationen gebildet werden, sondern solche, die für ein tieferes Verständnis des Textes nützlich sind." Man fühlt sich erinnert an die Debatten um handlungs- und produktionsorientierten Literaturunterricht.

8 Die Rede von „Strategien des Zusammenfassens" erscheint vielleicht als allzu lax, insofern das Zusammenfassen als Strategie und verschiedene Weisen der Realisierung als „Techniken" aufgefasst werden. Auf solche Differenzierungen soll es hier aber nicht ankommen.

9 Baumert ist sich im Klaren darüber, dass diese Befunde mit Vorsicht zu interpretieren sind. Setzt man Fragebögen ein, zielt man primär auf deklaratives Wissen. Solches Wissen kann aber „träge" sein: Strategien sind dann zwar bekannt, werden aber in je neuen Situationen nicht praktiziert. Baumert fand im Übrigen wie andere, dass die Auskunft, man mache häufig von „Tiefenstrategien" Gebrauch, nicht mit dem Lernerfolg korreliert. Dies mag damit zu tun haben, dass nach wie vor Prüfungsaufgaben dominieren, bei denen lediglich die Reproduktion von Faktenwissen verlangt wird.

10 Die Effektstärke wird als Differenz der Mittelwerte zwischen Trainings- und Kontrollgruppe gefasst, dividiert durch die gemittelte Standardabweichung von Trainings- und Kontrollgruppe. Dabei sind auch Unterschiede beim Vortest zu berücksichtigen (vgl. Klauer 1996, S. 79). Klauer bezieht sich auf Metaanalysen der Effekte von Lesetrainings.

11 Bei der Methode der Datenerhebung handelt es sich um die sogenannte Rasch-Skalierung. Der von G. Rasch 1960 vorgestellte Ansatz basiert, sehr

grob gesagt, u.a. auf der (eigentlich kontrafaktischen) Annahme, dass Aufgabenlösungen von Übungs-, Ermüdungs- und Positionseffekten unabhängig sind. Die Wahrscheinlichkeit der Lösung einer Aufgabe soll ausschließlich auf der Ausprägung eines latenten Personenmerkmals basieren. Für jede Person ermittelt man die Anzahl gelöster Aufgaben; dann bestimmt man deren Fähigkeitsniveau, indem die Wahrscheinlichkeit für das Zustandekommen der individuell erreichten Anzahl von Lösungen maximiert wird (für Details vgl. Rost 1995).

Zur „HAMLET"-Stufentheorie: Demnach ist man auf einer „LV 0" (Leseverstehensstufe 0) noch nicht „in der Lage, in einem Text oder in einer schematischen Darstellung eine einfache Information aufzufinden. Das Auffinden bezieht sich dabei auf einen einzelnen inhaltlichen Aspekt und hat seinen Bezugspunkt in einer sehr konkreten Fragestellung" (LV 1, ebd., S. 31). SchülerInnen auf LV 2 gelingt es, „einem Text eine oder mehrere Information(en) zu entnehmen, obwohl z.B. die Formulierung in Frage und Text sprachlich nicht identisch ist, die gesuchte Information in einer längeren Textpassage steht, oder für die Beantwortung der Frage eine einfache Hintergrundinformation notwendig ist, die nicht im Text steht. Darüber hinaus gelingt es den Schülerinnen und Schülern schon, zwei Informationen in einem einfach strukturierten Text zu kombinieren. Man kann diese Fähigkeitsstufe als gezielte Informationsentnahme bezeichnen" (ebd., S. 32). Auf LV 3 mit dem Etikett „Kombinieren/Rekonstruieren" soll man fähig sein; „Informationen und/oder Handlungs- und Hintergrundmotive eines Textes zu kombinieren und/oder zu rekonstruieren" (ebd., S. 33). Und schließlich: „Die vierte Stufe des Leseverständnisses umfasst über die drei vorgelagerten Leseverständnisstufen hinaus die Fähigkeit, Schlussfolgerungen treffen zu können und inferentielle Verknüpfungen zu leisten" (ebd., S. 34). Es ist hier nicht der Ort, diese Version einer Stufentheorie zu kritisieren.

12 Die Zuverlässigkeit des Worterkennungstests und des Verständnistests ist gut (Cronbach's Alpha = .96 bzw. = .87, die Korrelationen mit den Einschätzungen der Lehrkräfte betragen zwischen r = .58 und .65, sind also ebenfalls vergleichsweise hoch.

13 Die Information z.B., ein Schüler habe den Rangplatz 30 erreicht, besagt, dass 30 Prozent der SchülerInnen ein gleich gutes oder schlechteres Testergebnis erreicht haben, 70 Prozent ein besseres. Beim Testen treten aber Messfehler auf. Schwankungen um den „wahren Wert" geben Rangbänder an. Die „wahren Werte" der SchülerInnen liegen unter Berücksichtigung des Messfehlers mit einer Wahrscheinlichkeit von 95 Prozent innerhalb des Prozentrangbands.

14 In diesem Zusammenhang ist auf die Differenz von Aufgabe und Problem hinzuweisen: In der Institution Schule stellen wir Lese**aufgaben**. Ob SchülerInnen diese Aufgaben im Sinne von **Problemen** ansehen, die sie selbst lösen **wollen**, entzieht sich letztlich der Macht der Lehrenden. Über Technologien, SchülerInnen verlässlich entsprechend zu „motivieren", verfügen wir nicht, allen einschlägigen didaktischen Versprechungen zum Trotz.

[15] Mittelwert im Vortest Version A: 26,64; Standardabweichung: 5,76; Mittelwert Version B: 29,88; Standardabweichung 5,75; t = -2,04; df = 51; p = .046 (also signifikant auf dem 5%-Niveau).

[16] Der t-Test ist eine prominente Version der Überprüfung von Stichprobenmittelwerten, vor allem bei kleinen Stichproben. Was Freiheitsgrade (degrees of freedom) sind, erläutern besonders knapp und verständlich Bortz/Döring (1995, S. 391).

Literatur

Anger, Hans/Bargmann, Rolf/Voigt, Martin: Verständiges Lesen (VL 7–9). Schulleistungs- und Begabungstest für 7. bis 9. Klassen. Weinheim: Beltz 1971.

Artelt, Cordula.: Strategisches Lernen. Münster/New York/München/Berlin: Waxmann 2000.

Artelt, Cordula/Stanat, Petra/Schneider, Wolfgang/Schiefele, Ulrich: Lesekompetenz: Testkonzeption und Ergebnisse. In: Baumert/Klieme/Neubrand/Prenzel/Schiefele/Schneider/Stanat/Tillmann/Weiß 2001. S. 69–137.

Ballstaedt, Steffen-Peter/Mandl, Heinz/Schnotz, Wolfgang/Tergan, Sigmar-Olaf: Texte verstehen – Texte gestalten. München: Urban und Schwarzenberg 1981.

Baumert, Jürgen: Lernstrategien, motivationale Orientierung und Selbstwirksamkeitsüberzeugungen im Kontext schulischen Lernens. In: Unterrichtswissenschaft 4 (1993). S. 327–354.

Baumert, Jürgen/Klieme, Eckhard/Neubrand, Michael/Prenzel, Manfred/ Schiefele, Ulrich/Schneider, Wolfgang/Stanat, Petra/Tillmann, Klaus-Jürgen/Weiß, Manfred (Hrsg.): PISA 2000. Basiskompetenzen von Schülerinnen und Schülern im internationalen Vergleich. Opladen: Leske und Budrich 2001.

Bortz, Jürgen/Döring, Nicola: Forschungsmethoden und Evaluation. Berlin u.a.: Springer 1995.

Christmann, Ursula/Groeben, Norbert: Psychologie des Lesens. In: Franzmann, Bodo/Hasemann, Klaus/Löffler, Dietrich/Schön, Erich (Hrsg.): Handbuch Lesen. Baltmannsweiler: Schneider 2001. S. 145–223.

Dehn, Mechthild/Payrhuber, Franz-Josef/Schulz, Gudrun/Spinner, Kaspar H.: Lesesozialisation, Literaturunterricht und Leseförderung in der Schule. In. Franzmann, Bodo/Hasemann, Klaus/Löffler, Dietrich/Schön, Erich (Hrsg.): Handbuch Lesen. Baltmannsweiler: Schneider 2001. S. 568–637.

Friedrich, Helmut Felix/Fischer, Peter-Michael/Mandl, Heinz/Weis, Thomas: Vom Umgang mit Lehrtexten – Ein Lern- und Lesestrategieprogramm. Tübingen: Deutsches Institut für Fernstudien 1987.

Friedrich, Helmut Felix/ Mandl, Heinz: Lern- und Denkstrategien – ein Problemaufriß. In: Mandl, Heinz/Friedrich, Helmut Felix (Hrsg.): Lern- und Denkstrategien – Analyse und Intervention. Göttingen: Hogrefe 1992. S. 1–54.

Friedrich, Helmut Felix: Training und Transfer reduktiv-organisierender Strategien für das Lernen mit Texten. Münster: Aschendorff 1995.

Frommer, Harald/Heringer, Hans Jürgen/Herold, Theo: Deutschstunden. Sprachbuch 6. Schuljahr. Berlin: Cornelsen 1991.

Guldimann, Titus: Eigenständiges Lernen durch metakognitive Bewusstheit und Erweiterung des kognitiven und metakognitiven Strategierepertoires. Bern/St. Gallen: Haupt 1995.

Klauer, Karl Josef: Denktraining oder Lesetraining? Über die Auswirkungen eines Trainings zum induktiven Denken sowie eines Lesetrainings auf Leseverständnis und induktives Denken. In: Zeitschrift für Entwicklungspsychologie und Pädagogische Psychologie 1 (1996). S. 67–89.

Lehmann, Rainer H./Peek, Rainer/Pieper, Iris/Stritzky, Regine von: Leseverständnis und Lesegewohnheiten deutscher Schüler und Schülerinnen. Weinheim/Basel: Beltz 1995.

Lehmann, Rainer H./ Peek, Rainer/Poerschke, Jan: HAMLET 3–4 – Hamburger Lesetest für 3. und 4. Klassen. Weinheim/Basel: Beltz 1997.

Mietzel, Gerd: Kombinierter Schultest. Braunschweig: Westermann 1974.

Palincsar, Annemarie S., Brown, Ann L.: Reciprocal teaching of comprehension-fostering and comprehension-monitoring activities. In: Cognition and Instruction 1 (1984). S. 117–175.

Rost, Jürgen: Testtheorie, Testkonstruktion. Bern: Huber 1995.

Souvignier, Elmar/Küppers, Judith/Gold, Andreas: Wir werden Textdetektive: Beschreibung eines Trainingsprogramms zur Förderung des Leseverstehens. In: Didaktik Deutsch 14 (2003). S. 21–37.

Empirisches Forschen – Didaktisches Denken – Grenzüberschreitungen erwünscht!

HOLGER EHLERS, HEINER WILLENBERG

1 Kontrolle partiell technizistisch – PISA

Es gibt in Deutschland ein Unternehmen, das im Jahre 2000 130 Mrd. DM Umsatz gemacht hat, das ca. 10 Millionen Menschen beschäftigt und das praktisch kein Kontrollinstrument besitzt oder wie es neudeutsch heißt, keine Controllingabteilung. Es handelt sich um das deutsche Bildungswesen. Wenn man diesen Befund in ein Bild fassen wollte, dann geht es um einen Riesentanker: Weicht dessen Kurs vielleicht nur um 3° ab, dann kommt er nicht in Südafrika an, sondern landet im Eis kurz vor dem Südpol.

Ein solch großes Unterfangen wie das deutsche Bildungswesen braucht eine exakte Kontrolle, sonst geht es in die Irre. PISA hat diese Fehlsteuerung gezeigt, aber mit Mitteln und Perspektiven amerikanischer Pragmatiker, die nun nicht unbedingt unsere sein müssen. Unter den veröffentlichten Beispielen der Untersuchung zur Lesekompetenz sind 63% Tabellen, 30% Sachtexte und 7% Literatur. Diese Denkrichtung charakterisiert eine Definition zur „reading literacy":

> Reading literacy: "the possession of those literacy skills needed to perform some reading task imposed by an external agent between the reader and a goal the reader wishes to obtain." (Mickulecky & Drew 1991)

„Reading literacy" heißt also der Besitz derjenigen Lesefähigkeiten, die nötig sind, um eine Leseaufgabe zu erfüllen, die einem Leser von einem äußeren Auftraggeber auferlegt wird und auf die der Leser mit seiner eigenen Zielsetzung eingeht. Wir finden hier die Berufswelt und deren Aufgaben sowie die Frage, wieviel der Leser im Beruf erreichen, welche Karriere er machen will. Als Gedankenbild: Was muss einer lesen, der in einer Pizzeria arbeitet: Bestellzettel für Lebensmittel, Adressen und Rezepte oder was muss einer in einem Optikerladen lesen könne: Sachtexte zur Brillenherstellung, Grafiken aus der Optik, Ratgeber für Kundengespräche. Und wie sieht das Lesen in der Freizeit aus? Dafür gäbe es in dieser Definition keinen Raum oder eben die erwähnten sieben Prozent. Zugegeben, PISA operierte mit einer weit offeneren Definition, aber die Textauswahl deutet doch stark auf die eben dargestellte Szenerie.

Wenn diese Form von „reading literacy" also keineswegs der Maßstab sein muss, an dem wir den Kurs unseres Riesentankers ausrichten wollen (vgl. hierzu auch den Beitrag von K.H. Spinner zu diesem Band), so wird man doch zugestehen, dass sich die Navigatoren der PISA-Teilnehmerländer in keiner schlechten Situation befinden. Sie haben ein bestimmtes Koordinatensystem zur Verfügung und können sehen, wo sie sich darin befinden.

Ganz sicher bedurfte es dieses internationalen Vergleichs, damit in allen deutschen Bundesländern die Botschaft so deutlich ankommen konnte: Kaum noch Durchschnitt, eher klar darunter! Die OECD fragt natürlich mit einem ökonomistischen Blick nach diesen oder jenen Kompetenzen, aber das kann keine Ausrede sein für die Tatsache, dass unsere Fünfzehnjährigen in ihrer Gesamtheit und in einigen Gruppen besonders benachteiligt werden von einem Bildungssystem, das weit abgeschlagen von vielen Ländern in fast jeder erhobenen PISA-Dimension rangiert. Als Pädagogen sind wir deshalb aber nicht in erster Linie der OECD oder der deutschen Wirtschaft gegenüber gefordert, sondern wir müssen alles unternehmen, um diese offenbar strukturell verankerten Chancennachteile für unsere Schüler zu beseitigen.

2
Forschen didaktisch – DESI

Fragt man nun „Wie?", so bekommt man seine Schwierigkeiten, sich vor lauter mehr oder minder wohlmeinenden Ratschlägen zu retten. Diese Ratschläge haben leider fast alle den gleichen Makel wie das deutsche Bildungswesen insgesamt: Kontrollinstrumente fehlen. So bleibt es letztlich wieder weitgehend gleichgültig, welcher Stimme man folgt; begründet wird alles, belegt wird (fast) nichts.

Aus diesem Dilemma wird es vermutlich nur einen Ausweg geben: Empirisches Forschen und deutschdidaktisches Denken müssen sich stärker wechselseitig durchdringen; dabei sind Grenzüberschreitungen nicht nur unausweichlich, sie sind sogar erwünscht (vgl. dazu auch V. Frederking in diesem Band)! Wie die Reaktionen auf PISA gezeigt haben, kann die

Forschung zu deutschdidaktischen Fragen eine enorme Aufwertung erfahren, wenn sie sich an den gleichen „harten" Maßstäben orientiert, die z.B. in der empirischen sozialwissenschaftlichen Forschung seit langer Zeit gelten. Dazu gibt es innerhalb unserer Disziplin bislang allerdings erst wenige Ansätze. Wird eine Wissenschaftsdisziplin aber nicht erst akzeptabel, wenn sie sich empirische Methoden schafft oder solcher bedient, die über ihren eigenen Geltungsbereich hinaus nachvollziehbar sind? Welche „genuin deutschdidaktischen" empirischen Methoden können wir vorweisen? Vielleicht brauchen auch nicht alle Fachdidaktiken ihre ureigenen Evaluationsinstrumente, aber sie sollten zumindest die Standards empirischer Forschung erfüllen, wenn sie ihre Schlussfolgerungen aus der Wirklichkeit ableiten. Die Formulierung der wissenschaftlichen Ziele und Fragestellungen, der Hypothesen, der Kontext, in dem die Untersuchungsergebnisse schwerpunktmäßig interpretiert werden – das sind die wesentlichen Beiträge z.B. der Deutschdidaktik, die aufgrund ihrer zentralen Bedeutung jedem empirischen Forschungsvorhaben die spezifische Ausrichtung geben können.

Was scheinbar so einfach umzusetzen wäre, bereitet aber auch einige Probleme, sonst gäbe es keinen Anlass, an dieser Stelle darüber zu schreiben. Diese Probleme soll ein kleiner Erfahrungsbericht illustrieren:

> Es ist drei Deutschdidaktikern gelungen, um im Bild zu bleiben, auf die Brücke des großen Tankers vorzudringen, nämlich in ein Forschungsprojekt, das auf Beschluss der Kultusminister der Länder in der Bundesrepublik Deutschland durchgeführt wird und damit PISA nachfolgt. Beteiligt sind neben den Deutschdidaktikern zwei Anglisten im Verein mit mehreren Spezialisten empirischer pädagogischer Forschung. Das Projekt heißt DESI („Deutsch – Englisch – Schülerleistungen – International").
>
> Wir untersuchen ca. 11.000 deutsche Neuntklässler/innen aus insgesamt 220 per Zufall ausgewählten Hauptschulen, Realschulen, Gymnasien und Integrierten Gesamtschulen aller Bundesländer am Anfang und am Ende der 9. Klasse. Dabei bilden wir einen großen Teil des Spektrums des Deutschunterrichts ab, wie er sich in den Lehrplänen findet. Das ganze Vorhaben steht unter der Federführung des DIPF (Deutsches Institut für Internationale Pädagogische Forschung) in Frankfurt, der Sprecher ist Eckhard Klieme.
>
> Mitunter prallen allerdings bei diesem interdisziplinären Projekt Welten aufeinander, die hier zunächst anekdotisch skizziert sein sollen: Wir saßen einmal beim Essen, als ein Kollege erzählte, er habe Umberto Ecos neues Buch „Baudolino" gelesen. Ein weiterer Kollege ergänzte für die Nichtleser, da handele es sich um ein tiefgehendes wichtiges Buch und darum, wie jede erzählte

Geschichte die Wahrheit neu tönt und moduliert. Da rief ein unter uns anwesender Psychologe aus: „Ja, deshalb pochen wir ja im Projekt so sehr auf die Reliabilität, dass alles zutiefst zuverlässig sein müsse!"

3 Reliabilität versus Validität

Wir spüren hier, dass sich zwei Welten begegnen, die der Reliabilität und die der Validität. Was bedeutet nun Reliabilität eigentlich? Es heißt,

a) dass eine Überprüfung bei einer Wiederholung in derselben Gruppe dasselbe Ergebnis zeigt,
b) dass die Auswahl der Probanden (bei uns ca. 11.000) die Gesamtheit der deutschen Schülerschaft (einige hunderttausend) abbildet,
c) dass dadurch die Politiker Sicherheit erlangen, tatsächlich die Abbildung der Realität zu haben,
d) dass die leichten Aufgaben, die von den schwächeren Schülern bewältigt werden, allesamt auch von den guten Schülern gelöst werden.

Man muss fairerweise sagen, dass die Forderungen der Politiker nach Zuverlässigkeit legitim sind, denn sonst steuern sie wieder daneben, diesmal jedoch auf empirischer Grundlage! Aber einige Aspekte – in dieser Aufzählung zur Veranschaulichung unter d) aufgeführt – machen uns schwer zu schaffen, denn sie implizieren, dass z.B. die besonderen Imaginationsfähigkeiten von Schüler/innen, die nicht zur Leistungsspitze gehören, unreliabel sind. Das könnte man einfach hinnehmen, wenn man nie erlebt hätte, wie eben auf der Basis solcher Imaginationsfähigkeiten Schüler/innen zu Verstehensleistungen gelangten, die wir aufgrund anderer erhobener Prädiktoren nicht erwarten konnten. Die vielfältigen Möglichkeiten, zum Verstehen eines Textes – gerade eines literarischen Textes – zu gelangen, können zumindest heutzutage schwerlich allein auf der Grundlage einer „vollständig reliablen" Testkonstruktion abgebildet werden. Dazu fehlen immer noch wichtige Einsichten in Teilprozesse des Lesens, die wir vor allem dann nicht gewinnen, wenn wir in unseren Untersuchungen den beobachteten Wirklichkeitsbereich so „zurechtstutzen", dass alle „störenden" Elemente gleich unberücksichtigt bleiben. Was erwarten wir als Ausgleich, wenn unsere deutschdidaktischen Bedürfnisse uns dazu zwingen, eine niedrigere Reliabilität unserer Untersuchungen anzusteuern, als dies nach den Erkenntnissen zu Testtheorien und Testkonstruktionen eigentlich möglich wäre? Eine befriedigende Validität, denn eine „vollständige" bleibt wegen der Komplexität und Kompliziertheit der zu untersuchenden Gegenstände eine Illusion.

Was heißt Validität? Es bedeutet vor allem, dass die untersuchten Bereiche für das zu erforschende Gebiet auch bedeutsam sind. An dieser Stelle tritt bei DESI die Deutschdidaktik ins Licht, denn das ist ein Gebiet, auf dem sich ihre Vertreter auskennen. Deren Forderungen sind u.a..

a) Wesentliche Bereiche des Deutschunterrichts sollen in der Untersuchung vorkommen.
b) Auch die Zwischentöne der Interpretationen, der Texte, der Gespräche darüber sollen erfasst werden.
c) Die Entwicklungen von Schulklassen über einen gewissen Zeitraum sollen beobachtet werden, nicht nur eine Momentaufnahme vom Leistungsstand in bestimmten Bereichen.
d) Bilder guten Unterrichts, wie er von den meisten Experten auch als solcher anerkannt würde, sollen gewonnen werden usw..

All das gibt es nicht bei der OECD-Studie PISA, alles aber taucht bei DESI auf, denn DESI ist auch ein didaktisches Projekt.

Was passiert bei DESI? Wie ist der Bereich „Deutsch" angelegt, um die Forderungen der besonders auf Reliabilität bedachten Empiriker mit den Bedürfnissen der Deutschdidaktiker nach validen Untersuchungsergebnissen abzustimmen?

> „Ziel der Untersuchung ist es, Basisinformationen über den Leistungsstand der Schüler der 9. Jahrgangsstufe [...] der aktiven Beherrschung des Deutschen zur Verfügung zu stellen und Erklärungsansätze für Unterschiede der Leistungsniveaus sowie Grundlagenwissen für bildungs- und schulpolitische Interventionsmaßnahmen, für die Revision von Curricula, für Lehrtexte und Unterrichtsmaterialien, für die Lehreraus- und -fortbildung und die Unterrichtsgestaltung zu erhalten. [...] Das Untersuchungsdesign wurde so konstruiert, dass systemische, schulische, unterrichtliche und individuelle Ebenen unter Berücksichtigung quer- und längsschnittlicher Zugänge miteinander verbunden sind. Auf der Basis eines integrativen Modells wird damit Wissen über die Bedingungen der aktiven Sprachproduktion und der Optimierung des Lernens und des Lehrens gewonnen. (DIPF 2003)

Auf dieser Beschreibungsebene werden die erwarteten Vorzüge der Untersuchung deutlich, denn auf der Grundlage „sauberer" Ausgangsdaten, die den hohen Ansprüchen der Empiriker gerecht werden und unter Verwendung komplexer und in vorangegangenen Untersuchungen bewährter Modelle können psychologische, pädagogische und spezielle deutschdidaktische Fragestellungen untersucht werden. Jede der beteiligten Disziplinen profitiert von der Arbeit der anderen, denn durch die multiperspektivische Sicht auf das gemeinsam erhobene Datenmaterial kommt es zu geplanten Synergien, die im Untersuchungsdesign verankert sind, und es wird vermutlich auch überraschende Entdeckungen im Projektverlauf geben, die erst durch die Kommunikation über Zwischenergebnisse möglich werden. Dabei sind Grenzüberschreitungen zwischen den beteiligten Disziplinen vonnöten und zu erwarten, die manchmal reizvoll sein mögen und manchmal auch Überwindungen kosten.

Es besteht ein Unbehagen bei vielen Deutschdidaktiker(inne)n, aus dem Kleinraum und seiner direkten Interpretierbarkeit in große Zusammenhänge zu gehen, wo die Daten abstrakter, aber doch zuverlässiger werden. Wo wir nicht sicher sind, die Schüler und die Lehrer noch zu erkennen, wo wir Zwischentöne verlieren, die Bildungsaspekte, die einzelnen Individuen, die nach einem Jahr immer noch nicht gut lesen, aber eben doch deutlich besser und vielleicht auch mit mehr Freude, in dieser Entfernung von den Lernenden fühlen wir uns unwohl. Unser zentrales Gefühl geht darauf aus, in immer wieder neuen Gesprächen den Verzweigungen der Interpretationen nachzuspüren, sonst wären wir nicht Literaturliebhaber. Aber unsere Profession legt uns nun einmal nahe, auch nach Daten zu suchen, die sich eine Weile nicht verändern, die fest auf dem Tisch liegen, zu denen wir uns auch öffentlich bekennen können.

DESI will beispielsweise folgenden Fragestellungen nachgehen, denen allein mit Fallstudien etc. nicht beizukommen ist:

a) Können sprachliche Kompetenzen mit Stufenmodellen beschrieben werden?
b) Wenn ja, wie sind dann diese Kompetenzstufen inhaltlich zu charakterisieren?
c) Welche Zusammenhänge bestehen zwischen den erfassten sprachlichen Kompetenzen, den Lehrzielen unseres Schulsystems und weiteren Faktoren, die erhoben werden können?
d) Durch welche Einflüsse können die Schulleistungen im Bereich muttersprachlicher Kompetenz generell und speziell im 9. Schuljahr gefördert werden?

Aber auch die anderen – die Experten für die Empirie im Allgemeinen – sollten unsere Sprache, die der Deutschdidaktik, lernen, wenn wir sie denn stark und offen genug vertreten. Diese Forderung mag überraschen, aber es gibt wichtige Gründe, sie zu erheben. Es existieren im Bereich des Sprachlichen nun einmal Phänomene, für die noch keine statistischen Modelle vorliegen, um sie ideal abzubilden (vgl. dazu A. Krommer in diesem Band). Aber es gibt zum Beispiel Verfahren, mittels derer sich die Welten der Reliabilität und der Validität dann doch annähern können, auch wenn keine Seite dabei völlig glücklich wird. So hat die Tatsache, dass man einen Text nicht nur ganz oder gar nicht verstehen bzw. einen Deutungsrahmen nicht nur ganz oder gar nicht verlassen kann, zu langen Diskussionen zwischen Statistik-Experten und Deutschdidaktikern geführt, weil die Partial-Credit-Modelle, die man für entsprechende Berechnungen benötigt, den Statistikern aus nachvollziehbaren Gründen unsympathisch, den Deutschdidaktikern jedoch unverzichtbar sind. Am Ende konnten beide Seiten verschiedene Kompromisse erreichen. Jede Seite hatte irgendwann die Denkweise der anderen verstanden und konnte einen Mittelweg in einer gemeinsamen Sprache abstimmen. Dieser Prozess sei an einem Beispiel vorgeführt, das als exemplarisch gelten kann.

Wir ziehen eine fiktive Leseaufgabe heran, weil wir ja noch keine Einzelheiten veröffentlichen können. Zunächst wird das gesamte Gedicht vorgestellt, dann folgen einige Fragen auf unterschiedlichen Ebenen.

Britting: Herbst

Vor der Scheuer,
Auf den Wiesen,
Hupfen wieder, schwarz wie Raben,
Knaben um das Feuer,
um den roten Flackerzungenstrauch.
Wallend steigt der Rauch.
Drückt der Wind ihn nieder auf den Bauch,
Plötzlich sind es rote Riesen,
Wilde Teufelsungeheuer,
Hand in Hand
Tanzend um den Höllenbrand.
Und die Schatten springen am Gemäuer,
Und im Qualm versinkt das Land.

Eine der Fragen sieht so aus:

Welche der Erläuterungen passt am besten zu Vers 8/9?

Kreuze nur ein Kästchen an!

a) o Sie verwandeln sich bei dieser Höllenszene wirklich für Augenblicke.
b) o Aus einem harmlosen Feuer wird eine gefährliche Szene.
c) o Feuer und Rauch verwandeln die Sicht auf die Jungen.
d) o Der Wind bedrängt die Jungen, so dass sie verrückt spielen.

Das Gedicht beschreibt eine intensive verdichtete Wahrnehmung, in der sich die Sicht auf die Jungen verwandelt – möglicherweise verändert sich dadurch auch die gesamte Szenerie. Es verändert sich der Wind, er wird zum Magier. Und es verändert sich der gesamte Raum mit den Wiesen und dem Gemäuer und wird quasi wie bei Breughel zu einer Höllenszene.

Welche der Antwortmöglichkeiten passen nun direkt auf die Zeile 8/9? Hier sieht man, wie Multiple-Choice-Tests Auswahlen treffen müssen, deren Nuancen nur um weniges auseinanderliegen. Wir zeigen die Bezugnahmen auch optisch.

a) Eine eher globale Sichtweise, die das Ende mit einbezieht und eine fast reale Verwandlung annimmt.

Wilde Teufelsungeheuer,
Hand in Hand
Tanzend um den Höllenbrand.
Und die Schatten springen am Gemäuer,
Und im Qualm **versinkt** das Land.

b) Ein partieller Aspekt wird hervorgehoben.

Wilde Teufelsungeheuer,
Hand in Hand
Tanzend um den Höllenbrand.

c) Die fast romantische Veränderung der Sicht wird thematisiert und im Wort „plötzlich" als Theaterszene erkannt.

Wallend steigt der Rauch.
Drückt der Wind ihn nieder auf den Bauch,
Plötzlich sind es rote Riesen,
Wilde Teufelsungeheuer

d) Eine partielle Stelle wird aus dem Zusammenhang gelöst und damit falsch bewertet.

> Drückt der Wind ihn nieder auf den Bauch,
> Plötzlich sind es rote Riesen,
> Wilde Teufelsungeheuer,
> Hand in Hand
> Tanzend um den Höllenbrand.

Wir versuchten also, im Sinne der oben beschriebenen partiellen Abstufung folgende Lösungsbewertungen zu vergeben:

a) 2 Punkte
b) 1 Punkt
c) 3 Punkte
d) 0 Punkte

Wir hätten damit die Leistungen der Schüler/innen in einer semantischen Nuancierung erfasst, und eine Interpretation wie die Antwort a, die den Zusammenhang globaler sieht, wäre gut eingeordnet. So weit die sprachlichen Interessen der Didaktiker.

Nun kommen die Empiriker und fragen uns, ob sich denn der Aspekt: „Sieht eher globale Deutungen" bei allen Zweipunkt-Antworten durchzieht? Denn wir wollen ja ein Kompetenzmodell aufbauen, in dem nicht beliebige Punkte in allen möglichen verschiedenen Aufgaben zusammengezählt werden, sondern in dem die zweitbeste Stufe immer dasselbe ausdrückt, so wie es PISA vorexerziert hatte. Und da musste unsere Antwort leider lauten: Nein, das können wir nicht überall durchziehen! Wir kippten also diese und andere Fragen zum Originaltext aus unserem Test. Denn wir sehen ein, dass es für die Lehrerschaft eminent wichtig ist, eine Stufendarstellung zu bekommen, die ihnen mitteilt: Es werden nicht Äpfel und Birnen zusammengezählt, sondern Stufe zwei oder drei – hier idealiter formuliert – haben beim Lesen eine klar definierte Eigenart: Alle Schüler, die sich in einem größeren Teil der Leistungen auf dieser Stufe befinden, können über diesen Aspekt „definiert" werden. Das heißt, wir Didaktiker wären in der Lage, ihnen die Fähigkeit zuzuschreiben, z.B. globale Deutungen statt genauer metaphorischer Entschlüsselungen zu geben. Wir suchten also deutlichere Beispiele unserer vermuteten Kompetenzstufen und folgten den Überlegungen zur Reliabilität, weil wir dadurch auf der anderen Seite durch eine genauere, lesebezogene Stufung einen Zuwachs an Validität bekamen!

5 Didaktische Empirie als Basis für die Bildungspolitik

Wenn DESI auf wichtige didaktische Fragen zu antworten vermag – auf einer soliden empirischen Untersuchung fußend – dann können in der Folge sehr konkrete Vorschläge für die Revision von Curricula, Lehr- und Lernmaterialien und für die Verbesserung der Aus- und Fortbildung von Lehrern entwickelt werden. Es gehört zu unserer Verantwortung, dass wir an den Regularien mitarbeiten, die von den Ministerien für den Deutschunterricht ausgegeben werden, den Lehrplänen. Noch scheuen die meisten Deutschdidaktiker davor zurück, und wir finden dementsprechend wenige davon auf den Titelblättern dieser Textsorte. In die Lücke, die wir damit schaffen, treten andere, deren Engagement und Informiertheit nicht in Frage gestellt werden sollen. Die wissenschaftlichen Grundlagen für Lehrpläne haben aber wir Fachdidaktiker bereitzustellen. Wir werden uns dabei von Zeit zu Zeit in solchen Großprojekten wie DESI mit Spezialisten aus anderen Disziplinen treffen, und wir werden vor allem unser „tägliches Geschäft" anders auszurichten haben.

Dazu müssen wir eine Fremdsprache in die Deutschdidaktik einführen, die bisher noch zu selten zu vernehmen war – die Sprache der Statistik. Anderenfalls bringen wir selbst keine empirisch orientierten Forschungsprojekte mehr zustande, die auf ausreichende Akzeptanz stoßen, und wir vergrößern zugleich unsere Kommunikationsprobleme mit Nachbardisziplinen, die in dieser Frage schon früher aktiv geworden sind. Das gilt nicht nur für Didaktiken des naturwissenschaftlich-mathematischen Bereichs, auch in verschiedenen Fremdsprachendidaktiken schlägt sich diese Erkenntnis nieder. Das belegt beispielsweise schon ein Blick auf die Zusammensetzung der AEPF (Arbeitsgemeinschaft Empirisch Pädagogischer Forscher).

Wie wichtig eine gemeinsame Sprache für die Entwicklung eines erfolgreichen Qualitätssicherungssystems im Bildungswesen ist, zeigen auch die Verhältnisse in den sogenannten PISA-Siegerländern. In Schweden werden die zweijährlichen Tests, die in den 5. und 9. Klassen durchgeführt werden, mit der gesamten interessierten Lehrerschaft in ihren Prinzipien besprochen. Und das Ergebnis hat dann die Zustimmung der Lehrenden und der Didaktiker. Die Tests selber bleiben natürlich geheim. Die Auswertung – und das ist für die deutschen Empiriker ein Schock gewesen – nehmen die Lehrkräfte selber vor. Allerdings nicht so, wie es jeder gern möchte, sondern sie bekommen für den gesamten muttersprachlichen Test ein ca. vierzigseitiges Handbuch, in dem neben der Beschreibung der Multiple-Choice-Aufgaben auch ausführliche Richtlinien für die offenen Exempel stehen. Wie sagte der schwedische Vertreter zu dem Vorgehen in den nordischen Ländern: Die Tests gehören zu einem System freundlicher Hilfestellung und Rückmeldung. Und der Finne ergänzte: Natürlich sehen wir uns die Ergebnisse an, und wenn z.B. die offenen Aufgaben viel schlechter als die geschlossenen sind, gehen wir einmal in die Schule. So fanden wir neulich solch ein Beispiel auf einer Insel im bottnischen Meerbusen. Der Lehrer hatte seine acht Neuntklässler bestens vorbereitet, da er aber den guten Ergebnissen nicht traute, habe er die offenen Aufgaben zu streng behandelt. Wir – so sagte der Untersuchungsleiter – haben ihm dies freundlich mitgeteilt. Die Leute verstehen einander.

6 Noch einmal DESI – valide und reliabel

Ganz so sind die Zustände in Deutschland 2003 noch nicht, aber natürlich werben auch wir um die Zustimmung der Lehrenden an den Schulen und um die der Didaktiker. Und natürlich bleiben auch bei uns die eigentlichen Tests geheim. Aber einige allgemeine Informationen zu den eingesetzten Testaufgaben und Fragebögen können wir an dieser Stelle geben.

Zur Erfassung der sprachlichen Kompetenzen im Deutschen wurden verschiedene Sprachleistungstests entwickelt, die jeweils Teilbereiche der Sprachkompetenz anvisieren:

a) Ein Test, der das Verstehen von literarischen Texten und Sachtexten erfasst.
b) Ein Test, der die Fähigkeit zur Identifizierung und sprachpragmatischen Einpassung von Argumentationen unterschiedlichen Typs mittels schriftlicher Aufgaben erfasst.
c) Ein Test, der die Fähigkeit zur sachgerechten Bezeichnung erfasst (Wortschatz).
d) Ein Test zur Erfassung der orthographischen Kompetenz in Diktatform, der alle wesentlichen empirisch gesicherten Fehlerschwerpunkte der achten bis zehnten Jahrgangsstufe berücksichtigt.
e) Ein Test zur Erfassung von Fähigkeiten zur schriftlichen Textproduktion (zwei unterschiedliche Textsorten).
f) Ein Test, der verschiedene Facetten der Sprachbewusstheit erfasst.

Wir versuchen, die oben skizzierte klare Stufung von Kompetenzschritten zu erfassen und in diesen Stufen dann interne Teilfähigkeiten darzustellen, deren Förderung einleuchtend vorgenommen werden kann und deren Prognose auf bessere Leistungen dann nicht mehr völlig aus der Luft gegriffen wäre.

Außerdem werden mit Hilfe von Fragebögen eine Reihe von Informationen gewonnen, die als mögliche Faktoren für das Zustandekommen von sprachlichen Leistungen angesehen werden. Dazu zählen Merkmale der einzelnen Schüler, ihrer Familie, Klasse, Schule und des Unterrichts. Zusammen mit den im Englisch-Teil von DESI gewonnenen Daten entsteht so eine sehr umfangreiche Basis für vielfältige Untersuchungsmöglichkeiten. Und wie in Schweden und Finnland schon allgemein üblich, so profitieren die an DESI beteiligten Schulen auch nicht nur indirekt, sondern direkt von diesem Forschungsprojekt, denn sie bekommen Rückmeldungen zu ihren eigenen Leistungsdaten und Kontextmerkmalen. Ein noch größerer Ertrag aber soll mit der Studie für die Deutschdidaktik selbst verbunden sein. Denn die mit PISA noch schmerzlicher bewusst gewordenen Desiderate an fachspezifischer empirischer Unterrichtsforschung könnten durch DESI eine erste Beseitigung finden.

Literatur

DIPF (2003): (www.dipf.de/projekte/qualitaetssicherung_desi.htm).

Mikulecky, Larry/Drew, Rad (1991): Basic literarcy skills in the workplace. In: Barr, Rebecca/Kamil, Michael L./Mosenthael, Peter/Pearson, David P. (Hrsg.): Handbook of Reading Research II. Mahwah: Lawrence Erlbaum, S. 669.

Autorinnen und Autoren

Abraham, Ulf, Dr., Prof., Lehrstuhl für Didaktik der deutschen Sprache und Literatur an der Universität Würzburg. Arbeitsschwerpunkte derzeit: Literarisches Lernen in einer Medienkultur, Didaktik des Lesens, AV-Medien im Deutschunterricht, Schreibförderung und Schreiberziehung. E-Mail: abraham@mail.uni-wuerzburg.de.

Beisbart, Ortwin, Dr., Prof., Lehrstuhl für Didaktik der deutschen Sprache und Literatur an der Otto-Friedrich-Universität Bamberg. Arbeitsschwerpunkte: Schreibdidaktik, Lesedidaktik, Vorstellungsbildung im Sprach- und Literaturunterricht, Grundfragen der Deutschdidaktik in Geschichte und Gegenwart, Geschichte und Rezeption von Kinder- und Jugendliteratur. E-Mail: ortwin.beisbart@split.uni-bamberg.de.

Bremerich-Vos, Albert, Dr., Prof. für deutsche Sprache und Literatur und ihre Didaktik an der Universität Hildesheim. Arbeitsschwerpunkte derzeit: Beteiligung an der Entwicklung von Vergleichsarbeiten und zentralen Lernstandserhebungen, Kommunikation im Grammatikunterricht, subjektive Theorien von ReferendarInnen über Struktur und Aneignung der Orthografie. E-Mail: bremeric@rz.uni-hildesheim.de.

Ehlers, Holger, Dr., Wissenschaftlicher Assistent im Institut für die Didaktik der Sprachen am Fachbereich Erziehungswissenschaft der Universität Hamburg. Arbeitsschwerpunkte: Literaturdidaktik, Medienintegration im Deutschunterricht. Mitarbeiter bei den DESI-Modulen Lesen, Wortschatz und Kommunikation/Argumentation.
E-Mail: post@holger-ehlers.de.

Ehlers, Swantje, Dr., Prof. für Didaktik der deutschen Sprache und Literatur am Institut für Germanistik der Universität Giessen. Arbeitsschwerpunkte: Lesen in der Erst- und Zweitsprache, Lesebuch, Literaturdidaktik. E-Mail: Swantje.Ehlers@germanistik.uni-giessen.de.

Frederking, Volker, Dr., Prof., Lehrstuhl für Didaktik der deutschen Sprache und Literatur an der Erziehungswissenschaftlichen Fakultät der Friedrich-Alexander-Universität Erlangen-Nürnberg. Arbeitsschwerpunkte: Literaturdidaktische Konzeptionen, Identitätsorientierung im Deutschunterricht, fachspezifische Mediendidaktik/Medientheorie, ästhetische

Bildung, (inter)disziplinäre Grundlagen der Deutschdidaktik, Deutsch-lehrerInnen-Ausbildung.
E-Mail: vrfreder@ewf.uni-erlangen.de.

Garbe, Christine, Dr., Prof. am Institut für Deutsche Sprache und Literatur und ihre Didaktik der Universität Lüneburg. Arbeitsschwerpunkte: Literarische Sozialisation/Lesesozialisation in der Mediengesellschaft, Geschlechterdifferenzen in Lektüre und Mediennutzung, Kinder- und Jugendliteratur, Literaturdidaktik/Leseförderung.
E-Mail: garbe@uni-lueneburg.de.

Grzesik, Jürgen, Dr., emeritierter Prof. für Erziehungswissenschaft am Pädagogischen Seminar der Universität zu Köln. Arbeitsschwerpunkte: Theorie der Erziehungswissenschaft, Neurobiologie und Psychologie des Lernens, Allgemeine Theorie des Unterrichts, Lern- und Unterrichtstheorie des Textverstehens. E-Mail: GrzesikJuergen@aol.com.

Hummelsberger, Siegfried, Dr., Oberstudienrat an der Berufsschule zur Berufsvorbereitung in München und Lehrbeauftragter an der Ludwig-Maximilians-Universität München. Arbeitsschwerpunkte: Methodik des Deutschunterrichts, Interkulturelle Erziehung, Sprachdidaktik, Deutschunterricht an beruflichen Schulen.
E-Mail: Siegfried.Hummelsberger@t-online.de.

Kämper-van den Boogaart, Michael, Dr., Prof. am Institut für deutsche Literatur der Humboldt-Universität zu Berlin. Arbeitsschwerpunkte: Literaturdidaktik, Literaturgeschichte des 19. und 20. Jahrhunderts, Kultursoziologie. E-Mail: michael.kaemper-van.den.boogaart@rz.hu-berlin.de.

Karg, Ina, Dr., Prof. am Seminar für Deutsche Philologie der Universität Göttingen. Arbeitsschwerpunkte: Literaturvermittlung, insbesondere Vermittlung älterer Texte, Aufsatz- und Schreibdidaktik, Deutschunterricht aus europäischer Perspektive. E-Mail: ikarg@gwdg.de.

Köster, Juliane, Dr., Prof. am Institut für Germanistische Literaturwissenschaft der Friedrich-Schiller-Universität Jena. Arbeitsschwerpunkte: Aufgabenstellungen und Kommunikationsmuster im Deutschunterricht, Demokratieerziehung durch Entwicklung sprachlicher Kompetenz, Geschichte des Literaturunterrichts nach 1945 im Kontext der politischen und kulturellen Rahmenbedingungen.
E-Mail: Juliane.Koester@uni-jena.de.

Krommer, Axel, wissenschaftlicher Mitarbeiter am Lehrstuhl für Didaktik der deutschen Sprache und Literatur an der Erziehungswissenschaftlichen Fakultät der Friedrich-Alexander-Universität Erlangen-Nürnberg. Arbeitsschwerpunkte: Entwicklung einer didaktischen Fiktionalitäts- und Virtualitätstheorie, Didaktik der (neuen) Medien.
E-Mail: Axel.Krommer@web.de

Luchtenberg, Sigrid, Prof. Dr. MA. am Fachbereich 2 der Universität Duisburg-Essen. Arbeitsschwerpunkte: Interkulturelle Pädagogik und Didaktik, Europa im Unterricht, Menschenrechtserziehung, Mediendiskurs über Migration, Deutsch als Fremd- und Zweitsprache und Interkulturelle Deutschdidaktik. E-Mail: sigrid.luchtenberg@uni-essen.de.

Lüddecke, Julian: Abgeordneter Lehrer am Fachbereich 2 der Universität Duisburg-Essen. Arbeitsschwerpunkte: Interkulturelle Pädagogik, Allgemeine und Interkulturelle Schulpädagogik und Didaktik, Fachdidaktik des Pädagogikunterrichts, Interkulturelle Sozialpädagogik und Soziale Arbeit. E-Mail: julian.lueddecke@uni-essen.de.

Oomen-Welke, Ingelore, Dr., Prof. für deutsche Sprache und Deutschdidaktik an der Pädagogischen Hochschule Freiburg. Arbeitsschwerpunkte: Sprachdidaktik, Interkultureller Sprachunterricht, Deutsch als Zweitsprache und Zweisprachigkeit. Aktuelles Projekt: Janua Linguarum – Das Tor zu Sprachen, Entwicklung von Unterrichtsmaterialien für interkulturellen und mehrsprachigen Deutschunterricht.
E-Mail: oomen@ph-freiburg.de.

Paule, Gabriela, Dr., wissenschaftliche Mitarbeiterin im Fachbereich Didaktik der deutschen Sprache und Literatur an der Sprach- und Literaturwissenschaftlichen Fakultät der Universität Bayreuth. Arbeitsschwerpunkte: Literaturdidaktik, insbesondere Dramendidaktik und dramatisches Gestalten, fächerübergreifende Ansätze zum Sprach- und Literaturunterricht. E-Mail: gabriela.paule@uni-bayreuth.de.

Schilcher, Anita, Dr., wissenschaftliche Mitarbeiterin in Didaktik der Deutschen Sprache und Literatur an der Universität Passau. Arbeitsschwerpunkte: Kinder- und Jugendliteratur, Geschlechterdifferenzierender Deutschunterricht, Schreibdidaktik. Email: anita.schilcher@t-online.de.

Schlegel, Sonja, M.A., wissenschaftliche Mitarbeiterin im Projekt „Lesestrategietraining für Fünftklässler“ am Institut für deutsche Sprache und

Literatur der Universität Hildesheim. Arbeitsschwerpunkte: Sprachsoziologie, Unterrichtsforschung sowie Lesepsychologie und -didaktik. E-Mail: sonja.schlegel@t-online.de.

Spinner, Kaspar H., Dr., Prof., Lehrstuhl für Didaktik der Deutschen Sprache und Literatur an der Universität Augsburg. Arbeitsschwerpunkte: Literaturdidaktik, ästhetische Bildung, praktische Rhetorik.
E-Mail: kaspar-h.spinner@phil.uni-augsburg.de

Steitz-Kallenbach, Jörg, Dr., Wissenschaftlicher Mitarbeiter am Institut für Germanistik an der Carl von Ossietzky Universität Oldenburg. Arbeitsschwerpunkte: Literarische Sozialisation in der Mediengesellschaft, Kinder- und Jugendliteratur, Kinder- und Jugendmedien, Literaturdidaktik, Psychodynamik des (Literatur-)Unterrichts, Lehrerweiterbildung.
E-Mail: steitz@uni-oldenburg.de.

Thielking, Sigrid, Dr., zur Zeit Vertretungsprofessorin im Fach Deutsch (Literatur und ihre Didaktik) an der Pädagogischen Hochschule Ludwigsburg. Arbeitsschwerpunkte: Didaktik der Literaturvermittlung und -geschichte, ‚Arbeit am Kanon', Kinderkultur und Mediendidaktik.
E-Mail: Thielking-Burscheid@t-online.de

Wieler, Petra, Dr., Prof. für Grundschulpädagogik/Lernbereich Deutsch an der Freien Universität Berlin. Arbeitsschwerpunkte: Lese- und Mediensozialisation, sprachliche Enkulturation und literarisches Lernen, Literaturdidaktik und Unterrichtsforschung.
E-Mail: pwieler@zedat.fu-berlin.de.

Wilde, Dagmar, bis September 2003 Fachseminarleiterin für den vorfachlichen Unterricht, seit Oktober 2003 Referentin im Referat „Grundschulen, Sonderpädagogische Förderung und Sonderschulen sowie sprachliche Förderung" in der Senatsverwaltung für Bildung, Jugend und Sport in Berlin. Arbeitsschwerpunkte: Ganztagsgrundschulen, Deutsch, Medienerziehung. E-Mail: info@dagmarwilde.de.

Willenberg, Heiner, Dr., Prof. für die Didaktik der deutschen Sprache und Literatur am Fachbereich Erziehungswissenschaft der Universität Hamburg. Arbeitsschwerpunkte: Lese- und Verstehensforschung, Neuropsychologie des Lesens und Lernens. Konsorte bei DESI für Lesen, Wortschatz und Kommunikation/Argumentation.
E-Mail: Willenberg@erzwiss.uni-hamburg.de.